"十二五"国家重点图书出版规划项目
国家古籍整理出版专项经费资助项目

清代宗族史料选辑 下

主编 冯尔康

副主编 阎爱民 惠清楼 冯尔健

天津古籍出版社
天津出版传媒集团

第十二篇 族谱

(三)族谱体例与内容

1. 族谱体例

一般性的体例,完整的体例,体例举隅。

直隶

定兴鹿氏

光绪定兴《鹿氏二续谱》,《定兴鹿氏二续谱凡例》:

谨按初谱凡例已载遗文,今仍撮举大凡,列之卷端,则后之修谱者庶有法焉。

一、初谱编纂详尽,续谱踵而成之,体例已极美备,**惜刻板散**失,且数十年间生齿日众,不得不极为修辑。两谱本相承接,文字皆不复载,近**敬谨移**并合编以归划一,凡两谱旧载一字不敢删汰,其有于新谱按语相混者,如太公祠、忠烈祠等篇均注明初谱续谱以别之。

一、封赠之典本极优渥,世谱中已一一详载,纪君恩也。至诰敕之文,向由内阁奏定,凡官阶相同者率皆通用,不另撰拟,官书具在,今不备录以省繁复。

一、凡受封者但书以某人官封某阶,不书官名,缘已详于本人谱中,初谱续谱详者仍之。

一、知县书某省某县,知县校官书某县某官,均不书府名,余皆仿此,初谱续谱详者仍之。

一、节妇膺旌表者书;其有未及旌表,及年不合格者,已故,书曰守节若干年;存者,书曰苦志守节;失考者阙。

一、世谱父以上称讳称公,同辈以下皆称名,母以上称配称太君,妾称侧室,同辈曰娶曰妾,有封之称皆从同。自作谱者之妻妾以下虽有封,亦称某氏,他卷之称间有不同者,不在此例。

一、妻书某县某女,妾有子女者亦书某处人,不知者阙忘其父名者空二格,并忘其籍贯者空四格,以备添补,婿家同,所生子女旁注曰某出。婿书某县某子。女之贤者守节者为之立传,附于父母之后。

一、生卒之年书干支。坟墓书某村某原,不知者阙生卒年月日时俱无考者书失记,但知其年余俱空格待补;坟墓妇先葬者不书。已卒则书子女之数,生存者不书其数,虽一子亦书某长子;无子而又无嗣子书曰无嗣,未详者书俟考,殇子已命名告祖者,书仍注曰殇。

一、续谱有生年而年尚幼者,今无可考皆书余俟考,前谱书生卒未详者仍之。

一、族众生子命名须查明谱牒,不得有犯前人名讳。至十六字之派为都转公所定,命名者亦应避之,免与后人重复各支命名仍多重复,今将行辈卑者以音同义近之字酌为改易,其已故者则仍之。

一、吾家受户以来,未尝有异姓乱宗及胥吏优伶之辱,有则屏之,为僧道者亦削之。

一、家谱之外,侄瀛理另纂有简明世表,凡我族人各予一册。生有子女及婚嫁卒葬,随时详记表中,每年于清明祭墓,冬至祭祠及春秋官祭之日,交值年汇总登记世表,以备续家谱之用。如不自行登记,及三年不到则续谱之时,不能详载。

（光绪二十三年本）

光绪定兴《鹿氏二续谱》卷一,《世图》（十六世孙传霖敬撰）：

谨按谱首世图以为纲领,世经支纬五世一图,续图复标五世之有子者为六世之宗,某支某门一一分注。为人后者注曰嗣子,而于所生之下仍系其名以出嗣注之；以孙为嗣者,则系以长线注曰嗣孙,不得虚立子名；襁褓之子业经命名告祖者虽殇皆系,初谱、续谱体例如此,今谨遵成法编为世图以冠卷首。

（光绪二十三年本）

光绪定兴《鹿氏二续谱》卷四,《世传上》：

谨按世传旧附世谱之后,今以子孙日众,篇页过多,离析其文厘为三卷,都转公所撰为上卷,壮节公所撰为中卷,皆题传霖敬辑,盖抄存先祖先考撰集之文以别于传霖之所自撰,则称谓不致混淆。今所诠次者为下卷,得若干篇,先后以支派为序不分长幼,初谱例也。传霖服官卅年,久离乡井,佚闻旧事恐渐遗忘,谨就所知略加排比,庶嘉言懿行久而弥新矣。传中称谓一遵旧例,旧叙述家庭琐事,不尔不能亲切也。

（光绪二十三年本）

旧沧州马氏

沧州《马氏全谱》,《修谱凡例》：

一、是谱叙自前明永乐三年,始祖来沧至今已十余世矣。从前远祖向无旧谱可考者,不敢以口耳见闻附,令牵引以图炫耀。

一、凡男生前书名,死后书讳,则其生前如有行述职衔可著,即将其行述职衔书其名以下。

一、男丁不过十岁不须记名入谱,恐其夭亡。

一、兄弟几人并行著明于其父侧。

一、娶某庄某姓公女,生于某年月日时,或贤孝节义并行著明于其生年以下。

一、男丁繁多不能无乏嗣者。如长分绝应例过次分第一第二子,次分绝应例过长分第二子;如长分绝,次分一子亦可过或一子两承;如支近无可过,只须由近及远,不可任意胡为,致乱支派。

一、有随娘带来男丁,不须收入谱内以致乱宗。

一、同姓世世不宜结婚。

一、人丁有散处四方永远安业者,并行著明坐落地方,异日再修谱书庶不至于失迷。

一、族人有流离失所者,分门记载,以备后日稽考。

(抄本,沧州马学华藏)

沧州《马氏全谱》,《照老谱重新修序》:

自前明至今已十余世矣,虽老谱失修,不敢不本故家之风而重修焉。今将历代祖宗名讳按谱排行字样并列注明汇集一处,后世再有冠而字者庶阅此格各知避忌,异日再续谱书庶不至临时失检致多舛错。

(抄本,沧州马学华藏)

丰润董氏

民国丰润《董氏家谱》卷一,《凡例》:

一、修谱者文各不同,取其可法者莫如宋世欧氏永叔、苏氏老泉二家谱法之善。今谱世法乎欧谱,谱图法乎苏。从欧宗次顺列支派无紊,从苏五世一抬百世不易。其中稍加损益,是谱有所法可以垂久远也。

一、先诰敕,重王章而荣先祖也。善积于身、荣膺旷典、祥开厥后、永荷荣光,则世世子孙庶几知所勉而克不承之尔。

一、先世原籍中山,远莫考矣。今但以徙后丰润者为始祖第,始祖以下数世未详,姑阙疑焉。刻谱字画端正,谨差讹也。即印谱须竹纸,太史籖垂久远也。

一、古者世族有大宗小宗之分,今董氏宗之大小不可不明。故自大宗以后,小宗各为一谱,五世之内均无紊焉。其合小宗者皆根于始祖,百世之外亦犹是焉。夫谱有合有分,使分者益详,则合者愈亲,虽千百世可按而考也。

一、入谱皆书名,所谓临文不讳,用以传久也。其子孙有偶同祖讳者,即令改正。同音不同义者不拘二名,重一字者不避。

一、世次定矣,书年庚明长幼也,书娶谨嫡庶也,书子嗣重宗祀也,女书所适别婚姻也,书生书卒葬慎始终也。

一、同族有居远方者即注某处于其下,使子孙易晓,不路人视之;若有客于外及幼而迷失之归者并书其名行生卒使谱有可稽,非吾族之人概不得影射妄入。

一、入谱支派分明,防紊乱也;书谱父子相继,恐遗失也;继嗣之子系所继之下,而所生之下仍存其名,不忘本也。

一、同族有为僧道者不书,斥异端也;至于出继异姓,或以异姓为嗣,虽贵显俱不书,明非族也。

一、妾无子女则不书,无所承也;妇人被出或改嫁俱不书,义绝也。

一、本族之女虽出嫁而亦书者,录贤也。贤而得书,春秋之法也。

一、族谱墓志祭文概不录,尚简也。至于先世之行谊,有确乎不可泯者,略摘数语入于谱附。

一、修谱定于宗祖,则立祠堂设神主修坟墓,清明祭享,务极诚敬。而不敢忘于父母,宜承颜奉养。大则致其荣显,次则不贻羞辱。孝敬既立,则同族自此永睦矣

一、谱中或耳目未周偶有遗错者,愿同宗之能文者互相查订以匡不逮,则裨益多矣。

(董瑕忱等编修,民国十五年排印本)

故城祕氏

宣统故城《祕氏族谱》,道光《凡例十五条》(九世裔丕笈校辑):

一、欧阳氏谱式便于记事,今世系图从之。

一、子孙次序各依其上世行列编定,以便检阅。

一、先世诰敕备载于谱,以启后人显扬之恩。

一、凡邑乘所表章及私家旧藏诸传志有关祖父各行者,备载于谱,以示后人则效。

一、士农工商皆系本业,后世有窜身隶卒,甘为人后者,许族人执谱逐之。

一、族情宜敦,后世有争财产讦讼者,执谱诣祠攻之。

一、尺布斗粟皆先人辛苦所留遗,后世有赌博流落破家荡产者,许族人执谱诣祠攻之。

一、未娶而名行无间者只于子字下书名,不于再世后书。

一、先祀不可斩绝,吾族有为僧道者不许书名。

一、嫡母、继母无子女皆书,庶母有子女亦书。

第十二篇　族谱

一、妇人节行昭彰者,备载以垂不朽。

一、妇人以从一为正,改嫁者不书。

一、上世族谱草创,凡配偶及姻亲门阀既未及载,今并录入。

一、孩童尚未婚配者,姑书其名,以俟续修。

一、谱牒之作,传家之典也。后人宜各珍藏一本,以便续修,慎勿遗失。

附旧例二条

一、承嗣子仍分注本生父母名下,示不忘所自出也。

一、科贡庠校宦游事详注其下,以见先人重读书之报云。

附新例二条

一、各名上添注某某之子,或长子,或次子、嗣子、庶子,一翻阅则原原本本,各知所自出矣。

一、合族分六支,续修于各名之上层标明其名,至各系某支并注明现居何所,或移居外省外县以备查考。……而祕姓则无二派焉……吾族移居于外者,六世强移居山东藤县,七世守分移居河南夏镇,十四世曾由移居山东东阿县并记之。

道光二年壬午十三世仪廷仪谨书。

(宣统二年重修本)

南皮陈氏

南皮《陈氏族谱》,《凡例》：

一、世系图按十四世分为三门,每门画图一幅。出嗣者依然留有其本支内名讳下注出字,承嗣支内注承字,则知承者出于何支,本支兄弟几人可一目了然,繁而不紊。

一、谱考亦按世系图样式而志,其格式为五世抬头,志成每世所占位置依次类推而永不更变。

一、谱考名讳位置,依其父与其长子位置相对正。生女所适,排行而位；生子数目及名讳,皆另起一行而位。

一、子女所志,皆在其母历下而志之；凡有继配者,于原配所生子女之后另起一行而志,所生子女与前配所生而不混淆矣。

一、每人之历所志皆不出本页之范围,而两人之历范围倘若超出本页者,则第二人之名讳历考皆挪于下页而志之。

一、其子出嗣者历后加注出嗣某人,嗣子者历后加注所嗣系某人之子,皆另起一行而注,参阅世系之图更可一目了然。

一、为生活及职业所由移易他乡异地居住者,谱考内均注其居处或行业。

一、前历庚辰只记生年而无月日之记,兹经众所议定新谱亦删其生日而只记其生年,则两谱之修可为一统也。

一、兹于前历考内所载有异者,惟部分添加岳父、配氏、生女及夫婿四项名讳注于历考以为之纪也。

一、前历庚辰所志为朝代干支纪年,兹复配相及之帝王年号与公元纪年,阅览即可晓其庚辰属相,亦可做年庚之查阅也。

一、谱考生子名讳所下注之数为下转之页数码,谱考名讳之上数码为上接之页码,凡五世抬头之名讳,若六世、十一世、十六世、二十一世皆有其数码之注,以便阅览查兑之速也。

一、两篇谱序不占同页,序文继用前历繁体,再现后辑诸序师用繁体字而辑序文,前后一统以增其美观耳。

(2000年五修本)

沧州王氏

民国沧州《王氏族谱》,《凡例》:

一、自始祖指挥公以下三世失传,至五世庆公支派始可考。按旧谱所载以六世见、友二公为东西二门,今西门又自别二支,并长传四支,俱附诸谱后,每支分叙,冀其宗派分明,外出者弗载,以俟补录。

一、毓东公修戊申谱,惟叙增本公一支。今广为通族,谱取备也。旧谱之式皆系直行,今以嗣续渐蕃,易为横格,父子相承,兄弟并列,以便批阅。

一、是谱先列宗派图于前,为其联络易览。支谱之式定为十世一页,十世以下则列为次谱之首。昔欧阳氏谱格尽别起者重书一世,今次谱惟注某之子,省复也,图则重书勿庸复注。

一、谱首书名,临文不讳也。佚名则字,佚字则次第,佚次第则记以方空。

一、各名下书字、书职衔,次书配某处某人之女父讳佚则书里族,里族佚则书姓氏,有子注生几子或某子承嗣某人,或无子以某之子为后,或无子立孙及一子两承者皆从实书之。

一、西门二支之后详载妇族,别支则为姓氏,阙者众也,虽弗阙者亦从同。

一、谱中皆记正室,侧室未能入谱,或有受封赠并守节而得旌表者俱得收入。

一、凡毕母之子不分载为某氏出,统于父也。

第十二篇 族谱

一、入谱之岁，古无正文，今定以成丁后十六岁，无论婚娶与否，皆得入谱。未成丁者，只载于父谱内，不另叙。若未及十六既娶而夭者，有子准入谱，因妇守节而立嗣者亦准入谱。其未及十六成名而夭者，详注于父谱名下。

一、养子、赘婿及再醮妇前夫之子与干犯名义并流入僧道、奴隶者皆不得入谱，而寄养于他姓者，仍得收入。

一、迁于外者知其地名，即注于名下，未详者阙。

一、谱详生卒为要，详其生而后长幼辨，详其卒而后忌日之礼可举也，今按世次之先后别具一谱。

一、自迁沧以来已五百年，茔田凡数十处，多无碑志可记，惧年远易湮，绘为茔墓图一卷，以示后世。

一、先世讳字率多失考，不惟不知出于何支，并不知出于何世，皆前世无谱可载，又无行辈字可据也。至毓东公修谱，曾定出十字为联名序世图，兹谨载入谱后，俾后世子孙有所遵循焉。

（民国版）

沧州孙氏

民国沧州《孙氏族谱》，《家谱凡例》：

一、谱书式仿历履规模，篇端首行先题世代，次行细注父讳于上，大书子名于下，再书字号行几，以为考实。

一、谱书生卒年月日时以示后人，俾返远可稽，因时致敬；其不载者或以年久无考稽，或以神主未从瞻拜，非敢故有详略，知者无不填写。

一、谱书寿，若干岁夭、寿不齐、享年久暂，俾后世子孙一目了然。

一、谱书葬于某茔，恐世远年湮，谨志之，以使后人拜扫致祭，不忘木本水源之意。

一、谱书敕命制诰，皆国家恩纶，录之篇端，所以重君赐扬先烈也，一一备载以示后世子孙。

一、谱书出嗣之子，既于生父名下注明子某出嗣，又于所嗣之父名下书嗣子某。今但注明生父名下，所嗣名下其书子某，方合为人后者为人子也。一见继绝之义，一表承祧存人，不敢以隔世而遂不书。

一、谱书职衔非敢夸耀乡里，实乃慎重名器，祖宗固受恩于前，子孙宜激励于后。

一、谱书族人出居境外，知其名者即于名下注明某人子出居某地，不知其名者空其名次，亦注明某人子出居某地。今皆不空，如出居之人是某公之子，即于某公名下注明某子出居某地,俟其后嗣来归,按某世系另修补遗,庶不支派失次。

一、谱书世系必自始祖以及本人,盖由世系而知本源分支,别派而辨亲疏长幼,立谱之始,按门叙列,庶无紊乱。亦遵古,分大宗小宗,各绘图说,以敦一本之谊。

一、谱书法,窃仿夏之瑚先生家藏世谱而间参以己意。首先书名,字号俱载,于不知者阙之;有出身者书庠序官爵于讳之次,有子贵而膺诰封者亦如之;正室曰配,继室曰继配,明齐体也;侧室有子亦得书,母以子重也。然可知者亦应明书,年远无征不得不阙,宁略无疑,以彰信也。

一、谱书于配氏但书配某氏,旧谱书子不书女。今于配氏下注明某邑某村某公之女生子几女几,并女所适之地,与婿姓名悉书之,以婿有半子之谊故书于岳父谱内,且仿议亲之义,庶免年远失迷之弊;在室者以未字书之,否则姑阙之。

一、谱书五服内之侄孙及曾玄,有于尊长之名同字者,今悉以同音之字更代。如无字可代者即以别字更之,即于更名之下注明原名某,因讳更今名以便稽考,五服以外者仍原名。

一、谱书谱式原宜五世一易,本五服之义也。世经人纬既便于翻阅,即继修亦简,望吾后嗣懔遵毋忽。

一、谱书嫡近宗支代不数人,屈指可数,不难特绘一图列于册首。至若别支人数浩繁难于绘图,故其名字止谱中,图不具载焉。

一、谱书修谱之后,凡属吾族均宜量力捐资,刻板刷印以示来兹。抄本相传各存一部,终非久远之计。苟能谅吾苦心,是以厚幸也。

(民国二十一年石印本)

盐山郑氏

沧州盐山《郑氏族谱》,《原谱凡例》:

一则:异性不许乱宗,凡族中有异姓子宜会同族长共逐之,断不可徇私入谱。

一则:祖茔中柏树为祖宗庇荫,不许擅自斩伐。如有不肖子孙变卖坟树者,合族当共攻之,断不可远怨坐视。

一则:族中有善行者,或孝悌或忠信或学问精深或言行素著,有片长必登之族谱,虽属善善从长,亦子孙不敢掩先祖之美也,后之修谱者宜以为法。

一则:族中长支不可绝,长支系大宗,大宗者百世不迁者也。宁绝次勿绝长,此系定例。凡有长支断,不可无嗣。如有忍灭长支者,会同族长陈以大义,勿使有灭宗之罪。

一则:族中有老而无依贫乏冻饿者,宜协同富者赡养之,非惟周急亦睦族之遗意也。

第十二篇　族谱

（选自任丘谢刘场氏族谱）

同治沧州盐山《郑氏族谱》，《凡例》：
一、凡藏是谱者务须洁诚郑重，不可稍有亵慢。诚以亵慢此谱，即以亵慢先人也，其不孝孰焉，慎之戒之。
一、凡存是谱者，命名立字务须谨避先人，不可使先人名字再重复于后人，令人呼唤轻慢而不知避讳也。
一、凡传是谱者，告谕子孙，务须约定三十一修，不可置之，漫不经心使年代阔远错讹失传也。敬承先人畹阑、博、敬一、卓、达旧谱原根接续重修。
（同治元年庆云石官堂修）

宣统沧州盐山《郑氏族谱》，《家谱例》：
一、谱叙自明永乐二年迁居直隶沧州东北郑家庄，始祖至今十八世，从前远祖无可稽考。
一、旧谱从欧阳直谱例，今因男配女适较旧谱详细字数太多，故改成苏例作横谱看，纲按九格、目按五格，以表睦族亲亲之意。
一、欧文不讳谱皆书名从苏氏例。
一、入谱年龄以十六岁为是例，兹以修谱非易未知何年再叙，故幼者皆入谱。
一、出继者书出继某支，承继支书继自某人，双承嗣于本生支注明兼祧某支，兼承之支则书兼祧子或继子。
一、上几世书男配某庄某氏，以下不书配字，从简。
一、族人迁徙者皆注明，后兹以检阅颇难故，在谱首编一目录，令人一目了然。
一、旧谱男配有氏而无族，故代远年湮不知妇所出，况女亦骨肉之亲未可轻忽。本谱配氏无考者，书配未详；可考者，书配某庄某公某某第几女；若有氏而族无可考者仍按旧例。
一、夫亡妇改嫁者，无子者书无嗣，不书配氏；有子者仍书配氏，知所出也。
一、妇之母族、女之夫堂尊辈称公，平辈书名，所以明尊卑也。
一、旧谱女已嫁者，书适某庄某门而无族，至代远年湮无所稽考矣。本谱书适某庄某公某某第几子，某某女之夫堂无可考者仍按旧谱例，女未嫁者书名或书"待字"二字。
一、吾人处家当思孝弟，处世当思谨慎，处乡当思谦厚，处事当思勤俭，此四者立身行道显亲扬名之大端也，族中有此尊之敬之。

一、凡系同谱之人，务须过则相规，善则相勉，同心协力，和气逊让。

一、各处坟墓皆先人骨魄所藏，子孙当世守勿失。应绘图注明丈尺四至，以备稽考。

一、同姓不结婚，以至同宗者亦不宜犯，当从礼例周公所制同姓不婚教规也。

一、先祖职衔只注名后，而德业未载，故于谱首将近年所知者载例于上，不知者待稽考确实再补。

（宣统辛亥年梁口村第三次修谱订）

南皮集北头刘氏

民国南皮集北头《刘氏族谱》，《凡例》：

一、吾族之谱创修于清代乾隆，重修于光绪，此为第三次，大意主于参酌旧式兼改新例。

一、是谱自明初迁沧始祖起，至今凡二十二世，前列世系总图，自六世分门，后列世系图，自十一世分支，按图以次，叙列为十卷。

一、前条所谓次序乃编订之次，并非图内各公行次，故凡后世乏嗣之支概不编入。

一、谱中六世以上称门，七世以下称分，十一世以下称支，藉明世次。

一、谱中三世长门及六世长门并四世四门后均失考，为省篇幅计，故特提出列为世系备考表，正谱不再详叙。

一、各卷世系分图，每五世为一段，每段载至第六世，下图按名抬起，取其衔接一气且省注语。

一、谱内以五世为一段，每段同一世者一律横列，俾便检阅，前此大族之谱有用此式者，今谨仿之。

一、谱内名下例书字号行次、生卒年月葬地住址职衔配氏子女，其有年远及现在外出失考者，姑阙不载，以俟后来补注。

一、凡年已成人、聘有妻室者，俱登于谱，如年未成人，只附载其名于父谱之内不另赘叙。

一、族中有外出后嗣失考者，其世系分图及谱中并注明失考，无嗣者注明乏嗣。

一、凡某第几子某出嗣为某子，及某子某系某第几子承嗣，俱各详注于其父谱内，至分图中则但注明出嗣字样，按图自悉。

一、凡妻配某氏，女适某人，籍系外省别县者，注明省县村庄职衔，至同县但注村庄职衔，不注省县。

一、纪文达公《景城纪氏家谱》，嘉会公亨名下书云配韩氏、刘氏上不著一切字样，序

第十二篇　族谱

例曰嘉会公两嫡并书,礼有其变,事从其实,无所饰也,今于事同一体者采用其例。

一、先人德行学问事业及内行节孝,凡见诸省志县志等书者,另载卷末,其谱内则但注云事载某书。

一、先人碑志传状均附卷末,以防遗失,但所载各文以旧有者为限,例不现作。

一、先人著有文集诗集诸书,谱中注明著有某集某书字样,以备查考。

一、族人现居本县村庄,聚族而处者概不详注地名,如迁居外省外县及僻远村庄,则于谱中本名下注明现居何地。

一、生卒照例登载,其纪年概用数目不用干支。女生卒,以限于篇幅从略。

一、本族自明至清所受诰敕,文词俱不及详载谱中,谨将封衔及名氏汇为总目列于卷首,惟玺书不在此列。

一、明清两朝历代科目及乡贡,俱依次叙列汇为总目,载于卷首,其详明履历另载谱中。

一、本族自民国以来,毕业大学、中学、专门学校者,按学校等第叙列汇为总目,载于卷首。

一、始祖义公之讳,后世命名向例谨避,谱中名字有用此字者,概加偏旁或改他字,以昭划一。

一、本族人口繁重,先后不免重名,兹订联名纪世谱,自二十一世起均按谱排字命名,庶免重复之弊。

一、先世旧存文字及相传故事,其关于祖功宗德,可以昭示来许者,酌附于后:一曰藻翰存余,一曰家庭故事。

一、六世祖存信公祭田,初设亩数段落及完粮地数,载诸卷首,以垂永久。

一、四世五门治和公,值清初随军南征,因功改隶旗籍,更名后公本支文澜赴京乡试遇公后裔,认为同族,并出支谱证实。今以调查未详,特根据其支谱为副谱附后。

(民国二十三年续修本)

正定王氏

光绪正定《王氏家传》,《后记》:

……唐宋以上谱与传皆别行,有明后乃合为一。今以谱录尚无定稿,辄先刊家传以质宗族,更有胜义则件系于后,盖一以备采访灵丁,一以示家塾子弟也。

……我始祖大贤公先家清源,后徙真定,初迁时惟自志清源,本祖系出太原,他谱牒皆不备,故自公以上世次无考。由明迄今吾宗宦山西者六、七公,亦皆未得上溯渊源,详求本系,益敦朴之风。如此,与传会古贤无征不信者异矣。太原王氏自东汉后久为海内各族,其列名正史旁见传记者不可胜纪。正定一宗,明以上世次既已失考,固不得妄援先正以自淆谱牒之例,惟清源一族为本宗所自出,如能访其世系,庶几犹可上规宋元之际,惜耕心远居江淮,无能为矣,敢敬存吾说以勖我后人。乾隆间先太高祖阔亭公著家乘十卷,吾宗掌故乃有成书,嘉庆初族太高祖石萼公复考订世谱,偏正旧说定本族为六大支:一曰权城村始祖清源公下一支,二曰权城村处士公房一支,三曰府城东门内耆英坊光禄公房一支,四曰耆英坊布政公房一支,五曰耆英坊胶州公房一支,六曰龙芷寺街绍廷公房一支。此六支下分居本县各乡者有:里双一支,小屯一支,三里屯一支,塔子口一支,西上寨一支,罗家庄一支,东平乐一支,韩家楼一支,新城铺一支。分居外县者有:获鹿县元村一支,镇头村一支,镇头杨家庄一支;藁城县奉化村一支,赵庄一支,果庄一支,固营一支;行唐县化壁村一支,东正村一支,协神村一支;灵寿县青练庄一支。分居外府州县者有保定府清苑县二支;天津府天津县一支;大名府大名县蝉它坊一支;赵州一支;赵州柏乡县一支。分居外部者:浙江慈溪县观海卫一支外,复有杭州府治一支,江西南昌府治一支,湖北襄阳府襄阳县一支,河南彰德府临漳县一支,大小总三十六支,皆见家乘。惟观海卫一支及现以需次游学侨居京师,及外部者不与焉。内赵州一支,旧谱无考,光绪十七年耕心客济南闻诸从弟官澄始访得之,而亦莫能详其所自出。盖吾宗谱录失修已久,故于各支之存亡盛衰皆不能深悉原委。以后凡我宗人,获见家传者宜各详叙本支,寄送正定宗祠,以备纂集,庶大宗全谱,永无缺佚之虞,追远敦族是为首务,闻风兴起当必有同志君子在。

真定真字后以本县更名正定,吾宗命名亦改用正字,康熙间亦有用镇字者,以唐时镇州治真定县也。观海字故皆作观,不知何时误观为官,近世命名遂无不作官字者,既违先制,且使此句之义湮没不彰可惜已。今耕心以族人命名已有至文字者,因敬白宗老续定十六字曰:德懋秉彝学传善庆锡叙端守允修笃敬,并前制十六字皆附记于此,他日当编入宗谱,以垂久远。本末彰著,或不致再涉疏谬。先大夫仲恒公《宣南日记》曰:先世家乘昔经我曾王父阔亭公手订者,著录之文皆有法度,绝少纰缪;后三十年以传抄者众,已不免互有增损,今年夏偶取近时录本观之,则鼠窜愈甚,误不胜已,为之愤懑,累日以后族中如议重修家谱,谊宜折衷至当,不可踵袭伪谬,诒诮通儒也。时在咸丰纪元五月,去阔亭公公书时已六十余年矣。

……传记之文,凡地名官名皆宜直书当代之制,不得妄援古昔以惑后世,此史法也。唐宋大家文为例,已不能纯。至明中叶,后七子之徒倡言复古,而不知所以古。乃强并其名器,一切古之。于是乡塾失考、习非胜是,遂成痼疾,而史法荡然矣。近世尧峰汪氏、望

第十二篇 族谱

溪方氏、穆堂李氏、随园袁氏、简堂恽氏，诸先生于此等义例辨析已久，而览其全文，渝彼犹不能尽，则复礼之难也。耕心昔读先世碑版文，见有书户部主事为司徒尚书郎者，有书宁波府同知为明州司马者，有书真定为恒阳者，意颇以为惑世诬民无理取闹，故今新传所书，悉以史法为宗，虽相国守令之于官，中山析津之于地，亦必矫正之，不使稍有出入，**惑诬之弊**庶几其免，特著于此，以代释例，谨之至也。惑谓传文篇首无不著姓氏县名者，**颇疑衍设**，奈何答篇幅之文皆宜以一篇为起讫者也，知以一篇为起讫则衍设之疑可释矣。昔贤著先世家传，每不书姓氏里居，以为子孙之辞宜尔不惑。录一文入他书，读者且不知为何许人。若县各屡易，则惑人尤甚：是虽欲传其先人，适以没之矣。揆之义例，殆非尽善，今并矫而正之，亦谨之至也。乌呼！学已僻，则饰智惊愚；学已陋，则倍理售妄。不饰不倍，乃衷于谊。此其说虽不足以质大雅而以为吾子弟劝或无憾焉，非好辩也，不得已也。

光绪十九年太岁在癸巳春三月，清源公第十九世裔孙耕心谨撰。

（光绪十九年影印本）

盐山吴氏

民国沧州盐山《吴氏族谱》，《谱例》：

一、五世为图法，礼五世则迁之意，至五世一图则以前图之末冠后图之首，名下或迁继并分注之，易于考核云。

一、继子用圈其名，别承后也。书其名于所生父下，明一本之亲；系图于所后父下，承传之意也。其继密支，书曰继某；继远支者，曰过继；自幼乳哺者，曰养继；皆列系图于所后父下。其昭穆有不合者，今正之。外姓入继者及带胎子皆不列系图，紊乱宗祧故也；继外姓者仍系名所生父下，示不当出也。

一、子姓中无论显微，有侵祖墓、废祠祭者，鬻谱牒、逆天伦、自作不典及婚姻不计良贱者悉削不书，以儆后昆。

一、闺门风化之所自出，凡妇人早年丧夫，守志终身及以身殉夫者，无论旌表与否悉纪其实；有女嫁出能全节烈者、适名儒者亦附书之，表扬传后，否概不录。

以上四条裔孙钟歧鉴订。

一、谱书行第而无名讳，阅者不知其为谁。故今悉以名讳立为系图，分注行第于下，详载妻某子几丁或继嗣，无不备焉。不知名号者仍依旧称，行第可耳。

一、立继本为承祧，大义攸关，其支派当接续于所继系图之下，永远勿使间继。若但继产而不继祀，殊乖伦理。今凡继后者，皆宜归正，勿致遗议。

一、妇有改适者,及以贱为配者,女嫁非族者,不许混入家谱。

一、立谱准以五世一图,每图以各庄世次书于图首,以共族世次并书于旁,俾合族子孙易以辨昭穆之序也。

以上四条裔孙式闵鉴订。

(民国八年续修本)

沧州孟村西赵河刘氏

民国沧州孟村西赵河《刘氏族谱》,《续修总汇凡例五条》:

汉相作诵,专述前徽,谢客赋诗,先陈祖德。前此始祖碑文自合录冠篇首,及七世祖仰吾公、八世祖湛一公碑颂亦以次敬录左方。其三续、四续谱皆有序文,并以次录在新谱序文之前,以示先泽之远。

《史记》诸世表原本周谱,故历代谱牒家皆以为式。《新唐书·宰相世系表》及宋代《仙源积庆图》、《宗藩庆系录》其效尤著者也,故旧谱之叙次因之。道光辛巳所修乃依他氏新式,世次皆平列排叙。细考之,乃古人附列谱后家乘家传之体,以载每世之行实。生卒暨德配之家世,与其所生子男几人、女几人及所适某氏备列以至其详,亦谱中所不可缺者。吾家谱之修绵历百年,十世以前姓氏与所生女子皆漏失载,八世以后支谱所载亦多略而不具,即今现存族众亦无从博咨详考。故新续之谱仍循古世表之式,以便检寻。

近今所续,或同枝而详略互异,或附近而续未明,皆缘本枝谱稿未承寄示无从悬录。皆敬空左方,以俟详核补入。

吾始祖兄弟三人,自明代永乐甲申由上元县北迁畿辅,迄今岁戊申已历五百有四年。唯吾祖一支最为蕃衍。其属黑龙村祖与牛进庄祖各支皆章章有考,凡不属二支者大抵皆此支后嗣也。惟吾宗谱自十一世失续者大半即属同宗一祖,自合统汇编录。凡四方失续族众,其支谱已奉到与尚未奉到者,若确知为某门后人,则录附本门之末。否则,通附载后页,以从失名缺疑之义,且俾自此以后有考焉。

旧谱皆有横格以界世次,兹又拟标以朱笔以醒眉目,以粗创谱草尚未暇及。年齿衰颓,协赞致详更以俟之后人。

(民国十六年刻本)

渤海季氏

光绪渤海《季氏家谱》,《家谱条例》:

一、旧谱上世名讳,间有图考不符者,疑更名,必有所据,惜未注明。又昭穆次序亦有错排者,兹复详为采访,重加更正。后之修谱者,务于采访时即详悉注明。

一、旧谱各门有总图,各支有分图,分支自九世迄十七世。十七世即当抬起,以便按次续接。此次修谱图仍其旧,自十七世起,遵旧式编为续考。后之续修者,十七世图考尚须略有添改。即从续考将人丁编入至二十五世,续考又满,若再续抬,则人数多而世系难稽或再分支则支益繁,而篇幅虚縻,向有五世一抬体式,当仿用之。拟自始祖以下一律更定以昭画,一并可永沿为例(编者按:近世望族多用此式。)。

一、各支续考必须按照各支之图,自十七世后右挨次抬起,不得或前或后,紊乱世次。缘重名叠见,若不逐一抬清,必正上考无征,且难查阅。

一、族人居址最关紧要。后世修谱者,务于每支下注明祖居地。如本支再分门,分支或迁于某州某县住城,住乡均须注明。续考中或有别迁者,亦须注明此由某处某分支迁走。续考中既已注明祖居,其不注者自知仍旧如此,则宗派厘然,于日后采访亦大有益焉。

一、族人名字一世一字,最为良法,今仍遵先世用五行相生义,周而复始,谨择定二十字,每字作上一字,下再配以别字。即另取名者,亦当自知为某字辈,庶族人见面讯明某字,即知辈次字数,用满再为续编。兹将联名纪世字列于后,合族揽观以便照用。再此次家谱镌板后,各门各支不难家喻户晓。嗣后凡命名字,庙讳固当敬避,即先世讳亦当一体谨避,不得二字相重,单字重不避。

一、如有乏嗣者,应过别支子孙承嗣,不许认义子以乱宗支。如四门第二十一支可兴公之孙,系以外孙为嗣名曰兰德,传至四世汝元、汝贞等均无嗣,后世不得援以为例。

一、谱内各名下先书字号功名,次配偶姓氏并叙其所自出及子孙数目,女所适名姓里居期于详尽,其失考者阙之。

一、兹谱长门三门失考者多或迁徙地方,或漏于采访,均未可知。疑,不尽无考也。后之有志有力者能访清补入,则善矣。(编者按:此条非例,姑附记于此。)

(季斌叙续修,光绪三十三年济南大公石印馆印本)

南皮侯氏

民国南皮《侯氏族谱》,《重修例言》:

一、自四世祖锡钟钊铍分四门为大纲,至九世各门分支为小纲,分门别派图考详明,使后阅者一目了然,不至漫无端绪也。

一、一世系九世,一图即一本,九族之义也。若世系考九世则限于篇幅,故前五世后四世中间一线相接,与世系图相符合,看自明。

一、九世前四门总续,九世后四门分续,二门传至六世乏嗣,长门、三门、四门分续而已。

一、旧谱家传皆附世系考下,纷繁难阅,特叙于末卷以便观瞻。

一、旧谱家规八条,今增二条,共十条。

一、先人坟墓所在绘图注明,庶后世不至无所考据。

一、有过孙承嗣者,中缺一代,恐紊世系,权画〇于中间,以为统系,不致错误。

(民国七年重修石印本)

河北郎氏

光绪河北《郎氏世谱》(编者按:又名《牛胡鲁哈拉家谱》。),《郎氏宗谱凡例》:

籍贯姓氏。郎氏以前或分土封姓,未详其说,迄讳玉者为明宦,居今盛京之广宁县,始籍广宁,称巨姓。我朝定鼎神京,郎氏以佐命获封,遂隶镶黄旗下,称曰镶黄旗汉军籍,世家京师。

宗谱。一本之生,支属繁庶,由近及远,各祖一支。宗者支也,谱者世系其宗支,详明之也。郎氏之本始讳玉者,其支自二世而五,我宗当其五之一;三世而七,我宗当其七之一;四世而十二,我宗当其十二之一;六世而十七,我宗当其十七之一。至七世我宗方盛而为六,八世而十九。其他支之七世、八世不可胜纪,故于族谱中各立宗谱焉。

宗谱总图。于一页之半界而为方,一方之中横画格十,象数生一至十、十一至二十、三十传到无穷也。每格一傍直书一世,无分堂从。列齿递填,象雁行顺序,同契联芳也。本支既冠,夭绝必存,异姓继承,宦达不录,杜乱本。页或几尽附备余幅,纪无已也。

宗系分图。于界方之中直画格五,象五服也。横亦格五,取身而子孙至曾元也。每横初格名曰身位,始祖所居,一宗之地以但有身也,于是大标厥讳于中,分注字号、谥法、行次、所配所生,所生者或出继于某,无嗣者或援某以为继,于下详表之也,夭绝者本自无嗣,更无援继,虽不成宗亦必与名以在行列也。二曰子位,身而有子不限其数,尽列其名,象一门之内可居一鉴而爨可共也,只列其名,不详其注。以人各有身,身各成宗,大标特表可自立也。三孙四曾五元之位不列其名,惟识其数,单以级渐而登,登子登身渊源莫测也。

述传。其生也荣,及死也哀,功业成而人心悦,不期然而然也,强以致者孰能征是哉。所谓传者,先人之遗行,与闻诸公同特相契特地表而传之,以垂后人之规鉴。在兹也,述传者小子箕不敢湮没我先人,坐负大人君子之折中义议,用是沐手再拜而述之也。于传之前谨明所以述之之故,其后郎本传而述赞焉,何敢辞?

家规。夫礼禁未然之前,法施已然之后,均可大畏者也。奉法循礼,将终厥身以教子孙,虽穷必达。达者能不外是,富贵始可以长居我氏。坐承先荫,七世以上数百余年,外无犯法之羞,内鲜谣秽之耻,迄我八世以往期无毁堕。余征传流渊邈,故采诸可行可戒者各具数则,以为可行者或出于有而废于无,可戒者不恕其一而纵其再,是在族之贤而闻,望者共相劝勉而是否之。

外戚。外戚者,为所娶所嫁而赘也。夫男德既修,女助亦赖,故曰《易》基乾坤,《诗》始关雎,《书》美厘降,《春秋》识不亲迎礼。唯昏因为兢兢乐调,而琴瑟譬之。夫妇不可不慎也,述匹而贤妇称内助,择婿而显女托有终,是以妇党女宗可录而详明之,重戚谊之光望也。

修谱藏谱。我宗之谱迄七世而修,八世而成,九世而后可能而藏。藏之慎密者称孝敬,弃之如遗者堕名行,咸主其人,非前之者强求而迫致事也。其必藏之者以备参考宗续,甄辨规模,使我氏悠久无疆,不承先烈也。藏及递世不限时年,以继而修,比例而序,是赖学识者操其端焉。

(光绪抄本)

清河张氏

同治清河《张氏贻谷堂支谱》,《旧谱凡例》:

作谱之法,必以例言为先例。例言明,则全谱之纲领,一家之矩制。凡当笔而笔,当削而削,无不了如指掌矣。此当事者所以必起之于先而后发之于后,自有不容已者欤,作凡例。

一、首列敕诰,尊君也;次列家训,敬祖也;由是封赠次之,奏疏又次之。

一、世系支派图后分列行传赞,所以记德业也。

一、袭荫而后分列名宦、乡贤、庠序、国学、贡生、举人、进士、武胄、荐辟、恩荣、大宾、高年、吏员、掾史、孝义、忠烈、贤淑、贞节、门楣、祀田、官室、分宅、墓葬、古器、遗像、风俗、艺文、史传为二十九谱。

一、支派图先书名,次书字,次生年,次婚配,次子嗣,次寿考,次卒葬,所以备一生之本末也。

一、支派图注明原配、继配、嫡子、庶子,重所出也。男子夭亡者不书。女子有孝义节行者书之,明所出之不凡,而勖闺帏也。

一、嫡出之子虽殇亦书,明有子也;书有出之妾,重嗣续也;既出之妇不书,明其非我妇也。

一、出继之子于生父下注明，其子出继某为嗣，又于继父下注明，以某之子某为嗣，正昭穆也。

一、异姓养子于养父下注明，养某姓子某为嗣，又于本名下注明本姓，防乱宗也。

一、忠孝节义昭著当时者，悉采录传记；其未获表彰者，祇附书于末，所以重实行、励后人也。

一、德行功业懋著者，是有史乘传志，另为采录附于编末。余则略书梗概，不特仿信史之意，且以远夸耀之讥。

一、祖先手泽虽亡，其与未亡者同书，所以志古迹也。

一、每谱各引一小序，犹先经起义之意也。

一、每支行次豫拟十余字，顺文而下，后之修谱者照字挨次，庶无重复之病。

一、谱关系宗族，若不常为修辑，必致阙略杂稽。今落成之后，应时时增补，不可忘也。

一、宗谱勿得借与亲友观览，恐有同姓不族之人，辗转誊写，伪合一族以乱宗法，掌谱者慎之。

（同治十三年季秋镌，贻谷堂藏版）

宁晋张氏

同治宁晋《百忍堂张氏增修族谱》，《凡例》：

一、旧谱共四卷，今改为六卷，仍分十四款叙：金元始祖列祖作一款叙，明始祖至通判祖、孟祖世杰、仲祖世夔、季祖世隆作一款叙，孟门歧凤祖作一款叙，廷凤祖作一款叙，仲门雷祖作一款叙，霁祖作一款叙，季门佐祖作一款叙，佑祖作一款叙，伟祖作一款叙，仉祖作一款叙，价祖作一款叙，任祖作一款叙，秉孝祖作一款叙，附载云翼祖一款于后。

一、祭田设自承德郎通判祖下，又分三门：一曰孟门世杰祖，一曰仲门世夔祖，一曰季门世隆祖。今承先人祀者惟我三门族谱，亦以三门为先，秉孝祖载谱后，东门云翼祖亦载谱后。

一、每载一名先详几世，次详所自出，若过继者则以子字别之，次详其字号，次详其出身，次详其所配某氏，次详其所出几子，庶阅者一见了然。

一、封诰传记俱载本人名下以便醒目，即有一行之善亦于本名下简括载之。

一、奉旨入乡贤、忠义、节烈祠匾坊旌表者俱载本人名下。

一、过继者于本支名下系一过字，继支名下系一继字，后郎从继支衍派本支不复载。

一、养异姓子不载本人名下，注白圈；无嗣者注黑圈。

第十二篇　族谱

一、于异姓为子者不载,亦须注明与某村某姓为嗣,防姻亲也。

一、侧室无子者不载,有子者于正室下加及字,以别之。

一、失迷宗派者不得混入。

一、命名须阅总谱,不得上重祖先及现在尊长。

一、**族谱**不论份金多少,出份金者各领一部供藏。新添人丁随时续入,约定十年春祭吃会各**带藏谱交**相添注。如失谱不添注者,族长务行责罚不贷。每六十年一修。有居官者必修之,请族人办理,不然则族长设法修之。请族人办理或族中家业殷实、才干优长、留心族公事者修之,亦请族长鉴修。族人办理必须实心任事,不容有私意于其间,庶为祖宗许可,不然恐遭谴责。例云六十年一修,法非不善,但族大支繁多历年所惟恐散失难纪。今族人议定三十年一修,非敢多事,防失迷也。右凡例十二条悉酌旧谱胪列卷首,俾后世有所程式云。

(同治十二年本)

庆云崔氏

民国庆云《崔氏族谱》,《原谱凡例》:

一、庆云崔氏凡有数族,或同姓而不同宗,或同宗而原不同谱,概不阑入,所以慎别也。

一、自始祖至今凡十八世四百余年,第三世之第四支人丁较繁,自第六世以下别绘为图,以列宗派,庶批阅了然。

一、凡列庠序科目及登仕版者后附以考记其履历、生卒葬地,未详者阙焉。

一、异姓入嗣及出嗣异姓者皆注明使后之人有所考焉。

十三世旭谨识。

(民国二十五年铅印本)

丰润毕氏

民国丰润《毕氏宗谱》,《凡例》:

一、谱例法兼欧、苏,图传合一,庶世系事实开卷了然。其篇帙浩繁者,另载艺文。

一、谱传仿《史记》兼汉唐以下家法:书讳,书字,书行,书号,书生年月日葬某处,某地,某向,同圹者则书合葬。

一、凡名字有犯尊长之讳,存者更之,亡者音相近,而字不同者因之。

一、妇之父有官爵及年高有德则书某之女,所以伸敬也;非此,则直书娶某氏。

一、女名注父传下，称适某许聘某所以明有家也，其婿甥有显爵高德者则书之。

一、凡立继本宗，昭穆不紊，于所生父传下书往绍，于某继父传下书绍某人子为嗣，其有出绍外姓注明，以听归宗。

一、作谱所以传真伪，锄非种也。异姓并随母子，不许承继，以骨血不属，徒自绝也。

一、妇夫死再醮被出者，虽有夫子传下不书，以义绝也。但子不得绝，母可于子传下书嫁母出，母某氏生。

一、嫡妻早卒无子女者书之以崇祀，妾无子女者则不书，所以正尊卑之分也。

一、传赞所以叙事实，美功德也，不论仕隐有忠孝节义可为子孙楷式者则主传赞以颂扬之。妇人无论妻妾有节孝懿行者附书于夫传内，女有节孝懿行者亦附书于父传内，务须核实传真，使后人有所景慕。年未至五十者且未立赞，特于传内谨书之而已。

一、男子为乐艺僧道及为奸盗并伤犯祖冢，盗卖坟地，嫁女不计良贱者削名不书。

一、先世亲故所赠序铭纪志及哀挽诗文行状等作，系先人实录择而录之，使为一族之表。

一、祖宗笔札，自作诗文，堪垂不朽者亦能录之，所为手泽也。

一、各处坟墓皆先人体魄所藏，子孙当世守勿失，应绘图注明丈尺四至，以备稽考。

一、凡子女俱无，无所继立者始书止无子，而有女者书无嗣，盖以嗣虽止而气类犹未止也。男子八岁至十一岁为下殇，十二岁至十五岁为中殇，俱于父传下书某子殇，十六岁至十九岁为上殇，及二十岁以下，此皆系明立传以成人也。女未聘而卒者不书，以其未成人妇也；已聘未于归也卒者不书，亦以未成人妇也。

一、子孙迁居外里立业成家，传内详书，庶世远不致遗失。

一、祠庙为内神所栖，奉祀之所，前庙后寝，周围四至，俱谨记之。

一、先人并尊长名讳应当不犯，散徒不知而同者须照字音义改避。

一、继嗣有爱立，有利财产而立，皆非义也。盖继立或苟，则女后忌争讼不已，祸及孀妇矣。当以义为主，长子孤子昭穆失序皆不立，于同父兄弟之子立之，无则推而至于堂或从或五服序择而立。倘以亲戚异姓之子入继礼宗，公罚逐出，改立应继之子。苟继承之人利人之有，厚于所生、薄于所继，应以不孝论。

一、戒忤逆。五刑之属三千罪莫大于不孝，为子孙者触犯父母并祖父母及殴期亲尊长并大功、小功、缌麻尊长罪不可逭者也。至为人尊长属者，亦当正己，卒人平情乐易，以文王之止孝慈为法。

一、男女之道，原有定配，不容紊也。若不孝子孙不守礼法，以犯百恶首诛甚至蒸淫内乱，致蹈元世之丑，明太祖檄而诛之，家国一理可不鉴欤。

第十二篇 族谱

一、农为国本,食为民天,勤耕则仓廪不空、衣食有措。读书而蕴庶物伦常之理。修齐治平之要,在国为忠臣,在家为良士。为人立业,莫先于耕读两途。可以使祖父不失其贻谋,子孙不沦于困辱。至若工商之业,亦可资生。纺绩之事更为内助。毋好争讼而触法辱亲,毋犯偷盗而贻盖先世,毋蹈嫖赌烟酒而荡产,毋好游惰奢靡而玷前人,孜孜矻矻以立其志,兢兢业业以成其事,一族之中观型有自,斯谱之成有望焉。

(民国十九年排印本)

沧县孟村张氏

民国沧县孟村《张氏家谱》,宣统《家谱序》:

一、是谱前注世系图,后叙列谱,若为某兄,若为某弟,若为某子,若为某孙,若为同父同祖同其高曾者,推而溯之俱厘然不爽。

一、谱内各名下列书字号、行数、生卒年月、葬地、职衔、德业并列于篇内。

一、凡年已成人,又聘有妻室者,俱登于谱;如年未成人,只附其名于父谱之内,不另赘叙。

一、凡某第几子出嗣为某子,某系某第几子承嗣俱各注与某父图内谱内。

一、谱内各名下叙所自出,凡已没者俱称讳,现存者并直书名。

一、凡妻配某氏,系某人之女,女适某姓其人住某州某县某村某名讳某字某职衔并为注明。远而无考者姑阙不载。

时大清宣统二年岁次庚戌新春灯下谨识。

(民国十七年本)

民国沧县孟村《张氏家谱》,《凡例》:

一、凡吾族先世以来嘉言懿行莫可殚述,惜夫世代变迁多所湮没,兹或得之耳闻,或得之口授,凡一言一语皆先人已经阅历,后人所当恪遵勿替者也,爰弁简首以立规则。

一、万物之生也本乎天地,人之为物而生也本乎父母,故孝悌为百行之原。吾族祖训孝悌力田为处家之要道,如有不孝不悌不公不法者,尊长犯则卑幼劝之,卑幼犯则尊长诫之,倘劝诫之不从,则阖族攻击之,永摈族外,削去谱籍。

一、吾族子弟明敏者令其读书,以图上进;鲁钝者令其力田,以便持家。若无田可耕,令其学工作商,以其仍居四民之列。其为僧道仆隶等,玷辱宗族者,削去谱名与众弃之。

一、吾族子弟如有不在四民之列而任意妄为、流入匪类者,削去谱名与众弃之。

一、螟蛉义男并过继他姓为子者是为义分,世间此事仍复不少。然吾家子孙繁庶堪成巨族,户大则丁多,岂容若辈乱我谱牒乎!是以修谱之际,公同指天矢日共严其辨,不惟恐乱我宗族,抑恐获罪于祖考也。

一、仆随主姓本无取义,我宗族子孙蕃盛,决不藉此辈以为羽翼,何苦使之自失其姓耶?传久失真,则冠履倒置,凡我子孙当永戒之。

一、谱有世系,所以分支派也;有次序,所以别长幼也。吾谱自四世以下,长分二支,次分五支,故有老五门少五门之说。至七世,老五门分为福禄寿三支,少五门分为甲乙丙丁戊己庚辛壬癸十支,焕若列眉,灿然可考,一开卷而了然在目矣。

一、谱中仿照历履式大书本人之名,名上横题世代,名下直书父讳以及生年卒葬,所以慎终始也。次书职衔所以崇品也,书德业所以尚贤也,书子女所以垂久远也。

一、男子在成人之列者,方与立谱;未成人者,只书其名于父谱之内。女子已适人者,方书适某村某姓某名于父谱内;其未适人者,虽已许字亦不得书。

一、吾族自先世以至于今,凡系同族即相亲相敬,和衷共济。如遇为外人欺侮等情,则群起一律对外;虽本族无论有若何前嫌,如拨云见日,日出冰消。后之子孙倘能踵而行之,所厚望焉。

一、族中子孙名号,嗣后以"兴学淑名立、泽厚裕庆昶、家传自思守、昌懋镇万方"二十字为宗派,按其所排何字即知所占何辈。谱以二十年为重续,期间便于举行绵先世之泽、继前人之志,更所望于后起者也。时中华民国十七年季冬上浣榖旦谨识。

(民国十七年本)

南皮集北头刘氏

民国南皮集北头《刘氏族谱》,同治《序》:

余刘氏自前明北迁数百年矣,初隶籍于沧州,卜居于上河涯,上追泰公为始祖。传至六世,树公迁居刘树庄,鐄公迁居里坦镇,离居散处,宗派各续一支。迨至十五世相左公恐一脉失传,与十六世孙接三公采访各处支谱以**登老谱**,盖亦敦本睦族之义。观阅之下内多复名之弊,族议亡者存之,生者更之,幸勿**再蹈前辙**。至于谱之体式,老谱自文武二支以下分支无定式一支以续,虽有经纬图式,难免分支不清,次序颠倒,观者难明。未若里坦谱式,五世一周,六世一分,经纬(图)式,历历分明,观者省目。谨遵里坦谱式,将老谱总归一体,则可以为后世之准绳矣,谨为序。时同治十三年岁次阏逢阉茂桐月榖旦十七世孙观德谨述。

(民国二十三年续修本)

第十二篇　族谱

旧沧州马氏

光绪沧州《马氏全谱》：

《叙谱宜避例禁字句》，恭维**序谱载**记行述，本属承先启后之美举，但我历世祖公不过忠厚传家、耕读为业，其中如有**名籍登**仕籍或贤孝节义，堪为后世仪表者，只可各就其本质叙其实事，不可过于粉饰，妄生要誉，致生疑议也。至于赞扬以及叙事引用字，切恐无心冒犯例禁之条，所关非细，祈请质诸明人详细斟酌为祷。即闲常文墨之举，亦当逐加谨慎为要。后之叙谱者万勿率忽，致有不虞之事也，至嘱至嘱！谨此百拜以志。

（抄本，沧州马学华藏）

南宫孔氏

光绪南宫《孔子世家谱》，《修谱凡例》：

一、家谱标题旧曰"孔子族谱"，与凡家乘何异？昔太史公叙孔氏世次，特称孔子世家。素王之尊，等于列服，此家谱所托始也。

一、家谱限六十年一大修，三十年一小修。大修以甲子为期，小修以甲午为期。

一、前定十字：希士、言伯、公文、彦朝、承永、宏以、闻知、贞用、尚之、行懋。

一、后定十字：兴起、毓钟、传振、继体、广京、昭显、宪法、庆泽、繁羽、祥瑞。

一、后定十字：令、德、维、垂、佑、钦、绍、念、显、扬。

一、鉴定：袭封衍圣公孔昭焕。

一、鉴修：七品执事官、生员孔兴教；

　　　　　七品执事官、监生孔毓丕。

一、编次：廪善生孔毓均；

　　　　　生员孔毓秀；

　　　　　生员孔继任。

一、校阅：尼山奉祀恩生孔传哲；

　　　　　中庸书院奉祀恩生孔传勋；

　　　　　生员孔传斌。

一、督刊：家庭族长孔毓凰；

　　　　　监生孔毓坦；

　　　　　瞿姓圃奉祀恩生孔传勤；

　　　　　监生孔继锟；

　　　　　息聚春秋书院奉祀恩生孔传鉴。

总录阙里六十户并附圣祖遗像、子思祖遗像。

（光绪六年刊本）

江苏

仪征蒋氏

民国仪征《蒋氏族谱》，《谱例·凡例引》：

谱亦作例者，何也？所以昭法戒而立规模也。法戒不严，何以齐我族类？规模不设，何以正我家风？则谱之有例，岂非宗族之至要乎！况族众丁繁贤愚不肖之不等，若非大申其约束，则怙侈成风、玷辱祖宗者有之，伤败彝伦者有之，种种恶习伊于胡底。是子孙之为箕为裘绳绳相继，父父子子兄兄弟弟夫夫妇妇，油然有仁让之风，秩然成礼教之俗，端赖宗之攸存也。予族前因谱失，兹乃分门别类复定为凡例二十法条，粲然足为族人观法。越在后嗣其尚竞，惟例是永遵守勿坠。

（民国版）

宜兴王氏

民国宜兴《王氏宗谱》卷一，《家规条例》：

按：国有律法则人民不乱，家有规条则子孙循守。要之国法、家规可相循而不可悖也。自今以后有犯之者，皆乱法之子孙也，宗祠重处不贷。

一、谱牒既成，天叙民彝，焕然昭明。欧阳公云：一谱成而家道立矣！子孙当珍藏之，非若金玉之既失而可复得也。龙门子云：二十年不修谱者，比之不孝。有家者可不慎诸！其谱牒分散各房，其公谱置之祠堂，以防不测之灾。如此则文献不泯，而家世有征矣！

一、钱粮系朝廷重务，须依限期上纳，毋得恣意迟延拖欠，贻累经催，如有此等子孙，听宗长会同房长深为管束，照钱粮数目定罚，严追上纳，不许轻纵。恃强顽抗者送县惩究。

一、治家以风化为先。本宗子孙，敢有淫污浊乱，败坏人伦，以及为盗为窃破案犯法，宗长房长访确，情真罪实，急缚扭送祖墓坟前，或在宗祠绳以家法。

一、生子而命之名，必须检点宗谱，毋犯祖讳，有犯之者，即宜改正。

一、父死之后不必改名。名乃父所命者，改之是忘父且逆命，大不孝也。慎之慎之。

一、典收宗谱，不拘族长，凡贤而有德者皆可掌之。务宜藏之敬谨，毋为童稚点污、虫鼠毁伤，并私自添注。倘或不谨，万一疏虞，则咎在典收，刊印赔偿。

一、宗谱必须贤而敬祖者掌之。但诸家谱云，十年一续、二十年一修，如有十年不续、二十年不修者，子孙罪同不孝。

第十二篇　族谱

一、家之有谱犹国之有史,史以记存亡、明理乱、书善恶,以为后世劝惩。谱以录本源、序尊卑、别亲疏、惩善恶,以为子孙法戒。谱之与国史并重也,岂轻小哉!

一、本宗子侄,如有不孝不悌、游手好闲、赌博酗酒、妄作非为,或有干犯,俟清明或月祭日,检举开报,即拘赴祠质实,任凭宗长处罚施刑。违者,听各房长具呈解送。

一、支庶之子,皆不得为宗而主祖祢之祭。如父为大夫,父存则从其父,父亡则从其兄。支子之长子始得继祢小宗,以次传嫡至元孙,始得继高小宗,而全祧高祖之上一位。此五世则迁之意,难比大宗祭自始祖而百世不迁者,见支子所以异于嫡子也。此因论宗法而广其义也。

一、凡无子者,或先择兄弟之子为嗣,及后己又生子,仍以己子为宗,继子为支,不拘年之大小,此盖为宗子立法之意也。

一、凡子孙远徙出赘而音信不绝者,记其后嗣多寡及所居地名一体收录。若音信不通,亦须渐次捱访,不可弃为路人也。

一、祭期定于清明、夏至、中元、冬至,效古人禴祀蒸尝之义。如有届期不举及有事不到者,公议罚银入祠公用。

一、夫亡转醮,子不得以为母,中冓贻羞;夫不得以为妻者,祠不立主。

一、所娶之妇卒于子姓之门者,虽无所出必载其氏,以见亡过是妻之义,年轻者亦如之。

一、族有极贫不能殡、不能婚娶,而非系不肖者,量助婚葬之费。

一、子孙出往在外为人奴仆者,其亲房当招抚归家,以承先祀。如此人甘为人下不服招抚者,谱削其名。

一、谱之有图,所以著支派之源流也;谱之有传,所以详一人之始终也。兹谱五世为一图,后系以世传,俾阅者按图寻传,易于查阅云。

一、世传内凡名号、履历、妻妾、子女、生卒年月、葬地,随其人所有,悉书不遗。

一、五旬以外者,书享年;未及五旬者,书年。其配室生卒不能遍考而悉书,惟遇覃恩封赠及守节与高年者书之。

一、妻死续弦者,女则书继娶,妇则书继纳。妾生子者,则书于其子之下。有一人而原配、继室及妾生子者,则书明某出某出,重所自出也。妾无子不书,重子不重妾也。有女亦书,明所自出也。

一、殇子,二十岁以内者,书其名于父传之内,曰早世;二十岁以外者,亦列于图传。未娶者书早世,娶而无嗣者书不传。

一、本族子孙有无子者,或生前或殁后,当遵照律令、朱子家礼,取本支昭穆相当之侄,告诸宗祠而立之。本支无应立者,次及旁支。其间或立贤或立爱,俱须昭穆相当,不然,是为违法徇私,而改立不能免矣。族中凡无子而立嗣者多有,其不娶无子及不应立而不立有之,而愚夫悍妇不欲立者,俱书曰无嗣。

一、凡子继兄弟之嗣者,必先书其名于本生父世传之内,明所出也;不复列其图位于本生父之下,重为后也。

一、遵修谱条例,男以作非为、甘仆隶、从释老而黜之;女以背故夫、弃婴儿、更他姓而削之。其余合载,详书无遗。

一、凡革出祠者,若有子世系仍列其名,系不可中绝也;不列于传,以示黜也。

一、本族子孙,有继外姓者,书出继某姓,重一本所析,犹冀其遄归也。

一、不顺父母、凌犯长上,有伤伦理者,告知族长,痛加督责。如不改,送官究治。

一、女子以于归为家,须于父传中书婿之姓名,俾后之子孙知婚姻所自出,其所生子有登科第者,附书以彰门楣之光。如有适非吾偶者,削而不书。

一、凡诰敕谕文者,为列圣褒宠臣工之典故,敬录之以耀恩荣于不朽。

一、凡崇祀封赠、科甲明经、荐举、恩荫、国学胶庠、散职儒士,已于世传中备书,履历仍以类表而出之。诸妇女以节烈闻者附后。

一、凡祠堂墓屋,皆详记其建置始末,使后人有所稽考。

以上各条皆系祖先垂训,子孙咸宜敬畏以警将来,慎勿视为闲谈以犯家法也。程子云:国法严而家法更严!慎之慎之!

(王闰根主修,民国三十四年三槐堂木活字本)

宜兴篠里任氏

民国《宜兴篠里任氏家谱》主要内容:

卷一:谱略、凡例、旧谱序(编者按:共二十五篇。)。

卷二:恩纶录、崇祀录、荣典录;祠墓记述、宗法上下、附捐数。

卷三:祠宇图、墓图、世系图。

卷四:总世表。

卷五:大分世表。

卷六:二分世表。

卷七:三分世表。

卷八:四分世表。

卷九:先德录。

卷十：先德录诗。

卷十一：存疑录；奏疏、论著、诗。

卷十二：征信录。

卷十三：名位录。

卷十四：壶范录。

卷十五：神位世次。

卷十六：邱陇志、螟蛉图引、领谱细号。

(任承弼编，民国十六年一本堂刊本)

民国《宜兴篠里任氏家谱》卷九之四，《筠冈公传》：

筠冈公传二十一世　　　　　兵备道加三品衔　赵翼云崧撰文

老友任筠冈先生，余辛巳同年进士也。揭晓后，握手通款曲，恨相见晚，既同兰谱，又笃梓情，同寓京邸，怡怡如也。余入词垣，公宰剧邑，宦辙分驰，良觌未易。嗣观察粤东，予告归养，时公亦以告养归，重晤于莳庭太守官署，廿年阔别，复欢聚如少年时。白头二老，剪烛谈诗，谓足慰暮年岑寂矣。不料遽赴道山，厥子朗峰、通守，偕其季，持公状，嘱余立传，余奚敢辞？谨状。

公讳震远，字孟馨，号筠冈，世籍荆溪，代有伟人彪炳志承。曾祖翠微山人，诗笔古奥，胚胎初唐，合河中堂所称穷而益工者也；祖澹园公，隶国雍；父约亭公，族铨司马，以公秩赠如其官。公生而颖异，嗜读，漏率四鼓为准。岁甲子，偕仲弟同补弟子员，旋入成均，壬申隽京兆掇高魁，辛巳成进士，出家鹿泉总宪房，鹿泉为一代宗工。得公文击节不置，亟荐之主司。诸城、金坛两中堂金云，吐气如虹，淘金华殿中人物，擢置高第，廷试以知县用。铨授江西瑞昌，瑞昌为三楚通衢，车马如织，酬应纷然，公以静镇之，案无留牍。凡陈供、帐应、驿传，一草一木，不以累民。此瀼水乐只歌所由，汇成全帙也。大吏廉其能，**调繁都昌**，地大**难治**，鄱阳八百里，葟蒲中乘闲窃发，公处之以严，置逻卒，设巡船，躬探**其巢，捕获甚众。擢摄**宁都、直隶州篆，旋调大庾梅岭，为粤东门户。公教养备至，举乡饮，勤月课，今戴中堂实公所拔士也。戊子丁外艰归，闭门读《礼》，不干谒当道，惟以课子侄为务。服阕，谒选补福建邵武令，时太夫人年逾七袠，仲弟芳屿又以知县试用浙中，公依依膝下，不忍遽离，太夫人严辞促之，始就道。抵任后，严明一如治江右时。未币岁而调繁同安，同安滨海，疆地广阔，出海八十里，厦门澳亦隶焉。海艚商舶，稽查孔繁，俗尚枭兢，聚族械斗，历奉宪檄，未能禁止。公慨曰：是皆不教之故也。爰建轮山书院，延名儒，导以先器识后文艺之旨，朔望敬宣圣谕，命乡耆举行乡约，恐其驰也，更密侦之。比公解组，时械斗之风戢矣。丁酉告终养归,交兑既楚,有派赔、帮补各款,计二万余金,尽鬻田产以偿。公故饶干赀,因此中落。公尝云:古人为贫而仕,吾其为仕而贫者欤!斯言也,信有征也。家居十余年,奉养慈闱,竭尽孝谨。衔恤后,就养湖北,时朗峰摄兴国州牧,兴国与瑞昌相距百里。瑞昌民闻公至,老幼百余人举舆来迎,盘桓旬日。昔之竹马儿童,今且苍颜白发,公于此时不啻令威化鹤重来也。旋掌教沔阳,继复主骥沙书院,训诲周至,深得士心。邑有公事,不避劳怨,率先为倡。驭族众一循祖制,不事苛刻,亦不瞻徇。主修第九谱,公正严明。教子侄极谆切,严祠课,公年七十余,**犹搦管沉吟**,与诸郎角艺云。丙辰岁,以疾终于家。敕授文林郎、福建同安县知县,以子**秩晋封承**德郎、湖北郧阳府通判。配潘安人,与公同庚,先公四年卒,克尽孝道,驭下宽厚,女中师也。子四:长颖,广东南雄通判,署知府事,绰有循声;次俊,太学生,工墨,兰名噪吴楚;次良,太学生,早卒;次文,廪膳生,与余儿延伟同入泮,擅文誉。孙男十一人,长庚,候选县丞;次朗,即选府经历;余俱业儒。

(任承弼编,民国十六年一本堂刊本)

民国《宜兴篠里任氏家谱》九之四,《锦洲公传》:
锦洲公传　　　　　翰林李兆洛申耆撰文
公姓任氏,讳陛抡,字季英,国子监生。锦洲,其自号也。天怀坦易,以闲适自喜,不屑屑于世俗。任氏故簪缨族,公孟仲兄既以甲乙榜起家县令,叔兄亦擅文誉,序贡候铨司训。公竟弃举子业,独留意古书史,尤陶于奕,虽穷日夕不倦。洛婿于荆溪路氏外舅任出也,因得与公长次两君交,皆精神发越、了世事,意庭训所得。迨登堂拜公,熙熙然和以易,休休然有容。接之既久,其言蔼吉,其气浑且厚,窃叹异之。公长君以庚申乡荐,次君博学多文为名,诸生与洛尤契厚。两孙俱蜚声黉序,幼亦**聪颖嗜**读《洪范》、《五福》。公以一身备之,乃知公惟浑且厚,以福其身,以昌其子孙。人**徒羡公**之尊荣,而可不究其所自来欤?公事亲孝敬。于诸兄始分授宅,蛟桥南甲第也,让于伯氏,终身不形辞色。配孙孺人,夫妇相庄至白首。待族党胥有恩谊。以嘉庆十三年又五月卒,寿七十有四。子三人,孙五人。赞曰:人各有所寓,琴书字画皆其寓焉者也。奕虽小数,然机巧变诈者不能好也。彼机巧变诈者,于世事且不暇,而暇营其心于一枰之上哉?锦洲公浑厚,与世无迕,乃寓情于奕,独深绝乎机巧变诈之为,可知其所以禔福者矣。

(任承弼编,民国十六年一本堂刊本)

民国宜兴《宜兴篠里任氏家谱》卷九之四,《衣堂公传》:

第十二篇 族谱

衣堂公传二十三世　　　　总宪纪昀晓岚撰文

余所得士任子衣堂,名英,字绍言,又号湘坪,江左宜兴人也。宜兴故才薮,而乐安任氏,自周降皞济,汉封广阿,迄于有梁新安,功多以引以翼。聚族而居,代有令闻,并踬巍科。衣堂上承家学,蜚声黉序,岁德在庚,秋高拔帜,壬春花灿,与宴琼林。既入金门,乃步芸馆。令德之裔,世绪克缵,厔西水浒,灵秀钟焉。壬戌,余奉命典春官试,得衣堂卷,爱不释手。证之熊、戴诸公,佥以为然。揭晓晋谒,知为江南名士,前岁出陈何两公门,文有定价,甄录同符。首夏圆明园覆试,**洎朝考殿试**,均膺首选,列二甲,点入词垣。诹吉仲夏,入翰林院,行凤池故事,昕夕晤语,**意致惬然**。复奉谕旨:今岁溽暑正烈,准停课一月。迨七月望开翘材馆,课皆前列,诗赋胚胎庾鲍,且饶汉魏风格,**楷法远宗大令**,近抚松雪,一时同馆咸钦仰焉。衣堂以长安旅食日费不支,且窀穸未营,**常萦寝梦**,陈情婉乞告假南旋,准以癸夏赴馆。不谓轻舠挈眷,冒暑长征,郁热外逼,二竖特来。购医药而无从,复旅赀之将匮,路至天津,竟悲溘露。嗟乎!才人命蹇,玉笋班空,余独何心,能不悲哉?曾哭而祭之,为制挽章云:箕斗怅迷津,何似买田阳羡好;圆书空秘府,翻怜种竹玉堂多。迄今回溯之,犹凄然欲绝也。虽然寿则已矣,而其文自有可寿天壤者。岁科诸试牍选刻遍江南北,久脍炙人口。乡会闱墨及馆课诸艺,揣摩家奉为圭臬,亦复价重鸡林。使衣堂而得假长年,尽读中秘书,备承明著作,入则给笔札,赐上方;出则握冰壶,持玉尺。瞬且领袖木天,赞宣纶扉。当必学益沈、才益卓,其伟篇巨制,有足勒诸金石,以黼黻郅治者。奈何青年残折,遽赴玉楼,天耶?人耶?吾乌乎知之耶!余典试数矣,列吾门者几遍环宇,而于衣堂之文独心契焉。其理解真,其法律整,酝酿亦厚,传世行远无疑。余年垂老,行将辑其遗文,汇成全帙,付诸剞劂。非敢漫诩傅灯,聊志文章知己耳。奈其家**婺甚**,**厥**子稚弱,无力付梓,姑俟异日。衣堂有知,或不我咎欤。衣堂为支轩公次子,翁虽**幕游**而课子极严肃,衣堂持身廉洁,语言侃直,盖本之庭训者多。由邑增生中式,庚申举人,壬戌进士,翰林院庶吉士加一级,卒于嘉庆癸亥,年三十八,祔葬父茔。原配徐,继配吴,例封安人。吴安人艾年矢节,思劲抚孤,例可请旌。子起赓能文善读,或可绳武云。

(任承弼编,民国十六年一本堂刊本)

上海曹氏

民国《上海曹氏续修族谱》主要内容:

第一本:目录、序文、谱例、世系总图、宗支图、世谱。

第二、三本:世次录。

第四本:封赠、荫袭、崇祀、褒扬、志载、遗事序文、茔墓、宗祠、田产、族会简章。

(曹浩、曹棣续修,民国十四年崇孝堂排印本)

民国《上海曹氏续修族谱》卷四,《录上海县志烈女传》:
孝妇、孝女

张氏附女曹氏,御史曹锡宝妻。姑张氏病,割股疗之。女适海盐监生陈憼,在室时父病危,女亦割股愈之,见锡宝所撰哀辞。张赠恭人。道光癸巳年旌

孙氏,诸生曹洪业妻,在室时尝割股以愈母病。道光癸巳年旌

曹氏,树模女,邑城人。四岁丧父,兄继殁,及长矢志不字,孝养寡母,并抚兄之子女成立,光绪四年殁,年七十八岁。光绪九年旌

贞女

曹氏名耀楣,进士树奎女。父母亡,伯兄及嫂继殁,女矢志不字,抚其子女守贞,至同治七年殁,年四十。光绪九年旌

曹氏名基娴,邑城耀杓女。字倪绍元,道光十一年年十六,绍元亡,矢志靡他,守贞三十七年殁。倪氏迎柩,与绍元合葬。光绪九年旌

烈妇

刘氏,名应月,廪生梦金女。字曹锡舆,年十五,闻锡舆讣,悲伤不食死。道光十三年旌

贤妇

赵氏,莆田知县曹泰曾妻,进士子赡女。事亲先意承志,不饰以文。夫性刚直,每以嫉恶勿过、催科勿酷焉。言家故贫,仅供饘粥。其居官也,如其家,以故泰曾得行其志,及以辨冤狱去官。氏曰:与其枉而留,不如直而去。训子聂宏、培选、一士甚严,曰:童子失学多由父严而母恕,如人一手规而一手矩也,吾不汝恕。三子咸感,奋力学,知名于时。氏卒,赠孺人。

陆氏,给谏曹一士继妻,名凤池,赠闽县知县青浦租彬女。一士未第时,负重名游四方,氏任奉养,加意定省,能令二人忘其手之不在左右者。先是,一士元配张氏,国子监典簿汞岳女,性至孝,既殁,恐难为继。至是,乃以屡得孝妇为幸。然家贫,率为无米之炊,暇好吟咏,尤喜读《离骚》。尝私语曰:吾爱楚词,恐年不永。一士赠诗曰:幽意闲情不会知,碧窗吟遍楚人词。添香侍女听来惯,笑说书声似旧时。已而果亡,年二十七。一士检其生平所著为一帙,名《梯仙阁余课》,陈鹏年、储大文、焦袁熹为之序,见《文渊阁存目》。继刘氏,贰尹乘六女,娴妇道,克相其终。子锡端,妻张氏,名妙荣,前明汝弼十一世孙女,亦能诗,有贤行。陆氏,赠宜人。

刘氏,中书曹培廉妻,教谕贞吉女。曹素封好义,凡祀祭赡族及亲串婚丧大事,无不

襄助,综理周密,视如己事。遇妾以恩,驭仆婢以礼,而于事亲训子尤加慎焉,赠孺人。

才女

叶氏,监生曹锡辰妻,名金支,字秀华、凤毛。女少学诗于父,于归后与锡辰专事苦吟,日相觅句,至老不辍,有《效颦集》《安神闺房集》。锡辰从孙诸生树烈,妻陈氏,名微兰,诗颇超隽,与叶唱和为多,有《谷香诗钞》,惟晚皆因于贫病,稿多散失,所有见《谯国诗钞》。

曹氏,名锡珪,字采蘩,一士长女,适南汇进士叶承。承出宰常山,寻改教授归,氏饭蔬安贫,吟咏自得,刻有《拂珠楼诗稿》,见《文渊阁存目》。

(曹浩、曹棣续修,民国十四年崇孝堂排印本)

武进毗陵庄氏

民国武进《毗陵庄氏增修族谱》,《总目》:

卷首:序、原序、凡例。

卷一:世系表。

卷二至卷七:世系录。

卷八:诰敕。

卷九:科第。

卷十:崇祀。

卷十一:训诫。

卷十二上:年谱。

卷十二下:事述。

卷十三:铭状。

卷十四:祠堂、茔墓。

卷十五:祭田 房产附。

卷十六:著述。

卷十七:居徙逸事附。

卷十八:盛事。

卷十九:国史列传、一统志传、府县志传。

卷二十至卷二十一:家传。

卷二十二:遗墨。

卷二十三:检字表。

卷末：历次修谱捐数、修谱人名。

（光绪印本）

民国武进《毗陵庄氏增修族谱》卷首，嘉庆辛酉年《旧谱义例》：

一、原谱载公世系小引一篇，图已散佚，今从世表中考订补成完图。自镇江始迁金坛之远祖邦一公，八传至秀九公为一图；又自金坛始迁武进之秀九公，至今现在之子姓共十七传为一图。支分派别，脉络井然，秩简而明，俾观者了如指掌。

一、世系酌用苏氏法，一祖起家，累代相继。长则紧接本宗之下，次则顺接其后。譬若木之由根，而干而枝而花叶，秩然不紊。世表酌用欧阳氏法，仿史氏年表，例以五世为一班，又取法近时名谱著世录以志之。各名下首书行第几，次字号，次官职、科名、庠序；次娶某氏或继娶及侧室；次书男几人，注明嫡某、继某、庶某，出女如之；次及生卒年月日，六十以上书寿；次葬所；次移徙；间由未知者，姑阙以俟查考。

一、欧阳永叔世表五世一班，前后成接，另起则有复见。今既参用世录以著其详，则子姓浩繁未免简秩多费。酌于五世另起一班处题明某分某人子于格上；再于每卷中心旁注某分并住居，则不用复见而世次秩然不紊。

一、谱内例有婚姻志，今不及另叙，即于各名下配偶其祖、父显名者，书其职衔讳某孙女、讳某女。或由外籍则书某省州县，详自出也；继娶如之。女子未嫁书字，已嫁书适。婿之姓名并官职、科名、庠序皆书之。

一、嗣子必于本人下书系某人子嗣，于本生父名下亦书子嗣某。倘有以外姓入嗣者，**谱内概置不登，恐紊宗也**。至族中或有出嗣外姓及迁徙远方并相从释道者，仍于本名下**注明**嗣何氏、徙何方、出家何所，使日后归故土、复本宗不迷所自，而族人亦得执而查考焉。

一、妇女守节至三十年者，书旌奖及苦节以表之；其少年守节未满年例而亡者，亦书节。他如贤母孝妇烈女必详书之，以励阃德。妾媵有贤行并得书。其或有失德或再醮者，谱法则除其姓，以寓微意；无所出者直削之，恶失节也。

一、族众命名制字有犯重、犯旁支尊长讳者，即其人已故而现在之子孙亦当代为改正入谱。乾隆辛巳，忍斋公增修谆切诚谕，令各行改正，并嗣后命名各宜查谱，毋得再犯。兹嘉庆丁巳续修，犯者甚夥，不胜其改。因公议单名添一字双名易一同音不同字，即有出身与已故者亦一例举行，庶几免予尊卑无序、长幼失伦之病。间有未添与易者，以其人或出仕外省或幕游远方迫不及待耳。嗣后务宜遵议查谱更定。至各分命名，亦断不得再犯，以乖伦序。

第十二篇　族谱

一、吾宗世膺宠命，允宜备载纶音，用光家谱。其有恩诰曾颁，及今遗落难于稽考者，谨登其目于卷端，以俟异日之补辑。至于卓异超迁科名盛事，亦俱叙入以彰荣遇。

一、凡奏疏皆关国计民生、伦常风教，自宜全载，而稿遗残缺者，不敢妄登。至于奏对暨阁部揭帖存留者亦并附入。

一、牌坊，郡邑观瞻也。自鹤溪公甲第起家，簪缨弈世。牌坊二座，刊载以垂不朽。

一、族分祠墓繁多，不胜刊载，各于本名下附入，以备核查。至祖宗祠墓志及祭田房产，逐一刊列详明，以防后日疏虞侵占。

一、家乘与国史不同，史家立传必加严核。家乘则祖父一行之善实有所据，子孙必宜表扬垂后。旧谱所有各传今仍一概刊入。至于宗人爵高望重，有钜公撰述志铭与国史相表里，亦宜载入，以备馆局征求，年表附焉。

一、祖考家训，子孙所宜世守，不可不载，以垂久远。遗嘱祠规附之，亦此意也。

一、吾祖自明弘治以来，发科登仕者，已百有二十余人，卿班接武鼎甲联翩，翰墨诗文不胜刊刻。唯有裨世道及宗族中事者，汇为著述，传信后人。

一、今谱刻资，各分照丁捐入，较乾隆辛巳修谱，三分内几多二分矣。盖彼时每丁只一钱，今则二百文；然其时刻资止七分，今则一钱二分。而设局纂修查考以及校对摹印费用浩繁，亦三倍于前，全赖族人仰承先志好义多捐。至谱成之日，将各捐数汇刊于辛巳捐项后，以传不朽。俾后世续修是谱者，或亦可仿例而行。

一、谱竣日，族众祭告祖先，酌量房分均给，收执者均宜珍重，切勿污坏损伤。庶翻阅之下，皆知木本水源，而敬宗收族之思油然其自生矣。

（庄清华等纂，民国二十四年铅印本）

民国武进《毗陵庄氏增修族谱》卷首，道光戊戌年《续增义例》：

一、谱中世系旧有二图：一自镇江始迁金坛之远祖邦一公，八传至秀九公为一图；一自金坛始迁武进之秀九公，至现在之子姓为一图。前图久佚，乾隆辛巳谱例虽谓补作，而实则前图仅有其目，嘉庆辛酉谱亦如之。今遵按世表补成前图，以符谱例。

一、世表内所书配偶，旧用"娶"字，今改书"配"字；继者书"继配"二字；娶妾者书"侧室"二字。其遗姓者留墨，俟查明补刊。年久遗姓无考者，书"某氏"。娶再醮者书"室"字，继娶再醮者书"次室"二字。有出醮者削姓空白，以别薰莸。

一、前谱所定承嗣兼祧，后未别。经公议：接续有人，子孙不得擅自改易。

一、名宦、乡贤以至孝友、艺文及烈女、贞节，向惟注于世表之内。今另叙人物总目，分别门类，复增缔造祠业及艺术等目，汇为一编。既可便于循览，且备异日馆局征求，以免临时搜辑致有遗漏,故于烈女贞节采录尤详。其在现存之人,有实系苦志守节而年例未及者,亦得列入,以待他年题请旌表。至艺文一类,非前谱世表已载及众所共见共知者,皆先以所著稿本送局公同审定,方得注入世表。而列入总目者,则为已故之人。闺秀艺文亦一并送局,惟以向无注入世表之例,阅定后,不论已故现存,概行附列目内。

一、郡邑志中有传前谱未刻者,今悉补入。烈女志传有成篇之文亦一并补刊。其自数字至二三十字不成篇幅者,惟照原文注于烈女总目之下。至为吾宗之女,虽有成篇志传,亦只于总目内编注,不复提出专刊,以符谱传有妇无女之例。

一、前谱中名与字号有与庙讳御名之字相同者,不问久远一律谨避,用同音字代之。其犯祖先之讳,而前人失于检改者亦然。至与旁支尊长重名或犯一字者,其在服内之人,现存则令改正,已故及服外者姑仍其旧。惟嗣后族众命名制字,务当详查谱中世系,凡为近支有服尊长,均不得名其一字。至于重名,则无论分之远近、行辈之尊卑,在后命名之人,并不得与命名在前者相重。如是则子姓日渐繁衍,此例亦不致窒碍难行。

一、前谱世表内,有遗载出身及生卒年庚并错误脱落之处,均详核传志各文,有切实可据者,并增补更正。至现在所开出身稍有假借及名称不实,据经驳正入谱。

一、各分子姓中间,有不肖悖恶以至刑伤过犯,有案可稽及自甘污贱有玷先型,于家法应革出宗祠者,并于世表内削名。其或情有可原,留名削注,用示惩警而予自新。至前谱从宽备载者,悉仍其旧。

一、谱中补刻郡邑志传及新增诰敕与传志行实家训等文,并系各分子孙自行出资,每篇定数二千文缴局,作刻刷工料之需。其在本分内有一人独愿捐刻者,篇末载明"几世孙某敬刊",以彰其美。间有例可列传而后嗣无人,则于公项内按照字价开销。

一、宗谱旧版所存无几,而可用者百不一二。统计全谱现刻字数不下五十余万,虽承办所需诸从节省,即梓工每百字钱六十五文,亦减于上届十分之二有奇,然卷帙繁多,为费甚巨。丁钱公议增定每丁三百五十文外,皆系各分子姓量力捐赀,得以集事。所有各捐数,仍照前例汇刊谱末,以垂于后。

(光绪印本)

民国武进《毗陵庄氏增修族谱》卷首,《光绪元年修谱凡例》:

一、出身仍照原谱,书太学、郡邑庠生及经魁、乡会魁名目。其由廪、增、附、纳贡、监者,则曰"廪、贡、监、增、附贡、监"云云。

一、官阶首叙初任之官,次书历任历署官及历充之差,封授书最后之阶。如得数人封赠,则分别书之,例授例封赠概不书。

第十二篇　族谱

一、旧谱官阶有不全叙而以"历官"二字该之者，有考则查明详叙，无考则"历官"二字下加一"至"字。

一、国初及明道员均以布政司参政参议、按察司副使佥事任之。旧谱叙国初、明代官阶"道"字下有不书参政参议、副使佥事者，兹皆补入，无考者空二格俟考。

一、旧谱义例配偶之祖父显名者，书其职衔讳某、孙女讳某，女详自出也。女所适，书其婿之姓名、官职、科甲、庠序云云。原例本极简明，乃旧谱与义例不符者殆十之六七。兹悉照旧谱义例书叙。

一、所配之父祖如名讳无考，则追溯其上可考之人，仍以一代而止。如先代皆无可考，仅有兄弟侄显名，亦以一人而止。

一、配偶之祖、父有官职，仅书官职，不及其出身；无官职始书其科甲庠序。婿则详叙其科甲官职及封赠，无官职科甲则书庠序，无庠序则书姓名，无名书姓。

一、所配之父，名讳无考，旧谱留墨俟考者，兹概删去。

一、所配守节，其事迹已分见志传家传及崇祀志中，兹仅于世表格书"守节旌表"四字样，不赘事实。未旌者不书"待旌"、"例旌"字样。女之贞节并不详世表。

一、咸丰庚申以后，族人遇乱被掳者，兹暂书"被掳"。

一、所配及女所字适系他县者，书"某县某氏"。旧谱于他县外省不书省县名，反书府名，有考更正，无考姑仍其旧。

一、旧谱于生卒年月日无考者，留墨俟考补刊。此次修谱难于留墨，便将空格以俟。惟二百年来未有考证，不必再留空格俟考，拟于生卒后书"无考"字样。其仅有生年月日，无卒年者，则书"卒"字以毕之。

一、子几人下，有书"早卒"二字者，则其名不列世表格。

一、旧谱世表有偶叙事迹及家人勤苦等者，兹概从删。

一、咸丰庚申以后，族中男妇殉难者甚多。兹于崇祀志中分别"忠义"、"节烈"两祠并稍叙事略。

一、葬所、崇祀、恤荫，志书有传并寿至六十以上，分别书叙。惟著作书"著作待详"四字于尾。

一、旧谱于男妇高年邀恩典者书"恭荷"、"懿旨"、"荣恩"字样，未为妥惬，兹改书"恭荷皇恩"四字。以上世表

一、旧谱仅有世恩、祠墓两志，其他行实、年谱、志铭、碑碣、表诔、家训皆散见卷中，似无类次。兹分为十二志：曰诰敕，曰科目，曰崇祀，曰训诫附宗约，曰事述，曰铭状，曰祠庙，曰茔墓，曰祭田附房产，曰著述，曰居徙附逸事，曰盛事。凡有文记，以类录存。

一、诰敕篇帙繁多，分为上、中、下卷。上卷为明诰敕，不用抬写；中卷顺治至乾隆朝，并谕祭葬文；下卷嘉庆至同治朝，皆照诰轴原式刊印。旧谱科目不分乡会榜，但依世数列名，下注某科举人、进士云云。兹悉照志书体例，由贡生至进士按前后科分明晰叙载，其荐举荫袭世职并附。

一、旧谱崇祀、名宦、乡贤，但叙大略于祠墓志。兹特列崇祀一门，以尊国典，而别官私。至所部士民公建祠、乡里专祠，亦附崇祀之后。

一、旧谱以宗约编列卷首，兹于训诫后附列宗约。

一、事述者，自叙及子孙编述之文也，亦以篇帙繁多分上下卷。年谱及自叙文为卷上，行述、行实、事略为卷下。

一、铭状皆名人著撰，列此志以广搜辑，且以别自叙及子孙编述。

一、旧谱祠墓仅载至第八世。兹将八世以后城乡祠宇并茔墓之区宙广者、官秩显者，分别详叙。至祭田房产，均依旧谱而加详焉。

一、著述分上下卷。上卷皆旧谱所载先代遗稿及畸零遗文；下卷备详所著书之卷目，分世数编列。

一、旧谱于各分居徙，仅于世表格尾注明并有遗漏，第宅亦未纂列。兹将城乡各分某居某地，并祖遗与构造之宅第，明晰纂叙，庶几溯源流而肯堂构，稽之家乘无讹。又子孙所记先代逸事并附焉。

一、庄氏自迁常郡久为望族，家门盛事亦累代有称。兹特列盛事志为四类：曰科第，曰恩遇，曰寿考，曰姻娅。至先代事，乡间耆旧偶有存之笔记者并附焉。亦分上下卷。

一、旧谱所载九老会诗并寿序寿诗，兹编列盛事志寿考类。但存旧有之文，不续后来之作。既立此例，则族中以寿序寿诗请刊者，概不编入。以上志

一、旧谱有志传谱传两种。谱传即系家传，志传则仅录县志所载。其府县志并有传者，下注曰"府志略同，编辑似未详备"。兹首辑国史列传及一统志传，别列一卷曰"二十八前卷"，以示尊崇。其府县志传，则为二十八卷。虽一人互见数传，亦必分别编录。二十九卷以下，则曰家传，分为四卷。

一、咸丰庚申死难族人有专传者，仍按世数编列家传。

一、家传标目俱从撰人本称，志中事述铭状两类，亦同此例。以上传。

一、志类、传类应辑各文，有于刷印成卷后始行送刊者，如世数悬殊无可衔接，则于每类之后，增印补遗篇帙。

一、谱中所增各志及按语、附记、标目，其有称谓处，多以修辑人之称，是以特附修辑人名于卷末。以上总例

第十二篇　族谱

(光绪印本)

常州毗陵王氏

光绪常州《毗陵王氏支谱》卷一,《例言》:

一、吾王氏历世以来,辗转迁徙,难以备载各志。于本人图中,虽近必书,以便稽查。其坟墓址基及可考者附详其墓记,余亦不能悉载。

一、生子,按苏法年至小学方许命名入谱,若欧阳法弥月即书以防遗漏。今只承遗矩,不泥欧、苏成例。凡在幼稚许概列名,俟后增修,倘有中下殇则减去不列,以其未成人也。

一、古法惟宗子无后乃应立嗣,其余则否,盖所重在宗与祭耳!原谱不拘古法,许各派无子者取昭穆相应之子为嗣。今尊遗制,嗣本宗者,则于本生父母格内书明,注出继某,重所生也。于所后父母格内则书嗣子某人,重为人后也!

一、本宗出继异姓者,于所图内注明出继某处某人为后,俟归宗之日入谱。或从释道者,亦祖宗一脉也,注明寓何寺观,使归宗之时可以查考。

一、娶妻在谨始,故原配聘而未娶者书聘,虽卒亦书。娶则书娶,继则书继。皆载母家之祖父官爵、地名及夫子孙之封赠,重宗祧也。至女子出嫁,书适某处某人,亦载其夫之官爵及其祖父之官爵封赠,则后人于婚姻之所自,庶不至冒昧无考云。

一、妻妾有青年矢志白首守贞,必表其行谊,或为之立传,崇其节以示劝也。有以罪致出,及夫亡改嫁者,各除其姓以别之,恶失节以示惩也。出母有子,则于子名下注明某氏生,盖子无绝母之义也。

(王向辰等重修,光绪十八年愿贻堂刊本)

常州毗陵胡氏

光绪常州《毗陵修善里胡氏宗谱》卷一,《胡氏宗谱小引》:

家之有谱犹国之有史也,史以记存亡,而谱以序昭穆。昭穆既明,宗支岂得而紊哉!胡氏谱牒灿然,历传千百世而勿失,则祖功宗德一展卷而概知矣。然是举也,向非廷臣、召珩、康侯、聿修、廷献、朝珍诸君善继善述,曷克臻此。自今以往,孝悌之心由然自生,氏族之繁正未有艾也。

时乾隆五年季春赐进士出身翰林院庶吉士蒋麟昌撰。

(胡伯良修,光绪五年敦本堂刊本)

光绪常州《毗陵修善里胡氏宗谱》卷一,《谱例》:

例者书法也,谱之所书,或以其人,或以其事,杂举而并录之,苟无定法则,或去或取,何所分别,故为立一定之例,俾后仿例书之,略如春秋笔法,使观者循例以定其议云。

(胡伯良修,光绪五年敦本堂刊本)

光绪常州《毗陵修善里胡氏宗谱》卷一,《凡例》：

一、人道莫大于亲亲,而亲亲有等,故服制有差,然古今大同而小异。功令宜遵,恐族人未克周知,故亦备列。

一、纲领祖训家戒先训家范,虽为天下通言,实有益于身心世故,故采集于谱首以示子孙。

一、总图仿苏体,联支脉也。一线相通,直贯父子,横分兄弟。自上达下,以见一本散于万殊之义；由下溯上,以见万殊归于一本之义。其统之有宗,会之有序,如水之万派同于一源,木之千枝由于一本也。观者循墨求之,而亲疏次序皎然在目矣。

一、横图依欧式,序昭穆也。五世一提者,法五服之义也。中止书名字、行号、生年、卒月,嫁娶、葬地,并所生子女。及至于才能起家,忠良仕守,有荣前荫后之绩,明宗睦族之功,或传或赞,以表扬其德。苟颓风非法者,不容载详。

一、谱以尊祖为第一义,作谱者必详其所自识、所自从。为祖者,有得姓之祖、始迁之祖。

一、有功德才长必书,传美也。有功名爵秩、沐国恩者必书,纪荣也。皆以为家乘光也。

一、世系先尽长房,后及次房,所以明昭穆明支庶也,须以宗派为先后,不以前后分尊卑。周制故宗庙之设,故以左右为昭穆,即为昭穆,分尊卑,故以父子兄弟相亲为序,虽从堂亦比次而为亲疏矣。是以先书弟后书兄,非敢妄为。

一、有字必书,便讳名也。迁居必书,记同源而异地便考核往来也。

一、生卒年寿必书,便长幼,志修短也。国号纪年与干支并书,便考证也。此中最易错误,但差一字,便乖情理。阅各家谱,如是者恒多。兹一切校正,甚费考算。阅者审之旧谱本宗表,但多纪年而不及月日时,今俱仍之。满六十者书寿,不满六十者书年,重其寿也。

一、族有忠孝节义成名节者,勤俭力学端本行者,表记谱内,为后人立行标准。

一、族无世卿世禄,大宗法不必举行矣,惟另立小宗可也。凡始迁某郡为始祖,夫胡庄胡氏一支,翼之公为高祖,至明承之公肇迁楼子村,越数传转徙谢家村、李家巷、中巷、顾家湾,历传十数叶,迭代相承,绵延永世。

一、婚姻书何姓人女,著其族也；书其里,示阀阅之称也；书配,父母之命,由六礼也。

第十二篇　族谱

一、配必另行书,重敌体也,继配亦然,同尊亲也。侧室亦然,引而退之也。三娶者不书配,例不受夫封也。外家里居及外舅名字有考者亦书,纪所自出,不忘本也。外家有贵者亦书,光家乘也。生卒年寿,一例同载,父母同亲也。书合葬,省文也。另葬则另纪明,欲后人两志之,而敬保之也。

一、书先嫡后庶,先长后幼,此宗法也。嫡母之下即纪其所生子女。若嫡子虽幼,不得退居庶子之后。庶母所生子女,亦必注之,庶子虽长,不得越居嫡子之前。

一、妇人能自三十以前守节者,当表其德行,嘉妇顺也。有自三十以外养孤成立,或窘苦可悯者,并书之,表后贤也。

一、凡无后者,宜以长房次子继之。如长房无子,宜以次房长子继之。如同胞之兄弟中绝,乃选于同曾祖兄弟之子可也。

一、若无以女赘婿者,或继异姓而舛宗者,断不可擅自入谱以乱宗法。悉遵旧例,不容淆入犯上。

一、族有德行、文艺、官绩、异行、孝子、节妇,凡谱中不能详悉者,宜别求当代立言。君子作为诗文传赞以志其事实于谱,垂之不朽,既不没其所善,且使后世子孙有观感云。

一、承继,例有应继者、有爱继者。先书生父名下,所生数子,以第几子出继某为嗣。

一、子孙出赘或作异姓者、或迁徙外方者,当详其所居地、名,一体收录。若微懦无闻,必须存其支派,以待查询,不可弃如途人。

一、葬墓必书,欲后人知所敬而保之也。旧谱夫妇合葬者,每并书于妻没之后。今按:有夫妇分葬者、有夫亡妻在者,宜归一例,故各于夫没后先书之。始葬新阡者详纪,后葬旧墓者略纪。

一、谱成汇钉,排列字号,各分分领,登入总账,记名某分某人领。各宜敬惜,勿污勿损,尤不可遗失。他日建祠,每年冬至须各分子孙会送入祠,续记添丁与后事,以便下次续修。

一、谱法效史实,纲常所系,风化所关,如妇人改醮者不书,警失节也。或犯流移大辟者不书,惩恶逆也;或穷奇术数,惑世诬民者不书,辟异端也;或为道者,书其出家于寺某观,明其所出也。

(胡伯良修,光绪五年敦本堂刊本)

武进锕川里姚氏

同治武进《锕川里姚氏宗谱》卷三,《谱例》:

一、吴姚锡姓,肇自唐虞,著郡沿于忠武,其间伟人代出,史册昭然。惟我锕川一支以始迁祖虎士公之父崇本公为始祖,迄今三百余年,条贯不紊。而自崇本公而上,世次难稽,不敢强为附会。故谱首历载原序、谱辨、源流等篇,以志功德之有自云。

一、谱中载忠武王神道碑、橘洲蒙泉两公行略传记碑志像赞,所以报本追远也。故宗词内推忠武王为初祖,而以橘洲公、蒙泉公陪祀,亦此意耳。

一、谱学之废久矣。自明以来,士大夫略不讨论体例,率尔操觚,徒为通人齿冷,此犹法所不禁者耳。若夫世表名目,家谱中往往而有,殊不知太史公三代世表,乃史例,非谱例也。本朝乾隆四十四年,生员韦振玉家谱内用世表字样,比拟僭用龙凤纹例拟徒,炳载成案。功令綦严,可勿慎哉!兹纂修姚氏世谱,一禀欧苏体例,不敢冒越纰缪,以滋罪戾。谨避表字,以世系谱别之。

一、谱内先列宗规,次载家训,所以昭慎重也。次用礼家宗图式系,联派属,别其世也。次用欧苏体例,世经人纬,纪其详也。系次先尽长房,所以序昭穆明支庶也。以五世另起,所以审系缀定亲疏也。至生卒茔向,备细载明,示不忘也。

一、履历贵在详明,使后世知第几世祖:讳某,字号某,娶何氏,所出何人,生年卒月何时,墓穴何地。有前所未载及今亦无考者,均从疑阙。

一、祖宗行状传志,或名公表扬、或子孙叙述乃祖功宗德所由传,悉为载入,不敢遗漏。

一、子孙有能敦伦砥节,或倡修祠宇,或捐置祠田,或设立义学,当悉登录,以示来兹。

一、子孙有科第功名者,概于本名下注明,所以鼓舞后世读书上进之志。

一、子孙名字,原不得与祖先雷同。详稽旧谱,其间多有一字相同者,沿流已久,更易良难。嗣后族人命名,一切应避字面,均宜加慎。

一、夫妇为风化之原,妇家姓氏阀阅,从其夫附见之。有节行者,必为立传以表之。其有因夫亡而改适者,墨其姓,惩失节也。

一、妻虽无子亦书,贵敌体也。妾惟有子则得书,贵传宗也。女亦子也,嫁者书,再嫁则不书。中下殇不书。男受室,女适人者,虽早亡亦书。

一、女虽出嫁,有节行可传者,据《春秋》录伯姬之义,宜书之,以表其贤。所适婿有显达者,亦书于女适某氏之下。外孙我之自出,亦如之。

一、继嗣以昭穆为定。当于继父名下注明立某人子为嗣,仍于生父名下注明嗣某人后。其或欲立爱者亦必以应继为先,爱继次之。若有以异姓舛宗者,众共黜之。至于以弟承兄以孙祢祖,国法所不容,尤家法所严禁。

一、族人有迁徙异地,或出继他族,或有故而相从释道者,必注明徙何乡里、继何氏

第十二篇　族谱

族、寓何寺观,使后日归故里复本宗者,可以稽查。

一、子孙有忤逆不孝、辱身败行、玷祖宗清白之风者,必墨其名。使善者知劝,不善者知戒。其子若能干蛊,仍叙入谱内。

（姚孟廉重修,同治十二年敦睦堂木活字本）

同治武进《辋川里姚氏宗谱》卷一二,《亡妹兰谷祔葬新阡志》:

妹姓姚氏,讳蕙,字兰谷,幼字郡城恽孝廉方正、钦赐六品衔梧冈先生讳秉怡孙,嘉庆戊寅恩科举人,前署浙江义乌奉化等县,今署太顺县知县子尚先生,名受章,长子国学生候选从九,署浙江金华县县丞恺,嫁有日而卒。卒之后,梧冈先生命恺来予家哭临尽哀,并欲迎柩归葬先域。祖母葛太宜人,以妹未归于恽不可而止,乃权厝草塘墓侧。妹少聪颖,读书识大义,工针黹,善事祖母及吾父母,能得两怖欢。其卒也,祖母及吾父母并哭之恸。伯父谦斋公、伯母狄孺人,以妹之慧悟也,亦爱之过于所出,而哭之哀。迨谦斋公、狄孺人之没也,太宜人乃谓吾父曰:"汝女早夭,本不得入先茔,然此儿为吾所钟爱,亦汝兄汝嫂之所钟爱也,今汝兄嫂得祔新阡,吾欲令汝女亦祔新阡。汝兄嫂在地下当亦欣慰。即余他日不讳,亦多一女孙侍奉也!"吾父泣而从之,乃随吾伯父母之柩,葬于钱庄新阡之侧焉。按礼,妇未庙见,不祔于皇姑,归葬于母氏之党。又,娶妇有日,而妇死者,婿为之齐衰,既葬,除服,不以殇礼待之。太宜人前之谢恽迎柩,后之令妹祔葬,皆与经义合。而妹之系重闻,思者能久而不衰,其淑慎不于此见哉!妹生于嘉庆十五年正月二十五日子时,卒于道光七年六月初六日未时,存年一十八岁,祔葬时道光十八年八月八日也。

（姚孟廉重修,同治十二年敦睦堂木活字本）

苏州吴县洞庭安仁里严氏

此序例作于清亡后的民国二十年,作者不书民国年号,且于文中多处流露怀旧慨世之情。如在述节孝谱处云:"**贞孝节烈,朝有旌典。而国史所书、方志所纪,莫不有烈女一门。所以永其传者,重伦纪、维风化也。纫编家乘,岂可阙如。际此邪说诬民,尤宜作之坊表。**"至其书法部分,于"**处士**"及"**僧尼**"两处,亦明系有慨而发,其余则虽与清代他谱大同小异,而某些内容较他人有所引申,故录之。

民国《六修洞庭安仁里严氏族谱》,《序例》:

纪载世系之籍,古者天子谓之帝系,诸侯卿大夫谓之世本。《周礼》小史注。后世皇族曰玉牒,公卿士庶则概曰谱。谱者,籍录也,牒也,布也,布列见其事也。战国时有《春秋公子血脉谱》,相传为荀卿所作。宋王应麟《玉海》引《中兴书目》以为秦谱。盖亦《世本》之属。家乘称谱,此殆权舆。谱系之作,秦汉而后,莫盛于魏晋迄陈。魏初,铨其人为九品,州郡置中正,掌簿状以备选举。而两晋宋齐梁陈因之。于时,世重门第,人尚谱系。《南史》韦鼎自太傅孟以下二十余世,并考昭穆,作韦氏谱七卷。《北史》刘善经著诸刘谱卅卷。刘孝标注《世说新语》,所引家谱如谢安谢氏谱、羊欣羊氏谱、吴坦之吴氏谱、桓冲桓氏谱、郗愔郗氏谱、孔忱孔氏谱、司马丞司马氏谱,征引至数十种,足见当时谱学之盛。官之选举,必由于簿状;家之婚姻,必由于谱系。郑渔仲《通志·氏族略》,序之綦详。当时之视谱也,重矣!《通志》曰:"隋唐而上,官有簿状,家有谱系。官之选举,必由于簿状。家之婚姻,必由于谱系。历代并有图谱局,置郎令史掌之。仍用博古通今之儒知撰谱事。凡百官族姓之有家状者,则上之,官为考定详实。私书有滥,纠以官籍。官籍不及,稽以私书。此近古之制,以绳天下。使贵有常尊,贱有等威者也。"谱之义,述德行,垂训戒。《周礼》小史主次序先王之世,述其德行。瞽瞍主诵诗并诵世系,以戒劝人君。厉品节,辨贵贱。关乎婚宦,不仅主于敬宗收族也。至隋虽废选法,而门第之见,久中人心,崇尚谱系之风沿唐未坠。洎乎五代丧乱,缙绅夷为甿庶,舆台亦系繁缨。采蓬刘兰,叔季同揆。乔木彫而谱斯替矣。故自唐衰,谱学绝,至于今世尤废。老泉苏氏、震川归氏,尝慨乎言之。苏氏谱例曰:"自唐衰,谱学绝,士大夫不讲,而世人不载。于是乎由贱而贵者,耻言其先;由贫而富者,不录其祖,而谱遂大废。"有明归震川序新亭蔡氏新谱曰:"今世谱学尤废。当世大官,或三四世子孙不知书,迷其所出,往往有之,以谱之亡也。"然自宋以来,谱局虽无官司,而私家编纂,代有其人。第学非专门,人自为说,义仅取于敬宗收族,家世殊则谱之繁简亦异。虽以欧苏,犹各异法。归氏之谱,更与欧异。苏老泉曰:"洵为苏氏族谱,他日欧阳公见而叹曰:'吾尝为之矣。'出而观之,有异法焉。曰:'是不可吾二人为之,将他选举不可无也。'洵于是又为大宗法以尽谱之变。"归氏曰:"欧阳氏以有法治无法,吾以无法寓有法,是吾谱之所以异。"由是言之,居今之世,志古之道,所以作谱者不必同。要各视其家世,以蕲体例比乎义而已。

吾族族谱,作始于七世伯祖文石公,即所知而修。起伯成公为始祖,以世相循,无事侈张,不加文饰,陈眉公称为信史,诚哉!自时厥后,九世问渠公、十世用晦公、十四世一峰公,凡四修,迄今又一百廿余年矣。溯文石公辑谱之初,时仅十世,以分而详。今传世则二十三代矣,分支则百数十支矣。子姓既繁,文献亦增,墨守程式,将散无友纪。步既移者形必换。李斯曰:"五帝不相复,三代不相袭。各以治,非其相反,时变异也。"岂惟政哉,修谱亦然。……不泥祖法,不离祖法。或同或异,革即是因。其余文献,以类分汇,为谱七:曰宗支,曰恩荣,曰节孝,曰传志,曰赠言,曰艺文,曰杂录。……族谱者,非一人之私书也。图表皆书名,临文不讳也。名记原名派名更名,小字别号亦书,备考辨也。名阙者方空,古例也。名后书官阶,无官阶者不书不仕,不必书也。或书处士,于不求闻达者特书也,尚志也。封赠必书,励显扬也。生年必书,序长幼也。死日必书,教追远也。年岁必书,纪修短也。妻元继配必书,妾亦书,正家也。娶妻必书其自出,《硕人》首章义也。妾不书其自出,微也,不足书也;曰亚配,袭前明旧称也,清代则书侧室也。子必书所生母,妇以有子为贵也。书殇子,著妇曾出也。不分三殇,代远无征也。立继所生所继必互书,重为人后,且不替所生也。书曰出嗣兼祧本生,重所后也。小宗独子,出嗣大宗,兼祧本生,则以大宗为重,为所后父母服三年,为本生父母服期年,故曰出嗣兼祧本生,重所后也。然亦有同为小宗,先系出嗣,后因本生父母无后,族议兼祧者,亦书曰出嗣兼祧本生。然其服制,则有分别。如出嗣时已为所后父母服三年者,则为本生父母服期年。如前虽出嗣,尚未为所后父母持服者,则仍为本生服三年,为所后服期年。此道光九年所奉旨也。仅书兼祧某房,重所生也。同是小宗,则以本生为重。为所生父母服三年,为兼祧父母服期年。不书出嗣,故曰重本生也。三祧,非制也。礼不两后。乾隆四十年,始奉特旨,准以独子兼承两房宗祧,所以补古礼之缺,济人道之穷。若夫三祧,非惟礼之所无,亦律所不许,盖一子数后,无从持服也。非制亦书,事从俗也。三祧固礼与律所不许,但已成事实,岂可削而不书,故曰从俗。无后者,但不书嗣,见无可嗣,免冒窃也。不书绝,示不忍也。出赘出继他姓必书,冀其来归,备考也。女宜书,兹不书,仍旧例也,各详其家谱也。案:婚姻必由**谱系者**,辨良贱也,则女应书谱,载于父表之后。乃近世只知谱为敬宗收族,而以女无关传系,遂不书女,**殊失谱**之古义。今欲补书,而旧谱既已无征,虽吾本支支谱女名可考,然他支均缺,未便详此略彼,则亦仍从旧例,一概不书,各详其家谱可矣。贞孝节烈必书,崇德也。葬地必书,识墓也。撰传志者必书,彰定论也。侨他境必书,重出疆也。通例为僧尼者削不书,今则书,存养明见虽殊,致功心性则一,能信教犹贤于无教。且出家必有不得已者,略迹原心,不得概以异端弃亲屏之也。还俗必书,归宗必书,嘉其不忘本也。螟蛉赘婿削不书,防乱宗也。不孝不弟、烝淫报乱、失身贱役、辱行污祖、干犯刑辟、非义戕生,削不书,恶之者,弃之者,亦戒之也。妇出削不书,绝之也,亦隐之也。隐之也者,不忍子上抱无言隐痛也。述书法第三。……

夏历辛未二月甲朏,二十世孙庆祺仲麟氏序于春申蛰簃,时年六十有三。

(严庆麒等修,民国二十二年排印本)

安徽
古歙义成朱氏
宣统《古歙义成朱氏宗谱》,《重理宗谱条例》:

一、祥轻公以上世**系遵篁墩**统宗宗谱及涧溪宗谱;以下世系,旧谱遭毁,无所稽考,今照各支分谱对核神主**编辑**。

一、源流世系及旁支迁徙各郡邑派,悉附注明,使开卷了然,便于稽考。

一、本宗转迁他处者,悉为注明,其迁后支丁复经访悉者,一律修叙,余则阙之,以俟续查。

一、生殁娶葬以及爵秩勋名在所必书,要皆确有可考,无则阙之。

一、录祖训祠规者,一以期望子孙趋于贤哲,一则惩戒不肖以儆效尤。

一、凡忠孝廉节德行可风,俱堪为世法,向来有传者登之;无传者或为立传,或为略载数言于本名下,皆所以示劝也。

一、继世继绝,谱系所重,凡出嗣兼祧均于本名下注明。

一、妇重孝贞节烈,青年守志,白首盟心,糟粕是甘,柏舟矢誓,为国典所褒扬,即为族人所钦敬,无论特荷恩纶已邀盛典,凡例合请旌者均于某氏名下注明,发潜德之幽光以兴观感。

一、录诰敕者,所以记先人受朝廷之盛典也。名贤传状序赞赠诗墓志祭文,亦皆金石之遗,足以表扬先烈,故并载之以冀子孙景仰,而兴奋起之心。

一、录旧序所以溯谱源,列村图所以重桑梓,绘宗庙画祖像所以兴孝敬之思,非特为观美也。

一、绘墓图标税亩,所以重孝思防侵没也。然祖墓繁多,艰于悉载,故各记其葬地于本名下,若茫然无考者阙之。

一、纂修近数世谱系,俱由各分底本会核,神主上不详者甚多,因世代久远,不敢妄为接续,另编存疑一册,附于卷末以俟查明续载。

一、此次重修规条,悉遵道光八年所定,惟神主未并未祧,因摆理齐整,位置尚宽也。

一、本族支派繁衍不能或无遗误,以俟后之续修者更正。

(宣统二年存仁堂活字本)

宣统《古歙义成朱氏宗谱》,道光八年《义成朱氏重修宗谱规条》:

一、先义公、祥轻公、仲敏公、伯珍公、伯珩公、伯玉公四世男主女主循旧供奉。

一、永、社、廷、鎏、睦、继、时,以上七世循亲尽则祧之礼,男主祧板列左,女主祧板列右。

一、德字以下神主,男主女主合并一主,《礼记·祭统》曰:铺筵设同几为依神也,继配淑配统并之。

一、谱中有考无妣及未娶而无后者,入无后之祧板,其德字辈以下有考有妣而待继者仍并主以俟。

一、幼殇之主,长殇中殇下殇已入祠者,悉入群殇之祧板。

一、节妇之已旌及未旌而合例者,即在立德之列。妾之无后者,亦存其主,不祧。

第十二篇　族谱

一、侧室之已得子而不育者，入祧板；其侧室虽无生子不育之，而守志终老相依不去者，亦于祧板存之。

一、埋主之文见于《戴礼》及《公羊说》郑氏注，有埋主于庙壁两楹间者，有埋主于庙北墉下者，有埋主于庙门外之道左者。今祠前大坟旁有隙地可埋，分世次，尊者在上，卑者在下，男左女右埋之，立堆立碑，题曰：朱存仁堂瘞土。

一、古人最重谱系昭穆以序百世可守者也，近年司匦无人，取谱考之，或阙其名，或佚其世次生殁，或谱与主不符，若不先为考修整，何以为排次祠主之地，此修谱之不容缓者。

一、寝室之门向系内开，今议向外，则内可宽出地步。

一、并主则当易主祠中，一律造主尺寸相符，外填世数，陷中可稍阔，不但考妣存殁可写，并可填写葬处。

一、神主下座，行告奠礼；升座，行祭礼，瘞主做佛事。

一、遴选支丁董理主修谱之事，议给以饭食。

（宣统二年存仁堂活字本）

宣统《古歙义成朱氏宗谱》，《朱氏祖训》：

孝顺父母

为人子者，当念身从何处来，无父母则无此身；又当念身从何长，非父母则谁乳之、谁抱之，必不能长此身。故父母有子，则谓其身有托，是以子为代老也。子有父母，则谓其身有依，是以父母为荫庇也。百行之原莫大于孝，诚以孝本乎天性，自有至爱至敬之真动于其中而不容遏，则虽舜为天子，周公为圣人，皆不能出乎此。天下谁无父母，谁有恩能如父母，谁父母有如瞽瞍。夫以瞽瞍之父母且事之，而厎豫抑何？父母之不可事抑何，人子不可事父母，使必丰其衣，美其食，而后为事，非事之道也。尽衣食必殷实之家乃可丰美，岂富者得事父母，贫者不得事父母乎？夫孝顺，德也。使徒有衣食而无诚意，以将之亦未必能得父母之心，盖父母之心无刻不在子之身，苟人子之心亦无刻不体父母之心，则心与心固结不可解，虽菽水亦足言欢，虽芦衣亦并知暖，斯天性之谊笃，斯天伦之乐真。假人子而忤阙父母，可胜诛乎。

友爱兄弟

同为父母所生者谓之兄弟，兄弟如手足也。手无足不能行，足无手不能运，体之分四而其与为左之右之者，则如一；兄弟之亲，何以异此夫。亦谓兄为父母遗体，弟亦为父母遗体，以父母亲我兄弟为同体，我以父母之体视兄弟，必不至为异体，体不异则心自不容异,心不异而其骨之肉之血之脉之也,当无不通。读《棠棣》之诗,知孔怀之谊笃也。薄行者流,或因妇言乖之,或因利念衅之,遂相乘于变故,不免戈操同室,萁燃煮豆。夫兄弟岂易得者乎?彼伤踽独而嗟杖杜者,为无兄弟也。何有兄弟而反疏之,非人情也。抑兄弟可疏者乎?彼罹急难而叹□□者,谓莫如兄弟也。乃处兄弟而交相怨之,非天理也。愿汝曹体父母之心,爱我兄弟,即爱我父母也;并体我一身之心,和我兄弟,即和我手足也。是友于之谊,不可不急讲也。

和睦族邻

古交邻之道,大事小,小事大,二者尽之。若统吾宗而言,吾为巨族;若判吾支而论,吾又为弱家。是所以自处者难,即所以处人者亦不易。盖亢焉不可,卑焉又不能也。使持己稍有不正,则罪我者多。使待人稍有不公,则责我者众。要惟以至诚出之,则亦未有不以至诚报之者,而后耦俱乃无猜焉。或一言偶触,或一事偶暌,或比而不周,或同而不和,大抵齿之刚不如舌之柔,火之烈不如水之懦。以刚与烈处邻族,断难服其心,心不服则必亢;以柔与懦处邻族,自足摄其志,志既摄则易平。何也?柔懦乃所以令人玩,不令人争;令人怜,不令人忌。故坤之德顺也,两顺则厚可载物也。兑之德说也,两说则泽可交益也。礼云:自仁率亲,自义率祖,得睦族之道也。孟子曰:守望相助,疾病相扶持,得睦族之道也。其曰:族大则宠多,邻厚则君薄。其亦不善处也哉!其亦不和之谓也哉!

区别男女

家人之象曰:男正位乎外,女正位乎内,位分内外。若不两安乎内外之位,不得谓正。但吾山居人家,冬则女亦知织,夏则男亦知耕。使必别其何者为男之位,何者为女之位,转不如合操躬作者,随出入之候以分其勤。然而勤劳可共任也,进退可共依也,而阴阳终不可易也。盖妇从夫者也,倡而后随,依而为媚,故《书》言观型,《礼》言无违。夫子为得其道,所以夫妇一伦,必有别也。女之贤者可称女中丈夫,要必以能敬顺夫子,能内助夫子,为贤而断非专制,夫子谓为贤也。《诗》曰哲妇倾城,此之谓也。故圣人作《易》,必扶阳而抑阴,示乾之象曰统天,示坤之象曰顺承天,正所以著男女之别也,君子其体之矣。

保守坟茔

先人死,魂气归于天,形魄归于地,立家庙所以萃其神也,筑墓陇所以藏其体也。神无形而招之则自来,格之则如在体有定,而过之则知哀,望之则起敬,是庙享不如陇阡为可依据,既不能见祖宗之音容,又乌能弃祖宗之骨肉耶。古不修墓,言墓必筑之,使固而不见倾圮之忧。盖有不假乎修者,观孔子闻防墓崩儿遂泫然出涕,知圣人亦必以墓重。予家祖墓散处不一,近则傍宅,远则他州别县,或百里而遥。倘忽乎近必多亵,倘惮长途远道,节费节劳,每旷年不省视,势必为他人侵欺,非以有心占之,即以无意坏之,均未可知。迨至形迹以改，圹冢难寻，徒欲仿佛拟之，殆不知墓殡于何区矣，此情忍乎哉？吾愿汝等，于近墓必时时顾拂，多栽棘茨，不许牛猪践踏，护之如重宝焉可；于远墓纵不能来往频仍，每岁清明之期，务必偕长幼亲临标挂，一则不忘其祖，一则确指其墓，而先人之枯骸实式凭之，因以动子孙之永思焉可。

谨循礼节

节，文之谓礼。礼本不易，而其间随风气为迁移，则又不无变本而加厉者。吾等士庶家自有士庶之礼，向来祖制所遗，皆本文公家礼，而少为之参订。虽行之难云尽善，要亦行之可以无弊。故数百年来，卒未有易之者，盖礼不取乎文，贵取乎实；不重其末，乃重其本。本即实也。故夫子大林放之问也，如祭祀以敬为本，一切祭品祭器祭献之节皆末也。丧礼以哀为本，一切丧期丧服丧制之节皆末也。冠婚以揖让为本，一切送迎登降酬酢之节皆末也。予族庙祭，每岁之祭以四：清明、中元、冬至、腊底，或荤或素，皆称三献礼。子孙齐集，皆衣冠肃穆。 笄礼：昏自定庚、约聘、约采、请期、辞堂、及笄总六礼；而后迎昏庙见合卺及听拜见舅姑各尊长以正夫妇之位，谓为分大小。其童养媳亦行笄礼，在本翁醮之庙见合卺，后皆同。丧则老者告终，即去辞老以生礼。见殓用纸，丰者用绵，入棺开堂，无论男妇长幼，俱早晚作吊及送殡无不同。妇女则戴麻巾、麻笄，主人不给帛，不备食，然亦称家有无，礼节如此，大概一从简易，似一家人相晋接，诚恐将来风俗渐漓，人心不古，必以前人所行为不足法，或更为变易，岂不自谓脱过前人，然而揆之文公家礼，未必无刺谬也。务实者必不乐此，探本者必不肯为此，故善徇时好不如善守先典之为循分也，善用新奇不如善率故常之为得真也。孔子曰：如用之，则吾从先进。当深味乎圣人之言。

辨正名分

名分者，世教之大防，人伦之要领也。名不正则情不顺，分不明则理不足。情与理亏，而措之天下，何者？非背谬之行，盖尊卑长幼之间不别之为尊卑为长幼，则名失。名既失，遂不循尊卑长幼之节，而分亦失。若是者，总由奢侈之习与亵狎之私，渐而干之，遂至目无法纪者，有然甚矣。人而不顾名分，自古弑逆大故类皆由此酿成。先王虑此，为之正君名而天戚定、正臣名而天职定、正父名而天恩定、正子名而天性定。定轻重则权名，定长短则度名，定方圆平直则规矩准绳名，觚以名觚，鼎以名鼎，故名一定斯循而责实，顾而思义，将随分安之，又何事不尽厥职也。吾欲汝正名分者，当守其分以慎其名，于尊我者尊之，长我者长之，卑幼我者爱畜之，臣当忠，子当孝，伦纪当整饬，凛凛于称谓之际不敢混，斯循循于实践之地不敢违，使辨之不早，不几几一苟而无不苟哉，亦惟正焉已矣。

专务本业

民之业有四，民之职有九，而天下断无无事之民，故虽闲民亦未必无所事事。然而心专者自入巧，艺多者断不精，此又一人当习一事而知不器之君子为难能。吾等山僻庄居，大概农夫多，樵子多，若稍为俊异又为服贾他乡者多，工艺亦间有之，而惟诗书之士不多。观此，管子所谓"士之子恒士，农之子恒农"者与？夫民之业既分，则必各事其事，而后其事理，亦必各功其功，而后其功成。俗语曰：行行出状元。言乎居业者造其极，即莫与争能也。使浮慕于其外，谓此业不足为，辄见异而思迁，恐迁之又不足为，是谓不安分。使浅尝于其中，谓此业不能为，每偶涉而即止，既止矣更何能为？是谓不成器。人而不安分不成器，尚得谓为人乎哉？譬如为士者谓士人，为农者谓农人，为工商者谓工人、谓商人，极之秋之奕人，扁以医人，皆习一技以专家，而千百世后犹得指其人而目之为圣手、为贤师，岂必学道之君子乃可与为圣贤哉。使学道而不专其业，仍不如一材一艺之所习者，录其功能，犹得称奇焉，殊卓卓也。故无论所托为何业，业所业即无庸负所业，斯其人以一业成，衣之食之均有藉也；无论所任为何职，职尔职，绝不敢旷尔职，斯其人不以一职限，而制之作之，迁地皆能良也。盖天生是人必有以置乎是人，彼所爱之业皆天之业之也，所居之职皆天之职之也。人可违天哉？天行固健也。使违天而游手好闲，乃自弃于天，而非天之所不容者哉。

崇尚朴业

俗云：好汉难做，好看难做。做好汉势必轻财重义、挥金如土有若龙伯高其人。做好看势必饰观斗富、踵事增华，有若石常侍其人，久之一败涂地。尽天下之物力皆以竭一己之奢华，而淫邪太过者决无善终之理，何则？天地生财，止有此数，不能以其数快一人之用；吾人取财亦止有此数，又何容不计其数而思纵一己之欲。果用之而适其宜，夫固不容吝惜；若用之而未能悉当，则又奚容滥妄也。寻常人家只作寻常模样，不可夸大，不可充体面，脱粟饭只要饱，粗布衣只要暖，彼膏粱至味亦不过□□，锦绣其华亦不过适体而已。究而论之，可口与彰身不无美恶之异，充饥与御寒要未有美恶之殊也。假使日食万钱，则一餐之费足供人数月粮；假使坐拥重裘，则一体之需足备人千衲袄，而且衣食愈丰愈觉弱不能胜者，大都奢侈之过，如器具也，一瓦缶一金玉，虽有异观必无异用也；如仪注也，一简易一繁重，惟论诚恪，不论虚文也。推之矢口之间，徒为花言为巧语为饰词，令人听之似可喜，及实按焉，而觉其皆浮者，乌能不鄙之；鄙之诚不如朴素其谈，一无所欺于人之为愈也。又推之躬行之际，徒为轻任为豪侠为慷慨，令人依之如泰山，不旋踵焉；而竟负其所托者，乌能不疑之，疑之诚不如朴素其行，一无所苟之为有济也。乃知尚浮文者多伪，尚质实者多真。伪则诳人耳目，真则示己性情也；伪则粉饰片时，真则推行可久也。慎毋侈外观而忘内美，以致诮虚车也。戒之。

第十二篇　族谱

敬重师傅

师之道，虽天子无北面。所以天作之君，尤复作之师。当天子临雍，太傅在前，少傅在后，而其执酱而馈，执爵而□者，礼何如之。汉魏言：经师非难，人师为难。人师者，为能表帅乎人也，欲以素丝之质附近朱蓝，故求入郭林宗之门而为之供给洒扫，盖将步亦步，趋亦趋，俎豆其先生而不仅执经问难已也。因知择师教子，自当读诗书，自当课文艺。然必于诗书中讲求道义，而使性情心术之间皆从此端正；又必于文艺中发明学问，而使品行德望之地皆从此精纯。是所藉于师者非轻，而其人之得为师者更非轻。若轻待其师，不能尽弟子之仪，适以自轻其弟子。若师而自轻，不克正先生之位，又何由使待师者重。要知师道立则善人多，师固自立而亦由立我师者立之。苟敬我师如神明，奉我师如耆蔡，仰之为泰山，瞻之为北斗，而师范宁不昭焉，师资宁不裕焉。是非尊师也，尊其教也。尊师之教即所以为从师者尊也。昔亦谓师严则道尊，道尊则教重，教重则文理明、人品立，孝弟之心油然生矣。师也，傅也，固不得亵而视之者也。

戒勿争讼

内险外健曰讼。讼以争曲直、辩是非，亦惟实有所曲而求伸，实有所冤而求诉。束矢钩金，皆以明夫直而坚也。故讼期于辩明则止，而终凶之戒甚昭。然古人听讼以礼断，以情断。而今人每以辞断，以臆断，或则以贿断，以瞻徇断；所由求伸而反曲、求诉而加冤者更多。甚矣，讼不惟无益，而其损可胜言哉。或为之说曰：打过一场开，免得百场来。是欲以讼止讼也。为问强族逼处，吾乌能胜之，而彼乌肯容之。知讼之一胜，断无宁日。使讼之一输，吾更不能自容。而将来之欺之侮之羞之辱之，有何地可处之，是必以讼生讼也，讼岂能止乎哉？衰弱人家何处不当衰弱，凡事得已□已，即不得已亦要自已。明明有理，不能以理论；明明我物不能□，我执亦无如理为势曲，而不得不让势居理上；又无如我被人欺，而不得不听人占我，使因此而与之争，则人必与我抗，抗我而我不服，势必成讼，讼成则必受讼师之诳诱，又必受衙差之吓诈，□了钱反被人笑，反令人嫌，到后来想歇不得歇，想行不得行，想人来调停又无人调停，那时诚无可如何。何如早为之所，早为之□。俗云：缩头人好做，不如早做。况讼词一进，必先跪膝。苟跪膝而与人言，亦未必不怜我；讼辩一误必受答辱，苟安答辱而任人横□人又何必不饶我。然任人之强而我自弱，正未尝不胜其强。譬如石甚刚水甚柔，石固屈水，而水亦终能穿石也。大抵退一步自海阔天空，让三分便烟消云散。如待讼而后下之，不如早自下之；如恃讼以为胜之，不如不讼而胜之。吾宁弱而不讼，即吾之强也；吾宁让人而不与之争，即吾之所以胜人也。如此之强，如此之胜，非深于阅历者必不能知，汝其知之否？

整理公堂

子孙各有子孙之家，祖宗合共有祖宗之堂。家，私也；堂，公也。然而堂非虚堂也，堂而公，自多公款，其公之或生、或忌、或祭、或享、或赏、或赉、或补贴、或修筑、或翻盖屋宇、或培植墓陇，皆取资于公堂而不容省啬者甚多。是公堂也者，蓄积之谓耳。祖宗之蓄积无非为子孙计，而子孙保祖宗之蓄积又当为祖宗计。苟能心祖宗之心为之生放之经理之，铢必算锱必累，无侵渔无染指，点点不漏，生生不已。如此日异岁不同，而公堂乃大已。试思先人之兴是公堂也，如何创始，如何图成，不知费多少心力，乃得有此余资，顾一旦委而弃之乎，若不委而弃之，方可保全。能保全之不可不择人整理之，整理之道不可随波而逐流也，不可徇情而瞻面也，更不可朦胧而假借也。

祠规

一、忠孝节义与有功于族及科甲显著之人，毋论辈数尊卑，当时视为榜样，后世奉作仪型，合族钦敬，此在百世不祧之列，不仅焜耀一时已也。

一、不孝父母，不敬伯叔，不和兄弟及败坏祖产、玷辱家声与奸淫犯义等事，即邀同族众，早为戒约，如实不悛，即禀官究治，或逐出不许入祠，毋令效尤，致他人沾染。

一、平等无功无过守公奉法之人，或偶有失检，贻笑乡闾，或渐即怠荒，难供家计，又或丁单力弱，时受欺凌，族众即公同劝戒，公同保护，务令一道同风，毋致此优彼绌。

一、矜孤恤寡，宜思养育之方；吁俊求贤，当助驰驱之费。现今祠产微薄，兼之失业种种，力实不支。然数里荒山，族众联成团体，多种茶竹果木，十年以后，计必成林，亦可渐为兴办。江慎修先生有言：凡过一村，见其树木浓荫者，其村必富庶悠久。盖水泉回衍，蓄气多而宣泄少也。若斩伐一尽，其水过而不留，地方衰败矣。此亦可为证之一端，不但果木之生息也。

一、寝室为先灵栖息之所，理宜严密，不得擅行开视，致滋异议。凡新主入祠，男左女右，照旧安置享亭中，俟二八月移入正寝。倘有违例私开，从重议处，并惩司钥之人。

一、本身无子应立昭穆相当之人，不得收养异姓，以致紊乱宗支。

一、祠中产业原为祭祀之需，无论支下耕种或他姓佃种，必须一律征收方为正理，即遇年成歉薄，亦当公定分数，不得任意支租。倘有抗行霸种，国课攸关，祖祀亦复无出，或公同禀究，或起业另招，临时公同酌议。

一、祠宇务宜洁净，每逢朔望，责令祠役洒扫一周，不许堆积火炭竹木及零星杂件。霉月大雨，内外巡视，有无湿漏，关会司年，以便随时修整。

以上八条均系族众妥议，余难胪列细载，一切准情度理而行，无违，切切。

世递派行

谱者，鸠一宗而纪其世系也。派行者，合一族而序其昭穆也。名分所在，虽贵显亦不可逾,况瓜绵椒衍,派别支分,非有以联缀而统属之,何由知为同宗为界线乎?派行明而昭穆不致混淆,世系愈征不紊,由一世而至十世,由十世而递传百世,承承继继,逮千万世不一以贯之也耶。

(宣统二年存仁堂活字本)

绩溪梁安高氏

光绪绩溪《梁安高氏宗谱》卷一,《书法》:

一、世系图大书,五世一提,遵欧阳文忠公谱法,取《礼经》五世亲尽之义,嫡派直行,旁支横列,五世尽处用"见后图"三字,接处提起之图皆重书前名。

一、五世再提,分支别派由大宗以及小宗,标题某公支下某公派长房,系明则续提二房,二房系明续提三房,各房小支亦然。

一、世系图名后小字双行分注,准列史年表例,首书字,有官者次书官,次书生,次书殁,次书葬,次书娶氏之生殁葬,其合葬者总书合葬,有继娶者次书继娶,有妾者次书妾,次书子女。

一、娶书"娶某处某官某公女",或但书"某处某氏";女适某地某官某,或但书"某处某姓"。娶再醮妇,翁虽显不书;女再醮,婿虽显不书。然翁婿姓名无考者,虽元配亦不能尽书,但书"娶某氏"、女"适某姓"。

一、男妇懿行节烈无列传者于世系小传略叙数言,以彰其善。

一、世系分迁者于名下加"分迁某处"圈印,有传有墓图者于小传后加"有传"、"有墓图"圈印。

一、寿官书"享年若干,恩赐几品冠带"。

一、男失名者以失名代之,女失姓者以"某"字代之。

一、男妇犯家法被出者以〇代姓名,申公义也。其有子者,于子小传首书"父名某,母某氏",全私恩也。

一、世系古文谓生为出,文虽古雅,而出字与被出之出,文法混淆,浅学者往往见而知疑,今从简质,凡有数妻生子者,径书"某子某氏生"。

一、出家为僧道者不书,而于其父小传注:子某出家。

一、兵难为贼所掳及流离转徙、生没难卜者均书"兵难失所"四字。

一、儿媳与父母翁姑同墓者书"附葬",夫妇同穴书"合葬",未葬不书。

一、十五以上为上殇,虽未娶亦书;十五以下既娶亦书;其未娶者概不书。然有孤子而殇,无侄,而有侄孙可继者不拘此例。

一、立继。于生父小传书"某继兄或弟某为嗣",于继父小传书"以兄或弟几子某为嗣"。至远房过继,务必昭穆相当,如昭穆不明,冒继者不收。

一、本族自胡姓以甥继舅,则高、胡不婚,子孙永以为法。

一、人生善恶,盖棺论定,故生不立传。

一、宗谱书美不书恶,亲亲也。六十以上书享年,尚齿也。书懿行,尊贤也。书官职,贵贵也。

一、旧谱所存列传及褒美诗词,无论工拙,一概编入;至游览词翰,拙者可删,以免繁芜。

一、墓图前绘山水,后立圹图,下注字号、税额、丈数、四至,俾知中边前后,其余他姓同墓者以阴文别之。

（高富浩纂修,光绪三年活字本）

光绪绩溪《梁安高氏宗谱》卷一,《谱例》：

一、宗谱告竣约定印订部数,惟传记诗文可以另印数本传览,至于世系不得多存片纸,其板亦于告竣焚化。

一、宗谱共若干部,编定字号,各字号下注明某地某派某人领执,总列于各谱跋前末页,以杜盗窃冒认。

一、宗谱成帙外,仍印续修谱稿格本,附谱领执,以便随时收录。

一、各派领谱除公立谱约,各出领字,不得霉蠹遗失外,仍每年冬至各支祠会议一次,以严防检。而一年内生没娶葬可于次日查明。收录宗祠,则三五年会议一次,即于此时通修谱稿。会谱时有将宗谱损坏遗失者照约领取罚不贷。

一、领字存祠,仍印领式,其后载明收存法：一置高处防潮湿,二置顽固处防屋漏及楼上污秽,三置深密处防贼盗,四每年谨视晒霉防霉坏,五检阅时随阅随收入椟防猫溺鼠啮及小儿涂扯。照式印粘谱椟盖里以便警惕。

（高富浩纂修,光绪三年活字本）

光绪绩溪《梁安高氏宗谱》卷一一,《进主毁主例》：

一、寝室中间正座最上第一层奉得姓始祖齐大夫高公内子,二层奉统宗始祖考妣南平王夫人,三层奉一世宗祖考妣补阙公安人,四层奉二世祖考妣,五层奉三世祖考妣,六层奉四世梁安始迁祖考妣,七层奉五世祖考妣至六世以下左昭右穆,循序而进,其中间第八层奉历代毁主总神位,第九层奉历代失名总神位。

第十二篇　族谱

一、五世以下六世居左为昭,七世居右为穆,世世相承,遵旧式概用木牌排书,进主时止书名氏于牌,有加无减,年代积久势不能容,因考《家礼》神主止祀四世,旁亲之无后者以其班祔,是旁亲先毁一代矣。今宗祠自始祖以下世世书牌而不毁,不得不省远代旁亲以为新主之地。凡旁亲无后者列牌,以族长以上三世为率,四世以上无后旁祖概从毁主例,不复书牌,春秋祭则奉宗谱,盖牌虽无名,而名皆在谱也。

一、世俗于新丧时即以吉服进主于祠,其家遽撤灵帏而免哭奠,且使亡者忽与先祖同享合族口祭,非礼实甚。然若限以制期,又将因循玩忽,遂不复进主,俗殊可叹。今后进主亦且从权,而士大夫所当自尽以挽颓风。

一、新进配享神主每配捐钱十两名载祠簿,嗣后仍遵旧例每配捐钱五十两。

一、报本、能干、特祭三祠,本应另建,奈何无余地,兹于寝室楼上设三龛,中为报本龛,祀念五公;左奉建祠能干神主;右奉新进特祭神主;每进特祭一配捐钱三十两名载祠簿,嗣后仍遵旧例每配捐钱一百二十两。

(高富浩纂修,光绪三年活字本)

光绪绩溪《梁安高氏宗谱》卷一一,《祭扫例》:

一、每年元旦,值年祠首在祠堂开门具香烛茶果行礼。

一、每年春分冬至,祠堂设祭,祭仪值年祠首预备例载祠簿。宗子主祭,并陪祭族长及执事礼生照例饮胙。颁胙:主祭、陪祭之宗子、族长照例给胙例载祠簿;年六十岁者照例给胙;年七十岁者照六十加倍;年八十岁者照七十加倍,准其子孙代领;年九十岁者照八十加倍;年百岁者照九十加倍;与考童生照例给胙,不与祭不给;生监照例给胙;贡生照生监例加倍;举人照贡生例加倍;进士照举人例加倍;翰林照进士例加倍。以上不与祭不给,当应试时则给。捐职议叙人员照七十老人例,乡饮、考职、县左以下之员照监生例,七品以上之员照例倍给。以上不与祭不给,现任则给;若是捐职必先捐钱入祠方许颁胙。与祭子孙每人给包一对,检查文生员照例给胙。

一、每年十二月初八日祠首在祠设谢年祭例载祠簿。

一、每年除夕祠首在祠具仪行礼封岁。

一、每年春分后派下文士率同祠首往各处祖墓祭扫,祭仪祠首预备载祠簿。第一日往四都汉饶公及凤巢祚公并五官坟墓前祭扫,到者照例给胙,不到不给。第二日往西门岭五八公及二宜人并往高坑二府君墓前祭扫,到者照例给胙,不到不给。第三日往十二都外坑三十、三三公墓前祭扫,到者照例给胙,不到不给。第四日往青石塘三十公孺人及三三公孺人并往䇹岭下胡八塘三六公墓前祭扫,到者照例给胙,不到不给。第五日往歙东项村六一公墓前祭扫,到者照例给胙,不到不给。

一、八月间往伏岭下村头邵孺人墓前祭扫。

以上均例载祠簿。

（高富浩纂修,光绪三年活字本）

光绪绩溪《梁安高氏宗谱》卷一一,《家政叙》：

昔孔子告冉有以家事别于国政,是家不得言政,所以防僭越耳。其于君陈所谓施于家有政者,则谓是亦为政,诚以治国本乎齐家,以是见家国之通也。我族自李唐南迁至今四十余世,其间科甲蝉联,簪缨继起,而瓜绵椒衍,子姓日繁,已足见世德之灵长矣。向因宗祠未竣,未修祠谱,非无谱也,有各派分修之谱而无合族统修之谱,有各自缮写之谱而无同出刊印之谱,于是见人心之不齐,非所以齐家也。同治壬申,族人始议统修刊印之谱。光绪丁丑始克厥事。佩不敏,惟竭其驽钝之力竭蹶以从。夫既有统修之印谱以别昭穆、辨亲疏、明长幼,人心庶可齐矣,然不可无齐之之法也。谨辑先世所传祖训家法条著于篇,名之曰"家政"。太史公谓：礼禁于未然而法治于已然。治国如斯,治家无异术也；治家如是,治国无异术也。然上下以法制相维,宗族以恩谊相结。彼治国者尚不可以专治法,而况于治家乎？然则家政中虽祖训与家法并列,而所以厚性情、美风俗、光前而裕后者固专在祖训也。苟使后之人聪听无忘而兢兢持守,所谓人人亲其亲、长其长,而天下平,将国法且无所用,于家法何有？则即以家训为家政可也。

高氏祖训十条

孝父母

天地生人,父母生子,是天地乃众人之父母,父母即一身之天地。人安可不敬天地,子安可不孝父母。乃世有下愚,每谓"我不读书,不知孝道",殊不知孝乃生来本性,不虑而知,不学而能,故孩提之童无不知爱其亲,而况羊知跪乳,鸟能反哺。禽兽且有孝心,人而不孝,不如禽兽,真天地所不容,鬼神所忿怒,人人得而诛之矣。试观古来孝子如王祥卧冰、孟宗哭竹,皆能感格天心而得厚报,可见孝为百行之原,欲行善必从孝始也。至以家贫为不能行孝,其说更悖。人但竭力以事其亲,何必富贵？况孝止是爱敬两字,人虽至贫,未有不爱妻子、不敬鬼神者,苟能移爱妻子之心以爱父母,移敬神之心以敬父母,安在不为孝子哉！

敬祖宗

维木有本,维水有源,敬祖宗即是从孝字推上去,常存善心,行善事,恐辱先人,此敬祖宗之心也；修祠堂、省坟墓、奉祭祀、重谱牒,此敬祖宗之事也。

第十二篇　族谱

正婚姻

男女居室,人伦之始。要门户相当,家风清白。男婚不宜过早,女嫁不可太迟。娶妻求淑女,不要美色,不图厚奁;嫁女择佳婿,莫结势豪,莫贪厚聘。至同姓不婚,我高氏曾以胡姓入继,故高、胡永不为婚。后有入继者,当永以为法,不可隐匿,违悖祖训。

睦宗族

人在世上,要一团和气,四海之内皆兄弟也,而况宗族一脉,安可不睦?所当敬老慈幼,怜孤恤寡,劝善戒恶,排难解纷,万一有不平,只宜凭长辈理论。至于结讼争斗,与他姓且不可,而况同族,尤当切戒。

守正业

人家子弟无论贫富智愚,皆不可无业。无业便是废人。又不可不守正业,不守正业便是莠民。正业不外士农工商,因材而笃皆可成家立业,安可自甘污贱为娼优隶卒以玷辱门庭。至于医卜星相,虽非邪术,亦不可轻学,盖其术不精,因而误人惑人,则亦非正道矣。

兴文教

四民皆是正业,然不读书则不知礼义,故凡为农、为工皆当读书,虽不望成名,亦使粗知礼义,不至为非。至于子弟佳者,则为之读书,使家贫无力,宗族宜加意培植。盖族内有读书人则能明伦理、厚风俗、光前而裕后,其关系非浅,又不但科第仕宦为宗族光已也。

严闺阃

人伦有五,曰父子、君臣、夫妇、兄弟、朋友。人而无伦,何异禽兽。故五伦以君臣为首,而夫妇在先。欲正人伦,先别男女。男女虽同胞,自八岁以上即使有别,所以远嫌辨疑而防微杜渐也。男子不得入人内室,男女不得同坐,不得笑谑;妇女不得入寺观烧香,三姑六婆不许入门。闺风正则风俗隆,而家门昌大矣。

畏王法

王法者,朝廷所设,以治吾民者也。无王法则天下乱。苟平日不畏王法,恐一旦犯法而不自知,及遭刑戮,悔之晚矣。此君子所以怀刑也。故为绅为士为民,皆当畏法。畏法,则敬官府,早完粮。苟非万不得已,不可轻与人结讼,自能远耻辱而保身家矣。

积功德

世人算命看相做风水,皆欲富贵昌盛。然命相已定,算之看之不能变好。风水即能发人,而阴地由于心地,心不好亦不能得地。可见欲富贵昌盛,惟有广积阴功。家道富厚者赈饥寒、恤孤寡、施棺椁、修桥路,皆功德也。至于贫人安有此力,不知贫人积德,其功倍于富人。但终身存好心,量力做好事,而且与父言慈,与子言孝,与夫言义,与妇言贞,劝人为善,戒人为恶,处处可积功德,正不必富贵而后能积功德。

禁溺女

上帝有好生之德,人之善事莫大于救人命,人之恶事莫大于杀人命。然有心杀人罪更深于无心杀人,有心杀无怨之人罪更甚于杀有怨之人,杀无怨而为至亲之人尤甚于杀疏远之人。世俗之溺女者,父子至亲,婴孩何怨,乃竟立意杀之而不肯宥,其恶极矣。夫物之凶狠者莫过豺狼虎豹,然皆不食子;乃至人而自杀婴女,是凶狠过于豺狼虎豹。彼呱呱者方待乳待衣,而忽投之于水,此事能下手,亦何事不能下手。恶至于此,天理岂容?若谓恐分子乳故杀女以育子,是爱子而先为子杀一人命,其子亦必不昌。若谓家贫不能育,彼婴女所食者乳,并不食膏粱。既生女必有乳,即乳或不足,米汤粉糊亦可助乳。试观乞丐之徒,亦能褓负儿女,安在贫不能育?至谓免他日出嫁赔妆奁,此说更是可恶。既不能忍薄其妆奁,何独忍其性命。天道昭昭,无恶不报,凶狠至此,言之酸心。故宗族中有溺女者,其罪通天。虽别人戒杀放生,皆是无益。盖在他处有育婴堂,尚免载溺。吾乡无之,惟赖宗族设法禁止,随时告诫,功德无量。

以上祖训十条,每年春秋二祭后宣读一过,各派祖屋书贴一纸,不可视为具文。

(高富浩纂修,光绪三年活字本)

光绪绩溪《梁安高氏宗谱》卷一一,《家法》:

家法准

或谓罪无大小,皆待治于国法;而家法止治小罪,立之何益?不知小过不惩,将成大恶,故小惩而大戒,为小人之福。此《周易》履霜所以戒坚冰也。既立家法,斯于必行,又恐行之不善,或行家法而遂僭国法,或行家法而反坏家法,此岂立家法之意哉?何谓行家法而僭国法?盖国法有五刑之属,而家法不过杖责与驱逐二条。若罪不止此,即非家法所得而治矣。假使泥家法之名,因而置人于死,如打死及活埋之事,此行家法而僭国法也。何谓行家法而反坏家法?杖责、驱逐皆祖父施于子孙,尊长施于卑幼者。假使尊长有过,而卑幼遂假家法之名以施于尊长,是欲行家法而先为悖逆,此行家法而反坏家法也。故家法止于杖责、驱逐,若罪不止此,则送官究治,不得私立死刑。杖责、驱逐之法,尊长可施于卑幼,卑幼不得施于尊长。行家法者必以是为准云。

杖责罚跪

一、凡小子无知得罪尊长,或与女子戏谑及窃人物件者,其父兄随时在家自加杖责,仍令长跪服罪。

以上各家家法不必入祠。

一、成人以上得罪于父母尊长。

一、窃取族内物件。

一、在族外有奸淫事迹。

一、与族内妇女笑谑。

一、聚赌。

以上由分长或族长引入支祠或宗祠祖前杖以竹板,杖之轻重多寡视其罪之大小,身之强弱。既责,仍诚心化导,务期悔悟。

逐出革胙

一、悖逆不孝,其罪最大,而父母在又不能逐出,姑从宽由分长族长捆入祠堂重责,悔悟即已。倘终父母之世曾不悔悟,于其父母没后,即将此子逐出境外,并革去祠胙,生前死后永不归宗。后虽或有别功,或其子孙有功,皆不准赎。如其妇非不孝,则生前同逐,而其妇死后仍准入谱,至其子以下照当回族入祠。

一、殴打有服尊长者逐革如因尊长殴其父母及病醉病狂不在此例。

一、盗卖宗谱及祖坟地基,砍卖祖坟切近荫木,致伤祖坟者,逐革。

一、在族内奸淫乱伦明确者,男女并出。

以上四条俱永不归宗。

一、在族内奸淫行迹未著,将男子逐革。

一、在族外行窃者逐革。

一、素性凶暴,殴斗伤人者,逐革。

一、行止诡异,交结邪匪者,逐革。

以上四条若能在外改过自新,仍许亲房保其回族归宗。或生前未及回族,而终身不至为大非者,死后仍许归宗。

一、子妇殴打父母舅姑乃伦常大变,人所不容,非但逐革已也;分长邻右即行将逆子逆妇送官重治,免生逆案株连宗族。

(高富浩纂修,光绪三年活字本)

光绪绩溪《梁安高氏宗谱》卷一一,《学愚文会序》:

我先贤子皋子为圣门高弟,而孔子谓"柴也愚",或谓此大贤之愚,非后世所可学而几也。夫大贤之智为不可学,至大贤之愚亦奚不可学哉?然孝曰愚孝,忠曰愚忠。其愚一诚而无伪,至公而无私,执中而无权,此大贤之愚,虽后世之智者且不易学,况愚者乎?独是愚，正不足为学患，愚者患在自安于愚，愚者又患在不自安于愚。愚而自安于愚，则自暴自弃而不复学，此下愚之不移也；愚而不自安于愚，则予圣予知而不复学，此愚而好自用也。故必自安于愚，则不容已于学；不自安于愚愈不容已于学。学则可以化其愚，变其愚，而不终于愚。昔夫子之以愚警高子，亦欲其进学耳。而况后之愚者可不学乎哉？吾姓自高子以来数千年，其间智者、慧者不胜计，为名儒、为硕彦、昭史乘代有伟人，而卒未有能继高子之愚者，以见学愚诚不易也。

　　国朝稽古右文、英材乐育，而我族文教不及前烈，岂宗族之气运有盛衰，良以培植之无具耳。同治壬申始倡修宗谱，丁丑告竣。窃惟我族生齿颇繁，而未有文会，其何以培后进而绍前徽？而况承家学者宜溯渊源，崇正学者宜培根本。爰商合族兴立文会，会名曰"学愚"，非特不忘先烈，且以愚者可学而智者愈无不可学也。吾愿后之愚者愿学而不自以为智，尤望后之智者愿学而直自以为愚，则庶几万一乎我先贤子皋之愚。

　　捐产另载文会谱。

　　（高富浩纂修，光绪三年活字本）

　　光绪绩溪《梁安高氏宗谱》卷一一，《文会祀例》：

　　一、建立文会所中龛设先贤高子神位，左龛祀本姓乡贤，右龛祀捐田地直银五十两以上者及经理之人。

　　……

　　一、孤子读书已作文者，每年贴笔墨钱一两。

　　一、文会每年会课或由本族前辈出题阅卷，或请他姓饱学，由首事预备师生茶饭酒席。取超等者给膏火钱八百文，特等六百文，一等四百文。

　　一、文童县试贴钱四百文，覆试一场贴钱二百文。

　　一、府试贴钱六百文，覆试一场贴钱二百文。

　　一、院试贴钱六百文。

　　一、生员考优拔贡贴银四两。

　　一、生员下科贴银四两。

　　一、举人会试贴银十两。

　　一、进士殿试贴银十两。

　　（高富浩纂修，光绪三年活字本）

　　光绪绩溪《梁安高氏宗谱》卷一一，《文会捐例》：

第十二篇 族谱

一、生员补廪捐银二两。

一、出五贡者捐银四两。

一、中式进士捐银四十八两。

一、文会专植人文，凡捐职及应武试不贴。

一、**经费或**不足，须核计历年出息，照额减折摊发。

（高富浩纂修，光绪三年活字本）

光绪绩溪《梁安高氏宗谱》卷一二，《修谱知单》：

具知单高氏宗祠为尊祖敬宗修祠理谱事：盖自礼隆报本，孝思莫切于明湮化、启敦伦，姓氏首详夫世系。我高氏支分东海，国建南平，在李唐随宦而迁，在梁安久推望族，慨自红羊过劫，文献凋残。方今黄鸟言旋，室家安集，瞻前顾后，触目警心。在他族无祠且勇于建祠，况吾族现有祠，何忍视其圮坏。在他姓有谱尚亟于修谱，况吾姓多无谱，启竟任其沦湮？爰集同宗，用倡末议：祠堂固宜整饬，宗谱趁此纂修，经费或派或捐，各宜勉力董事，有终有始，无不和衷，使祖宗之灵爽有所凭依，何必捐修寺观，俾子孙贤愚皆知源本，胜如刊布经文。嗟夫，堂堂冠带之伦，岂竟春露秋霜，不如豺獭；济济簪缨之族，奚忍年湮世远下等舆台！从此庙貌维新，荐馨香于勿替；尊亲永笃，延宗派于无穷。庶乎无忝所生，家声不振，克昌厥后，世泽常新矣。同治十年十月日具。

（高富浩纂修，光绪三年活字本）

光绪绩溪《梁安高氏宗谱》卷一二，《当修谱稿法》：

一、**红格谱稿**由祠印发，照本派所领宗谱列号，但宗谱一字止一号，谱稿一号写满泽加二号，号簿存祠以便稽查。

一、各派领去红格着一知书人执掌，先将现在已经上谱生丁自长及幼，由昭而穆，以次尽行填名，名上横填某人第几子，其生庚但填上谱二字，以后有娶妻者，随填"娶某处某人女某氏生年月日时"，有嫁女者随填"几女适某人"。有寿终者随填卒年月日时，添丁则照上填名，上书某人第几子，下书生庚，有娶数妇者，格不能容，可另用纸写"某人继娶某氏"及生庚粘于名下。

一、会稿以丁年为期，此后遇丁年冬至汇钞全稿四本，祠首分执。

（高富浩纂修，光绪三年活字本）

光绪绩溪《梁安高氏宗谱》卷一二，《领谱字号》：

右宗谱共计八十号,首号存祠,祠首轮年挨执;次修谱诸人序齿各领一部,子孙永执;次各派分领,挨执、永执不等。凡领谱无论挨执、永执,均由先领之一人出名具领结存祠,以后交班更换领字,庶责有专任。其应交班承领之谱,交时须当面将谱检视,并无损坏,方可承领,后手出领结与前手。当会谱时,如有损坏,惟现在领执之人是问,不得推诿前手。倘领执之人远出,家中无人,须由亲保出代领字,代为收执,归乃交还。若其人去而不归,谱无着落,须联名亲保是问。

(高富浩纂修,光绪三年活字本)

光绪绩溪《梁安高氏宗谱》卷一二,《宗谱领结式》:

具领结字高氏裔孙某某今领结到谱堂给发、某人手交某字号宗谱壹全部,在交领时并无霉污挖蛀破折等弊,永远挨班收藏,按年会谱轮交时如有霉污挖蛀破折等弊,甘照祠例处分责罚,不得推诿,所具领结是实。

如系代领,须加"代"字于领结字上,后加"原人归日交还"于"不得推诿"之下。

  年   月   日具领结某某押

         亲保某某押

(高富浩纂修,光绪三年活字本)

婺源詹氏

光绪《婺源詹氏宗谱》卷首,《局规》:

谱式必须画一,凡生年殁岁及娶某氏、葬某处某向、生几子,一一注明。

(詹固维等修,光绪五年庐源绿树祠刻本)

绩溪华阳邵氏

光绪绩溪《华阳邵氏宗谱》卷首,《修谱条议》:

此次修谱以续系为重,其刊谱则例除一切细目应随时酌议外,有旧谱凡例诸已详备,悉可遵行,无须另定议规。

(邵俊培纂,光绪三十三年叙伦堂刊本)

歙县棠樾鲍氏

乾隆歙县《棠樾鲍氏三族宗谱》,《重编宗谱凡例》:

谱牒之作,盖子孙录其先人,务尽其实,所以尊祖收族也。

(乾隆二十五年刻本)

歙县金川胡氏

民国歙县《金川胡氏宗谱》卷首,《旧编凡例》:

图系下详书名讳、字号、行次,纪其实也。生忌墓向,示不忘也。

(民国二十一年刻本)

歙县蔚川胡氏

民国歙县《蔚川胡氏家谱》卷二,《谱例大纲》:

一、谱为继述大事,其义例规则曾经古昔名贤酌定至当至公,不可易也。兹谨取纯正而易遵者录之,不敢参以私意,特时势移易,或从宜从俗,不得不少有变通。

一、谱之作以信传信,所谓实录也。若援引差讹,实录安在？故自常侍公以上,其文序依原本重镌,不敢擅为更易。自再还公以下,间有厘正,亦必考核的实,无敢臆裁。

一、谱先敬宗。吾祖所由始,支派所由分,原原本本,倘多为附会则紊然乱矣。吾祖自帝舜后至满公锡姓,而胡氏之姓始安定王封。而安定之郡称学公有功于唐,而唐赖以存,亲爱于民而民不肯忘,此常侍胡之所由来也。居于婺源清华,为百世不易之宗,载在兹谱,则头颅自真,血脉自贯,俾后人一览悉知源流根本。

一、谱首世系。世系者用纪名讳,推始迁之祖为一世,效欧阳谱式五世为一图,法五服之义。再以第五世提书于首,至九世者,法九族之义也。图图相引则宗法得正,世次不紊,一览而识大宗、小宗之别,嗣是而百世,虽曰服穷亲尽,其枝派绵衍,悉统于始祖,为百世不迁之宗矣。

一、谱重行第。行第者所以序昭穆也。宜取式欧、苏二家,其次序照依世数,次第列之。但吾宗旧谱则各支各派照图列之,兹仍旧式,凡乳名、表字、别号、行第、品爵、事功与夫生娶殁葬、父系某公、子几人,悉录之,以见其生平贤否。如无实行,不当浮誉灾梨。盖人之志行有矜持于初服而堕于末路者,有失之东隅而收之桑榆者,未可遽为定论也。若齿高德邵,操履不逾,可为表率者,闲书之以示劝从,谱法之变例也。

一、谱正书法。仕宦者书爵书官,不仕者书处士书府君,宗法也。五十以上书卒,十五以下殇者书早亡,十岁以下者止于图中书幼殇,考内不载,正书法也。

一、谱正名义。名讳有干犯先世名者,不拘远近新疏并宜易之。干名犯义,非礼也。但望重乡邦,名登版籍,势不容易者,姑仍之。有二名不偏传者,亦仍之。至本宗闺妇室女,旧谱载其名者录之。卑幼子弟欲登别号者，亦录之。先正所谓事之无害于义，从俗可也。

（民国四年线装活字本）

民国歙县《蔚川胡氏家谱》卷二，《谱例大纲》：

族之有谱犹国之有史。史者，备书忠佞政令。谱者，备书系考文传。系考者，系其图而考其昭穆。文传则揄扬其美而已，但必于人往风流，考核真实，庶不致有虚声之盗，法如有所誉，尝有所试之意。

……

赞序宜取明顺通达，不必句奇语重。其草创宜于数年前誊写对读，查敷精细，如有脱落错讹，是谁之过，可不慎欤！至于付梓，则尤宜慎剞劂，狡狯惟图利已，不可过宽，不可过严。宽则缓而易怠，严则□而易讹，最为难处。思患豫防惟日省月试，毋使钱浮于事，则彼有所恋而吾乃可收其成。

……

宗谱修纂遗像，所以传祖先之神也。为子孙者观其遗像，咸思木本水源，有所观感。

……

遗文著作，先代潜德之光，故旧谱所录上世传赞志铭存之。若近今文集、名公篇什，则分类悉载，庶知故家之文献足征也。他无关族义世道概不录，省木灾云。

（民国四年线装活字本）

池州仙源杜氏

光绪池州《仙源杜氏宗谱》卷首，《凡例》：

谱，家史也。修国史者必知春秋之义，然后可以明王道、正国体。修家史者亦当知春秋之义，然后可以明人伦、正风俗。《春秋》善恶皆书，备劝惩也。谱则有善必书，示表扬也；恶用曲笔，为亲讳也。虽与《春秋》稍异，而劝惩之意未尝不寓于其间，后世子孙各宜鉴省。

……

各传前先书世数，下注某行凡几人，次书传。……

各传名下注某人几子。次书乳名。次书字。次书号。次书官职、科第。次书德业。次书生卒年月日时、葬地形向。次书娶、继娶、三娶。妾则书纳，不加地与父名。妇有封典者于各氏下加封典，凡生、卒、葬俱分书各氏之下，如公书例。次书子儿某某，子名下注某氏生，如止一妻则不注。次书女儿，长适某地某人，次、三以下俱如之；不注氏生，非世系所重也。父存则子女不书数。

……

旧约券据不关家庙、坟墓者,另为杂志刊附谱后,其名公巨卿所赠诗文及德行功业堪入志乘者,俱载入杜氏实录中,免繁卷轴。

(光绪二十一年刊本)

婺源三田李氏

光绪婺源《三田李氏宗谱》卷末,《凡例》:

例也者,酌礼义之中而条约之,以示一定而不可移也。故法曰法例,乡曰乡例。矧谱有宗派、有世系、有迁徙,设不定例,则昭穆何由而叙,亲疏何由而别,是非何由而分,详者何以独详,略者何以独略,展谱者人或愦愦焉。今定凡例于前,庶览者如挈纲而振领云。

……

家之有谱犹人之有身也。谱有支派宗属,身有肢体脉络,不贯则不成身,宗属不明即家非其家矣。宗谱之作所以仁子孙也,正所以仁祖考也。

(李廷益、李向荣修,光绪十一年木活字本)

山西

汾阳韩氏

咸丰《汾阳韩氏支谱》,《跋》:

……先资政公于道光十一年解组北归,寄居京邸,尝取家谱悉心校核,谓与其远而无征,不若近而可考。准之五世,服制所系者,当自高祖始。爰敬推二十九世祖,两玉公以下分支排列。凡长幼次序,名字官爵,配偶姓氏,生卒岁月,子嗣多寡,罔不详载备书。其自迁汾始祖以下,分派世系,另列总图,以备稽考,使为之后者一目了然。例凡妾之无子与夫螟蛉异姓为嗣者概不列入谱内。名曰支谱,取诗之本支百世之义,可谓明辨晢矣。但距今又阅二十余稔而本支日以盛,人丁日以增,乃谨承先人之志,督率儿辈重加修纂,校录成帙,将付剞劂,用志数语于简末,特以资政公之国史列传冠于编首,非惟纪盛世之恩荣,亦以昭先人之厚德焉。

时咸丰九年岁次己未,三十四世孙鉁敬识于陕右新平官廨。

(韩鉁敬重修,不分卷,咸丰九年刻,同治六年改福荫堂校刊本)

光绪《汾阳韩氏支谱》,《凡例》:

一、此谱于迁汾始祖以下分派世系,敬列宗系图,以备稽考。

一、此谱自两玉公以下分支排列,凡长幼次序,名字,官爵,配偶,姓氏,子嗣多寡,女适何人,以及生卒年月、坟墓方向、地名俱一一详载,其不知者阙之,以待后考。

一、此谱凡妾之无子女与夫螟蛉异姓嗣者概不列入。

一、此谱凡先人寿文、传志、碑铭悉应考载,现在挂漏殊多,旧谱又无从寻觅,各房若有收藏,并此谱内缺而待考各条,如有知者,俱望检寄来扬,即可增补。

一、此谱各人一页,间有待嗣及考证未确者暂并一页。

一、此谱因修辑业已多年,急于付梓,未暇重加细核,恐仍不免挂漏,各房见后务必互相考证,庶无舛误。

(韩镇岳、韩锡成纂修,四卷,光绪十年恭寿堂刻本)

平定刘氏

嘉庆平定《刘氏族谱》,《凡例十条》:

一、以明其本也。刘氏一族,原籍河南开封府杞县人,明洪武年间始迁平定。昆仲二人,一讳敬先,干止未宁,复抽充大同府左卫屯田军。一讳敬祖,即余族始祖,业农于东岭曹泉村,即今之岭上也。丁繁户大,散处于城里城外、东沟、磐石者,皆其枝叶焉。本固枝荣,信属不诬,故特标于首。

一、以分其枝也。据康熙九年旧谱所载,始祖以下数世不可考。相传分为四大股:上街股,下街股,沟仔股,磐石股。股有大小,枝有多寡,共为二十八枝。二十八枝中世次不能齐接,姑因旧日合谱,始祖而下以一同辈作一世,二同辈作二世。四股份,为四谱。即以二十八枝分立二十八谱,其实皆一谱也。枝枝详列,颇不混淆。

一、以别其派也。有枝即有派。岭上、在城、东沟、磐石等村,群居萃处,采访颇易,自尔详列。其余散处于乐平、和顺、井陉、获鹿、正定、饶阳、大名、渭县、山东、信阳者,虽不能广为确查,而就现在通谱考之,未知不知其为何人之派。故于各派之旁即记其所居之地,以为将来续入之端,非敢略也,阅者谅之。

一、分谱内直勾下未填名讳者,因不知实系无子或系他徙,不敢臆说,故阙之以待知者。其实系无后者下即印一墨圈记之,以免狐疑,所以昭慎也。

一、名讳有见于合谱,而于分谱无考者,既不能追所自出,复不能按其枝派,谨尊旧谱录之,加以墨点,以俟知者。

第十二篇　族谱

一、先讳谱内昭然，在所必避，前世相重，往者难追；后代相犯，来者可谏。故凡可更者悉为改换，后之生男者，应当阅谱命名，以明避忌。

一、吾宗或有少从他姓者，查明，已叙入谱内。其未能尽知者，望各枝内详为稽考，使之归宗，以便增入，不可忘本故也，阅者详之。

一、修谱意本为详明实在同宗，确有可据者，以合族姓。吾族虽枝繁户大，而异姓继入为子者，不能尽无。叙之则明明乱宗，不叙又恐久而冒宗。故查其本姓，另立螟蛉，以叙其枝派。而同姓不同宗者亦列于其内，复有异姓并非继入为子而亦尊卑相呼者，乃系当日仆随主姓之故。若不别而白之，将来必致冒乱。故亦查其本姓，叙于螟蛉之末，以杜乱宗、冒宗之嫌，不敢二本故也，阅者谅之。

一、世德俱系州志所载及先状所述，人所共知者，原不敢臆为褒称。其所不知则俟各枝各派人等查有确据，再为增入，以扬先代。

一、妇德贤孝系吾宗风化，苦志苦节俱不可没，然亦人所共推者，非敢私为揄扬也。若各枝更有可纪者，查明添入，以昭来兹。

（刘灿、刘得义等修，不分卷，嘉庆十年刻本）

平定蔡氏

道光平定《蔡氏族谱》，《凡例十六条》：

一、以溯其本也。我蔡氏占籍平定，不知始于何代，谨按碑碣所垂，惟奎星岗、重兴坡老茔勒于前明时为最先，故特标于首。

一、以分其枝也。按墨谱所载，奎星岗、重兴坡、石门口俱东会都为东三股。栖云岭，系隅厢都为西股。分四大股，各股内支派繁衍，多寡不同，俱于各股下详叙之，庶免混淆。

一、分谱内直勾下未填名讳者，因不知实系无子或系他徙，未敢臆断，故阙之以俟知者。

一、前人世次有彼此不能相联者，谨于各股内确查支派以纪之。所谓各亲其亲，各长其长，不使相混也。

一、先人世次有不能上稽者，谨按本股内确有可据编次之，非敢阙略，所以昭信也。

一、是编内有前人世次下失其传者，阙之，俟后之确查，续入焉。

一、前人有祖荒于上、世湮于下，而人传其名、碣留其讳者，不敢置诸谱外，亦难引入系中，谨登诸列祖编内，以俟参考。

一、先人别号、配氏，有未能尽知者，阙之。望后人倘经查明，再为补入。

一、先人名讳昭然，理宜谨避。前世相重者仍之，后代相犯者改之，自兹而后，族中生子者当阅谱命名,以明避忌。

一、编列支派,谨依墨谱先后。其大宗、小宗俱按各支分叙,惟求昭穆不紊,非敢以亲疏远迩,妄存厚薄也。

一、世德编内悉依州志所载、家乘所藏者,备录之。非敢有意褒称也。或有所遗者,俟后人查出,再为续增,以扬前烈。

一、妇德编内,凡属旌表者详录之。间有苦志不没,人所共推者亦列入焉。此系吾宗风化,非敢私为揄扬也。

一、族人中有迁居异地,一时不能采访者,即于各支之旁记其所居之地,非敢略也。望后来查明,再为续入焉。

一、吾宗内或有少从他姓者,查明叙入谱内,其有未能尽知者,望后人确查,使之归宗,以便续入,不可忘本也。

一、是编俱系查明实在同宗,确有可据者,以合族姓,以杜婚媾。如碑碣所载,固不敢妄弃宗外;若毫无实据,凡属影响者亦未敢妄扳宗内;故冒宗、联宗概不叙入,不敢二本故也,阅者谅之。

一、修谱资费悉赖同宗襄力,列入编末,以著慷慨慕义之意,其有愿为助资者,再为增入,以俟续修。

(蔡子碧、蔡培实等编纂,不分卷,道光二十五年刻本)

平定窦氏

光绪平定《窦氏族谱》,《凡例》:

一、此次修谱,一遵前谱之式,率由旧章也。

一、旧谱未载、今有增入者,以世次确有可据也。旧谱未载而世次绝无可稽则概不敢忝入。

一、名有重先人讳而未更改者,以其人已作古,故仍之,第注曰重几世讳。

一、分谱详此股世次毕,然后再详他股,以便于查阅,故与前异。要仍本五世则迁之义,非有所改易也。

一、每股各详里居,欲便于赴告也。

一、祖宗功德著于史册,见于州志,备载于家乘、墓表,皆族人所稔知,故谱中从略焉。

一、合谱中载配氏,有旌表入祠者,特为标出,嘉节义也。

一、他姓有养子一谱,吾族无此,故不别列。此后族中有缺嗣而近支亦无可继者,须于远股中之多子者求之,必不可开异姓乱宗之渐,愿族中人共戒之。

一、谱中采录大清律例丧服图,族人照此遵行,庶不致有误。

(窦志默等增修,道光二十七年世和堂刊刻,光绪二十年增补印本)

平定张氏

道光《平定张氏族谱》,《例言六则》:

一曰分宗派。始祖之嫡子,嫡以继嫡,始祖之正统也。始祖众子、庶子之嫡子,亦嫡以继世,乃始祖之旁支也。然嫡子相继,百世不迁,俱不得不领其众庶,而旁行以继其世,宗支递衍,上下旁行,行列清而世系见。故于嫡派之旁,更别其派,以稽其宗,使观者识万派归宗之义。

一曰祖分而谱不分。一本之始世简而易考,迨支庶殷繁,各尊其宗,各系其世,错综旁行即延及百世,其中一脉相承之统自井然不乱也,观者详之。

一曰引画以系其世。嫡庶相继,皆有引画以系之,示其统也。然有世绝而不嗣者,有贫乏幼弱而未及婚娶产育者。曲折多端,不便疏列,唯于贫乏幼弱、承嗣未定者,空引一画以系之,不嗣者不系。

一曰三殇不录。人之生子,所以承祀也,惟能成立克任祀事者乃可谓之子。故先圣之见以足疾不任祀事,圣父犹别娶以求嗣焉,为承祀也。然则祀事之重而嗣子之关乎宗祧也大矣,乃若有子而殇,犹然无子也。其无服之殇无论矣。至于三殇,已为有服之亲,几于成立而竟因其殇而削之,似亦情所难恕,然揆之于宗嗣之大,则犹未足以谓之子也,故礼为有服则服之以尽其情分,无所关则去之,以决于义。业经婚娶者有嗣必收之,殇者不录。

一曰无考亦收。先世之族,皆同一本,然其有上无所考、下无所稽,遂不得同列于诸谱之内者,是亦情之所未安也。盖不幸世绝,祀事无主,正宜后之宗人修其冢墓,时其祭扫,以致矜恤无依之意,何忍因其世绝而遂遗之,竟令湮没而不传也。今为另置一谱,遍查族茔之有名者。一传亦继其人,再传亦系其世,虽其源流莫考、宗派无序亦使之同载秩册之内,俟后之敦尚古道者有所稽焉。

宗人恒福识。

(张文选等修,道光二十八年刻本)

道光《平定张氏族谱》,《续例言三则》:

一曰命名不可与先人同名。先人之名,后人宜谨避之,既不能避,又以名其子弟,尊祖敬宗之义安在哉？凡名子者必须详稽族谱，慎毋犯先人之讳。其或有误犯先讳者宜急更之，即不犯先讳而与同世相合者亦宜更之。其更之之道，犯先讳者更者固在子孙；至同世相合者，即不必以尊卑相拘，而亦以年齿为论。兄弟同名则弟更，长幼同名则幼更。盖姓同名独，序入谱中，始不相混耳。

一曰虚名不录。家之有族谱犹国之有信史也。史以纪事，有其事则书之。谱以纪人，有其人则录之。若子尚未生、孙尚未有，遽以虚名续于其后，俾览其谱若以为有斯人，而考其世则实无斯人也。其何以传信于后哉？

（张文选等修，道光二十八年刻本）

平定潘氏

咸丰《平定潘氏合谱》，《例言》：

一、凡人之行莫先于务本，州南棋盘垴有我始祖之佳城，乃阖族之根本，仁人孝子不可不知而犹不可不敬也，故绘图于谱牒，俾后裔知其所自而不忘也。

一、东郭外天皇岭有我氏祭田碑记，字迹残缺不真，诚恐再被风雨倾颓更不真确，有负先人佳意，是以谨录原文，刊于谱帙，庶不至年远湮没矣。

一、谱内皆先人之字讳，各宜敬重，或供于神主桌上，或藏于洁净之所，万勿污秽，谨之慎之。

一、先人之讳，理所当避，查今之犯讳重名者二百有奇，实缘续谱不勤，致有此弊。合族公议，凡犯先讳者，勿论存亡，一体更之；后之命名者遍阅家谱，毋犯先讳，各宜慎重。

一、先人之讳，有单有双，犯其单者，以音同字不同而改之，间有音字皆异而改者。犯其双者，有改上一字者，有改下一字者，亦有二字全改者。其等辈相重者，改亦如之，望族人照谱更正，生者改其呼唤，亡者填明神主，勿使神主是此，谱图是彼，以致日后难稽。

一、因考世系，每见各户所奉宗图，祖奉之高曾，子孙仍以旧图奉之，复填自称之高曾，而且不分伯叔，故致世次不明，昭穆不清。年近尚能分别，岁久实难稽考，自兹以后，务宜一世一换，虽百世可知也。

一、族中有幼年失怙，未经传说，不知其高曾之讳者，有知其讳而不知孟仲季之序者。甚有焚埋祖龛，问之不明，考之无据，因以不能上接，恐紊昭穆，莫敢妄续，姑录谱末，以备后参。

一、吾氏族谱法欧阳之式，集纵横成图，所以序昭穆也。先讳之下无纵画者，是确知其无后也；有纵画而下无讳者因不知实系无后或系他徙，不敢臆说，故阙之以待知者续入。

第十二篇　族谱

一、尝言事非经过不知难,诚哉斯言也。每历世之难事,莫难于修谱。难处固多,其尤难者,考也。余因难而思一不难之规,使后世修谱则易易耳。夫修谱者,原为联络一族,非各执一部,止知本支,不明别派,故留余纸于谱末。各将本支宗派世次以及字爵氏配注载详明,定于子午卯酉年互相递换一次,则彼可知此,此亦知彼,即有重名犯讳者即刻更之,异日续修,岂不易于今日也哉。

(潘组耀等修,咸丰七年刻本)

洪洞薄村十甲王氏

仕宦、有德及登科第者刊像谱中。

嘉庆《洪洞薄村十甲王氏族谱》卷首,《修谱凡例》:

一、十一世族祖懋公公署旧谱所刊静兴公遗像后云:凡族人有居官、有德及登科第者,例得刊像谱中。盖表扬先世,亦以激励后人也。第尔时所刊,只静兴公一人。吾家先世居官者、有德者、登科及第者甚多,先人遗容犹未尽泯,理应俱绘谱中,今谨补入,若遗容不存者阙之。

(王楷苏等修,嘉庆二年刊订)

姻家姓名不载。

嘉庆《洪洞薄村十甲王氏族谱》卷首,《修谱凡例》:

一、凡姻家姓名、官阀亦宜入谱,庶后人知我所自出与我之所出。近则彼此称谓,远则缔结婚媾,免致背戾。盖联三党之戚以广亲亲之爱,理应尔也。吾家先世以来所缔姻亲皆远迩名族,见于志、表、赞、词者彰彰可考。即今族虽式微而姻亲一如昔时,无为屠仆舆隶者,实有光于家乘。第吾族人丁繁衍,若备载内外姻族,其字数当不减所编生卒述略,既未易举,而各家姻族率在数十里内,虽历年久远皆能述先世某配某人女,某之女适某人之子某。称谓、婚媾自可无忧背戾,故不载。

(王楷苏等修,嘉庆二年刊订)

洪洞刘氏

光绪《洪洞刘氏宗谱》卷一,《新谱凡例》:

一、旧谱总目曰序。曰:自序,条例,像赞,家庙图,专祠图,家训,世系图,世系籍贯,诰敕,传,墓表,墓志,碑阴祝文,寿文,寿诗,后序。凡十八门,共六卷。今以前序、后序为原序。合家庙、专祠为先祠,崇家训为祖训。碑阴并于墓表,祝文附于祭典,而以今序列原序前,循著书例也。

一、是谱先原序,次诰敕、像赞、祖训、世系图考、世系籍贯、寿文寿诗、列传、赠章、挽诗、著述、女史诗、先祠、先茔、墓表、墓志、乡贤录亦为门十八,计为卷二十。凡各门有增入之条,说明续增字样。每卷提纲标目,览者了如指掌。

一、诰敕标目,其恭**遇覃恩请封**者,书覃恩字样;其有貤封者,则书某官之某父母,不书诰敕授某阶字样,皆**依命轴签**式,以昭慎重。今增诰命之目八十四,敕命之目十有三,谨录其存者若干轴于标目中以〇别之。

一、先人遗像绘刊宗谱,非特表扬前徽,亦以激励后人也。第先代有爵、有齿、有德者遗容犹未尽泯,例得俱绘入谱,而绘师一时实难其选,容俟来日为之。

一、世系据十三世以前,人数已定者,仍用旧谱原版。由十四世以后,各支各世尚多未生之人,当即于各世添丁序名之处,量易新版。旧谱第十八世,始有九人,今衍至十九世矣。自十三世至十九世凡添二百四十许人。

一、先祠乃祖宗栖神之所。旧谱已刊家庙专祠图考,今增碑记。祭典条规,先代之创,垂后人之法,守胥于是焉在。

一、先茔图考旧载在谱,百余年来吾族茔域名地宜绘增者多矣。且茔内不皆有碑,宜按其冢之上下左右署曰某世某官之墓,注明某山某向,去苏堡若干里,依此图之。俾违首邱者一展卷而即悉也。兹值谱工将竣,猝不易办,姑俟异日续之。

一、宗谱旧例,有避名讳之专条,皇皇祖训,百世是遵。当宗谱未修以前,容有犯前人之讳者,勿得藉为口实。嗣后为子孙命名,先阅世系图考,检其未有之名以命之。兹选定十字,曰:衍乃以曜令将建纪远传。自十五世起,每世用一字以立宗派之名,庶几因名字而辨尊卑,因尊卑而知趋避。

(刘殿凤修,光绪二十七年刻本)

洪洞李氏

同治《洪洞李氏宗谱》,《条例》:

一、辨原委。古者因生赐姓,祚土命氏,姓氏由此其始也。自后世习于推论门第之说,则原不清者有矣,潜育螟蛉之子则委不慎者有矣。殊不知恩有时绝,义无可废,岂可以冒其名而紊其实乎?故陈寿作《三国志序》,魏文帝仅混而同之曰:不知其始终、本末,序昭烈帝独郑而重之。曰:汉中山靖王之裔,原委之辨与不辨故也。且原委之辨岂徒严同姓异姓之分哉?即同姓者亦必考其果系吾宗焉否耶?试观崇韬之郭不与汾阳并,武襄之狄不与梁公同,岂沙陀之李可与陇西混哉?今余李氏家乘以朝登公为始祖,不敢援引昔圣前贤以邀荣者,此物此志也夫。

一、明世次。世次不明,大端有二:一则谱牒散亡,一则宗支蕃衍。谱牒散亡则远祖不可尽知,而绝续之际先后易淆;宗支蕃衍则疏族不能尽识,而长幼之间僭越易起。先后淆而子孙失序,等而下之,重有累乎生者矣。僭越起而名分易乱,推而上之,重有累乎没者矣。故自始祖而下,以迄祖孙父子,世次昭然可考,将见为昭为穆,既有名正之条,或旧或新,必无逆祀之失。

一、避名讳。以讳事神自有周始,故命名之义有五,如信义象假类是也。春秋时卫侯名晋,晋侯名周则以国矣。鲁献名具,武公名敖则以山矣。周有黑肩,晋有黑臀,楚郑与邾有黑肱则以隐疾矣。晋改司徒为中军、宋改司空为司城,则以官矣。此皆命名之失也。后人命名多取吉祥而尊卑易淆,故一族之中往往有子侄之名混入父行,末孙之名上干远祖,虽与犯亲祖父者有别,然揆之于理,终属未安,后之命名者尚其知所避讳焉。

一、具生卒。事人先于事神,知生先于知死。生死之所关岂浅鲜哉?成季之生曰季友,子文之生曰於菟。此生之可异者也。周昭之终也以溺,晋景之终也以坠。此卒之失正者也。于生卒之足异者犹志之,况其正始正终者乎?故曰:生者,寄也;死者,归也。人子之于亲,生则致养,祭则致敬,生卒之年月日时必于谱中详注明确,一存一亡之际讵可忽乎哉?

一、详昏姻。夫妇者,人伦之本、万福之宗也。娶异姓则别之以义,食共牢则联之以情。试观采蘩之夫,人不忘诚敬;车□之季,女必称德音;以及汝濆之妇识公义,雄雉之妇知德行。此皆内助之贤,成其夫德者也。即下而为子孙计,则母教亦不可废。和□助勤,皋女早传其阃范;画荻劝学,郑母克著其贤声。是以长妇、嫡妇、众妇、庶妇,《尔雅》辨其名;妇德、妇言、妇容、妇功,昏义纪其事者,诚重之也。

八世孙兰、芳谨志。

(李逢纶等增修,同治四年刻本)

永济解氏

乾隆永济《蒲坂解氏谱略》,《谱范八条》:

一、族姓之衍,日久则繁,繁则涣散而情疏,亲亲之道乖矣。故必有谱以会叙之,使知长幼尊卑名分,不容紊乱也。凡我族人,当各体兹意,毋得视为具文,有负立谱之意。

一、谱内爵衔、生卒、寿葬以及生几子、生几女,各有缺略未全者。缘旧谱湮无从考质,而现在族人又多散居各处,一时不能集叙,谱成分阅,各宜添注分明,以使日后稽考。

一、谱内所载:子娶某氏、女适某人,必详注某公几女、某公几子、某爵衔者,以防再作亲谊,辈数不致颠倒,且内外至戚,名分既悉,亦可便于称呼。

一、未缉谱前,族众异处,其名字有重祖讳者,有现在相复者,均宜避改。是以五二门纯远向名永锡,因犯祖伟锡字,今改为洵。其余除已故外,凡名字相复者,俱按此例更改。

一、吾族各门命名自良字辈以下,多有不齐者。皆因寄居异方,不能照会故也。今求缄玉朱先生占五言四句诗一首,限二十日载在谱内。自第十三世按秉字排起,一字一世,可至二十世不致乖舛矣。谨书诗于后。

诗曰:秉道开元茂,崇基衍庆多,徽光为永嗣,敦顺志修和。

(解洵修,乾隆十八年抄本)

运城安邑郇城路氏

同治运城《安邑郇城路氏族谱》,《凡例》:

一、姓氏所以别族属也。三代而上,姓氏分而为二:男子称氏,妇人称姓。贵者有氏,贱者有名无氏,所以别贵贱也。姓可以呼为氏,氏不可呼为姓。氏同姓不同者,婚姻可通,姓同氏不同者,婚姻不可通,所以别婚姻也。故官有簿状,家有谱系,使贵有常尊,贱有等威也。三代而下,姓氏合而为一,宜若甚简。然士大夫之族遂或暮其姓之所自出,至有传承之讹,以夫余为凫臾,以欧为区者。隋唐间虽置谱牒局以纪百官族姓,然亦名存而实亡。五季以来,谱牒之官废,取士不问家世,婚姻不论阀阅,故其书遂散逸而无统,谱学不传。自是而能不失其宗祧之源者,几何人哉?盖古之命氏有以帝王名号者,有以王父字者,有以所生所居之地者,有以官以爵以德者,有以所封之国若邑若乡者亭者,有以技以名以物者。按路之为姓,黄帝封其支子于路,因姓路。五音属商,郡名内黄。

一、路谱以希升为始祖者,盖因旧谱所失,无从记述,故希升前不可复考,断自希升以下,谱其所可知也。

一、谱依欧阳文忠公例,五世一截,每至第五世终,再将第五世名讳摘书第二截上一格内,为第六世之宗。则六世以下庶有统而易见其分世。格内第二截书初别为世,第三截书再别为世。四截、五截仿此。

一、谱图既以五世为截,每至第五世当修,然其间有通晓续法者即当随便修理,不必拘定五世,迁延岁月,致后世有残缺失次之憾。

一、不许收养异姓养子与族人混录誊写,盖异姓义子今日虽为我之子孙,他年即为我子孙之祖宗。虽伊极富、大贵,不可倚势慕利,苟图目前而开异姓乱宗之渐。

一、谱以收宗族,以明支派,以表世次。无后者直书其下曰无嗣,有官者书其下曰某官,历叙出身、升擢、封赠。迁居者书其下曰迁某处。

第十二篇　族谱

一、谱以秩人纪，具本末，谨婚姻。凡图直下者，父子相继，横列者昆弟相联。必书名行字号，娶某处某人之女，生子几人，女适某处某人，所以见世家婚姻也。某年月日某时生，某年月日某时卒，享年若干，葬于某处，坐落某山向，某人撰墓志铭表碣。

一、子孙有弃父母出家或为僧道者，谱内不录，谓不系世次也。但出继外姓嗣者必于原名下书明继某处某姓嗣，更名某某，生子几人。一以便将来族中有力者收族之据；一以便他日本人及其子孙归宗之本。

一、冠者，成人之道也。古者，二十而冠，所以弃幼志、励成德、谨威仪。凡为子弟者年及二十，粗知礼义，须依朱文公家礼祀先，然后冠之。

一、婚姻，正始之道，万世之嗣也。家之隆替实其于此，所系尤重。后之子孙遇有嫁娶，必择其门第相称及妇婿之温良慈柔者，毋苟且以玷祖宗。

一、谱牒只论世代尊卑、支派先后，不拘年庚、长幼、职衔大小，谱完一门，再谱一门，依次而序，以便观览。

一、人子治丧以哀戚为本，毋事虚文，俱照文公家礼行之。丧具皆要坚固，茔兆亦须躬亲理视。若专付他人，恐有疏忽。殡殓衣物宜令人悉见，不可殉葬以金玉器皿之类。

一、祭祀乃报本追远之道，切不可忽。家必有庙，庙必有主。月朔必荐新时祭用。仲月冬至祭始祖，立春祭先祖，季秋祭祢，忌日迁主祭于正寝。凡事死之礼当厚于奉生者，世世子孙切宜凛之。

一、始祖茔去运司城即古郇城地北门洞外正北一里许，车路东崖上，坐干山巽向。祖俱昭穆而葬。每岁用三月清明、七月十五、十月初一，率宗族至墓所依文公家礼仪式祭扫，不得违期。其祭物丰俭随宜，务在精洁。其日先用殷醴祭告后土，盖先人体魄安于地下，赖神以呵禁不详，其可忽诸？祭毕，招集坟邻享胙而散。

时皇明嘉靖年间方伯祖创志，因年久字画剥落，于皇清乾隆四十四年己亥孟夏，十一世孙廷极沐手重录。

（路生财、路有年纂修，同治十年刻本）

闻喜裴氏

康熙闻喜《裴氏世牒》，《凡例》：

一、裴氏家谱，骃、子野、守真、皞，旧本俱不传。所传者其后人世守之抄本耳，字多差讹，文又简略，今以欧阳公《唐书·宰相世系表》为准，忝以谱传，符者如之，疑者阙之，重名者存之，重名异人者详之，世次未明者附之，反复忝考，稿经数易，始定凡四卷。

一、裴氏子姓，谱不胜书，此书其仕宦表著者，五代以前世系俱存，即多散处，源流固自清也。宋元以后,居闻喜者,仕宦甚少,他处显达,远不及考,不敢滥附。

一、裴氏三眷子孙散处各方,不尽居闻喜也。如脊居稷山,寂居临晋,泰居曲沃,休居济阴,良居汾州,顺宗居襄阳,怀古居寿春,史传皆曰闻喜人。璩令贵溪,因家焉,其家传曰:闻喜人。诸如此类,不胜缕悉,俱详之世系表。其未详者以世附附之,非敢借冒。

一、裴氏拜相者四十六人,历代官名不一,秦汉曰丞相,魏晋则太尉、司徒、司空、太保、太傅、太宰、大司马、大将军、中书秘书、门下诸省。南北朝更置不一,隋唐六省三台,左右两相、内史、纳言、侍中、左右仆射、平章事,即中书侍郎,忝佐机务,皆相也。今因代制注明,余官仿此。

一、裴氏仕宦历履、出身、荫辟,科目不一,表谱各名下有详有略,今据注明者录之,其未经注明者阙,封爵谥号亦如之。

一、裴氏名公查十七史有传者,俱为编叙;有史传未载者,以别书查入。此外恐多遗漏,尚俟查补;其不及传者,今笔录纪之。

一、裴氏诸公,著作甚富。韩柳诸名公诗文,赠答甚多。今止以耳目所及者,编次入集,其未经见闻者,尚俟搜补,幸博雅示之。

一、裴氏坟墓,有在本县者,有葬他所者,俱详坟墓下。

一、裴氏重名甚多,秀业两见,通四见,肃五见、璩四见,宽两见,约两见。如传云某某子也,谱又云某子,世系云某某子也,碑志又云某某子,诸如此类,考明者定之,疑者俱阙。

一、世次照枝派叙之,年齿长幼,朝代前后,弗论也。考者详之。

涑水野史象陆氏识。

(翟凤翥纂,康熙五年刻本)

乾隆闻喜《裴氏世谱》,《续修凡例》:

一、原谱四卷,先大人广为十二;旧名为牒,先大人易之曰谱。

一、世系表内考诸史书,间有未合未备者,详加增改;其义属可疑,恐当时别有据者仍之;至近世瓜瓞日繁,可考者次第增列,余俟更考补入。

一、族中世次难考者,旧于表后载世附一条,兹更采取史传碑刻可依据者为世附补。

一、锡命之荣所以昭国典、表世德也,今于谱中原文外增辑数条;至国朝制命,行箧中现存者并敬登入用,示来者教以作忠、期之绳武。

一、奏议、杂文、诗赋、碑志诸条,原谱旧有阙疑,今为增入。至先大人手著及当时名彦题赠,择其关政化、见性情者谨为登载,用垂不朽。自愧弗克负荷,而历任以来,于地民生及修兴大务,从儿辈请亦勉附一二,以志续序之思。

一、原文字句偶误及亥豕舛错者详考改正,其舛讹尚细或字画俗体相沿,恐改补过多,太损梨枣,日久易至脱落,姑仍其旧。

裔孙宗锡谨识。

(乾隆间修,嘉庆十五年序刊本)

灵石何氏

道光灵石《何氏族谱》卷一,《凡例十则》:

一、谱以统宗,应以世系为重。至爵以荣亲,德以显亲,不过摘取贵且贤者,为族众光宠,作子孙观法,非能尽人皆志。惟世系备载无遗,故先列表以明大宗,考图以稽小宗,其余诸款循次相附。

一、子孙原不可指名先人,但谱以纪实,士庶家不尽有谥,即有之,今日不书名字,后世便难稽考,或于讳下加以公字。余谓称名而曰公,于义未安,况庙中不讳以尊统卑也,既列始祖于上,而下复世世称公,亦非父前子名之礼,故一概削去,据名直书。

一、祖既书名,而于所配复曰妣,于礼亦未合,兹特旁书配某氏,盖以祖统之也。

一、《唐书》世系表用《史》《汉》年表、世表图。欧阳文忠公作谱即用其法,但上下格式大多尺幅颇溢,不能详悉。惟苏老泉旁列五世,取《礼记》小宗之说,修谱者多取则焉,今仍之。

一、《何氏族谱》为何氏作也,女子适人,不主宗祐,即外家,亦属他家,不得混载。

一、族中有远徙他郡并在外娶别妻生子者,悉记于册,使他日得还桑梓,复奉宗祊,不至漫无稽查。

一、《礼》:始迁徙者称为始祖,继始祖者为大宗。吾族自明经公甫居灵邑,于礼可称始祖,即始祖之先系出河南,然时地俱远,又宗派已分,不便录入。

一、礼有为人后者之称,先儒谓宗子乏嗣,礼应承继,但须依昭穆次序。今特于所为后者旁书取某公第几子嗣某公后,非过为区别,正见继派之正,非异姓所得混也。

一、收养义子,始于汉末宦官,至梁唐间藩镇尤甚。五代史特立《义儿列传》,渎乱极矣。兹于无嗣而恩养他氏子为后者,一概不载。

一、世系后各项款式条分缕晰,颇费深心,俱于逐款小引中详之,此处不须絮叨。

(乾隆间何思忠创修,后裔续修,道光十四年续刻本)

灵石陈氏

道光灵石《陈氏族谱》,《陈氏族谱凡例》：

一、谱例首书受姓之原，俾子孙知所从出，兹无考据，不敢妄引以诬后世。

一、陈氏老坟在村东北，地名曰上川者。始祖有三冢：一讳立，一讳信，一讳子林，世代俱不可考。其下坟冢累累相望，几堙为平地，约有十余代，名次亦难臆断，谱姑阙疑。

一、本支祖茔东偏头一冢，**涵櫺公**第二排，埙芳公、篪芳公第三排，蔼然公、煦然公其西偏有坟五六冢，止存其形，名**讳碑碣俱**失据无考，相传在东偏数冢之先，兹不敢意断，就可考者详于谱焉。

一、长幼之序不可紊也。今自一世支祖以下确指排序，而长门、次门伯叔兄弟阅之，自觉昭穆了然。

一、自一世支祖以至曾祖以上，其葬地名讳虽皆入谱，而生卒寿享俱无确据。兹谨将曾祖以下忝核注明，庶使后人得缘谱稽考焉。

一、谱宜详载讳、字、官职，并配氏系某处某人女，生几子几女，女嫁某处某人，生卒寿享几何，并葬某地，德行、文章、政绩别为小传，以便表扬，此循欧、苏二公谱法也。

一、谱明世次，先立世系，有总图、分图以明立宗传嗣之由，一遵欧阳公取法史氏年表之例，不独支派分明而一本九族之亲亦灿然在目。

一、世系以绵延为期。有子嗣则接续贯系，若无子嗣则用〇以结之，示绝也，寄慨也。

一、叙立行传照世代次第备书，首书行者，序昭穆也。次书讳，俨然告祠父命之初，尊祖也。次书字，卜日筮宾，责成德也。书生卒寿享者，慎终始也。书配适者，谨婚嫁、纪姻好也。书葬地者，重拜扫、示世守也；上书某公某子者，子著代也。有功名者书，有德业学行者书，**膺旌奖**、受封赠者书，表先型，劝后进也。

一、**谱详娶配**，书妻则分元配、继配，书妾则曰侧室、副配，俾子孙不忘所自出，各知自立也。乃俗以妾出为讳。夫侧室之子汉文帝尚自言之，士庶之家又何讳焉。

一、谱慎继嗣，或兄弟子，或从兄弟子以至族人子，必书某人子继某人嗣，以示不忘本生父母。如有异姓乱宗者，谱削之不载。

一、妇人有秉礼达义、守贞抚孤，当书于夫传以听表扬，或另立节孝贤明传以昭前徽，以励后世。其或离异改适者，纵有子，亦不书，以其义绝也。但当于子名下书嫁母某氏出，以子不忍绝母也。

一、女生卒年月寿享不书，以其内夫家而外父族也。只从父传下书适某人。有节孝封赠者宜并书之，以表其贤。

一、谱以序昭穆，古者左昭右穆，以次著代。今每一世各举一字以综之，共四十八字，约为六言一章，用以题谱，其名讳字母共综四十字，约为五言古诗一首，用以冠讳以排世

第十二篇 族谱

次而尊卑之分、昭穆之义庶无紊乱。准此以推,后有继者,容俟补入,遵而行之,虽世远支分而祭扫相会,世代次第亦可当前立辨,谓非敦宗睦族之一端乎?

一、谱序载录篇首,次列修谱辑校诸名,以昭奕世修续之勤,俾后之子孙亦可仿而为之。

(陈允中等重修,道光二十七年刻本)

代州冯氏

民国《代州冯氏族谱》卷一,《凡例》:

一、代州冯氏自明迄今显官达宦无论矣,忠孝节义世有焉。存祖德遗后训,此代州冯氏族谱之所以作也。

二、谱牒正轨在探源而符实,冯氏之始迁代也,代名州;子孙之迁出也,亦均在州未改县时。故今族谱仍称曰代州冯氏,所以便咨询符名实也。

三、本谱总分:世系,世谱,阙疑,流寓,家训,志传,世德,科名,学位,职官,选举,著作,茔墓,建置,规约十五类。

(冯曦纂修,民国二十二年铅印本)

山东

东莱赵氏

民国《东莱赵氏家乘》,《总目》:

序例一卷

制诰一卷　附中华民国大总统并执政及大元帅任命状及奖励命令

封荫一卷

坊表一卷

遗像一卷

世系三卷

世谱三卷

远族一卷

旁支一卷

义子一卷

迁徙记一卷

传记四卷

题赠一卷

碑志一卷

行述一卷

寿序一卷 附寿诗

祭文一卷 附诔文、挽诗、挽联

手书遗迹一卷

墓影一卷

(赵琪等撰,民国二十四年永厚堂铅印本)

民国《东莱赵氏家乘·序例》,《初修族谱条例》:

诰命

封赠

荫袭

旌表

序文

赞语

世系

考籍

节烈

事功

职衔

科目

名讳

字甫

斋号

谥称

配耦

继嗣

年寿

坟墓

著述

第十二篇　族谱

本草
选评
书法
附
远族
旁支
义男
迁徙

（赵琪等撰，民国二十四年永厚堂铅印本）

黄县王氏

宣统《黄县太原王氏族谱》卷首，《凡例》：

一、族谱首重支派，故叙次皆以支派分前后，即同祖兄弟亦按此列序，不计年齿，庶大宗、小宗百世不述。

一、族谱为历世公共之书，不便据一人位次，称祖、称父、称伯、称叔，故自始祖以下直书名字，亦临文不讳之意也。

一、宗派繁衍，世次颇费检阅。今每叙一世，既列所生于上格，又于配某下详注生子某某一目，而三世了然，寻源沂流，考稽殊便。

一、礼，为人后者为之子。族中凡出继者，必于其本生父下注明子某出继，于其承继下注明过继子某，后即归列于所承之宗，依次列叙。

一、义子承宗，旧谱不载，重正派也。但阅世久远，不知为义子，或反冒正宗。故凡有义子者，于本名下注义子某，后却不入正支行列，庶有所稽考，宗裔不紊。

一、吾族望重宗，邑志书所载孝行、节义、科名、宦绩卓卓，可称述皆公论也。今谱中所纪，邑志、家乘两相副合，其有志不尽载，及著于修志之后者，亦确有实据，非阿所好。

一、先代坟墓历世久远，恐难详辨，谨于本名下注明葬某处、某山某向，霜露之思庶得永展。

一、历世愈久，分支益繁，命名势难免于复。考古有预定，十数字以为肇，锡式样者法，颇称善。特仿其法，制五言二句，以为命名之序，庶复犯可免，而行辈亦较若指掌云：

克大敷基厚，
常绵积庆深。

（王次山修，宣统元年刊本）

宣统《黄县太原王氏族谱》卷首,《凡例》:

一、叙次按大宗小宗序列,不以年齿计,明支派也。今恪遵旧例。

一、祖父伯叔自始祖以下均书名,昭公共也。今恪遵旧例。

一、每叙一世,列所生于上,配某下,注子某,三世了然,详统系也。今恪遵旧例。

一、无后继子,旧谱注明,昭宗裔也。今恪遵旧例,各名下均为详注。

一、配氏旧谱详书,慎匹偶也。今元配书"配",继配书"继",妾书"某氏",改适者不收。

一、义子后嗣,旧谱不载,重正派也。今代远族繁,考核实证,每相龃龉。凡世系与旧谱不接者,权附于后,低一格书写,以守祖宗重正派之训。其有义子,无后继本宗之子为子者,将继子移归正支,不得为义子后,亦重正派之意也。其有采访遗漏补详于后,不低格书写者,与附后异。

一、徙居外县外省者,旧谱均载入、注明,联宗谊也。今采访有实,系支派分明者,概为注载。如无可查访、远不能周知者,宁缺无滥。

一、孝行、节义、科名、宦绩,旧谱胥有传记,为显扬也。今遵旧例,采有确据者,概为立传。其有采访未周者,俟续修补入。

一、茔图碑记旧谱载始祖、二世祖茔盘以内之茔,为保存也。今遵旧谱,仅将始祖、二世祖茔房及公地义地丈量详记,余茔则因族繁款绌不能悉载。其有绘图或详记山向、茔地及碑碣者,均系本人后嗣自自另备捐赀,以昭至公。

一、谱板旧用枣梨,谋久远也。今谨自十三世以上,茸补旧板用之。十四世以下,另镌新板刷印,后敬慎修藏,以备续行修谱。

一、旧谱统阖族排列四语二十字,联秩序也。今继旧谱所排之字,又增二语,以绵世牒:

克大敷基厚,常衍积庆深;

宗传燕翼盛,本永自成林;

和平延世德,福佑受天恩。

(王次山修,宣统元年刊本)

黄县丁氏

族谱谱例有八。

宣统黄县《丁氏族谱》,乾隆《丁氏旧谱序》:

第十二篇　族谱

家之谱,国之史,其义一也。国有世系载之于史,家有宗派载之于谱,诚为木有本而水有源也夫!源远则易忘,支分则难纪,五世祖免而后谁兴?水木之思,至有文人学士莫知宗派之自,其何以崇孝德而敦族谊乎?予始祖丁公婆婆黎氏率子二人自南沙河移黄,此从来传闻也。厥后数代名字失传,历至孙旺颇有产业,生子文质,为人忠厚,广行善事,瓜瓞绵绵,子孙渐盛。自莅兹土以来,惟课耕读,孝弟传家。迨数传而本支繁炽,人文蔚起,凿井耕田,为商为贾,凡在昆季子孙,其奕奕而烨烨者,曷可量乎!恐家乘不作,历世久远,湮没不彰者,非仅派系之不详已也。幸予叔祖瑞恒公创其概,予父大人辑其要,后之人犹可藉手成事。第遗稿庋置高阁,阙焉未就,迄今又五易春秋。夫上无以表扬先德,下无以昭兹来许,岂惟先君子之志未遂,抑亦后嗣之深责也!予是以不惮拮据,统别宗支,为之绘茔图,为之绘合宗世系总图,为之书合宗支派详纪,为之约家祠祀典常规,为之辨过继异姓不得乱宗,为之正名讳以别行辈,为之重孝弟毋犯尊长,为之睦族谊务相和好,为例有八。俾我宗人,爱及后裔,生孝友之,念起亲睦之情,守忠厚之分,志诗书之业兢兢焉,勿陨越以贻前人羞,庶几先泽绵衍、家声愈茂。然是谱之竣也,匪曰予劳,盖以成祖父之志云尔。乾隆三年戊辰之春二月榖旦,九世朝幹年七十四岁谨序并书。

（丁在麟领修,丁世佳、丁尔淇总纂,宣统元年刊本）

仿邑名族为谱,分为条例。

宣统黄县《丁氏族谱》,乾隆《丁氏族谱重订序》:

谈家乘者,必曰衣冠簪缨。夫衣冠簪缨贵矣,乃汉唐而后印绶累若者会,复何限而史册所载,独津津于韦孟之一经、王佑之三槐,则知孝友诗书根本所在。善作善述,可久之道,即可大之业也,奚必骐骥出自渥洼、鸑鷟产自丹穴、人尽系乎其类哉。吾族源于南沙河草马山,为日照诸城县界。自始祖丁公太婆黎氏率男二人迁居于黄中,阅数代失传,传至孙旺卜宅西关,产业定焉。后渐衍渐繁,至六七代而簧序蜚声,田园广扩。至十一世而余小子叨宴南宫,际云一经获选,其敦本力田兼事货殖者,为邑首富。不敢云阀阅世胄也,然而门族将兴,亦可知枝之茂者根必深,流之长者源必远。溯历代祖忠厚存心,耕读传家,不矜不慢,克勤克俭,以此涵育薰蒸,百有余年,今始寝昌寝炽,后之人顺而承之,扩而大之。俾已立之基不坠,未建之业复增,岂不愈为堂构光乎!或曰盛衰有命、富贵在天,余曰不然。身常安不禄而富,名不辱不爵而贵,君子循天理,小人循人欲,但愿识得理欲二字。吾族中君子多矣!况夫积善余庆,心田即是福田,又岂长此穷约也哉!余承乏真州,陈情终养,服未阕,族人咸以谱嘱余。余以世系叙自叔祖汉臣进叙,自余父大人某宗某支井井不乱,惟是行谊未注,心犹阙焉。因仿邑名族,分为条例,以志实迹,使后之览者,可以慨然兴起也。至于谈门第较大小,予选贡同谱有讳愈、讳梦弼者,及乡举复有龙耀公是即南沙河处,系名门巨族矣,当时派行亦定矣,然而宗谱未详,恐贻误也,故不妄书。乾隆五十年岁次乙巳春吉旦,赐同进士出身原任仪征县知县十一世元鹏薰沐谨序。

(丁在麟领修,丁世佳、丁尔淇总纂,宣统元年刊本)

即墨万氏

光绪即墨《万氏谱书》,光绪六年《万氏谱例》:

一、吾族自云南奉檄北来,与瓦子埠实为同宗。吾为老长支,伊为老二支,理应合刻。但所居异地,纂修势难促成,俟后可也。

一、惟太始祖书讳字、配字,始祖而下,直书某名某氏,贵简也。

一、分嗣特无可如何之说耳。古人兴灭继绝,其世次岂能相承,想孙曾皆可继耳。吾家自远年四支馥祖集族五支冠祖,已有继孙例,今仍如旧可也,勿容兼祧。

一、古谱善恶并录,以示劝惩。今但师善善从长之意,录其德行事迹之实有可据者,亦足激劝也。生同时则不录,俟后也。

一、氏无考者,书氏失考;改适者,书氏字,氏上必空一格,示黜也。

一、妾与再醮,无子不载,无子有女亦载;妾无子女而有节亦载,重节也。

一、诸谱有载女者,吾家女不入谱。而贞烈者必书,亦门楣光也。

一、未娶而夭者书殇,娶而夭者书早卒,无嗣者书乏、书止。

一、今有结鬼亲之说,或结亲未娶氏亡而送葬,亦或男女俱亡而合葬,然不得挟此说以嗣子。

一、夫卒,氏醮,膝下无子,先嗣子而后醮,姑无庸议;若醮后嗣子,向后不准有此例。

一、子姓繁多,间有不才流于匪类者,先人之罪人也,不入谱。

一、修谱以三十年为例,慎勿姑待迟延,以失稽考。

一、**族繁**,**命**名易重。今每支各定一字,横竖可读,列示于后:

瑞国泰初发祥宪代

至恩来著福临立兴

同熙修叙积余先功

宗泽本伦称庆开斯

盛长纪纲久彰化扬

(光绪六年刊本)

陕西

第十二篇　族谱

汉中西乡李氏

光绪汉中《西乡李氏家谱》，《凡例》：

一、卷首恭录诰敕，以志恩荣。凡族中有登仕版得荷光宠者，皆得依次敬谨恭续，所以纪国恩而昭家庆。

一、吾族自明中叶由三原迁居西乡，中更丧乱，谱系散佚，未迁以前无由知闻。今谱奉迁西乡一世祖为始，志谨也。欧阳氏谱图皆断自迁庐陵为始，此其例欤。

一、自一世至五世，只能追溯本支，序内已详言之。五世以后始分四房，即以长二三四房为序，不以年齿为序，盖取《唐书》分房之例。惟三房芳林公以下失考，姑从阙疑，以俟访补。

一、世录记载传于庭训，访于诸房子孙，务从实事，无取夸毗。生卒年月日配葬，有可知者皆备举之，不知盖阙。义法固如是也，后世鉴之。

一、凡长殇中殇下殇，皆入谱图，世录不载。

一、有世系可考，所出未详，谱图不能缀系，世录附于本世之末，以备参稽。

一、凡族中有无嗣者，例应近支入继。近支无人，再及远支。谱中于本生应继两支，并详注之，盖以明其所自出。

一、绘图冢墓、祠堂、祭产粮赋、义塾、族训、族例、族禁，皆与谱事维系，编为下卷。

一、李为唐时国姓，臣下每多赐姓。至后唐本姓朱邪，而亦从赐姓为李。得姓既异，故李与李有通婚姻者。唐李光弼母李氏，载见《唐书》；近世合肥相国母李太夫人恭膺一品封诰，载在《中书》，皆可证者。吾族自三原迁西乡，与西乡土著有氏族不同者，旧通婚姻，今据实而书，并无渎姓之嫌。

（光绪八年本）

关中三原温氏

民国三原《关中温氏族谱》，《谱约八条》：

一、讳世次。欧阳公谱例，五世为一图，古体也。近见同里梁氏谱、中湖南周氏谱，自始祖下各提世次，昭穆极详，今遵其法。如一世几人，人几子，即注其下。过继者，不没其子。某绝者，注无嗣。人几子，注其下，不没其所生。仍于过继下注嗣一子。出游者不知，注未详。

一、讳尊行。苏氏谱法，自吾父至吾高祖皆书讳，而他则否。谱，吾作，尊吾所自出也。愚意：吾父以上与吾父兄弟，皆尊行也。作谱而不讳其尊行，是谓不敬。不敬者不可以行远。今自始祖以下至吾父，每世概书一讳字。生者则否，以下则否。

一、随祭拜。祭拜所以报本追远也。人各有心,谁不念其所始。而或因寒薄、或由怠惰,往往不随者有之。吾族自恭毅公立元旦清明二祭一祀,睦族之意至厚也。除宦游经商外,无论老幼,务在必随。

一、严嗣续。一姓相承,支派虽分而源本无二。间以异类,杂支乱派,其害无穷。吾族旧有成约,绝无螟蛉继袭之弊。今更相戒,如乏嗣者,求之兄弟,求之本支,求之族人,择贤而立可也。倘若阴引他姓,合族公斥之。

一、录节行。懿行微德,国史必书,所以彰善也。一家之中,孝友节烈政事文章果属不诬,必敬存之。今于世谱后,另集家乘,如旧有志传碑铭者则录。原本无者,摭拾事实,立一小传,以垂不朽。

一、著爵名。朝廷名器不可倖获。后人之荣,祖宗所积也。吾族自凤阳公发祥,中永乐乡试,而后书香相继,科第蝉联,为秦中名族。今于官爵科目,凡属明经国学与入郡庠者,一一注明,所以志世泽,亦所以厉后起也。

一、明称谓。宋晁以道先生戒子弟,于外姓尊长称叔称大,不得呼字,当时推为厚道。近世一族之中祖孙同支之叔侄,彼此相字,殊骇听闻。吾族元旦节坐昭穆,行跪拜礼,称谓不紊,步履不越,犹存古意。今更著之谱,永守勿替。

一、恤疏远。范文正公告诸子云:"吾族虽有亲疏,然均是祖宗子孙,实无亲疏也。苟祖宗之意无亲疏,则饥寒者,吾安得不恤!"此忠厚语也,范氏子孙至今所以繁昌。吾族当体恭毅公睦族之训、先孝懿公恤穷之意,于族之孤寒无依怜而存之,则风气日上,世泽自绵矣。

又《谱约八条》,见族叔炳文《谱》,疑非园公讳德鼷所订。

良儒谨识。

(民国二十七年刊本)

甘肃

秦州西厢里张氏

光绪《续秦州张氏族谱》,《例言》:

一、吾族旧无谱牒,不惟迁秦始祖无从考悉,即四房分派小支各宗亲至远者,由身而上亦仅能考悉七世。兹修族谱,仅就各小支计及宗亲分派递序归各房属下。

一、各支不分辈序均顶格递写外,于谱首不论亲疏统绘辈序全图,又绘各支世系图考,以便查考。

一、谱牒为考世系,自以男族为重。兹曲顺人情,并将妇女仿近世谱式用小字附详,

第十二篇　族谱

以为年远查考旧姻之备。

一、谱为联族而设,义重亲亲,不重贤贵。故有行实名位,另详传记,兹不涂附。

一、谱系英作,英之父至高祖皆曰讳某,他皆不讳,用苏氏族谱例也。

一、老苏作谱,享年殁日止详己所自处。斯谱概详,且详葬所,亦藉昭寿考郑重忌日兼令年远得知祖墓所在之意。惟考访所穷,只得阙如。嗣后生殁时告续斯谱者,幸勿仍旧疏漏。

一、始祖虽无从考悉,而按之祖墓葬次,至英身则及一十七世。嗣后遇有祠祭等事,凡英等辈,当称十七世孙,以下照此类推。

一、吾族旧无谱牒,因无名派。兹拟二十字,不足再续。四房各用五字以为名派,庶后来房分辈序易辨,且省触前人名讳。其尚未命名者,由每句首一字命起;其已经命名者不必添改。开列于后:

　　　　长房敬宗追远祖　　　二房绍业冀慈孙
　　　　三房干挺根长固　　　四房枝丰实益繁

一、斯谱缺略遗憾,势使之也。续修者再遗此憾,其何辞以对前人。所望后来有心之人,不拘长少,务须随时续修,勿举仁人孝子之责此推而彼让也。

一、妇人虽贤,事附夫传。惟贞烈之妇与女特传表异。

一、女既出嫁,义重从夫。附传贞烈,彰姆教示激劝也。

一、诰敕扬盛典也,以示来许,则族之激劝者众矣。

一、承继止列名所后之下,远继父无嗣之嫌也;不没自出之名,示不忘本也。

一、坟图止图始祖及二房各茔,以谱刻宦所,余茔不尽悉也光绪三十四年重修,余茔悉图谱内。

　　　　十七世孙世英**敬谨汇修**
　　　　十七世孙申、印**敬谨校阅**
　　　　十八世孙**登峰、登奎**、效渠、得钰、登阶、登第、登甲、登瀛、效曾、效闵、履和
　　　　　　敬谨采访
　　　　十九世孙维后、**履亨敬谨采访**
　　　　十九世孙**金鉴、恒敬谨誊录**
　　　　十七世孙世英续修
　　　　十九世孙金鉴、敬寿敬谨续访
　　　　十九世孙**绍蕃敬谨**校阅
　　　　十九世孙铙敬谨誊录

二十世孙业勤敬谨学录

（光绪三十四年续修本）

金城颜氏

光绪《金城颜氏家谱》，光绪十一年《续增例言》：

一、吾族谱牒旧订六册。自前明至**国朝嘉庆**间，前后踵修者三。其述世系，皆以迁兰五十二代胜公祖起，未及五十代以上也。惟道光庚寅文洽叔由山东探本，获寻始祖自出之原，遂分纂二册。豫今集散为总，统萃而读，汇为一书。上则溯始复圣，下则叙至七十四代止。使阅谱系者，寻二千余年血脉之所出，考八百余丁分支之由来，知源源本本，宗传有自。故是编以合刻为第一事。

一、古者修谱，均以三十年为期，远则极至六十年。□□余族谱牒，系嘉庆十七年壬辰岁秉惰祖手编，册启其叙云礽，下至祖字派止。凡祖字派以后，皆阙如也。且计时日，又逾七十余载矣。豫兹修谱，除将祖字派未尽填注者，一一补载谱内，此外又叙五世，至鲁字派止，以续其遗。

一、编派程式，旧谱所载，日后续修至十六世学字派，当以文字派而分。如官房上格，甲一派第一，此处即标其首曰：第一支一甲第一。今修谱，仍遵奉前训，照依五世同堂式，将学字派提起顶格写，先叙官房，即标其首曰：第一支一甲第一。至编六七房□□世系皆仿此。恐阅者弗知，不无疑议，因并记之。

一、各房十六世学派分支，其亲疏区别，由文字派而分房。如官房第一支二甲，文某系长房，文某系次房。其长房有人，即遵式编派第一支二甲第一世系图。其次房若失绪，即注曰：二甲第二失考。盖以此次值非常之变，遭于大劫者固多。而散处四方者，亦自不少，恐后辈记忆弗清，兼之木主尽被火毁，间有考核不失，寸心不无可疑者，姑阙之，概注以失考。日后如有由他方旋里者，不妨补填谱内，阅者谅之。

一、修谱非一人一手事，况紫（阳）去兰（皋），计程在三千余里之遥，且余自丙子游陕，迄今丙戌岁，阅时又隔十春秋。其间配子生殁存葬，变迁不啻蓰倍，非借助大众，乌能一一辨析详注，俾各房各支，井井有条，秩然不紊欤。是役也，豫盖走书远道，几经函商，几经简询，藉合族昆仲子侄共襄之力者居多，万不敢师心自用，致留缺憾。

一、刊谱规模，旧谱所载，极精详周密之至。其竖线如何，横线如何，五世服制，暨谱例家规又如何，豫皆遵依旧式重刻，无或稍损益于其间。

一、冠婚丧祭诸礼，前人创垂条约，教吾同宗，至精且严，曷敢妄增一字。但庸愚囿于昏昧而不知行，贤哲恃其聪明而不肯为。恐气习移人，日久并其祖训亦忘之，不无忧虑。

第十二篇　族谱

因又选择《通礼》《会典》所载切近者，附刊数条，勉我族子侄若孙辈。俾人人奉为龟鉴，时时默懔鸿规。庶庸行醇斯人道立焉。

一、旧谱所载年庚簿一条，原为修谱而设。意精法良，洵收族之要道。苟其随时加察，方能行之有常而弗失。迩来缘遭兵燹，户丁散处不一其地。或移居城内，或远出他乡，或老年已故。是以此次叙谱，因年庚簿废弛，转致考核维艰。豫拟嗣后仍将**年庚簿**设起，按四季祀祖日期，责令各房结首，将本房人丁生配殁葬，并过继出外之事**故，遵依**旧式，一一填入簿内，按季呈送现任家长核办，以凭汇总存户交代，预为修谱备考，庶临事无舛错遗漏之憾，是所望于理户事者。

豫春谨识。

（光绪十二年本）

武威段氏

宣统《武威段氏族谱》，《凡例》：

一、此谱之纂修，系承太学公遗命继续踵成。除增益第七世以下外，其体例一仍厥旧。

一、庐陵之谱体仿史表，后之作谱者印章。纵以亲亲，横以收族。每至五世，分表另详，相沿数百年几为一成不变之准。顾其说虽有据，不过谓五世亲尽分表谱录而已。不知所谓五世递次降推，并非每至五世截然终斩，每至六世又立始祖也。六世之于一世，固已亲尽，分表可也。其与三世四世未尝亲尽而亦分表，于义未为安也。况至亲莫如父子，今之法庐陵者，或失其每提重书之例，致使六世与五世、十一世与十世亦皆另表谱录，亲亲云乎哉！盖谱既为表，纵横以分世序，世传无穷则不得不分表谱录，适有五世亲尽之说，故分表断自五世焉耳。窃以编年之体司马迁改为纪传，纪传之体荀悦又改为编年，国史且可更易，家乘何独不然。必谓修谱者不可不宗欧阳，凿矣。今师其收族之意，编列世次，无取纵横表例，概依直行记录，名曰族谱，然收族即所以亲亲，非二事也。

一、眉山谱例，仿小宗之法，古义犹有存者。然今宗法既废，士无世家，嫡庶之判久已不明。故其谱法虽善，谱法未能尽从也。

一、段氏受氏之原，旧说为共叔段后，以王父字为氏。而三辅决录则谓段氏李老君之所出，盖老聃之后曰宗，为魏将，以功封于段，子孙因氏焉。又有一说，谓为战国时魏人段干木之后者。诸说纷纭，莫衷一是。古今氏族之学，不足征信者久矣。今禀太学公遗裁，断自始迁祖为第一世，不复旁搜远绍，以免附会。

一、谱录依类分为四卷。首图像茔图与肖像属之，重宗祀也；次世系世次与图表属之,序昭穆也;次传略家传与事略属之,见创守也;次序颂寿序与颂词属之,光家乘也。

一、谱自宣统三年岁终截止,将来续修之责,期于后人。

一、谱共印百部,族中成年人各发一部,其余藏多寿堂以待续发。

一、近世修谱者图绘茔墓,多采堪舆家言来龙结穴,言之历历,虽有所本,于义实无取也。吾邑茔墓多无碑志,年远失修,子孙于先人葬地往往知其茔而不能确指其冢。太学公有鉴于此,尝修旧茔,于先祖冢墓可考者,以碑志之,盖昭示后人以慎终追远之意也。今作茔图,将先世葬墓排列分别注明,俾久后可以考见,其无考者不复注及。

一、茔墓图说,详记各茔之立祖及创建之年月,载于首卷之后。

一、肖像自始迁祖以来谨摄载之,其未有遗像者,故付阙如。师鲁公以下,有小照者附焉。

一、像赞本属颂词一类,应编入第四卷。然赞与像实有关系,且遗像背幅本有空白,故择其言尤雅者,分缀于各像之后,而全文仍载入第四卷中。其全文仅一首者,只缀像后,不复复载。

一、祭田为奉祀之资,且附近乾山巽向茔地,故记载于首卷之后。

一、编世次,首书第几世,以下依其齿序各房并列,首书派名,次易名,次字号,次所生,次职衔封赠,次生卒年月日时,次享年若干,见存者则书现年若干,次葬墓排列。配某孺人,提行另书。妾书侧室。首封赠,次生卒年月日时,享年若干,现年若干,次葬所。次男几名某某,女几适某某。

一、始迁第一世祖,书姓段氏。以后不复书,姓统于一宗之义也。

一、书某子,例应书父字,惟字不详者则书其名。

一、配某孺人,其出自名门者,特详其所出。女适名门者,亦书之。

一、配某氏,例书孺人。惟夫亡改适者,则直氏之,不复提行分书。

一、年之修短不分,其可考者,一律书之;凡未详者,概从阙焉。

一、世次卷内,调查或有未周,遗漏恐所不免。如有所得,续修时再为补入。

一、世次之后,继以世系总图。俾近派远支一览了然。惟第四世第二支,特为繁衍,故另立分图焉。

一、世系总图内有出嗣继嗣者,两支并书。而于出支下注出嗣,继支下注继嗣以明之。

一、系图之后为世系一览表,俾查讳号诞忌者一检便得。

一、谱表之人名,有分书朱墨以别存亡者,所以计族中现存丁口之多寡,于法独善,今特从之。然惟录其本人首书名氏时,见存者以朱示别。其父子人虽见存,仍用墨书图中。有出继者,惟继嗣朱书。若前后重出,将失计算现存丁口之用也。

一、族姓命名例定字派,盖以明世次防同讳,法至良也。吾族十世以前,字派秩然,继今而后,子姓日益繁衍,爰仿通例,自十一世起暂定十世,俾得各依世次照派命名,以列行辈而明世系,以后续修时重定:

　　　　　言功佳士心　章草世人业

吾族旧例,昭一名而穆二名。一名者字居同部,同世之名偏旁相同,立法固已尽善。二名者异其次字,同氏之名首字相同,立法尚未全美。**往时繁衍**未广,聚族而居,尚可行之无弊。嗣后子姓渐众,宅居星罗,如不变通,则干冒祖讳,**流弊**最易发生。故右之所定,奇数之世一名,偏旁同其部居,依照旧例也。偶数之世二名,同字上下相间变通旧例也。曰言曰佳曰心曰草曰人,命名之字之部居也;曰功曰章曰业,同字之下一字也;曰士曰世,同字之上一字也。准此并参之世族一览表,庶乎其无弊焉。

一、近世宗族谱牒,详世系而阙事实,殆不过户籍名册之类。犹作史者有表而无传,于义岂当?今于累世积功行义,乡达为之立传者,依次汇编,创为传略一卷。俾世次为经,事实为纬,成一家之言,立百世之法焉。

一、吾段氏自第四世高祖妣刘太孺人与考祖执如公孀孤相依,艰难缔造,始以商业肇基,为后来起家之源。故述传略以刘太孺人传褎然冠首,萃九公以前,原无传记,故从阙文。

一、乐天公逸事,太学公所手书也,谨编入第三卷中。

太学公建置田园,有守先启后之功;创修谱牒,隆收族敬宗之义;深筹硕画,卓绝吾宗,嘉惠后人,厥功匪细,故于本传外另以贾编年谱载入传略之后,俾世世子孙曲知其详焉。

一、序颂歌行,其体虽殊,要为颂祷之遗音、阐扬之雅制。今出旧所存者,录载家乘,藉睹歌咏之盛,以证风徽之真,不复分别文体,概依先后编辑之。

一、文有工拙,意皆赞扬。凡可考者,悉以录之,缘家乘异于文集也。

一、卷末附有科名记、请封纪略各一篇,以备参考。

一、太学公女适李氏者殉夫而卒,入祀节孝祠,大节凛然,光我族氏,郡守庆公云阁吊赠绝句十二章,今以附编卷末,藉觇家规之一斑。

(宣统三年本)

浙江

上虞胡氏

宣统《上虞长者山胡氏家谱》,《续修宗谱征信录》:

谱事开议于宣统元年五月十一日,开办于元年九月十七日,至三年六月告成,今将支付账目逐年清登于后。

捐助

  友三、印川房合捐英洋一百元

  璞山房捐英洋五十元

  浚生房捐英洋五十元

  庆阶房捐英洋五十元

  晋轩房捐英洋五十元

  纯甫房捐英洋二十元

  铭谦房捐英洋四十元

  宾臣房捐英洋二十元

  燮铨房捐英洋十元,不缴

  振汉房捐英洋一百元

宣统元年支入部

捐款

  七月初五日收友三、印川房捐洋三十元

  九月二十日收友三、印川房捐洋三十元

  十二月初四日收庆阶房捐洋三十元

  十二月十二日收友三、印川房捐洋四十元

  十二月二十九日收铭谦房捐洋廿元

      收振汉房捐洋三十元

  上共收洋一百八十元

宣统元年支出部

膳脩

  付浚生洋五十八元三角七分

  付阜卿洋二十七元三角七分

  付心源洋二十七元三角七分

  付显曾洋二十七元三角七分

  付芝香洋二十四元三角八分

  付心源代办逐日午饭洋四十一元八角五分

付心源代买酒洋十元零八角四分

工料

  付纸洋四元三角九分八厘

  付笔墨洋一元七角七分八厘

  付簿纸洋七分六厘

  付杉板洋八角四分

  付松板洋一角六分

  付做粉板面架等洋八角六分

  付漆粉板洋七角

  付借姚氏谱工洋一角四分

  付住祠人逐日茶水工洋四元六角五分

  付送传单请族公议洋五角四分

  付贴知单洋三角六分

杂项

  付筹办谱事酒席洋六元

  付包办点心洋四角

  付陈酒洋九角

  付告祖香烛等洋五角九分七厘

  付聚议茶烟洋一角四分二厘

  付邮寄璞山信资洋一角二分四厘

  付登浙报洋十三元二角

  付刻印知单洋二元六角五分

  付茶叶洋一元八角

  付济成义兴生吉三号烟洋五元二角九分八厘

  付朔望菜仪及待来客洋三元

  付面盆手巾洋四角零六厘

  付铜茶壶洋五角七分

  付盘香洋一角四分二厘

  付重议捐事办饭洋四元五角

  付又柴烟洋二角六分二厘

  付火纸草纸洋一角六分八厘

上共付英洋二百七十二元二角一分一厘
宣统二年支入部
捐款
　　　十月初六日收璞山房洋廿元
　　　十三日收振汉房洋三十元
　　　十二月十一收浚生房洋五十元
　　　　　十六日收庆阶房洋廿元
　　　十二月除夕收璞山房洋三十元
　　　　　　　收铭谦房洋廿元
　　　上共收捐洋一百七十元
宣统二年支出部
膳脩
　　　付阜卿洋六十二元
　　　付心源洋六十二元
　　　付芝香洋三十八元
　　　付谱先生先交洋一百元
工料
　　　付纸墨笔洋一元六角
　　　付干泰号纸墨笔洋三元七角一分七厘
　　　付同元号纸墨洋三十七元三角九分二厘
　　　付同仁泰纸洋九元九角
　　　付银珠铅笔洋二角七分二厘
　　　付裕康板洋三角一分二厘
　　　付毛竹洋三角三分五厘
　　　付采办树洋二元贻春办
　　　付树洋五元五角贻春办
　　　付背树工洋三元贻春办
　　　付做印盘洋四元四角
　　　付棪洋二角四分
　　　付瓦瓶菜油洋四角八分三厘
　　　付大木匠工食洋一元六角八分

付到松厦工食洋五角

付住祠人挑水洋三角

付挑字担工食洋九角三分

杂项

付谱司来局心源待点饭洋一元五角四分

付谱司初到鋆卿待饭洋五元

付又朔望菜仪洋二元三角六分

付开印祝神费洋一元四角八分九厘

付厨房杂物洋六角四分七厘

付镂洋七角九分五厘

付修茶壶洋一角

付冬至谱司散祭津贴头家洋二角

付手照瓦器帐干洋四角零四厘

付邮寄璞山信资洋一角六分

付柴洋七角零二厘

付谱司朔望菜仪洋一元一角八分

上共付洋三百四十九元一角三分八厘

宣统三年支入部

捐款

三月三十日收振汉房洋十六元

五月十四日收纯甫房洋十元

闰六月初八收宾臣房洋二十元

初九收振汉房洋廿四元

收晋轩房洋五十元

收纯甫房洋十元

上共收捐洋一百三十元

宣统三年支出部

膳脩

付阜卿洋四十八元

付心源洋四十八元

工料

付图画洋廿元

付做像板洋一元二角五分

付**做谱箱**洋三十二元

付**包漆谱**箱洋六元

付包钉铰炼洋三元

付到百官写字船洋五角

付背谱面纸洋七角零八厘

杂项

付菜油绳索洋烛洋五角五分三厘

付纸洋廿四元五角四分九厘

付银珠洋三角八分四厘

付笔洋一角二分四厘

付春分夏至谱司散祭津贴头家洋三角

付挑水工洋四角

付洋沙纸洋一角四分

付钉谱丝线洋二元三角八分六厘

付谱先生膳脩彩仪洋三十一元

付又朔望菜仪洋二元

付包酒洋十元

付钉烛等项洋一元五角九分二厘

付陈酒洋二元

付帮工洋一元

付茶叶烟柴等四角

上共付洋二百三十六元二角八分六厘

三年统共收捐洋四百八十元

统共付洋八百五十七元六角三分五厘

以上除收付过净亏洋三百七十七元六角三分五厘,其洋公议折祭,另立簿据,按年抵偿。

时宣统三年岁次辛亥闰六月　日,经理增祥录。

修谱筹捐,原因祭无余资,不得已,设法办理。助捐子孙,虽曰事关公益,亦所以自尽其敦本之心。予于己酉夏命董事增祥置酒宗祠,邀集族中有余诸家,商办谱事。尔时,仲

第十二篇　族谱

大房燮铨曾经与席,亲填捐洋十元。比岁终,经费亟待支销,命董事催缴数次,燮铨声言无力捐助,并将捐簿亲笔注销,殊属心无祖宗,儿戏公事。日后开祭,理应停胙三年,予以薄惩,爰命经董刊入征信录,以昭公议。

宗长长煦记

是谱之修,历时几至三年,耗费几及千金,筹款用人,殊非容易。得谱子孙,宜慎重珍藏,毋得慢视损失,此亦敬祖保宗之意也。今装钉完讫,共计四十部,每部十本,又附征信录一本,皆有谱箱,以便庋藏。分给章程:宗长、各房长、经董,每得一部。助捐人,无论捐之多寡,亦各得一部。又有横街支美一公派下贻芳,开办时曾经与议,颇表同情,谱未成先已物故,亦应送给一部,俾其子孙收藏,以慰殁者生前夙愿。热河支,音问久疏,开办时既有丁口册送局,一体汇纂入谱,亦应寄送一部,其能津贴与否,尚未可知。舜琴所藏旧谱,编辑时既经涂改裁割,亦应赔偿一部。余者分给办事人及采访员,只剩有草谱一部,即交经理收贮,以便将来稽查,此记。

十四世孙主修宗长长煦谨识。

(胡长煦等修,宣统三年思成堂刻本)

鄞县新河周氏

道光鄞县《新河周氏宗谱》目录:

卷首:凡例三十一条、排行、世系总图。

卷一:世系图。

卷二至卷四:世录。

卷五:家传。

卷六:赠言。

卷七:祠堂录。

卷八:谱源录存。

卷九:谱源纠缪烟屿楼文集。

卷十:闰谱。

(周岳等修,道光二十六年世德堂活字本)

鄞县鄮东皎碶吴氏

光绪鄞县《鄮东皎碶吴氏宗谱》目录:

序

旧序

同修系名

公祀田山

迁居地名

凡例

排行

世系总图

卷一：行次。

卷二：行次、螟蛉世系图、螟蛉行次、补遗、附录。

（吴承忠编修，光绪二年一耀堂木活字本）

绍兴山阴柯桥杨氏

光绪绍兴《山阴柯桥杨氏宗谱》卷一，《目录》：

卷一：目录、凡例、谱序、宗祠记、像传、策命、墓志铭、创建宗祠碑记、创建宗谱记、像赞、列传、寿序、寿诗。

卷二：诰命六道、祭产、祭法、创建宗祠捐项名目、起造捐项名目、起造用帐、县案、碑记、宗祠规条、田产志、典礼志、谱序、谱跋。

卷三：晋侯谱、曲沃谱、杨侯谱、羊舌大夫谱、迁谷谱、赤泉侯谱、安平侯谱、太尉五子谱。

卷四：世系。

卷五一卷八：年表。

（杨惟椿、杨惟一等修，光绪二十年敦伦堂木活字本）

鄞县陈氏

光绪鄞县《生姜漕陈氏宗谱》卷首，《凡例》（选录）：

一、娶妻，知其父之名则书；不称公者，谱法，自朝廷外无旁尊也。媵妾有子者，得书，取母以子贵之意也。书妾以辨嫡庶。有子则书曰某氏出，俾子之不忘所生也。

一、不知其妻姓者曰娶某氏。

一、夫人再醮，古所不讳，直书之曰改适，从其实也。

一、世俗有典雇妇人，领尸归葬者。兹于出典之妇，无论有子无子，概削其生卒，书曰改适；归葬者，注曰回葬。其典雇他姓之妇者，亦削其生卒；尸归故夫者，注曰返葬，斥非

第十二篇 族谱

礼也。吾族倘有迎养归者,听其自便,但生不准再与祭享,死不准立主上堂。

一、纪女所适,书其地方、书其姓氏,并书婿名,知婿父名者亦书。

(陈富德等修,光绪三十年崇本堂刊本)

绍兴汤浦吴氏

民国绍兴《汤浦吴氏宗谱》卷目:

　　卷一,子集上:凡例、家训、家规、原序、新序。

　　卷二,子集下:吴氏受姓渊源考,世系图。

　　卷三,丑集上下:世系图。

　　卷四,寅集上下:世系图。

　　卷五,卯集上:行传。

　　卷六、七、八,卯集下:行传。

　　卷九、十、十一,辰集上:行传。

　　卷十二、十三,辰集下:行传。

　　卷十四,巳集上:行传。

　　卷十五,巳集下:行传。

　　卷十六,午集上:行传。

　　卷十七,午集下:行传。

　　卷十八、十九、二十,未集上:行传。

　　卷二十一,未集下:行传。

　　卷二十二、二十三、二十四,申集上:行传。

　　卷二十五、二十六,申集下:行传。

　　卷二十七、二十八,酉集上:行传。

　　卷二十九、三十、三十一,酉集下:行传。

　　卷三十二,戌集上:行传。

　　卷三十三,戌集下: 文、诗、赋、铭、碑记。

　　卷三十四、卷三十五,亥集上: 历代家传,节孝贞贤传。

　　卷三十六,亥集下:宸章、赞、纪略、议约、契据、藏谱。

(吴金璠等续修,民国五年孝思堂刊本)

绍兴中南王氏

民国绍兴《中南王氏宗谱》卷首,《宗谱目录》:

卷首:纂修宗谱约言、凡例、宗祠规例、宗祠新规、宗祠禁碑、捐项、春分祭文、秋分祭文、劳家邬墓祭文、劳家邬后土祭祝文、传家邬顺四公墓祭文、纂修宗谱效力名氏、重修家谱凡例、修祠捐项碑记、给胙收租条款、王宗祠户管、重修宗谱效力名氏、甲午年新增规例、甲戌年重修宗谱效力名氏、甲戌年新增大泉先生行述、宗谱前编。

卷一:系图一世至二十五世。

卷二:系图二十六世至三十世。

卷三上:系图,后北岸三十一世至三十七世,老二分三十一世至三十六世,小大分三十一世至三十九世。

卷三中:系图,小二分三十一世至三十八世。

卷三下:系图,小三分三十一世至三十七世,墙门内三十一世至三十七世。

卷四:行传,后北岸第一世至三十七世。

卷五:行传,顺二房老二分十八世至三十六世。

卷六:行传,顺四房小大分十八世至三十九世。

卷七:行传,顺四房小二分十八世至二十九世。

卷八:行传,顺四房小二分三十世至三十一世。

卷九上:行传,顺四房小二分三十二世至三十三世。

卷九下:行传,顺四房小二分三十四世至三十八世。

卷十:行传,顺四房小三分二十世至三十七世。

卷十一:行传,墙门内参军第十七世至三十世。

卷十二:行传,墙门内参军第三十一世至三十七世。

(王大泉修,民国三十一年三槐堂木活字本)

绍兴汤浦吴氏

民国绍兴《汤浦吴氏宗谱》卷三四,《节女八姑传宣二房》:

节女吴氏,行第八,从父行三,荣公女也。适茅洋高某为妇,不数年而夫卒,氏哭之恸,勺水溢米不入口者数日。然氏不获嗣,高之家贫,且不可支,势不克守。其舅姑将谋改醮,氏闻之泣曰:"未亡人所以不即从所天于地下者,以舅姑菽水寄之,非偷生也。今既不谅,有死而已。"乃潜出赴水。觉,亟援之。氏恐不获矢乃志,乃奔归父母所,而曰:"妇道、节孝两端,儿欲靖节于夫,致孝于父母,愿父母勉成儿志。"然父母亦日不暇给,氏乃绩纺资之。庚申岁,养正、养心等,以其状闻之邑,邑侯彭君扁而旌之,今年六十余矣。松筠劲节,皎如一日焉。书有之臣忠女节,国家之不幸也。而淑世维风系莫大焉。考吾族世系,至一斋公之裔,何多节烈耶!前有贞女,后多节妇,至八姐之行更冽冽焉。凛凛乎,断峡崩崖,清霜皓月,古之截臂刈耳无多让也!《易》曰:同声相应,同气相求。又曰:鸣鹤在阴,其子和之。则八姐之节有求而和之者矣!

养正、养心谨述。

(吴金璠等续修,民国五年孝思堂刊本)

民国绍兴《汤浦吴氏宗谱》卷三五,《节妇钟孺人传宣二房》:

节妇钟孺人者,乃三近公第三子讳养廉、行钦六十一、字季清、号清宇先生之配也。孺人系出舜帝庙,有随嫁奁田八分。方数载,而清宇公故。氏年二十有三,无嗣,家甚贫,能矢志苦守。纺绩织红以过活,享年八十有奇。内言不出于阃,席必正,方敢坐其闱,行之严,类皆若此。一日病,谓侄嘉祚等曰:"如病不起,将吾随嫁奁田八分别售,敛葬。"故祚等谨遵遗命,将田仍售于钟,而敛葬焉。

时雍正十年岁次壬子夏日。

(吴金璠等续修,民国五年孝思堂刊本)

湖南

益阳熊氏

光绪益阳《熊氏续修族谱》,《凡例光绪二十年》:

一、谱牒内谨避庙讳、御名、圣讳及先辈派名并例禁等字,以昭敬慎。凡国号、年号必须空格冠书于生殁之上;生殁俱在一朝者,不书国号;两朝对举者并书之。至有同名同字者,改生不改殁,改卑不改尊,改幼不改长。

一、谱式欧苏兼行,毋得别创异格。

一、每派名下书字号行次,有功名者载某功名。生殁向逐一详载。婚姻嫁娶照式书清。如男已娶曰配某,未婚曰聘某;女已嫁曰适某,未嫁曰许某;续娶则书继配,非室女书继娶,再娶室女书续配,非室女书续娶,妾书副室,或讳书又娶,此春秋重嫡之义,名分不可少紊也。

一、造亲供须于老谱寻源,某派下依次排纂,毋得颠倒攒越失次。其已登老谱,或殁葬嫁娶有未详及坟有迁改者,均应添载。

一、出抚本宗,于本生父母下载某子出继某,于承继父母行书抚某子。

一、随母带往他族者,俱令归宗。如年幼尚未归者,亦必注明,以为日后归宗张本。倘非种之子,均不许窜入混收。

一、妇有再醮者不录殁葬。有子领养者书殁葬。其娶再醮之妇,夫殁从前夫子者不录。

一、坟有祔伴合葬,总以出山分左右。其有公山私山及价卖各处山地者,照契抄录丈禁,以杜混争。

一、逃入空门者,非复祖宗之子孙,但于父母图内及世系名下书出家。复归者讳之,仍开世序。

一、世系世序,自分房处比标题某公房系序世序,每页边幅亦为标题,以便检阅,余仿此。

一、族人之年寿不同,故谱中之书法不一。六十以上书寿年;若童子死则书殇,其有葬处可稽者,亦详注之,以示不忘也。

一、阙疑所以传信。于字号生殁葬向,可信者据实载之,可疑者概书阙。

一、凡族内有善行可表及妇人节孝可旌者,别立传赞,以垂不朽。

一、谱牒若干册,颁立某字,即于各字之下编成字号注。就名次收领者,各宜珍重爱惜,毋致蠹蚀渗污。概谱内悉系一本九族之亲,重谱者即仁孝所见端也。

(光绪二十年木活字印本)

福建

莆田莘郊黄氏

乾隆莆田《莘郊黄氏族谱》卷一,《历朝谱原》:

晋太元中贾希亮上诸族氏谱。

宋元徽二年,知谱事太保王弘上诸族氏谱。

齐永明六年,尚书郎知谱事傅昭、太尉文献公知谱事王俭。

梁天监七年,御史大夫知谱事王僧孺、尚书兵部侍郎知谱事贾执。

陈永定七年,钟陵侯知谱事陈法朗。

隋大业元年,太学博士知谱事孙德言。

唐贞观四年,中书令知谱事岑文本、左司郎中知谱事李公演、中书舍人知谱事徐令言、御史大夫知谱事韦挺,同奉敕重定姓氏旧谱,开续后裔,并状申上入台藏于秘阁,令当时每名家枝叶各留净本一道,以示后来;并晋朝崔琳显一百二十七姓郡望同编为一卷永传。

(黄化龙重修,乾隆十七年刻本)

第十二篇　族谱

南平、延平麟阳鄢氏

制诰。

光绪南平、延平《麟阳鄢氏族谱》卷首,《御赐谥文》:

奉天承运,皇帝制曰:征大节于临危,义传授命;发幽光于**潜德**,**典备尊名**。风教攸关,念遗徽之未泯,阐扬式逮,斯真品之不彰。尔故明登封县知**县鄢廷诲**、兵科给事中鄢正畿矢志不渝,立身有素。际艰屯之运,力本难支;完精白之名,心堪共谅。朕轸念义烈,扶植纲常。核事迹之流传,允孚定论;举彝章之轸恤,克协芳称。象厥生平,谥为节愍。於戏!丹诚可揭,如传殉国之苦衷;碧血长埋,重示表微之公道。贲馨香而具礼,慰重泉赍憾之留;标史策以垂声,作万裔笃忠之劝。幽灵不泯,令闻为昭。

乾隆四十一年十一月初八日钦颁。

(鄢宗云等修,光绪四年刊本)

广东

宝安鳌台王氏

民国宝安《鳌台王氏族谱》,《凡例》:

一、宗派原与增城之棠村同出于始祖承事公,但从前未有合谱。故今编列世次,只载本支,以从其旧也。

一、王氏由福建兴化府莆田县迁增城、宝安,俱自十九承事公始。公先之增城,生一子颐,是为棠村派。后居宝安,生二子:三五朝奉,三六架阁。朝奉生一子宣教,是为泗会涌派。架阁生二子:四二处士驳,是为圆头派;四五致政翼,是为厚街鳌台派。特详著之,庶后有考。

一、旧谱题曰鳌台王氏者,盖以始祖四传,至鳌台公生三子,而三房之派以分。公晚年筑有钓鳌台以自乐,取以名谱,亦犹河源导自龙门积石之意也。

一、宗派以系世次。前代仿欧谱,自一世至五世为一图,自五世至九世为一图,每五世一更之。但本宗自九世而下,则支繁派衍,若编尽通族之九世至十三世,方及十三世至十七世,则先后迭出,彼此间断,而世绪难寻。今酌一例,编法自一世至五世,自五世至九世,为本族之总图;九世以后,分三大支,编次由长而二,二而三,各自为派。每房之中,复照长次分编:编尽长房,方及次房。庶随房按览,朗若列眉。

一、系图于本人名下书字某,若失名只书字,有齿德并书号。又书配某氏,妾某氏,子若干。无子以昭穆之相应入嗣者,书明以某子继。出继者于本生处,书明出继某,无继者书止。祔祀者书祔祀。若出外流寓为家,书其所至之地,以待核查。

一、按旧谱有附图一条,盖前人优容,不忍绝人之后。姑设此例,今特标明,以便稽核。凡各房贪便,择石岗、海南栅各处为嗣,其系不可考者,或娶下贱,婚姻之不正者,或一时苟合强包约下妇女生子以为己有者,皆编列附图。其或以附图而入嗣正图,即以附图论。以正图而入嗣附图,则亦以附图论。祖有成规,凡属附图,大小宗祠,盖不得主鬯。若其子孙发迹,身登科甲,职列高官,方转为正图,亦上体朝廷议贵之义也。

一、尝产,自始祖至三世祖,俱未创置;至四世台公,而三房之派始分,所有祀田,皆公手置。凡每年祭扫,念亲亲之情,泗会、涌房与圆头房,颁胙悉同一体。至于尝产羡余,仍系厚街三房轮流办祭。在琼南并外出娶妻生子,媒妁未得分明,俱于名下,注明琼产。若少归宗,拜谒先人祠墓,方许颁胙。至三十年不回,一概不许颁胙。

一、家谱承修于乾隆之四十八年,因俗事纷纭,越十年而始告竣。**毋滥毋繁**,矢公矢慎。凡谱中所载之字,或有干犯列圣庙讳、今上御名,理宜恭避,以昭敬谨;**凛遵**功令改正,特为标出,使后世知其义者有所考云。

(王应奎等修,民国四年五修石印本)

民国宝安《鳌台王氏族谱》,《条例》:

诗云:不愆不忘,率由旧章。昔之设立规条,固足加惠,后人遵循莫易也。但时异世殊,拘拘成迹,未免胶柱鼓瑟。故推广变通,亦无非师前人之意,斟酌而得其乎耳。十七世槐谨识。

一、花红。

文武生员及监生,花红银一两,生员另加印卷银一两。

文武中式举人,花红银三十两,扁金银五两。会试水手银二十两,中解元加银十两。

文武进士,花红银六十两,扁金银十两,中会元加银二十两。翰林部属侍卫,花红银照进士加六十两。中鼎甲又加银三十两。

恩拔副岁优贡生,花红银一十五两,扁金二两。拔贡优贡赴都廷试,水手银二十两。

例贡生,花红银六两。廪生捐,加银三两。增生捐加银二两。附生捐,加银一两。以上凡科甲贡生出仕者,俱不得再支花红。

由贡监援例捐纳即用,拟送花红银:九品四两,八品六两,七品十两,六品十六两,五品二十两,四品三十两。如文武外官四品,等内官五品。武官四品,等文官五品。余类推。至单捐职衔者折半。若加捐,盖不得支花红。

营武出身,初受把总,花红银二两。千总,花红银四两。守备,花红银六两。如后再升,其俸已厚,不得复支花红。至推升赴都引见,送水手银二十四两。后推升赴都,不得再支。

父以子贵。荣膺封典者,花红俱照子职。至援例捐封者,送花红银折半。

寿登八十者,每年送衣帛银三钱。九十者,送袍金银一两。百岁,送袍金银十两。百一十岁以上,加倍。至建坊,另送花红银十两。其银俱在新坦租银支办。

以上自贡生并捐职,及科甲花红水手银两,俱由众酌议蠲送。

一、卷赀。文武生员岁考卷赀,共花钱十大员。科考并贡监考遗,共花钱十大员。此项银系将白石坑花红田、大汾头塘地租银,三年通计,于生监花红外,并各杂化,所剩多寡,统作文武乡试卷赀,随份均分。

一、继嗣。继嗣之说,律有明文。例于至亲房中子侄分所应继者择之。然谓之择,则于分定之中,仍有可否之别。如果不堪用,听其于别房昭穆相应者择之。不得拘以由亲及疏之说。无子择嗣,情有可原。在亲者亦不得多索花红,涎争产业。如违,集祠公议。

一、发批。尝田已经分入三房,由各房发批。至余田未经分者,定九年一批。批满日,祠僮唤佃到祠上,候族长衿耆发批,不得私相授受。至于批头银照例分派。每担租,批头钱一百文。每两租银,批头钱八十文。

(王应奎等修,民国四年五修石印本)

广西

平乐邓氏

源流考。

民国平乐《邓氏宗谱》卷一,《邓氏源流序》:

古者天子建国,因生赐姓,胙之土而命之氏,诸侯以字为氏,因以为族。官有世功则有官族,邑亦如之。姑自春秋来,以国为姓、以谥为姓,以官以爵以所居地,而其姓各别。邓国也,因国为姓自邓侯始。其先武丁苗裔,祖曼姓,封邓而姓之遂离其曼,考当时适郑在楚者,具系邓曼。威公七年,邓侯吾离来朝。九年,巴子告楚,请以邓为好,十三年入告夫人而其好成。庄公六年,楚文王过谓侯曰:吾甥邓曼即邓侯之女弟也。后十六年,楚兼有邓,而邓氏一族遂散见于列国。邓扈乐为周卿士,邓廖在楚,邓析在郑,纷著襄定间,邓之得姓以国,明矣。迨秦改国为郡,而邓则曰南阳,自汉而下著于史者,胥出南阳,今庐阳邓氏即自南阳衍也。邓公讳禹,字仲华,汉光武持节河北,禹仗策追及于邺曰:愿效尺寸以垂名竹帛。及帝即位,拜为大司徒,加封高密侯,图名二十八人于云台,公居其首。子十三人各执一艺,而其后袭封者,长曰震、次曰袭、季曰珍,具侯爵。震子干,袭子汉,珍子周,俱有操行,四子训,字平叔,材略非常,为张掖太守。训子五,曰骘,延平元年封车骑将军,女绥为和帝后,累世贵宠。侯二十九人,大将军以下十三人,谷二千石十四人,列校二十二人,州牧郡守四十八人,其余侍中大夫等秩,难以校举。鹭六世孙芝,建兴元年拜为尚书,芝三世孙曰灿,灿为荆州刺史,因离新野而居衡阳柴埠门,传数世,生子平直,陈永定初,僻为庐阳令,多善政,民不忍去,遂官居庐阳。生子五,长曰东甫,次曰南甫,三曰德甫,四曰元甫,五曰亨甫。亨甫任乐昌县尉,功德及民,民爱而留之,因家东乡楼下;东甫居城下,生子念一郎、念四郎、念十四郎;南甫居南寨,生子念二郎、念七郎、念十一郎。念七郎传十三世少十郎、少八郎、少六十八郎,生子应顺,住三口状元峰下。少十郎徙居乐邑石溪上盘。念十一郎居兰江,传十四世松公,生一子讳谏,字三生。少一郎居兰江,宋明经进士,初末阳县教授,旋奉秉铎蓉城,路经城北石兰,见此地山环水绕,遂卜居于此。是谏为石兰之始祖,彰彰然矣。谏生万,至进士,任衡州府教谕。万生秀伯,秀伯生受,受生伏,俱身列胶庠,名噪当时。伏子三:均政荣,蜚声黉序;均政城、均政望亦皆嘎嘎异人,亭亭物表。荣生四子,长子聪,任广西平乐府知府,勤政爱民,民挽之,不忍归,遂卜居城东门口。次子明登宋进士,任杭州太守,解组归,徙居乐邑解头,至今椒聊蕃衍,子孙称极盛焉。三子芳、四子慧居故址,派衍二房,其间本固根深,瓜绵葛藟,盖亦南阳巨族也。城子二:曰茂,曰文。茂居双江头,文居彬地曹家田。他如杨家岔、朱洞满泉、赛家湾及彬地四婆山、黄泥滩,皆自芳慧二公衍也。棋布星罗,斑斑可考。是高密侯肇其源,而源流罔淆。平直祖导其流而昭穆不紊,以视冒附城南社,妄拜汾阳王者,其相去不大径庭哉!阴尝广搜残编,因端竟委,补其残缺,序其失次,庶几昭穆辨、源流清。阅斯谱者不愧为邓氏世族云。

成化甲午科岁进士特授广东广州府分府左堂。

十世裔孙显珏敬撰,皇上同治三年甲子岁季冬月上浣日穀旦。

(邓廷泂、邓盛昌等修,光绪十七年十贤堂刊本,民国十三年续刊)

传记。

民国平乐《邓氏宗谱》卷二,《汉鼎汉杰兄弟合传》:

公讳汉鼎,字九重;次公汉杰,字大成;皆春桂公之子也。鼎公生颖异,长嗜诗书,凡经书子史,罔不研究,而尤潜心理学,直接濂溪关西之传。弱冠应童子试,屡拔前矛,而尚未博一衿。壮岁好课生徒,有余力则执经不倦。若夫杰公从兄肄业,其发愤亦如兄,至康熙乙丑年,兄弟束装下府赴试,遂同游泮水,不与古所谓大宋小宋者有合辙哉?及分产,昆弟相让,有颍川陈氏风,展亲睦族,笃庆一门,用是埙篪协奏,花萼相辉,足为后世子孙观法也。今修家乘,故立传以传之耳。

第十二篇　族谱

房孙国学盛昌拜撰。

（邓廷洞、邓盛昌等修，光绪十七年十贤堂刊本，民国十三年续刊）

民国平乐《邓氏宗谱》卷二，《邓公讳汉儒字小达传》：

公讳汉儒，乃春麒公之长子，汉伦、汉信之难兄也。负质浑厚，宅衷广大，事高堂以孝，处昆弟以友，待宗族故旧以恩，与礼卓卓，懿行不一而足。尤其异者，淑配史老孺人连产十一女，未隔一胎，人几疑公之有女而无子也已；而年逾五旬生一子名祖违，聪明伶俐，喜不自禁，来州告余。余曰：固知公之必有子也，固知公必昌厥后也。由兹以往，所谓麟趾振振，螽斯蛰蛰，振家声，耀门闾者，固可为公预卜也。

举人曹昌敬撰。

（邓廷洞、邓盛昌等修，光绪十七年十贤堂刊本，民国十三年续刊）

民国平乐《邓氏宗谱》卷二，《邓门侯氏老孺人天成慈母传》：

孺人侯氏，幼娴母训，年及笄，适太学生邓君家，勤纺绩，节饮食，相夫以成其家。翁姑在时，洗手做羹，和衣侍疾，相夫以尽其孝。没时尽哀，祭时尽诚，皆相夫为之。夫族中贫者求贷，罄其所有，无吝色亦无德色。且也人有美事，必劝其夫，委屈成就而后心安；人或横逆相加，不令其夫闻知，即知之，亦必多方解释，以其夫性刚，恐激怒生变，累人兼累己也。昔长孙皇后盛服以济太宗之威，而魏征得免，唐室以安。孺人名位虽远不逮，而善解夫之怒，其识大率类此，正不独和丸教子，含饴弄孙，足挂人齿颊也。余思孺人之贤德更仆难数，因谨述其大略，载入家乘，永传不朽云尔。

辛酉科恩赐举人张炳山敬撰。

（邓廷洞、邓盛昌等修，光绪十七年十贤堂刊本，民国十三年续刊）

民国平乐《邓氏宗谱》卷二，《连城先生篆盛钺邓君传——跋由》：

岳翁邓二爷，行名钺，字连城，系贡生显宗公之次孙也。幼聪颖，书一读便记，甫成童，人品轶众，臂力过人，手能挽百钧之弓而神色自如，是以翁之母舅举人周若处、姐丈庠生雷载之二公视翁以为武科中人，故尚岳祖太学生廷圭公奖劝。年十四辄弃文就武，周年，武艺精熟，有百步穿杨技，州试屡拔前矛，乃命途多舛，连届不售。翁遂无意进取，立身科房，正直居心，勤慎励志。办理公务，无不光明磊落，质诸衾影而无愧。经俞州宪选充承科经承。遇乡邻有雀角者，知之无不力为排解，以故邻里远近咸称其德。咸丰六年，翁族染瘟，胞兄并嫂及子侄，受病者六七人，邻舍避之不敢近视，翁亲为胞兄与嫂煎汤药,晨昏弗离,而翁夫妇独无恙,此天之所以庇善人也。洎乎兄与嫂并长侄,不日相继物故,诸侄尚幼稚,一切殡殓之事,属公料理。后且训抚诸侄,合爨不啻己生,谢家乌衣同居,杨氏铜盘会食,何多让焉。九年,匪粤窜境,翁与团绅督率丁勇,身先阵前,俘贼数千,迭蒙梅马二宪题保六品,是其矢精忠、明公义,不诚身受皇恩而无忝哉?且翁之令郎天瑞,品貌英伟,幼读诗书,长好击剑,习骑射。会遭时变,长毛蜂起,毒痛南方,志在效命。同治元年间,遂率族中二三人下九江,从左大人帐下讨贼,骋舟奋骊,乘危蹑险,每战必陷阵冲锋,斩将搴旗,屡建奇功。左大人喜甚,保奏蓝翎守府。甲子腊月间,荣归桑梓,光耀祖宗。于此益信,善人之克昌厥后,其余庆正未有艾也。声也,谊属半子,朝夕亲炙,凡此种种懿行,罔不详知巅末,为爱之,综其生平,传其大概,以俟异日之采风者。

郡庠生愚胥雷鸣声顿首拜撰。

(邓廷泂、邓盛昌等修,光绪十七年十贤堂刊本,民国十三年续刊)

河南

项城张氏

民国《项城张氏族谱》戌部,《四世太高祖母袁太夫人家传》:

有明中叶,同邑外远高祖袁公名俊者,其所居则歧庄也,其官则太仆寺少卿也。其第九女幼娴姆训,长屏铅华,教以《女史》《女箴》,婉娩听从。及长,归我四世太高祖,勤供妇职,抚前子爱如己出,生一子应宿,画荻和丸,教有义方,故应宿公以明经有声于时。孙四人,以恩贡生为巩昌府教授者则正脉公也,以恩贡生为隆昌府教谕者则正色公也,以拔贡副贡为南阳府训导者则正脉公之子鹏程公字海南者也,以拔贡任贵州兴义县知县者则玄公曾孙锦堂公也,以拔贡任庆云县知县者则玄公玄孙硕抱公也,世代书香,炫耀一邑,则皆从教育中得来者也。初玄公以疾逝世,时太夫人年仅廿八,矢志守节,割鼻自誓,布衣朴素,历四十年如一日,邑侯屡以粟帛奖之。嗟乎,晚近来人心不古,每以共姜伯姬为顽固不近人情,然之死靡他,其节实与日月争光、山河并寿,谓为祥麟,威凤熙朝人瑞可也,又焉能不辉扬彤管以留家乘之光欤!

十七世裔孙锦芳谨述。

(张拱宸、张培璋等重修,民国二十五年天津文岚簃印书局仿宋排印本)

民国《项城张氏族谱》戌部,《王太夫人传》:

语云:莫为之前,虽美不彰;莫为之后,虽盛不传。有明一代,王氏为项巨族,庭谏公以明进士有声于时,政绩卓著,与我张氏世为婚姻,故我远高祖妣,幼娴姆训,及归我远太高祖,勤俭持家,佐理内政,井井有条。生子五人,不幸以疾逝,继高祖妣袁氏来归,抚前子如己出,生一子应宿,兄弟相处怡怡如也。玄公以疾逝,太夫人年才念八,矢志守节,六子咿喔读声达户外,太夫人则纺绩佐之。谚云:家中有三声,始是兴旺人家。盖纺绩声、诵读声、小儿啼笑声也。厥后,应宿公成贡生,其子长正荣廪生、正范庠生,正脉、正色以恩贡生,一为巩昌府教谕,一为隆平教谕。而拔贡副贡任南阳县训导者,则袁太夫人之孙鹏程公也;以拔贡任贵州兴义县知县者,则王太夫人之子应魁公孙锦堂公也;以拔贡任庆云县知县,则王太夫人之子应命公之曾孙硕抱公也。所谓"莫为之前,虽美不彰;莫为之后,虽盛不传"者,证以王、袁两太夫人而益信。

十七世裔孙锦芳谨撰。

(张拱宸、张培璋等重修,民国二十五年天津文岚簃印书局仿宋排印本)

民国《项城张氏族谱》戌部,《毓彩公传采邑志十世》:

张毓彩持家勤俭,兄弟推财让产。储粟稍裕,即减价济邻。其子际盛弱冠应萃选,人谓积善之报,中丞雅以银牌奖之。

(张拱宸、张培璋等重修,民国二十五年天津文岚簃印书局仿宋排印本)

民国《项城张氏族谱》戌部,《梦卜公传采录邑志十一世》:

梦卜,监生。从兄吉人故,梦卜出赀买棺殡葬,仍月给米粮以赡嫂侄;嫂逝,殓葬如前,抚侄成立。捐甑八千块修李桥,往来称便。

(张拱宸、张培璋等重修,民国二十五年天津文岚簃印书局仿宋排印本)

民国《项城张氏族谱》戌部,《烂公公香雪公仲蘧公桐轩公廷硕公合传十二世》:

烂公公字焕章,公性慈善,见白骨露于野,心窃悯之,将所买村东北阎姓地六亩余,施为义冢。凡小儿夭死及贫无立锥者悉葬焉。公义行类此者多矣,因代远年湮,谨就其信而有征者述之。如此公忠厚传家教育有方,三子皆以德行艺业见重于世,长即香雪公。……仲蘧公者,烂公公次子,讳宗瑗,弱冠入邑庠,不修举子业,务耕农,善居积,以资雄于乡。然天性康爽,急公好义。余公逢运创修高邱寺石桥,公曾捐资助之。奈易木为石,工程浩大,罗掘具穷,不克竣事,逢运走商公,公慨解廉囊,独修马头栏杆桥以成,众感公之德,为立石表彰焉。……

(张拱宸、张培璋等重修,民国二十五年天津文岚簃印书局仿宋排印本)

民国《项城张氏族谱》戌部,《三姑母传》:

姑母行三,性惇厚,寡言笑。姊妹三人,姑其季也。大姑母归前高老家郭氏,生一女适沈氏,大姑长续娶杨氏,母家同邑杨楼人,姑母待之犹如同胞。二姑母早逝。三姑母少先伯数岁,长先严二岁。时我曾祖购买阎楼田宅,起楼阁修房舍,先祖静斋公亲往经营、饬仆辈。担一筐,将我姑母与我父置两头来阎楼,晚归张新庄,习以为常,后分居阎楼。先祖每卖粮,所收皆乾嘉钱,使姑母与婢秋云,日一结束账目,康熙雍正钱归之姑母。因积少成多,购地约一顷余。闲暇无事,先祖则教以《女史》《女箴》,姑母婉婉听从,此姑母幼时所受之家教也。及归,姑长崔履中太学,深得高堂欢心,姑氏尹太儒人有鹤膝之疾,不良于行,辗转床褥者数年,我姑护持维谨。此姑母中年所尽之妇职也。我姑丈母老弟幼,家事一切独任之,姑母整理内政井井有条,使履中公无内顾忧。所置地一顷四十亩悉归公中,两房同居计三十年,妯娌和睦,从无勃谿。增良田数顷,又饬表弟超庸、赞庭从先严读,先后入泮,此姑母经理家政教育子弟之深心也。我先伯早逝,我姑母婚嫁已毕,骨肉之亲惟我父与姑母二人。每来探亲,喃喃絮语,终日不尽,则同胞之情盖倍挚也。父母相继逝世,我兄以禄养不逮,为我姑母请一品诰命,又复迎养我姑母于长芦运署,抚家骐兄弟姊妹,时深愉快。七十六大庆,一子两侄、女与侄女、甥儿甥女,以至诸孙,围绕膝下;亲朋族邻称觞介寿者,趾错于阃内外,姑母顾之乐可知也。又况赞庭表弟,先意承志,克尽孝道,媳与诸孙妇皆能仰体亲心,既孝且敬,此又我姑母之差堪自慰者也。锦芳谨就所耳闻目见者,缕晰述之,然姑母之盛德尚未能状万一也,乃书其事如左。

(张拱宸、张培璋等重修,民国二十五年天津文岚簃印书局仿宋排印本)

民国《项城张氏族谱》戌部,《一帆公女节孝采邑志十五世》:

张氏庠生一帆女,卫化远妻,年二十一,于归期年,夫故,无出。孝事衰姑,待夫侄有恩。咸丰间避乱白杨树寨,寨破时方夜半,氏抚姑抱侄逾壕出,姑冻甚,不能行,解己衣衣之,负以行。氏年七十七卒。

(张拱宸、张培璋等重修,民国二十五年天津文岚簃印书局仿宋排印本)

民国《项城张氏族谱》戌部,《德修公姑母节孝采邑志十五世》:

张氏岁贡生德修公姑母,阎松栋妻,年十九于归,咸丰庚申,夫遇害,氏年二十九,孝养祖姑,抚子女成立,年八十一卒。

(张拱宸、张培璋等重修,民国二十五年天津文岚簃印书局仿宋排印本)

民国《项城张氏族谱》戌部,《三节妇传十七世》:

第十二篇 族谱

节妇吕氏，张淑容之妻，年十九归淑容，逾年生子，名曰沤。未几，淑容卒，节妇守志，常抚子曰："若父早亡，无他兄弟，若多病，未知能成人以继我张氏香烟得不绝户否？"言讫泣下。继而子成童，受室有家，娶妻王氏，而子又卒。王氏者，亦能守志且贤孝，夫死无子，氏欲死其夫，或告以姑老无人备养，不可死。氏识大义，不复言死。事姑甚孝，姑妇尤相爱。有以阴阳拘忌之术向姑言者，姑以子死故遂恶氏，分出之，氏徘徊左右不忍去。姑诟詈，氏俯首听受至被挞挞，氏无怨言。凡所以供姑者，必诚必备。姑病，氏奉汤药，昼夜侍病榻间，衣不解带、目不交睫，数十日怡谨无惰容。姑侦知氏孝怡，谐遂如初。初，淑容卒，遗薄田数亩，节妇躬耕田、纺绩以为生，氏亦藉以养姑自奉，置时乱岁饥，较之先世弥艰辛焉。节妇卒在民国十八年，享年八十岁。氏哀礼备至，售遗产以葬，氏年逾五旬，亦老矣。与氏同时姊妯行有节妇焉，亦王氏，乃沤从兄树抽之妻，年十七岁归树抽，归二年夫殁，无子。居止常依兄嫂，安贫茹素三十年无愠怨色。现年五十一岁，与前二节妇居比邻，故同以节著。阎垫瑞曰：三节妇贫而冗节守志，难矣，而能谕亲于道为尤难。昔者舜事亲能致底豫，孔子称为大孝。而王氏以孤婺寒苦，故能自致其孝，以格亲心，其视世人骖妻子自外所生，与其亲分门割户，置亲之老病辛艰若罔闻知者为何如？呜呼，若王氏者可谓节孝矣。

（张拱宸、张培璋等重修，民国二十五年天津文岚簃印书局仿宋排印本）

民国《项城张氏族谱》戌部，《张氏二节妇传》：

张氏二节妇者，项城北张小集张玉德之妻与其从子妇也。玉德聘未娶，病，节妇母家勒不与嫁，至二十五岁，玉德病愈始嫁。嫁后九月，玉德没，节妇父母怜其少，不听送葬持丧，欲载之归，令再醮。节妇以头触棺曰："吾岂可以再嫁耶！吾尚可为人耶！是不欲吾生耶！"父母惧，不敢强，卒送葬如礼。屏绝服饰，冗节苦守二十余年，年四十余岁卒。玉德从子名曰裒，其妻亦能死志，裒从戎死于外，节妇闻耗大恸曰："夫死，吾何生为！"未几，竟哭夫死。

（张拱宸、张培璋等重修，民国二十五年天津文岚簃印书局仿宋排印本）

广西

平乐邓氏

寿序、寿图。

民国平乐《邓氏宗谱》卷二，《上寿图说》：

天上寿星，宝婺长庚，焕彩人间，福履苍松。古柏同荣，瞻陆地之神仙，聿登上寿，作熙朝之人瑞,特重遐龄。尚齿有经,典实开于虞帝;引年定制,文复备于夏王。筑华第兮罗城,泽覃川里;驭彩鸾兮丹诰,拜赐枫宸。我族秀水青山,常毓康强寿侣;方瞳玉面,多登耄耋春秋。持竿鱼鳞之波,宛若磻溪钓叟;策杖鳞角之岫,居然商岭神仙。鹤发皤皤,白映虹桥月色;童颜炯炯,红凝金塔辉光且也。经席谈五福之章,年高德邵;兰台重九如之什,日恒月升。**弧帨高悬**,元鹤同紫鸾飞舞;椿萱并茂,木公偕金**母翱翔**。庆不老于庭闱,妯娌相吞仙果;**祝无疆**于海屋,篪埙迭和云璈。或冠带烂一堂,皇恩永赐;或班衣缤两世,**寿考叠生**。或曲奏羽衣,**誉望更彰**璧水;或盏斟琥珀,馨香如洽泮芹。追角里之衣冠,瑞呈**桑梓;献**常山之仙草,彩**绚锦屏**。达尊仰寰区,齿与爵而并重;芳名登谱牒,敬缘爱以同胞。以上上寿考妣,族繁不及备载,即将近来各公尊名罗列于后。

男寿图

汉淳,字次英,八十岁。

汉深,字君恩,八十三岁。

汉绍,字国仁,八十八岁。

汉论,字子言,八十七岁。

汉茂,字如道,八十三岁。

汉韧,字士元,八十岁。

汉俊,字世盛,八十岁。

汉淇,字震川,八十二岁。

汉庠,字才周,八十八岁。

祖元,字首先,八十三岁。

祖鉴,字文明,八十岁。

祖光,字伯明,八十六岁。

祖志,字有才,八十一岁。

朝宦,字光明,八十九岁。

朝祥,字德华,八十三岁。

朝意,字良贵,八十五岁。

朝淳,字君德,八十一岁。

朝序,字首章,八十岁。

朝礼,字有文,八十岁。

朝理,字帝贤,八十九岁。

朝班,字帝乡,八十岁。

廷彩,字锦绣,八十岁。

廷宾,字小客,八十八岁。

廷相,字国佐,八十三岁。

廷标,字名魁,八十岁。

廷梁,字增辉,八十岁。

廷诰,字国典,八十六岁。

女寿图

骆氏,八十九岁,朝树之母。

萧氏,八十八岁,朝炳之母。

侯氏,八十六岁,朝焕之母。

史氏,八十二岁,朝详之母。

房氏,八十七岁,朝源之母。

侯氏,八十二岁,朝諴之母。

萧氏,八十七岁,朝凤之母。

史氏,八十四岁,朝玺之母。

成氏,八十岁,朝秀之母。

万氏,八十六岁,朝理之母。

欧氏,八十五岁,朝宇之妻。

欧阳氏,八十四岁,廷玺之母。

江氏,八十六岁,廷雄之母。

孔氏,八十九岁,廷昱之母。

黄氏,八十二岁,廷量之母。

刘氏,八十二岁,廷佐之母。

侯氏,八十三岁,廷侯之母。

侯氏,八十四岁,廷凤之母。

阳氏,八十四岁,廷宗之母。

刘氏,八十一岁,廷钦之母。

欧氏,八十岁,廷枢之母。

萧氏,八十五岁,廷椿之母。

黎氏,八十岁,廷圭庶母。

罗氏,八十七岁,廷圭之母。

李氏，八十一岁，廷蛟之母。

周氏，八十八岁，廷训之母。

雷氏，八十一岁，廷槐之母。

李氏，八十六岁，廷旺之母。

成氏，八十一岁，廷兴之母。

雷氏，八十二岁，盛发之母。

萧氏，八十三岁，盛龙之母。

欧氏，八十一岁，盛翔之母。

江氏，八十六岁，盛元之母。

骆氏，八十岁，盛宜之母。

曹氏，八十岁，盛金之母。

侯氏，八十四岁，盛煊之母。

房氏，八十岁，盛焕之母。

胡氏，八十岁，盛鲤之母。

续修男寿图

始祖谏，字三生、少一郎，八十八岁。

秀伯，字位长、方一郎，八十四岁。

子芳，字泽茂，庠生，八十三岁。

子慧，字泽远，庠生，九十六岁。

以趣，字玉明，九十三岁。

瑞祥，字金福，庠生，八十一岁。

瑞锦，字学优，八十五岁。

显机，字明见，耆员，八十一岁。

显学，字得成，八十七岁。

显旺，字德兴，庠生，九十四岁。

显经，字民泰，八十九岁。

显绥，字民安，一百零二岁。

显珏，字双玉，贡生，八十岁。

显嚼，字天位，九十七岁。

显凤，字岐山，廪生，八十三岁。

显钦，字群仰，八十岁。

第十二篇 族谱

正梅,字光魁,八十二岁。

正稀,字寿高,八十三岁。

正斐,字成章,文林郎,九十三岁。

正旦,字明清,国学,八十二岁。

正明,字大光,八十五岁。

正元,字魁甲,八十五岁。

正岳,字胜飞,九十四岁。

正亮,字得明,八十六岁。。

孟谦,字尊光,寿九十岁。

孟荷,字得道,八十三岁。

仲兴,字得盛,八十三岁。

仲錬,字养成,八十七岁。

仲环,字养圆,八十六岁。

仲负,字大有,寿八十岁。

仲贵,字高禄,九十一岁。

季阅,字光楚,八十一岁。

季卿,字相楚,寿九十岁。

季乡,字光族,八十七岁。

季诗,字文楚,八十五岁。

季海,字三楚,八十五岁。

季谆,字高甫,八十二岁。

季寿,字海如,寿一百岁。

林卷,字金寰,八十五岁。

林糸,字贤寰,寿八十岁。

林斗,字仰北,八十三岁。

林胜,字如云,八十四岁。

林阅,字明家,八十五岁。

林梓,字仰贡,寿八十岁。

林相,字国干,九十五岁。

春华,字元荣,八十一岁。

春楠,字棋枝,八十一岁。

春雷,字明显,八十一岁。
春荣,字茂德,八十二岁。
春昂,字从德,八十二岁。
春鼎,字名扬,寿八十岁。
春冕,字以君,八十一岁。
春瑊,字葵生,寿九十岁。
汉光,字继武,九十五岁。
汉义,字林郎,一百零二岁。
汉蓝,字名显,八十八岁。
祖志,字有才,八十一岁。
祖嵩,字名岳,八十三岁。
祖调,字和鼎,八十一岁。
朝关,字一守,八十五岁。
朝晨,寿八十岁。
朝金,字光玉,寿八十岁。
朝松,八十六岁。
朝锦 字德绣,八十三岁。
朝聪,寿八十岁。
朝梅,寿八十岁。
朝凤,字彩章,八十岁。
朝阅,寿八十岁。
朝异,字奇才,九十一岁。
朝畅,八十岁。
廷易,字光交,八十二岁。
廷量,字美秀,八十四岁。
廷炜,字扬名,八十三岁。
廷绣,字光茂,八十四岁。
廷月,字光宿,八十六岁。
廷芬,字光明,寿八十岁。
廷浑,字大光,八十七岁。
盛牤,字福临,八十四岁。

盛炯,字文见,八十三岁。

盛炳,字荣成,八十四岁。

盛煦,字见功,寿八十岁。

续修女寿图

刘氏,八十三岁,一受之母。

阳氏,八十二岁,瑞锦之母。

王氏,八十一岁,显鸿之母。

许氏,九十八岁,正稀之母。

张氏,八十六岁,正芝之母。

房氏,八十一岁,正旦之母。

曹氏,八十二岁,正元之母。

刘氏,八十五岁,正孔之母。

房氏,八十一岁,孟魁之母。

李氏,八十四岁,孟清之母。

史氏,八十一岁,孟亨之母。

史氏,八十六岁,孟豪之母。

侯氏,八十二岁,孟谦之母。

欧氏,八十四岁,孟儒之母。

黄氏,寿九十岁,孟凤之母。

唐氏,八十七岁,仲宝之母。

雷氏,八十三岁,仲舆之母。

欧氏,八十六岁,季宣之母。

房氏,八十一岁,季彩之母。

萧氏,八十五岁,季闻之母。

江氏,八十一岁,林奇之母。

黎氏,八十六岁,林斗之母。

雷氏,八十二岁,林其之母。

萧氏,八十二岁,林选之母。

萧氏,八十四岁,林榁之母。

房氏,八十八岁,林喜之母。

李氏,八十一岁,林善之妻。

侯氏，九十三岁，春庠之母。
成氏，八十二岁，春朋之母。
李氏，八十一岁，春宪之母。
侯氏，九十三岁，春庠之母。
徐氏，八十三岁，春森之母。
何氏，八十三岁，春桂之母。
欧氏，九十三岁，汉池之母。
江氏，八十五岁，汉璟之母。
李氏，寿八十岁，汉佩之母。
欧氏，八十六岁，汉府之母。
曾氏，寿八十岁，汉仙之母。
萧氏，八十五岁，汉琭之母。
房氏，八十七岁，汉缙之母。
胡氏，八十二岁，汉定之母。
曾氏，八十四岁，汉儒之母。
徐氏，八十二岁，汉誉之母。
李氏，八十二岁，汉标之母。
刘氏，八十二岁，汉帅之母。
史氏，八十二岁，汉珅之母。
唐氏，八十二岁，汉敬之母。
侯氏，八十九岁，祖儒之母。
李氏，八十一岁，祖上之母。
欧氏，八十三岁，祖良之母。
房氏，八十七岁，祖兰之母。
刘氏，八十九岁，祖鉴之母。
曾氏，九十一岁，祖沅之母。
侯氏，八十岁，祖宪之母。
史氏，八十三岁，祖绣之母。
欧氏，八十二岁，祖腆之母。
李氏，八十五岁，祖耀之母。
周氏，八十岁，祖正之母。

刘氏,八十四岁,祖清之母。

石氏,八十一岁,祖闲之母。

李氏,八十二岁,祖日之母。

王氏,九十七岁,祖恐之母。

房氏,寿八十岁,祖谨之母。

胡氏,八十七岁,祖连之母。

阳氏,寿八十岁,祖洋之妻。

骆氏,八十九岁,朝梁之母。

欧氏,寿八十岁,朝宇之妻。

房氏,九十三岁,廷淮之母。

李氏,寿八十岁,廷泂之妻。

雷氏,八十八岁,盛城之母。

杨氏,八十七岁,盛福之母。

骆氏,八十一岁,盛发之母。

欧氏,八十三岁,盛贤之母。

史氏,八十五岁,盛俊之母。

李氏,八十八岁,盛炜之母。

胡氏,八十二岁,盛蒸之母。

萧氏,寿八十岁,盛市之母。

房氏,八十四岁,盛荣之母。

黄氏,八十五岁,盛溶之母。

钟氏,八十三岁,盛珠之母。

李氏,八十四岁,天福之母。

欧氏,八十一岁,天爵之母。

周氏,八十二岁,天经之母。

萧氏,八十四岁,天任之母。

(光绪十七年十贤堂刊本,民国十三年续刊)

民国平乐《邓氏宗谱》卷三,《寿图》:

男寿图

盛字行

盛昌,官印羽仪,寿八十二岁。

盛干,字甲之,寿八十四岁。

天字行

天福,字守善,寿八十四岁。

天闻,字聪听,寿八十三岁。

天均,字护匀,寿八十岁。

天䒿,字护道,寿八十二岁。

天基,字祥太,寿八十二岁。

女寿图

盛字行

房氏,寿八十四岁,天䒿之母。

周氏,寿八十三岁,天敖之母。

萧氏,寿八十三岁,天知之母。

杨氏,寿八十二岁,天溪之母。

侯氏,寿八十一岁,天䰰之母。

天字行

萧氏,寿八十六岁,开珅之母。

江氏,寿八十岁,开武之母。

杨氏,寿八十岁,开北之母。

(光绪十七年十贤堂刊本,民国十三年续刊)

神道碑。

民国平乐《邓氏宗谱》卷二,《子慧公号泽远老大人墓志》:

今夫有非常之穴,必待有非常之人,而有非常之人,乃能获非常之穴。非偶然也,盖必德积于躬,福申于天,而后有此吉穴以应之。惟我子慧公负质浑朴,存心宽厚,捐余资赈困穷,施不望报,购典籍课儿孙,福自己求。而且事高堂养志承欢,处昆季因心则友,待宗族故旧恩相接而礼相将。卓卓懿行,不一而足。宜其天相吉人,牛眠立应,于以迪前光而启后人也,是为志。

裔孙庠生汉杰拜撰。

(光绪十七年十贤堂刊本,民国十三年续刊)

民国平乐《邓氏宗谱》卷二,《邓公庠生讳显学字得成老大人赞》:

第十二篇 族谱

家称素封,无骄人之态;心怀利济,有布德之名。或建亭以避行客之暑,或平途而剪道旁之荆。垂老不倦,瑞映长庚。在己虽已列于庠序,在孙亦应卜其显荣。

姻晚举人张绍铭敬撰。

(光绪十七年十贤堂刊本,民国十三年续刊)

民国平乐《邓氏宗谱》卷二,《国学讳正香字如水老大人赞》:

仁者心,儒者服。幼登孔圣堂,壮播后稷谷。卓卓行,便便腹。入成均,介景福。一湖秋水,数亩烟竹。五车付儿,千金散族。龙德而隐,鸡养而木,差可方五柳先生东篱种菊。

房孙庠生汉杰拜撰。

(光绪十七年十贤堂刊本,民国十三年续刊)

民国平乐《邓氏宗谱》卷二,《朝异字奇才先生赞》:

介而有执,直而不肆。不徇时好,必行己志,非特品高乎?溪水之间殁,所谓天下之士。

庚宗侄庠生学标拜撰。

(光绪十七年十贤堂刊本,民国十三年续刊)

贞节。

民国平乐《邓氏宗谱》卷二,《贞节图说》:

忠臣殉节,天地为之感怆;嫠妇守贞,鬼神于焉呵护。抚孤与托孤一辙,爰录青编;贞节同大节同坚,特标彤管。所以姜嫄励志,芳徽倡自葩经;姬女早终,华衮荣于麟笔。吊贞魂而摘藻,赋就骚词;发潜德而扬芳,宠来凤诰。山河偕老,固多白首相依;鸾镜忽分,尤幸青年自矢。心悲兮孤燕,日月无光;肠断兮遗雏,凤云变色。衣楚楚而如雪,筠棱棱以拂霜。或立嗣全宗,烈心一片摩碧汉;或立名全洁,正气千秋亘贤堂。惟兹巾帼淑媛,金石成于血性;亦本祖宗遗训,天经重乃纲常。触目警奇,坚节长砻。闺阁闻风起敬,幽光待阐辀轩。补他日之女箴,鹿毫增彩;志此时之姓字,谱牒生香。

显相之女闺名大姑,守制未适。

江氏名启秀,二十八岁,汉璟之母。

廷举妻二十七岁严氏名新凤,明经进士严柏孙女,贡生严和之女,贡生严而泰之姐。

以上贞节,取近来实有可据者始录之,至于远而难稽,不敢妄登。

(光绪十七年十贤堂刊本,民国十三年续刊)

民国平乐《邓氏宗谱》卷二,《墓志》:

赞贞女名大姑者诗文

五言古风

姑年未及笄,夫君即伤别,可怜未亡人,肝肠寸分裂。痛父乏后贤,矢志无他适,竭力侍慈闱,心沥满腔血。井臼时亲操,惟虞旨甘缺,死者长已矣,生者靡休歇。非秋我亦寒,未暑我先热,笃挚真性情,挺身全大节。节苦终回甘,泉台自怡悦,兢兢数十年,清操历冰雪,山移海可填,幽光莫澌灭。

裔孙天成敬撰。

(光绪十七年十贤堂刊本,民国十三年续刊)

云南

晋宁方氏

民国《晋宁方氏族谱》卷七,《碑传集·先考行略》:

先考讳学周,字愚谷,号梦亭,乾隆丁丑八月二十九日生,世居晋宁鸡睢厂。始祖讳李,以武职随沐西平侯至滇,因家焉。明代以科甲起家为显宦者,四传至高祖尔恭公,邑庠生,以绩学著,时称名儒,勤俭治家,家日益丰。曾祖敬斋公,幼而岐嶷,有大志。少入泮,书法钟王,为时宝贵,人皆以大成目之,惜志未遂而早逝焉。曾祖母黄太孺人,孀居守志,治家最严,课二子成名。长程九公,次鸣九公即检本生祖父也。先程九公入泮即逝,遗一子未及六龄,鸣九公抚恤备至,以痘疹殇,时先考甫生未弥月,先祖即抱至程九公灵右,痛自艾责,以不能抚其子至于成立为憾,愿以己子嗣之。及长,令呼己以叔,不忍严课其功,而先考少则勤学不待督责,而诵读不迨,有㦷灯漂麦之风,遂以髫龄受知于王兰圃先生,游州泮。次年食廪余,送入五华书院,肄业即藉藉有声,与同邑张溟洲、赵觉庄、何鲁巘诸先生齐名。时制府中堂福公,观通省风,拔取第一,守知最深。丁酉、庚子、癸卯科俱荐而未售,遂以优行贡入成均,期未满,补镶红旗官学教习。时有辅国将军宗室永公,闻先考名,延至家,诲其子,绵款在都。其时,相与唱和往来者,皆一时之名公卿,而先考守正不阿,从无干谒夤缘之举,人以是服之。在都七载,教习期满,引见以教职用,于庚戌年回籍,选授河阳司训,兼掌凤山书院,一时从游之士,多所成就。缺极清苦,幸路近,得以迎养本生祖父母到任,与先姚朝夕色养承欢靡懈,历二十五年如一日。以故,先祖父母得以颐养天和,寿至大耄。至乙卯科中乡试第八名,四次计偕,屡荐未售。乙亥八月丁本生先大父艰,以降服离任景福泉观察,延为西席。次年掌安宁太极书院。旋丁本生先大母艰。先妣亦相继见背,先考遂不复娶。起复后,历署建水河西训导,补宾川学正,甫一年,升丽江府教授,未满任,以俸推升四川射洪县知县。莅任二载,调署茂州,兼摄汶川县即复本任。年八旬,有二方请告未行,而终于任所。囊空如洗,有寒士所不堪者,蒙诸同寅及县属绅民厚赙,得以扶榇归里,葬五龙山祖茔。先考天性孝友,抚先仲叔、季叔成立,皆食廉余,所有祖遗产业,分给两叔。不幸两叔祖继不禄,诸弟妹率皆幼小,教养备至,及长,皆为之婚嫁,且时分廉助其日用。又,族大人多,贫富不一,咸分别周急之。即戚友中有缓急,不吝解橐倾囊,尽力推解。生平性情恬淡,不事奔兢(编者按:此处"兢"字应为"竞"之讹。)。与人从无急言遽色,而是非邪正湛然不淆。字法钟王,弱冠即名于时,求书者门多车辙,并善抚琴,得先祖鸣九公之密授。嗜诗文成癖,著有文集、诗集各若干卷,皆已裒衍成集,尚未付梓。教训检辈,一本义方,凡事必示以正。生子三,长即检,现以廪贡肄业成均,候选司训。两弟俱幼殇。女二,长适河阳湖北随州牧陈丹崖先生次子、丙子科孝廉毓华,次适昆明何氏。孙三人续膏、祖贻、祖华。此皆先考生前实录,不敢饰美以沽名也。男检谨识。

(方树梅编辑,民国二十六年方氏诵芬楼刊本)

宾川森石崖杨氏

民国宾川《盘古汇编》卷一,《先世事略》:

四世祖讳皋云,世芳公第三子,性颖悟。十八岁娶,二十而卒。公卒之翌日,配丁孺人生遗腹子一,讳丕炽。

四世祖皋云公配丁孺人,系出世族,性庄重,幼习《内则》、《女诫》诸篇,尤喜诵古烈女事。皋云公捐馆舍,殁而未葬时,孺人年未二十,有遗腹将诞生,因涕泣谓族人曰:生而男也,请葬亡夫橄榄山先人墓侧;如生而女也,任诸君另卜宅兆,未亡人复何望哉!固将相从于地下也。既而生子,果男,即丕炽公也。孺人于是矢志守节,抚育幼子。族人之豪强者,瞰其遗产,多方凌藉之。孺人不得已,乃携幼子之外家丁氏抚养,纺织课子,及丕炽公成立,始返居弦歌里杨氏旧宅焉。晚年,地方人士以孺人守节历数十年,含辛茹苦教子有成,虽古贤母之画荻和丸何以加焉,经合词吁请朝廷,旌表节孝以风后世。乾隆三十五年奉旨准予建坊旌表,今弦歌里村前石阙巍然尚存,即丁太孺人节孝坊也。

(杨如轩编,民国二十七年开智公司代印铅印本)

民国宾川《盘古汇编》卷一,《附钞丁太孺人节孝状》:

宾川州儒学,为吁恩请旌节孝以励风化事:窃以盛朝敷化,首重伦常;巾国治行,端推节孝。**沐睢麟**之雅化，资涵濡者已逾百年；率民性之秉彝，抱幽贞者**不遗僻壤**。兹州属**赤石岩儒童杨皋**云之妻者，赋性贞良，操行纯白。乃妇也，及笄之岁，方婉**娩姆训**，而始赋桃夭；而夫也，弱冠之年，为攻苦芸窗，而遽归泉壤。本履綦者方周载，别药砧者遂及。兹辰沉痛腐心，誓愿相从于地下。烦冤白日，岂期偷息于人间。而乃以诉天衔敛之余，适为**遗腹娩生**之际。痛韩凭之蚤逝，默默者几不欲生，抚杨氏之遗孤呱呱者其将何托？遂乃兴**歌黄鹄**，因之矢志柏舟。茶虽苦而弥甘，霜虽严而不萎。画灰课读，既以母而兼师；绩纺为生，更以恃而兼怙。卒也持家有道，因之教子成名。孤子丕炽，援例厕名太学。迄今花甲已周，冰操罔极，为女师者五服内胥无间言，敦苦节者四十年犹如一日，允符表扬之盛典，宜膺一字之褒嘉。生等为激励风化起见，用敢条列事实，合辞公吁，伏乞赏准具详转达，实为德便，为此公呈计开：

一、孀妇丁氏，系宾川州生员丁起渭室女。生于康熙五十年辛卯正月初三日，至雍正三年，适赤石崖摩科里杨皋云为妻，于雍正七年九月二十九日辰时夫故，遗腹九月有余，即于夫故之日生子杨丕炽。相夫四载，氏年十九岁，守节四十二年，现年六十岁。

一、丁氏生长儒门，幼知礼义，及归夫家，孝顺翁姑，敬重夫子，毫无违悖，贤淑之声达于邻里。

一、丁氏夫病时身怀六甲，竭力侍奉，至于夫病危，笃祷神祈留夫命，且割股以冀夫愈，及至夫殁，触棺哀恸，誓甘同穴，亲族以翁姑年老，无人侍奉，且遗腹系杨氏一线，劝令徒死无益，氏乃忍死含悲。随于是日申时，生子杨丕炽，遂勉强怀抱血子发送夫柩，身任仰事俯育之资。

一、丁氏自夫殁后，怀清履洁，矢志靡他。亲邻见杨门贫甚，氏正青年，或讽以他适，氏悲泣正色曰："翁姑无依，幼子无靠，吾不忍改节，为禽兽行也。"乃毁容独处，寡言鲜语，虽至亲罕见其面，四十年如一日。

一、丁氏奉事翁姑，曲尽孝道，自夫殁后，家道愈窘，竭力躬膳，晨昏定省，数年无间。及翁姑病日，侍医药较夫在愈加敬谨。翁姑继逝，殡葬如礼，实能以妇而代子职。

一、丁氏勤于教子。其子渐长，昼则令就外傅，夜则鸣机相对课读。凡纸笔束脩之费，皆出十指拮据。其子杨丕炽厕名太学，完娶生孙。承先启后，不愧女中完人。

本学详加覆看，得节妇杨丁氏，青年立志，白首不渝。绿鬓朱颜，遇疾风而知劲草；青灯白发，耐严霜以比魁梅。可谓松柏有心，历岁寒而不改；玉贞珉抱质，经剥蚀以常坚者矣。既符公论，敢壅上闻？理应取具邻里族长甘结，加具职学印结，备文呈详本州道加详覆看：得节妇杨丁氏，兰心蕙质，不随凡草以靡披；柏干松姿，屡历严霜而苍秀。既完节无愧于夫子，尤敦孝尽道乎翁姑。洵为巾帼高行，实属闺壶女宗。已符年例，尤宜旌扬。兹准儒学查造事实,取具各结前来,理合加结转详本府加详查看:得宾川州节妇杨丁氏,青年矢志,皓首完贞。夙习芳箴,集兰香而作佩;长偕俊耦,奉榛栗以修仪。方勔志于鸡鸣,正期百年静好;旋萦身于病鹄,忽焉四载分飞。年方二九,**而操凛冰霜**;岁周花甲,而坚同金石。可谓松柏有心,历岁寒而不改;宗族无间,亘千古而**长馨者**矣。兹该州申详前来,卑府覆查年例相符,理合加具印结,具情转详,并将送到册结一并具文申送,恳祈宪台俯赐核转。乾隆三十五年本学廪增附生员公呈,至三十六年题请奉旨,旌奖节孝,建坊设牌,刻刷例通报。

(杨如轩编,民国二十七年开智公司代印铅印本)

贵州
紫江朱氏

民国《紫江朱氏家乘》卷一,《先世传略·附理堂公所撰敬之公事略》:

曾祖性刚毅,有隐德。自江西来黔贸易,始家之于黔之开州乖西司永兴场。父老传言,曾祖在日,闺中妇女,从无徒步过市者,盖公严气正性,教起于家,而化成于乡,有由然也。燮和之生也晚,不获睹曾祖遗容,而修身齐家之道可想见矣!

(朱启钤修,民国二十四年排印本)

民国《紫江朱氏家乘》卷一,《先世传略·附**理堂公所撰儒**玉公事略》:

大父天性纯孝,读书有远志,生平仗义轻财,**屡倾囊橐**,周恤贫人,不求闻达。祖妣喻太君寿享期颐,治家严肃,大父及大母事之,皆能先意承志,得其欢心,养志者咸首推焉。燮和生时,曾祖妣谓大父大母曰:"是儿必大吾门,以汝夫妇之孝决之。"燮和诚不肖,不克副先人之望,而大父母之孝思,足以锡类于不匮矣。

(朱启钤修,民国二十四年排印本)

2.族谱内容

涵盖世系、祠堂、祖坟图、族产文书,传记,艺文,政府有关法令文献如圣谕广训、五服图、律例歌等,而主体部分是世系资料。

直隶
沧县孟村张氏

民国沧县孟村《张氏家谱》,《世系例》:

十二世　光台:讳廷芳公子,字金峰,嘉庆二年九月初二日戌时生,光绪元年四月二十二日午时卒。葬庄西半里许大园后茔。

职衔:例授武骑尉。

德业:品行纯厚,言语笃实;入则孝,出则悌。遇有亲族假贷,辄无不与焉。训子弟以耕读,理事业以勤俭。岁增田产,广建庐舍,遂致家道昌泰,资财丰隆。后世子孙均衣食充实者,被公之泽也。

配:杨氏,同邑孙村瓒绪字嗣先公长女,嘉庆元年六月十三日丑时生,光绪元年七月二十日巳时卒。

继:魏氏盐邑寨子大来公女,嘉庆九年十一月初三日寅时生,光绪元年十一月二十六日未时卒。

子:梦魁杨生、联魁杨生、世魁魏生。

女:适盐邑纸房庆麟李公室。

十二世　光烈:讳廷礼公次子,字绍周,嘉庆十五年九月初九日辰时生,光绪二十一年七月二十一日丑时卒。葬庄西北小园后茔,丁山癸向。

职衔:清封九品登仕佐郎。

德业:性质刚毅,气宇端正,好学不厌,诲人不倦,教读数十年,未计束脩,族中子弟均无失学之虞。尤见义勇为,办团练以御寇。理地赋以上控,艰辛备尝,无稍挫折,宗族乡党咸蒙其庇。及于治家训子,尚勤俭重敦睦,在在有方。又置良田二百亩,凡有求者必应焉。

配:杨氏,同邑孙村丕成公女,嘉庆十二年二月十三日亥时生,光绪二十一年十二月初八日寅时卒。

子:承德、承业、承宗。

女:适同邑肖庄子华峰肖公室。

十二世　光鲁:讳廷信公长子,葬庄西北小园后茔。

配:季氏,盐邑季家庄学文公女,清光绪元年旌表节孝,奉旨准其建坊入祠。

子:嗣子承绪。

女:适盐邑尚家宅春圃尚公室。

十二世　光盛:讳廷信公次子,葬庄西北小园后茔。

第十二篇　族谱

配:张氏,
盐邑张家庄深公女。
继:张氏,盐邑东张帽圈继什公女,光绪元年旌表节孝,奉旨准其建坊入祠。
子:承绪出嗣,承印。

十三世　明达:讳凤鲁公子,字智慧,嘉庆丙寅二月十二日申时生,光绪戊寅十二月初一日午时卒,葬庄西里许磨台茔。
德业:资禀温良,博学好古,每与家乡会,必讲古书一段。勤俭以处家,谦和以接物,凡亲友有事相商,曲直剖析,难则排纷则解,宗族乡党咸钦敬焉。
配:孙氏,盐邑常庄永安公女,嘉庆丙寅七月二十八日酉时生,光绪戊子十二月一八日未时卒。
子:德邻、德骧、德甫。
女:长适盐邑张村店麟一席公室,次适盐邑王后我家星义王公室,三适同邑北良龙山孙公室。

十三世　化龙:讳光才公长子,字剑逢,道光辛丑十月二十六日生,民国辛酉三月二十二日巳时卒,葬在东南里许老坟后茔。
德业:少家贫务农,昼耕畎亩,夜习武术,诚罗瞳大中李公之高徒,勤俭持家,尝置良田百余亩。性情周慎,诚悫明达世,故庄邻有争则排难解纷。年迈古稀耳目不聋不瞆,义方训子后世令闻著当时,咸谓忠厚长者。
配:柏氏,盐邑纸坊万和公女,道光壬寅七月初七申时生,光绪甲辰十一月初六戌时卒。
子:嗣子益三。
女:长适同邑圣佛寺宝堂字镜蓉公室,次适同邑北良孙公室。

十四世　寿山:讳世魁公长子,承嗣梦魁公,字悦三,同治壬戌十二月二十六日辰时生,民国丙寅四月初六日未时卒。
德业:秉性温和,气宇端静,尝以观史阅书为消遣。每缉先祖,辄必承必敬,注重孝友,修讲信睦,有淳厚长者之风焉。崇尚节俭,扩充前业,洎乎晚年锐意修谱,极费经营,始能征齐谱稿,惜事未综旋即辞世,后人修辑得成者均赖公之力也。

十四世　盛魁:讳珍公次子。
德业:性情纯厚,精武术,当强而仕之年突遇捻匪变乱,公乃奋不顾身为国捐躯,后经省宪褒奖,延入本县义勇祠以彰忠勇而慰幽灵,诚可为杀身成仁者矣。

配:仉氏,同邑仉小庄清乾公女,笃孝友务节俭,幽娴贞静,乡党咸称颂焉,蒙省转详咨部注册,延入本县节孝祠,钦赐"贞孝可风"匾额一方。

十四世　郁文:讳珍公三子。

德业:读书数年,即从亲学医治药,父作之子述之,对于伤寒瘟疫等症,擎受家传,遂致雌黄事业当不落孙山之外,性情朴讷,悃愊无华,乡党邻里咸景仰焉。

十四世　林元:讳九思公子,字抡元。

德业:性情直率侠气振,当时凡遇不平,乃以排解为己任。充村长数十年,不惟见义勇为,对于兴学尤热心教育,民国庚申蒙本县长仵公呈请教育厅,赐"嘉惠青年"匾额一方,以资鼓励。庄村有事乃使之戮力同心,至今村中遇有疑难,咸云若抡元公在,当不至此。

十四世　芝龄:讳永泰公长子,道光丙午四月十七日生,同治戊辰四月二十七日卒。

职衔:清封登仕佐郎。

德业:言必信,行必果,人咸称为正直焉。同治戊辰捻匪作乱,公乃折冲御侮,为国殉难,后蒙上宪准予入义勇祠,以昭忠烈,流芳百代。

配:卞氏,盐邑黄刘庄韦秀公女,清封例赠孺人,旌表节烈,准予建坊入祠。

十四世　德邻:讳明远公长子,字厚圃,号聚德,道光丁亥十月十八日戌时生,光绪甲辰十二月二十八日酉时卒,葬在西磨台茔。

职衔:国子监太学生,敕赠修职郎。

德业:性情纯朴,学问博通,训子弟以成名,延师读书不惜重资,言必信,行必果,勤俭治家,练达世故,遂致品端学优,嘉言懿行,不可殚述,对于家计,尤精于守成。

十五世　宝文:讳林元公六子。

德业:性孝友,夫妇和,惜寿命不永,乃妻室刘氏以身殉之,闾阎同钦,蒙本县长仵公详明,省宪赐"素志不渝"匾额一方,以慰幽魂,而资孝感,诚阃中之模范也。

(民国十七年本)

奉天

辽宁马佳氏

民国《马佳氏族谱》目录:

第十二篇　族谱

卷首：赵次珊制军序

　　袁洁珊京卿序

　　马延喜第三次续修族谱自序

　　马佳绩重修马佳氏族谱序

　　马世杰序

　　赫东额传

　　胡什巴传

　　瑚石传

　　文襄公图海像　三世五祖九世一等忠达公谥法文襄配享太庙，政绩载在列传

　　图海传及上谕祭文

　　升寅传

　　太保公绍英像　宝琳第五子出继宝珣，字越千度支部尚书，内务府大臣，政绩载在列传

　　绍英家传

　　翁额松额　谱单照片　关于费莫氏马佳氏之枝别甚详

　　公年巴焉　谱单照片

　　多起　谱单照片

　　道光二年修谱首序原文

　　宗祠像片

　　宗祠碑文

卷一：始祖、二世祖、三世大祖、三世二祖

卷二：三世三祖、三世四祖

卷三：三世五祖、三世六祖

卷四：三世七祖、三世八祖

（马延喜修，民国十七年排印本）

江苏

李光地《榕村集》卷一二，《徐氏族谱序》：

徐氏之先，闽之莆人。九世祖讳旺者，始自莆从居宿迁，历叶萃处，邑人目为西南徐氏。徐氏之世，虽不甚显，然诗书不绝，宗次犁然。八传有令璞先生尔珍者，以宿学贡于廷生，用锡始领乡荐，岁与计偕名行藉甚。兹谱其所手裒录也。地读之叹曰：人之所以贵于万类者，知本也！古之人，其世官世禄者，既有庙制宗法以绳承于百世，然而天下不尽爵

禄之家也。非爵禄之家则荐而不祭，祢而无宗，源流之义何所笃诸。吾意三代盛世，所谓民版而登于天府者，必天子诸侯为之。类族合属，使息耗有所稽，氏姓有所别，亲疏有所叙，饮食婚姻之礼有所行。当是时，所以使人重其本者，不待人之自为之也。后世口率出泉，则在官之籍。规漏者多罢侯置守，无复安居。本俗之基则转徙流移，不可复计。于是乎源远未分，人忘其祖矣。世之君子□然伤心，创为家谱之作，以无泯厥世。此其乐生返始，根于天性。虽更越时代，去其乡里，而犹能审求根实，望桑梓而敬共者，美哉乎！仁人孝子之用心也。

然自汉晋隋唐之间，韦孟、陶潜、王勃、杜甫之流，皆盛推远系，至联数姓而为弟昆者，其果有所考耶？其仅据氏族之书，而傅致之也。苟有所考不亦善乎？如傅致氏族而云云也，恐有藉之以依，附明德之苗裔，攀缘贵盛之宗支者，是以近代笃本之君子，尤能谨之。梅子定九之序，是谱独引欧苏者是也。徐子之记可谓简而愨矣。地承先君子之志修谱于戊午、己未之间，不敢推于忠定延平，亦不敢搜罗邻里之疑似者，窃幸有合于徐子。虽然，犹以核之不尽为愧，是故披斯编而重有感焉。抑徐子为余言，宿邑南北之冲，且地当黄河下流，沭沂诸水之所奔射萃汇。吾闻莆俗为七闽淳，异日吾其归与，亦太公封于营丘之志也。如是，则吾与徐子为乡壤。徐子名成而来，更为闽之大宗，八世而自他有耀者，盖不占而已矣。吾之序也，且以为券。

（《四库全书》本）

江阴澄江袁氏

江阴《澄江袁氏宗谱》，《目录》：

卷首：序、凡例、诰敕、像赞、祠图。

卷一：得姓原始、同姓纪、韩昌黎袁氏先庙碑。

卷二：建祠缘起、修谱缘起、祠颂、宗祠碑记、大悲庵记、告示、通族笔据、重建宗祠记、重建宗祠碑记、祭田记。

卷三：祠约、祠规、族范、衷雷公训儿歌、声扬公训子诗、祝文。

卷四：孝友志、忠义志、贞节志、书籍志。

卷五：列传详节。

卷六：列传后编。

卷七：列传附编、列传存目。

卷八：序、传、墓志、像赞、诔词等。

卷十：祖德述、浩旋公自述等。

卷十一：迁徙考、历代分支录、名讳录序。

卷十二：源流世系。

卷十三：源流世表。

卷十四至卷十九：世表。

卷二十：历代修谱纪名、乙巳修谱纪名、己丑修谱纪名、领谱字号、己丑续修领谱字号、跋、己丑修谱跋。

卷末：墓图、余庆录。

（袁衡五等修，1949年排印本）

江阴斯氏

民国江阴《暨阳黄阆斯氏宗谱》，《孝义堂宗谱目录》：

卷之一

  孝子公像

  重修谱牒赠孝义斯氏同事诸贤序　何星霞

  康熙庚戌重修谱序　袁州佐

  康熙丁巳重修谱序　裔孙锺

  康熙丁丑重修谱序　仇兆鳌

  续修谱序　王建中

  重修宗谱序　傅型

  重修斯氏家谱序　周镛

  赠孝义堂修谱诸贤合传　何炳上

  续谱说　苏东坡

  续谱略　蔡元定

  题斯氏宗谱后叙　祈熊佳

  世纪　裔孙起

  各派字第

  凡例

  廷尉公复职敕书

  孝子公敕书

  百一公敕书

  紫岩公暨陈王两孺人敕书

廷尉公行实　卢同

孝子公陈情表

孝子公行实　卢同

孝子公像赞　张志行

又赞　宋濂

又赞　同

兴孝祠碑记　袁甫

铢四公传　裔孙一绪

鋋六公铠七公合传　裔孙懋櫄

百一公赞　蒋远

百一公传　裔孙宏道

坤一公传　同

坤三公传　裔孙淇竺

坤四公墓志铭　陈檄

坤五公传　裔孙宏道

坤六公传　裔孙宏道

见兰公赞　王忠陛

静缘公传　何耀宇

正旸公八秩寿文　牛光斗

又赞　李安世

在兹公暨配节孝陈太君合传　裔孙云台

舜卿公传　何耀宇

圣介公传　夏霖

公誉公八秩寿文　寿致润

九秩寿诗　徐云润

又　余毓澄

仲玉公传　何正品

又八旬寿章　潘汉章

宁侯公传　何灿

武声公传　蒋载康

禹和公传　杜承严

第十二篇 族谱

又赞　王懋晟

方叙公传　王建中

尔悠公传　王培宗

天则公传　何灿

泉幼公传　蒋抡英

道九公暨子良佐公合传　钱潮

宏辀公传　陈韩城

宏远公传　金昌世

式先公传　金传世

尚木公传　刘廷栋

维桓公传　金玉章

佳木公传并像赞　周世纪

国维公传　侄孙增光

迪公郎善木公配傅孺人传　傅型

禹木公传　陈廷械

鹤龄先生传　蒋锦川

楚邻公暨德配何太君合传　曹秉钧

廷元公传　陈维峻

廷臣公传　陈韩城

在中公治黄序　张元贞

在中公传　邱晋明

令照公暨蒋太君行实　陈廷械

东扶公传　周尊一

南宿公传　陈维峻

律天公传　同

君德公传　何起瀛

启明公暨吴太君合传并赞　李培

景天公传　张德标

有严公传　陈廷械

泽周公传　陈念曾

修职郎泽周太翁八秩寿文　戴敦元

又寿文　周寿椿
又八秩大庆诗　陶澍
又诗　钱宝甫
又诗　戴聪
又诗　周寿椿
能祥公传赞　侄翼堂
朗然公传　傅台
可仁公传　陈翰城
智学公传　姚可文
烈三公小赞　邱棠
圣范公传　赵奎
履堂公汝舟公合传　侄绍典
荀如公传赞　金型
涵斋公暨阮孺人六旬双寿诗　史致光
景三公传　姚鲁望
文贵公传　奎赵
大全公传并赞　冯作梅
修职郎警庵公传　金毓麒
信义公传　金毓麒
骆氏太君传　金昌世
蒋氏太君赞　柴慎
陈氏太君赞　柴揆
石氏太君传　石作砚
敕封王太孺人七十荣寿序　胡文铨
葛太君守节赞　男翼堂
姚太孺人家传　冯清聘
陈太君暨媳周太君合传　蒋翰才
何孺人传　赵奎
陶太君节孝传并赞　郭志堂
王太君节孝传　堂叔耀宇
周孺人节孝传　傅型

周太君暨姊母屠太君合赞　郑光灿

周太君节孝传　潘涛

孝义堂宗祠祭产

卷之二　系图

卷之三　铢字至蒙字行传

卷之四　升字至丰字行传

卷之五　恒字至萃字行传

卷之六　益字至咸字行传

(斯桂相编修,民国十七年木活字本)

常熟王氏

民国常熟《太原王氏家乘》目录：

卷一：序目。

卷二：祠墓。

卷三：像赞。

卷四：宗图。

卷五：世谱。

卷六：诰敕。

卷七：义庄附规条并田亩坐落都图。

卷八：艺文。

卷九：旧序。

卷十：论撰。

(民国八年常熟王氏怀义义庄校印,八修本)

宜兴王氏

民国宜兴《王氏宗谱》卷一,《目录》：

卷一　目录

　三槐堂铭　苏轼

　王氏宗谱序　汪勃

　王氏宗谱序　陈康伯

　三沙传芳旧谱序　华敦复

王氏宗谱序　白贻清

重修荻溪中沙谱序　裔孙省

沙王氏家谱序　孔广棨

王氏宗谱后跋　岳飞

宗谱序　裔孙民仪

重修三沙全谱启　失名

题王氏谱　蔡元定

题王氏宗谱　汪彻

旺港上王氏宗谱序　万清选

王氏重修宗谱序　徐焕章

王氏续修宗谱后序　周同铨

王氏源流　失名

祠基记　裔孙锡英

司马温公论冠

司马温公论昏

司马温公论丧

伊川先生论祭

服制图

王阳明家训

家规条例

卷二　诰敕

卷三　像赞

会文说　失名

槐隐公传　失名

友竹公传　失名

简轩公传　失名

月楼公传　失名

若山公传　失名

继山公传　彭维芳

元览公传　孙行可

又元公传　男行可

第十二篇　族谱

存元公传　失名

观止公传　侄孙慎仪

忠烈公传　明史稿

忠烈公传　郡邑志

忠烈公传乡评备考　杨怀远

忠烈公传后序　兄行可

忠烈公祠改建城内纪略　裔孙锡英

盐梅夫人陈氏传　郡邑志

懋斋公暨盐梅陈夫人合葬墓志铭　杭淮

瑞梅记　夏璪

盐梅记　裔孙行可

贞节陆孺人传　族孙本忠

节烈陆孺人传　族孙本忠

贞节闵孺人传　族孙本忠

节母闵孺人传　失名

节母卢孺人列传　卢士登

列女王氏传　邑志

诗

卷四

王氏受姓世系图说

王氏原系姬姓世传之图

王氏受姓中原世传之图

南渡始祖

旺港上分世系图

　汪港上分世表

卷五

　塘田杨铁里分世系图

　塘田杨铁里分世表

卷六

　南夏阳周万庄分世系图

　南夏阳周万庄分世表

卷七

    蹇家桥分世系图

    蹇家桥分世表

卷八

    公懋公传　蒋星榆

    东明公传　吴际亨

    公益翁八旬荣寿序　庐葆光

    公瑾公行述　许莝

    公裕王翁暨德配杨孺人序　蒋斗占

    公亮公传　卢葆光

    元禄公传　万明德

    元聚公传　万明德

    王松茂公暨配彭孺人传　吴治允

    秋茂翁六旬有六荣寿序　万青选

    秋茂翁七旬寿序　庄梓林

    顺明公传　贾云轩

    顺歧翁序　万明德

    其二　蒋心翼

    节母蒋孺人序　万青选

    蒋孺人序　蒋心翼

    节母蒋孺人传　徐学熙

    姑丈方义王公传　杭浦

    姑母七旬寿序　杭浦

    顺年公传　万青选

    连升王君序　万青选

    连贵王君序　万青选

    佑奎王公传　杭浦

    德盛王君序　徐熙载

    永文王君序　陈步墀

    位文王君序　万裕林

    连贵公传　胡锡圭

第十二篇　族谱

王钦公传　徐焕章

汤孺人传略　侄锡英

复振公暨冯孺人传　徐焕章

位文公传　徐达声

何孺人传略　侄锡英

永发王公传　徐焕章

韦孺人传　史书勋

叙元王公暨糜孺人合传　徐祝封

荣元王翁序　徐焕章

继来翁序　徐焕章

茂萱王公传　徐焕章

正芳公暨配杨孺人合传　庄拱辰

听铨王公传　郑模

廷佑公暨吴姚二孺人合传　彭中德

荣元公传　金葆章

熠懋公暨配朱孺人合传　庄拱辰

富斌公传　庄拱辰

锡英世丈传　庄拱辰

周孺人寿序　彭梅青

柏森君暨配钱孺人合序　庄拱辰

维义君序　许振源

绅书翁序　庄振辰

赠王君锡英古律一首　徐焕章

赠王君锡英七律一首　周同铨

谱后跋　万青选

购基建祠记

续修宗谱自序　晋雄

闻根王翁序　徐继声

大镛王君序　徐继声

会南王公序　徐继声

夏孺人序　徐继声

光耀王公传　徐继声

修谱纪名录

王氏宗祠基田坐落细号

修谱各支计丁录

领谱字号

(王闰根等修,民国三十四年三槐堂木活字本)

苏州陆氏

光绪苏州《陆氏莳门支谱》卷首,《目录》:

卷首:序、凡例、目录。

卷一:受姓渊源、世系图。

卷二:世系表。

卷三至七:系表。

卷八至十:诰敕录、登进录、旌表录。

卷十一:传记、志铭、行述。

卷十二:义田记。

卷十三:义庄条规。

卷十四:坟墓记。

卷十五:各支名目。

卷十六:先成序跋。

卷十七:宣公祠墓记。

(陆锦烺修,光绪十四年丰裕义庄刊本)

上海葛氏

民国《上海葛氏家谱》卷一,《目录》:

卷一

叙文　源流叙略、源流叙略书后上海葛氏谱例、历代名人史传前编、历代名人史传后编

始祖别祖略历

奕世行次

世系支图

世系表

卷二

 世谱

 世次录

 家训纂

卷三

 序记 葛氏家传序 顿丘公会记 公墓记 宗祠成立记 敬睦堂记 四世祖迁坟记

 录县志载 葛学礼传 葛士达传 葛士清传 葛士浚传

 家传 百川公传 孝女映仙太姑传像赞 节妇黄太宜人传 周夫人传 李太孺人传 陈宜人传 咏九传 徐宜人传 沈孺人传 张氏传

 行述 恪庭公行述 百川公行述 资政公行述

 圹志 资政公圹记 周夫人圹记 伯良圹记

 敬睦堂公款暂拟章程

 墓域志附图

 (葛尚钧等重修,民国十七年铅印本)

常州毗陵王氏

光绪常州《毗陵王氏支谱》卷一,《目录》：

卷一

 重修宗谱序

 宗谱原序

 毗陵王氏支谱序

 原序

 例言

  律己篇八条

  政家篇九条

  毂贻篇九条

  阅世篇四条

  机戒篇三条

 五服图

卷二

 云锄公纪略

穆清公家传

仲选公家传

肇嘉王君传

汪太安人纪略

次修先生谱传

蔼庭王君序

原配范孺人纪略

少鹤君小序

煦亭先生赞

玉珊君赞

毗陵总系图

卷三

毗陵世系

卷四

领谱字号

余庆录

(王向辰等重修,光绪十八年愿贻堂刊本)

常州毗陵胡氏

光绪常州《毗陵修善里胡氏宗谱》卷一,《毗陵修善里胡氏重修宗谱目录》:

卷之一

胡氏宗谱小引

重修宗谱小引

谱例

凡例

祠规

祖训二十二条

家戒十七条

家戒

卷之二

修谱纲领

第十二篇 族谱

家范

营葬良规

世德之传

宦迹考

龙图国直学士宗炎公像赞

安定公像赞

安国文定公像赞

越国公像赞

承之公像赞

诚一公赞

诚三公赞

诚四公赞

鹤年公传

惟孝公传

鹏年公传

惟义公传

孔昭老翁七十寿序

关林六十初度序

节母高孺人传

元龙大兄行略

宏纪自序

元鹤公暨常孺人合传

学圣公及万孺人合传

仲良荣根荣书重修宗谱合序

乡饮大宾忠权翁序

伯良兄序

惠聚公暨徐孺人合传

惠聚公传

忠诚翁序

忠纯翁序

荣根先生序

忠谊翁序

　　忠渊翁序

　　重修宗谱芳名录

　　领谱编号

卷之三

　　世系图

　　统宗年表

卷之四上

　　楼子村年表

　　顾家湾年表

　　谢家村年表

卷之四下

　　谢家村年表

　　楼子村年表

　　顾家湾年表

卷之五

　　李家巷年表

　　中巷村年表

　　双观音堂年表

(胡伯良修,光绪五年敦本堂刊本)

武进辋川里姚氏

同治武进《辋川里姚氏宗谱》卷首,《目录》:

卷一:序、姓氏源流、议修谱辨、辑谱说、续修谱序。

卷二:传记、像赞、行略、忠义祠记。

卷三:谱例、宗规、家训。

卷四:世系图。

卷五至卷十:世系谱。

卷十一:传、序。

卷十二:墓志、纪述、哀辞、祭文、坟图、领谱字号、跋。

(姚孟廉重修,同治十二年敦睦堂木活字本)

第十二篇　族谱

镇江郭氏

宣统镇江《京江郭氏家乘》,《目录》:

卷首:目录、收谱录、谱序、例言、总目、编辑子姓名次、重修子姓名次、续修子姓名次。

卷一:纶音旌表奏疏附。

卷二:合族世系总图。

卷三:始祖大宗世系表。

卷四至卷五中:四世祖子登公一宗世系表。

卷五下:四世祖尔奇公一宗世系表。

卷六:传记艺文附立斋公遗诗、厚庵公遗诗、舫楼拾遗。

卷七:祠址原契、祠址执照、祠址号段、宗祠详咨案由附录、祠址坟地图册、祀土仪节、祀灶仪节、祀祖仪节、祠宇装修、祠内联额、宗祠祭器、宗祠训禁。

卷八上:坟契三十三份、墓图。

卷八下:坟契五十五份。

(郭开湝等修,宣统三年续古堂重修本)

安徽

张英《文端集》卷四一,《张氏宗谱后序》:

英生也晚,于前人之行事皆不及见。趋庭之际,大人辄诏而进之,为述先世功业出处、文章行谊,以及宦游□媾子息之详,生卒某年月日葬某地,缕缕不倦如是者有年。虽谨志于中不敢忘,然又窃自愧谫陋弇鄙。每思执笔以记其万一,而喻之于心者,不能达之于言,则又惭恧退缩而自止,如是者亦有年。乙巳秋,大人出旧谱一帙,且为述先世事缕缕不倦者如前,命为记述。英再四逊谢,退而自思:吾先人之烈,其不获传者多矣。幸而有可传,又以不能文,欲自掩其固陋而听其渐就湮没也,忍乎哉?且为子孙者,著为行实以持于当时仁人君子之前,乞其一言以志不朽,虽谫陋弇鄙,容何伤?况兵燹屡经,族人之土著者多罹于厄,今幸生聚二十余年,渐次蕃衍,昭穆世系,不可一日不明,又安能竟自逊谢以重违大人命也。

吾乡诸世族皆有谱,多为其先达所编次。如延陵、如桂林、如吴兴天水及诸家谱,皆遍求纵览,知先辈之于家乘綦重矣。而桂林谱为明善先生所修,尤详简适宜,窃向往焉,故义例多仿之。谱莫先于明世系,为述世图第一。行字、官爵以及生娶、卒葬、子女、□姻之事皆所当详。无可考者,曰无可考。妇改适,则生卒葬不书,绝之也。为述世纪第二。人莫大于祖宗,莫重于坟墓,而祭田、祭仪附之。为述丘陇第三。人臣受国恩以至荣及父母,锡之纶綍,所当与宗祊并重者也。为述锡命第四。名公巨卿表章先人之文,如行状、如墓表、如墓志、如记、如传、如序,不独祖宗之行事赖之以传鸿文巨篇,亦当百世宝之。为述赠言第五。凡先大夫之庸勋在朝逸德,在野文誉,在艺林英所熟闻于耳者,即一言一事,不敢斁。为述列传第六。壸政之修,实为内助,钟仪郝法,昔人所称。为述内传第七。共为若干卷至贵五公之后,久已无传。小张之后,亦莫可考。惟山前一派,迄今尚存。观旧谱迁桐图,支派本亲,今皆另为一卷,附载于后,不敢忘先人收族之谊也。至若扳援依附,昔人之所深耻,英亦用是凛凛。信则传信,疑则传疑,不敢一毫行胸臆于其间,恐贻在天之恫,而为贤人君子之所诮让也。至叙述之挂漏,搜考之缺略,自知不免,谋授剞劂,则大人之志也,小子敢乎哉!惟期继此三十年则一修,明润色光大,以兹编为初稿可耳。时康熙五年岁次丙午孟秋之吉,九世孙英百拜书。

(《四库全书》本)

汪琬《尧峰文钞》卷二六,《休宁张氏世谱序》:

张之先见于《诗》,若《尔雅》者,曰仲。见于《春秋传》及《短长书》者,曰老、曰趯、曰骼、曰孟谈、曰仪之属。稍盛入汉,则留侯良者,其功名益大显。相传休宁张氏即良后也。予考吴郡诸张史,俱不载其为良裔,而休宁旧谱则然,谱图自良至六世孙千秋,皆与《汉书·功臣表》合,独言千秋次孙赞南渡居苏州吴江县九里桥,赞长子居苏为华亭县尹,则予窃疑之。计赞之渡江,当在东汉之初,是时吴**属会稽郡**,有吴县而无吴江,有娄县而无华亭,且县官亦不称尹,安得如谱云云乎?又汉顺帝始分会稽为吴郡,至隋始改苏州,赞亦安得豫以居苏名其子哉?此可疑者也。谱言良之二十三世孙裕,其父为凭,祖为茂,曾祖为镇,而李延寿《南史》则裕曾祖光禄大夫澄、祖广州刺史彭祖、父吴国内史党,与谱皆不合。谱言裕子永字景山,而史以为永弟岱字。谱言裕长子演无子,岱弟赐一子融,而史以为演有子绪,赐有数子,融第居五,又皆不合。其它官爵、名字、子姓与史传龃龉者,率类此,此又可疑者也。予固不能信史以诎谱,亦未敢信谱以诎史也。

盖谱家之学从古难之矣。以是休宁青山有张氏裔孙羲驭名履升者,方用修葺世谱为己任,而又以自良以来世远无所征信乃略,仍旧谱于前,而独详休宁四大支以存宗法遗意。其先盖由吴江徙著者屡矣,至三十三世荣则迁休宁之岭南,三十五世闲迁渔滩,三十八世荡再迁山斗,最后四十六世五九然后迁于青山,其地皆不越休宁,于是以荣公为始迁岭南之祖,闲公为始迁渔滩之祖,荡公为始迁山斗之祖,而五九公则为青山之祖。所谓

第十二篇 族谱

四大支者,昏娶卒葬必书,有子无子必书,而青山其本支也,则尤加详惟谨。予谓是谱有三善焉:阙疑一也,尊祖二也,收族三也。夫亦可以示子孙矣。

羲驭为人谦厚,好行善于乡里,来贾吴门,吴人皆推长者,复能延吾友周子敉宁,俾训诸子思以文学,大起其宗。予观张之先世累世缨绂不绝,号为新安闻家,而羲驭事行又如此,其继继承承昌炽,殆未有艾也。自今以始岁,"其有君子,有榖诒孙子",当在张氏矣。

(《四库全书》本)

汪由敦《松泉集》卷一〇,《黄氏族谱序》:

吾徽黄氏,自晋新安太守曰元集始家于郡。四传曰碧璇,迁郡之黄墩。又十传曰益谦,迁吾邑西涌。益谦之孙曰文昶,又从西涌迁古林,古林之黄自此始。其谱则创于文昶十六世孙叔宗,修于叔宗从孙世瑞,语具详乡先辈程篁墩先生所为序中。越今又二三百年,黄之世次日益多,子姓日益众。观察君凝道复鸠族人修之谱,既成,来请为其序。……

(《四库全书》本)

山东

东莱赵氏

民国《东莱赵氏家乘》第三册,《世谱》(选录):

九世

　玉徽　字幼和,庠生,配毛氏,子一。此一支居城北朱由村。敬生公增修族谱会载入。今查,后人复迁他处,此时所居之赵氏,非吾本宗。

　麟生　字集瑞,庠生,配张氏,子二。按应书公支谱所载,此支居平里店北矫家泥沟。原谱未载,今志之,以备查考。

十世

　栋　字廷桂,武生,配　氏,子一。以上自文周俱随先人徙居长乐疃。

　延嗣　字袭之,太学生,配王氏,子一。此支徙居寿光县。

　彬　字文质,配张氏,继姜氏,嗣孙一。

　栻　配宋氏,嗣子一。

　梅　字复萼,庠生,配孙氏,子二,出嗣一。

十一世

　全成　字子立,吏员,配胡氏,继宋氏,子四,出嗣二。以上自祝山俱随先人徙居柳林头。五增族谱附记乾隆四十一年此支又徙居沙河,现难查考。

   觊 此幼和公孙,参公嗣子也。其出于何支未知的确相传,迁居朱石,亦风闻也。配　子。

   立容 字慎之,配　氏。相传生有二子,长堃,次垩,未知确否,谨等宗图以备考察。

   银 字寿山,配　子。此下四支原名仁、义、礼、智,方水公增修族谱,以其同先人名讳,故改易同音字。

十三世

   上林 字挺生,太学生,配　子。以上自庠生俱随先人徙居昌邑县,原谱乡里未详,现难查考。

   琇 据家供祖影载:讳凤仪,字韶九。按神主内函载行二:乾隆十一年九月初九日子时生,嘉庆十七年六月初七日申时卒,寿六十七岁。配王氏,乾隆二十七年十一月十五日戌时生,道光十六年正月初三日未时卒,寿七十五岁。合葬于城南棘林头之东南辛山乙向。

(赵琪等撰,民国二十四年永厚堂铅印本)

民国《东莱赵氏家乘》卷五,《赵氏本族迁徙记》:

  东乡 鞍子疃

  西乡 滕哥庄、五里堠子、沙河国家、沙河赵家洼子疃

  南乡 南曹村孙家疃、光桂陈家疃、夏邱堡、黄山后、黄山后蒋家疃、盆里王家疃

  北乡 西繇、柳林头、胜福院、柳行、平里店东崖、贾邓、朱汉、朱由村、朱石、矫家泥沟、北流

  平度州

  平度城、长舍王家庄、大庄子黄瓜李家附后

  秦王河、长乐、汛寨子、于埠

  昌邑黄埠

  登州府、蓬莱城

  栖霞毕郭

  寿光县

  黄县城北巷子、烟台

  海北

  直隶口外、复州、盖州、凤凰城

  赤峰县

  八世

   世显 系老大支蔺公曾孙原居柳林头,今后裔莫考。刻下所居之赵氏,非伊本支,系老二支孟公曾孙士彭公之裔,未悉何代迁此。

   士显 系老大支蔺公曾孙迁居平度城西北乡长乐疃,旧谱载,今复迁之不一其地。现屡差人

第十二篇　族谱

查访,不知迁徙何处。确有由此复迁于平度州大庄子者,刻又有由大庄子迁居黄瓜李家疃者,容俟查访。五增族谱附记:此支十二世镗之子文庭自长乐徙居平度长存,未知的否。

鉴　系老大支策公曾孙迁居城南曹家孙家疃,现有居人。

士仰　系老大支魏公曾孙迁居城北平里店柳行疃,现有居人。

九世

玉徽　系老大支策公曾孙士恭公之子,迁居城北朱由村。据旧谱载,又徙他处,无地查访。

玉琳　系老二支爵公曾孙士美公之子,迁居城南夏邱堡。现经调查,所居之赵氏,非吾本族。

生　系老二支魏公曾孙士仰公之子,寄居城北乡矫家泥沟,此炤应书公亲**载支谱录**出,原谱无之。今查此处所居赵氏,开来先人名讳,与原谱并不相符,未**便遽尔通谱**。

十世

丕先　系老大支士显公之孙,随先人徙居长乐,其后裔嘉庆间复迁于沙河,现不可考。

褎　系老大支简公曾孙士璧公之孙,徙居昌邑县。原谱里居不详,是以未便查访。

延嗣　系老大支简公曾孙士瑜公之孙,携子风徙居寿光县。所居乡社原谱未载,无地查访。

彬　系老大支维翰公曾孙。彬公徙居滕哥庄,现有居人。

辰　系老二支魏公曾孙士俊公曾孙,携子吉先徙居平度城,现差人查无着落。

绅　系老二支魏公曾孙士仰公之孙,徙居口外。

缵　系老二支魏公曾孙士选公之孙,徙居平度秦王河,现差人查访无着。

恒　系老二支孟公曾孙士亮公之孙,徙居城北平里店东崖,现差人查访并无赵姓。

得茂　系老二支孟公曾孙士瑞公之孙,迁居平度西北乡于埠村。现有居人,农商为业。

枚　系老二支孟公曾孙士彭公之孙,迁居夏邱堡西南盆里。差人开取老影,虽有居人,尚未送来。

楫　系老二支孟公曾孙士周公之孙,迁居黄山后疃,现有居人。

洞庭　系老二支爵公曾孙士光公之孙,迁居寿光县。

十一世

峻　系老大支兰公曾孙士显公之曾孙,旧谱载与子永泰初徙海北货殖盖州。据五增族谱附记,永泰配姜氏,子一,雍正二年回籍,习艺黄县,迁居莱阳,未知确否。

全成　系老大支兰公曾孙士显公之曾孙。五增族谱附记:徙居沙河国,家邻疃,尚有坟墓。原谱未载,容俟查明。

允文　系老大支兰公曾孙士璧公之曾孙,旧谱载自昌邑徙居口外。

觊　系老大支兰公曾孙士恭公之曾孙,原谱曾载迁居朱石,但系风闻,无处查访。

应章　系老二支魏公曾孙士任公之曾孙，系居城北乡贾邓，现差人查访并无知者。

芝燕　系老二支孟公曾孙士完公之曾孙，系居平度州泛寨子，差人查访现无知者。

奎龙　系老二支孟公曾孙士祎公之曾孙，迁居平度州长乐疃，现查访无着。

十二世

宪　系老大支兰公曾孙士瑜公之四世孙，徙居城东鞍子疃，现查访无着。

倹　系老大支孟公曾孙士元公之四世孙，与子凤翩、凤翻、凤翔同徙古北口外，现子姓繁衍，家道殷实。

尔瑾　系老二支孟公曾孙士周公之四世孙，与子筒茂同徙城南黄山后疃，及至栋镇、栋海，复迁于蒋家疃。栋镇子江复迁于盆里王家，现在各处均有居人。

十三世

庭桂　系老二支孟公曾孙士元公之五世孙，与弟廷相同徙海北，无从查访。

廷楹　与庭桂同。

念增　系老二支孟公曾孙士元公之五世孙，徙居海北赤峰县，子豐、亶、梁同徙。

三益　系老二支孟公曾孙士亮公之五世孙，与弟三乐徙居城西沙河赵家洼子疃，现有居人。

十四世

湉　系老二支孟公曾孙士元公之六世孙，徙居海北赤峰县，子殿飚、信孚、姓孚、作孚、仲孚、允孚同徙，现有居人。

敬修　系老大支东公孙士璧公之六世孙，徙居西潞村，现有居人。

鸿文　系老二支孟公曾孙士亮公之六世孙，徙居城北朱汉疃，现有居人。

德麟　系老二支孟公曾孙士冕公之六世孙，徙居平度州长舍王家庄，现有居人。

东洲　系老二支孟公曾孙士喆公之六世孙，与弟东侯同徙海北。

东州　系老二支孟公曾孙士彭公之六世孙，徙居城南光桂陈家疃，现有居人。

十五世

敏襄　系老大支策公曾孙鑑公之七世孙，随先人徙居南曹邨，又自曹邨与弟学谨、学采、学筝昆仲四人同徙海北盖州。

汝骧　系老二支孟公曾孙士元公之七世孙，徙居海北凤凰城，现已故去，义子承祧，不得同谱。

垿　系老二支孟公曾孙士亮公之七世孙，与弟基出居海北。

九龄　系老二支孟公曾孙士宽公之七世孙，徙居海北复州城南四十里大房身疃，现家道小康。今春九龄孙誉阎泛海到莱贸易，因得通谱。九龄长子馥，又自复州徙居船厂北黄草坡，风闻现已故去，未得通谱。

十六世

竹　系老二支孟公曾孙士元公之八世孙,出居口外,未能通谱。

连攸　系老二支孟公曾孙士元公之八世孙,贸易海北,不悉里居,未能查访。

连岢　连攸之弟,现居登州府。

瑀　系老二支孟公曾孙士冕公之八世孙,与子堇芳徙居城西五里堠子疃,现有居人。

十七世

黼林　系老二支孟公曾孙士周公之九世孙苹,自黄山后疃复迁登州蓬莱城内杆草市街居住,现有二支,黼林弟顺林现又寄居海北大连。

化魁　系老二支孟公曾孙士祎公之九世孙。化魁自昌邑黄埠后迁移栖霞毕郭居住,太宰公影像、敕诰现存数轴。

化龙　系老二支孟公曾孙士祎公之九世孙,自昌邑黄埠复迁移大章,其孙传尚现又寄居海北长春。

(赵琪等撰,民国二十四年永厚堂铅印本)

子孙位登华要,父祖得膺诰封。

制诰所载之后,尚有附"中华民国大总统并执政及大元帅任命状及奖励命令"。此外,所载制诰有照片,还有"现藏何处"等字样。如明万历十七年五月初一日《诰封陕西道监察御史赵焕之父母》,末尾有"此轴现存玉瑞处"之载,后还附有照片。同年同日《诰受吏部左侍郎赵焕》条,后载"此轴原系玉瑞保存,现存琪处"。

民国《东莱赵氏家乘·制诰》,《诰封陕西道监察御史赵焕之父母》:

奉天承运,皇帝敕曰:士有绩学奋庸未究,厥施而有子,率由义训登于华要,兹固褒宠之所必加也。尔原任衡府教授赵孟,乃陕西道监察御史焕之父,早游黉序,游志典坟,乃以宾兴,丕振文铎。德虽浮于其位,庆乃钟于嗣人,其义训亦可嘉已。兹特封尔为文林郎、陕西道监察御史。祗服国恩,益弘家祚。

敕曰:朝廷宠赉人臣以及其亲,而不遗前母者,盖念其启祚之劳,而追崇之义亦厚矣。尔张氏乃陕西道监察御史赵焕之前母,躬有淑德,佐内宜家,馈祀方殷,溘然朝露,宜申赞册,以表幽芳。兹特赠尔为孺人。往懿有知,歆承无斁文。

(赵琪等撰,民国二十四年永厚堂铅印本)

黄县王氏

《黄县太原王氏族谱》谱系传记择录。

宣统《黄县太原王氏族谱》,《补遗》:

丁氏　庠生永祯公次女,生于顺治二年乙酉闰六月二十二日未时,卒于康熙六十年辛丑三月十二日巳时,年七十七岁。

　　李氏　招远庠生应藻公长女。

　　十世祖尔知,葬始祖茔南午山子向茔地,东西二十二步二尺,南北十二步。

　　十二世如珍,字中山。天性慷慨,意气深重。尝倡修族谱以明世系,约会房食以联宗谊。至族中雀角往复调睦,不惮勤苦,而族人亦多服其刚果焉。葬古城后北崖茔地,大分二分五厘,癸山丁向。

　　十二世钦,字文思。孝思肫笃,乐善不倦。因其父在时,见族中无茔地者,心甚恻然,今于自置地内吉地一段,官亩一亩五分,给族中无茔地者,任便安葬。其地着落柳行村东,南北十三步,东西二十七步四尺,南至王克恭,北至王颖,东至沟心,西至地主。四隅立石为界,此义举也,志之以防侵占者。

（王次山修,宣统元年刊本）

宣统《黄县太原王氏族谱》,《补遗》:

八世长支

　　道行　葬于南枣儿市村西新阡四隅界石,午向,石桌香炉。

九世长支

　　之震　墓在城西关谷草市村石崖子山,午向。其墓左第一邱长子士骙,第二邱三子士骅,迤下一邱人顺配。其墓右第一邱,次子士骐,第二邱,四子士骧;第三邱,五子士骦。茔域大,分四分。同治三年五月,内有远支族人基佃私自卖与比巷村赵姓,曾被近支人告发,讼累二年。基佃暗中央求族长人等,物归原主,因此息讼。立界东至田姓,西至赵姓,南至田姓,北至赵姓,惟南面本族自立门墙,余三面俱有夥墙为界,阖族共议立碑,将茔旁隙地三分作为春秋祭田之资,交近支年厚经管,立有帖据,永远收执,只许耕种,不许典卖。

十世长支

　　尔鼐　葬于南枣儿市村西,其茔域东北与始祖看茔房近,有门柱二,四角顶石。

　　尔玺　徙居奉天承德府朝阳县三座塔姚营子。

　　士升　合葬李博士疃亲阡,四隅界石乙山,辛向。石桌石炉。

十世二支

　　尔俸　葬城东上庄马家村东南新阡辛山,乙向。

十一世长支

　　便兴　生于顺治庚子年四月初六日子时,卒于乾隆壬戌年七月二十一日寅时。

　　继配　孙氏生于康熙戊午年正月十二日卯时,卒于乾隆丙辰年十一月二十七日寅时。

第十二篇 族谱

宏派　葬城西北北皂桥上村东庄家沟大道南新阡巽山,乾向。

福永　葬士升墓左侧乙山。辛向。石桌石炉。

十二世长支

其慎　葬王格庄疃南道东地西截新阡子山,午向。

九钦　生于康熙己卯年六月二十七日未时,卒于乾隆丁丑年十月二十六日子时。

姜氏　生于康熙庚辰年二月初五日丑时,卒于乾隆庚子年四月初十日未时。

颖　葬南关李家巷子村南辛山,乙向。

其禄（成）　徙居蓬莱南卢家庄西大树村。

十三世长支

永年　葬城西位庄村。

克毅　葬其父墓左侧子山,午向。

克毅　葬其父墓石侧,向同。

玉祥　生于雍正乙卯年八月初九日丑时,卒于嘉庆壬戌年十二月二十六日子时。

马氏　生于雍正癸丑年正月十七日戌时,卒于嘉庆戊午年六月十四日申时。

嗣富　葬于城西北乡城庙村西南丙山,壬向。

嗣真　恒俱葬于城西北南乡城村东壬山,丙向。

懋勋　少失怙,事母以孝传,处兄弟亦友于无间,乡人称之。

嗣说　葬城圩西五里堡路北新阡甲山,庚向。

十三世四支

景先　葬于李博士疃西北圩外新阡卯山,酉向。丁卯丁酉分,金石桌石炉。

十四世长支

梦龄　生于乾隆庚辰年五月二十九日未时,卒于道光甲申年九月二十一日酉时。

张氏　生于乾隆庚辰年十一月二十一日戌时,卒于道光甲戌年闰二月初七日亥时。

配继曹氏　生于乾隆己卯年闰六月初六日辰时,卒于道光壬午年四月二十八日申时。

洪猷　性朴诚,交友不尚征逐,治家勤俭。农务之暇,惟课子弟读书,其守本分如此。

嘉昱　光绪二十五年三月十四日自京都寄骨寺寄来灵柩,查其子敷浚无所考,其配继亦不知葬于何处,仅有木主存在基恂家。失传无考,葬于始祖茔域东南乾山,巽向。

（王次山修,宣统元年刊本）

即墨杨氏

民国《即墨杨氏家乘》第二册,王九龄《杨君孝威四十九岁寿序》

即墨杨子承玉(编者按:即杨玠。),余庚辰(编者按:即公元1700年。)主礼闱时所得士,年少耳顾温润而栗远到器也。询其家世,则云:"先人自有明弘正以来,皆以仕宦著惠政,孝友门第,载于郡志。"其王父六谦(编者按:即文敬公。)先生积学力行,不求闻达。后以博学弘词诏征,应授中书舍人,不就。归,闭户著书以老。其尊甫孝威年丈,克成亲志,遁世无闷。余良钦其清风亮节,两世皎然,故能遗厥孙子,郁为家庆云。今年杨子谒天官,筮得赣县,为亲请敕封于朝。将之官,道出里门,为孝威举介寿之觞,而丐言于余。

孝威今年四十九岁矣。按曲礼,五十曰"艾",注:四十九以前通曰"强"。今孝威年方强而遽以寿称,不亦早乎?虽然,杨子之为此也,固亦有道焉。《豳风》之诗,周公称其国风土之旧、其言末秬蚕桑治田瑾户之事,而曰:"为此春酒,以介眉寿。"是古之人田间聚处,伏腊社饮,辄以寿为祝,不必论其年齿几何也。况王制五十养于乡,祭义五十不为甸徒。则曲礼虽言七十曰老,而《传》然五十始衰,当亦得通言老。诗所云"为春酒以助养老之具"者,安知其中无强而艾者耶?

且夫人之不修其德而能至期颐者,有矣。然而奚其寿若夫履仁蹈义、宽然修君子长者之行以导迎和气,则当年齿方壮时而为里党所尊崇、为人伦所楷模,其为寿孰大焉?闻孝威事亲至孝,家故贫,甘旨不缺。温清之节,一循古礼,虽扫除亦必躬亲。处兄弟门内无间言。族党千余人,事无大小皆就裁决,退咸服其公正。其德行类如此。

今杨子捧檄登堂洗腆洁膳之余,子祝以**耄耋**,父训以循良。**豆觞樽俎**间,依然献羔祭韭之风,觉征君淡泊遗泽守而未坠,淳庞**浑厚蒸**为太和。即何待**皤皤黄发**,然后可以称老夫哉!于是乎书以赠杨子而侑其觞。

(民国二十五年排印本,六修本)

河南

项城张氏

民国《项城张氏族谱》子部,《重修张氏家谱序》:

……我太祖没后,一时继嗣未定,家道惶惶而谱遂失,抑且吾众族之贫不能给者愈皆散佚而不振矣,今欲更为谱以联之,而老成雕谢,考据无因,族姓失记,莫辨何派,致我祖我宗数百年之血脉,其壅瘀而不流者,子若孙亦安得辞其责也哉!今者谨据吾门之奉祀,其主位之可考者,更参以邑志,故记其略,以俟吾族众之同志者,各考世系,某讳某字,确然有据者。咸愿乐得而为之序焉,是余所望,同此尊祖敬宗之心,即同此敦睦宗族之至意也夫,是为序。

第十二篇　族谱

乾隆岁次乙酉正月十一世孙思新撰。

(张拱宸、张培璋等重修,民国二十五年天津文岚簃印书局仿宋排印本)

文献的搜集。

民国《项城张氏族谱》子部,《重修张氏家谱序》:

尝观古书所载有家谱之序曰:家之有谱,犹国之有史也,国无史则孰知兴衰理乱之由,家无谱则孰知世系源流之辨,斯二者大小有殊,而其为不可无则一也。此余不禁掩卷太息而叹吾家谱之失,至今无如何矣。幸甲午元日,余等与近族兄力行者坐而闲谈,语及家乘,兄乃喟然曰:"吾不敏,实负伯父之责望;况宗支于今十一世,长老渐衰,孰考订畴昔文献不足?孰告语将来?谱而不作于今,之后将无作之者。愿以思新伯所藏祖先之讳、族谱之序授之弟,以副其望。"余应之曰:"唯唯。"是年即与弟长跪以读,见始祖、二世祖,志以失名,遂又留心考核,遇老即访,未经数载,得两始祖之神主于城北高庄东小黄庄墓中,系十世琦公先人之墓,则向之以失名志者,今以有名传之矣。余于是列次书名,订之为帙,虽踵事增华之美有待后人,而支派之昭垂已厘然可考云,是为序。

乾隆岁次癸卯春月十二世孙允登 贤撰并书。

(张拱宸、张培璋等重修,民国二十五年天津文岚簃印书局仿宋排印本)

蔡氏之谱有图、有家传,女子以节著者有外传,诰敕祭葬碑铭附焉。

汤斌《汤子遗书》卷三,《蔡氏族谱序》:

……睢阳之有蔡氏也,自元季始也。世多名人,济南、司马两公父子相继登巍科,济南清介刚果治行为海内第一。司马丰功伟绩在马端肃、许襄毅之间。云中兵变谈笑而定之,著在国史,班班可考也。下此若怀宁君之执法却贿,雁峰君之**耽精著述**,馆陶、赣州二君之齐名文苑,此予得之传闻者也。月宾、悬圃两君之文章才艺**蕴藉风流**,则予所亲炙者也。然则天下之言蔡姓者,必归重于睢阳,而睢阳世家亦必以蔡氏为重。岂无故欤!

雁峰君始作族谱,乱后失散。我师茂翁先生穷搜博访,得其原稿,续成之。姓源、世系、茔域各有图。先世之有闻者,为家传;女子以节著者,为外传;诰敕祭葬碑铭附焉。可谓彬彬然,详且备矣。手录一帙,命斌校正,斌既素仰济南、司马之德业,而又有感于怀宁诸君之贤,与中郎子尼诸君子相辉映也,且我师采购之勤、纪述之精,皆仁人孝子之用心,不可不亟表章,故举人之所以贵其姓者以告后之人焉。后之子孙观斯谱也,尚思绳其祖武,勿堕家声,以无负我师之志,则孝矣!

(《四库全书》本)

陕西

郃阳马氏

民国《郃阳马氏宗谱》,《懿行序·马和平懿行序》:

语云:"明德之后,必有达人。"非专指高爵厚禄丰功伟绩而言也。必其人不计一身一家之利,而后可谋斯民之幸福。又其事之设施,当时视之亦若寻常;迨合数十年或至百年,乃隐然系一世之重。而马公足以称矣。

公讳万升,和平其字,占籍陕西郃阳,系春秋马服君赵奢后。祖考讳文台,字昭明,妣氏雷。考讳世骏,字宝庵,妣氏杨。生子三,长和卫公讳鸾嗜,府学廪生;次即公;季光廷公讳重熙,县学优生。公性端重,寡言笑。少同诸昆弟习举子业,操笔为诗文,颇饶思致,卒以不愿受程格谢去。然处家应世悉协于道,盖不凡才也。居恒每念食指蕃滋,深慨庶而不富衣食莫由足,富而不教礼让曷由起。乃决计弃儒而商,请于宝庵公,必得其首肯而后已。先是公家于宜川旧有商号,经营一委司友。公至,精心擘画,昕夕不遑,业乃益振。尝曰:"号事虽细,乃吾家八十余口生计所关,稍失检点,则弊窦丛生。劳己以益众,固吾愿也。"秋冬辄独骑往来洛川中部,间渡川逾岭,虽餐风饮雪、旅鬓飘萧,不之自惜。厥后考察所得,以高粱为北山出产大宗,遂收积酿酒,推销远近各邑。岁事扩充,而声誉日益鹊起。惟其地交通闭塞,往往年丰谷贱,岁歉食艰。于是提倡农产抵押以兹周转。又以金融疲滞,发行钱帖,活动市面。按其所为,深有合于酌剂盈虚流通财货之旨。是殆大有裨于农商,岂徒取其羡余已哉!故二十年间,于洛川中部宜军三县扩设商号三十有余处。自是家声丕振,宅第连楹。公既输饷入太学,子弟亦复人文蔚起。遂创建衍绪堂宗祠,垣护扃镧式严以固,凡属栖神之室、享祀之堂与夫典守之舍、庖湢之所,以次落成。岁时伏腊,先灵告妥。

公生于清嘉庆十八年十月十九日,卒于咸丰十一年十月二十八日,春秋四十有八。配贺孺人。子玉珂,经明行修,蜚声庠序。公操奇计赢垂三十年,业增而人不怨其积。盖其岁终必以子金如干济人,至赈灾急难尤为乡里所推重。故殁之日,亲者哭,疏者惜,遐迩临吊不期而会者殆以千计。呜呼,富而好行其德,今鲜其俦矣!岂独一家一邑之不幸哉!兹值公逝世二十周纪念之辰,仅就所知追述概略,藉示不忘云尔。是为序。

例授文林郎丙子科举人愚晚赵毓秀顿首拜撰。光绪七年岁次辛巳十月穀旦。

(民国二十五年增订本)

第十二篇　族谱

甘肃

武威段氏

民国《武威段氏族谱》卷二,《世系·第二小引》:

吾段氏之先自明末以前无可考,……相传洪斗公者,国初由太原迁之武威,实为吾宗之始祖。或谓太原之段本自武威迁往,国初仍还故土,然亦杞宋难征矣。今兹所纂,悉禀太学生遗裁,以洪斗公断为始祖,至今十世。

世系　第一世

始迁祖姓段氏,讳无考,字洪斗,生殁配均未详。国初由太原迁于凉州,世居武威北门甕城,其葬地相传为城北瞭高楼下癸山丁向茔内第一冢。然无碑志可考。子二:长文华,次文秀。

世系　第七世

梓,字琴堂,号静轩,行六,笃天公次子也。生于道光二十四年十月十五日寅时,卒于同治十年八月初八日未时,享年二十八岁。葬乾山巽向新茔左第三排第五冢。原配赵孺人,生于道光二十二年五月十六日寅时,卒于同治九年二月二十一日申时,享年二十九岁。与琴堂公合冢。子一,永亨。又配蔡氏,改适。

橵,字映南,号抡元,行七,武庠生,笃天公三子也。生于道光二十九年十月初五寅时,卒于光绪二十八年二月十七日亥时,享年五十四岁。葬乾山巽向新茔右第三排第三冢。元配赵孺人,生殁未详,葬于丙山壬向旧茔。光绪二十八年招葬,与映南公合冢。子一,永康,殇。继配刘孺人,生殁葬均未详。又配陆孺人,生于同治二年二月初八日辰时,现年四十九岁。子二,长永绪,次永宽;女一,适李。

(段永思等修,民国三年排印本)

民国《武威段氏族谱》卷三,《传略·第三小引》:

马班之史,广征博采,官无分乎品秩而传其循良,人无卑乎编氓而传及货殖。降之后世,义例寖晦。然儒林隐逸,官书尚为立传。士夫有事功可纪者,文人虽不为传而为之行状上诸史氏。圬者种树之流,则文人私为之传,盖以补征采所未周史书之阙如也。国初定制,凡仕非死事及赐谥者,史馆不得立传,乾隆四十年定一品官乃赐谥。然则史之传者亦无几矣!私家之传不其尤要也哉!于今纂修族谱世系之后,继以家传及事略,而以贾编太学公年谱分隶下卷,庶祖德宗功存一家之掌故,箕裘堂构见历代之心传云。

(段永思等修,民国三年排印本)

民国《武威段氏族谱》卷三,《段母刘太孺人传》:

太孺人姓刘氏,吾乡段萃九先生之继室也。原配包生执如公,甫三岁遽弃养,太孺人来嫔,抚字逾己出,相夫子尤为敬戒。未几,萃九先生捐馆舍,家中不赀。而执如公性孤介,不屑供人颐指,仰屋无计,居常鞅鞅。太孺人诏之曰:"自汝父汝祖上溯高曾,积德累仁由来久矣。**汝能继述**,则旧德先服固自可食。男儿贵自立耳,焉用此戚戚为!"执如公大为感奋。厥后**整理家务**,虽几经盘错卒克负荷者,实太孺人懿训有以成也。

太孺人慷爽好义出于天性。长姒冯氏者,早已析居。闻其病,趋视之。知医药不继,舁之归疗焉,而竟不愈。弥留之际执太孺人手,哽咽言曰:"若娣者,其后必大。惜吾不及见已。"言讫而卒。太孺人为之棺殓殡葬如礼,乡党贤之。先是姒有子某者,将挈家远适。太孺人以姒老力阻其行,终不可挽,乃以计留其二女,教养成人。其敦睦族姓,类多如此。

晚年家稍裕,辟宅前旷地,使执如公开设油肆,稍权子母。后此家运日兴,其基实肇于此。凉州当辐辏要冲,客商由燕豫秦进而西出玉关者,摩肩踵接。执如既学为贾,往来贤豪率多与游。太孺人治具饮馔,有陶母风。间有衣衫褴褛者,手为补缀,皴瘃弗恤。当是时,太孺人已含饴弄四世孙,而勤俭课督,虽老弗衰云。卒年六十有七,道光十一年某月某日也。

李宗讷曰:太孺人于式微之际,早失所天,茹苦含辛,极人事之艰难,已然志凛松柏,身兼父师,卒能再造厥家,非所谓巾帼须眉哉!晚岁家境小康,而扶危济困、乐善好施,尤非起家寒素者所可企及,则陶柳何多让焉。呜呼,可以风矣!光绪四年秋日李宗讷拜撰。

(段永思等修,民国三年排印本)

秦州西厢里张氏

甘肃西厢里张氏第十一世祖张仕廉及其父、母张荣夫妇的传记(十七世裔孙张世英撰)。

光绪《续秦州张氏族谱》,《世传》:

十一世

讳仕廉,去今二百余年,其事迹不得而详。偶捡故纸,得康熙十三年知州王公牌扎一纸。其时川汉甫平,防务未懈,乡邻举公于官,官命总理本巷五十家保甲事务,隆其称曰"号长",此即可想梗概云。

十六世

讳荣,字显廷。七岁从州庠生邓公学。邓公伤其贫而怜其才也,遏束脩且饮食之。每黎明出城猎道上遗薪归,然后赴塾。七年而邓公殁,谋改业,犹豫工贾间。太封君(编者

第十二篇　族谱

按：指传主之父张文学。）曰："贾食智进华，不如工食力为实。郑公者，致银工而敦谨嗜古，不仅以材艺称，师事可也。"遂以命往。集数年，能代郑事；同人忌谮之，至见黜。封君（编者按：指传主。）惧己出，若辈必隳郑业，乃倩人说郑，三而许之入。然终以谮黜，遂涕泣而业别肆。

初，封君之师郑也，岁得钱不过数千，而太封君喜酒，日费数十钱，封君尝贷供之不使意阻。粟食日以升合籴，太宜人（编者按：指传主母李氏。）患之。封君阴赉石谷，作力裕状以纾太宜人忧。太封君猝殁于酒，附身等物不遑具，乃用为郑公备犹未用者，且属家人忍勿哭，我去俟来哭未晚也。遂常服出觅旧识，绐借百金归，始哭。丧具粗备，族有以厚葬让者。封君曰："债，续偿；葬，难待也。且非此惧贻厚**母薄父悔**。"迄业渐裕，事太宜人间日奉海物一盂，值或数百钱。州俗，酒肆海物外釜会馂余名"攒菜"，盂值二十四钱。邻人徐某食母攒菜，太宜人初见闻值曰："不如食海物矣！"盖封君所奉亦以贱值告也。太宜人色偶不豫，封君若婉慰弗解，辄歌曲学儿戏，不欢笑不止也。终太宜人身，邻人行路往往垣外属耳争目墙头。太宜人五十患病，封君祷于州西北四十里凤凰山。愈后，值祭山日必先期步诣焚香。一日，薄暮往，或难以经途多鬼，弗听。中道燐闪人立，叩之，曰："候汝！"次日回，觅其处，则邃窟，周数丈，梁如线。乃悟夜来事，殆神力护持也。封君姊二妹一，一姊早卒，一适李姓，妹适刘姓，俱赤贫。太宜人纺绩所获分给暨蒋宜人（编者按：传主之前妻，作者之生母。）各半。封君喻宜人，易他物赠之。岁时助钱谷酒肉蔬果之属，必多市以便太宜人所欲与。李姊殁，子女各一，召养成嫁娶。逮蒋宜人生世英（编者按：即作者。），而刘亦叠举三子，封君命日来侍太宜人食，含饴之乐愈不孤云。太宜人母家相距六十里，其孙愿而嗜读，太宜人爱之。封君食宿之，为择师授书，栉沐缝纫之劳均责蒋宜人职之，至渠病殁盖数年矣。太宜人自六十抵弃世凡二十三年，每生辰必合宴戚党，具音乐。或劝间举，封君曰："苟用财于亲，孰与贻子孙，且一喜一惧者亲年也。喜则有以将之，惧将如不及耳。"太宜人七十四患病两逾月，封君屏事昼夜侍，亟危泣血，出不食。愈后进七年复病渐，封君泣如旧，有以年高慰者，则曰："亲与友，孰亲？今有忘年至好老且澌，则少何为情？矧亲年虽高，子疾仍忧，惰仍警，多事仍惧，好饮仍诫，妻子奴仆仍为约束，米盐鳞杂仍为珍惜。寿有中有高，悲岂分轻重耶！"太宜人既殁，遗命葬俑方相，而州俗齐民无此。封君曰："苟从令，能近礼，俗可违也。"比葬，而世英入庠，遂如命葬具力于厚。或以世英既入庠又待婚娶，劝省丧费。封君曰："曩吾家四壁，能以称贷葬吾父。今免冻馁，乃为子孙俭亲乎！"以是三事成礼，竭箧藏又累债典屋，縻钱三百余千。家旧畜佣妇、勤酒肉酱菹不撤，至是胥减罢之。谓家人："此正居家常道，曩之奢非为我也。"

太封君有母弟，势使析居，情未漓也。太封君殁，封君顾叔老无出，愿供养促罢业赋闲。(叔)额之,然不甘家食,辄就市醉饱。封君逐年偿肉酒债十余年,无怨色。殁,殓误遗衾,为文自谴而焚之,谈及辄引恨。

世英之生也,封君累举丈夫子不育矣,然不少姑息。八岁入塾,几斗批面。封君曰:"以不驯致批犹轻耳!"又因斗破衣领倩人弥缝,封君迹之,自暮斥至夜分,不问与斗者谁氏子也。夜亲督诵不先寝,未熟辄挞。旷功必追补。己未读书预以字问人,遇相识士辄具酒肉,命世英侍以听诲。偶退,谴。辄随资遣交胜己友,能而后悦也。如是九年。其冬世英以展卷欲睡怒,封君立命夜共邻士王君读,见王衣单,解厚棉衣衣之,言己有羊裘棉薄亦暖也。明年,世英与王入庠。逾月,婚。封君尝谓娶候入庠,言果验。厥后世英从州名宦闽县董公游,月一归省,因封君生辰归左期,恚曰:"若读即孝子,于我誓勿有此举。不速去,鞭若死矣!"董初未识封君,于医者单八得悉内行,屡过问焉。世英随董之长安,或难以独子。封君弗听。比董南旋,世英归里,肄业书院。院距家五里,封君日馈食,禁自炊以妨课。尝贸布失千金,交游间重惜之。封君不少介意,谓世英曰:"此金乃资人贩毒人物所获,不失将烬汝矣!"毒人物者,谓罂粟浆也。

辈高于族,事每就决。迕意辄色怒于拳,有被挞者。异日其弟婚,仍以仪往,若忘有昨日事者。同宅太学某生弗顺母,苦谏至批其颊,行稍改。而东邻某以剥喙惊痘儿至操戈肆忿,巷北某不助守望以诘激怒至累訾詈,均不与较也。

花门之寇关陇也,官遴缙绅襄保障,而齐民预选则仅封君。封君建议铸铜炮,寝食其处,数月工始竣。同事督众守陴率携枕被,他如筑凿稽巡等事日久辄倩代,而封君则否。时督军某者众号糊涂,部将或讼狱,督军不决。召询诸缙绅,均弗敢直,以督军有所袒也。封君力剖是非辞色且厉,遂为所忌。旋诬封君以乌有事,祸几杀身,旋自寝。于是金抱不平,讽英报复。封君亟诃之曰:"今日之事,若辈适形拙耳,我何损焉!且危行言逊我实未能,愿汝鉴我,勉为缄口。而邊角仇,此渐不可长也!"时封君趋公已六年矣。次年西关西城大圮,邻邑告警,封君于溽暑中穷日夜力促畚筑,比竣而以劳病肺,缙绅迭问疾曰:"积劳六年,终剋于公,何以报耶?万一不讳,当免君家徭役。"封君曰:"寇兴以来,富毁家,贫死战,余介贫富间,得正而毙,家又无恙,敢冒功耽人逸乎!"将属纩,世英请遗属,曰:"吾无属也。"迟久,云:"勿薄我遗田,勿废汝旧业而已。"

性忼爽,不喜积储。人有婚丧来求辄助,或转贷致累。而助最厚莫如于师郑公,岁时奉钱,先后为发五丧。岁租佃者十得七不以怒,曰:"均养人耳!"追逋不刻刻于必偿,逾年即不过问。病笃,搥枕而叹:"吾生平薄己厚人,今日死将衣槀!"会族孙登阶在侧,鸣咽曰:"吾不忍薄葬吾祖,致人不勉为人孝也!"已出三百缗为备葬具矣。既殁,戚族友朋临而出涕者数十人。闽县董公闻赴,撮寄十六字曰:"侠气惊人,义声载路,事亲养志,诲子成名。"盖尽封君生平云。享年六十,以世英同知衔陕西武功县知县职赠奉政大夫。

配氏蒋,赠宜人。继配傅,封宜人。蒋宜人殁时年三十有六,世英才七岁,其详不能缕述。惟闻李太宜人追念不忘,画师吕某因图形以进。封君欲为之椁,以太宜人在堂,于棺上覆以木,俗名土盖,并厚漆其棺费如椁。制有帛衣属领,至殁经六年不曾一著。傅宜人曰:"余少时见蒋宜人朝夕汲水邻家,低头不发一语,小姑以为胞已。"族姓以为能优容人,世英近似云。

傅宜人性勤慎谨严,年二十有八归先君奉政公。时姑李太宜人年七十三岁,子世英年七岁。宜人事李七年,李目患蒙,又三年而卒。世英幼习惯养,拂意辄号咷不已,宜人含泪曲解,未尝有愠倦容。年四十有七,先君弃世。因葬累债,宜人惕之,至躬督佃事于穷山。旧时随李太宜人缄纺佐资,至此益励。虽至戚不轻假一钱,而于世英师友束修馈赆之属,辄不惜脱典钗钏为之,世英之得不废读以此。以世英衔职封宜人。自先君见背至宜人殁凡二十三年,饴养世英子女者九,模范世英妻妾者五,哭夭折者十有一。迎养伊始,病瘥不甘味,如此者六年。呜呼,痛哉!光绪十五年六月二十八日捐馆,享寿七十有二。

(光绪三十四年续修本)

武威段氏

民国《武威段氏族谱》卷三,《太学生段公斗垣年谱》:

姻愚侄贾谨编。

公讳枢,字斗垣,甘肃武威人。段氏祖籍太原,国初有迁至凉州武威者,是为公之始祖。再传至文秀公,遂家于武威。文秀公之子曰得先公者,公之高祖也。德先公生萃九公,萃九公生执如公,执如公生乐天公,世居郡之北门甕城。乐天公生三子,公其长也。

甲申道光四年,公生。是年十一月十三日,公生。

乙酉道光五年,公二岁。是年公曾祖母刘太孺人寿逾花甲,精神甚健,见公极钟爱之。

丙戌道光六年,公三岁。是年公族祖锦公卒。公幼时体貌颖异,大耳方口,声如洪钟,人多奇之。

丁亥道光七年,公四岁。是年六月,公弟楫生。

戊子道光八年,公五岁。是年公受学于庭,始识字。

己丑道光九年,公六岁。是年十一月公族祖鋕公卒。

庚寅道光十年,公七岁。是年公出就外傅。四月公弟桢生。

辛卯道光十一年,公八岁。是年十一月公曾祖母刘太孺人卒,公哭泣甚哀。族叔积勋公生。

壬辰道光十二年，公九岁。

癸巳道光十三年，公十岁。是年二月公族祖母朱太孺人卒。

甲午道光十四年，公十一岁。是年十一月公祖妣林太孺人卒。十二月公祖执如太公卒。族叔积福生。

乙未道光十五年，公十二岁。是年四月公叔祖母聂太孺人卒。

丙申道光十六年，公十三岁。

丁酉道光十七年，公十四岁。是年公族祖鑰公卒。

戊戌道光十八年，公十五岁。

己亥道光十九年，公十六岁。是年公讲诵五经毕，始为帖括之学。十月公族叔积学公生。

庚子道光二十年，公十七岁。是年春公从弟桐桂生。

辛丑道光二十一年，公十八岁。是年公元配赵淑人来归。

壬寅道光二十二年，公十九岁。

癸卯道光二十三年，公二十岁。

甲辰道光二十四年，公二十一岁。是年春公应童子试，督学使者以"季孙曰"命题。公已考准。旋以磨勘被黜。因公破题云："权臣若有讥富之意，大贤因述其言焉。"讥字从言而误作木也。然草稿仍从言。人皆为公惜之。十月公从弟梓生。

乙巳道光二十五年，公二十二岁。是年十一月公子永年生。

丙午道光二十六年，公二十三岁。

丁未道光二十七年，公二十四岁。是年六月公元配赵淑人卒。

戊申道光二十八年，公二十五岁。是年正月公父乐天公病，公朝夕侍奉汤药，衣不解体。二月初，公叔父笃天公往南乡办理同裕当号事，回甫数日，乐天公即于二十八日捐馆舍，春秋四十有七。请家长议治丧及相茔地事。缘丙山壬向新茔南北面积有余东西较狭，乐天公在日，深以为念。公以此事请诸家长，承父志也。时有永昌陈某颇通地理，乃于城西北邱家庄相购吉地，占立乾山巽向新茔。四月十八日安葬，并招葬执如太公暨林太淑人为之祖。公自此弃儒，遂侍笃天公襄理家政。秋，清理天顺油铺及各号账项。计乐天公所遗资产共有万金云。十月公族叔积隆生。

己酉道光二十九年，公二十六岁。是年三月公母赵太淑人卒，春秋四十有七。丧葬事竣，张某请分析同裕当号事，公从之。十月公从弟榐生。

庚戌道光三十年，公二十七岁。是年公以东土城巷万顺兴油坊房主分析同裕当号事毕，复议增油坊租金，遂迁于同巷李姓油坊内开设，使弟桢司其事。适齐制军出示收回各

第十二篇　族谱

当商官本,以轻当息。公请于笃天公,与他姓合资议设万成当号。

辛亥咸丰元年,公二十八岁。是年正月公请于叔父笃天公,置南乡罗家新庄地八斗,建筑围墙修造房屋二十余间,六月落成,开设万成当号。公续娶张淑人。十一月从弟槭生。

壬子咸丰二年,公二十九岁。是年万成当号账期已届,他姓因资本未备,不愿担任。公出天顺油铺余资冲之,并于王府街分设当号。弟桢完婚,多孺人归焉。

癸丑咸丰三年,公三十岁。是年北门瓮城炭店及陶器铺生意均不获利,公即收撤,该修铺面,藉取租资。时有邻人某姓因侵占地段未遂,竟涉讼。公出契券理论,某屈服,事遂寝。而他姓又议分析万顺兴号事,公以王府街分设当号归之。

甲寅咸丰四年,公三十一岁。是年公整顿万泰和号事。先是万泰和由万顺林与阎某、李某合资经营,嗣阎某不愿合资,李某欲将原资转入万德和,公许之。乃以万泰和及东门瓮城分设之。元盛和等号悉隶万顺林担任。九月公族祖鑑公卒。

乙卯咸丰五年,公三十二岁。是年万顺林经理周某告退,专理万德和号事。公以万德和内有林号资本拨于天顺油铺五厘,拨于周某二厘五毫。于是万顺林、万泰和和元盛和三号与周某无涉。万顺和改号万顺远,以杨珍理其事。八月公族祖母李太孺人卒。

丙辰咸丰六年,公三十三岁。是年公从弟桐完婚,丁淑人归焉。公改修万顺林铺面三间,并置安国寺井刘姓油房及院落各一所,议值千金。

丁巳咸丰七年,公三十四岁。是年公延刘鑑经理万顺林号事,更为益资而长大之,改号万顺永。时所置刘姓油房业已成交,乃为修葺一切,预备开展。有李姓号长汉者,往张义堡籴运油籽,因涉水溺毙,公出金以恤其家焉。秋公族祖钦公卒。

戊午咸丰八年,公三十五岁。是年安国寺井万顺昌油房成立,公由万顺兴出资一千五百串文,**延赵退**年董其事。公叔父笃天公往来部署,而公从弟桐不忍其父笃天公过劳,遂请弃儒**就贾,襄**理万顺昌号事焉。

己未咸丰九年,公三十六岁。是年公以生齿日繁,所居湫隘,欲谋更置新宅。笃天公谓置新不如修旧。乃定改修之议。并先补修安国寺井油房内门窗数事。

庚申咸丰十年,公三十七岁。是年三月公族弟柱生公修葺北门瓮城旧居。五月公族侄永和生。七月工竣。地方当事公推经理义仓。八月初盘收讫。公从弟梓完婚,赵孺人归焉。

辛酉咸丰十一年,公三十八岁。是年七月公子永年以公命娶于王氏。公请于叔父笃天公,置南乡祝家庄田业十二石,购牲畜,立庄农,是为段氏南园。

壬戌同治元年,公三十九岁。是年行乡饮礼,公叔笃天公举为耆宾。公于南园设立酒房。复于张义堡与某姓合资开设油房。而城北关之万顺永号乃移至城内道西社。又设万顺祥号暨万应堂药铺。九月公族祖母白太孺人卒。

癸亥同治二年，公四十岁。是年公续弦李淑人归焉。按：公以咸丰元年续娶张淑人，事见前。此时已殁，然其年月无考。文社当事催籴义粮事竣。岁大饥，公倡议籴青科(稞)磨面赈济民食，连年举办，乡民实利赖之。

甲子同治三年，公四十一岁。是年公叔父笃天公于赈捐案内蒙奖从九品。承笃天公命，置朱家庄田地二石一斗、院落一所。十一月道西社某号失慎，万顺永号同遭回禄。时陇上回乱方炽，公请于笃天公，更置城北李府园庄田十有余石，使弟楣及子永年经理。农业园为故李少保别业，公以四千余金购置之，是为段氏北园。时计各号所赢尚有不敷，因举债于李和亨及立盛兴以足之。

乙丑同治四年，公四十二岁。是年正月二十二日城关回乱，乡勇登城防御，死难者数百人。官绅议捐偿命价，公叔父笃天公首捐银百两为之倡，旋又捐钱一千二百串文。五月笃天公卒，公丧葬如礼。七月贼由河东堡窜扰南乡一带，被击杀虏。万成当号被抢，人幸无恙。南园禾稼登场悉付灰烬。贼退，公亲诣察看，当物所存无几，乃移贮朱家庄候赎，而以余资缴完官本。黎观察莅任，设立帮办局，复派捐输。钦差成公部勇抵境，公捐钱四百串文。冬，蔡维勤为债家殴毙，公出钱三百串文，交其家人以备丧葬养赡之需。

丙寅同治五年，公四十三岁。是年正月提都永顺杨公莅凉议设团防局，公月捐银六十两，各号捐款为数尤巨。四月十五日，贼复聚城南，奸淫焚掠，所过为墟。南园酒房业址尽成焦土，当事者逃避一空。八月万顺兴油房因邻人不戒于火，延烧房屋货物，损失计在千金以上。十一月公族叔积勋公卒。

丁卯同治六年公，四十四岁。是年公从弟椁完婚，赵孺人归焉。

戊辰同治七年，公四十五岁。是年正月公犹子永锡生。公族祖镦公卒。八月为从弟樾完婚，李孺人归焉。公于罗家新庄万成当号原址仍设酒房，并附货铺代理农业。时值秋熟，禾稼丰收，粮价低落。冬十一月，贼复由西山出扰，酒房、货铺并牲畜一切悉为焚掠，厨人徐某与当事吴玉成均受伤。

己巳同治八年，公四十六岁。是年公修葺南园墙垣房屋数十间，经费银一千余两。复设酒房暨粉房、货铺，号万成丰，使弟楣协理其事。

庚午同治九年，公四十七岁。是年二月公从弟梓配赵孺人卒。当局停办捐输，而采买之议旋起。公城乡所储食粮勒卖一空。邑宰陈之飚令变更钱法，钱业多受亏折。十一月公犹子永清生。

辛未同治十年，公四十八岁。是年公弟楣患腹疮甚危。公依弟桢议，置东土城巷胡姓

第十二篇　族谱

油房移设万顺兴号。秋为从弟梓续娶蔡氏,未几梓病殁。冬公所置北园为防勇占居,所存拱木栋梁半供炊薪。

壬申同治十一年,公四十九岁。是年宋祝三军门莅节,地方粗安。而钱法复坏,粮价又长。所幸饷源甚足,市面活泼,各号营业尚佳。五月公族祖母陆太孺人卒。

癸酉同治十二年,公五十岁。是年春公犹子永龄生。从弟樆入武庠。郡守李某整顿钱法,违者处以重罚,又指名买粮,地方大受其害。公家中派粮五十石,缴银三百余两。乡民多半逃亡,沿街乞食者不可胜数。旋善化龙公仁荄来守是邦,民困始苏。八月公从弟樆赴秋闱不售。

甲戌同治十三年,公五十一岁。是年三月公**族侄永敬**生。公议改修北园,取其巨材售诸海藏寺,得价千两,以二百施助寺费。秋为从**弟樆续娶**刘氏。按:樆初娶赵孺人,事见前。此时已卒,然其年月无考。

乙亥光绪元年,公五十二岁。是年郡守龙公议设同善公所,公与焉。公延符某、孟某经理万顺祥号事。从弟樾补博士弟子员。七月公犹子永恩生。

丙子光绪二年公五十三岁　是年公族弟橘生。公纳粟为太学生。与靳积成合资设万隆和号。五月公叔母徐太淑人患风疾。四月公从弟樾配李孺人卒。六月公为续弦,杨孺人归焉。

丁丑光绪三年,公五十四岁。是年二月公叔母徐太淑人卒。文社当事推公为斋长,乃修道西社文社铺面六间。冬又推公长社事,经理社款。

戊寅光绪四年公五十五岁。是年正月公弟桢卒。铁绍装观察倡办庆阳赈务,公捐银百两。秋筑北园围墙百余丈。时公创修族谱,延李仲木明经商定体例,段氏于是有世谱矣。

己卯光绪五年,公五十六岁。是年春因城北瞭高楼下癸山丁向旧茔坟墓率多倾圮,公乃鸠工重修。于**昭穆确**能指明者,立碑志之。又修葺北园内外房屋六十余间,经费银二千三百余两。工事**甫竣,家**中子女多有以疫殇者。秋公为从弟樆续弦,陆孺人归焉。按:樆再娶刘孺人,事见前。未几卒,年月亦不可考。公族叔积学公卒。

庚辰光绪六年,公五十七岁。是年公从弟樾食饩于庠。从弟樆请析居。

辛巳光绪七年,公五十八岁。是年正月公犹子永绪生。二月公族弟榕生。公因从弟樆屡请析居,不得已,乃令各号清理账目。至八月,延戚党里族,将各号本利及各处庄田悉按六股均分,书立关据。复议以各股应分之款,仍由各号合资营业,每届账期按股分利,藉维先业,以垂久远。而从弟樆坚请万顺兴油房独立经营,公许之。乃于各号万金簿内载立五福堂之名,定为五股合资。至南园田产,则令万成丰号经营,供给各股食粟,每股年得米麦各一石。凡遇婚嫁丧葬所需酒肉粟菜诸物,亦由丰号供应。北园田产则由天顺油铺承种，按股纳租，岁以为常，俯视天顺油铺经理。邱家庄新茔附近祭田二石内有七斗系承典者，宣统三年为业主赎去三斗，每斗岁租四斗，共收租八石，以供春秋家祭之费，更以所余备庆吊戚族婚丧之资。公欲手厘规约，藉昭法守，以事冗未果。当析炊之始，公子永年为乐天公长孙，众议依邑俗成例，独得长孙之产。公曰："长孙名公而实私。况吾家之业，先考经营之力固勤，而先叔赞翼之功尤伟。吾不得以长故独私吾子。无已，则两房并长可耳。"遂令笃天公嫡长孙永锡亦得长孙地九斗，与永年相等，人皆以为不私焉。十月公弟永润生。

壬午光绪八年，公五十九岁。是年行乡饮酒礼，举公为介宾。弟桢原配多孺人卒。从弟樾以第七人举于乡。

癸未光绪九年，公六十岁。是年公为文社修忠义社铺面，九月交卸社事。十月公孙炯生。

甲申光绪十年，公六十一岁。是年公犹子永锡应童子试未售。五月公为授室娶吴氏。十二月公犹子永菘生。

乙酉光绪十一年，公六十二岁。是年延李对庵先生教授诸侄，并为犹子永清授室娶孙氏。

丙戌光绪十二年，公六十三岁。是年公长孙女生。十一月犹子永锡以喉痧卒。

丁亥光绪十三年，公六十四岁。是年十二月公犹子永圻生。

戊子光绪十四年，公六十五岁。是年公假东巷李姓油房地址，延赵一堂先生教诸侄及亲属子弟读。三月偕弟楫赴南园续修庭房夹房二十余间。先是楼房厢房落成，庭房栋木已备，因地方不靖，未及鸠工，至是始兴构之。七月工竣。九月公为犹子永龄授室娶孔氏。

己丑光绪十五年，公六十六岁。是年正月公延王金声先生教授诸侄。清查各号账目，万顺永号事因东西两路用人未当，亏折甚巨，公立即收撤，以天顺油铺存款清偿负欠。时债家尚欲公继续经营，徐图偿还，公毅然不顾。论者谓公之作事大有勇断云。十月公以从弟桐第四子永恩承继弟楫。

庚寅光绪十六年，公六十七岁，卒。是年正月初九日公第二孙女生。十二日公项间生隐疹数处，敷之以药，尚不介意。十六日清应、海藏各古刹庙会，公乘车往游，犹子永恩从焉。越数日，项间隐疹变而为疽，消渴旧疾复作，竟为医家所忌，百药罔效。戚友来视疾，公执手曰："余年已如彼，病又如此，子舆氏有言'莫非命也，顺受其正'，吾亦听天而已。"二月初七日，公犹孙瑛生。十三日之夜，呼犹子永恩有所嘱，然已不能缕析矣。十四日辰刻公衣冠而逝。

谨按：太学公有自记小传，生平事实叙载颇详，惜病中不及整理，未能付梓。公卒之

第十二篇　族谱

二十有一年,宣统辛亥冬十一月,其犹子季承永恩大令继公遗志,重纂谱牒于乌垣差次,驰书嘱余次公事略,编为年谱。余忝在葭莩之末,谊不容辞。因依其所记,率尔成之。谱中虽无赫赫事功可言,而其承先启后、处事教家诸端,求之吾乡,不可多得。孔子曰:"惟孝友于兄弟,施于有政,奚其为政。"余次公之年谱而益信矣。

（宣统三年本）

浙江

朱彝尊《曝书亭集》卷四〇,《李氏族谱序》:

李氏望陇西,其次赵郡。陇西之系兴唐,本支日蕃,定著房三十有九。而赵郡亦有南东西三祖之别,定著六房,族最大,出张、王、刘、赵之上。太白诗云:"我李百万叶,柯条遍中州。"其言大而非夸者邪！梅会李氏,其先有千四提举者,元至正中,自江阴州徙嘉兴。六世之后,始有仕宦登甲乙科者相继,位虽不大显,而一门群从多有诗笔流传。至吾友武曾,才名为天子所知,征诣阙下。归与兄绳远斯年、弟符分虎谭艺,一时言诗者称三李焉,既而取科名登仕版者踵接。李氏之门,才且日盛,佥谓不可无谱,于是斯年讨论斐综之,支分派别。于得姓之根源,族数之远近,爵位之崇卑,坟墓之阡原,宗庶之继嗣,妻妾之外氏,适女之出处,莫不一一详书之,凡七卷。

古者睦族之道,必先修谱以联之。是以有小史以奠系世,有族师以书其孝弟睦姻,有学者惟宗族之序明夫然。故不善者同恶而无所比,善者同好而无所蔽,使之相保相爱各安本俗,咸期于德行道艺之归,此百世之计也。今之治家者惟生产是营,其于睦族之典或弃而不省。谱牒之不明,长幼尊卑乖其分,至相凌相诟,侪于路人,先王维世持民之道衰矣。

夫天下之俗,固非一家之所能变,然《易》称"一正君而国定",使有家者咸克明其谱牒,礼文之相纠,酒食之相洽,有无之相通,毋挟富而轹其贫,毋先疏而后其亲,庶几可以收族人之心,长保其室家而不乖乎,先王以族教安之义矣！若李氏之谱有伦有要有条不紊,后之君子其可以取则者欤！

（《四库全书》本）

毛奇龄《西河集》卷四九,《重修族谱序》:

予族以魏尚书仆射孝先公为远祖,南渡直言敢谏科进士侍御史叔度公为两浙之祖,元初处士贵诚公为余姚祖,明赠朝议大夫福建都转运盐使司同知坦然公为萧山祖,逮予十世矣。自明正统后迄今康熙,凡一百五十年间,其登仕版者,世世有之。而在姚则丁多而族繁,在萧则丁匮而族复不充,兵燹以后,谱牒荒焉。

幼时闻族祖礼部公云,宁七府君坟在余姚师姑峤冬青树傍,当石阡公征苗时,值余姚参政公为贵州提学副使,兄弟行也,同时仕贵州,归而墓祭于师姑峤树旌竿峤中。暨榜眼公以嘉靖己未官翰林编修,相墓者曰师姑峤坟后六十年亦当有以鼎甲官翰林者。及万历四十七年,又值己未,而其言不验,至康熙己未,予乃以制科应召,凡取中者仿宋制科例,悉以上卷,官翰林,一如鼎甲之不必由庶常而授编检者。然则坟墓之所荫,其历久不隔如此。今族既散处,惟藉谱记,而谱又阙落,予弟大观乃力任而增修之。予告之曰:古贵分宗,姓分而为氏,氏分而为族是也。今贵合族,族合仍为氏,氏合仍为姓。萧之五大房即一房,姚之三大支即一支是也。合则如盘石,牙腭相互,合则如葛藟,如瓜瓞,根株与枝叶相樛轕,而多所倚附。仆射虽远,昭假如在矣。于其成也,因举萧之与姚,其祖宗坟墓虽历久而不隔者,书之于端。

(《四库全书》本)

毛奇龄《西河集》卷二四,《芹沂何氏宗谱序》:

何氏宗谱创之六世侍御公。侍御公慎考索经世纬齿,详近而略远,推其例可以为法而特不能为后来借也。世之修谱者夥矣,名家著姓类窃史传为记牒光,初亦似可听信,究之遥遥相接,多所混冒,况通颜合闵尤近习之坏乎。旧传韩误为何,字音转也。顾王符论兴氏,九则不及双声。而秬中散易奚为秬,亦一音而讹焉耳。考之尧时有何侯,隐苍梧山,实始氏何。即或谓禹后,有何为杞姒所分,然亦不必在六国韩后初得氏也。无亦远者当略之,而无详者与。

若夫近代昭穆以纪以纲,表仿诸史,而宗合诸经,谱之可按具在也。故何氏在萧凡六世,而侍御公始为之谱,则前此已阙也。又六世而经察公续为之谱,则后此又宜慎也。故何氏自浦江来迁肇居西河,及其既而始迁芹沂,乃其间门阀相仍,入三台者数世,列诸曹寺者又数世,然总曰芹沂著有辨矣。自史咸散亡,馆录缺佚,启祯以来固无与传信,而隆万旧史其最著如王元美者,犹且所在荒忽。即以侍御公论,十岁举圣童,廷诵大诰,高祖嘉之,此为蚤达,释褐除监察御史,代巡浙江,如严助、朱买臣故事,此为异数。而元美作史三述,凡异典盛事,自矜搜采,其于公前后所遇总未之及是,虽元美实陋,然亦足征史传之难据,而家乘之益不可以已也。甥先运同公与侍御公同学,而先教授公则侍御公女孙夫也。既忝世谊,而何氏知名士则尽为甥友,故因静子所示谱而序之如此。若夫后此者之又有谱,则从此推之矣!

(《四库全书》本)

第十二篇　族谱

绍兴欢潭田氏

光绪绍兴《欢潭田氏宗谱》目录：

第一本：编列字号珍藏宗谱、重修宗谱司局职事、凡例、谱序、敕命、村境图、风俗记、山图、墓图说、谳语、卖山文契、禁约、议单。

第二本：传记、行状、墓志铭、寿文。

第三本：重建总祠落成告庙文、重建里祠序、传、行状、诗、墓志铭。

第四本：田氏义仓劝建义仓启、义仓序、义仓规则、义仓捐款、义仓产业、平粜议约、义仓案卷、义仓议叙部文、社仓章程、荆花书墅、新江口义渡、田氏家训。

第五本：陈家坞墓祀序、仪一公祀田、总祠新老春秋分、捐田碑、新六百七十八玉书妻韩氏立承志户祭祀章程簿、川堂戏田拨田灯头田志、川堂衍二公墓祭田、川堂春秋祭、川堂仪衍五节忌辰祭、前房高四公祭良七公派、前房高四公团拜祭良七公派、永禁变卖祀田议单、前房公祠春秋祭、冬至祭、坟山户管、读书产、祭祀议单等。

第六本：西房各公祀、西房公坟地永禁议单、祀产合同议单、里祠司空会、里祠老灯头社、祭程等。

第七本至第四十八本：历世行第表、系图、行传。

（田绳祖等修，光绪三十年荆茂堂刊本）

会稽史氏

康熙会稽《史氏谱录合编》目录：

序、凡例、目录。

卷一：碑铭、传、庙记、状、敕命、庙铭、咏、赋、祭田记、祭田图志、家范等。

卷二：墓志、祝文、家训、像赞、行略、传、碑文、敕命、列传、沧州书院记、绪余。

卷三：谱序、谱引、谱说、历代忠孝节义录。

卷四：图像、祖像图册跋。

卷五：编修名次、受姓祖图总序、世系。

卷六：世系、合编谱录序、谱录合编引、宗谱规诫、家训格言。

卷七：世系、序言姓氏、家庙碑文、家祠记等。

卷八：各分支考、序、文集、行略、传、后募建家庙引。

（史在矿等编，康熙三十二年八行堂刊本）

余姚黄氏

民国余姚《姚江黄氏宗谱》目录：

卷首上：旧序、序、源流考、字行、排第、修谱名录、凡例、诰命、像赞、寿文、传、诔词、行述、祠图、碑记、宗祠基地细号。

卷首下：碑记、传、行述、助田契、报告书、九世以下世系图、世系表。

卷一至卷三：三房世系图、世系表。

卷末：附谱弁言、凡例、养子世系图、养子世系表。

（黄汝砺等编修，民国九年永思堂刊本）

诸暨赵氏

道光诸暨《清门福泉赵氏宗谱》卷一《目录》：

卷一：玉玺记、赵氏清门家谱序、赵氏族谱、谱后跋、书赵氏谱、赵氏宗谱图说、赵氏清门谱序、重修家谱序、书例、原姓世系序、像赞、墓志铭、行状、传、赞。

卷二：传、祀田记、祀田录、祀产引、庠产记、墓记、捐据、继书。

卷三：浚仪世系、传递纪年、各派字母图、一至二十一世系。

卷四至卷十二：系图。

（赵伟猷等编辑，道光九年永思堂木活字本）

上虞胡氏

宣统《上虞长者山胡氏家谱》目录：

卷首：序、原序、例言。

卷一：像图、茔墓图、长者三图、宗祠图、居址图。

卷二：封号、胡氏分住房名、前后分谱原委、两支总序、本支谱例、本支总系、状略、世系考证、行次、世系统考原始、世系通谱、世系图、世系表。

卷三至卷六：世系图、世表。

卷七：世系图、世表、祀田。

卷八：纶音、科名表、职官表、列传。

卷九：行实墓志铭、孝友贞节表、行表、烈女传、耆年纪、寿母纪、艺文内编。

卷十：艺文外编、原序、原跋、原例、祖训、宗范、先代谱论。

卷末：跋、续修宗谱识略、裕后编、卷外另附征信录。

（胡长煦等修，宣统三年思成堂刻本）

第十二篇 族谱

鄞县陈氏

光绪鄞县《生姜漕陈氏宗谱》目录：

卷首：凡例、排行。

卷一至卷七：世系图、世录、存疑世系图、存疑世录、家传、赠言、制艺文、祀田、跋。

(陈富德等修，光绪三十年崇本堂刊本)

江西

新城桃溪杨氏

咸丰新城《桃溪杨氏先德录》：

希闵集先世言行为《先德录》二卷，上卷祖德，下卷内德女德附见，年代远不见纪载不录，以征信也，年代近者纪载非名集亦不录，以志慎也。吾家开族以敦本淑行为根柢，迨裹简公扩而充之，族遂昌炽。即一事论，明末屡罹平巢三十年，身后诸子又平巢十六七年，家以渐落不恤也，此岂近今所经见乎。根柢愈固则枝干愈茂，支下子孙成进士者六七，登贤书者数十，贡拔萃优行者三四，为博士弟子者又遽数之不能尽。《易》曰：食旧德。班氏曰：家承百年之业。此之谓乎？希闵少时侍先祖兆公、先叔祖浑园公，均尝为言先世轶事，意惕惕然有动也。不幸髫龄之年，两祖后先弃养，所言之事不省出何书，稽之谱牒无有也。胸中虽历历分明，而难于自为撰述。□年曾以此意质翼城石公公名家绍，道光壬午进士，官江西知县至同知，卒于署赣州府任所，至有循声，从祀名宦，南昌又建专祠，石公曰："何不取志乘及集□书，广为搜讨成一底档。证之所闻而合，便辑之为《先德录》可也；或不合，或有遗，则别撰《家庭述闻录》，羽翼之亦可也。"希闵闻此，症结顿豁，乃积岁年悉心搜讨，得若干条，回溯所闻，虽未能尽，亦十得五六矣。石公于道光戊巳间尚询及此录成未，欲一省览。希闵以搜讨非旦夕事，拟更博考之，迟之又久，而石公下世矣。咸丰癸丑羁旅珊城，感质难之无自，念岁月之不居，此录虽草创，倘或零坠更为可惜。因遂刻梓家塾，以贻儿辈，后有所得，不妨续续为之。若子孙有志奋兴，则旧德与先业录中厓略已具，又何必多乎。别录一书，稿草粗具，尚思缉理付之攻木，俟异日焉。希闵敬书，时咸丰癸丑二月朔日。

(杨希闵修，咸丰三年刊本)

四川

横县简州傅氏

光绪横县《简州傅氏谱》,《目录》:

卷首:补北地傅氏谱。

第一卷:西乡诸宗班行谱、西乡诸宗一、五马桥、高桥、汤家嘴。

第二卷:西乡诸宗二、大屋湾、凤停湾登阶。

第三卷:西乡诸宗三、凤停湾登高、登第、大湾、周家沟、白杨湾。

第四卷:西乡诸宗四、傅家坪嘉经、傅家坪朝阳、罗葡湾。

第五卷:西乡诸宗五、桑园子、黑痣湾。

第六之上卷:东乡诸宗、龙泉寺、三星场、射洪坝、踏水桥、附录威远三宗存略、傅锡坝。

第六之下卷:文献征略、文、诗。

卷末:补北地傅氏谱史传抄。

(傅为霖纂辑,光绪二十六年凤山书院刊本)

罗江萧氏

咸丰《绵州罗江萧氏族谱》目录:

一卷,共九篇:谱款十一条派行、诗三首附后、罗江谱序、族规十四条。

二卷,共三十一篇:世系记、泸源谱序、基公谱序、南溪谱序、河南谱序、南溪谱序、梅州建祠引、人物考、谱传。

三卷,共七篇:谱系图款次附后、粤东梅州世次。

四卷,共十一篇:罗江谱世次一世祖一篇、先诚公一派附后。

五卷,共十六篇:罗江琵琶崖谱世次先正公一派。

六卷,三篇:罗江谱世次先修公一派。

七卷,共八篇:罗江谱世次先齐公一派。

八卷,五十三篇:内有续六、续七、续八、续十二共五十七篇。罗江上马碥谱世次先治公一派。

(萧奕东修,咸丰五年文会堂刻本)

隆昌郭氏

宣统《隆昌郭氏族谱》主要内容:

第一册:历次修谱序、世系(编者按:一世至十六世。)。

第二册、第三册:世系(编者按:十七世至二十世。)。

第四册：世系（编者按：二十一世至二十二世。）、郭氏先人本传。

（郭光埙等续修，宣统二年排印本）

开县唐氏

同治开县《唐氏族谱》主要内容：

卷一：谱序、录目、族谱纪略、谱例、祠序、祠纪、祠例、宗规、家训、服制图、祠图、坟图、传像赞。

卷二至卷六：世系。

（唐道济撰，同治十年刻本）

铜梁安居乡周氏

光绪铜梁《安居乡周氏宗谱》卷一，《周氏宗谱目录》：

卷一上：圣谕广训序十六条并、诰封四、原序三、源流籍贯总记一、通启一、睦族论、修谱名录、宗谱凡例十、训规十四、嘉言录士农工商女箴五条并引。

卷一下：班次记并引、祠堂记木主碑文祝词训戒小引并、世系图引、前世系图祝文碑记考辨并附、后世系图共五十五页俱良辰公后裔。

卷二：良辰公房一世至八世实录。

卷三：八世九世实录。

卷四：十世实录。

卷五：十一世至十五世实录。

卷六：良玖公房世系图七页、二世至十五世实录、艺文小引赠和并。

卷七：家礼凡例并小引、冠礼、昏礼、丧礼服制图并、祭礼图考附后、坟山图引、坟山图六、地理说、家乘告竣跋、宗谱字号。

卷八：预印空白。

（周泽霖纂修，光绪十年刊本）

福建

南平、延平麟阳鄢氏

光绪南平、延平《麟阳鄢氏族谱》卷首，《全谱卷目》：

卷首：旧序、新序、谥文、小序、凡例、续凡例、字行、祠规。

卷一：第一系至第三系
卷二：系图、第四系。
卷三：以下世纪自始祖至西德行。
卷四：自东德至孟行。
卷五：道行。
卷六：宗行。
卷七：西子行。
卷八：东子行。
卷九：西可行。
卷十：西可行。
卷十一：东可行。
卷十二：西体行。
卷十三：西体行。
卷十四：东体行。
卷十五：西则行。
卷十六：西东则行。
卷十七：秉礼行行。
卷十八：闰谱。
卷全：补载、跋、志、题捐、费用、题笺。
(鄢宗云等修，光绪四年刊本)

莆田莘郊黄氏

乾隆莆田《莘郊黄氏族谱》目录：

卷一

篆刻，要规，凡例，谱原，受姓之始，定族之始，入莆之始，百世图，图序，黄冈古里图并附黄冈祠墓修整来历，莘野初居图，有三总述，开国公迁居图，国公行状，国公行述，国公诰命，大校书公，黄冈祠堂记朱夫子作，黄氏世德言行录序，三黄谱序本谦公序、宜春公序、龙坡郑云公序、东里未轩公序，莘野谱序拙斋公序、朴斋公序、同琼公序、讷斋公序、西壶公序、国贡公序、清溪公序、龙塘公序、梅庄公序、文梓公序、诚斋公序。

卷二

藏严公归莆序、忆趋公洗马祠祭规序，通判实轩公诰命二道，寺丞讚轩、王事慎轩公诰

第十二篇　族谱

命四道,知府西壶公诰命二道,长史绍坡公诰命二道,西壶公谏草,忆趋公宴郡介宾实录,宅心公传,西壶公传附通志传,诚斋公传,历祖神像共六十四身。

卷三

入莆黄巷一世至五世

分居前六世至十世

派衍莘郊十一世至十五世

乙一玉湖房十六世至二十世

乙二角头房十六世至二十世

乙三梧庭房十六世至二十世

乙四后徐房十六世至二十世

乙五沟东房十六世至二十世

乙六南门房十六世至二十世

乙七莘郊房十六世至二十世

乙一玉湖房二十一世至二十五世

乙二角头房二十一世至二十五世

乙三梧庭房二十一世至二十五世

乙四后徐房二十一世至二十五世

乙五沟东房二十一世至二十五世

乙六南门房二十一世至二十五世

乙七莘郊房二十一世至二十五世

乙一玉湖房二十六世至三十世

乙二角头房二十六世至三十世

乙三梧庭房二十六世至三十世

乙四后徐房二十六世至三十世

乙五沟东房二十六世至三十世

乙六南门房二十六世至三十世

乙七莘郊房二十六世至三十世

乙一玉湖房三十一世至三十五世

乙二角头房三十一世至三十五世

乙三梧庭房三十一世至三十五世

乙四后徐房三十一世至三十五世

乙五沟东房三十一世至三十五世

乙六南门房三十一世至三十五世

乙七莘郊房三十一世至三十五世

卷四

大校书遗集：闽名士录序、闽名士传、林攒公传、林藻公传 林蕴公序、欧阳行周公传、周匡物传、王播传、许稷公传、讽欧阳行周公诗。

宋朝奉郎本谦公遗集：学隐亭记略、病中有感、爱莲说跋后、松竹梅三咏。

侃斋公遗集：游龙泉观诗。

古愚公遗集：庆叔西壶公寿诗。

梅庄公遗集：赠兄别驾龙塘公诗、柳湖钓月、弥谷耕云、石室樵夫、南山牧叟。

亦山公遗集玉湖十二景诗：长桥积雪、古塔栖云、兰水朝宗、壶山倒影、碧浪涵晖、晴波漾月、渔舟唱晚、彩架迎春、溪海汇源、锣鼓叶韵、临湖书舍、夹岸荔庄、新荷赋。

衷铉公遗集：春日有感、怀隐步韵、长桥积雪、古塔栖云、壶山倒影、兰水朝宗。

历代同宗题赠诗：寄兄大校书诗御史滔公，题上生寺大校书祠诸孙廷宣明佥宪，谒大校书祠诸孙曰敬明运使，朴斋公任曲江训导同宗饯别寿生公检讨、仝上约仲公学士、仝上前峰察公佥事、题朴斋公爱日图梅峰裳公礼部主事，西壶公起用知府同宗题别 后峰巩公大理少卿，西壶公介寿同宗庆祝侄谨荣贵州知府。

历朝异姓名公题赠诗：题大校书闲居徐寅公唐正字，题大校书东山幽居翁承赞公谏议，饯朴斋公任曲江训导林颐公、仝上畲耀公通判、仝上徐安祖公教授、仝上林道节公知府、仝上徐资用公知县、仝上陈潜公、仝上林逸公、仝上陈珪公教谕赠尚书、仝上翁瑛公检讨赠尚书、仝上吴义公、仝上方浞公，饯讷斋公任藁城教谕杨瓒公参政、仝上林诚公御史、仝上彭韶公尚书、仝上陈延公助教、仝上周瑛公布政，饯吾溪公任开州训导林俊公尚书、仝上李仁杰探花编修、仝上邱山公副使道，饯慎轩公任校阳教谕东吴夏昶太常卿、仝上舜都石俊，西壶公谪籍还乡泰和王思公、仝上同年朱和公，饯西壶公起用处州府林俊公尚书、仝上可吾方宜贤公知府，奉答西壶公致政归隐年侄马明衡公御史、仝上门人方一兰公中郎，饯希斋公任南昌训导宗人廷、仝上谦谦翁，希斋公任南昌多士献蔬菜图郑凤公同署，饯龙塘公任惠阳宰郭应聘公尚书，饯龙塘公致惠阳政雨川林梦鲤，饯龙塘公致惠州别驾政鹤山林兆金碧涯公致郑府长史政荷，潘国王赐诗二首，忆趋公宴郡介宾实录莆邑侯佟讳泌年贺。

章赠黄冈祠坊落成志喜四首：首唱庠生化龙、和韵恩贡迈宗、庠生向春、举人鼎甲、庠生重光。

黄冈祠联句：玉音世孙迈宗二对。

黄岗坊联句：世孙化龙五对。

莘郊祠联句：玉音莘川公、卞郡伯一对，化龙二对。

玉湖祠联句：玉音国贡公句、亦山公句。

重建圆智庵记。

科第匾式刊刻谱乘题缘序。

总修洗马大宗家乘跋。

（黄化龙重修，乾隆十七年刻本）

广东

乳源余氏

嘉庆《乳源余氏族谱》主要内容：

卷一：谱序、风采楼记、神道碑、祠堂记、祠堂基址图、墓碑、谱例小引、家规、训规、训格、仕宦图、五服图、首事、排行、世系图。

卷二、卷三、卷四：世系图。

（余有璋等纂修，嘉庆二十五年木活字本）

兴宁胡氏

咸丰《兴宁县胡氏族谱》主要内容：

共一册：景泰五年之兴宁县胡氏族谱世为宗盟序，乾隆四十九年、咸丰元年等序，世系录。

（胡学易续修，抄本，咸丰年间序本）

博罗林氏

宣统博罗《林氏族谱》主要内容：

卷一至卷三：家传。

卷四：世系。

卷五：大传祀事

卷六：艺文、皇言、保族。

（林衍芳等编修，宣统三年排印本）

云南

晋宁方氏

此谱存七至十一卷,两册一夹板,为碑传及诗文,无谱系、世系。

民国《晋宁方氏族谱》主要内容:

卷七:(方氏)碑传集。

卷八:诵芬集。

卷九:光宠集上。

卷十:光宠集中。

卷十一:光宠集下。

(方树梅编辑,民国二十六年方氏诵芬楼刊本)

四 刻印、领谱与保存规则

宗谱修成,有稿本、抄本、印本之别,有条件印刷者亦不多印。每部编一字号,在字号下注明是"某地某派某人领执",并尽可能印于谱中,以防盗窃冒认。发放对象首先是祠堂,其次是各派,有的宗族规定修谱人也可以领到谱牒。发谱曰"颁谱",有隆重仪式,各家以红布包好请回,妥善保管,不许污毁,不轻示外人。为检查族谱保存状况,有所谓会谱办法——保存者按期交谱检查,如有损坏,保管人要受祠例处分。

由于时势多变,族谱屡遭毁坏,幸存者也是族人冒着危险藏起来,才得以逃脱厄运的。如直隶西赵河《刘氏族谱》是族人在被抄家时将之藏进草垛中,乐寿陈氏谱是用塑料布包好,埋进了地下,始得流传后世。

山东

黄县王氏

抄本间有异同,付梓后归画一。

宣统《黄县太原王氏族谱》,王懋勉《增修族谱序》:

族之有谱,所以别世代、序宗支、辨同异、联亲疏也。支分派别之中,有溯源思本之意,敦宗睦族于是乎在。吾族之谱创于先太高祖抚宁公,嗣修者代有其人,悉属抄本。前丙子始克付梓,抄本间有异同,付梓后归画一。夫吾族迁黄以来,几五百年,凡十九世,棋布星散,采访难周,前谱所登不无遗漏,亦或滥收。今悉仍其旧,勿容增,亦勿容汰。……

(王次山修,宣统元年刊本)

东莱赵氏

抄录成本,每支各授一册。

民国《东莱赵氏家乘·序例》,乾隆《增补赵氏族谱后叙》:

《礼》曰:"尊祖故敬宗,敬宗故收族。"庶氏之有家乘,敬宗收族之义也,而实本于尊祖。吾赵氏家谱前明万历二十九年辛丑五世祖赠公始创之,万历三十九年辛亥六世祖冢宰公继成之,本朝顺治五年戊子八世叔祖镇江公补修之,康熙二十三年甲子九世叔祖嘉祥学博公重修之,乾隆二十年乙亥茂才湖南浦公增补之。各有条理。及今二十年矣,生齿日繁,族姓徙居渐远者,更多不有以汇之,或且久不识面也。夫岂前人敬宗收族之意乎?坦踵先业之旧,详加考核,务求靡遗,俾近今族众皆得依系附载,不至名讳重出、支派莫分,庶由此而备稽之也。但愧少不能文,老困经生。初不敢以文义相附,仅抄录成本,每支各授一册。若生息,若婚媾,使皆笔而志之。或赵氏继起有人,能光前业纂而镌之,不患苦无搜索也。夫家之有乘,由来久矣。古乡举里选,胥本于宗族。则宗之敬族之收,亦必不可少之事。未能表章宗族,继前人尊祖之志,因不能不守望于将来也夫!乾隆四十年岁次旃蒙协洽十二月望日十二世孙坦谨识。

(赵琪等撰,民国二十四年永厚堂铅印本)

直隶

旧沧州马氏

沧州《马氏全谱》,《序》:

想先祖立谱书原为传于后世绵绵不绝也,不意于光绪年间四月初三日夜间大雨将历世老谱尽行沾染,谱书虽因大雨沾染,不敬祖之罪甚是难免。余阅谱书不觉心惨难忍,抚衷自按,未免有负先祖之心。余稍读诗书亦知敬祖睦族之道,不重新修,先祖之心终于负,不敬谱之罪亦难免。故照老谱而重新修以明立谱者,欲后世子孙绵绵不绝之深心也,报本追源分所当然,后世子孙阅是谱亦当知谱书因何而重新修,修谱者非为求功于先祖,实欲赎不敬谱之罪耳,后世子孙岂可不郑重,再令沾染以负立谱者之深心哉。光绪三十一年仲春上浣少二分十八世孙龙田沐手重修于洗心书屋。

(抄本,沧州马学华藏)

沧州《马氏全谱》,《珍藏谱书序》:

恭维马氏谱书告成,理应长门收存世守,而各门支派亦当分领以伸孝思也。但收存谱书均得老诚之人,郑重其事庶可永远珍藏而无沾染遗失之虞也。且各门收藏各谱亦应分别注明以备后人稽考,而谱中所载规矩条约,尤宜懂事者逐条时加讲解,以启后世子孙孝悌之思也。今议定**珍藏家谱**议款一条附于谱中款目之后,次并复设立谱书一本,谨将各门收藏各谱名目**分别注明胪**列于后,以期经理其事者各知敬谨收藏齐全以备后人稽考,勿**致遗错**;更祈速将谱中规矩条约细加讲解,务使家喻户晓,各知慎终追远之道,始可谓**经理家乘**者无忝厥职也。于是为序。

(抄本,沧州马学华藏)

江苏

常州毗陵王氏

光绪常州《毗陵王氏支谱》卷之四,《领谱字号》:

壬辰夏,余族共修宗谱十三部,试板一部,编定"祖德宗功绍东晋瓜绵椒衍庆南兰"十四字,某房某世孙收执,各宜谨守珍藏,不得污秽损伤。倘有此等,公同议罚。

领谱芳名开列于左:

祖字号	第十七世孙	向宸领
德字号		俊杰领
宗字号		懋勋领
功字号	第十八世孙	毓珊领
绍字号		锡初领
东字号		庆初领
晋字号		熙铨领
瓜字号		嘉庭领
绵字号		仁成领
椒字号		梅生领
衍字号	第十九世孙	廷钧领
庆字号		起鹏领
南字号		元贞领
兰字号		伯卿领

(王向辰等重修,光绪十八愿贻堂刊本)

武进毗陵胡氏

光绪武进《毗陵胡氏宗谱》卷四,《领谱字号》:

胡字号	堰上分	三十世孙 凤楼领
满字号	塘田分	三十世孙 盘法领
封字号	北杨桥分	三十二、三世孙 金宝、清顺领
陈字号		三十三世孙 清大领
源字号	北沟圩分	三十二世孙 心福领
远字号		三十二世孙 宝如、心诚领
流字号		三十二世孙 心诏领
长字号		三十三世孙 佩根领
以字号	缠水坝分	三十二世孙 寿二领
谥字号		三十二世孙 寿根、寿本领
为字号		三十三世孙 桂林领
姓字号		三十三世孙 三囝领
奕字号		三十三世孙 阿六领
叶字号	朱明桥分	三十三世孙 盘二、盘三领
重字号	胡家岸分	三十三世孙 桂生领
光字号	堰上分	三十世孙 琮宝领
自字号		三十一世孙 殿纶领
汉字好		三十一世孙 漕良领
历字号		三十一世孙 世俊领
晋字号		三十二世孙 绍寅领
下字号		三十二、三世孙 应中、鸿逵领
逮字号		三十三世孙 鸿基领
李字号		三十三世孙 鸿昌领
唐字号	塘田分	三十一世孙 廷懋领
侍字号		三十一世孙 维堃领
御字号		三十三世孙 祖厚领
之字号		三十二世孙 邦翰领
子字号		三十二世孙 曾绅领
占字号		三十二世孙 裕声领

籍字号	三十二世孙	晋声领
我字号	三十二世孙	谷声领
常字号	三十二世孙	良声领
文字号	三十二世孙	禄声领
恭字号 鼎舍分	三十三世孙	浩荣领
忠字号	三十三世孙	世林领
安字号 苏墅分	三十一世孙	福叙领
代字号	三十二世孙	耀清领
有字号	三十三世孙	德盛领
令字号	三十五世孙	明庚领
望字号 纪墅分	三十一世孙	振兴领
华字号	三十一世孙	尚兴、培兴领
林字号 降子桥分	三十一世孙	甫升领
毗字号	三十二世孙	文炳、文灿领
陵字号	三十三世孙	桂初领
谱字号	三十三世孙	桂昌领
牒字号	三十三世孙	桂生领
辉字号	三十二世孙	洪生领
煌字号 双塘分	三十二世孙	产海领
瓜字号	三十三世孙	廷桢领
绵字号 凤墅分	三十一世孙	观裕领
椒字号	三十二世孙	茂法领
衍字号	三十一世孙	议福领
百字号	三十二世孙	甫庆领
世字号	三十 世孙	领
其字号	三十 世孙	领
昌字号	三十 世孙	领

（光绪二年乐善堂木活字本）

武进辋川里姚氏

同治武进《辋川里姚氏宗谱》卷一二，《领谱字号》：

第十二篇　族谱

夫谱之义,所以亲亲尊祖敬宗收族者也。尝见子孙之善守者,于祖父所遗杯棬之属,犹兢兢慎守,唯恐失坠;况谱牒所载,祖宗真像、传序、赞述者乎!兹当缮写工竣,谨付剞劂,刷印装潢,计成谱二十四部,以"诒厥孙谋以燕翼子"八字编号,每号三部,每部四本,以"忠孝节义"四字编次装订成套,按各支子姓世次名字分号钤记给领,并附载谱末,以便后日稽查。凡我族人,务各珍藏,慎勿秽亵。

诒字第一号　　敦睦堂领
诒字第二号　　九世孙岳领
诒字第三号　　十世孙聿修领
厥字第一号　　十世孙祥庆领
厥字第二号　　十世孙澍谷领
厥字第三号　　十世孙孟廉领
孙字第一号　　十一世孙福元领
孙字第二号　　十一世孙汝丕领
孙字第三号　　十一世孙汝谐领
谋字第一号　　十一世孙汝襄领
谋字第二号　　十一世孙鸿荃领
谋字第三号　　十一世孙敞领
以字第一号　　十一世孙兴文领
以字第二号　　十一世孙兆淇领
以字第三号　　十一世孙鸿茂领
燕字第一号　　十一世孙遇达领
燕字第二号　　十一世孙履康领
燕字第三号　　十二世孙麟祥领
翼字第一号　　十二世孙济杭领
翼字第二号　　十二世孙慎余领
翼字第三号　　十二世孙福增领
子字第一号　　十二世孙富春领
子字第二号　　十二世孙灿勋领
子字第三号　　十二世孙梓文领

(姚孟廉重修,同治十二年敦睦堂木活字本)

安徽

绩溪华阳邵氏

预定谱数、编号。

光绪绩溪《华阳邵氏宗谱》卷首,《修谱条议》:

各派领谱须于开局之日,豫先报明某派某房某公或某某领谱一部,应即付洋若干作定,以便局中登簿挂号,核实部数。若不先付定洋,至谱经开印,数目已定,虽增加谱价,亦不得领,故须通知各派务要及早报领,免致延误,以贻后悔。

(邵俊培纂,光绪三十三年叙伦堂刊本)

婺源詹氏

光绪《婺源詹氏宗谱》卷首,《局规》:

各派准在本年十月内缴红格,预须拟定领谱几副,以便印订。

(詹固维等修,光绪五年庐源绿树祠刻本)

婺源三田李氏

光绪婺源《三田李氏宗谱》卷末,《凡例》:

谱成之日,凡各田支派应散谱若干部,以千字文编号,拈阄填注某字几号某房收掌,挨次类编,刻列谱末,然后装订成册,照号给散,以便查考。其各部各册之首,俱各分给字号,用唐昭王裔刻印以防奸弊,今用"仙李盘根大,猗兰奕叶光"十字图书为记。字号内更有元、昌、益三字。

(李廷益、李向荣修,光绪十一年木活字本)

绩溪梁安高氏

光绪绩溪《梁安高氏宗谱》卷一,《谱例》:

具领结字高氏裔孙某某今领结到谱堂给发、某人手交某字号宗谱一部,在交领时并无霉污、挖蛀、破折等弊,永远挨班收藏;按年会谱轮交时,如有霉污、挖蛀、破折等弊,甘照祠例处分责罚,不得推诿,所具领结是实。如系代领,须加"代"字于领结字上,后加"原人归日交还"于"不得推诿"之下。年月日具领结某某押。亲保某某押。

……

宗谱告竣约定印订部数,惟传记诗文可以另印数本传览,至于世系不得多存片纸。

其板亦于告竣焚化。

……

宗谱共若干部,编定字号,各字号下注明某地某派某人领执,总列于各谱跋前末页,以杜盗窃冒认。

……

各派领谱除公立谱约各出领字,不得霉蠹遗失外,仍每年冬至各支祠会议一次,以严防检。而一年内生没娶葬可于次日查明,收录宗祠。则三五年会议一次,即于此时通修谱稿。会谱时有将宗谱损坏遗失者,照约领取罚不贷。

(高富浩纂修,光绪三年活字本)

保存方法。

光绪绩溪《梁安高氏宗谱》卷一,《谱例》:

领字存祠,仍印领式,其后载明收存法:一、置高处防潮湿,二、置顽固处防屋漏及楼上污秽,三、置深密处防贼盗,四、每年谨视晒霉防霉坏,五、检阅时随阅随收入椟、防猫溺鼠啮及小儿涂扯。照式印粘谱椟盖里以便警惕。

(高富浩纂修,光绪三年活字本)

光绪绩溪《梁安高氏宗谱》卷一二,《领谱字号》:

右宗谱共计八十号,首号存祠,祠首轮年挨执;次修谱诸人序齿各领一部,子孙永执;次各派分领,挨执、永执不等。凡领谱无论挨执、永执,均由先领之一人出名具领结存祠,以后交班更换领字,庶责有专任。其应交班承领之谱,交时须当面将谱检视,并无损坏,方可承领,后手出领结与前手。当会谱时,如有损坏,惟现在领执之人是问,不得推诿前手。倘领执之人远出,家中无人,须由亲保出代领字,代为收执,归乃交还。若其人去而不归,谱无着落,须联名亲保是问。

(高富浩纂修,光绪三年活字本)

绩溪仙石周氏

宣统绩溪《仙石周氏宗谱》卷二,《凡例》:

谱牒分领各任字号,以免讹换。……

(谱牒)每年六七月晒一次,毋得损坏遗失。

(宣统辛亥善述堂刻本)

婺源庆源詹氏

有的族谱在谱首印有所领之派,如乾隆五十年婺源《庆源詹氏宗谱》在谱序后印有下列文字。

乾隆婺源《庆源詹氏宗谱》谱首:

庆源詹氏一副,睦字陆号,付后园派富一房众收领,务要珍藏,毋得损坏。若遇公事查核,须即交众,不得推委,候事竣后再行领去珍藏。如有私售等弊,查出定行削丁。

(乾隆五十年享叙堂活字本)

绩溪南关许余氏

光绪《绩溪县南关许余氏惇叙堂宗谱》卷一〇,《领谱字号》:

领谱字式:领谱虽有字号,而日后转交无常,日久易生玩忽,非另取领字不足以保谱也。立领谱字某房裔孙某,今领到某字完全洁净宗谱一全部。自领之后,谨慎收藏,每年霉后晒霉,冬至奉谱会祠。如有违误等情,照会谱例取罚,或远徙家无次丁,禀明族长、祠董更换领字,不得私相授受。立此领字,交存天字号谱匣存照。

(光绪十五年刻本)

清华胡氏

民国《清华胡氏宗谱》卷首,《乾隆壬午七修凡例九条》:

旧谱皆前人手录,以字迹难假,杜冒滥也。今卷帙浩繁,领谱者多,不得不用刻板。印给毕即毁其板,以千字文编号,某字下注某派某公下领,俾各派通知散谱之数,另刻字号条记,用朱墨钤盖,庶私鬻者不得以行奸,同志其共珍之。

(民国六年刻本)

民国《清华胡氏宗谱》卷首,《同治甲戌九修凡例十三条》:

此次为第九修,共谱百有十副,每副三十六本,用十二支,以子字壹号起,至亥字拾号止,内阙丑字。编定字号,注某字某号某派领,另用朱墨钤盖卷首,庶私鬻者不得行奸,修藏亦知珍重。

(民国六年刻本)

祁门倪氏

保管者及其责任。

第十二篇 族谱

光绪《祁门倪氏族谱》卷首,《康熙丁卯修谱凡例》:

族谱之修所以惇伦彝、谨匪类也。支衍既繁,其间弊有不可胜言者。今九祠谱成之日,凡各祠所领以及好事愿领者,俱编成字号,某字号某人领,即将人名字号刊列于后,其板即共同焚毁。所领之谱每篇上必用某人领三字图章,日后有事稽查,如有一字号失落,并改移不对者,定合众鸣官逐出族外。

（倪望重等重修,光绪二年刻本）

黟县西递明经胡氏

验谱与会谱,给发谱票。

道光黟县《西递明经胡氏壬派宗谱》卷一,《明经胡氏壬派宗谱凡例》:

旧谱《凡例》曰:谱刊成印给毕即毁其版,以千字文编号于各谱图下,庶通族知散谱之数、领谱之名;另刻字号条记与谱同给,俾于所领谱装订处并于其本房图系一一钤印,庶私鬻与盗窃者不得行其奸,而亦不得各私有改变。凡领谱者宜各知所宝重云。按旧谱,领谱之例尽善尽美,今则悉从其例,以千字文编号印于中间,曰"某房领某字号",逐页印去,使展卷即知为某房之谱。谱首复列一总目,各房所领之谱皆开列其上,使通族便于查阅,知某房某家之谱为某字号谱。末装空格二页,每年于重阳日各领谱之家捧谱至本始堂查验,明经会填轮头首先期雕一钤记,上写"某某年公验"五字,临期验后即将钤记用红印印于谱末之空格内,以昭慎重。凡领谱者各宜宝之。

（道光六年刻本）

绩溪南关许余氏

光绪《绩溪县南关许余氏惇叙堂宗谱》卷一〇,《冬至祠堂会谱例》:

每年冬至会谱,近族一年一会,远族三年一会。族长、祠董公同看阅,如有霉烂、破损、涂污、遗失不全,照违误轻重、家资厚薄公议取罚。罚款买谷入义仓。

（光绪十五年刻本）

歙县蔚川胡氏

民国歙县《蔚川胡氏家谱》卷二,道光壬午《谱规》:

家之有谱犹国之有史,俱宜奉若先灵,珍重世守。每年宗祠祭先之日,必考核全书,各支谱牒皆送至叙伦堂内,当面验过,然后各支复行领收,戒无私鬻。违则遍告同宗,呈公追究,并削其人世系,屏诸他乡。若藏贮不慎以致损坏,及私行填改者,重罚不贷。

……

所给新谱固宜珍重，而旧存谱书亦当敬守弗失，后日修谱必并行验明方可与会。

（民国四年刊本）

山西

汾阳韩氏

光绪《汾阳韩氏支谱》，《凡例》：

三、此谱锓板存江苏扬州漱石山房，除应增考，可随时修辑。以后按五年一小修，十年一大修，庶垂永久。

（韩镇岳、韩锡成纂修，四卷，光绪十年恭寿堂刻本）

平定潘氏

咸丰《平定潘氏合谱》，《例言》：

一、谱内皆先人之字讳，各宜敬重，或供于神主桌上，或藏于洁净之所，万勿污秽，谨之慎之。

（潘组耀等修，咸丰七年刻本）

灵石何氏

道光灵石《何氏族谱》卷一，《谱法四则》：

一、藏谱宜慎。谱牒之立，上以明祖宗，下以示子孙，所系綦重，故收藏安放宜于高燥清洁之处包裹严密，不可使风雨剥蚀、虫鼠嚼啮及油污尘蒙，其有蹈此者为不孝，见者即为责饬。

二、读谱宜敬。谱内载祖宗名讳、先人事迹，一展卷帙，其神斯在。读者俱宜盥漱恭谨，如对祖父，倘有污手袒身、跛倚寝卧及信手乱翻全无敬慎之心者，亦为不孝，族人见之，即为鸣鼓之攻。

三、入谱宜公。谱内前人事迹大略已备，间有未及，姑俟查考，自后有子孙婚冠已毕、法当入谱者，当于十月初一日祭祀后，择子孙内能书者一人，敬谨依式填写，不得潦草涂抹。有盖棺论定，行实传志可以入谱者，亦宜俟族众公举，审定续入，不得私其祖父，漫称贤能，致干众恶，如有蹈此者，族人共绝之。

四、辱谱宜绝。吾族赖祖宗阴德，人虽不必皆贤，尚无极不肖者。但地大孽生，间有匪类，亦未可定。自兹以后，如有身行盗窃及为隶卒者，不可留于谱内，上污先人，下累宗党,亦宜于十月初一日同众公涂其名;其子若能改行,仍许入谱,族众亦不得复念旧恶,绝人为善之路。

(乾隆间何思忠创修,后裔续修,道光十四年续刻本)

灵石陈氏

道光灵石《陈氏族谱》,《陈氏族中条约》:

一、谱必珍藏。族大人众,不无毁失舛错之虞,兹则公藏一册于祠堂,每家各分藏一册,俟后来合力公修,便于稽查。

一、谱以昭信。又恐各藏一册,到后来增修,不即公同对验,非惟失信,且滋争端。今议各家所藏谱与公谱之存祠堂者俱昭式一体,详载以便综核公修。

一、戒遗失。昔韩魏公云:谨家谱而不坠者,孝之大者也。今是篇纂修已定,共二十册,公中藏一册,余每家各一册,如有遗失,以不孝论。

(陈允中等重修,道光二十七年刻本)

浙江

鄞县新河周氏

道光鄞县《新河周氏宗谱》,《分藏宗谱人名》:

一、兴字号供奉宗祠。

一、立字号藏宗长岳。

一、成字号**藏纂修裔**孙芬。

右共白纸宗谱三部,以"兴立成"三字编之,分藏三处,理宜慎重。议三年一会,于清明日赍至宗祠汇看;倘有污坏损失,从重议罚。

一、学字号藏季房小梅公派下房长龄。

一、乃字号藏季房继塘公派下房长万有。

一、身字号藏西二房派下房长万佑。

一、之字号藏季房裔孙万森。

一、宝字号藏季房裔孙万迎。

一、儒字号藏季房裔孙万安。

一、怀字号藏季房裔孙万宣。

一、席字号藏季房裔孙栗。

一、上字号藏季房裔孙杞。

一、珍字号藏季房裔孙檀。

一、君字号藏季房裔孙橚。

一、看字号藏季房裔孙楹。

一、为字号藏季房裔孙桂。

一、宰、相、必、用四字号，备存宗长岳。

一、读、书两字号，备存纂修裔孙芬。

一、人字号藏月湖徐柳泉。

右共竹纸宗谱二十部，以"学乃身之宝，儒怀席上珍，君看为宰相，必用读书人"二十字编之分藏，各房亦宜慎重汇看如前议。存徐氏本不与焉。

（周岳等修，道光二十六年世德堂活字本）

鄞县鄮东皎碶吴氏

光绪鄞县《鄮东皎碶吴氏宗谱》，《合同乾坤两房宗谱议据》：

立合同议：据宗长等，我族内自先代做谱后，历交乾坤两房收藏，恐有遗失等情，立有合同议据。今于光绪二年重修，共计七册，公议以总谱送交宗房长收藏；其余六册分交乾房三册，坤房两册。其所以添做者因今□后，族大人蕃，稽考维艰，是以将散谱分交各房藏收，不宜添注涂改，维抄谱一册，系采访所用，任可注裁，今藏干首。别谱如有添注，察出重罚。自后修□之日，各房将所藏之谱一应汇集勿遗。此系公议，一式两纸，各执一纸存照。

计开：其谱坤房两册；乾房谋大房一册，谋二房一册，谋小房一册；宗长、干首各一册。七册分明，并照。

光绪三年二月　日一耀堂公启。

（吴承忠编修，光绪二年一耀堂木活字本）

绍兴汤浦吴氏

民国绍兴《汤浦吴氏宗谱》卷一，《吴氏家规》：

一、宗谱宜世袭珍藏，无使霉蠹损坏。启谱时亦须盥手正襟，毋得亵慢，尚其慎诸。

（吴金璠等续修，民国五年孝思堂刊本）

绍兴欢潭田氏

光绪绍兴《欢潭田氏宗谱》第一本，《编列字号珍藏》：

公谱十五册
  智字号　义仓管帐藏
  仁字号　川堂管帐藏
  勇字号　里祠管帐藏
  孝字号　后房长珍藏
  友字号　雨公公祠藏
  睦字号　存义堂珍藏
  姻字号　务本堂珍藏
  任字号　顺富房珍藏
  恤字号　镇荣房珍藏
  礼字号　知稼房珍藏
  乐字号　眉生房珍藏　住上海
  射字号　羽仪公祠藏
  御字号　秀荣房珍藏
  书字号　沈福房珍藏
  数字号　寿圆房珍藏　住富阳
高四公房谱四册
  元字号　可成房藏　住江山
  亨字号　嘉禾房藏
  利字号　**维宗房藏**　住绍城
  贞字号　**务本堂藏**
（田绳祖等修，光绪三十年荆茂堂刊本）

江西

清江永滨杨氏

乾隆《清江永滨杨氏三修族谱》，《条例》：

兹谱共计六本，编"博厚高明悠久"字号，仍注某字某房某人收领，每年腊祭送祠查对，以杜遗失。

  博字号　和房赐斗领
  厚字号　和房赓谟领
  高字号　信房如沄领

明字号　信房宗盛领
悠字号　信房宗锡领
久字号　存祠信房并如海领
外印稿草谱一本，和房如沄领。
（杨如沄修，乾隆二十七年刊本）

清江云溪徐氏

嘉庆清江《云溪徐氏族谱》卷一，《凡例》：

一、刻谱装潢成部，编定字号，某字某号，载某人收藏，每年约同开晒一次，不使虫伤水湿，于冬至并草谱汇交祠堂查验，并将后进增续，以待异日重修。如有擅动笔墨污损改坏者，即以不孝论。恐有刻错，许以另纸书写粘于该页。倘有收谱不肖子侄，私窃与人携出外境，及照式抄录与人，藉此射利，一经察出，公同严究，责罚不贷，以重法守。

（徐廷攀修、徐攀桂纂，嘉庆十八年刊本）

嘉庆清江《云溪徐氏族谱》卷末，《收谱字号人名》：

千字号　长房绍冯收
枝字号　长房天理收
循字号　长房天璧收
旧字号　长房天枝收
本字号　二房攀桂收
一字号　二房世岛收
脉字号　二房日联收
订字号　三房泰佐收
新字号　四房廷攀收
编字号　四房以殿收

（徐廷攀修、徐攀桂纂，嘉庆十八年刊本）

清江湖庄聂氏

光绪清江《湖庄聂氏四修族谱》卷首，《人名》：

第十二篇　族谱

计谱十部,编定"诗赋爱民第道隆问政家"十字,每部装订三本,各房照号承领珍藏,每年冬至日,各宜将谱捧至祠内公同验看,稍有污损及私与人操录典当者,重罚藏谱之家银十两,罚后重责。此喻。

领谱人名列后:

诗字号　五房案箱内当界值年会首珍藏

赋字号　长房与典领并珍藏

爱字号　中前房庚照领泮堂珍藏并老谱一部

民字号　中后房典训领伊训珍藏并老谱一部

第字号　振房盛群领巨群珍藏并老谱一部

道字号　新房应德领案内珍藏

隆字号　铬房斯馨领斯万珍藏

问字号　王庄贵松领洪章珍藏

政字号　重庆府光晖领禄用珍藏

家字号　□州福用领禄用珍藏

外有草谱一部,庚照承领。外有毛边格子纸谱一本,当界会首收捡,每年冬至日添丁照规出钱谷交众收领。此据。

重修,旧谱八部,只存三部,余俱焚毁。

(聂典训等修,光绪二十四年刊本)

清江泮陵熊氏

光绪清江《泮陵熊氏重修族谱》卷首,《熊氏家规》:

一、修谱以某字编号,互相开载收贮,名曰共计几本,每本分为几册,五年之内,收谱人互相查勘。倘有不肖子孙贪钱,轻自与人,及收拾不谨者,公同行罚。虽本宗子孙查谱,止许赴收谱之家观览,不许私相假借与人,罪坐收谱者。故谱牒不宜印多,多则恐滋前弊,子孙重修者慎之。

(熊文炽等修,光绪三十一年木活字本)

新淦黄氏

道光《临淦窑前黄氏族谱》,《条例》:

一、严守藏以珍谱牒。吾族新修谱系,今已成帙,颇费心力,共计四本,明注某字某号某人收领,务加珍重而世守之,例定每年二月十五各持所领之谱赴祠,共为查阅曝晒,仍还收好,其有一部不到或私当私卖者,即会众立行勒令赎回,另以家法责处。又或收藏不谨,致有损坏及自擅增补字样故作情弊与众部不同者,罚钱五千文公用。如有知情恃势党蔽者亦如之。

长字号,在惠领。
发字号,世清领。
其字号,希凤领。
祥字号,福喜领。

(道光十五年刊本)

宜黄棠阴罗氏

乾隆《宜黄棠阴罗氏尚义门房谱》卷首,《领谱字号》：

凡修谱多派丁钱及公项帮用,而兹谱之成不过以各房应立传赞者,每一字出钱五文,而用费遂敷,故丁钱公项分毫未取,即领谱者亦只取纸价五百文。共印成五十部,每部共计二百一十九篇,分为上下二卷,以千字文编次联号,自天字号递至号字号止,此外卷末并无附载传赞序记等文。凡我支子孙,共笃孝思,重加珍藏,毋眩美于人而轻借旁支他族也。公议每岁谱祭日赍至本祠查验,倘有损坏遗失者,公众重罚,然损坏者已为亵祖宗,而遗失者则竟鬻祖宗矣,不孝之罪其可逭乎？故联号实以防伪,亦以防损坏之弊焉耳。领谱之家宜共体此意焉可矣。

(乾隆二十三年本)

宜黄吴氏

乾隆宜黄《吴氏伯武公房谱》,《吴氏伯武公房谱纂修凡例》：

一、新修房谱一十四部,凡二册编立"道德勋猷绵世绩,诗书礼乐振家声"共记一十四字号,各房均照字号收领,如非如此,即为伪谱。凡我同修,捧而读者,宜笃孝思,轮而执者,宜加珍藏,当念纂辑之难,苦力劳心,其成非易,勿以虚文视之,有忘祖宗之世绩。

一、修谱赀用,所费甚大,而远居外郡者,虽微得乐助丁钱,除盘费而外,亦所余有几,不足偿局内供给。公议凡各支来请谱一部者,出工本钱二千文以帮装修各项之需,抑或有余,积存为兴祀置产,如有侵收肥己者,难逃祖灵昭鉴。

(吴文薰等修,乾隆四十二年刊本)

第十二篇　族谱

宜黄谢氏

同治宜黄《宜邑谢氏六修族谱》，《六修领谱字号》：

派字号　　存祠众

衍字号　　东杰公系下

西字号　　旭高铉六公系下

江字号　　旭嵩铉十公系下

远字号　　旭岳铉十二公系下

簪字号　　旭桓铉十三公系下

缨字号　　东杰公支下玉邑景孝

代字号　　铉十公支下浙省江山廿八都

显字号　　铉十三公支下浙省江山廿八都

荣字号　　抚州铉十三公支下

宝字号　　附东旭尧公系下

圭字号　　南丰世蕃世茂公系下

怀字号　　北源瓦坑立栋公系下

旧字号　　乾溪立栋支下东二公

物字号　　里新溪日南公系下

凤字号　　崇七都北坑仁一公系下

翼字号　　崇五都演岭均受公系下

重字号　　福建兜溪虔章公系下

先字号　　崇八都惟新公系下

声字号　　在皋增七公系下

（谢赋文等修、谢性卓等纂，同治九年刊本，国家图书馆藏）

南丰济阳江氏

乾隆南丰《济阳江氏分修族谱》，《凡例》：

一、族谱源流关（系）匪轻，修谱查考大费心力，有等不肖子孙视若土苴，以致疏失，甚且变卖别宗，玷辱先人，迄今不多图本，止以联一副编成数部，各宜珍藏，以征世守。

编联附：笔花开锦绣，楼月照光辉。

（江南金等修，乾隆四十五年刊本）

南丰西麓双井黄氏

同治南丰《西麓双井黄氏族谱》,《凡例》:

一、宗谱法始欧、苏,故修之有两式,有欧修欧吊者,有苏修苏吊者,更有苏修而欧吊者,是在乎人之则效耳。吾族旧谱法宗欧氏,今乃折衷二家法式,欧吊修之式代次详明。帙成,散给各支之子姓,注明的表,照号付领,**务宜珍藏**。每岁六月六日惟焚香尽送至祠晒过,查验告祖,如有损坏者照老例罚银二两;**有慢藏遗**失者,必于本人名下根究出来,重罚银十两,上祠公用。

(该次修谱的领谱字号是:)双泉绵世系,西麓振家声,纂辑恢宏绪,佑启显后人,贻谋承先德。

(黄家章等修,同治十二年刊本)

浮梁祁门郑氏

咸丰浮梁祁门《郑氏宗谱》,《领谱字号》:

一、分谱计各宗若干,副以千字文编为若干号,刊载谱首,如某字号系某处某公裔孙领,挨号填实,副副皆然,宗宗照验,仍用本派印记从一世祖起印至领谱,无印者即是伪谱,庶冒认者不开贿买之端而不肖者亦少盗卖之弊。

郑司徒庙樵月斋分发大全宗谱字号总录

天字号　浮邑新居祥五公裔孙领

地字号　浮邑储田贤门聚奎堂领

元字号　浮邑新源昌门美一公裔孙领

黄字号　浮邑北疃璿门囗门二公裔孙领

宇字号　浮邑朋门尚三公裔孙领

宙字号　浮邑新居祥四公裔孙领

洪字号　浮邑新源墀门烜一公裔孙领

荒字号

日字号　浮邑龙溪鹏二公裔孙领

月字号　浮邑龙溪鹏四公裔孙领

盈字号　浮邑没潭高砂大江公裔孙领

昃字号　浮邑新源熊门介之公裔孙领

辰字号　浮邑郑冲景晖公裔孙领

宿字号　浮邑白石源芳五公裔孙领
列字号　祁邑营前文秀公裔孙领
张字号　祁邑峡城文英公裔孙领
寒字号　祁邑清溪印公裔孙领
来字号　祁邑清溪仲友公裔孙领
暑字号　浮邑佗溪大伸公裔孙领
往字号　浮邑凤栖小伸公裔孙领
秋字号　浮邑赤泥坑福虎公裔孙领
收字号　浮邑詹家坳佛伸公裔孙领
冬字号　浮邑庙光山五寿公裔孙领
藏字号　浮邑温里伟伸公裔孙领
闰字号　祁邑溶溪陈家坑光裕堂领
余字号　祁邑溶溪思钦公众领
成字号　祁邑溶溪思鏵公众领
岁字号　祁邑石坑振信公众领
律字号　祁邑石坑振保公众领
吕字号　祁邑麻榨湾国懋公众领
调字号　祁邑凌峰尚八公裔孙领
阳字号　浮邑官源津三公裔孙领
云字号　浮邑留田士昰公裔孙领
腾字号　浮邑夏连都承祀堂领
致字号　浮邑山泉稀昌公裔孙领
雨字号　浮邑枧头心实公裔孙领
露字号　浮邑双溪元承公裔孙领
结字号　浮邑梅溪德茂公裔孙领
为字号　浮邑樟源长寿公裔孙领
霜字号　浮邑枥源茂忠公裔孙领
金字号　祁邑溶溪振仙公裔孙领

（郑培先修，咸丰十一年刊本）

咸丰浮梁祁门《郑氏宗谱》卷首，《宗谱凡例》：

给谱之法,先期开名而来以孝友睦姻任恤字编号,谱尾大书某字号系某处第几世孙某领执,发谱之堂用图书钤记,无号之名不另行外给,庶免冒郑者生贿买之计。

具体的领谱字号则为:

光绪壬寅年重修宗谱议遵九州字号领谱

今将编立字号录后:

一、荆字号,柏川干股领。

一、梁字号,东乡烈十四领。

一、雍字号,柏川载股领。

一、豫字号,柏川赏股领。

一、徐字号,柏川津股领。

一、扬字号,柏川京股领。

一、青字号,太邑蓝湖祥珐股领。

一、兖字号,太邑蓝湖祥理股领。

一、冀字号,塘里秀源领。

(郑培先修,咸丰十一年刊本)

浮梁南阳刘氏

光绪浮梁《南阳刘氏宗谱》:

谱书十副,以"诗书传后嗣,孝弟法前贤"共成十字,某字号某房某股某名执领,以便逐年查对,永杜私鬻情弊。

(刘燮材纂,光绪三十四年刊本)

玉山怀玉张氏

光绪玉山《怀玉张氏宗谱》,《跋》:

吾族续修家乘自光绪丁亥仲夏初十日开局,越明年戊子孟秋廿六日付梓刷墨,至季冬十七日建醮,十九日颁谱,合族人等咸禽然欣然,共庆厥成。所有旧谱须吊局查验盖戳,发还本人收执,后之重修宜如之,否则以盗卖宗谱论,合族斥逐,不许与修。系图画丝原取血脉贯通之义,亲生者红,抱养者黑,理宜绘以朱墨,以别异同,因前次统系以朱,姑从之。此次新谱各人领执,每年须检晒一次,慎宜珍藏,切勿污坏以亵祖宗。

该次修谱的领谱字号是:

第十二篇 族谱

天地元黄宇宙洪日月盈辰宿列张寒来往秋收冬藏闰余成岁律吕调阳云腾致雨露结为霜金生丽水玉出昆冈剑号巨珠称夜光果珍李奈菜重芥姜海河

……

存众一部,又达三祠一部,四旭房十部,祖森房三部,满缘房四十七部,通共六十二部,各房裔孙奉为家宝,切勿亵渎,凡水火盗贼尤宜谨防,如有朽蠹以及失落,定行责罚,各宜留心毋违。

(张维潢等修,光绪十四年刊本)

新昌城南漆氏

光绪新昌《城南漆氏族谱》:

一、谱成某字号至某字号共四十集,每集十二本,注某收某字号。岁祀时间一出示,送祠堂会查,损坏及借人或遗失有罚。同事修谱先后贤达,备录其名,凡大事竣,例皆得书也。

领谱字号

北海源流远,西周世泽长,圣门传治法,汉代著宗祊,有宋丕基启,前明望族张,衣冠簪绂继,堂陛庆赓飏。

(漆耀书等修,光绪三十年刊本)

湖南

谱牒编纂之后,按照"千字文"、"四六文言、十二韵"或"道在格致诚正修齐治平……忠孝廉节"等为序编号,按房按派编号发放,领谱人登记,刊于谱首。各房务须珍重收管,定期来到祠堂查验。倘有不肖子孙损坏或盗卖谱牒,则严厉惩罚。

宁乡南塘刘氏

民国《宁乡南塘刘氏四修族谱》卷之首,《初修凡例》:

谱所以敬宗重族也,吾族谱既成,照房刷订颁千文字号图书为信,尚冀后人珍而藏之。

(民国十年存著堂木活字本)

民国《宁乡南塘刘氏四修族谱》卷之首,《三修凡例》:

各房旧谱,公议缴祠,盖戳为记,如无戳记,日后执出无用。旧谱共十二卷,新增二卷,编次略为移易,以昭类叙,俾后裔便于查核。谱共订一百一十二册,颁千字文字号,令各房领谱者注明某房派名某挨字号戳记,议限三年一次缴祠核验,以杜遗失弊端。

(民国十年存著堂木活字本)

湘乡匡氏

道光湘乡《匡氏续修族谱》卷首,《原例》:

族广人多,谱既刊刻,必家存而派有。子孙视谱当念前修,宜各珍藏世守,以为后人之荣,欲永宗盟,毋令流落;且免非我族类窃盗姓氏,保之慎之。

(匡逢向等修,道光八年解颐堂刊本)

道光湘乡《匡氏续修族谱》卷首,《家规》:

……每年冬至,户长将各房家谱一一查阅。……

(匡逢向等修,道光八年解颐堂刊本)

道光湘乡《匡氏续修族谱》卷首,《收谱字号》:

公议各房所领之谱,任各公后裔公私收管,每岁冬蒸各送各祠,当众点阅。收谱者务宜珍藏,不得稍坏,每逢天贶搬出摊晒,以免蠹敝。如有瞒改涂抹字样及射利典卖者,一经查出,公同罚究,决不容宽。

(匡逢向等修,道光八年解颐堂刊本)

涟源李氏

民国涟源《李报本堂族谱》卷首,《初修谱凡例凡例十三条》:

五世祖友兴公手帙所遗,新谱赖以有据。今新刊既成,旧本亦宜珍藏,以无忘先人手泽。

(民国五年报本堂活字本)

民国涟源《李报本堂族谱》卷首,《初修谱凡例凡例十三条》:

刷印谱牒四十五本,我姓郡名陇西,编陇字四十五号,族人领者,各有定号,冬至祭期会聚对勘,甚宜珍收,勿致污坏,或生或殁不得妄自增注。

(民国五年报本堂活字本)

民国涟源《李报本堂族谱》卷首,《续修谱凡例》:

谱牒编列"道在格致诚正修齐治平"字号,每号十册,余四册,编"忠孝廉节"四字,共计一百零四册,某字号谱某人领均刊记谱首。给发后各房务须珍重收管,毋得任意添注、涂改、污秽、损坏。每届会谱之日,即照号查验,如有前开等弊,公同议罚。凛之慎之。

(民国五年报本堂活字本)

民国涟源《李报本堂族谱》卷首,《宗规》:

谱牒当重。**谱牒所载**皆宗族祖父名讳,孝子顺孙,目可得睹,口不可得言。收藏贵密,保守贵久。每岁**清明祭**祖时,宜各带所编发字号原本到宗祠,会看一遍,祭毕仍各带回收藏。如有鼠侵、油污、磨坏字迹者,族长**同族众**即在祖宗前量加惩诫,另择本房贤能子孙收管,登名于簿,以便稽查。或有不肖辈,**鬻谱卖**宗或誊写原本,瞒众觅利,致使以赝混真紊乱支派者,不惟得罪族人,抑且得罪祖宗,众共黜之,不许入祠,仍会众呈官追谱治罪。

(民国五年报本堂活字本)

汉寿盛氏

光绪汉寿《盛氏族谱》卷首,《凡例》:

本支领存谱牒者,必须加意收藏,每年翻晒,以为后来合修张本。如或抛弃、失检、虫伤、鼠咬、雨蚀、风销,前无所承,后无所考,必聚族人治以不孝。

(光绪二十七年广陵堂活字印本)

广西

平乐邓氏

民国平乐《邓氏宗谱》卷二,《受谱小引》:

谱牒所载,皆宗族祖父名讳,孝子顺孙目可得而睹,口不可得而言,收藏贵密,保守贵久。每岁清明祭祖时,宜各带编发字号原本,到宗祠会看一遍,祭毕仍各带回收藏。如有鼠侵、油污、磨坏字迹者,族长同族众,即在祖宗前重加惩戒,另择本房贤能子孙收管,登名于簿以便稽查。或有不孝辈**鬻谱卖**宗,或誊写原本瞒众觅利,致以赝紊真混乱支派者,不惟得罪族人,抑且得罪祖宗,**众黜**之不许入祠,仍会众呈官追谱治罪。

季祥公	天字号一册	盛典收
仲遥公	地字号一册	天蚋收
季瓒公	元字号一册	盛森收
季清公	黄字号一册	廷量收
季清公	宇字号一册	盛昌收

季池公　宙字号一册　盛峻收

季濂兰公　洪字号一册　盛瓆收

以遑公　荒字号一册　朝柏收

显桥公　日字号一册　廷为收

季寿公　月字号一册　盛俊收

季寿公　盈字号一册　廷泂收

季寿公　昃字号一册　天经收

瑞琏公　辰字号一册　廷旺收

季彩公　宿字号一册　盛羲收

瑞王原公　列字号一册　盛崧收

孔盛　张字号底谱一册　　收

（光绪十七年十贤堂刊本，民国十三年续刊）

福建

南平、延平麟阳鄢氏

光绪南平、延平《麟阳鄢氏族谱》卷全，《编次谱笺集经语四句》：

昭兹来许，率由旧章。本支百世，长发其祥。

十七世孙乃湛谨题。

（鄢宗云等修，光绪四年刊本）

广东

乳源余氏

嘉庆《乳源余氏族谱》卷一，《家规并引》：

一、遵守谱牒。家之有谱犹国之有史，史以载古今君臣之事实，谱以列祖父宗派之名讳，是谱与史而并重明矣。孝子慈孙所宜珍重，如赤刀大训而毋忽者也。吾族子孙当于祭祖时，各携所领编发字号原本，到祠会看一遍，祭毕仍各携回，谨密收藏，不得损坏纸张、油污墨染、鼠害等情，倘有蹈此，合族即于祖宗前将伊严加惩戒。另举族中贤能者订各收领，以便稽查。至或因私与借他族抄写谱头，亵慢宗祖；又或将宗谱典卖别派、甚或私誊原本，瞒众觅利，以假混真紊乱宗祧者，不惟轻家乘如弁髦，抑且视祖宗为奇货。如此人物，除罚银二十两外，族共摈之，不许上坟醮公，呈送官，追还谱牒，严治其罪。

(余有璋等纂修，嘉庆二十五年木活字本)

嘉庆《乳源余氏族谱》卷一，《谱例小引》：
一、谱牒所载皆宗族祖父名讳，目得而睹而口不得而言，收藏贵密，保守贵久。每岁清明祭祖，各宜带所领原本，到宗祠会看一遍，祭毕仍各带回收藏。如有鼠侵、油计（编者按：疑为"油迹"之误。）、磨坏字迹者，族长同族众即在祖宗之前，重加惩戒，另择本房贤能子孙收管，订**名在簿**，以便稽查。或不肖**辈鬻**卖宗谱、或誊写原本瞒众觅利、又或私刊插订，致使以假**混**真**紊**乱支派，及借于**他族而轻**亵宗器者，不惟得罪族人，抑且得罪宗祖，众共黜之，不许入祠，仍会族送官，追谱治罪。

(余有璋等纂修，嘉庆二十五年木活字本)

五　族谱功用

族谱在宗族建设中的意义綦重，编纂期间促进宗族开展活动及制定族规、派字，起**着凝聚群体作用，成为族人认同、维系族人情感的重要载体，更是宣扬孝悌、激励风俗、推行教化的重要读本。**族谱在案件中还能够成为物证材料。

族谱可以用作证明材料。
《宫中档乾隆朝奏折》23辑，《覆奏查办江西祠谱完竣折》：
江西巡抚兼**提督衔**臣辅德谨奏，为查办祠谱完竣恭折覆奏事。……所有谱首、谱序荒诞不经之始祖及字样名目，一概铲削，并毁其版，断以始迁该地及世系分明者为始祖，均令另行改正。送官钤印发还，遇有争讼，饬以印谱为凭。……朱批：好，知道了。乾隆二十九年十一月二十七日。
(《宫中档乾隆朝奏折》23辑，台北故宫博物院1983年版，第323-325页)

施闰章《学余堂文集》卷二，《水阳河西李氏族谱序》：
……今世士大夫喜称大家，谓其世远族蕃且贵也。余闻之先人曰："世家易，大家难。俗所谓世家者，或位公卿，世累缨笏相继。然而公卿贵人，咄嗟立尽，高门巍阀，吾见其生荆棘、穴狐兔也。甚且堕其家声，为先人僇，族虽大无取焉。若夫户诗书而家礼让，崇本尚实,孝弟力田,族不必皆贤,而向善者众。有弗类者,耻之、让之。其贤者,慕而颂且效之。贵至将相而不骄,困为匹夫而不谄,保世亢宗以无失坠,是之谓大家。非仅仅富贵者比,故称难也。"是言也,先君子尝举以告族人,闻章为儿时心识之。近见庐陵王塘南先生序其家乘,亦述先儒之言曰:"子孙才,族将大。夫族之大,系于子孙之才,譬犹梗楠杞梓之材,虽在拱把,已卜其干云蔽日矣。否则枳棘塞涂乌足算也。盖族蕃,则善人常少,而不肖者多。不肖者多,则善人寡。党而教有不行,吾虞夫族大之难言也。"

今李氏昌自龙溪公,世有隐德。上之称诗而述礼,次之敦本以息业,其父兄子弟多引绳墨,厉廉耻。又有耆硕,如茂之不言而躬行。李氏之相成以善者,日有进也。族之大将于是乎哉?茂之色动起谢曰:"是不独扬先德也,其可志简册,以启我后人。"遂请书为序。

(《四库全书》本)

安徽
歙县蔚川胡氏

激励后人。

民国歙县《蔚川胡氏家谱》卷二,道光壬午《谱规》:

先达谓人贤族斯贤。凡我后人须幼学壮行,在家为孝子悌弟,出仕则忠君爱民。所谓穷则独善其身,达则兼善天下。异日载之,自足为宗谱光。

(民国四年线装活字本)

重人伦睦宗族。

民国歙县《蔚川胡氏家谱》卷二,道光壬午《璜蔚支修谱序四》:

故敦宗睦族、昭穆世次,求祖宗之所自出,别孙子之所由分,先世之隐显事功,今人之孝悌廉节,何一不赖于谱,谱之续修不诚急哉!

……

谱牒所重,人伦为大。凡属宗盟,当知劝善规过、恤灾救患,惟期孝悌雍睦、爱亲敬长,无负同宇一气之义。

(民国四年线装活字本)

湖南
湘乡匡氏

第十二篇　族谱

道光湘乡《匡氏续修族谱》卷首，《自叙》：

姓，本也；氏，支也。自八姓分而为千百姓，后遂弃本从支，即氏亦可以为姓。……夫修谱通例，以三十年为断，迟之至六十年而止，……尝读苏氏谱引而窃有感焉。苏子曰："观吾谱者，孝弟之心可油然生矣。"夫孝弟者，大本大原之所在，今之荡捡逾闲不自捡束者，只坐不孝不弟耳。人而能油然生孝弟之心，则必深明夫亲亲长长之义；能深明夫亲亲长长之义，则其宅心必慈祥；既慈祥必不刻薄而寡恩，由是而和于庭除，由是而睦于宗族，由是而信义醇谨孚于乡党里巷。凡其存之于宥密与施之于事为者，遂可以扶持纲常，羽翼名教，揆其由来，实是孝弟基之。而其所以能油然生其孝弟之心者，惟谱之故。然则谱之作也，岂独联一家以利后嗣哉？推而广之，正人心、厚风俗，胥于谱焉，寓之矣。……

（匡逢向等修，道光八年解颐堂刊本）

道光湘乡《匡氏续修族谱》卷首，《自叙》（逢礴、定嘉、定礼）：

自古精姓氏之学，如李公守素、虞公世南辈类，皆博物洽闻，卓越一时。至近传熊子峻运所撰笺释汇载各姓人物，殆古今一大谱也。然三代立宗法，龙门创世系，晋魏隋唐谱藏于官，洎五季坏乱，得庐陵、眉山二公，联本支世次、官爵、存没而勒为家乘，作谱者悉取法焉。良以亲亲故尊祖，尊祖故敬宗，敬宗故收族，典綦重矣。

（匡逢向等修，道光八年解颐堂刊本）

道光湘乡《匡氏续修族谱》卷首，《自叙》（国景等）：

谱之修，所以不忘其先而厚亲亲之恩也。自一人之身衍而为千百子孙，富贵贫贱之异位，生死休戚之殊涂，使无谱以维系之，欲其相亲犹一本、相爱犹九族也，度必不能，是则谱之所关系也，不綦重乎？……

（匡逢向等修，道光八年解颐堂刊本）

道光湘乡《匡氏续修族谱》卷首，《原序》（朱圣修）：

……是故谱修而昭穆辨、尊卑别，森然秩然，炳炳乎而礼于是乎寓矣。谱修而亲疏洽、长幼顺，蔼然油然，洋洋而乐于是乎存矣。礼让行而乐易生，始于一家，迄于一族，声闻乎闾里乡党。设有观风而问俗者乎，以此仁厚睦族之规，上之太史，亦足以广圣天子孝治天下之助焉。

（匡逢向等修，道光八年解颐堂刊本）

道光湘乡《匡氏续修族谱》卷首,《原自序》(佐棠,字廷扬):

效苏、欧二公遗意,以综其合,示同也;以纪其分,远别也。祖宗各详名号、婚配,咸书姓氏、安葬,具载地名、山向、生齿,悉列班行序次,是吾族者联而属之,非吾族者锄而去之,自是而昭穆以序,亲疏以别,尊卑以定。……

(匡逢向等修,道光八年解颐堂刊本)

湘乡平地胡氏

民国《湘乡平地胡氏续修族谱》卷首,《乾隆五十六年修楷字东来谨叙》:

苏氏有谱而眉山以振,欧阳有谱而庐陵以兴。……

(民国二十六年安定堂木刻本)

浙江

萧山贺氏

光绪《萧山贺氏宗谱》卷一,《祠堂记》:

贺氏家庙河埠,走路弄堂。大房十五世德懋公起造不敷,将堂众祠内基地造进,我等族众,因念同宗,便其起造。德懋公云:"祠内祭祀有期,仍可往我家内进出,倘遇天雨之时,亦得妥便。"各相允从,恐年历久远,伊房子孙,适有未知情由,拦阻走路。我等后辈,亦或未悉其情,家庙走路,祭祀相关,故录笔记此。后附德懋公造屋缘由,细载庶免子孙遗忘。

附载德懋公造屋如何

德懋公之弟德恩,兄弟二人起造朝东大堂屋三间,又南边朝东小堂屋二间,北边小堂屋一间,二房均分。中间香火堂一间,墙门两座,名堂两个,均系公用,载明分书。二墙门之东有园地一块,朝北河埠一个,以系二房公用,亦载明分书。东边园墙外,有朝北弄堂一条,约阔八尺余;又河埠一个,系族中公路,吾族长山头等处族众之人至宗祠祭祀,俱从弄内进出。由河埠上落此弄。河埠均系族内公共出入要路。缘嘉庆初年,德懋公在学池边起造平屋三间,被职员蔡梓即文华控告侵占学基,蒙府宪批发讯详,经前县主讯明断折,时德懋公将此屋折回,在二房公共园地内起造朝东平屋三间,因地基窄小不敷,将族中公共出入之弄堂并起在内,东边缺墙基一垛,向静缘庵内尼僧之塔园墙基借筑大墙。其园地与族众公路弄堂,有朝北河礅内凸出石条为界。其园地德懋公给侄元文钱四千文,已作园地一半之价。再朝北二房公共河埠,炳奎请堪舆云,不能聚财。炳奎雇匠改筑河埠,河埠朝东,仍属二房公共之用,照旧汲水、淘洗、起柴、下船各项之用。族众之河埠已被德懋公拆毁造屋。故今族众人至祠内祭祀,故走伊二房共享之埠,日后倘有阻滞等情,向德懋房子孙理值。特书此记耳。

(贺锡璋修,光绪十年百岁堂活字本)

绍兴山阴柯桥杨氏

光绪绍兴《山阴柯桥杨氏宗谱》卷二,《县案》:

道光十四年十月廿三日

职　杨　崧

职　杨景华　呈　年不等　十八都四图　三十里　柯桥　抱杨福

监　杨楚望

为凭空屡遭辱骂,吁叩赐迅饬该处地总、查明禀报并严禁事。切职于柯桥上市头,十七都七图地方龙字号,建有宗祠一所,已历有年。因现在祠前石礓有倒陷,及走路不平之处,趁此水旱,于本月十八日雇工修复。乃此处系就近蜀山村人出入之路,其中有不安本分平地起波之徒,见职修复旧礓,屡被扬言辱骂,冀图诈扰之意。职原忍受,诚恐另有不测事端,势难逆料,但不识其姓名,应请速饬该处地总,查明姓名,另行禀报,并一面严行查禁,为此据实备情呈明,伏乞公祖恩鉴无故被辱,恳准速饬该处地总查明禀报,并严行禁止。实为公便,顶德不朽。上呈。

宋县主批:该职等修整祠前石礓,与傍人何涉!平空诈扰、另有不测事端,不必以无据扬言率请查禁!

十一月初二日

职　杨景华　呈　年不等　抱杨福

监　杨楚望

为纠众持械、拆毁石礓,喊叩勘缉并详请签拘究办事。窃职等于本镇上市头,在自己龙字号田内建有宗祠一所,已经有年。现因祠前石礓有倒陷坍卸之处,趁此水旱,于前月十八日雇工修整。乃此处系就近蜀山村人出入之路时,被扬言辱骂,意图讹诈,职等置不与理。不料至三十日有该村恶棍薛成虎率子阿一、阿朝,并薛美金、薛国柱等,统领不识姓名二十余人,执持器械,将成工石礓尽翻在河。本欲喊控,又复忍受,谁不知愈弱愈欺。至本月初一日早上,即前项棍徒复持器械,纠督不识姓名计有五六十人,职等骇见势甚猖獗,不敢与论,即避其锋,任毁一光。伏思职等在自己地内修筑礓路,薛成虎等胆敢凭空讹诈,不遂其欲,尤敢统纠数十人两次拆毁凶掯,实属目无法纪,凶恶已极,查地总亦系蜀山村人,并不止喝。为此情极喊禀,伏乞李父台恩准,即赐诣勘饬挐,并详请按名签拘究办,以靖地方,以安民业,顶德上呈。

　　计粘呈绘图一纸。

　　李父台当即饬差传去,后旋据某役回称,薛成虎传到,余犯脱逃等语。职等请随即亲诣该处查勘,得杨姓祠前石勘实有撬开、撬断、落河约计二十余块,勘毕回署,当堂问据职员杨景华、监生杨楚望同供云云。除将原契发还杨景华,问据薛成虎供:年五十五岁,住蜀山地方,小的族中有翔字号公荡一块。前月廿八日,小的房长薛天目看见杨家将礌砌在小的公荡内,原与小的商量,到杨楚望家理论,不允。李巡厅将薛成虎掌责三十,后成虎供出:小的家四房商量,每房两人,薛阿二、阿四、成泰、成荣、国柱、天目、薛美,并小的约齐,同去将其石礌撬坏,其余薛成其、成玉、成攸、世棠、世宝、世位、国和、国秀、阿一、阿朝,在场并未动手,地是杨家的,今被合差传案,不敢胡供,求开恩。柯桥司审讯堂供。

　　初四日

　　监杨楚望

　　职杨景华　呈　年不等　十八都四图　三十里柯桥　抱杨福

　　监杨立庭

　　为纠众持械凶毁业,经喊蒙柯桥厅主就近勘缉具详,吁叩迅赐按名签拘究办事。切职等在柯桥上市头自己龙字号地内建有宗祠,因石礌年久坍卸,于前月十八日雇工修整,屡被该处附近蜀山村人扬言辱骂,恐**生事端**,不得已于前月廿三日呈明查禁在案,蒙批云云等谕。不料至三十日,有该村恶**棍薛成虎**,率子阿一、阿朝,并薛美金、薛国柱等,统领不识姓名二十余人,持械将做好石礌**掘翻**在河,职等复忍受不理,讵不知愈**弱愈欺**,至本月初一日早上,前项棍徒复纠督不**识姓名计**有五六十人蜂拥而来,肆行拆**毁凶撬**。**职等骇**见势甚猖獗,凶横异常,逊避其锋,情极喊禀柯桥厅主,就近勘缉。业将首恶薛成**虎拿案**讯认,讹诈属实,并将该处地总王茂回护说钱,及十七都七图地总来隆各情录取,切供解候审办。伏念职等在自己地内修筑礌路,恶棍薛成虎等及现在供出之薜成泰、成柴、国英、国正、国秀、国和、阿二、阿四、成攸、世豪、世宝、世位、成其、成玉、天木(目)等,因讹诈不遂,胆敢纠众持械,将成工石礌两次统拆统毁,实属无故扰害,目无王法,莫此为甚。非蒙按名签拘究办,讹诈之风势必日长。除将契据送阅给还并绘图呈明柯桥厅主另行详解外,为此据实将撬毁石双,连数目抄粘,备情声诉,环叩公祖恩赐,出签严拘,按名究办,并饬严查余党,以靖地方,以安善良,实为公便,衔感上呈。

　　计落河墈石双连十五块,撬断墈石双连十八块,原差汪奎、经承金廷高。

　　批:候提讯察究,不得罗织多人希图拖累。

第十二篇　族谱

十一月初一日

薛天木(目)、永华、国柱、东山呈

为恃势占造,亟叩饬差查勘究拆事。切身等有明季傅流祖遗,老四房薛乐道公户承粮,翔字公荡四亩零,坐落本村,土名大涂港。北首岸上有石铺大路一堘为界,路外即身等粮荡,路内系杨楚望等现买田亩,其田内于道光十一年间起造杨族公祠,将石屑泥土堆积路外河沿,以为占造地步。今杨楚望等依恃族势豪强,在于公祠门首石路之外纠率工匠多人,填筑石踏埠一个,占出身等荡八尺有余。缘荡系身等公共,不容恃强占造,身等公同理阻,讵杨楚望等恃势逞横不采,竟肆督工填占投,总畏势莫制切,思业各有主,伊祠系路内之田,何得强占身等路外之荡,差勘立明。非叩究拆,粮业何堪?为此亟叩太爷恩赐饬差查勘究拆,上呈。

批:现据巡司查勘,杨姓并无占筑情事,尔等辄因讹索不遂,掘毁石块。申解人卷到县,候提讯察究,毋得混控。

初四日

薛天木(目)等呈

为势制民冤,迫叩恩赐查卷、立提讯究事。切身等有明季传流,祖遗本都图薛乐道户承粮翔字号粮荡四亩零,土名大涂港,与石铺塘路为界,塘路之内系龙字号杨姓田亩,楚望等于道光十一年间在田内建造杨姓公祠一所,即将石屑泥土堆积路外荡沿,预为占造地步。讵杨族依恃势大丁强,现在伊祠门首路外荡沿堆积石层之处,筑造石踏埠一个,占出荡八尺有零,动土之际,身等曾经理阻,乃杨族景华等不睬,捏称修整祠前石磡,预以傍人诈扰为辞埋案。兹伊等恃势,公然纠工占筑,身等于今初一日控案,未荷批发,不料杨景华等知控,即于初二日将天木(目)之侄孙成虎扭交柯桥司侧谎,巡主不分皂白,将侄孙掌责管押。但杨族修整石磡,诚蒙批,与傍人何涉,第其侵占身等粮荡,岂其坐视不与理阻?乃恶势滔天,预埋讼案于先,凶极傍人,侧谎刑责于后,岂非势制民冤?今日已据巡司,将薛成虎扭解台案,非叩亲提讯,究有豪无法,为此情极迫,叩太爷恩赐查卷,立提讯究上呈。

批:杨楚望等果有占荡筑磡情事,尔等何以不检据具呈?辄敢恃蛮掘毁,静候讯究,毋庸率渎!

十三日

职杨景华　呈

监杨楚望

为业不由主,再行呈明,环叩恩批以便修复事。切职等在于十七都七图自己龙字号地内修筑石磡，屡被伊处出入之蜀山村人薛成虎等因讹诈不遂，蛮将修好石磡纠众掘毁，业经喊，蒙柯桥厅主就近勘详，并即绘图附送，并将所执龙字号契据送阅给还，于详内声明，宗祠前南至河，字样在案。现已将首犯薛成虎申解审办，余犯拘齐并究，是已地已做本可，无容上渎天聪。无如薛成虎等族内人众，凶横恃蛮诈扰之徒不可胜数。诚恐复有滋扰之事，不可不虑，为此粘抄各批，复行呈明，环叩公祖恩赐钧批，以便修复，以杜诈扰，实为公便，顶德上呈。

批：候催提讯究。

十二月初三日

职杨景华等　　呈

为封**篆**将届，迅赐饬拘余犯并究、并声明乘时修复事。切控薛成虎等讹诈不遂，纠众凶毁，喊蒙厅主就近勘获申解审办一案，批均抄电。伏查此案，前蒙厅主逐细屡勘，委无占筑情事，实系薛成虎等讹诈不遂所致。惟现今腊月相距封篆为日无多，若不乘此水浅之时修复完工，一经出年，不特年向不利，抑且旷野石块，难免被人窃取，事关宗祠，一族未便再缓。仰恳即将薛成虎供出纠毁各余犯并拘讯究，合将乘时修复声明，为此再行沥情陈叩，伏乞公祖恩鉴，封篆日近，迅赐饬拘余犯并究，并职等乘时修复缘由声明，实为公便，迫切上呈。

批：候限提讯究该职等果无侵占情事，尽可先行修复，毋庸屡渎。

十五年正月廿八日

职杨景华等　　呈

为诈扰属实，叩赐饬拘有名余犯并提律究事。切职等在于柯桥上市头，十七都七图自己龙字号宗祠前地内，修筑石磡，突遭蜀山人薛成虎等纠众捣毁，呈蒙批候讯究，并谕职等照旧修筑一案，业于去年腊**底，将捣**毁之处逐一雇工修复。第查薛姓所呈翔字号荡四亩，坐落大涂港，在薛乐道户**承粮翔字**号，与职等所置龙字，其号不同，且蜀山大涂港相隔祠基计有里许，其藉端诈扰显然难逃，理应严究。惟薛成虎**虽经解案**，而薛成虎所供纠毁各犯未蒙按名拘齐并究，为此抄批声诉，伏乞公祖迅赐饬**拘薛成虎**所供有名余犯，按律并究，以儆凶恶，以惩诈扰，以靖地方，实为德便，上呈。

批：候限差提讯，毋得牵织多人，希图波累。

光绪十七年请示稿底。

具呈族长杨潮，房长杨萃，司事杨希伯、杨惟椿、杨惟一、杨惟辞，年甲不等，住十八都四图柯镇，离城三十里，为课祭攸关，公叩给示勒碑永禁并赐照单、分谕各庄注册、杜盗垂久事。窃职等忝居族长、房长、司事，向有杨氏宗祠，单开各都图杨慎宗祠等户田亩，

第十二篇　族谱

给田布种收租,上供课赋,下延祭祀,历今已数十余年。前因族中不肖之辈,将田产觊觎图盗,当经开明户号,呈蒙前主付庄,注册禁止。嗣遭匪扰,案毁无稽,肃靖后,族房各长及掌祠司宰,相继去世,次第更换,幸奉颁发印,户管执业完粮,**藉资遵**守。惟是人心日下,子孙良莠不齐,近年以来,间有无聊族人朋串不法党类,仍欲**背盗**祠田,业由职等闻知并佃户通报,即赴各庄注扣,始绝盗念。无如此心已起,深恐后患难测,家法莫制。又况族长有故,系应分尊者为之,非尽年高有德,是以祠规另举司事协理。如族长言行未出于正,司事皆可指攻,不作违犯论。至宗祠田产,尤不得倡言废卖,庶祭堪永保,幼辈亦不敢妄萌觊盗矣。今职等责有攸归,因思派下支繁,目前谋盗事虽未成,其形已见,不能不杜渐防微,沥情呈请示谕,以免临时掣肘。为此开具各都图户号亩分清单,联名公叩,伏乞公祖鉴核,恩准给示勒碑,宗祠永禁,并赐谕饬各庄照单分别注册,以杜觊盗而保课祭殁存,衔感不朽。再查截至光绪十四年止,族中各人向宗祠借欠钱洋已成巨数,故租息递年亏短,公议陆续拔还,以后不准再行徇借。并乞示明,顶德上呈。

计粘呈田亩清单一纸,借欠钱洋清单一纸。

光绪十七年二月十八日呈。

批:祭田攸关血食,原应世世守之,子孙背盗,例有明条。据呈各情,却为保全起见,候出示谕禁。惟单开字号亩分是否与庄册相符,并即分谕该管庄书查册覆夺。至宗祠借款究应如何禁止,该职等自行公议也。田亩单附借欠清单,发还。

请示给各庄注册论单存稿。

钦加同知衔署理山阴县正堂唐,谕十八都二图庄书知悉:查接管卷内,据杨思潮、杨思萃,司事职员杨希伯、杨惟椿、杨惟一、杨惟辞等禀称,伊等向有杨氏宗祠单,开各都图杨慎宗祠等户田亩,给田布种,收租供课延祭。前因族中不肖之辈将田产觊觎图盗。当经呈蒙前主注册禁止,嗣遭匪扰,案毁无稽,幸奉颁发印,户管执业完粮,藉资遵守。惟近年以来,间有无聊族人朋串不法党类,仍欲背盗祠田,业由闻知并佃户通报,即赴各庄注扣,始绝盗念。无如此心既起,深恐后患难测,家法莫制,因思派下支繁,目前谋盗事虽未成,其形已见,不能不杜渐防微,粘开田亩清单,公叩给示谕禁,并谕各庄注册等情,据经前县批示在案。兹准移交,除出示谕禁外,合行谕饬,为此谕仰该庄书遵照,立即查照单开杨慎宗祠户下号亩,是否与庄册相符,限三日内签明庄册,据实覆县,以凭核夺该书,毋得违延,切切此谕。

计粘单。

光绪十七年五月廿三日谕。

(杨惟椿、杨惟一等修,光绪二十年敦伦堂木活字本)

绍兴汤浦吴氏

民国绍兴《汤浦吴氏宗谱》卷三六,《炳文公义祀纪略甫十五房》:

敬阅宗谱祖训,曰:宗人有一言一行可纪录者,必详书之,以彰善类。吾族叔祖,行字炳文,暨两叔圣遴、公信,父子同仁,有足录之。族内贤一公派有号福二公,元配郑氏安人。又有双桥府君、丁氏太君,后有我元处士金氏孺人,再后,皇清敕受广东碣石卫经历景星府君,敕封单氏孺人,伊子耀日曾任台州黄岩县典史,俱系卜藏金家阪,山名磨盘。其嫡系作宦在外,不得省墓,遗址几湮,缺祀已久。于乾隆癸亥年二月某日,管山人金某觇坟址木拱,拜扫无人,伦于若敖,胆将此山盗卖章姓。幸公信之妻舅金某世居兹土,熟视山中吴界埋石,又闻传言汤浦祖山,来报于信,信禀之父。父为我族族长,年高德邵,细查谱载确在,贤一公派历瘗此山。乃遣信即往验之,遂讼于官,得归是山。自后又命遴出资封植,以妥先灵。遴遵父命,于棺之暴露者掩之,木之蔽向者蕲之,土之卑塌者筑之,且具鸡酒以奠之。不惟是也,而又倩彼石公勒碑书名,以垂久远。于每岁清明日相邀族人,同往致祭。今年,岁在丙寅三月二十一日,遴叔之男孔三弟,邀及族人质庵、奕宣、凤书、静庄等,备船只,过嵩坝,往返数日,牲醴肴馔动费多资。并散余胙于金氏,盖不忘其来报之情,迄今数载,毫无德色,一皆凛尊我叔祖之遗命。可谓祖孙父子一家义举,族所罕见。因备述其事以为纪,聊以彰其善云。

族侄孙中倬谨识。

(吴金璠等续修,民国五年孝思堂刊本)

民国绍兴《汤浦吴氏宗谱》卷三六,《禁止坝头山造冢议约》:

立禁约房长吴瑞经,今立公禁坟山议约:缘吾二十四世祖止庵公,即恂十八公,遗有衣字三百一十四号山一块,坐落裹汤湖,土名坝头山。是山南至冈,北至山脚,西至朱姓界,东至陈姓界,粮在廿二都二图,吴梅户承纳,历年已久,相安无异。兹因派内秉周即金璐,因伊母周宜人与亡侄观达,久厝不安,于前月在是山造冢,讵同派喜十三公名下吴金品等,因是山伊房租管多年,妄认己山,致酿讼端,经吾等邀族开祠,公理查核宗谱,串管是山确系恂十八公公产,历历可凭。秉周同属是祖派裔,公山公做,理无不合,奈吴金品等以无据之辞,认公作己,冒昧妄为,殊属非是。经族众理斥,伊等理屈词穷,挽中情愿服礼。吾等念两边谊关一本,若坐视终讼,心殊不安,力劝秉周从宽了事。然虽弭祸于目前,不得不防患于日后。是山地面不多,山脚又有老坟,恐逐年添冢,势必又起交涉,殊非善全之策。现经派内公议,情愿将是山永远禁止。自此次造之后,凡是公派下,无论何人,不准再在此山开掘添葬,以泯后患,而敦族谊。除联名禀请邑尊,给示勒石谕禁外,特立合同议

第十二篇 族谱

约一式六纸,每房各执一纸,并存案一纸,永以为据。事出公议,均无异言。欲后有凭,立此合同禁约存照。

宣统二年十一月　日
立禁约房长　　吴瑞经
仝议　　　　　瑞高
　　　　　　　瑞云
　　　　　　　瑞珠
　　　　　　　金鼎
　　　　　　　金安
　　　　　　　金檀
　　　　　　　金才
　　　　　　　金瑭
　　　　　　　玉振
议中　　　　　宋芝轩
　　　　　　　董子琛
　　　　　　　王和德
合同议据　全押　毛芝馨
　　　　　　　朱伯谦
　　　　　　　陶子章
　　　　　　　吴云亭
　　　代字　　吴凤笙

(吴金璠等续修,民国五年孝思堂刊本)

江西

万载辛氏

族谱控案。

民国《万载辛氏幼房谱》,《谱余汇载》:

道光族谱控案

清道光十二年至十五年,两房互控族谱一案,繁不胜载,只将十五年三月府详臬宪文具列于左:

袁州府为禀明事。道光十三年六月十四日奉臬前宪程批发,属万载县监生辛炳汉尹传抱告辛桃牙,具控词称:生族次林等怒生控伊亲郭大经刊志,诬告听讼,纠抢总祠祭租,吞掯享钱,抹七房柄据,扯长幼两房平分,诬历谱为混,抗县不缴,叩府无提,激生前月粘抄叩辕,未沐批究。切生族始祖竭公自宋家万,传生英、勇、冠。勇无传,英支递分延、顺、觐、达、昌、孚,冠支惟通,按七户分房,支分派别,均各祖其祖,前无总祠祀产。天启四年七房醵金合置,祀竭公为正享,英、冠在昭穆,列房祖序世系,族谱经九修,即通房迭有文人,同修享牌坟山支祠,均自注通房,历两朝来,从无异议。讵次林等以七房摊捐之业,混图两房劈分,狙念郭姻,竟忘诬祖抢租掯钱败产灭祭,抗断半年不缴,迭次催县,任抗不追,府不提究,生之叩辕,非不惮烦,实不得已。现届禾熟,声称复抢,势焰日炽,必酿巨祸,再叩大人怜念蒸尝,迅赐提案,讯追按办上告等情。奉批,仰袁州府即饬录案核追具报等因。

又于道光十三年九月初十日奉前臬宪程批:据万载县生员辛次林、辛谦亨,监生辛恢绪、辛汝莹抱告万华,具控词称:生族辛炳汉等诬纠抢一案,沐仰府核办,府檄县覆,县催孽抗胆复纠抢本年早租四百余石,县府莫何。切生族房分长幼,祠谱可稽,租历平管,祠簿可核。旧汉等捏抢控县,经讯详府,长幼宜正,租凭公收。生遵孽抗,捏谎控宪,抹谱载两房捐输,单言七户派银,谎一;抹谱载两房租产,单言七户修祠,谎二;抹谱载两房世系,单言七户里名,谎三;抹谱载两房议更,反言有人同修,谎四;抹谱载崇一事实,反言林等祖姻,谎五;抹县府公断,反言任抗,谎六;矧伊称英支、冠支显系两房,乃控县九世分,控宪按户分,不思九世无七户,七户非九世,谱据确,抑志载明中叶伊房尚附籍西隅,明季迄国初,始顶东隅六户,若轮按户分房,元明只生一房。总之,两房则租当平管业,难独霸,七房则谱非甲册,宪有明鉴,恳即吊案讯究上告等情。奉批:此案前据辛炳汉等以尔等纠抢钱谷、抗断不缴等情赴司具控,业经批府速饬录案,核追在案。据控辛炳汉等抹谱诬控,是否属实,仰袁州府速饬确切查明录案。详夺抄粘等因。

又于道光十四年四月初四日奉前署臬藩宪程批:据万载县生员辛次林,监生辛汝莹抱告辛盛具控词称:名分不正,欺祖灭宗,乞恩提究。生始祖竭居万载,生子三,长英、次勇、幼冠,因勇无嗣,英、冠始立长幼二房,英房人文称盛,冠房不能逮。然前明谱五修,俱以长幼房分编,延至康熙丙戌,始以延、顺、觐、达、昌、孚、通籍贯为七户,而长幼房仍两立。至嘉庆甲子乙丑谱纂修,皆长房人,生幼房梅臣八旗教习,炳乔朝考入监,未亲厥事,长房遂将六户改六房,以伊九世十一世配生祖冠为七房,为后分公财计。讵户可改房,而当年谱图系序亦可改乎?夫为人子孙,祖宗有过,尚宜委曲求全,以敦族谊,况以孙配祖,其罪难逭,恶不但不改前非,反刷帖以帝王比庶姓,房名拟国号,大干例禁,又捏生强出祠谷。生系首士,何为强。恶等县断不遵,府传不至,不蒙提讯,虎视谁能压倒,为此粘帖

第十二篇 族谱

奔叩大人台前,乞恩提讯,扶正名分,生祖亦感恩无既矣。上告等情。奉批:查宗谱有昭穆之分,支派之别,岂容各存私见,互相争竞!究竟该生等捏饬妄控,仰袁州府饬速传齐族房,公同查禀,秉公定断详夺,毋任滋讼。粘单并发等因。

又道光十四年九月十三日奉前署臬藩宪程批:据万载县生员辛次林、辛谦亨,监生辛汝莹抱告辛盛,具控词称:族炳汉等欺祖灭宗一案,沐批仰府饬覆详报。生遵听覆,讵伊势大,县催抗县,府檄抗府,负隅莫制,案延三载。切生族谱经九修,历谱止有长幼两房殊,康熙丙戌谱,伊房渐强钻入递顶七户字样。乾隆己亥谱,伊房益将七户字样半改七房,迄今嘉庆甲子谱,伊房巨绅操笔,遂另撰七房世系图说,全翻旧谱,上乖祖宗伦序,下启子姓欺凌,名分既失,汉等益**肆霸祠聚**讼,诬抢诬殴,混引国号,僭拟帝王,罔所顾忌,县府莫何。大宪若不提讯,虎视**谁能压倒**。为此抄呈谱案一宗,再叩大人台前,乞恩正伦究诬,抑强扶弱,以彰风化上告等情。奉批:仰袁州府饬速遵照前批,传齐族房查明,秉公断详,毋任再延滋讼。粘抄并发等因。

又于道光十四年十一月初九日奉前臬宪程批:据万载生员辛次林、谦亨,监生辛汝莹抱告辛盛,具控词称:族蕴昆等乱宗违禁,诬抢诬殴,前已五叩,批仰饬覆,理应回候。奈孽前月底复强出生等经管庄租,举人辰云坚执近谱系伊家所修,辱斥生房殊谱,实狂谬,《圣谕广训》载世祖章皇帝广训十六条,改为十六则,圣谕省字、解字改为免字、戒字,宗规内劝听宣讲,不抬写,广训又节孝奉旨旌表,不双抬写,与伊等驳帖,伊房祖顶户犹之开国狂妄一辄查例载,家谱僭用世表字,照违禁治罪。**孽藐法**,谱不容更,希图灭长幼名分,生族人众处视莫压,恐酿巨祸,只得恭签族谱二奔,**冒罪再渎**,如虚坐诬,免致缠讼上告等情。奉批:查乾隆年间查办诗集,指为狂悖案内,钦奉谕旨,吹求字句,办理大过,通行饬禁在案。今尔等枚列修谱名字,只系字句失检,自可投族更正,乃藉端指为狂谬,实属吹求刁妄。仰袁州府既饬查明核正,仍照前批,速将断案录叙,核追详夺。宗谱并发等因。各到府。

奉此,府遵查此案,先于道光十三年四月十三日据万载廪生辛梅魁,增生辛诚质,监生辛炳汉、辛尹传、辛荣宗,民人辛连升赴府控称:生族顶里名分延、顺、觐、达、昌、孚、通七房,甲册据,各房现有支祠,天启四年始按户醵金,立总祠,祠业等项概计户摊捐,家谱据,数百年来公财公用,无敢觊觎。去岁生控势宦郭大经修志造诬,通房次林等袒护姻亲,腊底抢祠谷三百余担,吞捐享钱数百余千,激控县宪,胆藉口长幼二字,计图劈分,叠控历谱为混斥祖,刷帖混行毁谤,翻数百年已成之局,开数万人必争之端,扯长幼虚名,捏摊醵事实,串商孽党,越收钱谷,纠抢实县,叠饬缴不遵,抗断确不缴,则祠用不敷,享祀诸典何以照旧举行,败祠灭祭,确抢谷不已,至捐钱造谋叵测,势必一犯再犯,族繁忿伊等猖獗,恐酿巨祸。生瞻前顾后,寝食难安,只得录案剖叩,檄提审结究追等情,当经府批县查报。　　旋据万载县知县龚士范详称:卷查此案,先于道光十二年十二月初八日,据廪生辛梅魁等呈称,族分七房,一延、二顺、三觐、四达、五昌、六孚、七通,谱载确据,原建总祠于兴仁坊,所有七房众产公同收租存祠,以为祭祠及考试程仪花红,完粮救荒等项使用。不料本月初旬有通房辛锦堂等藉伊常在祠中,妄生觊觎,统带辛成牙等于昨初六初七假祠众名目,私往尚镪冲塔前等庄出去租谷数百石,藏匿别处,佃户来祠报知,族闻骇然,欲阻莫及,致祠中公用俱无所出,为此迫禀追究,合族沾恩上告。又于是月初九日据该廪生等续禀:生等续禀内称云云。当经提讯饬正,一面差传查审,去后旋据被告生员辛长林监生锦堂辛绍泽等投案前来,讯据供称,伊等系幼房子孙,在总祠内各管公项,收存公用谷三百余石,长房子孙辛梅魁等控告郭大经修志事,生等因恐糜费公项,不愿涉讼,以致辛梅魁等怀恨捏控等情,当即谕饬辛次林将即所收租谷先行缴交总祠,听候差集质讯。祠于十二月十一日据生员辛次林等呈称:生族自一世祖竭公传生英公、冠公长幼两房,籍分东西隅,谱状迭据,顺治丙申长房恃众肆欺,致谱刊未散,谱序又据;康熙丙戌长房突乱旧章,将生幼房二世祖并伊房三、六、九、十一世祖混分七房,罔顾以孙并祖。生房南溪、静山二公屡议更改未遂,谱序又据;至甲子重修,复蹈前弊,名分之乖,贻笑大方,即今宗祠变为讼馆,祭资竟成讼费,生等劝阻反遭辱激。值生房首士收各庄租,辄架以私出强出拦殴等词,捏控陷害,切以经理人收经理谷,何私何强?况实系两房强分七房,签谱呈核自明。为此恳将长幼房所收租谷及未收店租栈租一并封贮,暨祠产两房劈分,免致废祀。戴德上告等情。并据各呈系图宗谱到县。据此,均经饬差传讯,旋据两造投案前来,即讯:据辛梅魁蕴昆等供:廪生们族祖竭公从南宋时住居万载地方,是辛氏继派始祖,传生三子,长英、次勇、幼冠,勇公无传,从英、冠二公传至元朝第九世祖分作七房,英公子孙德恭、伟恭、绍祖、廷秀、廷曙、廷用是廪生们支祖,原分为延、顺、觐、达、昌、孚六房,冠公子孙景元是辛汝莹即锦堂同辛次林们的支祖,原分为通房,前朝所修宗谱年远无存,康熙丙戌年重修谱序均各载七房字样。廪生同辛汝莹们七房祖手捐建总祠并银钱田产公同收管,作为祭费并各项公用,各房均有房长,并无总管首士。道光十二年廪生们与郭大经涉讼,郭大经是辛汝莹们的亲戚,他们意图袒护不遂,就于十二月初六、七等日私收总祠庄田租谷数百担并不缴交祠众。廪生们在案控追,他们就捏说谱载房分以孙并祖等词按分公产。廪生们查得德恭们同景元七人都是第九世祖辈,分作七房,现有康熙丙戌年宗谱可据,同那嘉庆甲子年宗派图说都没以孙并祖的事。又查乾隆己亥年续修谱序内载,族长凝之公邀同通房静山公会议斟酌,仍以七房分支。又嘉庆甲子重修族谱,辛次林的祖辛炳乔同他们房下辛雨臣的哥子辛梅臣都编辑宗谱的人,当时都没异议。今蒙查讯,廪生们呈有宗谱并绘具世系图说呈案查核,委系辛次林们祖姻背祖,求查究并追缴辛汝莹、次林们所出租谷就是。据辛汝莹即锦堂、辛恢绪即绍泽同辛次林谦亨等供:监生们族祖竭公生子英、勇、冠三人,勇公无传,这辛梅魁们是长房英公的子孙,监生是幼房冠公的子孙。前明洪武、宣德、天顺、正统、嘉靖年间五次重修,谱序多系开载长幼两房,从无七房名目,现存续修谱内载有原序可凭。康熙丙戌年续修宗谱,把长幼两房照依族内延、顺、觐、达、昌、孚、通七户里名分为七房,嘉庆甲子宗派图说内英公为延、顺、觐、达、昌、孚祖,冠公为通祖,又于英公支下将三世祖龟永分为延、顺祖,龟年分为觐、达、昌、孚祖,六世祖叔夏分为觐祖,叔源分为达、昌、孚祖,九世祖廷秀分为达祖,廷曙分为昌祖,廷用分为孚祖,至十一世鼎公兄弟五人,鼎公长幼二子均为延房,独鼎公次子宽别为顺祖,是长房的十一世祖已与三、六、九、十世祖同列六房,又同生员们二世祖冠公并作七房,委实名分不正。监生辛汝莹是幼房房长,监生辛恢绪是大祠首士,生员辛次林是祠众义学首士。道光十二年十二月间监生辛汝莹、辛恢绪、生员辛次林们收过庄租三百余担,存为公用,辛梅魁们就捏控监生们强出庄租,监生们已前情诉明并签呈嘉庆甲子宗谱同世系图说,并呈在案。今蒙查讯,监生们委没祖护亲戚、强出庄租谷的事。族内七房房分,据辛梅魁们供说是从九世祖一辈分支,指有康熙丙戌年宗谱为据,何以宗谱内并非九世祖德恭、伟恭、绍祖、廷秀、廷曙、廷用、景元七人各分一房,竟在德恭的孙辈十数人内独把鼎公的次子第十一世祖宽公载为顺房始祖?嘉庆甲子世系图注内又不将德恭们分注七房,图说内又载有"延、顺同延房,至宽公别为顺祖"等语,可见并非从九世祖一辈分房,确有谱据。从前族长辛南溪、静山屡议更正,现在载有谱序,到乾隆己亥年修谱时辛南溪已经身故,辛静山已辞退,族长是辛凝之,仍照七房分支尚未改正。又嘉庆甲子年所修宗谱是乙丑年冬间告成,那时幼房辛炳乔在监肄业,辛梅臣也在京就职,都没与修谱事。辛梅魁们诬告监生们背祖祖姻,喝众追殴等情,求讯究所有祠内捐产,听候公断,总求改正名分就是。各等供。据此,卑职堂断内开:查讯得廪生辛梅魁等与监生辛汝莹即锦堂等均属同宗,其继派始祖辛竭公生子英、勇、冠三人,辛勇无传,辛英即辛梅魁等之祖,辛冠即辛汝莹等之祖,该祖原有延、顺、觐、达、昌、孚、通七户里名,辛英支下谱载为延、顺、觐、达、昌、孚六房,辛冠支下谱载为通房,族内建有总祠,该七户人等捐有银钱田产,历由各首士经管租息公用公收,监生辛汝莹是本房房长,及在祠管事之生员辛次林、监生辛恢绪等于道光十二年十二月间经收祠租谷三百余石,并未缴交总祠,经辛梅魁等赴县呈控,辛汝莹即以七房名分不正等情呈请正名分产前来,迭于收词时劝令仍归友爱,息结讼端。兹据两造人等仍复投案禀审,又经反复开导,并查讯得总祠产业本系七户公捐,自应各首士公同收租,以作总祠公用,永远不得分析,辛汝莹等所收庄租应与各首士所收租息一并交存总祠公同收管，据请分析之处，毋庸置议。至谱载房分，据辛梅魁等声称，系自九世祖德恭辈分作七房，签呈康熙丙戌年宗谱为据，质之辛汝莹等则称，是年修谱，始以长幼两房分作七房，并非分自九世一辈，现有十一世宽公载为顺房始祖。又嘉庆甲子谱载宗派图说，亦有"延顺同为延房，至宽公别为顺祖"之语，核与谱载相同。查七房名目既非分自一辈，因何将长幼两支分作七房，应俟续修宗谱时和衷共议，仍由主撰之人更修尽善，毋致因此纷争，以全族谊。等因。嗣据辛汝莹等以总祠公项每年于清明后结算登簿，今伊等向各首士订期结算钱谷，以便缴存公用，讵辛彦瑜坚揞不结等情具禀，又经卑职批令遵断缴交租谷，并已票饬差催，各在案。兹据辛梅魁等控，奉宪台批饬，前因卑县遵查奉发词内辛梅魁等上控各情，多与县控情节无异，惟所称辛次林等揞吞享钱一节，词未声明确数，核其控县初词，亦未呈及。查该姓总祠一切钱租既系按年结算，是否本年尚未结算，应请并饬各首士将经收享钱确数逐一算明，一并存祠公用，毋得揞吞滋讼，是否允协，理合备录原案，并将查议缘由具详。复据辛炳汉、辛次林等各赴府互控，又经批县再加查讯，旋据辛炳汉等及辛次林等各以前情先后控，奉前因，又经转饬该县遵照办理。嗣据辛诚质、辛炳汉等屡次赴府具控，复经卑府提讯各供与县审相同，查核县断，尚属允协，应如所议办理。惟据辛诚质、辛炳汉等称，被辛次林等迭次强收租谷等项，当饬将所收租谷等项如何动用，有无侵蚀，邀齐族房三面公同清算呈覆，乃辛次林等延匿不到，饬县差查业，已外出迭次催提，迄未到案，被府查此案先经该县查讯该廪生辛梅魁等，与监生辛汝莹等均属同宗，其继派始祖辛竭公生子英、勇、冠三人，辛勇无传，辛英即辛梅魁等之祖，辛冠即辛汝莹等之祖，该族原有延、顺、觐、达、昌、孚、通七户里名，辛英支下谱载为延、顺、觐、达、昌、孚六房，辛冠支下谱载为通房，族内建有总祠，该七户人等捐有银钱田产，历由各首士经管，租息公收公用，辛汝莹系本房房长及在祠管理之生员辛次林，监生辛恢绪等经收总祠租谷，并未缴交总祠，经辛梅魁等赴县呈控，辛汝莹等即以七房名分不正等情呈请正名分产，经县讯明，该族总祠产业本系七户公捐，应令各首事公同收租，以作总祠公用，永远不得分析。辛汝莹等所收庄租应与各首事所收租息一并交存总祠公同经管。据请分析公产之处，毋庸置议。至谱载房分，经县讯，据辛梅魁等声称，系自九世祖德恭一辈分作七房，签呈康熙丙戌年宗谱为据，质之辛汝莹等则称是年修谱，始以长幼两房分七房，并非分自一辈，现有十一世宽公载为顺房始祖，又嘉庆甲子年谱载宗派图说，亦"延顺同为延房，至宽公别为顺祖"之语，核与谱载相同。查七房名目既非分自一辈，因何将长幼两支分作七房？断令俟续修宗谱时，和衷共议，仍由主纂之人更修尽善，毋致因此纷争，以全族谊，由县议详，因辛炳汉等及辛次林等迭次控告，复经府提讯查核县断尚属允协，应如所议办理，惟据辛诚质、辛炳汉等

第十二篇　族谱

称被辛次林等迭次强收租谷等项,当饬将所收租谷等项如何动用,有无侵蚀,邀齐族房三面公同清算呈覆,乃辛次林等延匿不到,饬县差查,业已外出,迭次催提,迄未到案,查辛次林等所收租谷等项自应交存总祠公同经管,除公用外,其余难任浮冒,容再催县勒传辛次林等到案查究追缴。至辛次林等所控修谱违碍一节,饬据该县申据监生辛有荣等呈称,生族等谱一百六十四集,生等分领一百三十四集,俱速投族更正,而辛恢绪等分执之谱,挦不肯更,为此将生等所更之谱呈案核覆等情,除饬催辛恢绪等将分领谱牒一律投族更正外,合将辛有荣等呈到更正族谱三本,同奉发谱牒二本申送等情到府。据此,府覆查无异,缘奉前因,理合录叙控案讯断缘由具文,详请宪台俯赐查核批示饬遵。除详臬藩宪外,为此备由具申状,乞照详施行。须至册者。

(民国三十五年刊本)

嘉庆《万载辛氏族谱》,《续谱发凡》:

一、尊王言。纶綍之典,宠贵家门,用以作忠教孝,发前光而重后守,恭载宜先。吾辛自周太史以来,史传代多达人。顾自龙山公莅兹土而后,下起簿尉以至州牧,虽谱不绝书,而制诰一门旧从阙如,无凭补载。入国朝来,科甲相望,仕版溱登,爰逮引例急公,并得身膺锡命,恩被所生,或生受荣封,或殁感追赠,上有九重之宝,均为一族之光,既皆什袭可征。谨依己亥谱例,标之卷首。

一、明系本。吾宗自介岐公来仕,卒葬龙山之麓,至南坡公重来奠祖,始家此地。然南坡公以前,旧谱多据传闻,中间所胪名讳,证之史传,不无异同。盖壤地夐隔,年代既悠,所谓疏远者闻其疾而不闻其舒,理势然也。谨遵君子阙如之义,本始所在,疑无敢质,著为源流各说,略加辨正,以昭慎重。南坡公以后,从前谱载详确,今仍旧南坡公为一世祖为说,以申明之。二世则继忠公为长房祖,实分延、顺、觐、达、昌、孚六房,继敬公为幼房祖,实衍通房。己亥续谱,十世以前为总图,十世以后始七房分编。今仍十世为图,附以案语,胥为宗源述。

一、详祠堂。系本既明,先人凭依,祠堂斯在。降福赐箴,祖考精神萃于斯,展敬联事,子孙精神亦萃于斯。读丙戌谱修祠纪事,从前创度营构,几费艰难,由是春秋拜虔礼法会聚有地,燕喜迎饯有所,后来渐次恢扩助基庀材,益以宽广周正,规模宏敞为一县观瞻。即凡后裔之欢跃莫非前灵之庇启。谨绘全图,恭详基制,节录契据于册,用垂永久。

一、表坟山。祖考灵爽依于祠堂,而体魄所止,坟山是宅。虽风水之说达者不言,然先人遗荫托兹永存,发荣毓秀,木本水源,讵敢久而忘之。凡谱内所书葬厝,或系全山,或止片壤,势不能详,止存注世派名下。惟龙山窀穸发脉所自,各房祖冢亦远庇所关,有图有记有说,并官禁侵犯接葬旧案,具著于篇。

一、记祀事。古人生事死葬而外，所重惟祭以礼。元明以来，士大夫家祭仪节，多本《文公家礼》，吾族亦然。近者邑先辈李厚冈讳荣陛先生家谱提要内亦有祭仪，今参用之。凡享位陈设，一一具详。祭品自羊豕鸡鱼外，其余多品，一以时蔬，概之旧谱所载。告文歌诗，酌易之，欲其质而确也。春露秋霜，报本之思一也。故墓祭及中元祭文附之。士无田则不能祭，故祀产亦附之。祀产外，续置义田义塾，亦祠产也。并附之。

一、陈家训。古云：丰祭不如薄养。然论养则志为先。吾族自龙山公清白传家，代有禀承。读世祖章皇帝广训十六则，周详恺切，教国在是，教家亦在是。族中耆老每朔望恭行宣讲，子姓敬听而行之，遵王路，即所以守家声也。故标劝语一则于前，次以族旧教约及祠规，仍期子孙绳绳勿替引之，故并丁会条规汇载于后。

一、志户籍。吾族之在县，自奉先人俎豆以来，阅数百年世守家训，恒产恒心，历久勿替。祖宗馌粥在是，即子姓歌哭于斯。以故旧有半县之谣，为著族首。万载一百八图，吾族之列于隅坊者有七焉。门户相承，版籍一定。期于世世万子孙毋变也。作都图甲户表。

一、编世派。著籍既久，世次滋多，别而序之，宜有条理。延、顺、觐、达、昌、孚、通七房分编，旧每人书某人第几子于名旁，今移标上方。旧世系图仿瓜藤，纸幅多空白，帙易繁重。今用雁行横列，每人名下字号生卒用小字，双行直下分注。其各房分编则仍每五世迭用雁行横列，相次为率，以昭划一。其他悉仍前谱。如书生殁以详始末，书葬所以备侵轶。凡已娶者皆书配，未娶止书聘。妾有子者书妾某氏。凡子女异母者别之以著审。出妇嫁妇绝于庙，则不详其卒葬。长殇及长子殇，均列于派。而中下殇从略。女嫁书适某，其姻戚有仕宦者酌书其官。贤妇节妇暨女为夫守节建坊者，皆特书派别，先后总以前人长幼，不以其人齿序。故或弟在长支而名先，兄在次支而名后，以表亲疏也。继嗣于本生父下书某子出继某，于所继父下书某人某子入继，以著确也。随母嫁及出继异姓者，仍书之本生父下，示归家有据也。流寓他乡者书外出，冀或来归也。养异姓为子者不书，防紊宗也。剃度为僧者不书，自绝于宗也。淫秽乱伦者，世系用黜字，及所生不书，遵功令也。凡此一仍旧例。

一、辑家传。立德立功立言，彪炳史策，俎豆邦乡，求之家乘，或难矣。然三物六行，只为庸德匹夫，有志何处不勉焉。矧我族前贤之美，可为法传者乎？凡行谊政事文学，无论偏长全美，并足光前引后，旧谱人物传所载悉存之。近来时贤其人已没，而事可采者续之。节孝奉旨表奖，并州县给匾劝励者，载之以阐幽光。

一、存艺文。立乎百世之后，源流阐述记载端赖前修。吾族谱创始有明，秋涛公续编者四；国朝撰辑则自六化公，续编者二。凡星霜兵火，散阙搜访，收择之难，编摩详析，矜慎之概，精心能事，具存所自为序跋暨各名贤赠序中，今并详录。至族贤著作诗文，前后美不胜收,宜入本人文集,兹惟取有关祠事者载之,余俱从略,以省繁重。

一、汇杂录。艺文外,有零细记载不可遗者,统归杂述。前谱每世各以一字为名派,或合族同一字派,或几房各为字派。从前本难划一。丙戌以后之谱,则概取五行偏旁之字,每世递衍,撰成诗句。后来虽亦或依或否,大概总多承用。今仍旧列为辛氏讳派,世次惟旧谱所列,每人有行。丙戌前每兄弟十人共取一字为行,盖其时多称行不称名,与有行无名者,以行即名也,今悉存之。其取太学经传之字为行,分系各房,每世竟有一字衍至几百几十者,则始自丙戌之谱。揆之生殁称谓,俱无所用,殊为赘设,今汰去不录。从前修祠一切纪事,及前后各项乐输人名,并存之,所以奖成劳、嘉好善也。历来并现在各编谱司事人名,一一递载,不没其勤也。旧谱所无,而间见于地志坟石者,不敢隐,附别为志碑存疑录,以昭慎重;并附同县异宗略,以示别也。后缀之以领谱字号终焉。

(嘉庆十年刊本)

广西

平乐邓氏

族谱在司法纠纷中的佐证。

民国平乐《邓氏宗谱》卷二,《史氏婆山蓑衣冲审案》:

审得邓永得、邓奇逢等控争地,名蓑衣冲坟山一案,兹差集覆讯,据邓永得供称:邓奇逢蓑衣坑,系在雷姓茶山脚下,西面田洞之处。伊等蓑衣冲系在水源山北向,水牛形山场,两边有合水为界,右边葬祖婆史氏,左边有坟两冢,系属古墓,呈有宗谱山图可查。并据邓奇逢等供称:伊等蓑衣坑坟茔亦有宗谱可查。两造各供,均难凭信,诘之地邻阳茂荣等,佥供两造所争之处,伊等不能指实。惟查邓永德所呈宗谱山图,蓑衣冲与蓑衣坑中隔一山,坟之坐向各别。况邓奇逢所呈谱,据内载罗、朱二氏生殁失考,葬在阳家蓑衣坑,足见蓑衣坑另有其山,不在水源山北面。其惟邓奇逢等越占无疑。是以本州断令水源山北向蓑衣冲,水牛形山场右边史氏坟岭归邓永得管业,左边古墓两冢,断作官荒,照旧朱画山嘴为界。两造不得挂祭,以杜争端,着原差所具,两造遵结,呈邊备案,此判。

皇上道光二十六年　　月　　日断案。

(邓廷泂、邓盛昌等修,光绪十七年十贤堂刊本,民国十三年续刊)

清高宗上谕,《四库全书》不收"民间无用之族谱"。

《钦定四库全书总目》卷首一,《圣谕》:

乾隆三十七年正月初四日奉上谕:……除坊肆所售举业时文及民间无用之族谱、尺牍、屏幛、寿言等类,又其人本无实学不过嫁名驰骛编刻酬倡诗文琐屑无当者,均无庸采取。

(《四库全书本》)

命中外搜辑古今群书而以族谱为民间无用之物舍弃。
《大清高宗纯皇帝实录》卷九〇〇：

(乾隆三十七年正月上庚子)命中外搜辑古今群书。谕:朕稽古右文,聿资治理,几余典学,日有孜孜。因思策府缥缃,载籍极博,其巨者羽翼经训,垂范方来,固足称千秋法鉴。即在识小之徒,专门撰述,细及名物象数,兼综条贯,各自成家,亦莫不有所发明,可为游艺养心之一助。是以御极之初,即诏中外搜访遗书,并命儒臣校勘十三经、二十一史,遍布黉宫,嘉惠后学。复开馆纂修《纲目三编》、《通鉴辑览》及"三通"诸书。凡艺林承学之士,所当户诵家弦者,既已荟萃略备。第念读书固在得其要领,而多识前言往行以畜其德,惟搜罗益广,则研讨愈精,如康熙年间所修《图书集成》全部兼收并录,极方策之大观。引用诸编,率属因类取裁,势不能悉载全文,使阅者沿流溯源,一一征其来处。今内府藏书插架,不为不富,然古今来著作之手,无虑数千百家,或逸在名山,未登柱史,正宜及时采集,汇送京师,以彰千古同文之盛。其令直省督抚会同学政等,通饬所属,加意购访。除坊肆所售举业时文及民间无用之族谱、尺牍、屏幛、寿言等类,又其人本无实学,不过嫁名驰骛、编刻酬唱诗文琐碎无当者,均无庸采取外,其历代流传旧书,内有阐明性学治法,关系世道人心者,自当首先购觅。至若发挥传注,考核典章,旁暨九流百家之言,有裨实用者,亦应备为甄择。又如历代名人洎本朝士林宿望,向有诗文专集及近时沉潜经史,原本风雅,如顾栋高、陈祖范、任启运、沈德潜辈,亦各著成编,并非剿说卮言可比,均应概行查明,在坊肆者或量为给价,家藏者或官为装印,其有未经镌刊只系钞本存留者,不妨缮录副本,仍将原书给还。并严饬所属,一切善为经理,毋使吏胥藉端滋扰。但各省搜辑之书卷帙必多,若不加之鉴别,悉令呈送,烦复皆所不免。着该督抚等,先将各书叙列目录,注系某朝某人所著,书中要指何在,简明开载,具折奏闻。候汇齐后,令廷臣检核,有堪备阅者,再开单行知取进。庶几副在石渠,用储乙览。从此四库七略,益昭美备,称朕意焉。

(中华书局 1986 年影印本,第 12 册,第 4-5 页)

续修国史征集谱牒家乘。
《大清高宗纯皇帝实录》卷一五:

第十二篇　族谱

（乾隆元年三月下癸丑）又议覆礼部左侍郎徐元梦奏，续修国史应将雍正十三年间诸王、文武群臣谱牒、行述、家乘、碑志、奏疏、文集，在京文臣五品以上、武臣三品以上，外官司道总兵以上，身后具述历官治行事迹，敕八旗直省查明申送史馆，以备采录传述。国初以来，诸臣勋绩有遗漏者，亦应汇萃成书。嗣后诸臣章奏，有奉旨及部院议准者，亦应录送，以为志传副本。纂修等官不敷，于翰林内选择充补。均应如所请，从之。

（中华书局1986年影印本，第1册，第411页）

清高宗谴责彭家屏家所刻族谱有"大彭统记"等狂妄字样。
《大清高宗纯皇帝实录》卷五四一：
（乾隆二十二年六月下己丑）谕军机大臣等：据图勒炳阿奏，续经查阅彭家屏家所刻族谱内，有取名"大彭统记"等字样，甚属狂妄等语。着传谕胡宝瑔，将伊现在查出族谱封固进呈。此案已经完结，且系彭家屏所刻，与伊族众无涉。不必张皇滋扰。

（中华书局1986年影印本，第7册，第859页）

彭家屏所刻族谱未避讳。
《大清高宗纯皇帝实录》卷五四二：
（乾隆二十二年七月上癸卯）谕曰：彭家屏前以收藏明末野史，其有无批评之处，已被伊子烧毁灭迹。经军机大臣会同九卿审拟斩决具奏，朕以罪疑惟轻特降谕旨改为监候秋后处决。嗣据图勒炳阿奏，其所刻族谱取名"大彭统记"甚属狂妄等语，因命新调巡抚胡宝瑔查取进呈，则以大彭得姓之始本于黄帝、昌意、颛顼。夫氏族谱系士大夫家恒有之，亦何至附会荒远，以为迢迢华胄，乃身为臣庶而牵引上古得姓之初，自居帝王苗裔，其意何居？且以"大彭统记"命名，尤属悖谬，不几与累朝国号同一称谓乎！至阅其谱，刻于乾隆甲子年，而凡遇明神宗年号，于朕御名，皆不阙笔。朕自即位以来，从未以犯朕御讳罪人，但伊历任大员，非新进小臣及草野椎陋者可比，其心实不可问，足见目无君上，为人类中所不可容。而前此之逆书，天理昭彰，不容其漏网明甚。彭家屏原系应斩立决之犯，即秋审时亦必予勾，着从宽免其肆市，即赐令自尽，以为人臣之负恩狂悖者戒。

（中华书局1986年影印本，第7册，第876-877页）

建宁府余氏族谱记载先人刊书为业。
《大清高宗纯皇帝实录》卷九七五：
（乾隆四十年正月下丙寅）谕军机大臣等：近日阅米芾墨迹，其纸幅有"勤有"二字印记,未能悉其来历,及阅内府所藏旧板千家注杜诗,向称为宋椠者,卷后有"皇庆壬子余氏刊于勤有堂"数字,皇庆为元仁宗年号,则其板是元非宋。继阅宋板《古列女传》,书末亦有"建安余氏靖庵刊于勤有堂"字样,则宋时已有此堂。因考之宋岳珂相台家塾,论书板之精者,称建安余仁仲,虽未刊有堂名,可见闽中余板在南宋久已著名,但未知北宋时即以"勤有"名堂否。又他书所载,明季余氏建板犹盛行,是其世业流传甚久。近日是否相沿,并其家刊书始自北宋何年,及勤有堂名所自,询之闽人之官于朝者,罕知其详。若在本处查考,尚非难事,着传谕钟音于建宁府所属访查余氏子孙,现在是否尚习刊书之业,并建安余氏自宋以来刊印书板源流,及勤有堂昉于何代何年,今尚存否,或遗迹已无可考,仅存其名,并其家在宋时曾否造纸,有无印记之处,或考之志乘,或征之传闻,逐一查明,遇便覆奏。此系考订文墨旧闻,无关政治,钟音宜选派诚妥之员善为询访,不得稍涉张皇,尤不得令胥役等借端滋扰。将此随该督奏折之便,谕令知之。寻奏:据余氏后人余廷勷等呈出族谱,载其先世,自北宋迁建阳县之书林,即以刊书为业,彼时外省板少,余氏独于他处购选纸料,印记"勤有"二字,纸板俱佳,是以建安书籍盛行。至勤有堂名相沿已久,宋理宗时有余文兴,号勤有居士,亦系袭旧有堂名为号,今余姓现行"绍庆堂书集",据称即勤有堂故址,其年代已不可考。报闻。

(中华书局1986年影印本,第13册,第16-17页)

胡佑铨借阅族谱而后假冒。

《大清宣宗成皇帝实录》卷四四:

(道光二年十一月上甲申)谕军机大臣等:程祖洛奏拿获匪犯搜出伪造印文及钞本书册等件现在咨查根究一折。此案胡佑铨在南阳县手持黄纸拜帖,自称南番大历国差赴京城投书缺少盘费,欲至府署告助,经署知府马维骢等**盘获到案**,并搜出伪造印文等件。据程祖洛提讯,该犯供称系贵州遵义县人,原任广西水**城提督胡**天格之子,并未到过贵州,随委**籍隶遵**义之候补知县余从龙向讯,确系遵义一带口音,即该犯原籍村庄住址,亦能言之**凿凿,显**有捏饰。该抚现已行咨贵州,确查该犯是否系胡天格之子,因何游荡在外,有无在籍为匪别情,曾否遣人往取家谱,并所供南公师、胡帼大、陈法靖果否实有其人,传到胡姓邻族研讯。着程祖洛俟咨覆到日,即行详细根究,该抚于此案务当悉心审办,不必急于定案,总须审明确实情形,按律定拟具奏,不可以该犯供词狂悖,似有疯状草率了结。并着严密防范,毋使倖逃法网,将此谕令知之。寻奏:据胡天格之嗣子胡佑陞来豫质对,与该犯各不相识,并供伊父胡天格并无亲子,提该犯详细研鞫,语多诞妄,略加熬讯,即痰气上涌,俟其神气清醒,逐加研讯。据供伊本名陈铨,系贵州遵义县人,向从

第十二篇 族谱

胡天格之妹夫王清文学医,因在王清文家借得胡氏族谱,熟悉胡天格家世,与贵州抚臣咨覆年岁、亲属与邻右所供均符。其如何捏冒胡佑铨假充南番使人暨如何伪造印文拜帖及钞本书册,该犯坚称全不记忆。察其形状,虽非疯颠,确系痰迷心窍,若非迷瞀,断不敢挺身进署,自投法网。虽鞫无另有谋为重情,而书词狂悖,应比照妄布邪言、书写张贴、煽惑人心例,拟斩立决。下刑部议。寻议奏:该犯书写狂悖词说,应如该抚所奏,惟究由痰迷所致,既据讯无另有谋为别情,与有心悖逆者不同,可否准其末减。得旨:陈铨改为斩监候。

(中华书局 1986 年影印本,第 1 册,第 789-790 页)

提验内江县邹姓族谱查阅是否由湖南新化县迁居。
《大清宣宗成皇帝实录》卷二八〇:
(道光十六年三月戊戌)又谕:本日据讷尔经额奏,拿获武冈州滋事匪徒,讯据案犯僧自松等供称,同习青莲教吃斋拜龙华忏。诘其青莲教系何人倡立,据称自四川传来,不知传自何人。又讯据投递逆启要犯邹沅佐供称,系湖南新化县人,于嘉庆十二年间,因其叔邹凤举寄居四州内江县贸易,该犯即前往同居。由寄籍应试,取进文生,十二年二月告游学回至新化,此后未曾赴四川岁考各等语。邪教辗转煽惑,最为风俗人心之害。该犯等既供称传自四川,是否果有习教党羽,匿迹潜形,自应搜捕,以净根株。要犯邹沅佐既在四川入学,其叔邹凤举寄居内江县贸易,现在是否实有其人,其平日有无党羽及不法情事,着鄂山迅速严密查明,一并据实具奏。将此谕令知之。寻奏:委员前赴内江,督同该县严密查拿,并无邹凤举踪迹。其在该县住居之邹姓人等,经该委员等提验族谱,亦无由湖南新化县迁居字样。据称或自明季,或自康熙初年迁徙,人经数代,原籍久已无人往还。现在丁男并未习教不法,复吊阅儒学红册,文武生员内均无邹沅佐之名。得旨:慎勿贻害将来,勉之。

(中华书局 1986 年影印本,第 5 册,第 320-321 页)

胡中藻案中检阅胡氏家谱记载其子嗣状况。
《大清高宗纯皇帝实录》卷七二八:
(乾隆三十年二月上甲申)谕军机大臣等:和其衷奏,逆犯胡中藻之子胡得玉供词与从前原案情节迥不相符一折,已密谕该部议奏矣。此案当日江西查拿犯属时,称伊一子已亡,一孙尚幼。今胡得玉所供,兄弟原有五人,其次兄胡友顶替长兄胡论涞解京身故,尚有二人不知逃避何处等语。与从前查办原案大相悬殊,其中情弊,不可不彻底根究。着将原折钞寄辅德,令其详悉查明的确情由,据实速奏,可将此密谕辅德知之。寻奏:查胡得玉所供尤义烈、左义、巩磻溪俱无其人,讯胡中藻之弟中藩、妻兄丁开健并出户之老仆万联贵等,金称中藻并无名友、名得玉之子。复查胡氏家谱,中藻妻丁氏生长子论洙,名下注明生庚;二子论淮,名下注幼殁;继妻徐氏生三子论泗,名下无注。供称徐氏并未生子,系属望丁,豫拟论泗一名载入者。论洙系生员,于十八年身故,有学册可凭。乾隆二十年中藻犯事解京,并无并解伊子论洙案据,是胡友顶替之事应属子虚。又遍查该族草谱及中藻中式朱卷齿录并僧道斋醮簿,止载长子论洙,其胡得玉所供胡友,并查出之论淮、论泗等名,均无登记。论淮金供生未一岁即死,论泗虽供望丁拟载,但谱内既有此名,或即得玉,或实属望丁,尚难悬拟。应将胡中藩、丁开健、万联贵等解部质审。得旨:此事必陕省原问有不妥处,亦将是折钞交部询问矣。

(中华书局1986年影印本,第10册,第20-21页)

胡中藻家谱刻有"三子论泗"字样。

《大清高宗纯皇帝实录》卷七二九:

(乾隆三十年二月下壬辰)谕军机大臣等:辅德奏,胡中藻家谱刻有"三子论泗"字样,是否即系陕省拿获之胡得玉,必须与胡中藩等当面质对,彼此才难狡匿,真伪可以立辨,现在委员将胡中藩等解送刑部查讯一折。当日胡中藻如果止生论洙、论淮二子,此外并无余孽,何以家谱内又载有论泗字样,此中疑窦,非将胡中藩与胡得玉隔别研讯,复行当面质对,不能水落石出。着将原折钞寄刘统勋、舒赫德等阅看,俟案犯解到日,务须悉心研鞫,彻底根究,使鬼蜮无所遁情。可传谕刘统勋、舒赫德知之。

(中华书局1986年影印本,第10册,第25-26页)

胡中藻家谱"三子论泗"疑案。

《大清高宗纯皇帝实录》卷七二九:

(乾隆三十年二月下壬辰)又谕曰:辅德奏,查逆犯胡中藻之子一折,与胡得玉所供大相悬殊,甚不可解,胡中藻如果止生论洙、论淮二子,此外并无余孽,如何家谱内又载有"三子论泗"字样,此中疑窦非将胡中藩等解京研讯,不能明晰。已传谕刘统勋、舒赫德,俟案犯到日,详悉质审,务得实情。是胡中藩等均为应质要犯,该抚必须慎选妥员解送,沿途严密防范,不可令伊等有自戕兔脱等事。仍于该处密访严查,彻底根究,毋任鬼蜮伎俩,幸逃法网。将此传谕辅德知之。

(中华书局1986年影印本,第10册,第26页)

第十二篇　族谱

胡中藻之子胡论洙实系病故，族谱及其中式朱卷与寺庙旧存醮薄所载无异说。

《大清高宗纯皇帝实录》卷七三〇：

（乾隆三十年闰二月上壬子）谕军机大臣等：据辅德奏，查讯逆犯胡中藻之子胡论洙实系病故，并无另有子嗣一折。据所查胡中藻止生胡论洙一子，研讯亲邻族保，众口合同，并检查胡姓族谱及其中式朱卷与寺庙旧存醮**薄，所载**亦无异说。而论洙病故年分，则更有学册可据，似不应更有遁情。且胡中藻之事，**败露**于乙亥之春，伊子论洙已于癸酉年病故，自无逆料其日后发觉而于学册豫为捏报身故之理。但陕省所获之胡得玉，岂不知逆犯之子罪应连坐，乃竟悍然直认，又何以捏称兄弟五人，言之确凿，于情理殊不可解。现在胡得玉已经解京，**胡中藩等**亦据该省委员押解赴部，着将此折钞寄刘统勋、舒赫德等阅看，令其详悉研讯，**务得确情**，以释疑窦。所有查出学册家谱等件，着一并寄发。

（中华书局1986年影印本，第10册，第37页）

王锡侯《字贯》案中《王氏家谱》有原任大学士史贻直序文。

《大清高宗纯皇帝实录》卷一〇四四：

（乾隆四十二年十一月上）甲戌。谕：前因海成奏，新昌县举人王锡侯妄作《字贯》一案。海成将大逆不法之处视为泛常，折内称其尚无悖逆词句，全不知有尊君亲上之义，是以降旨将海成交部严加议处，经吏部议以革职，交刑部治罪，自应如此办理，因将此本折留。今据海成奏称，亲往该犯家中，查出王锡侯**纂辑各**书共十种，一并进呈检阅各书，俱有悖谬不法之处各等语。现将各书暂存，俟王锡**侯解到时**严行审讯，从重治罪。至海成身为巡抚，乃于初次参奏王锡侯《字贯》时，并不将伊书内大逆不法之处据实核出，转称其尚无悖逆之词，实属昧尽天良，罔知大义，不可不重加严惩，使为封疆大臣丧良负恩者戒。海成着照部议革职，交刑部治罪。其江西巡抚员缺，着郝硕调补，即赴新任，所遗山东巡抚员缺即着国泰补授。郝硕未能即到，着高晋前往，暂管巡抚事务。其江西省承办此案之藩臬两司，并着高晋查明参奏。至海成此次奏到，续查出王锡侯《字贯》另本，前有李友棠古诗一首。李友棠身为卿贰，乃见此等悖逆之书，尚敢作诗赞美，实属天良已昧，伊自问复何颜忝列搢绅，李友棠即着革职，亦不必复治其罪。又查其《王氏家谱》内，有原任大学士史贻直序文，其《经史镜》及《唐人试帖详解》内，有加尚书衔钱陈群序文，使伊二人尚在，自当向其究问。今二人俱已物故，亦毋庸深究。朕近作诗有"不为已甚去已甚"之句，今办此等案，准酌得中，即此意也。将此通谕中外知之。

（中华书局1986年影印本，第13册，第982-983页）

原任大学士史贻直为《王氏家谱》作序。

《大清高宗纯皇帝实录》卷一〇四五：

(乾隆四十二年十一月下丁亥)又谕：前因江西逆犯王锡侯编刻《字贯》一书，竟将庙讳、御名、排连开列，实为大逆不法。当即降旨，将该犯派员锁押进京，严审治罪，并令收查该犯家内书籍。嗣据解到，查出书内《王氏家谱》，有原任大学士史贻直序文，其《经史镜》及《唐人试帖详解》有加尚书衔钱陈群序文。朕因二人俱经物故，已降旨毋庸深究。第该犯既请史贻直、钱陈群作序，断无不将原书送阅之理，伊两家自必存留其书。钱汝诚、史奕昂自应即将原书缴出销毁，现已令军机大臣传谕钱汝诚即行呈缴，并着传谕杨魁即遣员前至史奕昂家，传朕此旨，令将所有该犯之书即行查出，呈交该抚解京销毁。因系伊两人故父之事，并不干涉伊等，已属加恩，即此时传旨询问，仍系朕善示保全之意。伊等当知感激朕恩，如或稍有隐匿，此时不即呈出，倘后别经发觉，恐钱汝诚、史奕昂均不能当其罪也。将此传谕杨魁知之。

(中华书局1986年影印本，第13册，第1002页)

赣榆县韦氏家谱。

《大清高宗纯皇帝实录》卷一〇六九：

(乾隆四十三年十月下)辛巳。谕：据杨魁奏，赣榆县民韦昭篯首伊侄韦玉振，为父刊刻行述内有于佃户之贫者赦不加息，并赦屡年积欠之语，殊属狂悖。而行述内叙其祖著有《松西堂稿》，因委员赴其家，查无别项违悖，讯明《松西堂稿》亦已无存。惟家谱内云，山东日照县人丁椒圃有传，已飞咨国泰密饬查覆，一面带犯至苏确审。又据宝山县职员范起凤呈控堂弟范起鹄串窃书籍，因有应缴违碍禁书，被其挟制等情。必因为人查出，假称被失，并据该州解到书籍，查有现在应缴之禁书《亭林集》等数种，即委员赴其家，严查有无狂悖著作及别项应缴禁书，提齐人证，至苏审究等语。所办殊属过当，即此可以见杨魁之不能实心办事也。查缴违碍书籍，屡谕各督抚实力稽查，而伊等率以具文塞责，即如徐述夔所作逆词，狂悖显然，且刊板已久，该抚并未豫行查出。及被人告发，陶易尚欲为之消弭，若非刘墉据实具奏，几至漏网。然亦因其诗有"明朝期振翮，一举去清都"之句，借朝夕之朝，作朝代之朝，且不言到清都，而云去清都，显有欲兴明朝去本朝之意。而其余悖逆词句不可枚举，实为罪大恶极。是以提犯解京，命廷臣集讯，定徐述夔等以大逆不道之罪。律陶易以故纵大逆之条，以正人心而肃法纪。此因实有逆词足据，故不可不办也。今杨魁因前案之失，意存惶惑，遇有控首逆词之案，不论其事之轻重，纷纷提讯，株累多人，自以为办理认真，而不知其过当，以饰其前次之不能查察徐述夔逆词等之罪。夫韦

第十二篇　族谱

昭控告伊侄韦玉振,于伊父行述内叙其自免佃户之租,擅用赦字,于理固不宜用,但此外并无悖逆之迹,岂可因一赦字遂坐以大逆重罪乎?至各处违碍应毁书籍,各省现在陆续查缴,但经缴出,其迟早原所不计。若始终隐匿不交,后经发觉,即不能复为宽贷。并当视其所藏之书,系何等违碍,以定罪名耳。至此等控首之人,不过闻有蔡嘉树告徐食田一案,遂尔效尤挟制,以快其私,非实心尊君亲上也。现经审明蔡嘉树,因徐食田不允赎田,挟嫌出告,其心亦为私而非为公。且徐述夔书籍刊刻已十余年,蔡嘉树自必早有闻见,若非近时涉讼之隙,彼仍隐忍不言。以此论之,蔡嘉树原不能无罪,第因所控逆词不妄,既办逆案,不必究及原首之人,是以从宽免议耳。设此后复有首告逆案之人,该督抚即应悉心研鞫,辨其真伪。如虚,仍当治以反坐之罪,据实具奏,使奸顽知警,不敢妄行。若如杨魁,则怨家欲图倾陷者,片纸一投,而被控之身家已破,拖累无辜,成何政体。且告讦之风,伊于何底乎!况如徐述夔之逆词,久经刊印,地方官理应切实访查,本不待他人之出首,各督抚又不可因此旨而因噎废食耳。朕综理庶务,从不豫存成见,其情真罪当者,必不稍事姑容。其事属虚诬者,更不肯略使屈抑。且从不为已甚之举,致滋流弊而长刁风。杨魁经朕简用有年,岂尚不能仰体朕意乎?杨魁着交部议处,并将此通谕中外知之。

（中华书局1986年影印本,第14册,第325-327页）

沂水县刘遴等修辑宗谱,于凡例内远引汉裔被揭发。

《大清高宗纯皇帝实录》卷一一一四:

(乾隆四十五年九月上)己丑。谕军机大臣曰:国泰奏,据沂水县知县褚廷琛查出刘**遴等宗谱**,凡例内开载"卓尔源本、衍汉维新"等不经字样,殊属狂悖,现饬兖州府严搜刘**遴家中板**片并所印谱本,及有无不法字迹,严审定拟等语。刘遴等修辑宗谱于凡例内远引汉裔,妄自夸耀,甚属不合。但汉人积习相沿,每有此等陋见,其实可鄙。如搜查该犯家中,果实有别项不法形迹,自应从重办理,以昭炯戒。若止于支谱内妄相援引,以为宗族荣宠,亦不过照例拟以不应重律,将所有板片及印存家谱尽行销毁,已足示惩。并令地方官晓谕百姓,务各安分守法,毋得再蹈此等陋习,致涉不经,自干罪戾,将此传谕知之。

（中华书局1986年影印本,第14册,第895页）

第十三篇 族人规范

一 几则宗训

直隶

南皮侯氏

此谱三修：明崇祯八年，清嘉庆二十五年，民国七年。旧八条属前两次所修，新二条为三修所增。

民国南皮《侯氏族谱》，《家规十条旧八条新增二条》：

一、当务正业。人须各占一业。读书为上，农次之，工贾又次之。若游手好闲，便走入非僻去。如嫖如赌，破家犯律，皆游手之所必至也。

一、勿失守先物。先人世德家训，固宜永永遵守。他若书籍田庐手泽口泽之所存，亦断不可弃失。谱牒所载，皆祖父名讳，尤宜收藏保守。每岁祭祖，各带原本会看。如有污坏，族长量加诫训，且择族中之贤者讲解家规，以为警惕也。

一、勿怠废先人祀。祭田所以奉先，亦以睦族。宦达及有力者宜留意焉。每年办祭完粮外，悉以济族。先孤寡及女之无依者。他如孝弟力学、敦朴力农而贫者，厚恤之。游惰者，减之。明示以隆杀之故，使知所劝惩。若亏孝弟、犯家规者，禁勿予。又义仓、义学、义冢，教养同族，使生死无所失，皆所当为者。又族人共有一庙，此百世不迁之大宗也。五世以后，宜各立先祠，为小宗，以申其情而联其支。然后同归大宗，则可不劳而理。

一、宜守家法。金溪陆氏，其教家之法，以孝弟力田为本。至于其家之用，皆出于桑麻畜牧之资。除租税播种修葺庐舍之外，以十分分之，六分为十二月之杂用，一分为祭祀之用，留三分以为水旱不测之用。闰月则以十三分分之。三年之外，必有盈余，可为婚娶丧葬之事。朔望率子弟谒先祠。既毕，击鼓而诵家法，使列听之，此有家者所宜取法也。

一、敦睦宗族。寻常宗族不睦，多起于情意不相通。吾先五世叔祖永城公立宗约会，

第十三篇 族人规范

诚善举也。一岁中，或于八月中旬，或于正月既望，仿周礼饮酒之法，会族人年四十以上者，非以酒食为礼也。有善相告，有过相规，或有嫌隙者，彼此一见亦可相忘于杯酒间，此亦和睦之一法也。

一、勿令子孙当书办衙役。衙役贱役，玷辱先人，固不可为。若书办，往时多以生员下等者充之。本官相待有礼。近则颐指气使，奔走如下仆。无心小过，横加重朴。况一踏公门，所友鲜端人，所闻鲜善语。既易坏心术，复易染侈淫业。吾族历明代至今，从未有此，故尤所当戒。

一、同族勿争讼。一家之间，宜各尽其道。稍有不周，亦宜包容。设互相责望，易致嫌隙。嗣后族中兄弟伯叔有争，宗长令各房长会议处分，不致成讼，其暌尚易合也。若迷而不悟，必两败俱伤。伤宗族是伤本根矣，左氏所谓庇焉而纵寻斧焉者也。其匪类无赖者，宗长会众愧厉之；不悛，会众捶之；又不悛，禀于官而放绝之。告于祠堂，宗图上削其名字，俟三年能改，然后复之。

一、勿许妇女入寺院。寺院乃僧道所居，众目共睹之地。轻薄少年于此窥探调笑，讥刺品题，甚至群相拥挤，不可名状。为父兄丈夫者，切宜戒之。

一、戒吸鸦片烟。增鸦片之流毒中国，始自咸丰初年。英夷私载入华，居为奇货。华人吸而美之，不知其为害也。迨其后有因此而消耗田产，有因此而颓靡志气。种种弊端，莫可言状。至今国家尚悬厉禁，可不戒哉！

一、勿忘先人坟墓。增先人葬处有碑碣墓表者，皆可辨识。否则代远年湮，又无遗老指示，多不能辨，各家皆然。欲详究坟墓者，必值春秋拜扫之期切示子孙，曰某墓为某公，某墓为某公，详言屡屡，后世自能明晰。若以为寻常故事而敷衍之，一经年远，鲜不迷惘。

（民国七年重修石印本）

丰润毕氏

民国丰润《毕氏宗谱》，《毕公裔家训》：

一、孝父母。父母之恩昊天罔极。夫人自有此身即有此心，即知有此父母之慕，故孝者固当然而实自然者也；智渐长而孩提真念遂移，移之又移，天性寝薄甚有不如乌鸟之反哺者，殊可流涕。凡我子孙当思天下无不是的父母，居常尽心竭力爱日承欢。万一所遭不顺，亦要委屈行孝，仿佛闵子骞、大舜之事亲者，以事其亲，庶几能供子职、无忝所生云。

一、友兄弟。兄弟同气之亲。世俗好货财，私妻子，或至泥墙燃箕薄极矣。昔周公吊二叔之不贤，赋《棠棣》之诗曰：凡今之人莫如兄弟夷齐之逊孤竹，田氏之感紫荆，皆古人可法者也。凡我子姓当思人生最难者兄弟，兄弟恭，同心一德，勿因财产以生嫌隙，勿信妻菲以撤藩篱，一门之内，蔼如春融则和气端可致祥，家道不患不兴矣。

一、敬长上。尊卑长幼，自有定分。古人谓季长以倍，则父事之；十季以上，则兄事之。故隅坐随行，礼有明训。孔子之抑阙党童子，孟子之语曹父皆所以明有长也。而况本宗亲属，尤当尽礼乎！为子弟者凡违尊长，言必逊、貌必恭、命必从、行必让，庶尽卑幼之道。且今日之卑幼，他日之尊长也，亦使后来子弟则而象之耳。

一、睦族党。鄙薄之俗，一隔形骸便分尔我，视其族人不异途人，甚至倚强逞势暴虐吞并恬不顾恤者，不知其初本一令身也。昔晏子分余禄以仁三族，范文正公置义田以赡族人，今财力不能为此，亦宜量其所有周济贫乏，或遇凶岁尤当分赈勿致流离，不惟族人知感，而祖宗亦必默佑于地下矣。

一、饬闺闱。男女有别，居室之大关系焉。古者七岁男女不同席，不共拖架，女子出门必乘轿，夜行以烛，无烛则止，所以附远厚别也。凡我族人各宜一身行道，刑于妻子，不但孝姑女章、敬夫子、和妯娌大节当尽；即寻常出入之间，务要钤束严谨、足不履庭、目不窥户、喜不大笑、怒不高声，如礼所称内言不出于阃、外言不入于阃者，方尽妇女之道，而闺门风化自是肃清矣。

一、勤事业。凡四民各有其业，吾家族贻世业大都唯读书与耕两端而已。凡子弟资性可教者，父兄宜延明师教之。先读《孝经》，次读经传子史，无论拾取青紫而义理融通、开心豁目，即在人前言劝亦自不俗，可免马牛襟裾之诮。其质鲁难进者，即督事农业；凤兴夜寐，勿令游手坐食成懒惰之习，生燕僻之心。庶几上者获稽古之力，次之亦不失为有恒产而有恒心者矣。

一、种阴德。《易》曰：积善之家，必有余庆，积不善之家，必有余殃。世人每谓天道幽远、鬼神茫昧，损人利己无所不为，目前或未分明，日久终无爽忒。凡我族人务以阴德为重，切勿恃强逞横、欺孤凌弱、惟利是图、罔思冥报，戒之，戒之！若好义之士捐己济人，恤其贫穷，救其灾患，随力所至以尽厥心，虽不望报神明，其有不佑之乎！

一、敦礼仪。凡我子姓平居少长相见，亲友宾客相接，衣冠必正，容貌必庄，进退周旋，雍容揖逊；粗鄙暴慢之气不使有谈于四体，虽燕饮合欢之际亦宜循循雅饬，勿喧哗流荡败度逾闲，为知礼者所笑。

一、戒说恰。凡我子姓务要宅心长厚、行事光明，即有纤芥之隙、口语之争，亦只就事论事，面质是非，毋得挟私蜚语，变乱黑白或旁撼影响，诬人生平或暗行浸润间人骨肉，自坏心术而长偷风。

一、戒骄横。凡我子姓务要翼翼小心，谦谦令德，无论尊官大人之前，柔声下气，即遇平等交游、乡民市卒，亦常有让畔让路之意，斯不特而永无可畏，门第日益高矣。

一、戒奢吝。以后族人习俗宜禀于礼，凡遇祭祀宾客及门户公用当费者即捐赀不恤，若自奉居食之类，务存俭朴不失先民遗意，慎勿暴殄天物，奢而犯礼，斯丰俭得中称雅俗矣。

一、戒游荡。吾族子弟自今以后务思父母遗体当自爱慎，毋溺情花柳之场，使人指为倾家荡子以贻父母戮辱。

一、举族长。一族中，一应事宜，宅长主之，族副副之，族察察之。各宜秉公持正，明大体，服人心。其事有真，是真；非良心难昧者，务要明目张胆主持剖断，不得徇私植党，偏向回护，以致是非倒置，亦不得专伸法于寒弱而屈法于强宗，即使三尺难加，亦须明存公论，违者众共更置之。

（民国十九年排印本）

江苏

任兆麟《有竹居集》卷一三，《任氏家范》：

一曰崇孝行，二曰笃友恭，三曰睦宗族，四曰厚姻党，五曰教子孙，六曰严内外，七曰崇礼义，八曰守耕读，九曰远讼狱，十曰戒荒暴。

（嘉庆己卯两广节署板）

武进辋川里姚氏

同治武进《辋川里姚氏宗谱》卷三，《宗规计八条》：

一、圣谕当遵。孝顺父母，尊敬长上，和睦邻里，教训子孙，各安生理，毋作非为。这六句包尽做人的道理。凡为忠臣烈士孝子顺孙，皆由此出。无论贤愚，皆晓得此文义，只是不肯着实遵行，故自陷于过恶。祖宗在上，其忍使子孙辈如此？今于宗祠内仿乡约仪节，每月朔望族长督率子弟齐赴听讲，各宜恭敬体认，其成美俗。

一、宗族当睦。《书》曰："以亲九族。"《诗》曰："本支百世，圣王且尔。"况众人乎！观于万石君家子孙醇谨，过里必下车，此风犹有存者。末俗或以富贵骄、或以智力抗、或以强凌弱、或以众暴寡，虽能争胜一时，要皆自作罪孽。况相角相仇，循环不辍，天厌之，人恶之，未有不败者矣。夫睦族之要有三：曰尊尊，曰老老，曰贤贤。名分属尊行者尊也，则恭顺退逊，不敢触犯。分属虽卑而齿迈众者老也，则扶持保护，事以高年之礼。有道德文章者贤也，贤乃本宗之桢干，则亲炙之敬仰之，每事效法，忘分忘年以敬之。此之谓三要。又有：曰衿幼弱，曰恤孤寡，曰周贫乏，曰解忿竞。幼者稚年，弱者鲜势，人所易欺，则衿之。一有矜悯之心,自随处为之效力矣。鳏寡孤独,王政所先,况吾同族,得于耳闻目睹者乎,则恤之。贫者恤以善言,富者恤以财谷,皆阴德也。衣食窘急生计无聊则周之,量己量彼,可为则为,不必望其报,不必使人知,尽吾心而已。人有忿则争竞,得一人劝之,气遂平;遇一人助之,气愈激。然当局而迷者多矣。居间解之,族人之责也,亦积善之一事也。此之谓四务。引申触类为义田、义仓、义学、义冢,教养同族,使生死无失所,皆豪杰所当为者。善乎陶渊明之言曰:"同源分流,人易世疏,慨焉寤叹,念兹厥初。"范文正公之言曰:"宗祖于吾固有亲疏,自祖宗视之,则均是子孙,固无亲疏。"此先正格言也。人能以祖宗之念为念,自知宗族之当睦矣。

一、闺门当肃。男正位乎外,女正位乎内,圣训也。君子修其身以齐家,其闺门未有不严肃者。其或家业寒微食贫终岁,如馌耕采桑操作井臼,势所不免,而清白家风自在。即不幸而寡居,则丹心铁石,白首冰霜,如古史所载贞烈妇女炳耀后先,相传不朽。此皆风化所关,要以三从四德姆教凤娴养之者素也。若夫徇利结姻,不因门阀,家教无闻,至有赋性凶悍、妒忌傲僻、长舌厉阶、私溺子女,皆惟家之索,罪坐其夫。若本妇赋质冥顽化诲不改,夫亦无如之何者,祠中据本夫告词,询访的确,当祖宗前合众给以除名帖,或屏之外氏之家,亦使之少有所警。要之教妇在初来,择妇必世德。语曰:"逆家子不娶,乱家子不娶。"《颜氏家训》曰:"娶妇必须不若吾家者。"旨哉言乎!可以法矣。至于近时恶俗,妇女有相聚数十人,结社讲经,不分晓夜者;有跋涉数千里外,望南海走东岱祈福者;有朔望入寺庙烧香者;有春节看春、灯节看灯者;有纵容三姑六婆往来搬弄是非者。一切均宜严禁,庶无他患。

一、蒙养当豫。闺门之内,古人有胎教,又有能言之教,父兄又有小学之教、大学之教,是以弟子易于成才。今之教子弟者何如?上者教之作文,取科第功名止矣,功名之上,道德未教也;次者教之杂字柬笺,以便商贾书计;下者教之状词活套,以为他日刁猾之地,是教之而实害之也。族中各父兄须知子弟之当教,又须知教法之当正,又须知养正之当豫。七岁便入乡塾,学字学书,随其资质;渐长有知识,便择端悫师友,将正经书史严加训迪,务使变化气质,陶镕德性。他日若做秀才做官长,自能为良士为廉吏。就是为农为工为商,亦不失为醇谨君子。

一、职业当勤。士农工商所业虽不同,皆是本职。勤则职业修,惰则职业窳。修则父母妻子仰事俯畜有所赖;窳则游手好闲资生无策,未免贻笑姻里。然所谓勤者,非徒尽力,实要尽道。如士者,则先德行,次文艺。切勿因读书识字,舞弄文法,颠倒是非,造歌谣,匿名帖。举监生员不得出入公门,有玷行止。仕宦不得以贿赂败辱祖宗。农不得窃田水,纵牲畜作践,欺赖佃租。工不得作淫巧,售敝伪什器。商不得纨绔冶游,酒色浪费。亦

第十三篇 族人规范

不得越四民之外,为胥吏、为优戏、为椎埋屠宰。若赌博一事,近来相习成风,凡倾家荡产,招祸速衅,无不由此。犯者宜会族众送官惩治,否则罪坐长房。

一、姻里当厚。姻者族之亲,里者族之邻。远则情义相关,近则出门相见。宇宙茫茫,幸而聚集,亦是良缘。况童蒙时,或多同馆,或共嬉游,比之路人迥别。凡事皆当从厚,通有无,恤患难,不论曾否相与,俱以诚心和气遇之。即使彼曾待我薄,我不可以薄待人。久之且感而化矣。若恃强凌弱,倚众暴寡,靠富欺贫,捏故占人田地风水,侵山林疆界,放债违例,过二分取息,此皆薄恶凶习。天道好还,尤宜急戒。

一、祠墓当展。祠,祖宗神灵所依;墓,祖宗体魄所藏。子孙思祖宗不可见,于所依所藏之处,即如见祖宗一般。时而祠祭,时而墓祭,皆展亲大礼,必加敬谨。栋宇有坏则葺之,罅漏则补之,坦砌碑石有损则重整之,蓬棘则剪之,树木什物则爱惜之,地界被人侵占则同心合力以复之,松柏被人侵损则同心合力以攻之。此事死如事生、事亡如事存之道,族人所宜急讲者。

一、谱牒当重。谱牒所载,皆宗族祖父名讳。孝子顺孙目可得睹,口不可得言。收藏贵密,保守贵久。每岁祭祖时,宜各带原本入祠,会看一遍。祭毕,仍各带回收藏。如有鼠侵、油污、磨坏字迹者,族长同族众即在宗祖前量加惩戒。另择本房贤能子孙收管,登名于簿,以便稽查。或有不肖辈鬻谱卖宗,或誊写原本,瞒众觅利,致使以假混真紊乱宗派者,不惟得罪族人,抑且得罪宗祖,众共黜之,不许入祠,仍会众呈官,追谱治罪。

(姚孟廉重修,同治十二年敦睦堂木活字本)

苏州吴县洞庭安仁里严氏

民国安仁里《严氏族谱》卷一二,《族规》:

国有法,乡有约,会有章。既聚为族,岂可无规!条例十六,简而易行,凡我宗人,尚共遵守。

一、始祖之庙,百世不迁,宗子统族人而祭之,所以报本也。《曲礼》曰:"君子将营宫室,宗庙为先。"祠堂顾不重哉!如有漏湿损坏,管祠者即随时雇工修补,不得宕延。倘遇重大工程,祠款不敷,应召集族人合力捐修,以重宗祠。其他支祠宗祠亦准此例,各集各支子孙修理。

一、祖庙与各支支祠祭祀有定期,祭品有定例。在山子姓必须与祭,不得无故不到。祭时依照字辈排班,毋得任意前后。随同主祭者遵照祭祀礼节,务须衣冠齐整,升降跪拜必诚必敬,切戒失仪。祭毕共馂祭余,依馂之礼节入席,不得纵饮号呶,违者罚之。

一、自古有田则祭。是祭田专备四时血食,藉申报本追远之忱。况祠中田庄,祭祀而外，尤关阖族公益。管理之者必须得人，应由族众查明行端守洁之宗人，公推掌管。其出入数目照章载明册籍，宣布征信。倘有侵蚀盗卖情弊，查出公同追究。

一、祠中祭器什物逐一登记，不得容情借用。如借失损坏，应由经手者负责赔还。

一、坟茔树木无论何支不得砍伐。即别支之坟亦属子孙，理应共同保护。律载盗卖坟茔余地树木者，查明宗支之亲疏与地土树木之多少，分别科以军流徒仗，法至重也。如有此等情事，阖族禀官究治。

一、宗支蕃衍命名易犯祖讳，远支犹不可，况本宗耶！凡生子命名，务查明谱牒，敬谨避讳。即同派之辈，亦须改避，切勿重名。

一、宗人长幼称谓不可紊乱，虽服属已绝而辈分尊卑所在，切须遵依。非长者为荣卑者为辱，若竟混称，是将祖宗倒置，不自别其尊卑，即不自认其祖宗，不孝不敬莫大于此。

一、各支生子命名以及婚丧务须随时详报祠堂，以便录谱，庶免将来修谱调查之繁。

一、各支如有田土钱债细故争执，不得遽行兴讼。先行禀达族长、支长，相约谒祠理讲，毋得偏袒。如理讲不服，始可到官告理。

一、各房如有大不孝者，其父母告于族长，复经合族查明，均无异词，乃告于祖庙、告于官厅，以正其罪。其有以卑犯尊者，亦告于族长，先以理喻，倘犹不服，再告于庙而庭责之。

一、各房如有孝子顺孙义夫节妇，应由族人联名报知族长，查明事实，或由族中表扬，或禀请官厅照例旌奖。

一、兄弟阋墙，外御其侮。经有明训。如同宗或有嫌隙，竟唆使外人藉端兴讼搯诈，以自相残害，查明确实，亦告之祖庙，先罚同宗之挑唆者。倘犹不服，则公呈有司，治以应得之罪。

一、宗人倘有行为不端比匪为偶者，或由族长、或由族中年长而有声望之人，告于祖庙责罚，饬令改过，切勿宽宥，免致丧身丧家辱及先人。

一、凡族人四十以后无子而亲房无可嗣者，应集五服之亲，告于祖庙，择族中之近而贤者以为之嗣。切勿赘婿或抱养螟蛉，以致乱宗。

一、族中之寡妇孤儿贫不自存者，或年幼子弟无力求学者，或失业困苦者，或老无所养者，应由相知族人报知族长，约集族中之有力者设法抚恤而维持之。非仅慈善为怀，亦仰体祖宗之心也，切勿漠视。

一、族长所以掌一族之事，而支有支长、房有房长，对于本支本房皆有应负责任，均得遵用本规，以互相砥砺。

（民国刊本）

第十三篇 族人规范

宜兴篠里任氏

祠堂初建,宗法条例甫定,萃涣合离要在树立威信,故三十七条族规除助婚、济贫、奖学等少数几项外,多属严责重罚。

民国《宜兴篠里任氏家谱》,《宗法下·例凡三十七条》:

一、祠堂每岁整顿一次,十年大段修理。

一、家谱每二十余年重修一次。

一、祭之日,齐明伐鼓一通,执事毕至;伐鼓二通,祭品齐备;发鼓三通,与祭毕至。至而后者,罚银一钱;无故不到者,罚银三钱;公派执事不到者,罚银五钱。

一、助祭各执事,宗长、宗相于三日前派定,署名祠门外,临事失措者,轻重量罚。

一、祭,设纠仪二人。误举,其罚与所举同。

一、与祭不敬者,罚银三钱;餕而失次喧哗者,罚银二钱。

一、凶服不入庙。有三年之丧者免祭。祭日,白服入祠者罚。

一、祠内桌凳碗碟及各样器皿,俱不许出祠堂。擅借及借与人者,各罚银一两。

一、祭餕轮流派值,不称者量罚每八人一桌,每桌肴十碗、酒四斤。

一、正旦,除远十里以上及雨雪不住本村外,无故不到者,罚银三钱;十里内为雨雪所阻雾而不到、数十里内四日不到无故者,罚亦如之。本村发鼓不到者,罚银一钱。

一、朔望,除不住本村及务农农忙外,无故不到者罚银五分。

一、清明祭毕而扫墓,扫墓毕而餕,餕毕而旌善纪过,旌善纪过毕而会计钱谷。冬至除扫墓(编者按:意指除扫墓外,其余活动同于清明。)。

一、二祭(编者按:指清明、冬至。)后,会课合族生童,照考前后给赏。无故不到者,罚银二钱。其会文用原、誊卷各一册,送近科乡绅时下有文望者评阅。

一、生子弥月,必告于宗子、宗长。具香烛见庙,命名入谱。远居者具帖告庙。出丁银一钱。年十六为成丁,与祭。

一、娶妇三日见庙。如居远不便见庙者,家长具帖以告于庙。

一、卒自五十以上,主丧具帖不拘时讣于庙;五十以下,于清明、冬至汇报。

一、入主除初议应入之外,自今以后,非盛德、科第、明经、仕宦不得擅入;或愿大捐货费入其祖父者,俟祭日集通族酌议。

一、各处坟茔申约严禁。如有内外人等入坟偷砍竹木、樵采柴草、纵放六畜食践、折损墙园篱笆,本犯痛责三十,或各家人犯者痛责六十,或故使老幼残疾不胜责者肆行偷取,罚坐父兄子弟孙侄。凡所偷物论原赃抵出一倍。现获出首者,坟主出银三钱给赏。有见而不首而嫌讳者,罚同本犯之半。强梗不服者,送官治罪。

一、各家田地、园圃、山场，申约严禁偷盗。食践者，痛责三十板；家人犯者，痛责四十板。赃罚获首，并同坟茔之例。

一、凡不孝不悌、帷薄不修、盗贼奴隶，此族恶大条也。不幸有犯者，公逐不许入祠，鸣官正法。

一、族中有下犯上、少凌长者，除不孝不悌公逐外，重者责四十板、罚银三两、纪过，轻者责三十板、罚银一两、纪过；强梗不服者，送官治罪。

一、赌博者责三十、纪过，开场者系于祠门三日、责五十、纪过；获赃出首者，公给赏银二两。如本犯强梗不服，宗长、宗正等联名送官治罪。

一、孝悌忠信礼义廉耻，八者为善之大。有一于此，不失为良民。至如勤俭、守分、谨慎、公平、质朴有实迹可见者，皆善也，有则旌之。

一、凡放肆、懒惰、凶暴、撒泼、说谎、胡为、浪费、弃产、强梗、不务本等生理，皆恶也，虽小必纪。

一、妇女入寺观烧香者，罚银二两；出村看戏者，罚银一两，坐父兄夫男。或烧香责二十板，看戏责十板。

一、卑幼不告祠堂而讼者，责四十；尊者犯者，杖二十，年高则杖其爱子。所讼事听宗长等究其虚实，坐如律。

一、族中有抗赖祠逋者，二祭日系于祠门，追完释放。

一、祠堂听直，宗长不可偏护。有偏护者，合族尊卑长幼齐质直之。

一、听直开祠，当论定而行罚，既罚而纪过。

一、受罚，必令所犯至亲一人、无仇隙者亲责。

一、外直，不启庙，与外族长治于前堂。

一、进学者，给花红银二两；科举者，给盘费银一两；乡榜中式者，给花红银十两；会试路费银四两；会榜中式者，给花红银二十两。

一、出仕者三年升转后，蠲俸一百两入祠，愿多者听。

一、打行扎诈，律有明条。如族中有抑价强买、踢翻担笼、拉位船只等项，本犯责二十板、纪过，助凶者罚亦如之。

一、族中有鳏寡孤独、残疾伏枕无生计者，岁给米二石。

一、极贫不能娶年至三十左右者，给助婚银三两。

一、会讲宗法于祠堂，长幼悉听，宗守备茶点。

（民国刊本）

第十三篇 族人规范

民国《宜兴篠里任氏家谱》,《宗法下·例》咸丰四年续议：

一、祠宇为栖神之所,理宜洁净。倘有恃强作践者,从重治罪。

一、捐赀入主大堂及敦行堂者,该子若孙造册具呈并该房长具给,于大祭日一同送祠查核,以昭慎重。

一、宗长、宗辅有大功德者,生后入主,合族会议减捐其子孙。子孙不得据以请减。

一、旌善纪过准各分分长于大祭日赴祠呈报,倘有意隐讳,察出议罚,呈报不失者均此。

一、敦行堂进主捐十二两,升入大堂加捐八十八两。

一、祭席及饮福,每席给费一千,筹胙每丁给钱七十,执事胙每名给钱七十,寿胙七十者一百四十,八十加倍,九十再加倍。

一、廷尉公义庄绎祭,帖费四百；四公祭,贴费一千。

一、赏给花红：进学十千,明经十二千,举人十六千,解元加倍、折戏钱同,进士二十四千、折戏钱同,钦点庶常二十四千,会元加倍,鼎甲再加倍,殿撰再加倍。

一、童试给卷资一千八百,科岁试给卷资七百,乡试给盘费三千,会试给盘费十六千。

一、宗长、宗正、宗辅、宗子居在城者,赴祠与祭,每人给船钱五百；南门分与祭,给船钱二千。

一、宗子每岁给米三石六斗。

一、宗史每人每岁给米一石。

一、宗课每岁总给辛力十六千八百。

一、会课船钱,在城给七十六,外村三十八。

一、贞女贫苦者,每岁给米一石八斗,节妇年自三十岁以内守志者,每岁给米六斗,随时五岁以内守志者,给米三斗。子已成丁不给,无子永给。

一、孤子无依者,每岁给米二斗,已成丁不给。

一、残废者每岁给米三斗。

咸丰甲寅四月初八日再续议：以上开支各款,除花红寿胙外,倘岁或不登,公同议减。

（民国刊本）

安徽

新安徐氏

乾隆《新安徐氏宗谱》卷首，《凡例》：

各族祠中当设一年纪簿，公送族长收贮。凡诞子之家于三朝命名后报知族长，登名于簿，将生辰注各名下，如或有犯祖讳及同前名者，令其即改。至春秋二祭，子姓毕集，各将半年内寿终者注其月日及葬某处。新娶某氏之生辰亦如之。其迁居四方者，每岁一次汇列寄报，凡挈属迁居某州县某乡镇，族长亦逐为记载，庶下届修谱易于稽查。

（徐有炜修，乾隆二年刊本）

绩溪梁安高氏

光绪绩溪《梁安高氏宗谱》卷一二，《当修谱稿法》：

红格谱稿由祠印发，照本派所领宗谱列号，但宗谱一字止一号。谱稿一号写满，泽加二号，号簿存祠以便稽查。各派领去红格着一知书人执掌，先将现在已经上谱生丁自长及幼，由昭而穆，以次尽行填名，名上横填某人第几子，其生庚但填上谱二字，以后有娶妻者，随填娶某处某人女某氏生年月日时，有嫁女者随填几女适某人。有寿终者随填卒年月日时，添丁则照上填名，上书某人第几子，下书生庚，有娶数妇者，格不能容，可另用纸写某人继娶某氏及生庚粘于名下。会稿以丁年为期，此后遇丁年冬至汇钞全稿四本，祠首分执。

（高富浩纂修，光绪三年活字本）

绩溪南关许余氏

光绪《绩溪县南关许余氏惇叙堂宗谱》卷一〇，《生生谱》：

宗谱告竣，另刻红格印板，如苏式谱横列大格填名，上横列某人长子名，下四行印字、生卒葬娶、氏生卒葬、子女等字。祠堂天字号存一总谱，各房存一谱。凡葬者、殁者、生者、娶者，以时登之，及冬至会谱，登诸总谱。

（光绪十五年刻本）

光绪《绩溪县南关许余氏惇叙堂宗谱》卷一〇，《宗祠规约》：

发给丁票。兵前旧例：凡新添一丁，祠中发给丁票一张，分春分、冬至两期来报，随手登于总谱，取票赀钱若干，百年后进主时将票缴销。今谱成后照旧颁行。

（光绪十五年刻本）

池州仙源杜氏

第十三篇 族人规范

光绪池州《仙源杜氏宗谱》卷首,《家政十四条》:

宗谱宜修。吾族人丁繁衍,居址星散,无谱以联其情,必致支派罔知,尊卑失序,而一本之亲视若涂人矣。不特此也,世远年湮,名讳阙略,甚至有子孙而不知其祖考者,于心安乎?今与族约,此后各房须立草谱,每年正月初十日管祭者请房长数人至祖堂,凡有生卒葬嫁娶应载入谱者,令其报名填入,娶妻生子之家著出钱百文,有力者劝其捐输若干,汇赀仲放,每至十年则拨此款倩人照宗谱式楷录数本分藏,以免遗失,永著为例。至于宗谱务三十年重修一次,即至迟不得逾六十年。

(光绪二十一年刊本)

绩溪仙石周氏

宣统绩溪《仙石周氏宗谱》卷二,《凡例》:

各房各订草谱一本,生卒娶葬随时登记,至冬至祭祖日全录。次年正月互相抄写,以防遗失。不幸有殇者,改入《殇灵录》,将来续修易于成功。

(宣统辛亥善述堂刻本)

山东

即墨杨氏

家法旨在正家。

民国即墨《杨氏家乘》卷一,《家法》(十一世孙鼎定、十二世孙玠述撰):

《易·家人》卦象曰:"父父、子子、兄兄、弟弟、夫夫、妇妇,而家道正。正家而天下定矣。"初九爻曰:"闲有家,悔亡。"九三爻曰:"家人嗃嗃悔厉,吉;妇子嘻嘻,终吝。"上九爻曰:"有孚威如终,吉。"家,不外乎父子兄弟夫妇。所谓大伦达道无得而逃焉者:父,父慈矣;子,子孝矣;兄,兄友矣;弟,弟恭矣;夫,夫正矣;妇,妇顺矣。慈孝友恭正顺,舜文之道,不能外此。故曰:"家道正而天下定也。"而必闲之于初者,离而求合,不如合于未离也。合于未离,悔于何有乎!九三之嗃嗃过于严将,容有悔。且若厉矣,然家政不渝,终必得吉,丹书敬胜之义也。反此而妇子嘻嘻,可不谓协焉。然恩胜则流,流则荡;和极则比比乖乖,不可以终日;荡不可以底止,吝之生也,乌能免乎!是以君子忠信以出之,严肃以将之。忠信可格,虽劳不怨。严肃自持,荡检者恐其闻之矣。所谓畏而爱之,则而象之也。孚者在人,威者自我。以云终吉,正家之能事毕矣。是故衣服之美好,不如誉闻之动众也;才技之儇巧,不如道德之发馨也;酒食之征逐,不如名义之规勉也;陆博之嬉游,不如文学之切磋也;意气之雄长,不如谦和之安舒也;语言之放纵,不如醇谨之朴茂也。君子教家,是必有法焉。吾杨氏自太原府君,孝友家声,卓然为东莱冠。七世以来,前以是启,后以是承。洎乎列妣,克娴内则,代无失行。孝义、文敬两公,诚悫刚正,范于有家,见称乡人,二百年矣。族伯哲卿尝谓门内群从,如蓬生麻中,不扶自直,诚羡之也。家法之不可废也如是夫,故详书先人以来及于今所行者,为后生矩矱,使知所遵守。其高明者扩而充之,不难至大易正家之美。而中材者一步一趋,亦不至凌竞灭裂,贻父母羞辱。庶克为世家子弟以无遏佚前光,可终免于悔吝也。嗟乎!家人之象固曰:"君子以言有物,而行有恒。"然则正家之法,法先自正矣。

训幼童

子生三岁,教之。遇尊长过,则止而待,坐则起,行则后,立则旁侍。遇祭荐,则抱持入庙,以次习跪拜。有逾此礼者,责其父兄。五岁,不许入婢仆之室,恐启亵越,且虑其诱而为非也。饬仆婢坐者,遇之则起。能行,非禀命于父母,不得出大门。孩提争竞格斗者,父母各责其子。犯上者,责而率往拜跪以谢。七岁,入家塾,率告家庙,遇尊长肃揖。

子弟守则

子弟文理不就不能自立者,不许预户外事,不通庆吊。非其外祖父母、姑姊妹、亲舅、从母、妻父之家,不许往。不许赴异姓家宴会。不许开筵燕宾客。

适百里外者,拜家庙、尊长而后行。归,拜家庙,请尊长,拜省伯母、叔母、长嫂毕,然后入私室。

尊长有所适,卑幼群聚,拜而送之门。尊长返,先闻逆诸门,后闻聚于堂,拜而问安。胜步履者毕至。

凡应试往返皆如之。

凡同居尊长不食,不许食。惟童子入塾者,准以时食。

凡有寸进者,告于家庙。毕,拜尊长。尊长有喜,则卑幼群拜之。

父母在堂,出大门必告。返,必面。不许宿外。有故,请而后止。

遇尊长于道,同乘遥见,必下。已步行,则就尊长乘前问之。

入伯叔父母家,立而语。不命之坐,不敢坐。其立,不相向。

伯叔父母疾,日三候。堂伯叔父母及堂兄疾,日两候。医至,则陪。有命,则往。一日不至,或恕;二日不至,则责;三日不至,则告于家庙,命长跪而噍呵之。

饮宴于异姓,尊长在,揖而后就座。酒食至,尊长未取,不许受。卒事,尊长未行,不许行。有事,告而后行,其行以速。

致书于尊长,皆称尊前,自书叩。兄未满五服者,皆然。叔伯以上,无问远近。

凡开罪尊长,见之则跪谢罪。尊长怒解,乃起。有弗若者,其余尊长聚厅事,召而挞

第十三篇 族人规范

之。

事兄之礼

岁首元旦祀先毕,行最尊者有兄弟,则弟拜兄毕,东西相向立。无兄者,独西向立。子侄辈群拜之,四叩,退。孙、侄孙辈群拜之,四叩,退。曾孙辈群拜之,四叩,退。最尊者坐于旁。以次尊者弟拜兄毕,东西相向立。子侄辈群拜之,四叩,退。孙、侄孙辈群拜之,四叩,退。以次尊者立于旁。卑者弟拜兄毕,东西相向而立。最卑者群拜之,四叩,退。凡尊受卑者拜,揖则答半,拜则直受,不止不扶。凡兄弟拜,如五人,最长者居西,以肩为比,次居稍西,三中央,四稍东,五极东。皆北向。其四人揖,则同揖。其四人跪,四叩,则最西者立而扶之。四人叩毕,起,又同揖。最西者退。其三人揖,则同揖。其三人跪,四叩,则稍西者立而扶之。三人叩毕,又同揖。稍西者退。其二人揖,则同揖。其二人跪,四叩,则中央者立而扶之。二人叩毕,又同揖。中央者退。其一人揖,则同揖。其一人跪,则稍东者立而扶之。一人叩毕,又同揖,并退。不问亲疏,但以齿一日一月之长亦然。或数人或数十人或两人,皆准此。

按:此礼始于文敬公。文敬公尝曰:"事亲从兄,礼之大者。今流俗衰薄,长幼凌竞,总由不识名分。胞兄尚有知敬者。若从兄再从兄以次差等,或居处稍远,或年岁相若,疏旷每至,轻忽嘻游,易起悔慢,不严其防,何所不至。故定为此仪,使兄弟名分昭然若揭。偶起怠慢之心,可以自省曰:'彼兄也,我尝拜之,彼尝受之者也。我胡敢加其上,将悔而惧之矣。孝友家风,庶藉以不坠乎!'"

讼事审理

族中南北不许相讼。有屈者,入城白尊长。尊长传其本支年老正直者至,焚香誓于家庙,示无所徇。吐其实,定其曲直。小事开罪尊行,则令拜谢之。大事则告于祖宗而朴责之。田产不明,则为分晰之。强悍不遵约束者,则公曰于官,以法治之。数十年来,多求官批照,有族人不白门内尊长辄告同姓者,除不准审理外,仍先责三十板,罚白银十两,入官公用。听其词者,以尊卑定顺逆,以曲直定是非。

执行情况:自行此法数十年以来,吾家族人无具两造者矣。邑父母官尝曰:"尽如杨宅家法,直可刑措,乡之异姓不能皆然也。子孙可世守之。"然一代必有望人,为族人所仰。若心不诚笃,行不正直,殷实富豪者为之左袒,贫窘疏阔者为之右袒,则望望然去,招之不来矣。夫孰能一之。《易》曰:有孚威。如非孚,何威也?

通则

得鲜品异味,多则分送门内,寡则请会食。甚寡则独请尊长年高者尝之。相望看果荐,而分送必周。

有急难,则群谋而助之。

有无必相通,有事衣服必假。

有婚嫁不给者,各量力助之。

婚配

男子订婚,女子许字,必谋于尊长。既决,则告庙。

将亲迎,谒祠堂而后行。

尊长在外者归,则新妇往拜之,不得逾三日。尊长老病者,往拜之。

妇三日,姑率之庙见。返中堂,拜尊长。其卑幼并见于新妇。

尊长有丧服不至,次日往拜之。

妇规

妇将归宁,先告翁姑请命。得请则往,否则止。

妇将归宁,必告于祠堂,返亦如之。

妇人不许预外事。

妇人非其至亲之家,不得往。

妇人不许往疏亲家饮宴。

异姓卑幼,妇人不许辄见。小姑之夫不见。侄婿非大事不见。堂侄婿大事亦不见。

妇人不得入庙焚香,不许游山玩景,不许与男子语。

家人不许入中门。有所禀,则扬声传语。有事呼入,则妇人避之。有所诏,则隔帘而命之。

妇人遇翁则避。年节生日,拜则卷帘。翁立门内,妇拜门外。叔翁则垂帘。

妇人居帘内坐,闻舅姑声,则起而立。

丧礼

凡有丧事,群聚而谋。其棺殓力不能办者,公谋助之。

孝子寝于地帷外,妇人寝于地帷内。

七七之内,不许出中门。百日之内,不许出大门。

三年不许与宴会,不许听音乐,不许贺亲友。喜庆不许更色衣。凡门内有丧,七日以内,朝夕往临;七日以外,逢七临。

长幼日往候吊,客止吊乃止。成服分认祭品。

能书者理束贴。将葬亦如之。

凡门内丧事,择有干才者主之。料理坟茔棚场之类,不得辞劳。门内家人佃户,尽拨执事。

柩将出，群扶而纳之舆。将葬，群扶而纳之穴。不得袖手旁观。

凡执事人役，门内计数而分饭之，不得有所缺。

家法宜今易行不泥于古

礼之用大矣。《曲礼》内则、祭仪、丧仪、丧服四制，言之最悉，岂有所择焉。然委琐烦重，后生多视为迂阔。且古今异宜，风尚不同。执经而例之，恐其畏而思去也。右家法数十则，乃吾家所素行者。大要取敦睦之义，以持家政，非必于礼有合也。而内外大小率此行之，久而不失，亦足谨身寡过，致家庭和乐之象矣。且令中才以下明白，简易易守也。礼云乎哉！

（杨玠等编修，民国二十五年排印本，六修本）

浙江

绍兴欢潭田氏

光绪《欢潭田氏宗谱》第一本，《衍二公祠禁约》：

立禁约。族长有高等，为重申禁规、以肃庙貌而安祖灵事。窃我十五世祖衍二公祠川堂向有禁规，立法綦严。近因日久法弛，遂致任意蹧蹋，岂知祠堂为祖灵凭依之所，若不整肃洁净，何以安祖灵而庇子孙！为此邀同族众，于四月初一日，在祠内演戏一台，重立禁规。如有仍蹈故辙再敢犯禁者，罚戏一台祀祖，置酒两桌，锭三作，出报事钱三千文，决不姑宽，须至约者。

今将禁规列后：

一、禁不许搭做蚕山。

一、禁不许摊晒谷麦。

一、禁不许擅做作场。

一、禁不许存积作料。

一、禁不许堆积柴草。

一、禁不许寄放农具。

一、禁不许存寄谷麦。

一、禁不许晒晾菜蔬。

一、禁不许做合寿材。

一、禁不许跌钱聚赌。

光绪二十年四月　日立禁约。族长有高，房长万宗、金洲、汪顺。

（田绳祖等修，光绪三十年荆茂堂刊本）

湖南

平江叶氏

民国《平江叶氏族谱》，光绪《宗约二十条》：

伦常之大，前已备列详明。其有事关风化，责在父兄，不必待犯出显然，即宜先为儆戒。兹将家约条例开列于左：

一、不可侮慢尊长，干犯人伦。

一、不可奸淫妇女，玷辱闺门。

一、不可盗窃财物，窝藏匪类。

一、不可开场聚赌，放头抽利。

一、不可贩卖洋烟，贪婪物件。

一、不可酗酒行凶，持拳执棍。

一、不可与人帮恶，毁圳牵牛。

一、不可耸妇出头，坐拼虿癞。

一、不可欺凌孤寡，夺占田庐。

一、不可搬弄是非，构成争讼。

一、不可左道惑人，结盟会匪。

一、不可浮言动众，行帖匿名。

一、不可搬演花鼓，败俗伤风。

一、不可溺毙女儿，伤和天地。

一、不可酷残弱媳，自绝本根。

一、不可贩卖妻女，作妾为奴。

一、不可私宰耕牛，杀生害命。

一、不可描摹印信，给骗财物。

一、不可违禁烧熬，消耗谷米。

一、不可销毁铜器，铸造私钱。

以上各条，均系天理所不容，家法亦有难恕。如有犯者，重则禀官惩治，轻则凭族处办。愿我族中子弟，其各安守本分，毋自罹于法网焉。幸甚。

光绪丙申冬月祥珍聘卿甫识。

（叶瑞棻等续修，民国二十四年南阳堂铅印本，七修本）

广东

第十三篇 族人规范

宝安鳌台王氏

民国宝安《鳌台王氏族谱》,《家规》:

古司徒以六行教万民。无他,欲化行而俗美也。祖宗有遗训,何莫非本此意,而垂之百世者与。《书》曰:"有典有则,贻厥子孙。"此之谓也。因是体先志以立规,撮名言而作则。其事不外日用伦常,其义同于布帛菽粟。循是而行,譬之木从绳则正焉。申饬以示提撕。言之谆谆,慎毋听之藐藐。记家规。

十八世元德谨识订于乾隆五十九年,共十四条。附王阳明先生谕俗二则。

一、敦孝弟。五伦皆系纲常,百行莫先于孝弟。孟子曰:"孩提之童,无不知爱其亲,及长无不知敬其兄。"此言孝弟根于天性,尽人可与知而与能也。试观一家之内,父慈子孝,兄友弟恭,此何景象。太和之气霭如矣。若夫不思属毛离里之恩,不念同气连枝之义,背亲忘本,骨肉相残,人将不齿,祸亦随焉。今后族中有敦笃孝弟者,众共奖励之;不孝不弟者,众共惩责之。使人之所警戒,而尽为孝子悌弟也。

一、明礼制。礼本乎人情,情安而礼行。如父坐子立,徐行后长,礼也。反是,情其安乎!凡处己待物,惟常存谦和逊顺之心,以行乎进退揖让之际。莫不蔼然有恩以相亲,秩然有文以相接,方于礼制无所悖也。《曲礼》曰:"富贵而知好礼,则不骄不淫;贫贱而知好礼,则志不慑。"董江都曰:"知礼节然后安处善,安处善然后乐循礼,乐循礼然后谓之君子。"礼诚范身持世之至德也,可不讲习之为亟者。

一、睦乡邻。《诗》曰:"恰比其邻,婚姻孔云。"睦邻之事,乌可少哉!盖壤接烟连,其间非母族则妻党。百年夙好,安忍弃之一旦也。晚近以来,风颓习恶。往往夸门第,竞锥刀。忽因口头,雀角顿起,灭项戈矛。以至结讼不休,败尝斩祀,深可鉴也。惟愿睹桑梓而恭敬。其于栾、范大家,既宜相让相推,消反侧于杯酒。即单寒微族,尤当相赒相恤,加亲密于往来,庶几潘、杨之谊永存,而唇齿之依共赖矣。如族中子侄,有无故生事启衅者,罪由自取,众固不理,仍行责儆,以息争风。

一、早完粮。九贡致邦国之用,赋有常供。三则定夏秋之粮,时难缓纳。既编民而为户,宜奉上以急公。即慈母抚字心劳,稍缓催科于旦夕,奈蠹胥征求势迫,转生诡诈以多端。因而禀拒捕,致株连者有矣。不思食租衣税,何堪祸及他人。曳紫拖青,安可自甘短气。惟各遵四月完半、八月全完之例,毋贻通图负欠之名。倘故顽拖遗累,一切差费,固惟其人是问,复唤到祠切责。儆戒将来。

一、修道路。尝闻先王之教,雨毕而除道,水涸而成梁。法良意美,诚可遵也。况拔木通道,祖宗已有成劳。修桥设田,著于家乘。则乡之桥梁道路,可不时加修葺哉!彼夫势恃豪强,截陂道以肥己有,尽地力以碍当途,自为得计矣。不知德水未通,福田难广,欲盈反损耳。凡我族人,当仰体先人遗意,于乡之桥道,坏者修之,倾者补之。或竭力以担当,或集众以襄事。将见流水汤汤,虽沍寒可无病涉之苦。履道坦坦,极昏夜不嗟行路之难矣,其功岂小补耶?

一、端士习。士为四民之首,一言一行,族之所仰望,而亦族之所责备也。岂徒咬文嚼字,以夸耀里闾哉!裴行俭云:"士先器识,后文艺。"惟士宜上体朝廷重士之意、祖宗劝学之心,躬行实践,砥砺廉隅,乃无愧一乡领袖也。无如风俗日偷,恶习多由士长。子衿佻达,荡检逾闲,日即桃淫,种种不一。甚至酣饮沉赌,唆讼包粮,设局勒田,欺孤凌弱,此皆名教所不容也。尚其痛惩陋习,争自濯磨,以图上进。俾得显扬而追踪前哲,可乎?

一、慎婚娶。女嫁男婚,缔姻须求其匹。此古称秦晋也。即今宦族编民,亦必门当而户对。岂容良贱以为婚。我族子姓繁多,贤愚不一。诚恐有无耻之辈,男利妆奁,女涎聘物,不顾名分悬殊,竟与家肥奴隶,混结婚姻。耳听媒唆,口贪杯酒,图一时之便,贻通俗之羞。玷辱祖宗,莫此为甚。结婚者,永远革胙;主婚者,罚胙三年。至若家道清贫,理宜守耐。乃有赌荡败财,或无故而出妻,或将女典男卖为人奴仆。天良既失,丑更何如。均宜一概惩儆,毋使复玷家声。

一、禁鸦片。鸦烟例禁森严,各宜遵守。况百物皆堪适口,而鸦片最足戕生,未食固不可近,既食即应中止。非如朝饔夕餐,日不再食则饥也。尝见人家子弟,初亦稍觉循良。一入歧途,三五成群昼夜图吃,舍正业而不务,惟游手以好闲。久之,尽倾囊橐,流而为鼠窃狗偷。大耗精神,变而为鸠形鹄面。乃登之鬼箓,死不足惜。即靦然人世,生实可憎。嗣后族中子侄有食此烟者,公同集祠,唤出斥责,令其自新。如或不悛,联名送究。至私煮之人,罔利坏俗,并同一体惩儆。

一、禁充役。农工商贾,皆可营生。皂卒优娼,古今所贱。故择术不可不慎,立品不可不端也。且考之律例,三项之子,不得身入黉门。其恶之乎,亦绝之也。吾族相传,素称诗礼,岂容有此丑类,以玷家声。苟没厥天良,靦然托足,究之心术坏而囊亦终空,辱及子孙,悔无及矣。何如及早回头,改归正业,不致众怒难干也。兹特申切禁,敢有藐族面充贱役,如此无耻之辈,定行革胙之条。

一、息争讼。《易·讼卦》疏云:"凡讼者,物有不和,情乖争而致其讼也。"同室操戈,固为不孝;同宗共斗,亦属不仁。即事在必争,当先投鸣通族衿耆,集祠理处。使其大而化小,小而化无。倘或认非为是,恃强凌弱,听唆结讼,设局陷人,幸而术先制胜,毕竟清夜难扪。况夫秦镜莫逃,害人亦终自害。至于被控之家,稍有可让,不妨相让。盖叔侄之气可受,而胥吏之态难堪。又何必因兹小忿,卒至败产破家也。皆宜仰体上官息讼宁民之意,以存乡党和睦之风。

第十三篇 族人规范

一、禁盗卖。盗卖不一,尝产其最重也。经营创自祖宗,基业传诸孙子。必世守之勿替。斯血食之长存,善存为孝,盗卖难容。现今乾隆四年太常寺少卿邹一桂条奏:"凡有不肖子孙将祖尝产私典私卖,以致先人失祀、人鬼含冤,大为不孝,请行严禁。嗣后有敢将尝业私典私卖者,审实枷责外,仍听伊族法议处。田产断归原尝,买主听向私卖人追收原价,不得强踞田产。"经部议复,奉旨通行,钦遵在案,永以为例。今后族中,倘有逆子孽孙,不守本分,倾荡家财,转思分拆尝业,动借完粮救死大题,圈套房亲,求中其计;不则串中诱党,投献势豪,立券私金,情其半价。查出除送究外,仍行革胙。其党与金名得银者,一样惩究。若知非愿退还者免革。推之,凡典本家田地物业,亲属在堂,不问明白,擅思弱肉强食、欺寡凌孺,竟行过交,浮写契价,事若发觉,固将典卖之子侄重责,其价银追罚一半归众,以充公用。作中人等,则亦不宽。如愿退还银,代理清楚,此次姑免。

一、禁非歹。坏俗之事多端,而贻害莫过于非歹。吾族子弟称繁,贤愚错出,安分诚多。为非间有彼潜匿窃匪,密通奸歹,贻祸乡曲,致扰良民,固功令之不宥,亦族法所难容。他如耗及田园,耕户之含冤莫诉;伐加树木,风水之培植因伤;自向市镇,日掯小贩,旁惶而四顾;或从土步头,夜窃舟楫,湾泊以忧危,甚至童稚提筐被夺,痛哭于中途;妇女候门疏虞,致生其交谪;似此种种非为,积渐已非一日。推原多本于赌当丧良,滋蔓总由吸食鸦片。若不严加训束,将积小成大。而风俗人心不可问矣。兹申禁惟严,倘蹈此辙,小则集祠责儆,大则送官重究。且子弟之不法,追及父兄。典守之不力,责及乡巡也。孔子曰:君子怀刑。尚其惕之。

一、禁赌博。赌为盗源,赌致破产,理势必然,尽人共晓。乃人知之而偏习于赌者,无他,入局则迷也。故古今戒赌之言皆善,而切要莫过于禁手不如禁脚之一说。盖人好食,见物未有不食。好赌,见钱未有不赌。惟足不履赌之地,目不见赌之人,则贪心无自而起。久之淡而忘然。不惟不赌,恶此而逃者有矣。且尔祖遗尔书而可读,遗尔田而可耕,遗尔财而商贾可为,又何必学赌以自坏其品乎?若使赌风一炽,百弊从生。禁赌诚不可不严也。后有开场放赌,误人子弟,合将诱赌固赌者共责。其银钱若干,量罚充作公用。不遵呈官。庶人知儆惧,赌博息而皆务正业,皆务正业而风俗醇矣,岂不美哉!

一、禁私承。孔子曰:放于利而行多怨。可知利也者,怨之府也。怨之不已,祸即随之。本族自始祖开辟以来,数百余年矣。所有粮务,以及应充饷项,皆系共同妥议,酌量而行,并非一人自私自利之事。诚恐子姓日繁,贤愚不一,若有私将户长名字,私承虚税人户,及一切杂饷,贪利忘害,贻累宗族,一经查出,联名禀官究治。本人仍以不孝论,永远革胙。

附:王阳明谕俗

一、今人不忍一言之忿，或争铢两之利，遂相构讼。夫我欲求胜于彼，则彼亦求胜于我。仇仇相报，遂致破家荡产，祸移子孙。岂若含忍退让，使乡里称为善人长者，子孙亦蒙其庇乎？

一、今人为子孙计，或至谋人之产、夺人之资，日夜营营，无所不至。昔人谓为子孙作牛马，身没未寒，而业已属之他人。仇家群起而报复，子孙反受其殃。是殆为子孙作蛇蝎也，吁可鉴哉！

（王应奎等修，民国四年石印本，五修本）

王阮亭（士禛）家法。

钱泳《履园丛话》卷七，《臆断·骄奢》：

新城王阮亭先生家法，凡遇春秋祭祀以及吉凶喜庆等事，各服其应得之服，然后行礼；如子弟已入泮者，始易蓝衫，其妻亦银笄练裙，否则终身着布。余五六岁时，吾乡风俗尚朴素，与王氏颇同。不论官宦贫富人家子弟，通称某官，有功名乃称相公，中过乡榜者亦称相公，许着绸缎衣服。今隔五十余年，则不论富贵贫贱，在乡在城，男人俱是轻裘，女人俱是锦绣。货物愈贵，而服饰者愈多，不知其故也。

今富贵场中及市井暴发之家，有奢有俭，难以一概而论。其暴殄之最甚者，莫过于吴门之戏馆。当开席时，哗然杂遝，上下千百人，一时齐集，真所谓酒池肉林，饮食如流者也。尤在五、六、七月内天气蒸热之时，虽山珍海错，顷刻变味，随即弃之，至于狗彘不能食。呜呼！暴殄如此，而犹不知惜耶！

《新序》谓昌邑王以冠赐奴，龚遂曰"今以冠冠奴"，是以奴虏畜臣也。按古者奴婢皆有罪之人为之，故无冠带，所以分贵贱，别上下也。《墨子》曰："君子服美则益敬，小人服美则益骄。"旨哉言乎！

（中华书局1979年版，第192页）

二 族人登记与参与宗族祭祀

宗族对族人进行人丁登记，要求命名遵守派字，参与祭祀，并谨守礼仪。

直隶

旧沧州马氏

沧州《马氏全谱》，《修谱凡例》：

第十三篇 族人规范

一、男丁不过十岁不须记名入谱,恐其夭亡。

一、人丁有散处四方永远安业者,并行著明坐落地方,异日再修谱书,庶不至于失迷。

一、族人有流离失所者,分门记载,以备后日稽考。

(抄本,沧州马学华藏)

故城祕氏

宣统故城《祕氏族谱》,《凡例》:

一、孩童尚未婚配者,姑书其名以俟续修。

(宣统二年重修本)

定兴鹿氏

光绪定兴《鹿氏二续谱》卷一,《世图》:

谨按谱首《世图》以为纲领,世经支纬五世一图,续图复标五世之有子者为六世之宗,某支某门一一分注。为人后者注曰嗣子,而于所生之下仍系其名,以出嗣注之;以孙为嗣者,则系以长线,注曰嗣孙,不得虚立子名;襁褓之子,业经命名告祖者,虽殇皆系。初谱、续谱体例如此,今谨遵成法编为《世图》以冠卷首。十六世孙传霖敬撰。

(光绪二十三年本)

盐山郑氏

宣统沧州盐山《郑氏族谱》,《家谱例》:

一、入谱年龄以十六岁为是例,兹以修谱非易,未知何年再叙,故幼者皆入谱。

(清宣统辛亥年梁口村第三次修谱订本)

山西

离石于氏

康熙离石《于氏宗谱》卷五,《垂训·族规》:

一、族中生子者,满月后赴祠堂报知某人某年月日生子,照昭穆次序于五音字内挨顺请一字为名,即注入册,仍留香烛钱三十文在祠。如不报知或不依谱序请名者,宗子、司仪同族众量其人之贫富议罚。以上二条及各条议罚所积之银,留为族中公事之用及岁终奖励善良者。

(于准纂修，康熙年间刻本)

值年经理负责新生与死亡人口登记。

平定白氏

民国平定《白氏家乘》卷一，《阖族公议续修家谱宗祠简章》：

一、此次修谱后，阖族议决公举值年总经理二人，设立总簿担任续谱事宜；再于各村股内公举分任经理二人，订立底册，将每年之终各股内添生之子以及故殁族人按世系详注底册，约于正月二十五日随带底册赴宗祠会齐为交代之期焉。

一、续谱必筹经费，以示悠久也。经此次修谱之后，阖族议定嗣后各股内每年有添生子者，每名应出喜钱二百文，此宗钱文每年于正月二十五日即行注册汇齐，交给各村股内，公举族人携册汇交宗祠，以作续谱常年经费之用。

一、生死常理，不可讳也。此后各股内每年遇有故殁族人，即将世系、名讳报知各村公举经理，族人详注底册，亦于每年正月二十五日汇交宗祠，以备添写轴内。

一、此次建修宗祠，续修族谱等若创办，族众共知，如有未尽事宜，俟后人随时考证研究商议，以期完全为目的。

(白凤章编辑，民国五年石印本)

上丁。

洪洞刘氏

光绪《洪洞刘氏宗谱》卷一，《新谱凡例》：

一、家谱乃千百世之支派，祖宗之遗泽所关。韩魏公曰：十年不修谱，子孙为不孝。以后凡遇新生、始故及诸行状事绩宜另置文簿，逐一开载明白，附于谱后，以便辑续重修者。

(刘殿凤修，光绪二十七年刻本)

甘肃

秦州西厢里张氏

光绪《续秦州张氏族谱》，《族中平时条规》：

一、族中丁口，凡已经报明登簿之人，殁必赴告本房房长，转告族长。殁者年长，即由各房长约众醵资备仪致吊。冠娶及他喜事，亦必预期报明，以便备仪致庆。庆吊之仪，阖族按百钱备物致送；其另有来往应从丰厚者，听其自便。

第十三篇 族人规范

一、族中乏嗣之人，不许收养他族为后，违者由族长会众禀官。

一、族中遇有承继之事，挨房择贤，当同族长、房长会众酌定。违者轻则议罚。罚资作为宗祠香火之费，不得借资酒食。凡罚项准此。重谓大碍礼法者则禀官。

一、同姓娶妻，古以为嫌。嗣后在光绪八年八月以后者族中男不许娶同姓之女，女不许嫁同姓之男。违者，由族长会众禀官离婚。

一、族中遇有孝子悌弟孝妇节妇，其人均由族长会众呈请旌表。或本人资绌，所有需费，族众量力勉助。

一、族中遇有通称不孝不弟、渎乱伦理、恃势逞刁以及浪嫖大赌、贪吸洋烟之人，当由族长会众惩劝，惩劝不已，禀官严办。

一、族中或有家计穷促，不能给养子弟，将谋舍为僧道并出继他姓者，当由房长报明族长，谕令本人亲房抚养。亲房力不能为，再挨远房。远房不能，即令族中之家道丰裕者，准作佣童畜养。一有故意推诿之家，即由族长会众禀官。或生计穷促者系因浪荡所致，一例禀官。

一、鳏寡孤独、贫老废疾等人，族中遇有其人，尤宜格外体恤。现由族长劝导族人之能帮助者，各发天良，随时权宜周恤，俟后有公款再议帮助条规。

一、族中少壮本无残疾，以游惰失业而致贫穷者，无论亲疏，不许帮补。

一、族中凡可从缓之事，俟祠祭齐集时再行呈报。

一、创业维艰，守成匪易。族中给足之家，其子若弟务宜为天地惜物，为祖宗绵祚，为子孙养福，一切费用力从俭约。俭约所余用以周济戚族朋友之穷乏者，似此则先业庶可永保，否则集财虽厚，不难立见消亡。

（光绪三十四年续修本）

宗规祭祖。

金城颜氏

光绪《金城颜氏家谱》，《规则八条》：

规则八条　按前明老谱补出　　　　　　　　　　　　五世孙锡佐众谨议

一、吾人祭祖，乃孝思之首务。况新年元旦，履端之始，自应展拜。嗣后正月初一日，卯时齐赴家祠，设奠拜祖，各宜虔诚。如有不到者，须各房将辞季首记名，俟新家长任事，一一禀明，罚银一钱，入匣公用。不愿罚者，责十棍不恕。如季首隐匿，查出亦罚。

一、四季祭祖享亲，亦子孙随时兴思之意。凡遇清明、七月十五、十月初一、冬至四节，每人出祭金三十文。如人到钱不到、钱到人不到，责十棍，仍罚钱三十文，入匣公用。

如人钱全不到者,照前倍罚倍责,决不姑息。

一、严禁叫骂祖宗,以惩不孝。祖宗遗留后嗣,原属一体,乃竟有同族相争辱骂祖宗者,是自骂祖宗也。查律载,叫骂父母及祖父、曾高祖父者,以不孝论。骂祖之罪,重大如此,岂容蹈此大戾!况有纵妻叫骂祖宗,其恶更甚。嗣后同宗相争,不得出言。若叫骂祖宗者,按家法处治。不服者,禀官严惩。

一、本户生员,凡遇乡试之年,户内公赠盘缠银二两,以示培植之义。若有会试者,即十倍鼓励,未为不可。以后有力,赠宁丰毋啬。

一、娶亲,乃人道之始、伦理之本,入祠谒祖,《礼》有明文。世俗不行此礼,忘听命也。自今以后,凡娶亲者,男子三日内拜祖,女人五日内拜祖,看坟人登记。如违期,男子责十棍,仍罚银五分,永作定规。

一、丧事,乃人之大变。《诗》称"凡民有丧,匍匐救之",况同宗乎!今同宗有丧,本房晚吊七日,或三日。如动客,每丁赙仪制钱五十,本族均吊。如有不到,责五棍。每日拨人二名,看查办差。若不到,责五棍,罚银五分。至殡期合户送殡。不到者,责五棍,罚银三分,收匦公用。

一、患难,乃人之不幸。若有失怙恃者,须竭力体恤。或有无妻者,须从众拔济,以见同气连枝,不比路人。如有躲奸避嫌,不扶持者,查出重责不恕。

一、本族支繁,虽分亲疏,而尊卑有定。岂论贫富之迹,竟不拜贺。嗣后正月初一日,拜祖毕,长幼相叙,卑必拜尊,直受不辞。贫者不慑,富者不骄。如此,则长幼有序,尊卑不紊。我祖家法,又一焕然矣。惟愿诸兄弟侄孙,奉而行之,殊不失锡勉勖之意也。

(光绪十二年本)

光绪《金城颜氏家谱》,乾隆《家戒八则》:
条约
吾家条约之设,旧谱颇详。但念五刑之属三千,虽朝廷律例亦未能缕析无遗也。故律所未有,则有此例之条。况吾家教,岂能悉载。今同众公议,除大犯国宪鸣官究治外,所有应加鞭朴者,仍照旧规。其犯规轻重、名项、惩戒多少数目,摘其大概,开列于后。计开:

一、祀祖不到,重责二十。

一、吊送不到,重责二十。

一、行止不端,如酗酒赌博之类,重责三十。

一、术业不勤,如荒田废艺之类,重责十五。

一、毁骂尊长,按服制亲疏拟责。

一、殴打尊长,按服制亲疏拟责。

一、奉养有违,以不孝论重责四十。

一、教令有违,以不弟论重责三十。

乾隆二年秋七月,同族弟庠增员松如立。

(光绪十二年本)

江西
登载人丁原则与方法。
余干徐氏
康熙余干《徐氏宗谱》,《系谱条例》:

一、子生而父名之,书名,从先志也。谱有先人在也,表名而加字,进字而称号,讳之复尊之也。谱为后人作也,是以首书名,次书字,次书号,行派次之,序号爵位又次之,使吾族后裔取名定字,行派号称,知所避而不敢犯也。

(徐德忠等修,康熙五十三年本)

报新丁。
清江永滨杨氏
乾隆《清江永滨杨氏三修族谱》,《条例》

一、新丁每出钱一百文,当腊祭日,将丁钱交楚,请族长同绅士斟酌命名,公同添注印本草谱,以俟四修补刊,庶不烦临期查核;新娶者亦出喜钱一百文,添注某氏。

(杨如沄修,乾隆二十七年刊本)

玉山怀玉张氏
光绪玉山《怀玉张氏宗谱》,《凡例》:

一、各家必须一簿登记各支名讳、行第及生卒葬所,既可以备修谱,亦可以便查阅。

(张维潢等修,光绪十四年刊本)

浮梁郑氏
光绪浮梁《郑氏宗谱》,《谱例·补例》:

一、修谱必须丁费,生丁固当均出,没丁出生丁五股之一,其有过继移房者,镌刻必须二处,故费用生丁须照常生丁倍出,没丁则常出生丁之半可也。

一、修谱之后,屡年正月初二日,有新丁者各宜至祠报明庚名,以便录于草稿,其有年至七岁以上者,亦各宜于是日至祠报明,以便收入正稿。日后修谱上牌悉照正稿,其未收入正稿者,似不必与于谱牒正牌之列。

(郑有缘修,光绪二十八年刊本)

湖南

族人登记三种方法:族长等人挨户登记、核查;对迁徙之族人去函或派人前往访查;族谱末尾留有空白纸,随时登录新生或遗漏族人。

长沙涧湖塘王氏

民国《长沙涧湖塘王氏六修族谱》卷首一,《四修族谱溯源录》:

从来本深者末茂、源远者流长,由此而思水木尚然,人亦何独不然。溯我王氏姓衍,姚姒之苗裔,散自庙廊音洗叶奏之宫商播于丝竹;其族之赀自宋元者,黑石犹神墨龙尚跃,根深源远固已班班可考也。及言乎谱,起自明祖伸公,继而两次续修,详先祖之谟烈,用以启迪后人,而其后世远年湮,支分派衍,则有恨其茫乎若迷者,于是族长诸公挨其户稽其宗,共揭先人之行述手泽而考证之,原其谱而续修之,将本本源源逐一叙清,则脉派之原委、世系之巅末,一展卷而瞭然矣。兹值家乘告成,谨述由来,俾后之君子开牒而知木本水源之有所自云尔。咸丰三年癸丑岁仲夏月穀旦,二十二派嗣孙哲宣谨志。

(王万藻等修,民国三十八年听槐堂铅印本)

宁乡南塘刘氏

民国《宁乡南塘刘氏四修族谱》卷之首,《重修跋》:

古者子生三日既成名,宰书某年某月某日生,告闾史;闾史书为二,一藏诸闾府,一献诸州史,斯即谱所由昉欤。然其事掌诸朝廷,士庶之家无有各自为谱者。有之自赵宋眉州始,尝读苏氏谱引曰:使其无至于忽忘焉,可也,夫此无忽忘之念,不有作者,谁溯其源;不有述者,谁竟其委?

(民国十年存著堂木活字印本)

湘乡匡氏

道光湘乡《匡氏续修族谱》卷首,《匡氏续谱条规》:

……生齿繁衍,星罗棋布,难免涣散之虞。因阖族商订,续辑各房纂修墨谱以为张本,斟酌条规以示章程。……年久续修,徙居外邑者甚多,本房务预信传,以便按实登册入谱。

（匡逢向等修，道光八年解颐堂刊本）

涟源李氏

民国涟源《李报本堂族谱》卷首，《三修族谱叙》：

古者士庶人生子，则闾史书曰某年某月某日生，藏诸州府，死则去之，是以天下之丁皆有籍。司商协民姓、司民协孤终，不料民而多少、死生、出入往来，久可知，家天下之制所以为盛欤。吕政暴虐，尽灭古法，独曲阜孔氏以至圣哲裔简册潜藏，世有碑石，虽汉高之隆，莫详统胤，不得与此，自是五三种类散处，华夏暨乎戎翟。六代、有唐竞尚门阀，然无失者鲜矣。而谱学家犹资之以有考证也。有宋三贤之所作，皆起自高曾，不更及邃远，盖亦有不得已者邪。宗谱之存者，今人犹得见之，识者服其精审。蒙元、朱明代有作者，惟不掌于州伯，皆家自为籍，不复有关于国，时使势然，假以存亲睦之义，然则作之者，实圣人之徒也……乾隆中，民物丰阜，谱学大盛。族先正虑丁蕃地远，昭穆既广涣而难稽，乃因手牒而修之。同治元年再修之，语各在其篇。

（民国五年报本堂活字本）

直隶

交河李氏

祭祀是大事，族人必须参加并承担力所能及的义务。

民国沧州交河马连坦睦族堂《李氏族谱》，《李氏谱例·家训》：

一、凡至祭期，尊者俱在阶上拈香祭祀，卑者俱在阶下行礼，务要按次序，不许紊乱。

（民国八年刊本，七修本）

任邱边氏

乾隆任邱《边氏族谱》卷一，《宗规》：

一、朔望谒祠堂，必诚必敬，勿苟且祭物以致轻慢先灵。

一、遇四时节令，茔前祭扫，必致如在之诚。

（乾隆三十五年刻本）

安徽

绩溪黄氏

咸丰绩溪《黄氏家庙遗据录》卷一,《祠制·能干查刷》:

收租办祭,固属司值肩任,而所收之租与所办之祭,若无查刷,恐其有误。致于各村派丁,或生或故,附近不查,远派尤属难稽。但老能干已成古人,理宜安享祭祀,而新能干名虽登龛,其人现在者多祠事谙练,即故者之子孙,耳闻目见,亦熟识祠事。其查刷之任,义毋容辞。是以甲午集众公议,仍着戊子能干四十八人递年专管,就近查刷。上丁进主,所有远近品搭,三班挨班查刷。一切祠事,每班内或拈阄或公举总理三人,注名于值年牌上,三年一换,逢换之年,春分日交递,周而复始,轮换班者务各尽心竭力,方无愧能干之名。

计开

头班:懋灶、云庆、云城接管父懋焕公,瑞堂接管祖懋谟公,瑞丰接管父云垓公,以上住城东;懋祯,以上住十亩址;云福,以上住横溪桥;定白、定政、定深、玉富、佩玉、佩铭、大美、大辉、耀廷,以上住中村。

二班:承灶接管父天佐公,承寿接管兄承灶、承荣,以上住上三里;俊杰、俊义、定煌,以上住北门外;俊文,以上住河塝岱;正海、正祥,以上住五龙岭;正谓、正茂,以上住蜀水;俊钿、腾喜接管父俊德公,以上住西降;添喜,以上住耿中山;定科接管父惠栋公、明征接管父定魁公,以上住白果树下。

三班:定芳、定来、大烈接管父定长公,大贵接管父定转公,以上住搭掌坞;正烈、福明、福喜接管父正旺公,以上住五里铺;福源、福三、福雷、长林、长妹接管父福体公,以上住方村;懋亮接管父德万公,以上住田盆;德恒、懋教,以上住马兰;长福,以上住麻榨坦。

(黄耀廷等辑,咸丰元年绩东黄氏宗祠叙伦堂刊本)

咸丰绩溪《黄氏家庙遗据录》卷一,《祠制·礼生注册》:

凡属礼生,无论大小功名,注明于礼生册,若增若故,新班接手必查阅添改。捐供堂之钱与进主钱、人丁钱,其三项不归二祭支用,另存公匣,不时置田产。倘日后钱粮有余,必先将祭品办全,祭仪当丰,或二祭均颁胙可也。

(黄耀廷等辑,咸丰元年绩东黄氏宗祠叙伦堂刊本)

咸丰绩溪《黄氏家庙遗据录》卷一,《祠制·换班规则》:

轮挨司值,管祠三年,四月初一换班。绍公分下一人,孟生公分下一人,仲生公分下一人。三分每逢挨班,村乡先年冬至前各分长集议,每分公举殷实老成者一人接管司值,声明斯文、查刷,参酌族长准举分保,立据存匣。倘有侵蚀者,本人责革,族长、斯文、查刷罚胙一年,分保赔偿。其所举三人定于冬至日书名于值年牌上,以定来年春分遗交接管,不得推委强霸。冬至若无司值名目上牌,该班各村胙包尽停不给。至春分前三日,所举司值不到,亦将该班各村胙包尽停,再行议罚。倘有不遵,以不孝罪论。

(黄耀廷等辑,咸丰元年绩东黄氏宗祠叙伦堂刊本)

绩溪南关许余氏

光绪《绩溪县南关许余氏惇叙堂宗谱》卷八,《惇叙堂家礼》:

祭礼:祠堂春秋之祭,照《家礼》行三献及侑食之礼。祭主有三:一是宗长,亦曰宗子,乃本族长房之长子;二是族长,乃班辈最长者;三是年长,班辈虽不尊而年齿冠一族者。然年长或有或无,非所重也。主祭以宗子为重,族长陪祭。如宗长、族长不能行礼,则使族之有衣冠者代祭,而祝版祭主仍书宗子、族长之名……祠堂及各家六祀神位以金为字,书本祠或本宅中。雷门户行井灶之神位,世俗不奉六祀,乃以僧道寺观之神,供之于祠堂家宅,大不相宜。所谓非其鬼而祭之也。凡六祀,每祭祖必先具仪祭之,每祭墓必先具仪祭司土之神,礼也。

(光绪十五年刻本)

山西

离石于氏

祭礼中宗子、司仪、副司仪。

康熙离石《于氏宗谱》卷五,《垂训·族规》:

吾族支分派远,不立章程则涣而无统,后人何所矜式?虽前此不可溯,而将来犹堪整顿。今既以远祖素为始祖,则始祖之冢子冢孙世世相仍即为大宗,不可紊也,下此均属小宗。酌定族规,庶乎子孙繁庶,永远遵守,以免荡检逾闲,得为圣朝淳民,而祖德于以不替也。条例开后:

一、主祀以大宗为主。如祖素生长子英,英生长子梧,梧生君会,君会生刚,刚生就法,就法生润,润生大彬,此其大宗也。大彬以下之长子长孙世世皆为大宗,此其百世不迁者也。凡主高祖之祀如元旦、清明、忌日等均以宗子主祭,而以司仪一人陪祭,其子孙照常从祭。凡族中有大事,亦必与闻于宗子。宗子不论有爵无爵,或贫或富。

一、立司仪于本族之中。不论远近崇卑,不论年齿老幼,不论有无爵位,但德足以服人,才足以驭众,言足以解纷,阖族共立之为司仪,主一族巨细之事,若司仪不公不法则易置。

一、立副司仪。族大人众,一人不能遍理,或正司仪有事及远出,副司仪亦如正司仪行事,正司仪有不逮者,副司仪勖之。

一、祀典。宗子、司仪既主高祖之祀,此外各门除各祀高祖之外,各祀其本支之祖与其所生之父母。遇元旦、清明、中元、十月朔、冬至、除夕、忌辰,各缘分自尽,不论穷富,富者固列三牲五鼎,即穷者一饭、一汤、一饮、一纸,务必致祭,以报先人生成之恩。如敢怠慢,宗子、司仪查出,带赴祠堂,责惩十板,仍补祭。愿罚者赎,量力,不过百文;如殷实之家,倍责倍罚。

一、祖宗父母坟墓每年清明节培土修理。倘有坍塌破坏,宗子、司仪查出,或责或罚。

一、族中子弟有上进者,俱谒墓谒祠,仍出喜资置祠堂公用,照后开例:进学钱二钱,补增钱一钱,补廪银三钱,出贡钱三钱,纳监银三钱,中举银五钱,进士银一两,出仕钱一两,秩大银三两,再大银五两,显者银十两。

(于准纂修,康熙年间刻本)

江西

清江永滨杨氏

崇祀事。

乾隆《清江永滨杨氏三修族谱》,《族戒》:

一、崇祀事。堂室以妥祖灵,丘墓以安祖魄,祭奠拜扫,宜深怵惕之思,若忽略蒸尝,废弃坟垅,即非仁人孝子之用心也。

(杨如沄修,乾隆二十七年刊本)

对族人参与祭祀活动的具体规定。

乾隆《清江永滨杨氏三修族谱》,《条例》:

一、新丁每出钱一百文,当腊祭日,将丁钱交楚,请族长同绅士斟酌命名,公同添注印本草谱,以俟四修补刊,庶不烦临期查核;新娶者亦出喜钱一百文,添注某氏。

一、祠内祭祀,和、信二房拾阄轮管,每年首事八人,收租完粮,至期办理祭筵、香烛、猪胙等项,打扫、铺设、俵胙及元宵□灯诸务,毋得潦草。

一、分胙,人丁每丁半斤外,出仕者及进士每人加三斤,举人每人加二斤,贡每人加一斤半,生监每人加一斤,现在与考童生每人加半斤,主祭者加一斤,助祭者加一斤,俟公费充足,再行议加。

第十三篇 族人规范

一、分胙照房长幼依次俵给,毋得拥挤。若临祭时未经入祠拜祖者,断不给胙,以警玩忽。

(杨如沄修,乾隆二十七年刊本)

清江云溪徐氏

嘉庆清江《云溪徐氏族谱》卷一,《宗训》

一、谨行醮祭。祖宗坟墓,根本所在,岁时挂醮必亲展拜,以伸孝思。有余之家,须努设祭田,为久远计。至合族宗祠及各支祖堂,春秋享祀,尤不可忽。盖木本水源之思,皆仁孝诚敬之发,为人子孙而罔念祖先废荐享,将何事而不遗亡乎?吾宗人宜重念之。

(徐廷攀修、徐攀桂纂,嘉庆十八年刊本)

新淦黄氏

道光《临淦窑前黄氏重修族谱》,《条例》:

一、修祀事以享先灵。吾族两房先后同居一地数百年于兹,报本追远,建有公祠,以奉祖灵,须常洒扫扃钥,毋令污秽,或有倾圮,辄宜修葺,不可怠缓因循,以滋不孝。向例起有公本,续置山田。分为三班田山,立有合约,不许典卖。每年春秋冬轮流祭祀办理器物,此善法也,循是一如旧制。凡有所司者,合志同心,切勿漫亵。如斩衰凶服,不得登堂与祭,期服而下,更服行礼。

(黄登第修,道光十五年本)

宜黄谢氏

同治宜黄《宜邑谢氏六修族谱》,《家规》:

一、祭祀之所当洁。凡轮应值首者,于清明前三日通知各支房长洒扫祠宇及祖先坟墓,至期肃洁器皿,恪供厥事。若或简忽,相将视为故套,即有亵慢祖灵之咎。

(谢赋文等修、谢性卓等纂,同治九年刊本)

湖南

祭祀时必须恪谨肃静,毋得喧哗叫号,以尽孝道。

长沙涧湖塘王氏

民国《长沙涧湖塘王氏六修族谱》卷首二,《四礼·丧礼》:

祭礼　祭期,春祭用清明日,冬祭用冬至日。先期一日,主人斋戒,率族众子弟拭涤器具如几筵、俎载牲、樽盛酒、瓦豆盛馔,瓷碗亦可、簋盛饭、大爵盛酒、小爵三献用、祝版长一尺、广五寸、粘文于上,祝毕揭而焚之、茅沙用瓷盆铺沙束茅一握置放盆内、油燎即烛、檀香,派执事书各名贴堂右讲仪注将先后仪注与陪祭及诸执事讲论一遍,以免临时错误,值年查点一切合用之物。

先行告主礼仪如常礼　日晡行省牲礼。礼前如常上香奠爵后,奏大乐,主人出省牲,诣宰牲所省牲,揖凡三。执事者荐毛血捧盘取毛血安置内堂主位前,主人从。复位复内堂位,鞠躬拜兴凡四,化楮,礼成。主人退居斋室,鸣金三叩,声炮,启门,奏大乐,乐阕,奏小乐,陈设。主祭者就位,分献者亦同就位,参神,鞠躬拜兴凡四,平身。主祭者行上香礼,诣盥洗所**盥洗**,诣香案前跪,上香,酹酒,俯伏,兴,平身,复位。分献者行上香礼仪同前,主祭者行初**献礼**赞礼二人向主人引导曰行初献礼,主人乃行,诣酒樽所,司樽者举幂酌酒幂用青纱覆于杯上,诣中龛馔案前,跪,献帛,初献爵,献腥,献熟,献筯,俯伏。分献者行初献礼,诣昭穆祖考妣馔案前,跪仪同前,乐阕。读祝生诣读祝位,跪,读祝文。读祝生叩首,起立,奏乐,兴,平身,复位主祭分献同,鞠躬拜兴凡二,平身。主祭者亚献、三献仪同前,分献、亚献、三献仪同。献粢饭,俯伏,兴,复位,鞠躬拜兴凡二。主祭者行侑食礼,诣中龛神位前,跪,执事者加酌,授箸,授饭,侑各肴馔既献之后,又劝神使享也,反箸,反饭,进茗,俯伏,兴,复位。分献者诣昭穆考妣神位前,行侑食礼仪同前。鞠躬拜兴凡二,平身,行饮福受胙礼。主祭者、分献者同诣饮福位前,皆跪,失职者斟酒授主人,主人受酒,啐酒略尝少许,执事者取胙授主人,主人受胙,反胙,分献仪同,叩首凡三,兴,复位,行辞神礼,鞠躬拜兴凡四,平身,化楮,焚文,焚帛执事者捧之。主人送至门外余人俱站立不动,不得随主人拥出门外,主人复位俟焚化将完,彻所设,声炮,奏大乐,执事者合椟,揖凡三,礼成。

祔礼凡已没者于三年内外举行此礼,或正祭日,或先期,本家子孙以红贴书衔贴宗堂晓族。

祧迁礼十世当祧,仪注详载丧礼主人捧祧牌藏夹室昭穆递迁而上。

墓祭每岁清明诣墓拜扫致祭,岁只一举。忌日考妣俱故,考忌以妣配享;妣忌以考配享。承重孙为祖考妣忌日同此,先一日斋戒具馔,厥明,主人以下变服行礼用青素衣帽,仪节同时祭不用饮福手胙,生忌礼同但用吉服。焚黄告主。先期陈设堂宣制词位,南向;东设主位,西向;前设香案,下设读祝位,向上主人设位于西,其余**器馔皆同**时祭。人之堂向不一,总以后为北,前为南,左东右西。至期主人诣堂告主,上香,读告词,**出所赠**主改题外改内不改,安主中堂桌上,主人就位行礼如当礼,宣制词黄纸书之,以盘盛置香案,**献毕**,焚祝文制词焚黄纸所书者存诰轴陪焚,焚黄告墓先期设厂于墓所,预备祝版、祝文及祭时合用之物,届期奉誊黄制书鼓乐前导至墓所,先祀后土而后告墓,仪节如常。

乡会中式祭告礼　恩拔、岁贡、生监同,有父兄以父兄为主人,无则以本身为主人届期主人斋戒,祠外设香案,朝北,中式者穿公服行三跪九叩首礼,望北阙谢恩中进士者不行,以先在午门谢恩故也。礼毕,齐赴祠堂,行祭告礼仪注如常。

(王万藻等修,民国三十八年听槐堂铅印本)

涟源李氏

民国涟源《李报本堂族谱》卷首,《宗规》:

四礼当行。先王制冠婚丧祭四礼,以范后人,载在《性理大全》及《家礼仪节》者,皆奉国朝颁降者也。民生日用常行,此为最切,惟礼则成父道、成子道、成夫妇之道,无礼则禽犊耳。然民俗所以不由礼者,或谓礼节烦多,未免伤财费事,不知师其意而用其精,至易至简,何不可行试?言其大要,……祭则聚精神致孝享,内外一心,长幼整肃,具物惟称家有无,不得为非礼之礼,此皆孝子慈孙所当尽者。

(民国五年报本堂活字本)

汉寿盛氏

光绪汉寿《盛氏族谱》卷首,《家规·祭扫仪则》:

每逢清明扫墓,值年族长务要先期入祠,预备酒体香烛等物,免致临时仓卒。清明,各房族长及子弟之俊秀者,一同入祠行礼,内择年长分尊者一人主祭,其余各依昭穆列后拜跪,毋得凌猎。凡礼生、赞礼,必先行盥洗,向神主位前四叩首,然后拱立两旁,端肃呼礼,毋得亵玩。

(光绪二十七年广陵堂活字印本)

三 族规深入到族人家庭事务

(一)职业选择

以士农工商为本业,不得充衙役、倡优、奴仆、僧道,以至不许屠宰,如有违犯,可能削谱黜宗。

直隶

容城孙氏

容城孙奇逢《孝友堂家规》,《家训》:

汉有孝弟力田科,尔等只读书明农,便是真学真士。孔子曰:幼而不能强学,老而无以教,吾耻之。今日教尔等以孝弟力田,正老夫不负烛光之一念也。

(《丛书集成初编》本,中华书局 1985 年影印本)

沧县孟村张氏

民国沧县孟村《张氏家谱》,《庭训》:

文福公曰:吾人所恃以养生者,惟田园耳,子弟诵读之余,当使其身亲畎亩,庶知稼穑之艰难。

(民国十七年刊本)

交河李氏

民国沧州交河马连坦《李氏族谱》,《李氏谱例家训》:

一、不许充当衙役,犯者公举。

一、不许学剃头修脚。

一、不许做戏子当吹手。

(民国八年七修本)

任邱边氏

乾隆任邱《边氏族谱》卷一,《笃叙堂家训》:

律典与经史并重,今人多鄙刀笔刑名为不足学,而一遇仓卒之变,无所适从,有因小故而蹈重典者,皆由平日不知律令故也。夫律既有本条,又有新例,情伪多端,轻重不一,若不留心寓目,将同于不知法度之人,况场屋判题用律向按:判题即于是年革去,讲约化民用律,是律为朝廷大政,谆切示人,岂可忽视之乎?乾隆丙子三月十三世孙边元厚著。

(乾隆三十五年刻本)

南皮侯氏

民国南皮《侯氏族谱》不分卷,《家规十条旧八条》:

一、当务正业。人须各占一业:读书为上,农次之,工贾又次之。若游手好闲,便走入非僻去,如嫖如赌、破家犯律,皆游手之所必至也。

一、勿令子孙当书办衙役。衙役贱役玷污先人,固不可为;若书办往往时多以生员下等者充之,本官相待有礼,近则颐指气使,奔走如下仆,无心小过横加重扑,况一踏公门,所友鲜端人,所闻鲜善语,既易坏心术,复易染侈淫也,吾族历明代至今从未有此,故尤所当戒。

(民国七年重修石印本)

丰润毕氏

民国丰润《毕氏宗谱》,《毕公裔家训》:

一、勤事业。凡四民各有其业,吾家族贻世业大都唯读书与耕两端而已。凡子弟资性可教者,父兄宜延明师教之,先读《孝经》,次读经传子史,无论拾取青紫而义理融通,开心豁目,即在人前言劝亦自不俗,可免马牛襟裾之诮;其质鲁难进者即督事农业,夙兴夜寐,勿令游手坐食,成懒惰之习,生燕僻之心。庶几上者获稽古之力,次之亦不失为有恒产而有恒心者矣。

(民国十九年排印本)

民国丰润《毕氏宗谱》,《宗谱凡例》:

一、农为国本,食为民天,勤耕则仓廪不空,衣食有措。读书而蕴庶物伦常之理,修齐治平之要,在国为忠臣,在家为良士。为人立业,莫先于耕读两途,可以使祖父不失其贻谋,子孙不沦于困辱。至若工商之业,亦可资生,纺绩之事更为内助。毋好争讼而触法辱亲,毋犯偷盗而贻盖先世,毋蹈嫖赌烟酒而荡产,毋好游惰奢靡而玷前人,孜孜矻矻以立其志,兢兢业业以成其事,一族之中观型有自斯谱之成有望焉。

(民国十九年排印本)

盐山郑氏

咸丰沧州盐山《郑氏族谱》,《庭训》:

一、勤事业。凡我子弟当各有其业:年到学,急令其入校学习文化以求上,不然即令其从事农业,夙兴夜寐巩固国本,亦为良弟子也,万不可听其暴弃致成无赖,有辱父母,遗污祖先。

(咸丰十一年梁口村第二次修谱订本)

安徽

休宁古林黄氏

乾隆《休宁古林黄氏重修族谱》卷首下，《祠规》：

职业当勤。四民所业不同，皆是本职。惰则废，勤则修。内而父母妻子之倚赖，外而族里亲知之谈柄，可不勉哉。故士先德行，切勿因读书识字遂玩法舞文，颠倒是非。青衿不可出入衙门，仕宦不得贪贿贻玷，即农工商贾俱不得怠事偷安，冶游荡费。末世四民之外又有逸为僧道为胥隶，甚且为椎埋优娼下贱等辈，一有犯者即以显背祖训之罪罪之，并责坐房长。

（乾隆十八年刻本）

绩溪梁安高氏

光绪绩溪《梁安高氏宗谱》卷一一，《家政叙》：

守正业。人家子弟无论贫富智愚，皆不可无业。无业便是废人。又不可不守正业，不守正业便是莠民。正业不外士农工商，因材而笃，皆可成家立业，安可自甘污贱为娼优隶卒以玷辱门庭。至于医卜星相，虽非邪术，亦不可轻学，盖其术不精，因而误人惑人，则亦非正道矣。

兴文教。四民皆是正业，然不读书则不知礼义，故凡为农、为工皆当读书，虽不望成名，亦使粗知礼义，不至为非。至于子弟佳者，则为之读书。使家贫无力，宗族宜加意培植。盖族内有读书人则能明伦理、厚风俗、光前而裕后，其关系非浅，又不但科第仕宦为宗族光已也。

（高富浩纂修，光绪三年活字本）

池州仙源杜氏

光绪池州《仙源杜氏宗谱》卷首，《家训十条》：

定恒业。人无一定之业则无以生，故士农工商皆恒业也。凡为父兄者，须量子弟材质之高下、身体之强弱各治一业，不可听其游惰陷入下流。如天资明敏专志读书足以显亲荣祖者，一族不可多得。下此质性鲁钝，竭力耕田，自食其力，此生理之最上者。其次或商贾，或工匠，皆可为仰事俯畜之资。他如医道一类，亦是仁术，但要精通，不可造次取庸医杀人之罪。堪舆一家，亦人子所当知，万不可藉此为业，一有差错害人不浅。至于屠宰割剥有伤仁爱，奴隶衙役有玷家声者，均宜申戒，勿令学习。

（光绪二十一年刊本）

第十三篇 族人规范

歙县蔚川胡氏

民国歙县《蔚川胡氏家谱》卷二,道光二年《规条》:

四民职业立身,成家之本。天姿秀美者读书得名,邦家之光,宗族之荣。次则力田,丰年亦农夫之庆。又次执艺营生,挟赀贸易。所谓四民,职业也。为父兄者各因其材,慎择师友,毋从匪彝。为弟子者,务宜专精其业,重望成名。倘职业不习,四民无与,好游荡,交匪类,败家声,是父兄之教不先,而子弟之率不谨也,初则戒惩,再则削逐。

(民国四年线装活字本)

山西

离石于氏

康熙离石《于氏宗谱》卷五,《垂训·族规》:

一、族中子弟营业止许读书、耕田、为商、手艺四业。除此四业之外,有投营充兵、入衙门作皂快及卑污苟残之业者,宗子、司仪同阖族逐之。

(于准纂修,清康熙年间刻本)

康熙离石《于氏宗谱》卷五,《家训》:

一、四民之首曰士,原期读书明道,较愚人迥出一头,故称之曰秀才。岂知一做秀才,惹祸招灾,总从一念之放肆起。我愿子弟小心敬畏,虽进学,与平人无异,埋头读书。设有非礼之来,当以礼遣;如果有干身家,始许理论,切勿呼朋引类,做出非为的事来,那时悔之晚矣。

一、士子幸而上达,身虽贵显,居家切要勤俭,不可奢靡,待人务宜谦光,不可骄傲。

一、有田之家率其佃仆及时耕种,及时耘耨,宁先时毋后时,仍不时亲身董率,勿自家懒惰,委之家人,彼饱溪壑也。

一、种田不离田头,**深耕易耨**是其本分,勤得一分多得一分之利。仍要聚集粪灰,地肥则苗盛。于农暇之时**就想到**来岁耕耘之时,有当备用之物,乘间置办,虽遇丰年,所获纵多,亦不可浪费,少留储蓄以备凶荒。田有隙地必种瓜菜之类,畜养猪鸡以补不足。

一、朝廷钱粮依期封纳,不可拖延为里中顽民。

一、生意之人,或开店,或行商,俱要早起晚睡,不可偷安。语云:不将辛苦意,难取世间财。

(于准纂修,康熙年间刻本)

江西

清江永滨杨氏

乾隆《清江永滨杨氏三修族谱》,《族戒》:

一、务本业。士农工商,各有所事,须确守勤劬,方为无忝。若懒惰偷安,游手赌博,如此之人,何以立家,势不至流为污下不止。

(杨如沄修,乾隆二十七年刊本)

清江湖庄聂氏

光绪清江《湖庄聂氏四修族谱》,《宗训八条》:

一、务正业。士农工商,各居其业,子弟聪明秀丽,能肄业者宜读诗书,父兄亦宜苦赡,以大振其家声。不能读者,或耕或商或工或贾,庶仰足以事,俯足以畜,愿世世子孙无荒正业也。

(聂典训等修,光绪二十四年刊本)

清江泮陵熊氏

光绪清江《泮陵熊氏重修族谱》,《熊氏家规》:

一、男业有四,而各居其一,未有外乎四业而族世长久者也。凡子孙读书为士,必勉强学问,克励清修,内而模范家族,外而表正乡闾,使今日蕴之为德行者如此,他日发之为事业者可知。由是而仕宦也,必务泽在生民,功在社稷,而遗清白于子孙;毋徇情嘱托,毋恃势凌跞,而存忠厚于来世。不论科第异途,自一命以致达官,必要以礼致仕,其犯赃滥而归,生不许由祠堂中门参谒祖宗,死不得配享祠堂,附葬祖茔,以示清谨之劝。苟从士无成,则有业必农,斯人无遗力,地无遗利,而以勤为本。有赀必商,务本分交易,锱铢计算而以俭为本。下此执一艺以周身,而工亦可也。子弟如席富盛,间有不堪胼胝负戴者,亦必令躬亲督理,俾劳心力而知创守之艰。至于游手好闲,不务生业,樗蒲掷骰,抹牌赌博,此废时失事而覆坠之由也,必严惩绝禁,不容于本宗之门。

(熊文炽等修,光绪三十一年刊本)

清江龚氏

民国清江《龚氏十四修族谱》,《族约》:

第十三篇 族人规范

一、士农工商,各有定业,夫何亦有游手不务生理者,伙同非类,并仆隶下人相与为侣,饮酒赌博,独何心哉?自坏其门第甚矣。为父兄者必痛加责教,务使子弟各专其业,以惩前过。

(龚克刚等修,民国三年刊本)

新淦黄氏

道光《临淦窰前黄氏重修族谱》,《条例》:

一、务本业以厚风俗。吾族处于乡曲,亦旧罕素封之产,子弟资不能渡即授之以耕,春种秋获,享自然之利,仰因以事,俯因以畜,此上法也。次则工贾医卜之类,闲令为之,若其奇诡欺伪,无济于日用,而或且贻为人心世教之害者,共为屏戒,不许学习。

一、崇儒读以冀振兴。吾族历居数百年,以诵读入学几膺乡荐者寥寥数人而已。若其科第之荣,爵秩之显,盖未知或有焉,此为之后者所当奋然自勉也。童蒙之辈,为父兄者,必令就塾;遇有资性超群者,务使专业以求进取,如或其家贫乏力不能及,责其所亲稍裕之家及虽属疏谊而赀产较丰者,必共为量力匡勷,俾获有成。

(黄登第修,道光十五年本)

兴国刘氏

同治兴国《刘氏重修族谱》,《族规》:

一、务本业。士农工商,各居一业,人生在世,必有业以治其生。庶仰事俯蓄,有所取资。若人无常业,则游手好闲,无以度活,迄饥寒交迫,放僻邪侈,无所不为,不亦终为人下而流于匪类者乎?凡有子弟,务宜严加约束,勿听其业于嬉,以致少成习惯也。为父兄者,可不急为之防闲也哉?

(刘天成等修,同治元年刊本)

玉山怀玉张氏

光绪玉山《怀玉张氏宗谱》,《旧谱家规》

一、生业为财用之原,士农工商皆为正业,甚可谋生。若弹唱、赌博、游食江湖,俱非正术,慎宜戒之。

(张维湟等修,光绪十四年刊本)

湖南

宁乡南塘刘氏

民国《宁乡南塘刘氏四修族谱》卷之首,《初修凡例》:

族中不耕不读之辈,身隶卒而甘为人下者,先惩之,如不悛,即黜而不录。

(民国十年存著堂木活字印本)

湘乡匡氏

道光湘乡《匡氏续修族谱》卷首,《家规》:

族内子孙或士或农或工或商,皆有定业,慎勿游手好闲、虚延岁月。

(匡逢向等修,道光八年解颐堂刊本)

涟源李氏

李氏清代家规。

民国涟源《李报本堂族谱》卷首,《宗规》:

职业当勤。士农工商所业须不同,皆是本职。勤则职业修,惰则职业隳、资身无。修则父母妻子仰事俯育有赖,隳则资身无策,不免姗笑于姻里。然所谓者勤,非徒尽力,实要尽道。如士者则须先德行次文艺,切勿因读书识字,舞弄文法,颠倒是非,造歌谣、匿名帖。举监生员不得出入公门,有玷行止;仕宦不得以贿败官,贻辱祖宗。农者,不得窃田水、纵牲畜作践、欺赖田租。工者,不得作淫巧、售弊伪器什。商者,不得纨绔冶游酒色浪费。亦不得越四民之外为僧道、为胥隶、为优戏、为椎埋屠宰。若赌博一事,近来相习成风,凡倾家荡产招祸速衅,无不由此犯者,宜会族众送官惩治;不得,罪坐房长。

(民国五年报本堂活字本)

汉寿盛氏

光绪汉寿《盛氏族谱》卷首,《家规十六条》:

严诫子孙各安生理,不许交结匪类,三五成群,流为盗贼,贻玷祖考,连累户族。如有违犯教令,不待发觉,通族即先送官,公请惩辨(编者按:此处应为"办"字之讹。)。赌博为盗贼之阶,每多连累父兄族邻,游手好闲有妨本业,不务生理,以致困乏乱行。族有此人,齐集约举报,免致于连。迩来人情,更有不及前人者,扫墓不自躬临,是忘亲也。良民学戏、充役,是自贱也;妇人烧香、看戏,造淫缘也;同姓苟合为婚,是不比于人数也;亲死破茔钻葬,损人利己,天理不容,王法亦所不恕也。我族内诫之诫之。

(光绪二十七年广陵堂活字印本)

第十三篇 族人规范

零陵龙氏

龙氏清代家规。

民国零陵《龙氏六续家谱》卷首下,《家规》:

修职业。职业者,统士农工商而言之也,业虽不同皆是本。职业修,则父母妻子仰事俯畜有赖;职业隳,则资身无策,不免贻笑于姻里。然所谓职业者如士,有志圣贤,须先德行、次文艺。勿因读书识字,舞弄文墨,颠倒是非,造歌谣、匿名帖。举监生员不得出入公门,有玷行止;仕宦不得以贿败官,贻辱宗祖。农者,国家所重衣食之源,**须服勤终岁**,不得纵放牲畜以荒良田,又不可图肥己身而空赋税。工者,不可作淫巧、售**敝伪器件**。商者,不得纨绔冶游**酒色浪费**。以上四端均生人应为之事,只有僧尼、俳优、盗贼与夫舆台、皂隶、给使令之辈,**供鞭笞**之具,断不可为。至赌博一事尤宜严戒。凡倾家荡产、招祸速衅,鲜不由此,犯者宜令族众送官惩治,否则罪坐房长,吾族当速戒之。

(民国十年敦厚堂木活字本)

四川

铜梁安居乡周氏

光绪铜梁《安居乡周氏宗谱》卷一,《训规》:

一、务本业。生人之事业不一,而耕读为重,诚能笃志芸窗。先体德行,后习文艺,斯不愧为圣贤之徒。而人爵特身外物,即功名多舛,不能掇**巍科,以光耀**祖宗而品学兼优亦可作塾师,以教育子弟。至秉性愚鲁者,可令务农。此外**如嫖赌嚼摇,滥**食洋烟,结盟拈香,信从邪教,以及当差而安狗贱,吹烟而陷卑污等事,概属不轨之行,不惟遗害身家,亦且有关性命。犯入其中,必成败家浪子,玷辱先祖,贻笑乡邻,切不可近。至商贾,虽求利捷径,而巧诈横生,徒坏心术,似非本业。然工制器用,无作要淫巧以荡心,商通货财,勿欺童叟而罔利,亦可以厚生。但必克勤克俭,勿长骄惰之风,尤宜不伐不矜,力祛贪吝之习,庶有恒业,可保恒心,而放辟邪侈以免。

(周泽霖纂修,光绪十年刊本)

贵州

紫江朱氏

民国《紫江朱氏家乘》卷四,《旧谱家规十二则》:

一、禁游惰。人生事业,无过耕、读两端,耕为衣食之本源,读乃圣贤之根柢。耕则春种夏耘秋收,三时不害,于茅索绹乘屋,终岁犹勤;读则自少至壮迄老,学务时敏。修身齐家治国,道在显扬,从古大圣、大贤、老农、老圃,未有不耕不读而食、不学而成者。即或无田可耕,有书难读,亦当择术,以为治生之计。或学手艺,或事商贾。习手艺者毋或作为淫巧,经商贾者勿或市伪杂真,不以垄断独登,不必多方渔利,惟期用心之仁。切勿入衙当差,恐其心术坏尽,尤戒随优学戏,致使秽德彰显。或谓富贵在天,穷达有命,自甘暴弃,不事经营,日在醉乡,夜眠妓馆,自求口实,不顾家室,到处酣歌,竟忘身命,以赌场为乐国,虽饥寒困苦而日事叫呶;以烟馆为仙都,纵精髓干枯而终耽呼吸,凡此未亡之肢体,皆属游惰之情形。今为吾族约:富贵之子孙,当责以耕读为本;贫贱家之子孙,当予以艺业为先。不可任其游荡,听其安闲;勿许压宝掷骰打牌,勿使挟优眠花卧柳,勿入酒楼烟馆,勿许学戏当差,犯则必惩,法无可贷。庶几亲正人而远邪佞,务正业而绝燕游,则僻匪之心无自而生,家运之兴于字可卜也。

(朱启钤修,民国二十四年排印本)

(二)持家与理财

梁诗正清勤堂随笔五则。

陈康祺《郎潜纪闻四笔》卷一一,《梁诗正清勤堂随笔五则》:

钱唐梁文庄相国,有《清勤堂随笔》五则,其元孙绍壬载之《两般秋雨盦笔记》中,节录于右。

赵恭毅公世著清操,衣冠俭素,下体不着寸丝尺纨之饰。江南贤达,往往效之,于俗有益。

陶石篑云:"世族只为体面二字,应酬日用必求华赡,因之日事典卖,祖业荡然,逢人乞贷,亲友畏避。居官则**窃帑藏胺闾阎**;居乡则事居间恣渔猎。身心劳瘁而弗辞,名行隳裂而不惜。己之体面,**终不能顾**,岂非大错?"

从者蓄珍异之物,未有不招尤贾祸者。即藏名人字画以传子孙,亦非贻谋之道。门祚少衰,豪贵往往求索,虽与佳者,辄疑非是,受累不一,可勿鉴哉!

粉墨登场,所费不赀;喧嚣烦杂,绝无佳趣。且招盗诲淫,为患不止一端,士大夫家所当永戒。

朱文端相国自奉甚约。抚浙时,饬所部凡婚嫁丧葬,贫富各有品式。务崇朴实,勿事华床靡。宴会则簋极于五而止,时翕然从之。汪西昆云:"吾邑素风古朴。自陆比部多冠盖交,豪华相炫,遂靡然一变。今冢宰王公,率先复古。往时宴客必盛馔,今以公教,虽三肴,客不怪也。往昏娶楼船箫鼓,竞以夸胜,自公不举乐,不张红,遂相率而改其旧习。公见人厚款,则怫然起;见人炫服,则愀然忧。每与人言:节俭一端,不但可以裕财惜福,寡欲清心,且免妄求横取。人品贤否,每系乎此。谆谆往复,绅士多承其教焉。"

按:文庄清风俭德,朝野同钦,故其垂示子孙者,亦多以朴素为轨范。恭读高宗怀旧诗于文庄一首,有云:"奉职恪且勤,居家俭而省。"真知臣莫若君也。

(中华书局1990年版,第188页)

安徽

徽州彭城钱氏

光绪《徽州彭城钱氏宗谱》卷一,《家规》:

《传》有之曰:欲治其国,先齐其家。又曰:家国一理,齐治一机。此圣经贤传,深切而著明者也。我钱氏谱载家规条例款目,乃知家庭万化之原,欲使同宗共族互相遵守,则度(编者按:此处"度"字应为"庶"字之讹。)几士敦孝(编者按:"孝"字为新添字。)悌、妇尽坤贞、家声丕振、族益蕃昌。凡我同宗,实受生成太平之福矣。

一、隆孝养。孝为百行之原。不孝者,律有明条,此人人所共知也。故为子孙者常念罔极之恩,须知孝养之义。族中如有不孝者,族众惩治;再犯不悛者,公逐出祠。

一、宗友爱。兄弟伯叔,大伦至亲,故为子侄者,须尽敬老事长之道,与夫隅坐徐行之礼;至于为尊长者,亦尚(编者按:此处"尚"字应为"当"字之讹。)持己以正;训诲戒导,交相友爱,尊卑有等,而和气致祥矣。

一、笃义方。父母爱子之心无所不至,然无取乎姑息之爱,故当蒙养之初,期以正大,弗纳于邪,而后成人可待也。尤必戒导督责,毋容放荡。视其材质高下,随其材器而造就之可耳。

一、睦宗族。宗族者一体之亲也,凡事必当周旋体恤,相亲相让,而雍睦之得矣。故为族长者,凡宗党有是非曲直,当秉公调处,毋得曲意偏护,以致纷争结讼。如有贫穷患难,亦当救援。

一、正婚姻。凡嫁娶须择门楣相对、家世清白者,断不可草卒(编者按:此处"卒"字应为"率"字之讹。)了事,致辱门庭。违者,革出祠外。

一、重丧祭。凡治丧祭之道,一遵《文公家礼》,衣食棺椁,称家无有。父母坟墓及时窀葬,毋惑于地理之说,以致停丧多年,不能入土,大罪恶极,惨不可言。至于祭祀必竭诚致敬,如在其上。所有上冢拜扫,定于春秋二节。如有不孝子孙盗资(编者按:此处"资"字应为"卖"字之讹。)坟地者,鸣官究治。

一、重宗祧。凡元配之妻无子,应娶妾生子延后。有妒妇专房,不许丈夫娶妾者,理应请外家相劝；娶妾生子，接长宗支，族内当以理晓之。如果不遵，即行体（编者按：此处"体"字应为"休"字之讹。）回母家。

一、别内外。男正位乎内，是以男子必别嫌明徵（编者按：此处"徵"字应为"微"字之讹。）。女子无故不出大门，有外戚来者，只许见于中堂，不得引进梱内，如系外甥女婿辈方许入内。

一、定尊卑。叔侄自有定分，侄孙年至五六十以上而叔祖尚在童年，不可以年长故貌视尊长。

一、务正业。士农工商，各有一业，子弟年长，不可任其游荡，流于匪类。使之各执一艺以为终身衣食之资。谚云：卖田卖地难卖手艺。为父兄者不可不早为之计也。

（钱坤修，光绪十年刻本）

池州仙源杜氏

光绪池州《仙源杜氏宗谱》卷首，《家训十条》：

明臣道。诗云：普天之下，莫非王土；率土之滨，莫非王臣。人第知出仕者当尽臣道，而不知食毛践土凡为百姓者，皆有君臣之义寓乎其间也。故孟子曰：在国曰市井之臣，在野曰草莽之臣，皆谓庶人。庶人虽未传质为臣，而其所以称臣自若也。吾族出仕者，无论官阶之大小，须小心翼翼，靖共尔位，毋旷厥官，以自取戾；毋肆贪婪，以玷家声。在家者士农工商，亦须安分守己，做个好百姓。不可包揽词讼，不可拖欠钱粮，不可阻挠公役，此为下之道，亦即所以事君之义也。

孝父母。父母之恩昊天罔极，为子者当以得亲顺亲为先务，区区奉养服劳，圣人尚不以为孝。世人不明此理，动至忤逆抵触。推其原大抵以父母之不我爱也，抑知父母育子教养婚娶，吃尽艰辛，岂有不爱乎？总由为子者或溺于妻子，或私其货财，忘莫大之恩而不顾父母之养。吾族如遇此等不肖，该房亲属务必引至祖堂，家法从事，令其改过自新，不得容忍姑息，酿成大戾，为一族羞。至事继母，亦当尽敬尽孝，如事生母，不得稍存意见。逢堂上之怒，若子本无过，父母或格外苛求，族间亦当委曲两相劝诫。务使亲爱其子，子敬其亲，太和之气聚于门庭，则尽善矣。

和兄弟。天下无不是底父母，世间最难得者兄弟，故称兄弟曰同胞，又曰手足。人之自外其同胞者，犹之自剪其手足也。试观古今兴旺之家，未有不弟敬其兄，兄爱其弟。今之兄弟不和者大约有二：或偏听妇人之言而伤和好，或因争田产之细而成雠仇。如此，道路叹其不祥，父母增其隐痛，为兄弟者清夜自思，安乎？否乎？今与族约：凡为兄弟者，慎勿听妇人之言，争田产之细，致乖骨肉。推之叔伯兄弟，亦当如是。古语云：和气致祥，乖

第十三篇 族人规范

戾致殃。人家果能一庭聚顺,则气象如春矣,岂不快哉!

宜室家。夫为妻纲,妻为内助,然必处之有方,而后家道成。每见今之人家夫纲不振,始则溺艳妻之少艾,继则任牝鸡之司晨,迨至习惯成自然,夫不自以为夫,妇亦忘其为妇,甚至打街骂巷,以卑凌尊,种种不端无所不至,如此而家道焉有不败者乎?窃念人之欲治其家者,平日之间务庄以莅之,使之知敬;慈以待之,使之知恩;与其效父子之嘻嘻,终不若为家人之嗃嗃。夫纲正则室家宜矣。更有一种妒妇,自不生子,不准其夫纳妾。此最是乡愚恶习,曾不知无子已在七出之条,无人语之而彼不知也。遇这等妇,房长当引至祖堂,责以大义,毋令其夫蒙不孝之大。但为夫者,亦不得藉此罢妾凌妻,自干罪戾。

敬师友。师不严则道不立,朋不正则过无闻,品端学邃之师、直谅多闻之友当终身敬之重之,不可怠慢,否则严师不屑教诲,而苟就者皆庸师矣,益友疏远而亲近者皆损友矣。迨至学问无成、理义莫辨,作丧身败家之事,成轻薄匪僻之徒,为人所不齿,始悔向为师友所误,则无及矣。愿吾族延师觅友务选品行端方者以为之教,举止纯正者日与之亲,令子弟耳所闻者皆正言,目所睹者皆正事,源之清者流不浊,表之正者影自端,于是则德日进、学日增,何患芝兰玉树不罗列庭阶也。

教子弟。人之有子胥望其成人,然必自幼教以正言正语,使之渐入正路,则可矣。无如今之训子弟者,自幼便被他教坏了,见他爱财物即谓此子能起家,见他好斗狠即谓此子有才干,见他用欺诈即谓此子颇玲俐,见他会骂人即谓此子有胆略,迨至习与性成,骄傲之气形于父母,贪暴之心施于昆季,而他人无论已,尚望其成人哉。惟孩提之时知识稍开,教之以谨饬,勿令放荡;教之以俭朴,勿令奢华;教之以逊让,勿令好高;教之以笃实,勿令虚浮。及其长也,从师读书以广其识,亲贤远佞以端其行,朝夕渐摩,无论士农工商,邪正自辨,廉耻日生,必不致误入下流也。

睦宗族。宗族虽有亲疏,等而上之皆一本也。出入相友,守望相助,疾病相扶持,古之同井者且然,况吾一本之亲乎?凡我同姓务念亲亲之谊,匪特盗贼水火之患须竭力匡救,即遇族中偶有孤贫者务为设法周济之,有流离者务为设法收养之,嫁娶丧葬无赀者务为设法欤助之,疲癃残疾无依者务为设法扶持之。但贫苦者见族中有显宦富厚之家,亦当生羡慕心,万不可生妒忌心,如此才是和宗睦族之道。有一种诈伪好事之徒,自恃才辨,冷言冷语,起人忿争,己或于中取利,或借他人之事报复私仇,或自己理曲挑唆房众与族分畛域,此最是族中之一大蠹也,愿高明者勿受其蔽,须当面斥辱之,令其术不行,则宗族永无不和之患矣。

定恒业。人无一定之业则无以生,故士农工商皆恒业也。凡为父兄者,须量子弟材质之高下、身体之强弱各治一业,不可听其游惰陷入下流。如天资明敏专志读书足以显亲荣祖者，一族不可多得。下此质性鲁钝，竭力耕田，自食其力，此生理之最上者。其次或商贾，或工匠，皆可为仰事俯畜之资。他如医道一类，亦是仁术，但要精通，不可造次，取庸医杀人之罪。堪舆一家，亦人子所当知，万不可藉此为业，一有差错害人不浅。至于屠宰割剥有伤仁爱，奴隶衙役有玷家声者，均宜申戒，勿令学习。

　　尚勤俭。勤俭者，持家之本也。勤则有以开财之源，俭则有以节财之流，不期裕而自裕矣。财用裕则礼义之心生，匪特厚生且能正德也。若懒惰奢侈必致困穷，困穷必致寡耻鲜廉，无所不至。故凡人无少长、无男女，俱要勤俭饮食，取其充口，不可过贪；衣服取其蔽体，不可过丽；屋宇取其安身，器皿取其便用，不可求峻而求美。非特此也，即庆吊之事取其尽礼，非以斗靡也。近见人家庆吊有力者，色色从丰；无力者亦尤而效之，岂非伤财致贫之大弊哉？昔汉文帝百两惜露台之费，后宫衣不曳地；鲁敬姜任纺绩之劳，戒文伯之逸。彼帝王命妇且勤俭如此，何况平民庶妇。惟愿族中有名望者先以勤俭为表率，俾人人观而化之，则一族之受赐匪浅已。

　　戒斗讼。孔子曰：能以礼让为国乎，何有不能。以礼让为国，如礼何？帝王治国家平天下，皆不能外礼让。人处乡党中，胡不思以礼让为先，而沾沾于好斗健讼。曾不知好斗者逞一朝之忿，小则互相受伤，摧残遗体；大则酿成命案，不可救药，妻子被其牵连，官府责以偿抵，尔时悔之则无及矣。健讼者无论讼之胜与不胜，以钱买衙役气，屈滕受官长辱，即胜亦无意味，况倾家荡产势所不免。讼胡为也？愿吾族以礼相敦，以让相尚，忍横逆之加，守终凶之戒，则一生之受福良多也。至若祖墓被人侵占，虽万不得已之事，其始亦当席请乡邻和解；和解莫决，然后鸣官，至于械斗万不可行，恐误伤人命，反致祖坟莫保，其失更大。

（光绪二十一年刊本）

光绪池州《仙源杜氏宗谱》卷首，《家政十四条》：

　　宗庙宜肃。宗庙者，祖宗精魂常聚之所，闲时宜锁钥不准常开，以昭清肃。不准堆积物件，每月朔望及四时八节祠仆务须打扫洁净，以备管祭者嘎饭敬香，大宗祠及各分支祠一体皆然。

　　祭祀宜谨。祭者际也，以我之精诚与祖宗之神明相接，谓之际，故临祭之时尚诚敬，尚肃穆，跛倚喧哗，皆非所以通神明之道。自今以后临祭之时，大堂两柱各悬一大粉牌，一书"禁止喧哗"四字，一书"闲人俱出"四字，务期必行，庶祭则可以受福也。

　　祭器宜珍。《礼》曰：凡家造祭器为先，祭器者，所以别于燕器也。吾族各祠祭器俱备，平日务宜珍藏，不作他用，不得借出，每岁轮祭者上交下接，如有破损，值年管祭者赠赔，

第十三篇 族人规范

器有缺略，亦当随时添制。

祠产宜理。吾族大宗祠及各支祠俱有祭田、公款，宜公举正直精明之人为祠董以司出纳，或加一二人副之，每岁酌给工食以专责成。其祠内田土、山场尤宜随时经理，如有被人隐匿侵占等弊，即当亲临查勘，免致失业。岁终集众结帐一次，以杜侵蚀。庶公款日裕，公用无不给之虞矣。

宗谱宜修。吾族人丁繁衍，居址星散，无谱以联其情，必致支派罔知，尊卑失序，而一本之亲视若途人矣。不特此也，世远年湮，名讳阙略，甚至有子孙而不知其祖考者，于心安乎？今与族约，此后各房须立草谱，每年正月初十日管祭者请房长数人至祖堂，凡有生卒葬嫁娶应载入谱者，令其报名填入。娶妻生子之家著出钱百文，有力者劝其捐输若干，汇赀伸放，每至十年则拨此款倩人照宗谱式楷录数本分藏，以免遗失，永著为例。至于宗谱务三十年重修一次，即至迟不得逾六十年。

尊卑宜序。吾族各村俱有支祠，每岁元旦管祭者令祠仆鸣锣，大小毕集祠内叩贺新禧，辈行尊者序列上堂两廊，卑者在下，先拜祖先，次长幼团拜，行一跪三叩礼。拜时用铳炮用乐，以昭郑重。

义仓宜设。吾族村居星散，义仓非一处所能，该令酌立定制，大村各聚一仓，小村或二三村共聚一仓。其始筹谷若干担，择一勤廉者伸放，度谷可备该地一二年之粮，始不伸放。年丰则出陈买新，凶荒则集众会议，酌量平粜。所粜之钱复往丰熟地方运谷接济，管理者每年酌给工资，岁终集众结帐一次，帐簿一样写立数本，各执以杜侵蚀。

文会宜兴。吾族村里向有玉霏堂、联元堂、同升堂，村外向有启元堂，今又新增振文堂。此数公堂原为作养人材之用，今与族约，村里村外务将公堂择人经理，每岁按月会课勿懈，大小考试约给川费入泮掇科，酌给花红，自人人鼓励人材蔚起矣。族中之出仕者及商贾有力者，当随时量力捐输，以充其用。

嫁娶宜慎。《朱柏庐家训》曰：嫁女择佳婿，毋索重聘；娶妻求淑女，勿计厚奁。凡娶须择门第相当，不得娶下姓及娼优隶卒素无家教之女；嫁女亦然，不得攀高门富贵之家以致伤财，不得许势豪纨绔之子致琴瑟不调，婢女失所；不得许下姓优隶之家，不得鬻女为妾。违者治以家法，责令改正，议婚男女须十岁以上，不得太早，恐家道一有变迁，以致互生嫌隙也。

闺阃宜严。古者男女不杂坐，不同椸枷，不同巾栉，不亲授，叔嫂不通问，嫌疑之间，《礼经》言之甚详。今酌定家规：妇人年未五十者不准干预外事，到老不准入庙烧香，不准与三姑六婆通往来，不准僧道入门，不准长大男子入内室，不准男女同场赌博，不准妇人凌辱养媳及婢女，不准与人辨斗图命。妇女无论贫富须课以女工。如此方是有礼之家，而无渎乱之患矣。

赏罚宜明。国有赏罚劝善惩奸，家有赏罚亦足令人改过迁善。夫赏莫重于忠孝节烈，罚莫先于奸盗邪淫。吾族遇有忠孝节烈例应旌表者，须为联名禀请旌表。费用无出者，亲房须设法赞助，不可使其湮没不彰。族中有急公好义及德行可风者，亦当格外尊崇以示鼓励。至于奸盗邪淫之辈，察其事之虚实，轻则家法从事，重则送官究治。

诸费宜节。古人食不重肉，衣不重帛，至今传为美谈。吾族婚丧请客诸大端无一定限制则无所适从。今与族约，婚嫁席用一品锅，人丁多者请人以五服为度，人丁少者以九服为度，此外请酒与否听其自便。近见人家婚嫁请酒动至数十席，此伤财之大弊也。丧事亲房宜送馔粥米，吊丧者答以白布席，用一品锅或四簋，俱用素蔬。近见丧家饮酒食肉，男妇或持余膳回家，此俗之大违乎礼而最可鄙者，尤当痛革。至于朋友亲戚庆吊往来，取其备礼不必过丰，席请宾客丰限八簋，平常应酬减半，宗祠及各支祠绅耆祭酒用一品锅，永著为例。

家仆宜束。吾族各房世仆有刘、□、沈、何诸姓，当待之以恩、约之以礼，凡冠婚丧祭诸事自应使其服役，赏给工食，不得用外来客民充役。仆家有患难，当为周恤之；有外侮当为保护之，不得倚势欺辱。如仆不安本分，为非犯上，不受使役，当引至祠堂从重处治，不可任其骄纵，酿成大戾。

诸事宜治。家事之外公事、外事，大族势所必有。即如举行乡约所以教导百姓，设立保甲所以保卫身家，当实力奉行之。其他如邻姓有庆，公家理应致贺；宗人谒祖，公家理应优待者，祠董族长宜悉心料理，免失族体。至于族有外侮，实属理直而邻姓不能排解，万不得已而兴讼者，我族人亦当同心竭力，勿受欺辱。

（光绪二十一年刊本）

歙县蔚川胡氏

民国歙县《蔚川胡氏家谱》卷二，道光《规条》：

窃思立家法、训义方，此祖父养不中不才意也。我祖自清华常侍公肇基以来，以忠孝悌友礼义垂训，淳朴之风传久弗怠。始迁璜田之圣保公、来璜蔚之文叔公悉遵其训。厥后迁析不一其处，族益繁，世益下，人心益涣，若不严立规训，恐淳漓朴散，渐蹈佻达城阙之刺。畏等惧焉，僭采有关伦理切日用者，分为十五条，俾子姓有所持循，绍先世之美于不替。违训者，男罚钱，女罚布，以儆之。文叔公后裔畏敬书。

洁祠宇。祠宇祖灵所栖，子孙报本追远地也。凡廊庑垣墙一有损坏，族长、祠首倡率支众即时修理，毋使秽污颓朽，亵渎先灵。祠内毋许匠作喧闹，恐惊先灵。每遇岁节祭日，

第十三篇 族人规范

值年子孙必先期洒扫,罗列香案及各事以俟阖族拜谒祭祀,务宜丰洁诚敬。倘族居涣散、远迩不一者,须于己堂前设神位以祭。

守祀产。祀产祖宗血食所需,先人歆报之典也。近世多有挟众与讦讼因难苛敛,将祖宗所遗祀产典卖,以求胜甚至诈,而弱者私自典当,强而力者明将祀产变置,人不敢言,**遂致缺祭**,贻恫先灵。今后各族支子孙务宜世守祀产,以永孝思。其田地土名字号税亩须**载于谱**,世世不致迷失。若未立祀产者,遇清明祭扫及岁时祭日,亦宜敛赀备祭,毋失追远之意。

修坟墓。坟墓乃祖宗所凭依之域,若平塌浅露,须于祭奠之日率众择土培之,不致暴露平没,启人窥伺。凡冢上木植坟茔疆界,不时经理巡视,以防不肖之侵犯。若支下私伐邱木者,重罚之;侵葬者,倍罚改正。倘恃强不遵,族长呈公理论,其各处祖坟四至税亩字号土名山向,画图载谱,则考核有据矣。

孝父母。父母天伦之大,为子媳者当念身所自出,承欢奉养。凡衣食随力营办,毋使有饥寒之累;疾病则急为调理,朝夕不离,勿致抱终天之恨。若厉色暴言以对父母,及纵妻孥听妇言缺甘旨者,族房长论其不孝,责其夫并惩其妇。

友兄弟。兄弟吾人手足,妯娌情义一同,或前后异母,或嫡庶异等,总是同气连枝。若溺于财产听妻妾言,以起离间之端,伤残骨肉,于友于之谓何其,何以对父母也?为兄弟者,兄贵爱其弟,弟务敬其兄,慎勿重锱铢、听妇言。兄弟既翕,则妯娌相观而化。如争钱谷,纵长舌牝鸡之鸣,族房长先论其不友不恭,而后正其曲直。至宗族尊长更宜尊敬,当循隅坐随行之礼。凌僭者有罚,犯上者公治之。

正风化。夫妇所以正家道,为风化之原也。夫纲不可少弛,闺门不可不肃。切禁妇女出外闲游,即庆吊当行,须令婢女小厮先导避人,方见大家气象。即农庄商妇,或不能净坐深闺,亦必循规蹈矩各事其事。若妇人狮吼,致内外不分,惟家之索,试问其夫安在?有于此者,族房长公治其夫,令治其妻,以端风化,违则削其世系。

睦宗族。宗族乡里本属同宇一气,贵恩礼相维,和好相接。群居稠聚,毋得以强凌弱,以众暴寡,以富欺贫。或有因财产争论,族房长及公直贤能者力为处分,勿使擅自告官,以全宗族恩义。如顽梗不驯,须秉公直言,以斥服其心而后已,庶免匿怨以为祸阶。

防继庶。嫡妾继庶之间,至难处也。嫡为正,妾为副,名分昭然,固不可紊也。然定分之间,亦自有别。若正室已育子而纳偏房,则在可重可轻之列。若正妻不育,中年置妾,则无后为大。嫡而贤,幸也;嫡而妒,是绝夫嗣也,甚属可恶,即出之殊不为过。然妻之妒与否,亦必宗族大众实核之,方可信。否则爱妾者亦多,不可遽为嫡罪也。至于前妻已有子媳,复得继娶之母,贤而相恤者少,不贤而隔膜视者多。大约枕边之言,掩袖之毒,不惟溺爱,亦且蒙惑矣。长者必明辨之,不使负伯奇之冤于地下。如继母贤而子媳傲,则不孝有所归,当公治其罪。

植贞节。忠孝节义朝廷之所重,名教之所推也,宜为旌表。故懿行之出于士绅者,尚褒以嘉名;即出于陇亩间,亦须赞颂之。若裙钗者流,不幸夫亡,仰望无主,守节倍难于士绅,有能柏舟自矢者,宗族当重加培植,以全其节,旌表之宜也。如有贪其财产、煽其别调者,宜众相攻罚。倘夫亡未及立嗣,家长从公为之定继,毋许越桃争夺。继子务尽孝养,不许辄私卖产,以负恩义,违者以不孝论。

重婚姻。婚姻,宗族之门楣所系至重,故婚娶者不但取其阀阅,尤当择良善。有家教人家,则妇之事舅姑必孝,事丈夫必敬,自不肯毁行辱身以违姆训。若豪强逆乱刑人恶疾之家,其女多非柔顺,鲜有不欺丈夫而傲舅姑者,断不可轻结丝萝。族女字人,不第求其胜吾家者,更须选觅佳婿而归之,庶女终身仰望;苟利其赍财,以致阀阅不称、良贱不伦者,众议罚其改正,违则削其宗系。

劝职业。四民职业立身,成家之本。天姿秀美者读书得名,邦家之光,宗族之荣。次则力田,丰年亦农夫之庆。又次执艺营生,挟赀贸易。所谓四民,职业也。为父兄者各因其材,慎择师友,毋从匪彝。为弟子者,务宜专精其业,重望成名。倘职业不习,四民无与,好游荡,交匪类,败家声,是父兄之教不先,而子弟之率不谨也,初则戒惩,再则削逐。

训勤俭。立身治家之道莫要于勤俭。士勤读,农勤耕,女勤纺绩,不待矣。然勤而不俭,虽勤无益也。如岁时神会宾客燕饮之类,虽在所不能免,然适中则可;若率从华艳餙观,适足以耗财而已。今凡庆吊往来之礼,酒酌筐筥之仪,即不可过鄙,总惟诚意为先,二簋亦可用享;苟竞尚浮华,反蹈文盛之弊。若庆吊宜行而傲惰无礼,又为村夫野子,宜勉之戒之。

供正赋。正贡钱粮,急公输将,士庶之职也。本族虽无抗逋之弊,迄今以来不无愆期慢后致累戚里,殊失奉公之义。今后凡有征纳,务依时完纳,庶免黑夜追呼,鸡犬不安,以身试缧绁之辱。

树行检。言行关名节最重。近有一种不肖子弟,窃窥妇女,肆淫仆婢,好谈人家闺门短长,戏谑无度,致贵贱不分,名分倒置,岂不玷辱祖宗乎?为父母者当痛责之,不悛则禀家长治之。至于不务生理,哄人嫖赌,破人财产,起灭兴贩窃盗诈伪等类,律有明条,官法甚严,切宜谨戒。

息词讼。族繁事杂,争竞在所不免,但不可轻举兴讼,当先鸣族贤房族家长,究明其巅末,公剖其是非,直者劝其涵容,曲者谕令输服居闲,曲为调停处分,以息其争端。盖乡族以情理相兼,非比官府可用法直判也。如情伸事白可已即已,苟肆刁捏控,反自取破家之祸,后悔无及矣。道光二年岁在壬午夏阳月之吉,裔孙畏敬录述梓。

(民国四年线装活字本)

绩溪南关许余氏

光绪《绩溪县南关许余氏惇叙堂宗谱》卷八,《惇叙堂家政》:

理财之用。族中别无所谓家政,不过理财而已。古人有言:穷村乡富公堂。公堂富则虽众户贫寒,或助或借,缓急有恃。故一族虽以族长为主,而理财必由合族公举正直精明之人为祠董,或加一二人副之,以司出纳。如其诚心经理,使公堂丰足,合族受惠,百年后于报功祠立神主以祀之。俗所谓能干祠也。倘或侵公肥己,无功有过,虽终身管理祠堂,没后不许滥入。

祭祀之用。每年春冬祭祀,牲仪、酒食、香帛及照例颁胙各费,均出于祀产租息,仍可有余,不可不足。凶年则祀品皆从省俭,不用鼓乐。

营造之用。凡修整祠堂坟墓及应办器用,祀租无余,则随所用之数而劝捐于富户、中户,极贫者不可苛派。

养老之用。凡生平公谨,至年老又遭患难,无子侄服亲,无田产者,于祠祀产拨租以养之。如祀租无余,每年由祠董与族内富户派送月米;如无富户,则中户派送,不得任其转辗沟壑,不得视其流离乞丐。如本族有年老饥寒乞丐者,即族长、祠董与富户亲房之罪也。

赈贫之用。凡家贫,孤儿寡妇与疲癃残疾,及年壮遇灾遇病、素行归真、衣食无赖而无服亲者,祠董拨祀租以赈之。如祀租无余,于合族上户及其近房派送月米。在节妇则尤当加礼,其寡妇与疲癃残疾俱赈之终身。孤子病人以年长病好为度,孤子日后发财则捐资为义田义仓,以济后之贫者。

助学之用。族中子弟读书三五年,如果天资高妙与天资平等而志大心专者,其家贫无力,则祠董于祀租每年拨助学资。如祀租无余,则于上户亲房劝其扶助,中举则偿其本。

救荒之用。每遇荒年,如既无义仓又无祀租可拨,族长、祠董会计合族富户捐资以保合族贫户,断不至家家赤贫、家家无粮。务求一族之富人能保全一族之贫民,不使一人独受饥寒。富者有钱出钱、有谷出谷,倘明明有钱有谷,为富不仁。凡以上各条从中违拗,以致祖训家政徒为具文,贫民求生无路,则由本族持此谱呈官求究,以不孝不义之罪治之。

以上各条皆由文会不足、无义仓之故,如果显宦富商能捐巨资置田产为义田义仓,使鳏寡孤独、疲癃残疾、水旱凶祸、节妇志士皆有所赖,祇由祠董按例举行而不烦,临时劝捐尤为无穷善举。然此事不患无财,而患无理财之人;亦不患无理财之人,特患无能理财而好善之人耳。凡人欲后日昌盛必做好事,欲做好事必先从亲族做起。苟能洗心不染以理此事,使合族免饥寒之苦,何患日后不昌盛乎!

(光绪十五年刻本)

山西
离石于氏

康熙离石《于氏宗谱》卷五,《家训》:

一、居家要俭,当念钱财非易,衣服饮食惟期适口充身,不可浪费。吾永宁地土浇脊而天时又元涝靡定,少有所蓄,庶可以备荒年。

(于准纂修,康熙年间刻本)

洪洞薄村十甲王氏

嘉庆《洪洞薄村十甲王氏族谱》卷八,《乐庄公垂训》:

一、不许拖欠钱粮。

二、不许结交匪类。

三、不许违禁举放。

四、不许花酒赌博。

五、不许傲慢亲长。

六、不许贷保寄物。

七、不许骄奢淫荡。

八、不许踵袭异教。

九、不许荒芜田宅。

十、不许斗争词讼。

凡我子孙,着实遵守,如违此训,以不孝论。

孙邦泰谨述。康熙癸亥孟夏六世孙绂再识。

(王楷苏等修,嘉庆二年刊订)

商人家训论持家与为人。

嘉庆《洪洞薄村十甲王氏族谱》卷八,《圃隐公遗训》:

吾年十六,尔祖父谢世。尔曾祖父并伯祖父爱怜如珠,服阕俾入国庠,遂将尔祖父殡

第十三篇 族人规范

事与尔伯父商酌办讫。稍长，治先人蓰业于历下。每东出，伙中间有一二不肖，常以邪事引诱，自有主张，一言不肯轻纳。兢兢业业不敢丝毫放荡，唯恐取笑于人也。后加授光禄寺署正，素性疏懒，始终未仕。归里后惟知孝亲，经营后事。暇则读书赋诗而已。至尔曾祖父等喜庆、丧葬诸大事，俱与尔大伯父调停办理，丝毫不敢苟且。居乡惟知谦逊慈仁，不敢欺凌于人，生平不好与人争斗，以忍耐谨慎为本。寡交游，所交不过数人，皆信行无二者。生平亦不轻诺一物于人，间有许之者，虽委曲必主于信。亲友中间有借贷不偿者，亦不与较。幼时因尔母善病，经良医甚多，故老来遂好此道，常施药饵济人，虽未必尽瘳，亦尽此一念爱人好生之意耳。每拟预广施舍，建桥梁、庙宇，恨力不遂心。曾于朱家窑输己资建石桥一座，已刊有碑。又于村西同尔叔父干城等**输资募资**建春秋阁奉祀关帝，已有碑记。先人产业原分水旱田百余亩，房院数十所，后又**陆续增**买乡中赵城水旱田约六七顷，乡中城中增建房院数所，尽足用矣，无庸再增。此尔父一生真实阅历，书以示尔，且书数款训言于后，望吾儿孙遵守毋忽，即九泉下亦喜亦慰，至嘱至嘱。

一、先人坟墓，岁时祭扫，不可疏忽。

一、父子、兄弟以亲爱为本。其于子弟，各量其才力而严教之。能读书者教之读书，能习武者教之习武，能耕商者教之耕商。慈爱中寓以严肃，万万不可姑息养奸，致令失教，贻害不浅也。

一、姊妹乃骨肉至戚，接待要加爱加礼遇，时节请送毋失。

一、浮山张氏年幼，**事吾数载**，从无怨言，似亦可嘉。吾殁后送还母家，听其改适，其服饰尽数给他，以酬其**数载勤劳**之意也。

一、田宅乃安身立命之本，不可荒芜。

一、伙计乃生意付托之人，不可欺慢。其贤而有德者加礼隆待；其无良者，严中从宽。

一、处本家以敬爱为本，处乡党以和平宽厚为要。

一、戚友有急，量力周济。

一、门下家人要严中略宽，时时嘱之，令其出入遇高下人等俱宜谨慎，不可生事。

一、吾墓志亦要紧事，须求名人作写，其一应虚文不必留心。

一、吾手中素无私积，故囊如洗。况外边各处生意，大不及前。将来身后一切事谊，比而母殡葬诸事，俱各减半，万万不可过费，人亦笑不得。殡后夜间命巡防数月，树木无令荒、旱、剪、伐。父终身之事，何能尽吐，大约萦心者在此数条之内。

呜呼！吾言有尽而心无穷，留训数则，一一遵守，足见孝心。九泉之下，自能安然矣。吾儿批读之余，毋庸过于悲伤，各自争气读书，实祖宗之幸，亦儿孙立身之基也。

时康熙四年十二月初五日父圙隐氏书。

(王楷苏等修,嘉庆二年刊订)

浙江
绍兴汤浦吴氏
民国绍兴《汤浦吴氏宗谱》卷一,《吴氏家训》:

一曰孝父母。人有百行,孝居其先,为子不孝,得罪于天地,取祸于鬼神,尚可以为人乎?况鞠育,顾复致咏《蓼莪》,定省温清,载详《曲礼》,汝曹重而习之,本此意以兢兢,庶几无忝所生云。

二曰和兄弟。兄弟之不和,或听妇言而起衅,或争田产而失欢,其端总由不能忍,昔张公艺九世同居,只一忍字遂成义门。我族人知忍为致和之本,别兄爱弟敬,无复阋墙之患矣。

三曰宜室家。男正位乎外,女正位乎内,昭其别也。而别之中诚不离乎和,夫倡妇随,言其和也。而和之中又自有其别,宜也者兼和而别言之也。夫妇之道本乎天地,得其宜而阃范立、家道兴矣。

四曰肃闺门。闺门之内谋以女红,敦以妇道尚已。至于三姑六婆尤所宜禁,若听其出入,不预为主防,必至哄骗财物,及引诱妇女,或入庙烧香,好游玩耍,种种恶习皆由此类。戒之慎之。

五曰敬祖宗。祖宗者水源木本也,祭祖者报本追远也。凡我宗人,咸奉此意以将事,则升降拜跪之间,自有一段仁孝诚敬之心,何至笑语喧哗虚行故事,有愧于备物尽志、尤见忾闻之意哉?

六曰教子孙。古人云:子孙虽愚,经书不可不读。诚以经书明,为人之道亦明,然则教子孙以经书者,非徒为应试计也。至于宽猛兼施,恩威并用,又在教之者之各得其当可尔。

七曰睦宗族。宗族者,吾祖宗一体之分也。于服制固有亲疏,于祖宗实为同气。故睦族之道,贫乏相赒,患难相恤,疾病相扶,事业相劝,过失相戒,财产相让,酒食相与。能如是,则宗族之恩谊实笃,而祖宗之灵爽亦安矣。

八曰尊师傅。自古师无北面,师道之宜尊固也。人之于师必致敬尽礼,然后可以使子弟有所造就;若不知尊师,其子弟必不有成。盖薄待师傅者实所以贻害子弟也,可不慎诸。

九曰信朋友。朋友有信,五教并重,然缔交亦不可不择,比匪则伤,孚嘉则吉,垂训昭昭。古之人或谊笃金兰,或情深胶漆,或赠纻而言欢,或班荆而道故,所以处之者不一,而其要止在于一信。醴甘以坏,水淡以成,其信与未信之明征也夫。

十曰爱婢仆。尝闻女子小人最为难养,不肃则不威,太严则多怨。爱也者:庄以莅之,慈以畜之,既鲜苛刻之求,亦无狎暇之诮,庶几忠厚成风,家主之道得矣。

（吴金璠等续修,民国五年孝思堂刊本）

江西

清江永滨杨氏

乾隆《清江永滨杨氏三修族谱》,《族戒》：

一、砺名节。为臣尽忠,为子尽孝,伦常日用,各有所当然之则,苟动履不逾,斯称肖子,否则废业准绳,得罪名教,族党所不屑也。

一、节财用。余三余九,王政则然,必须量入为出,方能有备无患；倘竞尚奢华,不赀浪费,一旦告竭,称贷无门,终窶徒伤耳。

一、严家范。正内正外,名分攸昭,必须修厥身以为表率。若听信妇言,致乖同气；又或徒恣狎昵,冶容诲淫,不闻内助之益,只增诟谇之形,此败亡之几也。

一、遵功令。赌博上干法纪,奸邪冒触王章,然由赌入盗往往皆然,须防闲惩创斯,为良善,若因赌丧家,流入匪类,一投宪纲,有玷家声。

一、训童蒙。少成若性,习为固然。孩提之始,即宜教以敦本务实,日后长成乃为有用之材；若一味姑息,任其放诞,愈趋愈下,后欲绳之,亦将无及。

一、息争讼。匍匐公庭,原非美事,倘万难获已,不得不鸣之官。若口角细务,须听人排释,如欲终讼,恐贻凶占。至于好勇斗狠,尤非善类,更宜禁阻,以著淳风。

（杨如沄修,清乾隆二十七年刊本。）

清江云溪徐氏

嘉庆清江《云溪徐氏族谱》卷一,《宗训》：

一、谨遵国法。天下之治,治于王法,人能循理奉法,遵王道路,则可以寡一生之过而优游于化日之中。至食毛践土,福享太平,黎民尤当尽乎忠顺。田畴赋税,国家岁有常供,务须及早完纳,以报君恩,方见遵王守法之实意。凡我族人,宜凛此为首训。

一、笃念天伦。自天秩有典彝伦兹攸叙而伦行之顿,莫先于孝友。古圣王肇修人纪,祗父恭兄,谆谆垂训,读《君陈》之篇,即得家政之要。吾族历来孝子悌弟,前后史不绝书,诚欲无忝乎祖,端在笃念于亲有怀,二人既翕,兄弟循其分以自尽,而孝友门风益彰族望,慎毋视庸行为泛泛也。

一、敦睦宗族。谱牒之修，为宗族也。宗族而不和睦，则动多猜嫌，本一姓之亲而等秦越之视，先王睦姻任恤之训，谓何其违之也。我族皆真支嫡派，无容异视，通有无，济缓急，庆吊往来，得古同井相亲睦之意，则不失立谱联属之本怀，而吾姓人心之厚，风俗之淳，亦于以概见，有不啧啧称仁里也哉？

一、笃课儿孙。自古人才出于学校，是非学无以望子弟之成材。而塾师之具，训蒙士则尤关始基之立，苟不择名通勤慎之师以诲之，基之一坏，后欲培之而不能，然师固在择之谨而尤贵乎待之隆，礼貌尊崇无不为之加意造就。吾族前代科名显达，而近世不克大振书香，得非作养未善而安于简陋之故乎？嗣后务宜尊师重道，有贤父兄自不患无佳子弟矣。

一、崇尚节义。节义者，纲常之要，人而不知节义则罔顾廉耻、贪淫纵欲，其有玷于名教者实多。故砥节砺行、守义安命，吾族人必以是为可嘉而相与勉之，则丈夫贤良、妇人贞洁，而节义之门多产英俊，岂惟风教之足尚焉矣哉？

一、整饬闺门。闺门为王化之始基，故《关雎》之什，独冠《周南》。自后世刑于之道不讲，则士无行而女亦多纵，妇夺夫权，妾凌嫡位，诟谇之声时闻，中冓之言难道。维我宗人孰无闲家之责，修身立范，使闺门之内肃肃雍雍，则家道正而家运必昌，所关岂浅鲜哉？

一、确守俭勤。从来用足于俭、业精于勤。自世尚浮华，人耽安逸，于是乎贫而拙者多见于乡族。夫物力维艰，民生不易，古圣王尚以克俭克勤为务，况吾人乎？诚能戒奢靡、惩怀安，无骄而富可保、有志而事竟成，挽世风、维古道，端在乎此。吾族人其兢兢守是训焉。

一、致戒争讼。天下词讼之结，多起于争一忿未惩而相与斗狠不已，致鸣于官，纠缠日久，奔走道路，匍匐公庭，辱身荡家，往往致贻后悔。族间稍有不平之事，念属同宗，经报尊长，无不可以劝释；至乡邻外侮，亦须酌量事势，不得任一时之气，致两造之穷。语云：讼则终凶。是诚居家之切诫也。

一、听命尊长。尊长为一族之望，老成练达，见事多而处事必正。后生辈有所行当先禀请商议，议定遵奉无违，敢有藐视不听从者，众共叱之。

一、敬重斯文。斯文乃族中之俊秀，名或列胶序成均，或职衔在身，或乡饮曾与，是皆一姓衣冠之望，虽辈行在幼，族人不得恃辈长以凌之；而为斯文者亦宜自贵重，不容倚矜武断，卒启乡族侮辱之缘。

（徐廷攀修、徐攀桂纂，嘉庆十八年刊本）

清江湖庄聂氏

光绪清江《湖庄聂氏四修族谱》,《宗训八条》:

一、敦人伦。君臣、父子、兄弟、夫妇、朋友五者,人之大伦也。吾族素敦古处,彝伦攸叙,忠孝节义,代不乏人,至今称仁里焉,愿世世子孙无乖伦纪也。

一、务正业。士农工商,各居其业。子弟聪明秀丽,能肆业者宜读诗书,父兄亦宜苦赡,以大振其家声;不能读者,或耕或商或工或贾,庶仰足以事、俯足以畜,愿世世子孙无荒正业也。

一、端品行。凡人在世,立品为先。士行端方,令人钦仰;一人奇斜,则人贱之矣。孔子云:人之生也,直枉之生也,幸而免。愿世世子孙无坏人品也。

一、完国课。维正之供,朝廷之常法,以下贡上,小民之输将。古语云:国课早完鸡犬静,衙门不到梦魂安。我等族内凡有钱漕,各宜及时早完,免致追呼滋扰。愿世世子孙无欠官粮也。

一、戒争讼。分争办讼,居官听政之常情;排难解纷,吾人居心之要道。邻里乡党,总宜和好,出入相友,守望相助,自古井田之法所以有百姓亲睦之风焉。《易》曰:讼则终凶。愿世世子孙无罹法网也。

一、敦风化。自古圣王之垂训,曰正德、利用、厚生,风俗之所由醇化,行之所由始也。自后世浇漓之习成,人心不古,风气为之一变。淫风流行,实为万恶之首;虞诈相尚,更属为厉之阶。愿世世子孙无伤风化也。

一、训子孙。人之有生,同具此理,但习于善则善,习于恶则恶,故人乐有贤父兄也。苟父兄之教不先,则子弟之行不率,贤否之别,由此判焉。愿世世子孙克遵庭训也。

一、禁赌博。勤则有功,俭则足用。不能勤俭,势必游手好闲,家计渐退。况赌博尤为败家之根,一入其中,不惟家败,盗贼从此出焉,性命从此丧焉。愿世世子孙无登赌场也。

(聂典训等修,光绪二十四年刊本)

新淦黄氏

道光《临淦窗前黄氏重修族谱》,《条例》:

一、重孝弟以敦伦纪。吾族世传,天亲是笃。今户口日繁,则秀顽不一,而各于其父天母地,分形连气之人,均应肫诚恺恻,随分尽力,以修其职之所当为。即如圣人之德本于人伦,尧舜之道不外乎孝弟,孝弟为人之本,讵可忽乎哉?必子与子言孝,弟与弟言悌,交相劝勉,以共成为豫顺之风。间有小异乎众者,即宜群相教戒,以闲其失而返其趋也。

一、敬长上以序尊卑。吾族中尊辈有行长、有年长、有年行并长、第年不长而行长、行不长而年长者,均为分所当尊也。而年行并长之人,历事既多,则观理尤明,故吾族中无论公私事件,凡需众共为裁度者,必以行长者之议为定;而行卑年轻之辈,虽所见偶是,必当和颜怡声,请以待命,不得任情率气,专主迳行。

一、慎婚配以守先志。吾族两房荷祖宗垂裕,户今逾百,烟载瞻乔木,世泽实深。子女配合,无论远近,必门第相当乃可。如匹配者,俱于未纳币前告明各房尊辈,俾合族少长预为周知。其有贪图厚奁重聘,不以门户为念者,共为斥之。凡娶之妻,载某姓某父之名;女适载某处某婿之名。间有娶卑微为妇者,例止书姓,念宗嗣为重。至若弟受兄嫂、兄纳弟妇,辱乱大伦,有伤风化,合当鸣官重处,断不可蹈此恶弊。

一、尚实行以表群伦。吾宗历朝忠孝节义、理学文章,史籍具载,兹不赘述。近代考吏纳职监与钦赐者,于本名下志之,重君恩也。业举子、入胶庠及尚义守节有功地方祖先者志之,俱不失其真。若不守四民之常,违悖孝弟之道,奸淫窃盗,乖乱伦理,上辱祖父,下累妻子者,合当惩戒不俊。送官重究,仍削其谱系,黜以示劝惩。

一、戒赌博以弥窃害。赌博一事尤易坏人心术,败人品行,农则失时,士则荒学,原非人所为也。尝见世人始焉二三比,匪朝夕群居,习为游戏;继则流荡忘反,无所不至,甚至倾家荡产,穷而无措则为穿壁逾墙、作奸犯科,种种祸端俱从此起,一坠其中,迷不知返,追事穷势极,悔之晚矣。可勿戒哉?

一、早输纳以免差扰。粮为国课所系,微论绅衿士庶皆当早纳,无待追呼。诚能依限输将,俯仰无累,妻孥宴然。倘有违缓,胥役叩门,多方需索无名之费,或反浮于应纳数目,甚至捶楚日加,仍不能为宽贷,与其去钱受刑而完之于后,曷若守法良民而完之于先为愈也。

(黄登第修,道光十五年本)

兴国刘氏

同治兴国《刘氏重修族谱》,《族规》:

一、敦孝弟。入孝出弟,圣人之教。为先人能孝弟,则其心和顺而无犯上作乱之事矣。盖父母乃人伦之首,百行之原,凡事须当顺承,故大而名扬亲显,次则生事死葬,祇期恪恭厥职,方无愧于子道。至为人弟者,偶坐随行谦恭逊顺乃为大家风范。若家有忤逆子弟,忘身及亲,越礼犯分,是乃不轨之徒,轻则家法惩戒,重则送上究治。

一、正婚姻。婚姻之礼,万化之原,人道所重。同姓不婚,《周礼》之纪载甚严也。然不惟同姓甚严,凡属嫁娶要必阀阅相当,配偶相匹,方可缔好。倘嫁女者希图厚聘,妄以许人;娶妻者各惜茶礼,不求淑女,二者俱非正道。又或兄弟转视乱伦悖义,此为败坏门风,大干法纪。如有此情,务宜严加责革,不得徇情,则婚姻正而族纲可振也。

第十三篇　族人规范

一、崇节俭。人生财用之需，自有常度。故家务纷纭，其势不得不用，而实不可过用。近来世风不古，冠婚丧祭奢华日甚，止图一时誉名，不顾物力维艰，究之出多入少，势必应用不敷，迨家业萧条，日就倾败，始悔从前之非亦已晚矣。故饮食衣服，宴会庆贺，须当量入为出、丰俭适宜，则积储有余，财可以成家计而遗子孙也。圣人云：礼与其奢也，宁俭。诚哉，是言也。

一、禁非为。富贵贫贱，皆由天命，故人必安分守己，以保其身家，乃无侥幸之谋，自享平安之福。若人不安分者，则行必越礼，或奸淫邪僻，或赌博流荡，甚至桀骜难驯，无所不为，种种不法，难以悉数，究之良心丧而天理不容，功令严而自甘罪戾。如有不肖子弟犯此条规者，重责不贷，永行革族。

一、息争讼。《易》曰：讼终凶。则讼之一事，无论胜负皆不利也。使因事相争构讼公庭，负者理曲而固甘坐罪，胜者理直而钱终输。故凡有争论，务宜经中理断平允，劝释则情不伤，而财不枉费。世有好讼之徒，虽事可情恕，偏欲缠讼不休，究之守候在辕，废时失业，书役需索，非钱不行，此《易》所谓终凶也。愿我族共思之。

一、省催科。钱粮乃国家维正之供，务宜每年投柜清完，免致吏胥之需索。切不可推延观望，以冀蠲免之殊恩。盖早完钱粮，俯仰无累，妻孥晏然，其为安乐，莫逾于此。倘不知国课之当重，或有意抗违，或任情迟缓，迨积重难完，有司迫于奏销之限不得不严追比势，势必荡产倾家，其害伊于胡底。凡我族等，宜三思之。

（刘天成等修，同治元年刊本）

同治兴国《刘氏重修族谱》，《盆形士文公祠堂记·士文堂祠对》：

士农工商，愿子孙各安本业。

文章礼乐，守祖宗所创成规。

（刘天成等修，清同治元年刊本）

宜黄谢氏

同治宜黄《宜邑谢氏六修族谱》，《家规》：

一、父母之所当孝。夫人生以来，三年乳哺，万状劬劳，恩深罔极塞天横地，为人子者纵甘旨奉养，和颜悦色，昏定晨省，犹恐难酬于万一，矧敢忘生我育我之恩于膜外乎？嗣后子侄急宜猛醒。

一、尊长之所当敬。切孝弟居人伦之首，故子侄事父母之外则有伯叔兄弟，其情相联，其分相属，俱当爱敬逊让，非惟不敢越礼冒犯，即暴慢浮躁之气亦宜消归无有。嗣后子侄倘有无礼侮辱,定应开祠惩责。至尊长辈亦宜慈爱抚恤,如或恃长恣虐,是又公论之所难免也。

一、子弟之所当训。凡为父兄者,无论子侄智愚不肖,皆当训诲,安有不教而成、不学而能成者。即使力有未逮,亦当勉力耕种,教之艺贾,毋令惰其四肢、废其生业,庶不失为长之道。

一、婚配之所当谨。切夫妇乃五伦之始、万物之原,婚则当择贤能,配须门户相宜,慎无轻忽一时,贻悔终身。

一、赌博之所当戒。世间败坏子弟莫此惟甚,倾家荡产,毋廉寡耻,皆由于此。嗣后子侄倘有犯此,开祠规责,断不姑息。

一、忿争之所当息。凡忿怒之时,须宜忍耐,倘纵一时之性气,必至贻悔于千朝。况同族一脉,尤宜切戒,即有不公,自有公论,不可因小成仇,贻讥乡党。

(谢赋文等修、谢性卓等纂,同治九年刊本)

玉山怀玉张氏

光绪玉山《怀玉张氏宗谱》,《旧谱家规》

一、天伦首重孝弟。务须孝养无违,终身思慕,若有忤逆,虽才能出众,亦属无本;而兄弟又为同气,务必友恭,切勿阋墙以伤怡怡。

一、夫妇须同心同德、相敬相爱。若琴瑟不调,必妨家道,能刚柔相济,斯为好逑。

一、交际往来,取友必端,始有成益。若浮荡轻狂,以及游惰诸匪类不正者,一概屏绝。

一、闺门须男女有别,授受不亲。故凡事必避嫌疑,切勿违规越矩。

一、择配求婚,虽凭媒妁,亦须详慎。求其门第相称,毋论聘金多寡;如家世清白者,则不论其贫贱;若品行污秽者,慎勿贪其富贵。凡改嫁苟合等情,概行责罚。

一、勤俭为治生之本。日用宜常,劳力职业,毋得怠荒;量入为出,不可奢侈而用有常度,亦勿致过啬。盖节俭者有余,靡丽者不足也。

(张维潢等修,光绪十四年刊本)

浮梁郑氏

光绪浮梁《郑氏宗谱》,《先祖遗训》:

魂升于天,魄降于地,彭殇无异,物我一致,能践形者出类拔萃。久病予不能起,命儿珏依口代书,诸儿不可不遵。系康熙戊辰十二月二十六日书。素位而行,卑以自牧,瘝瘝圣贤,听松咏菊,贻谋匪他,业安耕读,杖履优游,维郑默谷。予生有明万历戊午五月朔日戌时,至康熙丁卯年已七十矣,幼好堪舆,虽未能深知其意,而即饶城东园母墓亦可以知予生平矣。瞑后恪遵家礼,禁浮屠,违者不孝。予思祖祠未能重修,罪也;父棺未能归土,罪也;母虽迁葬未能立祀,罪也。负此三大罪,应将予尸暴于枫树坦角卯向,以薄板盛之,蚁蚀水澜可也,尔等毋违。勿听妇人言。谦卦六爻,大刚则折,奇牲收厥,戒厝。嘱咐育弟妹鼎成,主掌一家宜从容韫儿,调和人心。戒自恃韬,戒惜小,听母言。天下无不是底父母,世间最难得者兄弟。易得者田地,难得者兄弟。尔等将我所撰地书,以布包之方竹杖,轮流收管。杖在谁家,致书亦在谁家。若有不孝不弟,背我遗言者,用此方竹杖警戒之。

竹杖铭:

直正方义,此君之谓。行臧与偕,不我遐弃。

时皇清乾隆五十五年岁次庚戌冬月之吉,裔孙苞、同、士等录。

(郑有缘修,光绪二十八年刊本)

光绪浮梁《郑氏宗谱》,《有仁公遗训》:

尝忆我祖自唐末迁乐土,单传数代,艰苦备尝,左右受掣,苦我祖独力撑持。及明时托天之庇,才得家声不振,子子孙孙,蛰蛰绳绳,士农工商,各安其业,士登贤路,商有余蓄,光前裕后,德难忘也。国朝初,祖祠复建,基址宽大一新,财丁遂愈并茂,粮则置近百两,丁发数百之多,而杉松杂木,屡请示禁,斯时可称巨族。乾隆时房分,盛衰不一,子孙贤愚不等,违悖祖训,不务正业,游手好闲,囊无余积,数十年田产少进多出。又于道光庚寅接连五载饥荒甚惨,祖祠漏坏,少人料理,迫于倾颓之患,十年合族始行建新。至庚子复五载,岁欠丰,人心不古,较前尤甚,私行魈赌,材木砍伐一空,目击心伤,不知何日可复。道光末年,人心稍定,杉松复行兴种,有主有力。不料咸丰初**又遭洪杨贼寇挠乱十有余载**,迄同治甲子岁始静。于是众志金同创建书阁,复请李宪示**禁赌博**,自此人人归正,争自立业,进多用少,否极泰来,实富厚望。奈光绪十年六月初三日早晨,蛟水浩大,陡涨数丈,至祖祠三尺余深,各村人毙屋泛,田地沙积无收,我族应宜人人仰思祖训,各立其志,以复先人之业,慎毋邪心又起,故蹈前辙,甘犯宪禁,果其洗心痛改,以免后辈效尤,废时失业,此则合村之幸,亦我深望也。慎之戒之。

八十老人泪笔。

(郑有缘修,光绪二十八年刊本)

湖南

长沙涧湖塘王氏

民国《长沙涧湖塘王氏六修族谱》卷末,《附录·王中书劝孝歌》:

孝为百行首,诗书不胜录。富贵与贫贱,俱可追芳躅。若不尽孝道,何以分人畜。我今述俚言,为汝效忠告。百骸未成人,十月怀母腹。渴饮母之血,饥食母之肉。儿身将欲生,母身如在狱。惟恐生产时,身为鬼眷属。一旦见儿面,母命喜再续。一种诚求心,日夜勤抚鞠。母卧湿簟席,儿眠干裯褥。儿睡正安稳,母不敢伸缩。儿秽不嫌臭,儿病甘身赎。横簪与倒冠,不暇思沐浴。儿若能步履,举步虑颠覆。儿若能饮食,省口恣所欲。乳哺经三年,汗血耗千斛。劬劳辛苦尽,儿至十五六。性气渐刚强,行止难拘束。衣食父经营,礼仪父教育。专望子成人,延师课诵读。慧敏恐疲劳,愚怠忧碌碌。有过常掩护,有善先表暴。子出未归来,倚门继以烛。儿行十里程,亲心千里逐。儿长欲成婚,为访闺中淑。媒妁费金钱,钗钏捐布粟。一日媳入门,孝思遂衰薄。父母面如土,妻子颜如玉。亲责反睁眸,妻詈不为辱。母披旧衫裙,妻着新罗縠。父母或鳏寡,为儿守孤独。父虑后母虐,鸾胶不再续。母虑孤儿苦,孀帏忍寂寞。身长不知恩,糕饵儿先属。健不祝哽噎,病不知伸缩。衣裳或单寒,衾裯失温燠。风烛忽垂危,兄弟分财谷。不思创业艰,惟道遗资薄。忘却本与源,不念风与木。蒸尝亦虚文,宅兆何时卜。人不孝其亲,不如禽与畜。慈鸟尚反哺,羔羊犹跪足。人不孝其亲,不如草与木。孝竹体寒暑,慈枝顾本末。劝尔为人子,《孝经》须勤读。王祥卧寒冰,孟宗哭枯竹。蔡顺拾桑椹,贼为奉母粟。杨香拯父危,虎不敢肆毒。伯俞常泣杖,平仲身自鬻。江革甘行佣,丁兰悲刻木。如何今世人,不效古风俗。何不思此身,形体谁养育。何不思此身,德性谁式穀。何不思此身,家业谁给足。父母即天地,罔极难报复。亲恩说不尽,略举粗与俗。闻歌憬然悟,省得悲莪蓼。勿以不孝首,枉戴人间屋。勿以不孝身,枉着人间服。勿以不孝口,枉食人间谷。天地虽广大,难容忤逆族。及蚤悔前非,莫待天诛戮。万善孝为先,信奉添福禄。

(王万藻等修,民国三十八年听槐堂铅印本)

民国《长沙涧湖塘王氏六修族谱》卷末,《附八反歌出丹桂籍未详姓氏》:

幼儿或詈我,我心觉喜欢。父母嗔怒我,我心反不甘。一喜欢,一不甘,待儿待父何心悬。劝君今日逢亲怒,也将亲作幼儿看。儿曹出千言,君听常不厌。父母一开口,便道闲多管。非闲管,亲挂牵,皓首白头多谙练。劝君敬奉老人言,莫教乳口争长短。幼儿尿粪秽,君心无厌忌。老亲涕唾零,反有憎嫌意。六尺躯,来何处,父精母血成汝体。劝君敬待老来人,壮时为尔筋骨敝。看君晨入市,买饼又买糕,少闻供父母,多说哄儿曹。亲未膳,儿先饱,子心不比亲心好。劝君多出糕饼钱,供养白头光阴少。市间卖药肆,惟有肥儿丸。

第十三篇 族人规范

未有壮亲者,何故两般看。儿亦病,亲亦病,医儿不比医亲症。割股还是亲之肉,劝君亟保双亲命。富贵养亲易,亲常有未安。贫贱养儿难,儿不受饥寒。一条心,两条路,为儿终不如为父。劝君养亲如养儿,凡事莫推家不富。养亲止二人,常与兄弟争。养儿虽十余,君皆独自任。儿饱暖,亲常问,父母饥寒不在心。劝君养亲须竭力,当初衣食被吾侵。亲有十分慈,君不念其恩。儿有一分孝,君就扬其名。待亲暗,待儿明,谁识高堂养子心。劝君漫信儿曹孝,儿曹样子在君身。

(王万藻等修,民国三十八年听槐堂铅印本)

民国《长沙涧湖塘王氏六修族谱》卷末,《唐翼修人生必读书名彪,浙江兰溪人,历任会稽、长兴、仁和训导》:

妇人贤不贤,全在声音高低、语言多寡中分。声低言寡者,贤也。声高言多者,不贤也。人非圣人,不能无过,况妇人乎?

媳妇偶然有失,公姑丈夫谴责,当欣然受之。云媳妇不是,自此当改。则不惟前过无害,即此便增一善矣。若横争我是,得罪公姑,得罪丈夫,是一小过未完,反增一大罪也。媳妇之倚仗为天者,公姑与丈夫,三人而已。故事三人,必须愉色婉容,曲体欢心,不可纤毫触犯。若公姑不喜,丈夫不悦,久久则恶名昭著,为人所不齿矣。奴仆皆得而抵触我矣。故妇之善事公姑丈夫也,非止为贤与孝也,且以远辱也。夫者天也,一生须守一敬字。见丈夫来,便须立起,若宴然高坐,此骄倨无礼之妇也。称夫有定礼,如相公官人之类,不云尔汝也。如尔汝忘形,则夫妇之伦褻矣。凡授餐奉茗,必双手恭擎。未寒进衣,未饥进食,此妇不易之职分也。媳妇不唯自己要尽孝,尤当劝夫尽孝。语云:孝衰于妻子。此言极可痛心。故媳妇以劝夫孝为第一。要使丈夫踪迹常密于父母,而疏于己身,俾夫之孝行,倍笃于往时,乃见媳妇之贤。若丈夫于公姑小有违言,便当代为谢罪。曰:此由媳妇不贤,致使吾夫不顺于公姑,非独丈夫之罪也。请公姑息怒,今后当劝丈夫改过矣。妇与姑之最易失欢心者,背后之言语;最易得欢心者,亦背后之言语。如在母家亲戚、夫家亲戚之前及在自己房中,凡有言语必称公姑之德,多蒙优待,只是我不能孝顺。展转相闻,公姑岂不大喜乎?若略有一言怨望,公姑闻之,心必不喜,连当面好处落空矣。虽然,言语之谨肆,发于念头之真假。未有孝顺之心不真,而言语能检点者也。

继姑待媳,多带客气,势所必然。媳妇当此,务以诚心感之。既属己姑,何分前后。凡事极其诚敬,不假一毫虚饰。姑知妇真心相待,自然心欢意悦,并客气都化了。若媳妇胸中,稍分先后,不觉行之辞色。初则彼此客气,既而乖戾无所不至矣。或有媳妇先入门,而继姑后至者,姑尊媳卑,名分不以先后改易。当一于诚敬,不可生怠慢心也。

媳妇于翁，殊难为孝，但当体翁之心，不须以向前亲密为孝也。或翁体不安，须频频浼姑问安为善。

　　或已为嫡媳，而家有庶姑，其事庶姑亦须将顺而加礼貌焉。不可恃嫡慢庶，致伤庶叔之心，并伤阿翁之心。若已为庶媳，则宜小心奉侍，曲体庶姑之心。嫡姑在堂，则事庶姑以敬，而礼貌稍杀于嫡姑，统所尊也。嫡姑没，并礼貌亦宜尊崇矣。倘或庶姑举止有未合理，媳妇只宜以礼自持。和色婉容，规以正道，不亢傲，不委靡，方为合礼。

　　婆与媳虽如母子，然母子以情胜，婆媳则重在礼焉。凡婆之衣服器具、银钱酒食，俱不可擅动。婆在房中，开箱看首饰与衣服，或与姑娘小叔密语，俱宜退步，惟命之前始进。又凡有好物好衣，察婆欲与姑者，不妨赞成之。凡公姑与丈夫之亲友，仓卒间到，要留酒食。而银钱偶乏，或庆吊诸仪银钱无措，媳妇知之，即宜脱簪珥、典衣服，不待公姑开言，方为先意承志。至一二赠嫁器皿，即当公用，不当虑及完全敝毁，若稍有爱惜之语，即伤公姑之心，为下人姗笑。常有公姑宁贷于邻家，而不屑问媳妇借者，其妇之不贤可知也。平常之家，安能常得甘旨，以供舅姑，然亦有法也。只要诸物烹庖得诀，务令适口，便是甘旨。若遣人办买，必嘱咐择其最佳者方买之，此即孝顺妙法也。一应往还之礼，或行或否，应厚应薄，须一概禀命于姑，不可自作主意。然其中犹有周旋也，待姑家亲戚，须常存要好看之心。母家亲戚，苟礼文可减，一切省之可也。

　　有等媳妇，不能孝姑，而偏欲孝母，此正是不孝母也。事姑未孝，必贻母氏以恶名，可谓孝母乎！盖女在家，以母为重，出嫁以姑为重也。今媳妇必欲尽孝于父母，亦有方略，须先从孝敬公姑丈夫起。公既喜妇能孝，必归功于妇之父母，必加厚于妇之父母。丈夫既喜妻贤，必云非岳母贤淑，吾妻安得柔和。或夫家富贵，则必有润泽及母家矣。此则女之善孝其亲也。

　　丈夫有不得意之事，为妻者宜好语劝慰之，勿增慨叹，以助抑郁。但当委婉，云将来自有好日，方谓贤妻。

　　丈夫在馆不归，此是能攻苦读书，不可常寄信问候以乱其心。数数归家，即荒时废业矣。若亲友有书札来，恐有要务，速传送之。

　　丈夫不事儒业者，或居家营运、出外经商，俱是心血所成，劳四体以赡妻子。为妇者，必须悯夫劳役，轸夫饥寒。体恤随顺，方称贤淑。家贫能抚恤慰劳，尤征妇德。若荡子嫖赌，败废祖宗基业，必宜苦谏，至再至三。不听，则涕泣争之。媳妇之善相其夫者，第一要丈夫友爱。世之兄弟不友爱者，其源多起于妯娌不和。丈夫各听妇言，遂成参商，此大患也。为媳妇者，善处妯娌，惟在礼文逊让、言语谦谨、有劳代之、有物分之。公姑见责，多方解劝。要紧之务，先事指点。则彼自感德，妯娌辑睦矣。如我为伯姆、彼为叔娣，倘彼偶疾言遽色、不堪相加,我欢然受之,不争胜气,不与回答。彼自愧悔,和好如初。其或公姑偏爱,多分物件与彼。切勿计量,只是相忘。或我富他贫,我贵他贱,皆须曲意下之,周其不足,不可稍有轻侮。若他富贵,我贫贱,亦宜谦卑委婉,不可先存尔我之见。诸侄侄女,宜爱之如子。乳少者,助其乳。抱至膝上,常加笑容。己之子女,当令其敬伯母叔母,一如亲母,此要务也。

兄弟一气,必无二心。往往因姒娣之间,自私自利,致伤兄弟之和。此妇之大恶也。妇之贤,第一在和妯娌。妯娌不和,大约以公姑恩有厚薄,便生妒忌,便有争执,此不明之甚也。公姑胸中,如天地一般,有何偏见。若厚于大伯大姆,必是伯姆贤孝,得公姑之欢。厚于小叔婶婶,必是叔婶贤孝。得公姑之欢。正当自反,负罪引慝,改过自新,庶公姑有回嗔作喜之时。岂可不知自责,且有怨望。若公姑独厚于己夫妻,则当深自抑损。凡百分物,让多受寡,让美受恶,方是贤妇人也。

长兄如父,长嫂如母。故介妇诸妇与冢妇长妇有争卑之分,宜随行,不敢并行。姑舅若有事,使介妇行者,介妇不得辞劳,欲分任于冢妇,礼也。

妇有必不可辞之职分,又有不可迟缓之行事。客一到门,则茶钟酒杯,肴馔菜碟,俱宜料理,不可委之群婢。更宜速快,迟则恐客不及等待。盖媳妇之职,原须必躬必亲,辛勤代劳。苟叉手高坐,便是最不贤之妇。

妇人无事,切勿妄用一文。凡物须留赢余,以待不时之需。若随手用尽,则贫穷可拭目而待。安可不一心节俭也。妇之贤者,家虽富厚,常要分寸。甘淡薄,喜布素,见世间珍宝锦绣,及一切新奇美好之物,皆败家之种子,方为有识妇人。妇人衣服,宜安本分。富而奢侈,服饰犯分,大不可也。况众人同处,而我一人衣饰独异,为众所指目,小家之妇,欣欣自荣,大家之妇,心必不自安也。

公姑之婢仆,不但不可辱骂也,并不可厉声严色。盖优礼婢仆,即所以敬公姑也。如婢有过失,公姑未见,当好言戒谕之,不必令公姑知之。其或大偷盗,及欲逃亡,媳先知其情者,公姑未晓,亦须禀知。然止可云耳闻,不可显言其状,致难收拾。又须云恐非灼见,再须详察。

本房婢仆,虽宜慈爱,然或触公姑之怒,皆宜重惩,不可护短。但熏饬之时,不可烦于言语,恐反开罪于公姑耳。

婢仆衣裳,宜令时加浣濯。髻鬟袴履,须令整顿端齐。若听其蓬头垢面,污秽难堪。甚或身有血渍,面有爪痕,令人不忍见闻。则主妇之不慈不贤,行道之人,皆指摘之矣。

凡物须预谨守防闲,毋令盗窃。万一有此,乃已不能谨密之过,且只忍耐。不妄加猜疑,及轻听人言,辄至仆婢房中搜索。搜出,则丧其廉耻。搜不出,则彼反有辞。若公家仆婢,及在外之人,尤不可妄指。每因失物,反招大是非,增添闲气。此不可不深思切戒者也。

凡生养子女,固不可不爱惜,亦不可过于爱惜。爱惜太过,则爱之适所以害之。小儿初生,勿勤抱持。裹而置之,听其啼哭可也。医云:小儿顿足啼哭,所以宣达胎滞。乳饮须有节,如不过三次。夜惟鸡将鸣,饮一次。衣用稀布,宁薄无厚。语云:若要小儿安,常带三分饥与寒。盖孩提一团和气,十分饱暖,反生疾病。珠帽、项圈、手镯,切不可令着身。无论非从朴之道,而诲盗招拐之祸犹浅,图财丧命之害更深。富贵之家,爱子过甚。子所欲得,无不曲从之。性既纵成,一往莫御。小有拂逆,便肆咆哮。及至长大,恃强好胜,破败家财,犹系小事。一切刑祸,彼此致矣。为父母者,亦曾念及此乎?

子弟幼时,当教之以礼。礼不在精微,止在粗浅。如见尊长,必作揖。长者经过,坐必起立。长者呼召,即急趋之。门内门外,长者问何人,对必以名,不可曰我曰吾。长者之前,不可喧嚷致争。厅堂之中,不可放肆偃卧。凡事非僮仆所能为者,必须为父母代劳,不可推诿。略举大端,不能遍指,宜触类推广。童子幼年,不可衣之罗绮裘裳。恐启其奢侈之心,长大不能改也。凡授银物与仆辈,不宜手授,必置几案上。令其自取之,亦须照管,毋令他人窃去也。

(王万藻等修,民国三十八年听槐堂铅印本)

民国《长沙涧湖塘王氏六修族谱》卷末,《朱柏庐治家格言先生名用纯,字致一,江南昆山人。》:

黎明即起,洒扫庭院。要内外整洁,既昏便息。关锁门户,必亲自检点。一粥一饭,当思来处不易。半丝半粒,恒念物力为艰。宜未雨而绸缪,毋临渴而掘井。自奉必须俭约,燕客切勿流连。器具质而洁,瓦缶胜金玉。饮食约而精,园蔬愈珍羞。勿营华屋,勿谋良田。三姑六婆,实淫盗之媒。婢美妾娇,非闺房之福。奴仆勿用俊美,妻妾切忌艳妆。祖宗虽远,祭祀不可不诚。子孙虽愚,经书不可不读。居身务其质朴,训子要有义方。勿贪意外之财,莫饮过量之酒。与肩挑贸易,毋占便宜。见贫苦亲邻,须加温恤。刻薄成家,理无久享。伦常乖舛,立见消亡。兄弟叔侄,须分多润寡。长幼内外,宜辞严法肃。听妇言,乖骨肉,岂是丈夫。重赀财,薄父母,不成人子。嫁女择佳婿,毋所重聘。娶妇求淑女,毋计厚奁。见富贵而生谄容者,最可耻;见贫穷而作骄态者,贱莫甚。居家戒争讼,讼则终凶;处世戒多言,言多必失。毋恃势力而凌逼孤寡,勿贪口腹而恣杀牲禽。乖僻自是,悔误必多。颓惰自甘,家道难成。狎昵恶少,久必受其累。屈志老成,急则可相倚。轻听发言,安知非人之谮愬,当忍耐三思。因事相争,安知非我之不是,须平心再想。施惠无念,爱恩莫忘。凡事当留余地,得意不宜再往。人有喜庆,不可生妒忌心;人有祸患,不可生喜幸心。善欲人见,不是真善;恶恐人知,便是大恶。见色而起淫心,报在妻女;匿怨而用暗箭,祸延子孙。家门和顺,虽饔飧不继,亦有余欢;国课早完,**即囊橐**无余,自得至乐。读书志在圣贤,非徒科第;为官心存君国,岂计身家。守分安命,**顺时听天**。为人若此,应乎近焉。

(王万藻等修,民国三十八年听槐堂铅印本)

湘乡匡氏

道光湘乡《匡氏续修族谱》卷首,《家训》:

躬行孝弟。昔子舆氏云:孩提之童,无不知爱其亲;及其长也,无不知敬其兄;是爱敬之良,人性所本具也。无如人为气禀所拘、习俗所染,把本来真心丧失,竟成不孝不弟之人,即有时爱敬之良偶发,又不能就此而推广之,使念念如此、事事如此。呜呼!以极重极大的事,反渐流于浮薄。故吾族子弟或士或农或工或商,于孝弟二字必须朝夕督令、着意敦行,由一念积而至于念念,由一事积而至于事事。勿尚虚文,勿略细行,勿沽名而钓誉,勿勤始而倦终。盖人能为孝子,然后能为悌弟;能为孝子、悌弟,然后犯乱俱泯。是孝弟乃生人之本、百行之原,乌可视为泛常也哉?第孝有孝中节目,弟有弟中节目。如昏定晨省,言语必顺,容貌必恭,衣食必丰,死丧必哀,这是孝中节目。如隅坐、随行、饮食,先让财产,退后勿听妻孥而成嫌隙,勿因小忿而离骨肉,这是弟中节目。若能一一遵行,始虽勉强,后成自然,家庭中纯是一团太和气象,而兴家发业又不足言矣。

谊笃宗族。夫宗族者,乃祖宗之分体也。虽有亲疏远近之不同,自祖宗看来总是一脉。今人不知此种道理,往往视一本如路人,所以休戚不相关,饥寒不相恤,或以强凌弱,或以富欺贫,或因一时小忿积成衅隙。由是宗族之内,不惟疏者疏,而亲者亦疏;不惟远者远,而近者亦远。噫!此不睦之甚者也,若祖若宗其能瞑目于九泉乎?今我同族之人,务宜痛除此病,使一本九族血脉相通,疴痒相关。《书》曰:以亲九族。其谓是欤!然一族之中,不能人人明理识义,全在为尊长的平日将**源流道理**细细讲明、殷殷劝勉。人虽至愚至昧,自然良心感发,彼此相恤,遇困苦则给以**衣食,遇嫁**娶则助以资装,遇疾病则济以医药,遇丧葬则代其措办,遇族人口角则公心调处,由是一族之内,尊卑大小相亲相爱,而犹有不和不睦者,未之前闻。

和睦乡党。顾乡党之中,生齿日繁,比闾相接,使处置无道,则争讼易起,争讼起则风俗薄。是故欲厚风俗,务在息争讼,欲息争讼,务在和乡党。然乡党固不可不和,而乡党又最不易和,或田土相连就有损人利己之心,朝夕相见就有妇女诟谇之声。盖由平日物我未化,知有己不知有人,所以一事之小必要定个胜负,一言之微务要见个高下,无怪夫里巷之内,彼此相猜而报复之无已也。若乡党内知斯人徒与之说,群然尊齿恤孤、济囗周贫,其中纵有一二非礼相犯,便能情怒理遣,又复共相开释,令其自新,由是所见皆和颜悦色之人,所行尽格薄从忠之事,则今日乡邻风俗之美非古比屋可封之俗也耶!况乡党与我族世世相聚,我今日有势有力,可以欺人,安知势孤力弱时不转为他人所欺乎?此天理循环之道,不可不察也。

严黜异端。自天地生民以来,有同具之心,即有共有之伦理。在人不过君臣父子,在事不过礼乐政刑,在理不过性情道德,是之谓正学。人果崇正学,便能继往开来,为古今所重赖之人。无如有异端者,流创为佛老之说,偏在身心伦常之外。高明者以虚无窅渺为穷理,愚蠢者以轮流果报为便利,究之所言,皆邪僻之言。所行尽诡异之行,一人倡而众人和,此正学之所以不明也。观于佛老二门,固足以坏正学;而今之异端,又不止于佛老,即如白莲、无为等教愈足以煽惑人心,损坏风俗,是圣世所不容,王法所必诛者也。我族父兄,当训诫其子弟,使言皆正言、行皆正行,于一切隐怪之事,摒斥必严,由是异端黜而正学可崇矣。

妄行致戒。闻之父兄之教不先,子弟之率不谨,所以人当幼稚之时,成败所关,不可忽也。为父兄者,必须及时开导,或讲先辈格言,或举今人行事,若者有切于伦常,务要力行,不可放过;若者有损于身心,当要革除,不可轻试,即燕居之时,一举一动、一言一语,皆当循规蹈矩,细行不谨,终累大德,此之谓也。每见人家子弟在幼时骄惰坏了,及到长大肆欲妄行,非己所当做的事,彼偏要去做;其初稍知畏惧,尚在父兄面前遮掩,后来习与性成,悍然不顾,即父兄亦可奈何;甚至心凶手滑,身犯刑法,累及父兄,害及宗族,人皆说某家子弟不肖,岂知子弟之不肖,由父兄平时不教之故也。更可笑者,父兄爱子弟,不啻珍宝而待,子弟反若路人。把子弟光阴放过,不知随时教训,任他养成气习,即有良师益友,时加督责,却又内外护短,代为遮饰,师友见此等作为,只得歇手,后来弄得不稂不莠、一事无成,流入匪类,是爱子弟者陷子弟也!夫至陷子弟于匪类,父兄未尝不悔,悔无及矣。父兄又未尝不责,责亦晚矣。总之,父子至性深恩,心中虽有无限怜恤,外面却要严厉,方得言语听从,迨后子弟成立,回思父兄一片口心,几番苦口,自不觉感激泣下。吾族训子弟者,固不可不知,而吾族之子为子弟者,亦不可不体父兄之教也。

国课早完。从来非君子莫治野人,非野人莫养君子。立政立教,君子之所以治野人;不缕粟米,野人之所以养君子也。自昔画井分野,任土作贡以来,大义攸昭,莫之或改矣。无如一种顽梗之徒,不知上下之分,竟把朝廷钱粮置之不问,及到上人奉削星催严比,无计可施,不得不贿胥徒抵塞一两卯、代责一两次,虽得稍宽一时,不知费了许多闲钱,而正供依然为未妥,甚至抵餙不来,朝廷加以重刑,身体受其鞭挞,岂不是亏体辱亲,为不孝之大者乎！若能先公后私,依限完纳。虽有差人,催我不着；虽有比较,论我不着。门外无夜呼之吏,夫妻享田园之乐,何等气象,何等好处。况上人缓征薄敛,子惠元元,恩甚渥矣。吾辈叔兄弟侄应体上人德意,与其为抗饷之顽户,曷若为守法之良民；与其抗饷而令国法之及,曷若奉公以图朝夕之安,仔细思之,甚无忽此。

(匡逢向等修,道光八年解颐堂刊本)

涟源李氏

民国涟源《李报本堂族谱》卷首,《宗规》:

乡约当遵。孝顺父母,尊敬长上,和睦乡里,教训子孙,各安生理,毋作非为。这六句包尽做人的道理。凡为忠臣、为孝子、为顺孙、为圣世良民,皆由此出。无论贤愚皆晓得此文义,只是不肯着实遵行,故自陷于过恶,宗祖在上,岂忍使子孙辈如此。今于宗祠内仿乡约议节,每朔日族长督率子弟齐赴听讲,各宜恭敬体认,共成美俗。

祠墓当展。祠乃祖宗神灵所依,墓则祖宗体魄所藏,子孙思祖宗不可见,见所依所藏之处即与见祖宗一般,时而祠祭,时而墓祭,皆展视大礼,必加敬谨。凡栋宇有坏则葺之,罅漏则补之,垣砌碑石有损则重整之,蓬棘则剪之,树木什器则爱惜之,或被人侵害盗卖盗葬则同心合力复之。患无忽小,视无逾时；若使缓延,所费愈大,此事死如事生、事亡如事存之道,族人所宜首讲者。

族类当辨。类族辨物,圣贤不废。世以门第相高,间有非族认为族者,或同姓而杂居一里,或自外邑移居本村,或继同姓子为嗣,其类匪一。然姓虽同,而祠不同入,墓不同祭,是非难淆,疑似当辨。倘称谓亦从叔侄兄弟,后世若之何？故谱内必严为防,盖神不歆非类,处己处人之道当如是也。

名分当正。非族者辨之,众人易知易能也。同族者实有兄弟叔侄,各分彼此称呼,自有定序。挽近世风俗浇漓,或狎于亵昵,或狃于阿承,皆非礼也。至于拜揖必恭,言语必逊,坐次必依先后,不论近族远族,俱照叔侄序列情实亲洽,心更相安,各门故家之礼原是如此。又有尊庶母为嫡、跻妾为妻者,大乖纲常,反蒙诟笑。又女子已嫁而归辄居客位,是何礼数,吉水罗念庵先生宅于归宁之女仍依世次别设一席,可法也。若同族义男亦必有约束,不得凌犯疏居长上,有失族谊,且寓防微杜渐之意。

宗族当睦。《书》曰：以亲九族。《诗》曰：本支百世睦族。圣王且尔,况凡众人乎？尝谓睦族之要有三：曰尊尊、曰老老、曰贤贤。名分属尊行者尊也,则恭顺退逊,不敢触犯分属；虽卑而齿迈众老也,则扶持保护,事以高年之礼；有德行,族彦贤也。贤者乃本宗桢干,则亲炙之、景仰之,每事效法,忘分忘年以敬之,此之谓三要。又有四务：曰矜幼弱、曰恤孤寡、曰周窘急、曰解忿竞。幼者，稚年弱者鲜势，人所易欺则矜之，一有怜悯之心，自随处为之效力矣。鳏寡孤独，王政所先，况乎同族得以耳闻目击者？则恤之。贫者，恤以善言；富者，恤以财谷，皆阴德也。衣食窘急、生计无聊、命运亦乖，则周之。量己量彼，可为则为，不必望其报，不必使人知，吾尽吾心焉。人有忿则争竞，得一人劝之，气遂平；遇一人助之，气愈激。然当局而迷者多矣，居间解之，族人之责也，亦积善之一事也。此之谓四务，善乎！陶渊明之言曰：同源分流、人易世疏，慨焉寤叹，念兹厥初。范文正公之言曰：宗族于吾，固有亲疏，自祖宗视之，则均是子孙，固无亲疏，此先圣格言也。人能以祖宗之念为念，自知宗族之当睦矣。

　　谱牒当重。谱牒所载皆宗族祖父名讳，孝子顺孙目可得睹、口不可得言，收藏贵密，保守贵久。每岁清明祭祖时，宜各带所编发字号原本到宗祠，会看一遍，祭毕仍各带回收藏。如有鼠侵油污磨坏字迹者，族长同族众即在祖宗前量加惩诫，另择本房贤能子孙收管，登名于簿，以便稽查。或有不肖辈，鬻谱卖宗或誊写原本，瞒众觅利，致使以赝混真紊乱支派者，不惟得罪族人，抑且得罪祖宗，众共黜之，不许入祠，仍会众呈官追谱治罪。

　　闺门当肃。男正位乎外，女正位乎内，圣训也。君子正家取法乎此，其闺门未有不严肃者。纵使家道贫富不齐，于镃耕、采桑、操井臼之类，势所不免，而清白家风自在，或有不幸寡居，则丹心铁石、白首冰霜，如古史所载贞烈妇女，炳耀后先相传不朽，皆风化之助，亦以三从四德、姆训凤闲养之者，素也。若徇财妄娶，门阀不称，家政无闻，又或赋性不良，凶悍妒忌仿僻长舌，私溺子女，皆为家之索，罪坐其夫。若本妇姿（编者按：此处"姿"字为"妄"之讹。）果冥顽化诲不改，夫亦无如之何者，祠中据本夫告词，询访的确，当祖宗前合众给以除名帖，或屏之外氏之家，亦少有所警矣。要之教妇在初来，择妇必世德。《语》曰：逆家子不娶，乱家子不娶。《颜氏家训》曰：娶妇必欲不若吾家者，盖言娶贫女有益，非谓迁就族类，娶卑鄙之女以贻祸也。至于近时恶俗人家，妇女有相聚二三十人，结社讲经不分晓夜者，有跋涉数千里外望南海、走东岱祈福者，有朔望入祠庙烧香者，有春节看春灯者，有纵容女妇往来搬弄是非者，闲家之道一切严禁，庶无他患。

　　蒙养当豫。闺门之内，古人有胎教，又有能言之教，父兄又有小学之教，大学之教，是以子弟易于成材。今俗教子弟者，何如？上者教之作文取科第功名，止矣，功名之上，道德未教也。次者教之杂字柬笺，以便商贾书计；下者教之状词活套，以为他日刁滑之地。是虽教之，实害之矣。族中各父兄须知子弟之当教，又须知教法之当正，又须知养正之当豫。七岁便入乡塾学字学书，随其资质渐长，有知识便择端悫师友将正经书史严加训迪，务使变化气质、陶镕德性，他日若做秀才做官，固能为良士、为廉吏，就是为农为工为商，亦不失为醇谨君子。

第十三篇 族人规范

姻里当厚。姻者,族之亲;里者,族之邻。远则情义相关,近则出门相见,宇宙茫茫,幸而聚集,亦是良缘。况童蒙时,或多同馆,或共游嬉,比之路人迥别,凡事皆当从厚,通有无恤患难,不论曾否相与,俱以诚心和气遇之,即使彼曾待我薄,我不可**以薄待**,久之且感而化矣。若恃强凌弱,倚众暴寡,靠富欺贫,捏故占人田地,侵风水山林**彊**(编者按:此处"彊"字乃"疆"字之讹。)界,放债违例,过三分取息,此皆薄恶凶习,天道好还,尤宜急戒,毋自害儿孙也。

职业当勤。士农工商所业须不同,皆是本职。勤则职业修,惰则职业隳、资身无。修则父母妻子仰事俯育有赖,隳则资身无策,不免姗笑于姻里。然所谓者勤,非徒尽力,实要尽道。如士者则须先德行,次文艺,切勿因读书识字,舞弄文法,颠倒是非,造歌谣,匿名帖。举监生员,不得出入公门,有玷行止;仕宦不得以贿败官,贻辱祖宗。农者,不得窃田水,纵牲畜作践,欺赖田租。工者,不得作淫巧售弊伪器什。商者,不得纨袴冶游酒色浪费,亦不得越四民之外为僧道、为胥隶、为优戏、为椎埋屠宰。若赌博一事,近来相习成风,凡倾家荡产招祸速衅,无不由此犯者,宜会族众送官惩治,不得罪坐房长。

赋役当供。以下事上,古今通谊,赋税力役之征,国家法度所系,若拖欠钱粮,躲避差徭,便是不良的百姓,连累里长,恼烦官府追呼问罪,甚至枷号,身家被亏,玷辱父母,又准不得事,仍要赋税完官,是何算计?故勤业之人,将一年本等差粮先要办纳明白,讨经手印押收票存证,上不欠官钱,何等自在,亦良民职分所当尽者。

争讼当止。太平百姓完赋役、无争讼,便是天堂世界。盖讼事有害无利,要盘缠要奔走。若造机关,又坏心术,且无论官府廉明何如,到城市便被歇家撮弄,到衙门便受胥皂呵叱,伺候几朝夕,方得见官,理直尚可,理曲到底吃亏,受笞杖,受罪罚,甚至破家亡身辱亲,冤冤相报,害及子孙,总之则为一念。故其始不可不慎!经曰:君子以作事谋始,始能忍,终无祸,始之时义大矣哉!即有万不得已,或关系祖宗、父母、兄弟、妻子,事情私下处不得,没奈何闻官,只宜从直告诉官府,善察情更易明白,切莫架桥捏怪,致问招回,又要早知回头,不可终讼,圣人于讼卦曰:惕中吉终凶,此是锦囊妙策,须要自作主张,不可听讼师棍党教唆,财被人得,祸自己当。省之省之!

节俭当崇。老氏三宝,俭居一焉。人生福分各有限制,若饮食衣服日用起居一一朴啬,留有余不尽之享,以还造化,优游天年,是可以养福。奢靡败度,俭约鲜过,不逊宁固,圣人有辨,是可以养德。多费多取,至于多取,不免奴颜婢膝,委曲徇人,自丧己志,费少取少,随分随足,浩然自得,是可以养气,且以俭示后子孙可法,有益于家,以俭率人,敝俗可挽,有益于国,世顾莫之能行何哉!其弊在于好门面一念始,如争讼好赢的门面,则鬻产借债,讨人情,钻刺不顾利害;吉凶礼节好富厚的门面,则卖田、嫁女、厚赂、聘媳、铺张、发引开厨,设供倡优,杂遝击鲜、散帛浪用绫纱。又如招请贵宾、宴新婿、与搬戏许愿、预修祈福,力实不支,设法应用,不知挖肉做疮,所损日甚。此恶俗可悯可悲。噫!士者,民之倡贤智者,庸众之倡责有所属,吾日望之。

守望当严。上司设立保甲,只为此方,而百姓却乃欺瞒官府,虚应故事,以致防盗无术、束手待冠,小则穷,大则强,乃至告官得不偿失,即能获盗,牵累无时,抛弃本业,是百姓之自为计疏也。民族虽散居,然多者千烟,少者百室,又少者数十户,兼有乡邻同井相友相助,须依奉上司条约,平居户讯出入者有事递为应援,或合或分随便邀截。若约中有不遵防范踪迹可疑者,即时擦之,若果有实事可据,即会呈送官究治,盖思患预防不可不虑,奢靡之乡尤所当虑也。

邪巫当禁。禁止师巫邪术,律有明条,盖鬼道盛人道衰,理之一定者,故曰:国将兴听于人,将亡听于神。况百姓之家乎?故一切左道惑众,诸辈宜勿令至门。至于妇女,识见庸下,更喜媚神徼福,其惑于邪巫也,尤甚于男子,且风俗日偷,僧道之外又有斋□、卖□(婆)、尼姑、跳神、卜妇、女相、女戏等项,穿门入户,人不知禁,以致哄诱费财,甚有犯奸盗者,为害不小,各夫男须皆预防,察其动静,杜其往来,以免后悔,此是齐家,是最要紧事。

四礼当行。先王制冠、婚、丧、祭四礼,以范后人,载在《性理大全》,及《家礼仪节》者,皆奉国朝颁降者也,民生日用常行,此为最切,惟礼则成父道、成子道、成夫妇之道,无礼则禽虺耳,然民俗所以不由礼者,或谓礼节烦多,未免伤财费事,不知师其意而用其精,至易至简,何不可行试?言其大要,冠则宾不用币归俎,止殽品果酒,不用牲,惟从俭,族有将冠者,众则同日行礼,长子、众子各从其类,赞与席如冠者之数,祝祠不重出,加冠醮酒祝后,次第举之,拜则同庶人三加之礼,初用小帽、小深衣、履鞋,再用折巾、绢深衣、皂靴,三用方巾或儒巾服或直身或襕衫员领皆从便。婚制则禁同姓,禁服妇改嫁,恐犯离异之律,女未及笄无过门,夫亡无招赘、无招夫养夫,受聘择门第、辨良贱,无贪下户货财,将女许配,作贱骨肉,玷辱祖祊。丧则惟竭力于衣衾棺椁,遵礼衰泣,棺内不得用金银玉物,吊者止□(款)茶途远待以素饭,不设酒筵,服未除不嫁娶、不听乐、不与宴贺,衰绖不入公门,葬必择地避五患,不得泥风水邀福,至有终身不葬,累世不葬,不得盗葬,不得侵祖葬、不得水葬,尤不得火化,犯律重罪。祭则聚精神致孝享,内外一心,长幼整肃,具物惟称家有无,不得为非礼之礼,此皆孝子慈孙所当尽者。

(民国五年报本堂活字本)

湘乡大界曾氏

第十三篇 族人规范

民国《武城曾氏衍湖南湘乡大界五修族谱》卷三,《祖训·文正公遗训》:
求阙斋咸丰十年闰三月二十九日家书摘录。

余与沅弟论治家之道,一切以星冈公为法,大约有八字诀,其四字即上年所称书、蔬、鱼、猪也;又四字则曰早、扫、考、宝。早者,起早也;扫者,扫屋也;考者,祖先祭祀,敬奉显考、王考、曾祖考,言考而妣可该也;宝者,亲族乡里,时时周旋,贺喜、吊丧、问疾、济急。星冈公常曰:人待人无价之宝也。星冈公生平于此数端,最为认真,故余戏述为八字诀曰"书蔬鱼猪早扫考宝"也。此语虽涉谐谑,而即拟写屏上,以祝贤弟夫妇寿辰,使后世子孙知吾兄弟家教,亦知吾兄弟风趣也,弟以为然否?

又咸丰十一年三月十三日家训:吾教子弟不离八本、三致祥。八者曰:读古书以训诂为本,作诗文以声调为本,养亲以得欢心为本,养生以少恼怒为本,立身以不妄语为本,治家以不晏起为本,居官以不要钱为本,行军以不扰民为本。三者曰:孝致祥、勤致祥、恕致祥。吾父竹亭公之教人则专重孝字,其少壮敬亲,暮年爱亲,出于至诚,故吾纂墓志仅叙一事。吾祖星冈公之教人则有八字、三不信,八者"考宝早扫书蔬鱼猪",三者曰僧巫、曰地仙、曰医药皆不信也。处兹乱世,银钱愈少则愈可免祸,用度愈省则愈可养福,尔兄弟奉母,除劳字俭字之外,别无安身之法。

又同治九年六月初四日家训:余生平略涉儒先之书,见圣人教人修身,千言万语而要以不忮、不求为重。忮者嫉贤害能,所谓怠者不能修身,忌者畏人修之类也;求者贪利贪名,怀土怀惠,所谓未得患得、既得患失之类也。忮不常见,每发露于名业相侔、势位相埒之人;求不常见,每发露于货财相接、仕进相妨之际。将欲造福,先去忮心,所谓人能充无欲害人之心,而仁不可胜用也;将欲立品先去求心,所谓人能充无穿窬之心,而义不可胜用也。忮不去,满怀皆是荆棘;求不去,满腔日即卑污。余于此二者常加克治,恨尚未能扫除净尽,尔等欲心地干净,宜于此二者痛下功夫,并愿子孙世世代代戒之。附作《忮求诗》二首,历观有国有家之兴,皆由克勤克俭所致;其衰也,则反是。余生平亦颇以勤字自励,而实不能勤,故读书手钞之册,居官无可存之牍;生平亦好以俭字教人,而自问实不能俭,今署中内外服役之人、厨房日用之数,亦云奢矣,其故由于前在军营规模宏阔,相沿未改,近因多病,医药之资漫无限制。由俭入奢易于下水,由奢反俭难于登天。在两江交卸时,尚存养廉二万金,在余初意不料有此,然似此放手用去,转瞬即已立尽。尔辈以后居家须学陆梭山之法,每月用银若干两、限一成数另封秤出,本月用毕,只准赢余,不准亏欠。衙门奢侈之习不能不彻底痛改。余初带兵之时,立志不取军营之钱以自肥具私,今日差幸不负此愿。然亦不愿子孙过于贫困、低颜求人,惟在尔辈力崇俭德,善持其后而已。孝友为家庭之祥瑞,凡所称因果报应,他事或不尽验,独孝友则立获吉庆,反是则立获殃祸,无不验者。吾早岁久宦京师,于孝养之道多疏,后来展转兵间,多获诸弟之助,而吾毫无裨益于诸弟。余兄弟姊妹各家均有田宅之安,大抵皆九弟扶助之力,我身没之后,尔等事两叔如父,事叔母如母,视堂兄弟如手足,凡事皆从省啬,独待诸叔之家,则处处从厚,待堂兄弟以德业相劝,过失相规,期于彼此有成为第一要义。其次则亲之,欲其贵;爱之,欲其富。常常以吉祥善事代诸昆默为祷祝,自当神人共钦。温甫、季洪两弟之死,余内省觉有惭德,澄侯、沅甫两弟渐老,余此生不知能否相见。尔辈若能从孝友二字切实讲求,亦足为我弥缝缺憾耳。

附《忮求诗》二首

善莫大于恕,德莫凶于妒。妒者妾妇行,琐琐奚比数。己拙忌人能,己塞忌人遇。己若无事功,忌人得成务。己若无党援,忌人得多助。势位苟相敌,畏逼又相恶。己无好闻望,忌人文名著。己无贤子孙,忌人后嗣裕。争名日夜奔,争利东西骛。但期一身荣,不惜他人污。闻灾或欣幸,闻祸或悦豫。问渠何以然,不自知其故。尔室神来格,高明鬼所顾。天道常好还,嫉人还自误。幽明丛诟忌,乖气相回互。重者灾汝躬,轻亦灭汝祚。我今告后生,悚然大觉寤。终身让人道,曾不失寸步。终身祝人善,曾不损尺布。消除嫉妒心,普天零雨露。家家获吉祥,我亦无恐怖。右不忮

知足天地宽,贪得宇宙隘。岂无过人姿,多欲为患害。在约每思丰,居困常求泰。富求千乘车,贵求万钉带。未得求速偿,即得求勿坏。芬馨比椒兰,磐固方泰岱。求荣不知餍,志亢神愈忲。岁燠有时寒,月明有时晦。时来多善缘,运去生灾怪。诸福不可期,百殃纷来会。片言动招尤,举足便有碍。戚戚抱殷忧,精爽日凋瘵。矫首望八荒,乾坤一何大。安荣无遽欣,患难无遽憝。君看十人中,八九无倚赖。人穷多过我,我穷犹可耐。而况处夷涂,奚事生嗟忾。于世少所求,俯仰有余快。俟命堪终古,曾不愿乎外。右不求

同治十年日课四条

一曰慎独则心安。自修之道莫难于养心,心既知有善、知有恶,而不能实用其力,以为善去恶则谓之自欺;方寸之自欺与否,盖他人所不及知,而己独知之。故《大学》之诚意章两言慎独,果能好善如好好色,恶恶如恶恶臭,力去人欲以存天理,则《大学》之所谓自慊、《中庸》之所谓戒慎恐惧,皆能切实行之,即曾子之所谓自反而缩,孟子之所谓仰不愧、俯不怍。所谓养心,莫善于寡欲,皆不外乎是。故能慎独,则内省不疚,可以对天地、质鬼神;断无行,有不慊于心则馁之。时人无一内愧之事,则天君泰然,此心常快、足宽平,是人生第一自强之道、第一寻乐之方,守身之先务也。

二曰主敬则身强。敬之一字,孔门持以教人,春秋士大夫亦常言之,至程朱则千言万语不离此旨。内而专静纯一,外而整齐严肃,敬之工夫也。出门如见大宾,使民如承大祭,

敬之气象也。修己以安百姓,笃恭而天下平,敬之效验也。程子谓上下一于恭敬,则天地自位、万物自育、气无不和、四灵毕至,聪明睿智,皆由此出。以此事天飨帝,盖谓敬则无美不备也。吾谓敬字切近之效,尤在能固。人肌肤之会、筋骸之束,庄敬日强,安肆日偷,皆自然之征应。虽有衰年病躯,一遇坛庙祭献之时,战阵危急之际,亦不觉神为之悚,气为之振,斯足知敬能使人身强矣。若人无众寡、事无大小,一一恭敬,不敢懈慢,则身体之强健又何疑乎?

三曰求仁则人悦。凡人之生皆得天地之理以成性,得天地之气以成形。我与民物,其大本乃同出一源,若但知私己而不知仁民爱物,是于大本一源之道已悖而失之矣。至于尊官厚禄、高居人上,则有拯民溺、救民饥之责。读书学古,粗知大义,即有觉后知觉后觉之责。若但知自了而不知教养庶汇,是于天之所以厚我者,辜负甚大矣。孔门教人莫大于求仁,而其最切者莫要于欲立立人、欲达达人数语。立者自立不惧,如富人百物有余,不假外求;达者四达不悖,如贵人登高一呼,群山四应。人孰不欲己立己达?若能推以立人达人,则与物同春矣。后世论求仁者,莫精于张子之西铭,彼其视民胞物与宏济群伦,皆事天者性分当然之事,必如此乃可谓之人;不如此则曰悖德、曰贼。诚如其说,则虽立天下之人,尽达天下之人,而曾无善劳之足言人有不悦而归之者乎?

四曰习劳则神钦。凡人之情,莫不好逸而恶劳。无论贵贱、智愚、老少,皆贪于逸而惮于劳,古今之所同也。人一日所着之衣、所进之食与一日所行之事、所用之力相称,则旁人赧之、鬼神许之,以为彼自食其力也。若农夫织妇终岁勤动,以成数石之粟、数尺之布;而富贵之家终岁逸乐、不营一业,而食必珍羞、衣必锦绣,酣豢高眠,一呼百诺,此天下最不平之事,鬼神所不许也,其能久乎?古之圣君贤相,若汤之昧旦丕显、文王日昃不遑、周公夜以继日坐以待旦,盖无时不以勤劳自励。《无逸》一篇推之,于勤则寿考,逸则夭亡,历历不爽。为一身计,则必操习技艺,磨练筋骨,困知勉行,操心危虑,而后可以增智慧而长才识;为天下计,则必己饥己溺,一夫不获,引为余辜,大禹之周乘,四载过门不入;墨子之摩顶,放踵以利天下,皆极俭以奉身,而极勤以救民,故荀子好称大禹、墨翟之行,以其勤劳也。军兴以来,每见人有一材一技能耐艰苦者,无不见用于人、见称于时;其绝无材技、不惯作劳者,皆唾弃于时、饥冻就毙,故勤则寿、逸则夭,勤则有材而见用,逸则无能而见弃;勤则博济斯民而神祇钦仰,逸则无补于人而神鬼不歆,是以君子欲为人神所凭依,莫大于习劳也。

余衰年多病,目疾日深,万难挽回,汝及诸侄辈,身体强壮者少,古之君子修己治家,必能心安身强,而后有振兴之象;必使人悦神钦,而后有骈集之祥。今书此四条,老年用自儆惕以补昔岁之愆,并令二子各自勖勉,每夜以此四条相课,每月以此四条相稽,仍寄诸侄共守，以期有成焉。

才德。司马温公曰：才德全尽谓之圣人，才德兼亡谓之愚人，德胜才谓之君子，才胜德谓之小人。余谓德与才不可偏中，譬之于水，德在润下，才即其载物、溉田之用；譬之于木，德在曲直，才即其舟楫、栋梁之用。德若水之源，才即其波澜；德若木之根，才即其枝叶。德而无才以辅之，则近于愚人；才而无德以主之，则近于小人。世人多不甘以愚人自居，故自命每愿为有才者；世人多不欲与小人为缘，故观人每好取有德者，大较然也。二者既不可兼，与其无德而近于小人，毋宁无才而近于愚人。自修之方，观人之术，皆以此为衡可矣。吾生平短于才，爱我者，或谬以德器相许，实则虽曾任艰巨，自问仅一愚人，幸不以私智诡谲凿其愚，尚可告后昆耳。

勉强。魏安釐王问天下之高士于子顺，子顺以鲁仲连对。王曰："鲁仲连，强作之者，非体自然也。"子顺曰："人皆作之，作之不止，内成君子；作之不变，习与体成，则自然也。"余观自古圣贤豪杰，多由强作而臻绝诣。《淮南子》曰："功可强成，名可强立。"《中庸》曰："或勉强而行之，及其成功，一也。"近世论人者，或曰："某也向之所为不如是，今强作如是，是不可信。"沮自新之途，而长偷惰之风，莫大乎此。吾之观人，亦尝有因此而失贤才者，追书以志吾过。又孟子曰："口之于味也，目之于色也，耳之于声也，鼻之于臭也，四肢之于安佚也，性也；有命焉，君子不谓性也。"人性本善，自为气禀所拘、物欲所蔽，则本性日失，故须学焉，而后复之失，又甚者须勉强而后复之。丧之衰也，不可以伪为者也。然衰麻苫块睹物而痛创，自至躃踊号呼变节，而涕洟随之，是亦可勉强而致衰也。祭之敬也，不可以伪为者也。然自盥至荐将之以盛心，自朝至昃胜之以强力，是亦可以勉强而致敬也。与人之和也，不可以伪为者也。然揖让拜跪，人不答而已，则下之筐篚豆笾，意不足而文则先之，是亦可以勉强而致和也。凡有血气，必有争心，人之好胜，谁不如我？施诸己而不愿，亦勿施于人，此强恕之事也。一日强恕，日日强恕；一事强恕，事事强恕。久之则渐近自然，以之修身，则顺而安；以之涉世，则谐而祥。孔子之告子贡、仲弓，孟子之言求仁，皆无先于此者，若不能勉强而听其自至，以顽钝之质而希生安之效。……庄子有言："刻核太甚，则人将以不肖之心应之。"董生有言："强勉学问，则闻见博而知益明，强勉行道，则德日进而大有功至哉。"言乎，故勉强之为道甚博而端自强恕始。

功效。苟有富，必能润屋；苟有德，必能润身，不必如孔子之温良恭俭、孟子之睟面盎背而后为符验也。凡盛德之君子必有非常之仪范，是真龙必有云，是真虎必有风，不必如程门之游杨尹谢、朱门之黄蔡陈李而后为响应也。凡修业之大人必有景从之徒党。斯二者，其几甚微、其效甚著，非实有诸己乌可俸致哉。又天下之事，有其功必有其效，功未至而求效之遽臻则妄矣。未施敬于民而欲民之敬我，未施信于民而欲民之信我。卤莽而耕，

第十三篇 族人规范

灭裂而耘,而欲收丰穰十倍之利,此必不得之数也。在《易》"恒之初六曰浚恒,贞凶,无攸利"。胡瑗释之曰:"天下之事必皆有渐,在乎积日累久而后能成其功,是故为学既久则道业可成,圣贤可到;为治既久则教化可行,尧舜可至。"若是之类莫不由积日累久而后至,固非骤而及也。初六居下卦之初为事之始,责其长久之道、永远之效,是犹为学之始欲亟至于周孔,为治之始欲化及于尧舜,不能积久其事而求常道之深,故于贞正之道见其凶也,无攸利者以此而往必无所利。孔子曰:"欲速则不达也。"是故君子之用功也,如鸡伏卵不舍而生气渐充,如燕营巢不息而结构渐牢,如滋培之木不见其长有时而大,如有本之泉不舍昼夜盈科而后进。放乎四海,但知所谓功,不知所谓效,而效亦徐徐以至也。嵇康曰:"夫为稼于汤之世,偏有一溉之功者,虽终归于燋烂,必一溉者后枯,然则一溉之益固不可诬也。"此言有一分之功必有一分之效也。程子曰:"修养之所以引年国祚、之所以祈天永命,常人之至于圣贤,皆工夫到这里自有此应。"此言有真积力久之功而后有高厚悠远之效也。孟子曰:"宋人有闵其苗不长而揠之者,谓其人曰:'予助苗长矣。'其子趋而往视之,苗则槁矣。"此言不俟功候之至而邀期速效,反以害之也。苏轼曰:"南方多没人,日与水居也,七岁而能涉,十岁而能浮,十五而能没矣;北方之勇者,生不识水,问于没人而求所以没,以其言试之河,未有不溺者也。"此言不知致功之方而但求速效,亦反以害之也。

忠勤。并开国之际若汉唐之初,异才畸士,丰功伟烈,飙举云兴,盖全系乎天运,而人事不得与其间;至中叶以后,君子欲有所建树以济世而康屯,则天事居其半人事居其半。以人事与天争衡,莫大乎忠勤二字。乱世多尚巧伪,惟忠者可以革其习。末俗多趋偷惰,惟勤者可以遏其流。忠不必有过人之才智,尽吾心而已矣;勤不必有过人之精神,竭吾力而已矣。能剖心肝以奉至尊,忠至而智亦生焉;能苦筋骸以捍大患,勤至而勇亦出焉。余观近世贤哲得力于此二字者,颇不乏人。余亦忝附诸贤之后,谬窃虚声而于忠勤二字,自愧十不逮一。吾家子姓倘将来有出任艰巨者,当励忠勤以补吾之阙憾。忠之积于平日者则自不妄语始,勤之积于平日者则自不晏起始。

阳刚。汉初功臣惟樊哙气质较粗,不能与诸贤并论,淮阴侯所羞与为伍者也。然吾观其人有不可及者二。沛公初入咸阳,见秦宫室、帷帐、狗马、重宝、妇女以千数,意欲留居之。哙辄谏止,谓此奢丽之物乃秦之所以亡,愿急还霸上,无留宫中,一也;高祖病卧禁中,诏户者无得入,群臣哙独排闼直入谏之,以昔何其勇、今其愈,且引赵高之事以为鉴,二也。此二事者,乃不愧大人格君心者之所为,盖人禀阳刚之气最厚者。其达于事理必有不可掩之伟论,其见于仪度必有不可犯之英风。哙之鸿门披帷拔剑割彘,与夫霸上退军之请、病中排闼之谏,皆阳刚之气之所为也。未有无阳刚之气而能大有立于世者,有志之君子养之无害可耳。

悔吝。吉、凶、悔、吝四者，相为循环。吉非有祥瑞之可言，但行事措之咸宜、无有人非鬼责是即谓之吉，过是则为吝矣。天道忌满，鬼神害盈，日中则昃，月中则亏。《易》爻多言贞吝。《易》之道，当随时变易以处中，当变而守此不变则贞而吝矣。凡行之而过，无论其非义也，即尽善之举，盛德之事，稍过则吝随之。余官京师，自名所居之室曰"求阙斋"，恐以满盈致吝也。人无贤愚，遇凶皆知自悔，悔则可免于灾戾，故曰：震无咎者，存乎悔，动心忍性。斯大任之基侧身修行，乃中兴之本。自古成大业者，未有不自困心横虑、觉悟知非而来者也。吝则驯致于凶，悔则渐趋于吉，故大易之道，莫善于悔，莫不善于吝。吾家子弟将欲自修而免于戾，尤有二语焉，曰："无好快意之事，常存省过之心。"

名望。知识愈高，则天之所以责之者愈厚；名望愈重，则鬼神之所以伺察者愈严。君子之自处，不肯与众人絜量长短，以为己之素所自期者，大不肯自欺，其知识以欺天也。己之名望素尊，不肯更以鄙小之见，贻议于神明也。

居业。古者英雄立事必有基业，如高祖之关中、光武之河内、魏之兖州、唐之晋阳，皆先据此为基，然后进可以战、退可以守。君子之学道也，亦必有所谓基。业者大氐以规模宏大、言辞诚信为本，如居室，然宏大则所宅者广，托庇者众；诚信则置趾甚固，结构甚牢。《易》曰："宽以居之谓宏大也，修辞立其诚所以居业谓诚信也。"大程子曰："道之浩浩，何处下手，惟立诚才有可居之处，诚便是忠信修省，言辞便是要立得这忠信。若口不择言，逢事就说，则忠信亦被汩没，动荡立不住了。"国藩按：立得住即所谓居业也，今世俗言兴家立业是也。子张曰："执德不弘，信道不笃，焉能为有？焉能为亡焉？"亦谓苟不能宏大、诚信，在我之知识浮泛动荡，指为我之所有也，不可；指为我之所无也，亦不可。是则终身无可居之业，程子所谓立不可住者耳。……

克勤小物。古之成大业者，多是克勤小物而来；百尺之楼基于平地，千丈之帛一尺一寸之所积也，万石之钟一铢一两之所累也。……

世泽。士大夫之志趣学术，果有异于人者，则修之于身、式之于家，必将有流风余韵传之子孙、化行乡里，所谓君子之泽也。就其最善者，约有三端曰：诗书之泽、礼让之泽、稼穑之泽。诗书之泽如韦玄成议礼、王吉传经、虞魏之昆、顾陆之裔，代有名家，不可殚述。我朝如桐城张氏，自文端公而下，巨卿硕学，世济其美；宣城梅氏，自定九征君以下，世精算学，其六世孙梅伯言、郎中曾亮，自谓莫绍先绪，而所为古文诗篇，一时推为祭酒；高邮王氏，自文肃公安国以下，世为名儒，而怀祖先生，训诂之学，实集古今之大成。国藩于此三家者，常低徊叹仰，以为不可及。礼让之泽，如万石君之廉谨，富平侯之敬慎，唐之河东柳氏，宋之蓝田吕氏，门庭之内彬彬焉，有君子之风。余所见，近时搢捂绅，未有崇礼法而不兴、习傲慢而不败者。稼穑之泽,惟周家开国,豳风陈业,述生理之艰难,导民风于淳(编者按:原文无此字,为新添字。)厚,有味乎其言,至近世张敦复之恒产琐言,张扬园之农书,用意至为深远。国藩窃以为稼穑之泽视诗书、礼让之泽,尤为可大可久。吾祖光禄大夫星冈公尝有言曰:吾子孙虽至大官,家中不可废农圃旧业,懿哉至训,可为万世法已。

(民国三十五年三省堂活字本)

零陵龙氏

民国零陵《龙氏六续家谱》卷首下,《家规》:

守祠墓。祠乃祖宗神灵所依,墓乃祖宗体魄所藏,子孙思祖宗不得见,见所依所藏之处即如见祖宗焉。时而祠祭,时而墓祭,皆展亲大体,必身亲其事,敬以守之。曷言乎祠之必守也?栋宇垣墙有坏则补葺之,规条则讲诵之,器物则爱惜之。至于置田产以供馨香,肃衣冠以遵仪节,尤族中之所不容忽。曷言乎墓之必守也?坟围、碑石有损则培整之,荆棘则蔄除之,树木则严蓄之。且祔葬祖山一事亦须慎重,毋得希图地脉或截来龙、劈祖冢,逼罗围、拦道口,□祖压祖,以致昭穆失次,灭理伤伦,如有此事,须速谕起迁,呈公论罪。此事死如事生、事亡如事存之道,族之人所宜首讲者,使因循怠惰数岁,不一入祠,不一登墓,而于春秋时祭与清明挂扫,或遣无知子弟奉行,故时势必不知某祖系某名、某山葬某祖,将祠不免有倾圮之患,墓不免为蓬棘所丛,为子孙者置若罔闻,他人窥伺、侵害、盗卖、盗葬,肇衅成讼,破家荡产,所由起也,其且祠宇易为禾黍,坟墓掘为沟渠,神灵所依、体魄所托,子孙其忍乎哉?凡我族人谨守勿替,毋蹈斯弊。

孝父母。父母犹天地也,无天地则无物,无父母安有子?欲为天地之完人,当为父母之肖子,故人生百行莫大于孝,而五刑之属三千亦莫大于不孝。孝之道难言矣,而又不得不言。人当幼稚时不能一日离父母,盖父母之于子,胎育乳哺何等辛勤,疾痛疴痒,常怀顾虑;及至成立,课以诗书,授以家室。人不知孝父母,独不思父母爱子之心乎?善体亲心者,当自追念劬劳,克勤子职,生则定省竭其诚,没则葬祭尽其礼,出于心之自然,竭其力之当尽,人无分智愚也,境无论顺逆也,凡为人子,类当如是。而世乃有忽而不察者,不必论其大也,即如背义者流徒,昵于妻子,纷于利禄,或至自餍膏粱而二人尚糟糠是饫,自被裘葛而二人尚裋褐不完,自乐嬉游而二人犹愁病不顾,亦何甘为此不孝之人乎?又有母分前后及嫡庶者,尤当一体承顺,不可以彼此之见存他,如伯叔父母亦宜循分自尽,凡以推孝道于无,既也,妇事舅姑亦然。凡我族人遵诗人明发有怀之训,凛孟语不孝有五之防,奉养维勤,先意承志而又能扬名显亲,则孝道在是矣。吾族昔有名广寒者,事亲至孝,六月为母上寿,忽梅开一枝自牖而入,人遂以孝梅称之,厥后寿百有五岁犹鹤发童颜,共称孝感所致。兹特附志于后以为事亲者劝。事见《白鹤外史》

　　和兄弟。兄弟乃分形同气之人也。诗歌棠棣礼著雁行,皆于兄弟是重焉。倘弟不敬兄,兄不友弟,是交相为瘉矣。夫兄弟之不和,半起于疑父母之偏爱,半由于听妻子之巧言,不思兄弟如手足,赀财如粪土,轻重分焉,轻其所重,重其所轻,是等同胞如行路,视骨肉如秦越矣。道在有以和之劝戒,有名言念衰存至意,兄之道也。步趋必徐行,坐立必居下,弟之道也。至若饮食交相让,让则不争,不争则和也。语言交相顺,顺则不戾,不戾则和也。迨至一家和睦,上可以顺父母之心,下可以立子侄之表,而不然者,昆也以强欺弱而意气遂乖,季也以少陵(编者按:此处"陵"字为"凌"之讹。)长而骄淫成习,如是或因小忿动起纷争,或听谗言至乖骨肉,甚至入室操戈,终身仇怨,尚得为人乎?至于同父异母与同胞无异,处置不得其宜,无论议者纷纷,即在己揆情度理,能无有口面目乎?凡我族人尚其敦念天显,各尽友恭,俾兄弟怡怡,庶不起阋墙之衅焉。

　　正夫妇。夫妇为人伦之始,王化之原。夫以言扶,妇以言服,扶而准之以义则夫道正,服而本之以顺则妇道正。《易》曰:夫夫妇妇而家道正,夫义妇顺之一证也。夫不义则无以御妇,妇不顺则无以事夫,夫不御妇则失其义而夫不正,妇不事夫则失其顺而妇不正,二者交相讥,而其弊仍起于夫之不正。夫夫之不正,大都自初昏时基之,盖妇初至家,急宜待之以礼以敬,节爱以性约情,久之情爱真挚,白首如新,非独无反目之讥,亦且夫夫妇妇而家道正矣。尝见近世妇人不遵闺训,不守妇仪,或凶悍成性,妒计(编者按:此处"计"字乃"忌"之讹。)频生;或浪费家产,喧闹终朝;或搬弄是非,得罪亲友。古云:司晨为家之索,长舌为厉之阶。正谓此也。又或淫欲多端,嫌微罔别,坏矩乱规,丑声外著,而为之夫者,犹且隐忍强饰,是妇道多亏,实由于夫纲不振矣。伊古所称妇德、妇言、妇容、妇工者,果安在哉!愿我族人正男女、严内外,以不失夫义妇顺之旨焉。

　　睦宗族。敬宗收族,大典攸关。《书》曰:以亲九族。《诗》曰:本支百世,睦族一事。圣王且然,况众人乎?睦族之要有三:一曰尊尊,分属尊行者尊也,须恭顺退逊,不敢触犯;一曰老老,分虽卑而齿迈众者老也,须扶持保护,事以高年之礼;一曰贤贤,有德行闻望,足为本宗桢干者贤也,须钦崇景仰,每事效法,忘分忘年以敬之。此之谓三要。又有四务:一矜幼弱,幼者稚年,弱者鲜势,人所易欺,矜之则慈爱,具有真情辅助,更多美意;一恤孤寡,鳏寡孤独,王政所先,况乎同族?其道在恤,贫者恤以善言,富者恤以财谷,加以安养衰龄,阐扬节孝,勤推解而保赤隆,嗣续以承宗,则与薄待穷民者异矣;一周贫困,衣食窘迫,生计无聊,则周之,量己量彼可为则为,不必望其报,不必使人知,吾尽吾心而已;一解争兢(编者按:此处"兢"字乃"竞"之讹),人有忿则争兢(编者按:此处"兢"字乃"竞"

第十三篇 族人规范

之讹),得一人劝之气遂平,遇一人助之气愈激,从中解之,族人之责,亦积善之一事也。此之谓四务。至推教养之德于同族,凡义田、义仓、义学、义冢,俾死生无致失所者,皆豪杰所能为,顾人之立意何如耳?昔陶渊明有言曰:同源分流,入世易疏,慨焉寤叹,念兹厥初。范文正公曰:宗族于吾固有亲疏,自祖宗视之,则均是子孙,无亲疏。此格言也。人能以祖宗之念为念,自知宗族之当睦矣。

慎族长。族无论大小莫不有长,族有长所为明理论义、排难解纷者也。而族长之立,必择齿德兼优者以为之,庶足以胜任而无弊。盖优于齿则谙练多端,事无轻举;优于德则端方自处,品自超群,以正己者。正人于礼乐则讲明之,于邪淫则切禁之,纲常之体不失,义利之辨必严,使子弟有所效法。而且族中有事不平则鸣,鸣则冀其平也;无理必斥,斥则归于理也。事无大小,一皆秉公直剖;人无论亲疏,绝无徇情庇纵,庶曲直攸分,真伪立判。贤者得以奋兴,行为归于正道;愚者益加畏惧,言语出于本心,家规以振,讼狱不兴。族长之幸即合族之幸,而合族之幸皆族长之力也。尝见世之人不明礼义,妄司族间事务之权,溺于钱财,颠倒乡中是非之准,以一己之爱憎无定,致背公以忘私,或共事之意见各殊,谓彼非而我是,不顾利害相厚,则稳为主唆,不论盈亏包揽则诱以贿赂,情弊若此,又何怪纲常颓坏而争讼生乎?昔王孟箕立有家约、会规,每会令族众恭诣祠堂,先讲经书,次讲法律及孝顺诸书,务令人人谨守勿替,是亦族长之所不容废者。凡我族人必慎简正直、明决、老成、可法者,以树族中坊表,或释疑难于庭内,或讲礼于祠堂,俾子孙久仰仪型,则族长之为益,岂有穷哉?

崇师友。亲师取友,礼有明征,是人生所不能阙者。盖生我者父母,养我者君,而成我者赖乎师,辅我者赖乎友。自士人以及农圃、医卜、商贾与百工技艺,孰不有师?亦孰不有友?师之谊至亲,亲则与生我者无异;师之分至尊,尊则与养我者无殊,所谓民生于三,事之如一也。人而无师,则耳目具存,何殊聋聩?心思自散,奚识楷模?道在有以尊之对诗书而静晤圣贤芳型,共仰承提命而追随函丈,礼貌必隆,如是则亲师之道得矣。友足以结情好,地虽隔而谊自亲;友足以成德业,分虽等而道自尊。人而无友,则行己立身谁为规劝?循善去恶谁共切磋?道在有以信之芝兰结契久暂不食其言,金石偕盟,贵贱不移其志,而又必痛戒燕朋。凡事务求其胜己,勿交损友,所因不失其可亲,则取友之道得矣。兹二者皆吾族所当讲求,倘始也承师友之启迪,继则待师以亵慢、待友以虚浮,师友即不吾责,吾将何以对师友乎?愿以告吾族之待师友者。

厚姻里。姻者族之亲,里者族之邻,亲则情谊相洽,邻则居址相联。昔公子送舅,缱绻渭阳;古帝馆甥,绸缪二室,见姻之不可薄也。孟云:出入相友,守望相助,疾病相扶持,见邻里之不可薄也。二者均与途人迥别。凡事当以厚道处之,故无论岁时、伏腊与冠昏丧祭诸大端之宜致意也,即通有无、恤患难,随在与之以诚心。□□(敦款)洽致、馈遗无不将之以和气,人有亲疏,待以忠恕,事无大小,处以谦冲,使往来悉□(敦)古处,交接切戒浇漓,斯待人不致于薄焉。即使彼曾待我以薄,我终不忍以薄待,久之自感而化矣。若恃强凌弱,倚众暴寡,仗富欺贫,捏故占人田地风水、侵入山林疆界与放债违例、挟隙生嫌,此皆陋俗恶习,尤宜急戒。凡我族人于外戚与同乡,果能待之以厚,即彼亦将厚待乎我矣!可不勉哉!

端蒙养。蒙以养正,圣功也。人当幼冲之际,天性未漓,知识渐开,训导惩戒之方莫切于此,不闻礼教则耳目手足无所持循,作止语默无所检束,所赖为父兄者,启其心思,广其见识,谨其嗜好,遏其邪淫,使之循循于规矩之中。又必择端悫师友,将孝弟、忠信、礼义、廉耻诸大端严加训迪,使变化气质,故人之贤否,自为子弟之日基之,尤必于父兄之教定之。语云:少成若天性,习惯成自然。非谓蒙养之宜端与?尝见蒙养不端,酿为风俗,或迷于酒色,游惰自甘;或听信奸邪,肆行无忌,往往陷溺其心而不悟,甚至罹法纲犯刑章,所谓子弟之率不谨由于父兄之教不先也。古来爱子弟者,必以教行其爱,而尤必以正行其教。盖爱而不教,则爱近于溺,有莫知其子之恶者矣;教不以正,则教近于邪,有陷其子于不肖者矣。愿吾族爱子弟者,当使之循理,不当使之纵欲;当使之皇皇于仁义,不当使之皇皇于势利;当使之以耕读、勤俭处家,不当使之出入官府、欺公弄法以行险侥幸。教之既久,资质高者德业成就自致显扬;即愚者,守法循理,乡党亦称为良愿。况今日之子弟即为将来之父兄,积善相承,训迪不倦。孟云:中也,养不中才也,养不才贤父兄所以可乐也。吾族其共勉之,毋忽。

修职业。职业者,统士农工商而言之也,业虽不同皆是本。职业修,则父母妻子仰事俯畜有赖;职业隳,则资身无策,不免贻笑于姻里。然所谓职业者如士,有志圣贤,须先德行,次文艺,勿因读书识字,舞弄文墨,颠倒是非,造歌谣匿名帖。举监、生员不得出入公门,有玷行止;仕宦不得以贿败官,贻辱宗祖。农者,国家所重衣食之源,须服勤终岁,不得纵放牲畜以荒良田,又不可图肥己身而空赋税。工者不可作淫巧,售敝伪器件。商者不得纨绔冶游、酒色浪费。以上四端均生人应为之事,只有僧尼、俳优、盗贼与夫舆台、皂隶、给使令之辈,供鞭笞之具,断不可为。至赌博一事尤宜严戒。凡倾家荡产、招祸速衅,鲜不由此,犯者宜令族众送官惩治,否则罪坐房长,吾族当速戒之。

务勤俭。勤与俭,治生之道也,天下无论富贵贫贱皆不可离。盖不勤则寡入,不俭则妄费,寡入而妄费则财匮,财匮则苟取。愚者不顾廉耻,黠者必多放荡,品行由此而丧,家声由此而坠,生理绝矣。又况一家之中有妻有子,不能以勤俭表率而使相趋于贪惰,则自绝其生理而即绝妻子之生理矣。勤之为道,第一要深思远计,事宜早为者,须预先经理,免致临时失措;第二要晏眠早起,如此则一日不止一日之功,否则一日反多一日之过;第三要耐烦吃苦,事须亲身为者必亲身为之,须一日为者必一日为之,人皆以身习劳苦为自戕其生,而不知是乃所以求生也。韩云:业精于勤荒于嬉。勤其可勿讲欤? 俭之为道,第一要平心气,一朝之忿须自度量,毋得因小事经官以耗家产;第二要顾力量,凡宫室经营男昏女嫁暨一切宾客饮食之费,切不可好高求胜,以致后难偿债;第三要节衣食,绮罗不必羡也,求其适体,布素与绮罗何异? 肥甘不必嗜也,藉以养生,藜藿与肥甘何异? 人皆以薄于自奉为不爱其生,而不知是乃所以养生也。柏庐先生云:一粥一饭当思来处不易,半丝半缕恒念物力维艰,非示人以俭欤? 近世子弟不勤不俭约有二病:一则纨绔成习,罔知节俭维良;一则闲雅自高,旋觉肆行无忌,此又不待苟取之为害而已,自绝其生理矣。愿吾族共凛焉。

戒争讼。好讼破家,夫人而知之矣;息讼保家,亦夫人而知之矣。究之讼不能息,家不能保,其原始于小忿之不惩,其继由于争兢(编者按:此处"兢"字为"竞"字之讹)之不泯,其后遂致追悔之莫及。与其悔之于后,不若慎之于先。《易》曰:君子以作事谋始,始能忍,终无祸。争讼亦何由起哉? 夫因忿而争性情已受累矣,况因争而讼,其受累有终极乎? 盖讼之一事,苦奔走、耗盘费,一造机关又坏心术,无论官府廉明与否,一至城市便受歇户欺弄、衙役呵叱,伺候几经朝夕,方得悬牌,花费几多规矩才能审讯。理直犹可,理曲必受笞杖之责,甚至破家荡产,亡身辱亲,贻害不浅。即有万不得已,或关系祖宗、父母、兄弟、妻子情事,乡中不能寝息,只得闻官,亦须从直告诉,莫听信刀笔捏情矫控,又须早知回头,不可终讼。《易》之讼卦曰:惕中吉终凶,此是锦囊妙策。盖财被人得,祸自己当,讼其可不戒欤? 凡我族人抑气平心,安分守己,则讼不求息而自息,家不求保而自保矣。

(民国十年敦厚堂木活字本)

民国零陵《龙氏六续家谱》卷首下,《家训》:

训男。人为男子,其责匪轻,凡所作为,厥职宜尽。上期告无罪于宗祖,下期留彝训于子孙,其理至庸,其事非一。毋乖天性,毋弃典常;毋倚富骄贫,毋恃强凌弱;毋计利以伤义,毋徇私以防公;毋好淫以辱门庭,毋贪酒以乱心性;毋听妇言以乖骨肉,毋逞血气以酿祸端。

训女。有贤女然后有贤妇,有贤妇然后有贤母。惟未字时能遵母命,斯既嫁后自肃阃仪。事舅姑以孝行,事丈夫以顺正,待妯娌以和睦,育子孙以仁慈。惟中馈是主而志不纷,惟机杼是勤而功不怠。毋淫狎以坏家法,毋妒忌以乱仪型,毋唆论以起争端,毋奢侈以殄天物。

训学。有书不读子孙愚,子孙愚兮礼义疏。疏则心不能存,必成骄满之态;疏则身无由治,酿为悖逆之行。非其性之本然,乃不教之故也;亦非仅不教之使然,乃不学之故也。故养子必教,教则必学,学则自能明理,用之不穷;不学则贻诮面墙,悔将何及?人无论贫贱,质无问高卑,欲其不愚,毋庸废学。

训农。古圣之治世也,明伦必先以教稼;下民之安业也,读书讵忽乎力田?以故农类三,山、泽、平原别其地;农事四,耕耘获藏继其劳,田亩荒芜必锄耨之,天年干旱必预防之,仓廪囊橐必充实之,牛马猪羊必看守之,毋失天时,毋失地利,田租须早纳,国税须早完,即麻苎、棉花务宜多种,而园蔬瓜果亦要多栽,农桑兴敦俗之诗,农圃寓养生之术。

训俗。问俗乃古人所重,易俗为仁政所关。欲睹休风,先除旧染;择处务求仁里,订交务近善人;处己务正直无偏,待人务宽和有度;嫁娶视其力,丧葬尽其心;毋习异端,毋荒本业;毋短丧逆妇,毋贩女滥媒;毋藏贼匪以害身,毋纵奸邪以坏法;毋窝赌以诱子弟,毋私宰以犯宫刑。

(民国十年敦厚堂木活字本)

桂阳邓氏

光绪桂阳《邓氏族谱》卷首,《勤孝八反歌》:

陈宏谋公曰:此歌将待子待亲两相比照,尤见不孝之罪上通于天。盖亲乃生我养我之人,而子则我所生养者也,比而同之尚且不可,何况事事相反,如歌中言者也。

幼儿詈骂我,我心觉喜欢。父母或督责,我心反不甘。一喜欢,一不甘,待儿待亲何相悬。劝君今后逢亲怒,也将亲作小儿看。儿辈出千言,君听常不厌。父母一开口,便道多管闲。非管闲,亲挂牵,皓首白发多谙练。劝君敬听老人言,无灾无祸福星现。幼儿屎尿秽,君心无厌忌。老亲涕唾垂,反有憎嫌意。六尺躯,来何处?母血父精成汝体。劝君莫厌老唾涎,壮时为尔筋骨敝。看君晨入市,买饼又买糕。少闻供父母,多说哄儿曹。亲未膳,儿先饱,爱护心肠何颠倒?劝君多出糕饼钱,供养白头光阴少。市上买药物,只买肥儿丸。老亲虽病弱,不买还少丹。儿固瘦,亲亦残,医儿如何在亲先?割股还是亲的肉,劝君及早驻亲颜。富贵养亲易,亲常有未安。贫贱养儿难,儿不受饥寒。一条心,分两般,亲则推贫儿不言。劝君莫推家不富,薄食先亲自安然。养亲止二人,常与兄弟争。养子虽十余,君皆独自任。儿饥寒,常顾问,老亲冻饿不关心。劝君莫把兄弟推,父母养你谁帮衬?亲有十分慈,君说理该当。子有一分孝,君就遍传扬。一负恩,一夸良,此心如何两分张?劝君谩信儿曹孝,儿的样子不能忘。

(邓廷洞、邓盛昌等修,光绪三十三年登秀堂木活字本)

第十三篇 族人规范

光绪桂阳《邓氏族谱》卷首,《家戒十条》：

戒忤逆。古比父母曰本原,比兄弟曰手足,分至尊情至切也。今世俗有以路人视父母,以仇雠待兄弟者,是直绝本原而思枝叶之盛,斩手足而求身首之安,必不得也。况父母子我,我亦将有子,我有兄弟,我子亦将有兄弟,我既不爱敬其父母兄弟,而我之子、我子之兄弟亦如我之忤逆焉。我心忍乎？我食安乎？俗云：檐前水,滴滴不差。甚可畏也。使能设身以处,则孝弟之心自油油然生于不自觉矣。

戒溺女。同为我所生,或男或女均属一体。今世俗人生男则喜,生女不乐,甚有狼蛇。夫妇当其产育时,一见是女,辄举而溺之于水。虽呱呱而哭,置若罔闻,昧理绝伦,莫此为甚。尝见溺女之家,冤气所腾,天地、祖宗为之震怒,而后嗣多未有昌者。即曰家贫难于抚长,则半岁周月出抱他人为媳,俾得保全其生。倘他日女或身居富贵,在我亦得所倚赖,何计不及此,而必为是忍心丧良之事乎？

戒争讼。族人不一,有同堂、有从堂、有服内、有服外分,与我虽渐次就疏,然自祖宗一派思之,皆共本同原,情谊有甚切者也。今世俗每于一族中,家富者逞其富,势强者挟其强,毫无亲睦之情、周恤之义,甚至因些小钱财或山田界址,偶有不清,辄忿斗争讼,此控彼诉,久无了期,虽鬻产荡家亦若不悔。噫！何其愚也？若果早为忍耐,交相逊让,既可免衙门之妄费,更可博睦族之美名,不诚两得之道哉？

戒奢惰。《书》曰：克勤克俭。古圣王且然,况众人乎？夫不勤则惰,不俭则奢,尝见有席父祖之丰腴,视若不竭之源而豪华自逞；有惮手足之劳瘁,计图目前之乐而玩愒自安,久之,奢者财虽有少入而不敌所出,惰者财即不大出而终鲜所入,始则典器典衣,继必卖田卖屋,故态究不能改,十年间逞豪华者忽变为乞丐,安玩愒者渐转于沟壑,可勿惧哉！

戒赌博。人胡为而赌博,大抵欲攘人财物,恐其人不肯,即与我故多设此引诱之局,使人争乐为我与而不自少吝,如斗牌、掷骰等类是也。然设此局以引诱人财,无论居心先不善,抑且招祸复不浅。彼素封子弟,承先人产业,一入此场,鬼神必怒,产业必令荡尽无余。即贫恶无赖诸般,俱极精巧,恃此以买妻育子,一时非不有吃有穿有钱足用,意气扬扬甚自得也。迨后或本身运蹇,或后人效尤,赌博而来仍赌博而去,终归于赤贫而后已,天网恢恢疏而不漏,有如是者矣。

戒滥昏。昏姻之好丑,为家道盛衰所由系,最未可轻者也。今世俗人有两弊,一则女大不择婿而徒贪重聘,男长不择媳而惟希厚奁；一则本无意与之联姻,或因交好,自谓义分难辞,遂轻于然诺,往往于杯酒间盟结朱陈,誓同山海。及后,婿或不良,女或不淑,此时非不追悔。然东床久为坦腹,祸水早已入门,万无济矣。虽曰议昏之初男女尚幼,好丑难以预料,而其家风要无不可知,无论贫富贵贱,总以忠厚清贞之家为上,形端影正信有然也。倘于心稍有可疑，虽有重聘厚奁及世交新好，亦宜婉曲却谢之。

戒姑息。凡人性成者少，习变者多，故家有子女，自十岁时即当预为防闲，女不许与别室童男同行坐，子不容与外房幼女共嬉游，庶他日子为美男、女为淑女。如一味姑息，纵其狎亵，罔知约束，到后来年长习惯，父母欲禁而不能。一有非为，门风大坏，子不为正人家所婿，女不为正人家所聘矣。吾尝为正本清源之论，曰：防淫莫嫌于过严，杜邪当谨于其渐。凡有子女者不可不知。

戒强守。妇人从一而终，义也。程子曰：饿死事小，失节事大。非为未亡人言乎，然亦有权宜焉，未可一概而论也。如其妇果能黄鹄明心、柏舟矢志，此又何忍更言其他。若不论其有子与无、能守与否，当其夫尸未冷，而父母即叮嘱曰：汝必无嫁，吾自善视汝。而其妇亦姑应之曰：果能善视吾，吾又何为而再嫁？父母于是欣然曰：彼真能不再嫁矣。未几半载一年，父母何尝不善彼，而彼之情欲终不能自克，弗嫁之中或有不可道者。至有不可道，为父母者始议改嫁晚矣，辱已甚矣。故人家不幸而有孀妇寡女，谅其不能守节，当劝其使改适，上下之名庶可两全而无玷。昔范文正公为义田以赈周族，尚有再嫁之恤，则知强守固可以不必矣。

戒行窃。人孰无廉耻而顾甘心为窃贼者，彼盖谓一夜偷来十日用，何快乐？如之，不知窃物虽如狗鼠，而用钱实若泥沙，或跨袭穿缎（编者按：原文无，此字为新添字。），或朝烹夜饮，或淫宿妓娼，不数日而赃赀罄尽。即或劫取巨家大贾，服物银钱计满数百千，一时非不暴发，一旦事觉干官差拘，必贿其差役；禁羁，务饱其禁卒；加以官审明确，追赔前后，积赃、产物典卖无余，贫苦仍归贫苦。徒使匪类之行，内为族党所不亲，外为乡邻所不齿，明为官司所不宥，幽为宗祖所不容，岂非世宙一大无耻之人哉？

戒信佛。僧道之忘君亲、疏族党、绝宗祀，其获罪名教者，兹固不具论。独怪世之信此者，往往迎僧延道，率属来家，或为父母祈求，或为本身忏悔，谓必如是，多作佛事，殁后方可登天堂，离地狱。窃思天无阶可升，宁有堂？地无隙可入，宁有狱？即令天果有堂，彼固曰：为善者登。试问汝父母及本身果不善，而虑其难登乎？地果有狱，彼固曰：为恶者入。试问汝父母及本身果有恶，而惧其必入乎？是自暴其父母之恶，以令人知，诚不孝不智之甚矣。且如盂兰盆诸会，彻夜连宵，拜佛诵经，妇女僧道杂处无嫌，能保其必无淫污之一事乎？此时天有堂，僧道尚自可登乎否？地有狱，僧道独自不入乎否？伤风败俗莫甚于斯，尤宜戒者。我州原无女尼，近来尼庵之设所在皆然。以彼自恃身为女身，进户穿房，甘言蜜语，其诱人之术最工，凡妇女一与之好，渐必借拜佛名色，请诣庵刹。倘遇彼心上人之恶少敢肆猖狂，鲜有不为所污辱者，可勿撼哉！可勿防哉！岐山六十五岁叟经书山氏号书痴手著。

第十三篇 族人规范

增补二条

戒骄傲。谦谨世所尚也,晚见轻薄之辈,凌弱暴寡,骄贫欺贱,甚至以下犯上,皆此骄傲之心启之矣。不知"满招损,谦受益"。况兄弟叔侄,凡坐立起居、称谓之间,皆大礼所关,以尊凌卑犹为不可,而以下犯上,尤在所必惩。倘一蹈此习,权其轻重,量情责罚,如负固不服,公同鸣官究治,以为后之骄傲者诫。

戒嫉妒。人生有无命安排,彼有者固当分多润寡,而无者亦当安分守己。切不可见人之有而生嫉心,耻己之无而生妒心,或藉故尤赖,或挟势告害,此等刁风害人不小,异姓不可,而况于兄弟叔侄间,尤得罪于天地、祖宗。吾族务辅正除邪,合众公处,以杜刁风,以安良善。

(邓廷洞、邓盛昌等修,光绪三十三年登秀堂木活字本)

永顺龙塔王氏

民国永顺《龙塔王氏族谱》卷一,《传家格言》:

座右铭。张思叔座右铭曰:凡语必忠信,凡行必笃敬,饮食必慎节,字画必楷正,容貌必端庄,衣服必肃整,步履必安详,居处必正静,作事必谋始,出言必顾行,见善如己出,常德必固持,然诺必重应。凡此十四者,我皆未深省,书此当座隅,朝夕视为警。

格言。司马温公家训云:粒米必重,富之根也;只字必惜,贵之原也;片言必慎,吉之征也;微躯必护,寿之本也。温公又曰:积金以遗子孙,子孙未必能守;积书以遗子孙,子孙未必能读。不如积阴德于冥冥之中,以为子孙长久之计,此先贤之格言,乃后人之龟鉴。

朱文公养身格言。晚食当肉,不淫当斋,缓步当车,无灾当福,戒酒后话,忌食前嗔,大饥不大食,大渴不大饮,多精神为富,少嗜欲为贵,服药十朝不如独宿一宵,饮酒百斛不如饱餐一粥。节食以去病,寡欲以延年。

朱子家训。黎明即起,洒扫庭除,要内外整洁;既昏便息,关锁门户,必亲自检点。一粥一饭当思来处不易,半丝半缕恒念物力维艰。宜未雨而绸缪,毋临渴而掘井。自奉必须俭约,宴客切勿流连。器具质而洁,瓦缶胜金玉;饮食约而精,园蔬愈珍馐。勿营华屋,勿谋良田。三姑六婆,实淫盗之媒;婢美妾娇,非闺房之福。奴仆勿用俊美,妻妾切忌艳妆。祖宗虽远,祭祀不可不诚;子孙虽愚,诗书不可不读。居身务期质朴,教子要有义方。勿贪意外之财,勿饮过量之酒。与肩挑贸易勿沾便宜,见贫苦亲邻须多温恤。刻薄成家,理无久享;伦常乖舛,立见消亡。兄弟叔侄须分多润寡,长幼内外宜法肃辞严。听妇言,乖骨肉,岂是丈夫;重资财,薄父母,不成人子。嫁女择佳婿,无索重赀;娶媳求淑女,勿计厚衾。见富贵生而谄容者最可耻，遇贫穷而作娇态者贱莫甚。居家戒争讼，讼则终凶；处世戒多言，言多必失。毋恃势力而凌逼孤寡，勿贪口腹而恣杀牲禽。乖僻自是，悔误必多；颓惰自甘，家道必坏。狎昵恶少久，必受其累；屈志老成急，则可相依。轻听发言，安知人之谮愬，当忍耐三思；因事相争，焉知非我之不是，须平心细想。施惠无念，受恩莫忘。凡事须留余地，得意不宜再往。人有喜庆不可生嫉妒心，人有祸患不可生欣幸心。善欲人见不是真善，恶恐人知便是大恶。见色而起淫心，报在妻女；匿怨而用暗箭，祸延子孙。家门和顺，虽饔飧不继，亦有余欢；国课早完，即**囊橐无余**，自得至乐。读书志在圣贤，为官心存君国。守分安命，顺时听天，为人若此，**庶乎近焉**？

（民国二十三年铅印本）

民国永顺《龙塔王氏族谱》卷一，《祖训十六字》：

训孝。训尔孝，孝为先，人生百行此是原，父母为我生身本，独不见反哺跪乳物且然。愿儿孙思昊天，莫负怀胎顾复□，恩孝其亲子孝尔，点点滴滴在檐前。

训弟。训尔弟，弟于兄，兄或不友弟当恭，长成各自分门户，独不念千朵桃花共树红。愿儿孙自省衷，勿听妻言薄兄弟，尔敬其兄弟敬尔，楼前花萼永昌隆。

训忠。训尔忠，忠何谓？尽己之心无所伪，瞒天昧理用心机，独不见十目所视十手指。愿儿孙无粉饰，始终内外皆如一，足恭巧令不行焉，孔圣丘明何所耻。

训信。训尔信，信其言，然诺无欺学圣贤，巧好如簧愚耳目，独不闻掩耳盗铃何益焉。愿儿孙自省愆，狙诈之名人所嫌，尔不欺人人信尔，有何冰炭到胸前。

训慈。训尔**慈**，慈幼小，幼小如同春日草，斧斤偏向嫩柔条，独不念乍见良心原不少。愿儿孙心地好，**亲疏贵贱**皆怀保，矜怜孤幼及颠危，受福还同天地老。

训让。训尔让，戒争端，退步原来是向前，小忿终能酿大衅，独不见相持鹬蚌在江边。愿儿孙自省愆，莫争闲气结仇冤，唐虞揖让光千载，楚汉何尝万万年？

训忍。训尔**忍**，**贵能容**，有容方见量之宏，叱咤威风雄盖世，独不见一朝无面反江东。愿儿孙敦古风，**横逆潜消**自反衷，九世同堂全尚忍，张家和气乐融融。

训廉。训尔廉，须分晓，衣禄岂从门外讨，若还过取必伤廉，独不见悖入悖出天心巧。愿儿孙不必矫，见得思义须当蚤，一介不取古称贤，何贪得终无了？（编者按：疑有漏字。）

训勤。训尔勤，医尔贫，贫富关头好问津，安逸清闲谁不爱，独不见朝臣坐待五更星。愿儿孙勿因循，士农工商奔前程，休羡闲得好闲人，非是等闲人。（编者按：疑有漏字。）

训教。训尔教，须耐烦，诲人不倦称圣贤，莫道授徒无好处，独不见君亲天地共香烟。愿儿孙守砚田，不必贪钱自有钱，尽力完正课余灯且理残篇。（编者按：疑有漏字。）

第十三篇 族人规范

训耕。训尔耕,勤为先,衣食丰足非等闲,莫道农家业太苦,独不想民生原以食为天。愿儿孙听我言,耕读两字一家全,更有忠厚两字好,总把心田作良田。

训读。训尔读,读书高,笔底生花品自超,还须勤苦休懒惰,独不见得意归来夺锦标。愿儿孙勿惮劳,青灯黄卷度清宵,漫道居官身尤贵,便为民庶也英豪。

训庄。训尔庄,庄主敬,尊长之前如对君,常见少年夸放诞,独不闻夫妻相敬尚如宾。愿儿孙勿慢轻,尔要人尊先自尊,心志衣冠常整肃,鬼神窃见亦相钦。

训俭。训尔俭,莫奢华,人生节俭才成家,歌舞楼台酣夜月,独不见床头金尽柱嗟呀。愿儿孙戒浮夸,休将此物等泥沙,与其奢也宁肯俭,圣人之言总不差。

训宽。训尔宽,修尔德,胸怀宜宽无过责,小小失不相容,独不见朝服羹污无怒色。愿儿孙无苛刻,宽则得众人心悦,曾记古人一句言,上弦太紧下弦绝。(编者按:疑有漏字。)

训严。训尔严,严则尊。齐家先要肃闺门,人道至亲无内外,独不见亲亡兄在不归宁。愿儿孙学古人,居家严肃若朝廷,从此治国平天下,何患闾阎风不清?

(民国二十三年铅印本)

民国永顺《龙塔王氏族谱》卷一,《家诫十六条》:

诫忤逆。忤逆之罪律所不赦,族中倘有犯者,轻则于家议法,重则呈公究处。

诫奸宄。守本分,不为非,乃是良民。族中有犯盗窃者,辱祖玷门莫此为甚,如服毒拼赖、舞文乱法、强取强夺诸事,随其所犯之轻重,区别治之。

戒争讼。险而健,讼终凶。《易》戒之矣。族有山田水利钱谷之不清者,尊长辈宜各秉公理处,无令成讼。谚云:**赢得猫儿**,卖了牛。可不悟乎?

戒赌博。舍本业而**事赌博**,浪子也,坏名害身,丧家辱祖,莫此为甚尔,其痛戒。

戒游惰。《传》曰:宴安鸩毒不可怀也。古今事惟一懒字败之,舍业嬉游是为下愚,饱食暖衣无所用心,日月逝矣,谁之过欤?

戒溺女。天地之大德曰生。人得之以为心,莫不各有恻怛慈爱之意,古圣王所以惠周庶类、泽及草木者,推此心而已矣,明明女之生而溺之,何其忍也?戒之戒之。

戒乱继。继绝承宗,古今至理。长子不可出继,重宗子也;孤子不可出继,为父后也。但昭穆班次不可混越,若继异姓,以乱宗派,尤宜慎之。

戒酗酒。酒以合欢,亦以致养,然困于酒则足以败德戕生,古人禁群饮而歌醉止,奈何忽之?

戒淫嫖戏嫚。饮食男女,人之大欲存焉。任情肆欲,其害非浅,故谑浪笑傲,岂闺门之福乎?尚其凛之。

戒好勇斗狠。情之难制者惟忿,事之有济者在忍,故惩忿乃学问第一关头,迨忘身以及其亲,虽追悔其何及哉?

戒婚姻论财。豪杰崛起虽由父德,亦本母生。苟娶妇而徒计资装,求子婿而营情财贿,设妇性行有乖,又焉问其诞育能发祥也。

戒轻弃妻媳。世风偷薄,动云卖休,或为贫苦所累,或因庭闱不睦,岂非悖理之甚乎?即妇德有亏,亦宜训迪有法,甚无藉口蒸梨也。

戒师巫邪说。鬼道盛,人道衰,理所必致。《传》曰:将兴听于人,将亡听于神。国家且然,而况庶民乎?天地有常经,圣贤有常教,慎毋为彼所惑也。

戒衣冠不正。服饰岂在绮罗,定命由于庄敬,讵必袒裸乃为不法哉?服之不衷,身之灾也,可不慎欤?

戒择术不谨。谋生之道在勤,诡谲之艺必去,彼屠牛、贩马、诱人、骗物、无端杂技、不正之行,父老当谨谕之,毋得听彼流荡忘反也。

戒奢靡无节。不孙宁固圣有深心,故饮食服御,动必有常,慎毋以近代门面之说摇之。

(民国二十三年铅印本)

广东

乳源余氏

嘉庆《乳源余氏族谱》卷一,《家规并引》:

一、遵尚节俭。司马温公曰:凡为家长必须谨守礼法,以御群子弟。量入为出,称家之有无,及吉凶之费,皆有品节,常须稍存赢余,以备不虞。盖谓一家之产业,止有此数,则一家之利,一原属无多,若饮食、衣服、宫室、器皿,一一从朴,留有余,不尽之享,以还造化,则财足费少,其不家计丰盈也谁哉?晚近以来,奢靡盛行,其弊在于好胜一念,如争讼好胜,则鬻产、借债、讨情、钻刺吉凶;礼仪好胜,则卖田,纠会,嫁女厚奁,聘媳铺张,设引开厨,设供击鲜,散帛乱用,绫罗又加,请贵宾,宴新婚与搬戏许愿,预修祈福,种种支用,力实不足,设法应用,不知剜肉补疮,所损日甚,同族之人切宜猛省。

(余有璋等纂修,嘉庆二十五年木活字本)

嘉庆《乳源余氏族谱》卷一,《余襄公训规十四条》:

一、子孙居家,须洵洵孝友。见兄长,坐则必起,行则必序,应对必以理,称呼必以名,毋以尔我。兄弟相称,各以其字冠以兄弟之上,如曰某字兄、某字弟,甚不可贤智先人,亦不可与伯叔同坐。然为尊长者,亦不可挟长自攘拳秩忿,当众詈骂,使人无容身之地,尊长有此,其非教养之道。子侄倘有非为,则当反复教训,使之自改。

一、子孙治家,当尚俭朴,毋使浮靡。安分守己,甘淡泊,贯清苦,房屋不可过制,用度不可僭分,冠婚丧祭,当依家礼,宜从俭约,不可斗胜以炫耀人之耳目,以起祸门。

(余有璋等纂修,嘉庆二十五年木活字本)

贵州

紫江朱氏

民国《紫江朱氏家乘》卷四,《旧谱家规十二则》：

一、崇俭朴。俭乃美德,流俗顾乃薄之。夫先王之制,自天子、公卿、大夫、士、庶人饮食有节,衣服有章,宫室器用有等,皆各守其分而不渝。今乃不视其分之所当为,而惟视其力之能为,贫者见富而羡之,富者见尤富者而欲效之,一饭十金,一衣百金,一室千金,以至万金,奈何其不穷且乏也。每见闾阎之中,其父兄淳朴质实足以自给,而其子弟或入胥吏之群,或附商贾之队,或列绅衿之末,类无不羞向者之为鄙陋,于是从而新之,累世之藏尽于一人之手,甚则谄求诈骗,寡廉鲜耻,彼诚有所不得已也,与其悔之于后而不可及,何如约之于始而无难乎？然所谓约者,非一切而捐之也,养生送死之具,吉凶庆吊之需,皆称情以施焉,庶不至于困耳。惟是金碧之辉煌、篆组之奇丽,吾诚不知其何所适于用,而优伶之技、歌童舞女之娱,又不知果足以养人心之和否也。至若妇女之伦,多穷奢极靡而不与男子相称,岂敌体之义乎？昔孟光丽妆靓饰而梁鸿不答,服私居之服二改容谢之。桓少君赀贿甚盛而鲍宣不悦,挽鹿车而乡邻称之,人之度量岂不相越哉？今与吾族约：治生宜勤而居家宜俭,勤则不匮而善心生,俭则不奢而侈心泯,凡饮食、衣服、居室、器用宁朴勿华,宁俭勿奢,至于冠婚丧祭之费,宾客应酬之需,不丰不菲,从俗从宜,华而不靡,俭而不吝。《曲礼》云："君子恭敬撙节,退让以明。"《礼记》曰："三年耕而有一年之食,九年耕而有三年之食。"夫耕三余一,耕九余三,岂非节俭之所由致哉？

(朱启钤修,民国二十四年排印本)

(三)婚姻规范

夫妇之道为人伦之始,婚姻论良贱,同姓不婚,否则离异,不许上谱；不许买娼、选妓、收婢、娶逃；不许收继兄嫂、弟妇。

王有光《吴下谚联》卷三,《天地君亲师》：

五者,在人无所逃于天地之间。闻近日外间,有以"妻"字易"师"字者。素史氏仍遵古谚,书之曰"天地君亲师"。

(中华书局1982年版,第88页)

夫妻"百年年前结下缘"。

王有光《吴下谚联》卷一,《五百年》:

五百年谚亦有二:一曰"五百年共一家",子孙由合而分;一曰"五百年前结下缘",夫妇由分而合。前谚是阴阳,此谚是合散。朱子注《中庸》"诚"字以此。

(中华书局1982年版,第9页)

山西

平定刘氏

禁同姓为婚,骨肉回亲。

嘉庆平定《刘氏族谱》,《敦睦五禁》:

一、禁同姓为婚。同姓之家,百世不通婚姻,古礼也。盖其后虽非一族而原其始,焉知不出于一祖?每见世俗娶同姓者,辄曰:与我同姓不同宗。悖礼甚矣。吾族虽称名门,亦犯此病,嗣后结亲,切宜忌避。

一、禁骨肉回亲。一本所生,枝派攸分。有男不能无女。以女配人,虽为他姓之妇,实一本之骨肉也。每见世人姻结甥女,已属乱伦。甚且紊其辈数,更为悖理。非但称呼不顺,抑且干犯律条。嗣后结亲,宜深戒之。

乾隆三十九年六月六日,振纲、全德仝较定。

(刘灿、刘得义等修,不分卷,嘉庆十年刻本)

平定张氏

道光《平定张氏族谱》,《续例言三则》:

一曰同宗不婚。同宗为婚,此固人人知其不可而不必为之告戒也。但支分势疏,移居异乡,保无有误以同宗之子相配者乎?故不惜唇齿,为后人告戒:凡为子女论婚者,倘属与我一姓,务必详究根基,细查履历,知之清切而毫无疑似者方可与之结亲。一忽不慎而犯同宗之弊,他日知之,未过门者,因可挽回,已过门者,将何以为情欤?渎伦乱宗,孰人于是可勿慎诸?

经理人再识。

(张文选等修,道光二十八年刻本)

洪洞刘氏
依法律订族规。

光绪《洪洞刘氏宗谱》卷二,《祖训》:

一曰详婚娶。礼不娶同姓,所以厚别也。《传》讥怀嬴恶渎也,则知婚娶之宜详也。按律,同姓为婚者杖六十,离异。凡外姻有服,尊属卑幼共为婚姻,以奸论。父母之姑舅两姨姊妹及姨若堂姨母之姑、堂姑,己之堂姨及再从姨,堂外甥女,若女婿及子孙妇之姊妹并不得为婚,违者杖一百,并离异。夫婚同宗与娶同宗之妻若妾是乃禽犊之行。夫人知之,若同姓非宗,外姻之疏属则冒昧犯之者有矣。抑知国家立法若是其严也。后世子孙毋娶同姓,毋婚外姻之行辈不当与外姻之礼涉疑似者,以重速罪戾,其有反是者治以法,斥不与祭。

(刘殿凤修,光绪二十七年刻本)

安徽
休宁茗洲吴氏
雍正《茗洲吴氏家典》卷一,《家规》:

一、昏姻乃人道之本,俗情恶态,相沿不改,至亲迎醮啐、奠雁授绥之礼,人多违之。今一去时俗之习,其仪式悉遵《文公家礼》。

一、昏姻必须择温良有家法者,不可慕富贵以亏择配之义,其豪强逆乱、世有恶疾者,不可与议。

一、新妇入门合卺,本家须烦持重者襄礼,照所定仪节举行。一切亲疏长幼不得效恶俗入房耍闹,违即群呲之。

一、男女聘定仪物,虽贫富不同,然富者亦自有品节限制。

一、用色缯多不逾十,或仪代,或花,或果饼、钗钏之类,亦随时,不得过侈。其贫者量力而行,至遣女妆奁,富者不得过费以长骄奢,贫者则荆钗裙布可也。

(吴青羽撰,雍正十三年刊本)

婺源三田李氏
光绪婺源《三田李氏宗谱》卷末,《祖训八则》:

谨嫁娶。古者男女之族各泽德焉，不以财为礼，故男婚女嫁必于名门素有家教者以偕伉俪。若彼强暴污乱及世有恶疾者，毋与议焉。尤不可贪利，将女字下户。使慕一时之财，而以女女下户，纵人言不足恤，则祖宗九原之下能毋恫乎？凡我后人敬之慎之。

（李廷益、李向荣修，光绪十一年木活字本）

光绪婺源《三田李氏宗谱》卷末，《家法》：

娶妇三日庙见毕，夫率其妇至中堂见长幼，分大小。五日外方许便服治事。语以家范，使晓大意，不许干预外政，失教者罪其夫。

（李廷益、李向荣修，光绪十一年木活字本）

绩溪南关许余氏

光绪《绩溪县南关许余氏惇叙堂宗谱》卷八，《惇叙堂家礼》：

婚礼。凡婚娶须门户相对，嫁女宜稍胜于我者，娶妇宜稍不如我者，女家稍不如男家，免新妇骄傲翁姑夫婿也。嫁女论礼而不论财，娶妇论德而不论色，不可慕人之豪势而存倚傍之心，不可羡人之富而起沾染之见，凡存此心起此见，皆近于无耻也。至于婚姻之礼原不能不从俗，但俗之大违乎礼者亦不可从。如山乡嫁女于婿，临行时女母以锁钥置女鞋中，并以假发长跪号泣，以纳婿袖中，非礼可笑，礼法者断不可行。新妇三日行庙见礼，《家礼》增新婚满月至妇家行庙见礼，此礼甚正，足补《礼经》之缺，最宜行之。凡我族新婚自亲迎后第二次来，嫁女之主人先告祠首启祠门，引婿以香拜见祖宗。虽嫁女者因贫未能请酒，祠首不得为难。至再醮之婿虽豪富不许行庙见礼，所以正纲常、重名节也。

（光绪十五年刻本）

光绪《绩溪县南关许余氏惇叙堂宗谱》卷一〇，《宗祠规约》：

同姓不婚。同姓不婚，《周礼》则然，应毋庸赘。然我祠既有两姓而又同出一姓，必定规约以昭世守。各派丁世居故土，两姓同出一姓，不能为婚，人人知之。恐有散居远处，不知本源，与他祠妄结婚姻。许与余为婚，有碍本祠之余；余与余为婚，虽各别其源，终属同姓；余与许为婚，余自许改，亦属同姓，皆不准。

（光绪十五年刻本）

池州仙源杜氏

光绪池州《仙源杜氏宗谱》卷首，《家法》：

误娶本姓之女为妇者,责令离异。故犯者逐出境外,永不许归宗。误娶本族再醮之妇为妇者,责令离异。故犯者照暂逐例,俟离异后三年无过准亲房具保归宗。

(光绪二十一年刊本)

湖南

涟源李氏

民国涟源《李报本堂族谱》卷首,《宗规》:

四礼当行。先王制冠、婚、丧、祭四礼,以范后人,载在《性理大全》及《家礼仪节》者,皆奉国朝颁降者也。民生日用常行,此为最切。惟礼则成父道、成子道、成夫妇之道,无礼则禽犊耳。然民俗所以不由礼者,或谓礼节烦多,未免伤财费事,不知师其意而用其精,至易至简,何不可行试?言其大要,……婚制则禁同姓,禁服妇改嫁,恐犯离异之律,女未及笄无过门,夫亡无招赘、无招夫养夫,受聘择门第、辨良贱,无贪下户货财将女许配,作贱骨肉,玷辱祖祊。

(民国五年报本堂活字本)

汉寿盛氏

光绪汉寿《盛氏族谱》卷首,《家规十六条》:

严诫子孙婚姻必守伦常,如有乱伦昏配、伯媳叔嫂、居丧纳宠、以妾为妻之类,行同禽兽,大伤风俗,户族禀官,公请按律严办,徇情者并究。……凡遇孤寡,理宜怜恤。如不能守,任其他适,不许坐堂招夫,玷辱祖庙,蹈此者主昏、媒证并惩。

(光绪二十七年广陵堂活字印本)

桂阳邓氏

光绪桂阳《邓氏族谱》卷首上,《谱例》:

本族之妇不嫁于本族,礼也。否则,败常乱俗,大非婚姻之正,不许入谱外,同公重处。

(邓廷泂、邓盛昌等修,光绪三十三年登秀堂木活字本)

光绪桂阳《邓氏族谱》卷首,《家戒十条》:

戒滥昏。昏姻之好丑,为家道盛衰所由系,最未可轻者也。今世俗人有两弊,一则女大不择婿而徒贪重聘,男长不择媳而惟希厚奁;一则本无意与之联姻,或因交好,自谓义分难辞,遂轻于然诺,往往于杯酒间盟结朱陈,誓同山海。及后,婿或不良,女或不淑,此时非不追悔。然东床久为坦腹,祸水早已入门,万无济矣。虽曰议昏之初男女尚幼,好丑难以预料,而其家风要无不可知,无论贫富贵贱,总以忠厚清贞之家为上,形端影正信有然也。倘于心稍有可疑,虽有重聘厚奁及世交新好,亦宜婉曲却谢之。

(邓廷泂、邓盛昌等修,光绪三十三年登秀堂木活字本)

江西

清江永滨杨氏

乾隆《清江永滨杨氏三修族谱》,《族戒》:

一、谨婚嫁。有室有家,父母之愿固然。同姓不婚,宜秉《周礼》,又须门户相当,方称配偶。若贪其便宜,利其财礼,妇非正派,女适下流,大为族党之玷矣。

(杨如沄修,乾隆二十七年刊本)

(四)传承规范

按辈字命名;立嗣应依法进行,立应继、爱继,不得争继、立异姓嗣子及招婿承嗣。

直隶

交河李氏

民国沧州交河马连坦《李氏族谱》,道光《世次排行记》:

修谱所以敬宗收族也,敬宗必尊尊,收族必亲亲。我族人散居他乡者甚多,如使觌面不能相识,即知为一家而世次茫然,所谓尊尊亲亲者安在哉?十三世而上已不可复改,十四世而下当预为筹定,今按五行生生之义以十字为排行,每世共以一字冠于上,各以一字系于下,下一字各取吉字,不必与上相属也;二十三世之后另订十字;则自十四世以至百世,自百世以至万世,问名知世而尊卑之序不紊矣。谨志其字于左:十四世汝,十五世桐,十六世煦,十七世均,十八世铭,十九世淑,二十世树,二十一世炳,二十二世堪,二十三世录。道光十四年岁次甲午季冬中浣合族公议。

(民国八年七修本)

景城纪氏

嘉庆景城《纪氏家谱》卷一七,《联名纪世图》:

第十三篇 族人规范

十五世汝	二十世清	廿五世滋	三十世淑
十六世树	廿一世根	廿六世材	三十一世果
十七世煐	廿二世烈	廿七世炯	三十二世熹
十八世堪	廿三世执	廿八世在	三十三世垣
十九世钜	廿四世鋡	廿九世锡	三十四世钧

姚安公修乙亥谱,以子姓渐繁,命名易紊,准五行升序,立此图,以上一字纪其世,下一字则惟义所择,而不限文义之连属也。

(嘉庆七年刊本)

丰润毕氏

民国丰润《毕氏宗谱》,《毕公裔家训》:

谨列排行二十字:贻谋传圣学,居住振家声,尊年呈上端,进道贵中行。

(民国十九年排印本)

南皮陈氏

南皮《陈氏族谱》,《陈氏族谱再修序》:

……为后世命名而择字,即以五行相生之意旨,按三子启用之明字而为首择用二十字曰:明玉连金清树生成茂松秀炳忠厚志吉庆增后鸿,世用一字其落中间,业经众允而志,以资后嗣排行沿用耳。自斯传后序齿有燕毛之庆,命名无犯讳之嫌,葛藟永庇瓜瓞绵蔓,吾祖宗在天之灵庶几可慰也。…… 十三世作梅沐手谨书,道光十三年岁次甲午孟冬下浣毂旦。

(2000年五修本)

南宫孔氏

光绪南宫《孔子世家谱》,《修谱凡例》:

一、前定十字,希土、言伯、公文、彦朝、承永、宏以、闻知、贞用、尚之、行懋。

一、后定十字,兴起、毓钟、传振、继体、广京、昭显、宪法、庆泽、繁羽、祥瑞。

一、后定十字,令、德、维、垂、佑、钦、绍、念、显、扬。

(光绪六年刊本)

任邱边氏

乾隆任邱《边氏族谱》卷首,《一经堂家训》:

谨按(边同)公所著家训,平实剀切,子孙恪守而遵行之,保家有余矣,而犹有一则,予小子敢附志之,则广支派勿使有绝房而已。《诗》曰:"螟蛉有子,蜾蠃负之。"物犹如此,而况人乎!故《诗》又曰:"以似以续,续古之人。"予尝见世之人,儿子绕膝顾而乐之,而兄弟奉事无人则不动念,无论死后若敖之鬼,馁而忘痛;即生时之形影相吊,老景凄其,抚景自怜,无言饮泣,苟有人心,岂能安寝?收绝产则曰某分应得,过子嗣则忍勿能予,此盖由妇人不贤,弗明大义,而男子又心存依违之见,姑息之私,宁使手足绝血嗣,不敢向妻子有违言。吁!可齿冷也。

吾高祖为公第三子,适四房无子,高祖以第三子继之;吾嗣曾祖为高祖次子,早卒,本生曾祖以吾祖嗣之;吾祖生子二,适伯祖无子,吾祖即以吾叔过房,绵延不绝,得至子今。及叔父生子五人,深念反本之义,欲以次子明禧兄为吾父之子,吾父力阻之乃已。吾父既生余兄弟,此事自可以已,而叔父犹欲行之,非吾家孝友有越人者哉?夫门祚昌衍,首在人和。昔青土汜毓家,儿无常父,衣无常主,千载美谈。生时如死,况死后忍馁兄弟之鬼哉。嗣后垂训子孙,不惟长房不可使绝,即二房以上无子而他房有子不以过嗣者,即以不孝论。或有同父异母兄弟或妾之子,其母已卒,而谓身不可后人,以绝其母之祀者,此不通之论,不得假以支吾。又过嗣为衍子孙,亦即为养老计,如嗣子不能养老,只希图承产自肥,甚至分宅异居,亦以不孝论,各禀遵之。向禧附识。

(乾隆三十七年刻本)

旧沧州马氏

沧州《马氏全谱》,《修谱凡例》:

一、男丁繁多,不能无乏嗣者。如长分绝,应例过次分第一第二子。次分绝,应例过长分第二子。如长分绝,次分一子亦可过或一子两承。如支近无可过,只须由近及远,不可任意胡为,致乱支派。

……

一、同姓世世不宜结婚。

(抄本,沧州马学华藏)

盐山吴氏

光绪沧州盐山《吴氏族谱》,《谱例》:

一、继子用圈其名,别承后也。书其名于所生父下,明一本之亲;系图于所后父下,承传之意也。其继密支,书曰继某;继远支者,曰过继;自幼乳哺者,曰养继。皆列系图于所后父下。其昭穆有不合者,今正之。外姓入继者及带胎子皆不列系图,紊乱宗祧故也。继外姓者仍系名所生父下,示不当出也。

一、立继本为承祧大义,攸关其支派,当接续于所继系图之下,永远勿使间继。若但继产而不继祀,殊乖伦理,今凡继后者皆宜归正,勿致遗议。

(光绪二十二年抄本)

盐山郑氏

宣统沧州盐山《郑氏族谱》,《家谱例》:

一、出继者书出继某支,承继支书继自某人。双承嗣于本生支注明兼祧某支,兼承之支则书兼祧子或继子。……

一、同姓不结婚,以至同宗者亦不宜犯,当从礼例周公所制同姓不婚教规也。

(宣统辛亥年梁口村第三次修谱订本)

沧县刘氏

沧县《刘氏族谱》,《序》:

余刘氏迁里坦以来数百年矣,修立族谱已经数次。于道光十五年修谱,季德公撰立谱序。我族渊源无一不详,并将谱首分清支派图式,后注妻子功名,以便后世观者易晓也。今虽修谱,奚庸再序哉?但相传祖训序未载明,若当修谱之时合族查考,凡妇带抱养之人不许入谱,是为异姓不可乱宗云尔。况刘氏人生日众、支派愈繁,难免有复名之弊。是以按五行相生拟立十字,自十八世起,以上一字纪其世,下一字惟意所择起其名,如字派已满,另为拟立,庶无复名之虑矣,谨为序。镇鸿植焕在钟治树炳堪

咸丰八年岁在戊午嘉平月穀旦,十七世孙庆藜谨述。

(刘辛庄刘德瀛、刘建国、刘镇连藏)

故城祕氏

宣统故城《祕氏族谱》,《凡例》:

九世裔丕笈校辑。

一、承嗣子仍分注本生父母名下，示不忘所自出也。

一、各名上添注某某之子，或长子，或次子、嗣子、庶子，一翻阅则原原本本，各知所自出矣。

（宣统二年重修本）

渤海季氏

光绪渤海《季氏家谱》，《家谱条例》：

一、族人名字一世一字，最为良法，今仍遵先世用五行相生义，周而复始，谨择定二十字，每字作上一字，下再配以别字，即另取名者亦当自知为某字辈，庶族人见面讯明某字即知辈次字数，用满再为续编。兹将联名纪世字开列于后，合族揽观以便照用，再此次家谱镌板后，各门各支不难家喻户晓。嗣后凡命名字、庙讳，固当敬避，即先世讳亦当一体谨避，不得二字相重，单字重不避。

一、如有乏嗣者，应过别支子孙承嗣，不许认义子以乱宗支。如四门第二十一支可兴公之孙系以外孙为嗣，名曰兰德，传至四世汝元、汝贞等均无嗣，后世不得援以为例。

（季斌叙续修，光绪三十三年济南大公石印馆印本）

定兴鹿氏

光绪定兴《鹿氏二续谱》，《家族名派》：

宗传理学，世笃忠贞；必由其本，时乃日新。吾族出占外籍者果多矣，否亦析居异宫，非有事于祠墓则不萃萃焉，而未能遽定其伦次，则名派不可划一也。今慎选十六字开载于右，自十五世始以次递编，下一字听其父自命，他日族繁，不难按派而序，盖亦萃涣明伦之意云。初谱名派前谱已编列十六字，吾族今多散处，或占籍，或析居异宫，苟不循此命名，久必失其伦次，惟按此递传，虽历久远而行辈易于叙，论其有关于萃涣明伦之意至深且远，愿吾族遵行永世勿替云尔。续谱

谨按：初稿、续谱均以名派十六字列于卷首，今仍以为吾谱之冠，俾开卷秩然行辈不紊也。

（光绪二十三年本）

东光马氏

沧州东光《马氏家乘》，《序》：

第十三篇 族人规范

于南茔旧图内增始祖之母墓,二世、三世叔祖、五世叔祖、堂叔诸墓一一填注详明,诚恐欲传欲远,后世茫然也。谨遵神主更正二世、三世祖母姓氏,又据邑志及旧时朱卷履历添注功名若干,俱系考核确凿,未尝稍参臆见。至我先人之封典、崇祀、政迹、德行、著述、贞节,则一宗旧谱成规,无遗无滥焉。尤念吾族自十世以上名字悉有排行,十世以还支繁人众,随意命名,旧谱中已有孙侪于祖、侄拟于伯叔者,理既不合,且恐后世名益难命。今公同商酌现居十三世至十六世者业有排行之字可循无庸更拟,自十七世以下,悉宜照后开载"镕溁槐煐埈锠澿樾燼增"等字为命名之序次,义取五行轮流生生不已、累叶相承务归画一,**字竟再续,庶无以卑抗尊**之弊,且一览而知为第几世也,……十五世孙德称谨识。

(1999 年十一修本)

正定王氏

光绪正定《王氏家传》,《后记》:

……今耕心以族人命名已有制文字者,因敬白宗老续定十六字曰:**德懋秉彝学传善庆锡叙端守允修笃敬**,并前制十六字皆附记于此,他日当编入宗谱,以垂久远,本末彰箸或不致再涉疏谬。……光绪十九年太岁在癸巳春三月,清源公第十九世裔孙耕心谨撰。

(光绪十九年刊本)

交河李氏

民国沧州交河马连坦《李氏族谱》,《李氏谱例·家训》:

一、凡有晚妻带来之子,不许叙入族谱,有犯异姓乱宗之例。

一、凡无子之家,必遵长门无子过次门之长、次门无子过长门之次之例,不许乱争。如无应继之人,必择其近支之子多者而继之;如近支无人,必选其远支之有才者而继之;如远近均无可继,过嗣外人之子必须合族人等立字画押,然后许入族谱,不然断无绪入族谱之例。

(民国八年七修本)

江苏

宜兴篠里任氏

民国《宜兴篠里任氏家谱》卷一,《凡例》:

一、神不歆非类。异姓承继，律有明条。但如钱姓、丁姓、陈姓者，先世恩深，谊不容割，故遵旧谱为附图，而列于各分之后，仍为附表，同诸世次，以全类族辨物之义。至新附螟蛉，不得援此为例。

(任承弼编，民国十六年一本堂刊本)

安徽

为了规范世代传承，宗族要求族人在取名上按排行派字取名；有的宗族也为族女和娶来的媳妇另立排行派字。排行派字一般或为联，或为诗，或为对偶句，比较有规律。排行派字用完了就要再编派字，并在族谱中载明。

休宁江村洪氏

雍正休宁《江村洪氏宗谱》卷一四，《排行字引》：

族之有排行，所以辨昭穆，别尊卑，使不紊乱也。盖排行不定，则或以穆而同于昭，或以卑而等于尊，不惟无以正名分于乡闾，抑且无以序诸父昆弟于家庙。其何以成巨族之规模乎？前人曾定为"仁义礼智信"，至三十世已周矣。今家各立行，似属无序。故复取二十四字，自三十一世起，挨次为行，则名分得正，昭穆得序，而无紊乱之患矣。三十一世士字行，三十二世世字行，三十三世为字行，三十四世官字行，三十五世正字行，三十六世言字行，三十七世立字行，三十八世朝字行，三十九世兆字行，四十世可字行，四十一世以字行，四十二世行字行，四十三世宜字行，四十四世应字行，四十五世明字行，四十六世良字行，四十七世维字行，四十八世新字行，四十九世际字行，五十世会字行，五十一世永字行，五十二世成字行，五十三世嘉字行，五十四世祥字行。

(洪昌纂修，雍正八年刻本)

绩溪仙石周氏

有的族谱不但有男子排行，还有族女排行和族妇排行。

宣统绩溪《仙石周氏宗谱》卷二，《仙石周氏善述堂排行》：

男排行凡男子取名，排行在上：安全景福，保大延芳三十五世安字起；忠孝笃义，成家之光五十世光字再起。

妇排行：凤仙宝秀，梅菊荷香三十五世凤字起；卿云珠玉，姊妹娥芳五十世芳字再起。妇人取名，以夫名居上，而排行字在下。如夫名安和，则妇名和凤。书木主、棺木、坟面，一见而知为三十五世安和之妻。真良法也！且免姑妇尊卑同名之嫌，尤为宗族不易之定法。

女排行：和平美顺，娇惠淑贞；妩姜宜子，兰桂薇音。女子有排行，字亦居下，虽远嫁，相见问名即知尊卑。

《排行正讹》附：排行者，所以明世次、序昭穆也。盖我祖自迁仙石以来，相传至今，凡三十余世，未编次序，所有排行皆参差紊乱。如二十四世志杰公与十三世志宣公同一志字而不避犯上。如二十七世国字辈与二世祖国公同一国字而不知隐讳。如二十八世德字辈与三世祖德正公同一德字而不顾混淆。今之纂修谱牒，一一考正，将志宣公易继宣公，将国字改换邦字，德字改换定字，其余悉循旧例。后世子孙务宜鉴其来由，毋以排行为讹谬也。

（宣统辛亥善述堂刻本）

绩溪黄氏

咸丰绩溪《黄氏家庙遗据录》卷一，《祠制·排行》：

绩东黄氏，一世珀公至九世居歙黄家坞，历十世文四公于元大德甲辰自歙始迁绩东，至明十六世永隆公孺人方氏，念斯时宗祠在歙，绩未建祠，将东街中和坊所居厅屋捐造黄氏宗祠，奉祀珀公为始祖。其后文四公子申公，申公子绍、维、纹三公支派，人繁族盛。明隆庆收族未定排行，以至各派名目私取，恐后修谱历世愈远，紊乱难查，故立排行匾，四言八句，计三十二字，第现在各派二十四、五、六、七世，人丁甚繁，兼之已故者不少，未便更换，仍听各派照旧取名。今酌定二十八世以后，凡属三公支派，不得乱取，如有违幻（编者按：此处"幻"字应为"拗"之讹。）者，以不孝罪论。敬录排行字于左：

二十八世 耀	二十九世 开	三十世 宗	三十一世 绪
三十二 望	三十三 重	三十四 千	三十五 英
三十六 起	三十七 家	三十八 楚	三十九 省
四十 相	四十一 宅	四十二 徽	四十三 城
四十四 清	四十五 贻	四十六 世	四十七 泽
四十八 载	四十九 颂	五十 循	五十一 声
五十二 迪	五十三 光	五十四 垂	五十五 裕
五十六 锡	五十七 祚	五十八 祥	五十九 呈

……

（黄耀廷等辑，咸丰元年绩东黄氏宗祠叙伦堂刊本）

绩溪仙石周氏

宣统绩溪《仙石周氏宗谱》卷二，《凡例》：

祖训家法录于首编,每年正月识字者宣讲,男东女西,共听以示警惕。
(宣统辛亥善述堂刻本)

婺源紫阳堂朱氏

对于同名的族人,改定原则。

光绪婺源《紫阳堂朱氏宗谱》卷一,《朱氏世系续例》(编者按:该续例作于道光十九年左右。):

昔王荆公云:三世不修谱,比于不孝。故修谱,子孙之名得历书以昭来裔,著其孝也。且尊名以字,以昭隆重也。抑采访执笔之人,尤有当辨改者二焉:族裔分衍,不无幼失怙恃,僻处乡间,仅知其近祖,于是有兄弟叔侄共其名字者,并有与伯叔祖共其名字者。执笔之人务须远稽近考,查对的确,方行系次,庶无倒置之尤。若其名字重同者,或一存焉,一改焉。殁者不改,存者改之;尊长不改,卑幼改之;成名者不改,未成名者改之。至有部头忌讳,则择同音之字改之,以避讳也。此则旧例未详而参续之者也。其自道光十九年以前续修者一仍其旧,未敢有所增损,惟今续修者始从今例焉。

(光绪年间刻本)

池州仙源杜氏

光绪池州《仙源杜氏宗谱》卷首,《凡例》:

家有训则知义,家有礼则知序,家有政则知体,家有法则知戒,此家训、家礼、家政、家法所以有裨于王道而不可不讲。我族了斋公曰:"人公先后以理学名世,设立家教,兴起后进,意甚深远,所当效法。"兹故分析条目,列于卷首,每岁于宗祠聚祀日讲诵数条,俾人知谨守。

(光绪二十一年刊本)

吴汝纶应族人请求为其堂兄郓城令立嗣,难于成功。

《吴汝纶全集·日记》卷一一,《制行》:

光绪二十七年十月二十三日,廉氏兄女得其母张宜人书,谓近亲欺凌,欲定嗣子,遂倩人招余往,跪泣求助,意在索余第二孙为其父母嗣孙,棪兄从旁言之尤切。余谓当议用阿驹第二子,吾孙不能垄断郓城公田产,使近支不平。且定嗣孙亦不能骤绝欺侮也。二十七日,过廉氏兄女,示以所得张宜人书,且告以吴孙不能承嗣者有三:张宜人薄有田业,吾不能笼而有之,贻他兄弟口实,一也;吾前心许得二子即以一子继先兄,今得两孙,自应以一孙继兄,不能越次而继张宜人,二也;张宜人立嗣,宜亲抚养,今吾孙在外未归,三也。

……

光绪二十八年十一月十九日,与绍伯同往全庄,康伯亦至,略议康之兄立嗣事。

……

二十九年正月初五日,召集族姻为郓城君议继,用君昂次子超为郓城嗣孙。

……

(编者按:关于立嗣事,吴汝纶日记至此结束,而其子闿生作按语云:先公自元日得病,至今日益健,能进饭矣。以立继议定,家人之□愚者芒起争衅,先公愤不能制,病乃加甚,疝气大作,剧痛,不复食,至十二日晨早,遂以不起,哀哉!)

(施培毅等校点,黄山书社2002年版,第4册,第755、763、765页)

泾县

重男溺女,为传宗接代。

洪亮吉《泾县志》卷一,《风俗》引《钱志》:

俗贵男贱女,女多辄不举,嗣艰者冀目前之速孕,资乏者忧异日之赠佥,乃至富而多男之家亦复相习为之。

(嘉庆版,第93页)

家庭称谓。

洪亮吉《泾县志》卷一,《风俗》引《郑志》:

父曰阿伯,母曰阿姐,祖曰老爹,祖母曰奶奶,曾祖父母曰太公、太婆,媳曰新妇,媳称舅姑曰老爹、妈妈,外祖、外祖母曰家公、家婆。凡尊卑大小,均呼小名,小名下押一字,长辈曰官,同辈曰哥。呼童子,贵者曰姑,贱者曰儿,概曰小末儿。称处女曰丫姑,一曰妹妹。妇人曰老相德。辞人父母曰老子、娘人。兄曰大汉。夫妻曰老公老婆。奴曰做活得。皆称谓之俗者。称县令、丞、簿、尉官曰老爹,而冠以大、二、三、四字。洪亮吉按:称母曰姐,称曾祖父母曰太公、太婆等语皆甚典,见于历代史书,又非可以方言例之。

(嘉庆版,第96页)

河南

项城张氏

民国《项城张氏族谱》子部,《张氏宗谱世派序》:

楷览先世宗谱名次未暇,派定每至孙犯祖讳,穆与昭紊,觉心有难安者矣。为念亲亲义重,不揣固陋,妄即五行循环相生之义,派定二十字开列于后,只取字面吉庆,不论字义连属,嗣后我子子孙孙取名皆照此派,以次相及,庶几祖孙不至同名,昭穆不至相紊,此收族也、敬宗也,实所以尊祖也。是为序。

林熙培钊淑、树勋堂锦鸿、松烈均锡泽、荣耀增钦瀛。

(张拱宸、张培璋等重修,民国二十五年天津文岚簃印书局仿宋排印本)

民国《项城张氏族谱》子部,《世派条例》:

一、张姓不族者甚多,吾族以后凡命子孙名者,各自遵照世派,后世庶不至有谬言。某人不入宗派,非吾正族之伦。

一、我族支多丁繁,居住星散,如能世派不失,即天涯地角、代远年湮,庶不至迷其辈数,难以入谱。

一、我族户大丁多,相见多不相识,族众各记宗派,偶值宾客燕会,稠人广众之中一问及之,而即知为某辈。不言而喻,庶不至多方询究,致贻笑于大方。

一、我族本吴姓,泰伯仲雍之裔,迁项之始,犹吴姓也,后因奉养事易而姓张,故不避同姓,多与张姓结亲。吾族遵依世派,而日后知为一本,庶不至误结姻亲,以致乱伦族人,犹宜慎之。

一、世派既定,吾族凡不一辈者,断无重名矣,而兄弟等辈则有之,兄弟重名,原因相居辽源,素不闻知,及知则兄名仍旧,而弟须改易,是亦循兄先弟后之义也。甚勿相靠而终于同名,致失亲亲之义。

一、世派派尽,后世再定其派。世派齐一,昭穆有序而周到,亲亲之义庶可百世而无失。

皇清同治七年岁次戊辰孟春既望三日,十三代孙楷班桂沐手顿首敬派并条例。

(张拱宸、张培璋等重修,民国二十五年天津文岚簃印书局仿宋排印本)

浙江

杭州钱塘袁氏

民国杭州《钱塘袁氏宗谱》,《续谱增议》:

一、族中凡有继他姓为嗣者,亦有本族出继而复归者,此系一人二姓,毋许尊为族长

第十三篇 族人规范

治事!

一、异姓为嗣,乱我宗桃,往者莫追,来者宣禁。自续谱后,凡乏嗣者,自有亲堂从族应继顶立,何必螟蛉他姓。凡有不遵族议,概不入谱。

(袁泰等编修,民国二十三年写本)

诸暨赵氏

道光诸暨《清门福泉赵氏宗谱》卷一,《浚仪赵氏福泉家谱书例》(选录):

一、为人后者,于生父下书某子;继某人,养父下书无子以某之子某为后,本名下书某之子也,某无子,继其后。别派也。

一、出继外姓者,于生父下书某子出继某氏,容其可复宗也。

一、异姓乞养之子不书,防乱宗也。

(赵伟猷等编辑,道光九年永思堂木活字本)

道光诸暨《清门福泉赵氏宗谱》卷二,《继书》:

立议继书,亲族吕明远、赵成实等:缘遂六十六公,配李氏,生一子名来簧,物故,乏嗣。有嫡侄来复、侄媳史氏,生五子。史氏,素惨公嗣,故明等亲族会同赞相,将来复四子名宾效,继入来簧系下,使遂六十六公谱系螽斯渊远。所有产业,议坐祀田,其祀田外,应尽归于宾效。奈宾效兄弟五人尚未分析,宜与兄弟合管,日后分析。遗继产下注明者,独归。不注明者,五股均分。其本支同兴之业,亦是五股均分。母子兄弟允乐,各无异辞。故将祀田细号亩分、遗继屋宅地园开注于后,恐后无凭,立此议继书二纸,永远存照!

祀田细号:

王家墓　唐字一千四百五十四　田二分一厘七毫

　　　　　　一千四百五十五　田三分六厘三毫

　　　　　　一千四百五十七　田二分五厘

　　　　　　一千四百六十　　田一分三厘七毫

　　　　　　一千四百六十五　田四分一厘八毫

　　　　　　一千四百六十七　田三分一厘五毫

　　　　　　一千四百六十九　田四分七厘八毫

　　　　　　一千四百七十二　田八分七厘九毫

又坐字　一百三十三　　　　田二分六毫

洪洞丘共九号,计田三亩零。

永为遂六十六公李氏太君春秋二祭、生死二忌之费,不得妄失。

遗继产业:

汤字,九百九十二田二亩九分五厘五毫,此田以酬宾效捧主之劳押。

又汤字一千一百三十五塘一亩六厘八毫,土名荷花塘。又牛头颈塘二股。又门前坟基地二股。以作宾效娶亲之费,如并入本支,五股均分押。

又住家楼屋二间半,所有器用什物,亦作五股均分押。

乾隆四十四年八月 日立议继书亲吕明远押、黄发允押、蒋仓璧押、陈兆福押。族赵成实押、元庆押、有辛押、临九押、廷辉押、赵麟押、松茂押、尧文押、万选押。代书赵捍国押。

(赵伟猷等编辑,道光九年永思堂木活字本)

鄞县新河周氏

道光鄞县《新河周氏宗谱》卷首,《凡例》:

异姓为后,谓之乱宗,不书。书于谱末,名曰闰谱,以他姓子所后父为始而系他姓子与其子孙。

(周岳等修,道光二十六年世德堂活字本)

鄞县邓东皎碶吴氏

光绪鄞县《邓东皎碶吴氏宗谱》,卷首《凡例》:

一、族内有出为他姓螟蛉者,仍于本生下附书其名,俾日后可以归宗。随母他适者,亦照此例。

一、各房所有螟蛉子附在下卷之末,今另为一门,书某房某人螟蛉,系其子孙于后。

一、子姓繁衍,修谱者最防遗漏,但知收族之宜周,尤须识乱宗之可惧。其有在外娶妻置妾者须自重名分,即通知本房转达族中注入草谱,以备后次续修照入。至有入赘者,须通知地方姓氏以便查核。归宗者宜仔细查核,或来历不明,亦不可轻易入谱。

(吴承忠编修,光绪二年一耀堂木活字本)

萧山贺氏

光绪《萧山贺氏宗谱》卷一,《谱例》(选录):

一、异姓不得乱宗。谱有明训,如有螟蛉外甥、内侄,及异姓爱不能割,为父母者分给财产,情法俱通,勿以钟爱竞争入谱,若不严禁,所谓鱼目混珠,斌玞乱玉,紊乱宗支,莫甚于此。余族旧有螟蛉之弊,亦因祖宗所为,年湮代远,不忍认真,故难禁革。自甲申编辑之后,如有螟蛉异姓之弊,断不准收录,恐其辱祖,特书以示后之续修谱者。

(贺锡璋修,光绪十年百岁堂活字本)

绍兴中南王氏

民国绍兴《中南王氏宗谱》卷首,《宗祠规例》:

一、绝嗣之家,除嫡侄承祧外,有将旁支为后者,应将遗产十分之一输入祠中,如无旁支,全归祠内。

一、本宗出嫁之妇,虽有子嗣,异日归养,不许入祠。

一、无祠之家,不许承继异姓以乱宗祧。及收养仇子违犯者,公逐。

一、本宗出继之子,异日有欲归宗者,必通知合族,具祭昭告列祖,捐银一两,方许入祠。

……

(王大泉修,民国三十一年三槐堂木活字本)

绍兴欢潭田氏

光绪绍兴《欢潭田氏宗谱》第一本,《禁继异姓禁约》:

族长邦俊等,为严禁异姓乱宗事。《礼》,大宗无后,以小宗支子后之,无异姓为后之文。昔鄫养外孙莒公子为后,《春秋》书莒人灭鄫。晋贾充以外孙韩谧为后,博士秦秀议上其谥曰"荒"。盖立后,所以上继宗祧,下联血脉,非我族类,祖宗不享。吾祖衍二公支下一脉流传,并无异姓承祧。深虑日后不肖子孙,不念祖宗血脉,妄取外甥乞养等项,乱我宗祧,爰纠三房,虔告列祖公,设厉禁,刻诸谱首,世世子孙永远不得继立异姓。违者以灭祖论,杖责,削谱,此约。

乾隆五十三年六月,蓬士、邦俊、大山;维贤、载扬、汉宁、淇进、向义;文清、汝斌、昭凤、兴源、轶千、品一;宪文、润巷、心一、考畊、锡位、采苢。(编者按:每一分号前为一辈。)

(田绳祖等修,光绪三十年荆茂堂刊本)

湖南

派字,又称字派、班次、派语等,是家族男性成员取名的依据,可以清楚的体现出族人之间的辈分、尊卑亲属关系,派字也是异地同宗族人认同的重要依据。据民国二十六年湖南《湘乡平地胡氏续修族谱》记载,派字始于明太祖,"以子孙蕃众,虑名重复,乃于亲王世系各拟二十字,一字为一世,子孙初生依世次以立双名,兄弟则上一字同,下一字异。当是时,大家世族遂依昉而编为派语,沿至前清"。

长沙涧湖塘王氏
民国《长沙涧湖塘王氏六修族谱》卷首二,《派序》:

守元寅汝世、必斗翁崇友、佐添应子,前十四世派序不能成句,自十五世国字派起编成四言八句共三十二派:国正学文、洪开式哲、启兆万年、显承谟烈、忠厚传家、光昭祖泽、绵延永绍、祥钟俊傑。

(王万藻等修,民国三十八年听槐堂铅印本)

湘乡匡氏
道光湘乡《匡氏续修族谱》卷首,《班次》(班次原引):

闻之古者三十年为一世,盖言父子相继之数大约然也。而世,以及世奕叶绳绳、云礽振振,始或一二人开其先,继且累十而百,累百而千,累千而万,相遇道途而往往觌面不相识者有之,且世数难齐,后先杂出,自高曾以迄元曾相并,一时而尊卑悬殊不可纪极,所赖以瞭如指掌者,惟此班次耳。

(匡逢向等修,道光八年解颐堂刊本)

湘乡平地胡氏
民国《湘乡平地胡氏续修族谱》卷二,《班行·字派说》:

古人命名取于信义象假类,无所谓派。自明太祖以子孙蕃众,虑名重复,乃于亲王世系各拟二十字,一字为一世,子孙初生依世次以立双名,兄弟则上一字同,下一字异。当是时,大家世族遂依昉而编为派语,沿至前清。凡王公亲贵及品官、士庶皆循此制,诚以辨尊卑、别昭穆,法固尽善也。吾族自始迁祖玉函公九传至爱元祖,始以二十字编定字派。……正世仕宜先、修心万代全、传家敦孝友、华国尚仁贤、积厚流芳远、贻谋德泽长、诗书承祖训、绳继迪前光。

(胡传漠等续修,民国二十六年安定堂木刻本)

湘乡大界曾氏
民国《武城曾氏衍湖南湘乡大界五修族谱》卷首,《派序》:

清圣祖仁皇帝赐名派十五字:弘闻贞尚衍、兴毓传继广、昭宪庆繁祥。

清宣宗成皇帝续赐名派十字:令德维垂佑、钦绍念显扬。

第十三篇　族人规范

(民国三十五年三省堂活字本)

汉寿盛氏

光绪汉寿《盛氏族谱》卷首,《派语》:

老派语:儒俊贵福、政延国昌、太广文宏、成之先光。

新派语:宗应后起绵、性善本承天、守道敦行土、安邦济世贤、经纶惟克立、典则永贻前、青史大名炳、流风万古传。

(光绪二十七年广陵堂活字印本)

零陵龙氏

民国零陵《龙氏六续家谱》卷首,《派语引》:

古人命名分伯仲叔季,无所谓派也,派之原始于南(朝刘)宋,陈文帝谓宣帝曰:我诸子皆以伯为名,汝诸子当以叔为称。后来英宗子吴王盆下,遂有孝字安字多字诸行,即派之权舆也。明太祖赐诸王各二十字为世次,士大夫家翕然效之,由是派之名以立。吾族派语自东汉述公而下,若夷诏公至都福公世系备录,无庸集句。今照老谱楚南分支通字起,皆于名上以一字为派,至九世下加一公字以便成诵,俾童而习之,无蹈数典忘祖之讥。夫派原以定尊卑、开来世,吾族之派由礼派层递而下,尚有二十九派以贻后人,故未再加耳。古人云:三十年为一世,千年之内子孙,或分修,或远徙,皆不得妄改派语,庶异地相逢一闻派而知为同宗共祖之人也。惟瑄房、溥公支裔五续合谱如廷派附全派之类,两派双行,未曾划一,不合统修族谱之例,今改归一致,然原名派字尚注世系下,不忘本也。攻、敏、政三房派语有"家声定远长"一句,四续谱瑛房比而同之,以明一体,其意甚厚,但彼之家派适抵我房贤派,当时失考,五续谱更正。兹于派语下仍附于左,俾始分而终合,非有异源;始合而终分,亦非有异流也。是为引。

(民国十年敦厚堂木活字本)

永顺龙塔王氏

民国永顺《龙塔王氏族谱》卷一,《族谱凡例》:

族谱字派先世原有二十字,至后夔石相国,五省联宗,新订五行派序,取义精审,族内自当依次遵用,今谱从之,以昭大同。

(民国二十三年铅印本)

民国永顺《龙塔王氏族谱》卷一,《订派说》:

派者所以明系统、别异同也,稽古氏族受姓莫不有祖,由祖而降宗法尚焉。相传愈久支派愈纷,一经迁徙,服尽而亲绝、礼废而情疏,数典而问,莫知其所自出,宗法于是乎紊矣。故先贤创立字派以联属之,凡系同宗皆依派命名,不复有紊乱之虞,此诚为经世之良法。吾族与西库村同源异流,星罗棋布于大乡三亭者,不知凡几。考其世系字派,间有异同,而其所宗之祖固无以异,若不亟事厘定,以归划一,诚恐愈趋愈远,亲疏莫辨、泾渭难分。兹谨遵夔石相国刊颁先人所订五行字派,列入家乘,合族通用,俾后世永远流传,庶无岐异之分,克臻雍睦之雅,岂不懿哉?编者识甲旧字派:世宗启文仲、荣化福连东、正大光明策、永远兆儒宏;乙新字派:锡丞本焕先、钟汝植烈起、钊泽材灼培。……

(民国二十三年铅印本)

抚子立嗣,古之常道。立嗣分为两种,生前抚育称"抚",没后继嗣称"立",生前抚养子嗣一般要在妻子年五十以上无子者方可。抚立之子,必选同宗昭穆相当之子侄,先亲及疏;不准抚养异姓为嗣,以乱祖宗血脉。长子、独子不可出继,但可以兼祧。立嗣抚继,一方面可使寡妇安心,并承继绝产;但另一方面,亦会经常导致私吞绝产、妻妾不睦悲剧的产生。

宁乡南塘刘氏

民国《宁乡南塘刘氏四修族谱》卷之首,《初修凡例》:

无子立继必按昭穆,必首亲支,若异姓螟育,概不得混入以乱宗支。抚侄为后,理宜然也,但必择其次者,长子、独子不许过房。

(民国十年存著堂木活字印本)

民国《宁乡南塘刘氏四修族谱》卷二,《律条》(嗣翁墨谱敬录):

无子者,许令同宗昭穆相当之侄承继,先尽同父周亲,次及大功、小功、缌麻,俱无可立,方许择立远房。若尊卑失序者,杖六十,其子归宗,改立应继之人。

(民国十年存著堂木活字印本)

湘乡匡氏

道光湘乡《匡氏续修族谱》卷首,《匡氏续谱条规》:

抚继例应同姓,班次相符,不可颠倒昭穆;如有已抚异姓者,公议详其本姓,载于谱尾。

第十三篇 族人规范

（匡逢向等修，道光八年解颐堂刊本）

道光湘乡《匡氏续修族谱》卷首，《续例》：
抚子立嗣，本古之道，但只许本支苗裔，由亲及疏，必属兄弟之子辈，于序不紊；在出抚者，必注明几子某某，过继某某为嗣；承抚者，必书抚某某儿子某某承祧，庶子名不致倒冠父上，且两书之，一便查，一识本也。谱内书抚子立嗣，亦有分别，生前育者曰抚，没后继者曰立。

（匡逢向等修，道光八年解颐堂刊本）

道光湘乡《匡氏续修族谱》卷首，《家规》：
族内子孙有无嗣者，必令同宗昭穆相当之子侄承继，先尽同父，次及本派。如俱无，方许择立远房，不许乞养异姓，以乱宗族。如违，杖六十，罚银十两修祠，其子仍归本宗。

（匡逢向等修，道光八年解颐堂刊本）

涟源李氏
民国涟源《李报本堂族谱》卷首，《续修谱凡例》：
抚子承继者，于本生父母齿录下书子某承抚兄某或弟某第几子，以后照例提书，其或抚房族子及二甲族子亦如之；派行颠倒者不录；其有抚异姓及同宗异族子与随母子并遗来育以为嗣者，于其父母齿录下直书系某姓子，不提书派名以入世系，但附载于谱尾以示别也。前代有抚子为兄弟某或房兄弟某后者，其本生父母或一二代遂已失传，历年既远，欲回抚一二人承继本生宗祀，必援祖先数代为一脉之续，既费委曲苦心，不得不于旧谱有所变易。

（民国五年报本堂活字本）

"神不歆非类"，抚继之事，限于同宗，严禁异姓。至于已收养异姓义子，律载不许入谱；但情深依恋、不愿回其本宗者，可编入义谱，附于卷末。

宁乡南塘刘氏
民国《宁乡南塘刘氏四修族谱》卷之首，《初修凡例》：
无子立继必按昭穆，必首亲支，若异姓螟育，概不得混入以乱宗支。随母入子，乃属异姓，虽富贵不录……

（民国十年存著堂木活字印本）

民国《宁乡南塘刘氏四修族谱》卷二,《律条》(嗣翁墨谱敬录):

乞养异姓义子、以乱宗族者,杖六十;若以子与异姓人为嗣者同罪,其子归宗;有遗弃小儿,年三岁以下,虽异姓仍听收养,即存其姓,但不得以无子遂立为嗣。

(民国十年存著堂木活字印本)

湘乡匡氏

道光湘乡《匡氏续修族谱》卷首,《匡氏续谱条规》:

抚继例应同姓,班次相符,不可颠倒昭穆;如有已抚异姓者,公议详其本姓,载于谱尾。

(匡逢向等修,道光八年解颐堂刊本)

道光湘乡《匡氏续修族谱》卷首,《续例》:

族谱之修,所以辨真伪、别同异。异姓乱宗,律载不许入谱。我族如有已抚异姓者,公议从权另立一图,详其世系,载于阖族谱后,以免异议。

(匡逢向等修,道光八年解颐堂刊本)

涟源李氏

民国涟源《李报本堂族谱》卷首,《初修谱凡例凡例十三条》:

异姓入继,渎乱宗支。谱未修以前所抚之子,今欲芟锄,以承祧日久,不忍遽绝其嗣,故原谅附之。自今以后毋得妄抚异姓,亦不得抚弟继孙致混昭穆。

(民国五年报本堂活字本)

民国涟源《李报本堂族谱》卷首,《续修谱凡例》:

其有抚异姓及同宗异族子与随母子并遗来育以为嗣者,于其父母齿录下直书系某姓子,不提书派名以入世系,但附载于谱尾以示别也。

(民国五年报本堂活字本)

子随母醮养他家或遗腹子诞生于他家,族谱中一例收录;而有继嗣于他姓者,饬令归宗。

宁乡南塘刘氏

民国《宁乡南塘刘氏四修族谱》卷之首,《初修凡例》:

有继嗣于他姓者,饬令归宗,其有不得遽归者,仍照刘姓编次,俾后裔知有本源也。……随母出子,本系一脉,虽遗腹必收。

(民国十年存著堂木活字印本)

民国《宁乡南塘刘氏四修族谱》卷二,《律条》(嗣翁墨谱敬录):

乞养异姓义子以乱宗族者,杖六十;若以子与异姓人为嗣者同罪,其子归宗。

(民国十年存著堂木活字印本)

涟源李氏

民国涟源《李报本堂族谱》卷首,《续修谱凡例》:

本宗有出抚异姓及随母嫁冒异姓者,于其父母齿录下分别注明,后仍照例提书以为异日归宗之地。其有自祖代出抚异姓,至今本宗无嗣者,意固可嘉而异姓抚育之恩,亦应许其分支回户分承两处,俾得恩义兼尽。

(民国五年报本堂活字本)

民国涟源《李报本堂族谱》卷首,《宗规》:

族类当辨。类族辨物,圣贤不废。世以门第相高,间有非族认为族者:或同姓而杂居一里,或自外邑移居本村,或继同姓子为嗣,其类匪一,然姓虽同而祠不同,入墓不同祭,是非难淆,疑似当辨,倘称谓亦从叔侄兄弟,后世若之何?故谱内必严为防,盖神不歆非类,处己处人之道当如是也。

(民国五年报本堂活字本)

汉寿盛氏

光绪汉寿《盛氏族谱》卷首,《凡例》:

族内有出继异姓,或随母下堂,……皆详载之;纵其身不归,其子若孙有祖宗邱墓之思,亦得有所考据。

(光绪二十七年广陵堂活字印本)

桂阳邓氏

光绪桂阳《邓氏族谱》卷首上,《谱例》:

男子出继异姓为嗣未经归宗者,止于其生母名下附注生子某出继某姓,不得更排一行志其生殁年月,以惩其不念本宗也。

(光绪三十三年登秀堂木活字本)

四川
泸州王氏

民国泸州《王氏族谱》卷一,《班联小引旧载》:

班联之设,所以别宗支、序昭穆也。吾族失谱,高曾之矩矱,杳无稽查。今则丁齿日繁,恐后年湮地隔,彼此混淆,难免有十余世后而上僭十余世以前者。兹因纂辑家乘,班联宜定,于是议编四十字样,志诸谱端,俾各房后世共知恪守,永定划一,庶宗支因以别而,而昭穆于以不紊云。

迁泸字派

德为中远为下文为下世为中克为中廷为中家为中守为中正为中民为下善为下荣为下昌为下瑞为中福为中道为中大为中定为中成为中钧本字为下,从金亦可忠为下庆为中应为中祥为下兆为中贤为下昭为中启为中业为中新为下发为中辉本字为下,从光亦可明为中继本字为中,从旁亦可泽本字为中,从旁亦可致为中富为中永为中安为中仁本字为下,从旁亦可

(王家浚督修,王守亨、王正溢编纂,民国二十二年石印本)

福建
南平、延平麟阳鄢氏

光绪南平、延平《麟阳鄢氏族谱》卷首,《续凡例》:

一、朝飞作操,昔人所悲;孀妇矢贞,尤宜立后。故旧谱于继嗣一节,定例綦详。乃迩来世风偷薄,骨肉情轻,于兄弟乏传者,往往靳不予继,多方把持,丧心昧良,可胜浩叹。今凭族尊定议,一惟率由旧章,至或万不得已,抱养同宗,亦自许书嗣子,但必须昭穆不紊,年齿相当,毋容含混。

一、按国朝律例,渎姓之戒,倍极精严。故恩养别详闰谱,非有他意,不得已也。但推原咎,端不在受养之人,而在抱养之人,既误于前,亦宜善全于后。今凭族尊定议,凡养父所与阄分田宅、应得产业,毋得混侵。至于祭业一节,各房间有成规,余果皆同胞等视,益见吾家推恩之易,正其名仍存其实,义之尽亦仁之至也。更若吕易嬴、牛系马,明掩人口,暗渎宗支,谱成而后,倘有蹈斯辙者,概置闰谱之列。

一、有自幼出育者,乃其父母贫不自存,忍心为此,非出育者之罪。今议于其父母之下,仍书男某,旁注"出育"二字。如果亢宗有志,不忘原本,确查详据,仍许归宗,一体相视。然亦有习成匪僻,被逐无依,因思复姓者,是以吾宗为逋逃薮,毋得滥收,盖与其玷宗,不如乏嗣也。

(鄢宗云等修,光绪四年刊本)

广东

乳源余氏

嘉庆《乳源余氏族谱》卷一,《家规并引》:

一、**遵辨族**类。同姓者为族,而族各有其类,支派之所分也。传世已久,虽无非类认为己族者,然亦不可不辨。如太一公分六房,先既各编班派,倘相接不问而枉自尊大,其如世系紊乱若何?惟有立继,律载甚明,恐有不知,妄继同姓异姓子弟以乱宗;或本族将子弟过于同姓以为嗣,故谱内严为之防,规中愈为之禁。如有慕富贵势利,冒为同宗而共祭,神其歆匪类耶?通族严斥,共为查戒。慎之慎之。

(余有璋等纂修,嘉庆二十五年木活字本)

嘉庆《乳源余氏族谱》卷一,《谱例小引》:

一、无子立后,人固有于幸、不幸中之幸者,则无子立后之术是矣。然而不可慎也?夫生我为父,养我为母。夫人称之理得而心安也,乃不父其父而父他人,不母其母而母他人,即孩提爱亲之童,亦靡不差称,况既成既长之日,而愿言乐继于人哉?且谁无父母提携捧负,谁无兄弟如手如足?子非其生而肯以子与人为后,安知非贪其家资、图其业产而何?又常推夫人情世事之间,无产则已,有产易争。人之无子不少,冷观成败,阴候其绝,而生觊觎之望也,故非亲如同堂伯叔兄弟之间,则不可轻许焉,而疏远者可知矣。慎之思之。

一、闻立继彼不得入继者,各怀愤恨而蓄嫉妒之心,使所继不当其人,保无有日后必争之势,而逼之以归本生父母,则生前尽心抚立,以望宗祧不斩,讵身死之后,仍同无主之祀,良可悲也。故古人于身之无子者,慎继嗣须先严宗法焉。严宗法,异姓不许为人嗣也,独子不得过继也,长子不得他祧也。凡立嗣应继之法,先寻本支兄弟之亲,审其子之众者,次者以立。倘兄弟无可继之子,次及房支,房支无人,以次而及疏族,则同姓之贤而收之为后。庶千年血脉精神义气,可以相孚于移世易代,不忘其祖考而顿改其姓氏。抑有昭穆之不可不辨,名分之不可不严。昭穆淆则常乱,名分乖则违伦。所当子、从子、行侄，以继称孙、承孙列，不得称祖，然后名正言顺。若夫子姓兄弟而外，虽有至亲如姑舅之抱养者有之，不得以为继也；带妊随嫁之种抚长者有之，未可认为嗣也。顾此异类稗种，原不容以混嘉谷，是以先进纂述谱志，于螟蛉、带妊、招纳别姓之类，注云：即居传世而有曾孙，必追削而尽黜之。其词严法如此。此所以觉无子立后者虑也，盖异姓为后，其情谊不相关切，而恩爱久则疏，始或小心服事，终则耗产如囊，遂有改姓归宗者，如吕易秦嬴、周乱李唐，此皆明验者也。即不改姓，迨至势强财盛，不无妄尊大，凌铄我宗族以彰其威者，甚而尾大不掉，踞伐我先茔而寘彼异骸，莫得而禁之，此所以并有曾孙必追削而尽黜之也。反而观之，凡吾姓之以子与异姓人为继者，亦律所不许，盖我子与人为后，又安禁人不目为异姓淆宗，万一久不归宗，子孙忠厚鲜不为人欺凌者，非特忘源失脉，玷我宗族，且有诬良为贱，欲归不得之势。噫乎！人生有命，穷通俟天，伯道无儿，始终存侄。无子者固当返已（编者按：此处"巳"字应为"己"字。）而乐天，有子者亦宜三思而爱惜，慎毋利其有而轻许轻继，以贻嗣续之悔也。故予广其意而不惮反复以言之。

（余有璋等纂修，嘉庆二十五年木活字本）

广西

平乐邓氏

民国平乐《邓氏宗谱》卷二，《律例歌》：

异姓乱宗，拟杖六十；以子与人，罪与同得。

（光绪十七年十贤堂刊本，民国十三年续刊）

民国平乐《邓氏宗谱》卷二，《凡例》：

一、修谱所以亲宗支、正名分，无子者接续承嗣，势所不免。但异姓不可以承宗，即或溺爱亦宜摈斥不入吾谱；即或接续同宗之子，亦须昭穆相当，无致渎伦可也。故于生父某名小注第几子下，即注明过继于某人为嗣，又于继父某名下小注子某，亦注明接继某人之子为嗣。庶几宗支清，名分正，乱宗渎伦之事免矣。

（光绪十七年十贤堂刊本，民国十三年续刊）

（五）族人互助

日常生活，尤其是婚丧中族人的庆吊规范和互助。

第十三篇 族人规范

直隶

交河李氏

民国沧州交河马连坦《李氏族谱》,《李氏谱例·家训》:

一、凡族人有婚丧大事,合族公办,不许推诿。

一、族人有鳏寡孤独贫乏身死,暴露不能买棺葬埋者,合族公办,具棺葬埋以全一脉之情。

(民国八年七修本)

丰润毕氏

民国丰润《毕氏宗谱》卷一,《毕公裔家训》:

一、睦族党。鄙薄之俗一隔形骸便分尔我,视其族人不异途人,甚至倚强逞势暴虐吞并、恬不顾恤者,不知其初本一令身也。昔晏子分余禄以仁三族,范文正公置义田以赡族人,今财力不能为此,亦宜量其所有周济贫乏,或遇凶岁尤当分赈,勿致流离,不惟族人知感,而祖宗亦必默佑于地下矣。

(民国十九年排印本)

盐山郑氏

咸丰沧州盐山《郑氏族谱》,《庭训》:

一、睦族党。族人有困难当竭力援救解决,维系一脉相传之义气,不可如越人之视肥瘦莫不相关也。

(咸丰十一年梁口村第二次修谱订本)

安徽

吴汝纶兄弟以出仕赈济宗亲及原因。诒甫为吴汝纶亲弟,新任汶县令。

《吴汝纶全集·尺牍·辑佚》,光绪十三年十月八日《与康乐》:

诒甫昨于八月十七日接印视事。愚兄弟往返函商,拟冀、汶二署各出五百金,共成千金,寄南散放近亲乡里,稍体先人敬宗睦邻之意。惟此事不易分散,……请吾兄先将尔昌公支下极贫之户查明开单,次贫之户亦按名开列,而高军涧保之穷苦无业者,即非尔昌公支下,只系高甸吴氏,亦必按极贫、次贫开列附后……由愚兄弟按名酌分寄回交兄照散,由外间定准,方免阁下为难,不然恐洪庄屋亦难保矣。……

(施培毅等校点,黄山书社2002年版,第3册,第633页)

《吴汝纶全集·尺牍·辑佚》,光绪十四年十月二十二日《与诒甫》:

……吾家福分浅薄,近日同堂三人并为州县,吾常懔懔畏惧……祖宗德泽倘尚未遽竭,吾今节约而承之,……

(施培毅等校点,黄山书社2002年版,第3册,第642页)

婺源三田李氏

光绪婺源《三田李氏宗谱》卷末,《祖训八则》:

睦宗族。昔文正公有言:宗族固有亲疏,但祖宗视之均是孙子,可知尊祖未有不睦族者也。故凡处宗族,务宜敬老慈幼、恤寡扶孤,不可以贵骄贱、富骄贫、强凌弱、众暴寡。更有分虽卑而齿已长,则老者也,宜待以高年之礼;齿未长而德可纪,则贤者也,宜待以尊贤之礼。至若称呼之间自有定分,不可称某官某老以及绰号别名相亵狎。凡我后嗣,苟能体此以行,自无不和之人、不亲之族,而里且仁让可风矣。

(李廷益、李向荣修,光绪十一年木活字本)

光绪婺源《三田李氏宗谱》卷末,《家法》:

睦乡里

一、吾族贫富不一,凡遇族人务要尽礼,不可挟势凌轹。

一、族中有孤独无依者,使各房力能扶助之,则周其急,或收养于家,任以细事而衣食从优,毋致与佣工者伍。

厚亲朋

一、妇家父母初来,正席折食款待,务宜丰洁,不得简略怠慢。

一、妇家父母每遇大寿,送礼八色、寿文一轴。

一、妇家每遇端阳年节,送礼四色或二色,女家亦如之。

一、女婿初来,送彩缎二端;外甥初来,止送衣件等物。

一、朋友来会,延至书舍款待,不许子弟导入私室,尤不可相与戏谑,至失久敬之道。

一、燕集亲朋子弟俱要衣冠侍侧,燕毕而退,毋得叛乱酒席,有失观瞻。若轻宿不去亦要伴卧,不许擅入私室。

(李廷益、李向荣修,光绪十一年木活字本)

山西

离石于氏

康熙离石《于氏宗谱》卷五,《垂训•族规》:

一、族中男女及时婚配,不许良贱成婚。倘有贫不能娶、不能嫁者,告知宗子、司仪与族中有力之家,公助完婚,不得愆期。男不过二十岁,女不过十八岁,有故者勿论。

一、族中有丧不能举者,亦如婚姻例行。

一、族中子弟其人素行老成本分,忽遭意外之事不能豁脱,宗子、司仪代为筹划;如事属重大不能自专者,倩多智多谋亲友筹划措置;倘有用钱之处亦如婚丧之例行。若子弟不守本分,自致祸殃,不必管理。

一、族中有不幸夫死,妻幼,所遗子女无人看养,势必随带改节。成人之时,宗子、司仪领回,男给营业婚娶,女择夫婿嫁配,不许遗弃。继父之家所费,取之阖族公助。

(于准纂修,康熙年间刻本)

河南

项城张氏

民国《项城张氏族谱》戌部,《爤公公、香雪公、仲蘧公、桐轩公、廷硕公合传十二世》:

……东煦公字喧亭,好施予,仗义疏财。有族侄应阑,少年失怙恃,孤贫无依,行乞乡里间。公怜之,收养于家。及长,为婚娶乃舆宅一处,地数亩,使独立生活,然仍不时补助之。又有族侄忘其名,贫老而鳏无子,公赡养终其身,及殁,备棺木葬之。……

(张拱宸、张培璋等重修,民国二十五年天津文岚簃印书局仿宋排印本)

民国《项城张氏族谱》戌部,《慕道公传十五世》:

……我堂伯信庵卒,其子万春兄年甫三岁,卜得牛眠椿庭大人地中,许葬之,招待地师费当之。嗣后万春嫂死,又葬之。民国廿一年,岁大饥,野有饿殍,流离载道,有粮者皆以重价获利,置贱地。椿庭大人独以家储余粟分济戚族贫乏者数石,制钱一二百缗。每逢年节,凡告困者,粮或升斗、钱或数缗,庶如愿以偿。乡党乞籴,溢其概量而减其价。遇有善举,慨捐重赀不吝惜,天性然也。族人淑梅兄,中年失偶,无力议婚,助钱使其续娶,生一子一女。相臣伯与辑五伯互控累年、钊勋伯与淑会雀角滋事,椿庭大人皆代赔钱财,自费酒席平之。虽屡肆欺凌者遭患难,椿庭大人亦如此之赔费,赤心为之,必思妥协,一如己事,宁非以直报怨乎!民国二十二年春,佩玖族尊为修谱事,备酒席邀请族绅耆等,椿庭大人遣中昂送钱若干缗客。冬又遣中昂书写谱牒,以讫工竣。当清季科举制停,椿庭大人以赀入成均,尔时我祖母春秋高,因闭户潜修,事萱堂、课三子、笃恩谊、严内外、重然诺、谨慎诚。憝自奉极俭,接宾优渥。闲看纲史,见忠孝事辄色喜,好劳恶逸。……

（张拱宸、张培璋等重修,民国二十五年天津文岚簃印书局仿宋排印本）

民国《项城张氏族谱》戌部,《困方先生家传十六世》：

……会其叔父培丰早卒,遗骨钊安幼,叔母临终以身后事托先生,时钊安年甫十九,多嗜好,与先生析爨久矣。先生有田百余亩,钊安有田仅十余亩,先生曰："我不忍坐视吾弟孤苦无依,有负叔母之托！"岁会亲族谋合爨,亲族议,旧产如故,新置产业,先生有其二,钊安得其一。先生概然应诺。一钱、尺帛,不以私。抚爱其弟,为之娶妻,更娶妇生子。兄弟怡处,终其身未尝分。异人咸谓钊安得保全产业、复有室家,先生力也。……

（张拱宸、张培璋等重修,民国二十五年天津文岚簃印书局仿宋排印本）

江西

清江永滨杨氏

乾隆《清江永滨杨氏三修族谱》,《族戒》：

一、敦族谊。水源木本,百世犹亲。虽富贵贫贱不同,而一脉之传堪念,故患难必相扶持,颠危务加怜恤。即有睚眦小嫌,经尊长处断,正宜冰解。若以大凌小,以贵欺贱,以富虐贫,以强暴弱,以众残寡,以卑抗尊,构衅成仇,大伤祖志,此风胡可训哉！

（杨如沄修,乾隆二十七年刊本）

清江云溪徐氏

嘉庆清江《云溪徐氏族谱》卷一,《宗训》：

一、敦睦宗族。谱牒之修,为宗族也。宗族而不和睦,则动多猜嫌,本一姓之亲而等秦越之视,先王睦姻任恤之训,谓何其违之也。我族皆真支嫡派,无容异视,通有无、济缓急、庆吊往来,得古同井相亲睦之意,则不失立谱联属之本怀,而吾姓人心之厚,风俗之淳,亦于以概见,有不啧啧称仁里也哉。

一、相助守望。重门击柝,御暴防奸,伊古为然。近世窃盗难弭,暮夜多警,吾姓聚族而居,有患同恤,一闻盗警,须互相搜捕。或有不肖子弟,陷入匪党勾引,尤宜留心查察、锄莠安良,合族无寇攘之扰,尽人避瓜李之嫌,岂不风淳而俗美也哉。

（徐廷攀修、徐攀桂纂,嘉庆十八年刊本）

第十三篇 族人规范

清江龚氏

民国清江《龚氏十四修族谱》，《族约》：

一、宗族繁众，叨列儒绅以至富商义士，固为可喜，中间恐有藉势以欺凌他人，今后若犯此者，众议排而罚之。若无故被他人侮者，许彼被害之人遍告宗族，相与扶持。中间如有本族人暗扶他人，以快宿忿，是剐己肉以济人之饥，虽忍小痛，终必戕性命，痛宜刻骨，以守此戒。

（龚克刚等修，民国三年刊本）

兴国刘氏

同治兴国《刘氏重修族谱》，《族规》：

一、尚亲睦。太和翔洽，此古圣王治天下为然也，而治家亦宜然。盖为兄长者务宜友爱和睦为敦一本九族之谊，毋恃尊以欺卑；而分居卑幼者亦当念笃天显，无乖族谊。若刻薄寡恩，视同出如路人，因小忿而即生嫌隙，甚至同室操戈、秦越相视，骨肉之恩何在？九族之谊何存？凡我族人，尚其一堂亲睦，以敦族谊可也。

（刘天成等修，同治元年刊本）

南丰西麓双井黄氏

同治南丰《西麓双井黄氏族谱》，《凡例》：

一、修谱后，子孙士农工商不一，不能皆贵而无贱、皆富而无贫、皆近而无远，勿以贵凌贱、以富欺贫、以远间亲，则姓永和睦矣。

（黄家章等修，同治十二年刊本）

玉山怀玉张氏

光绪玉山《怀玉张氏宗谱》，《旧谱家规》：

一、睦族以和为主、以让为先，当有无相通、患难相救，毋挟势骄矜、毋恃顽乖戾，致伤宗谊。

（张维潢等修，光绪十四年刊本）

族人互助的具体表现。

光绪玉山《怀玉张氏宗谱》，《葛溪子敏公祀纪事》：

王嘉树撰。

凡事必以义处之,而后能不失所宜,然义无一定,各行其是而已。葛溪子敏公姓张氏,敬先公之子也,娶郭氏,不孕。先公亡,公辞世亦遗,丧葬资乏,嗣无所归。其时族有十七人丧葬之,以其羡生息,乃历数十年耗与利迭经及获,置田亩以备祭扫,而公之墓莫忆其冢矣。公先世墓亦失考,传闻蜈蚣形墓两冢,苗竹坞口墓两冢,牛栏坞口墓一冢,樟木芭蕉坞墓一冢,皆公一支也。然碑版俱无,但见荒烟蔓草耳。咸丰丁巳春修家乘,诸墓无从分载,而坐向则有可详:蜈蚣形一丙壬一巳亥,苗竹坞口一卯酉一巳亥,牛栏坞口则辰戌,樟木芭蕉坞亦巳亥。欲伐石以识而又不知某冢为某也,焉得而识之。独是士君子惧生无益于时、修名之不立耳。若死后藉碑版以传,彼富贵崇高者,其为北邙也,大若山树若林,碑版高百尺,宜与上下同流矣。未几茔巄嵸而蓁芜,松柏摧为薪,丰碑易为柱石者,古今来岂少也耶?天下无不迁变之陵谷,传世独藉乎碑版,则不待碑版已毁,吾知早失所恃,已乃不知者岁岁具祭腊、携纸钱,莫不以碑版俱无为此数冢恨,岂知碑版亦不能长存,究何藉乎碑版也?子孙之于先人,生不极养,死乃树碑版焉,果有益于先人否耶?子敏公不为先人树碑版,后人莫忆子敏公之冢,碑版莫树,适子敏公之见相符,又何恨之有。今惟愿十七人之后守此田亩,勿使他族得而夺之,以负昔时生息之功,则此十七人皆瞑目于九泉下,何也?子敏公固不以他人之子孙为子孙,而十七人当待子敏公以恩谊也。遵将十七人芳名列后。

明辉公下达盛派:公林、公兰、公应。

明辉公下达文派:公夙、公允、公攀、公华。

明禄公下吉行派:琼林、仲玉、飞鹏、介庭。

明兴公下巽茂派:巽茂、宝树。

明兴公下达奇派:聚五、恭五、舜五。

明兴公下安侯派:圣五。

(张维潢等修,光绪十四年刊本)

湖南

湘乡匡氏

道光湘乡《匡氏续修族谱》卷首,《家训》:

谊笃宗族。夫宗族者,乃祖宗之分体也。虽有亲疏远近之不同,自祖宗看来总是一脉。今人不知此种道理,往往视一本如路人,所以休戚不相关,饥寒不相恤,或以强凌弱,或以富欺贫,或因一时小忿积成衅隙。由是宗族之内,不惟疏者疏,而亲者亦疏;不惟远者远,而近者亦远。噫!此不睦之甚者也,若祖若宗其能瞑目于九泉乎?今我同族之人,务宜痛除此病,使一本九族血脉相通,疴痒相关。《书》曰以亲九族,其谓是欤!然一族之中,不能人人明理识义,全在为尊长的平日将源流道理细细讲明、殷殷劝勉,人虽至愚至昧,自然良心感发,彼此相恤。遇困苦则给以衣食,遇嫁娶则助以资装,遇疾病则济以医药,遇丧葬则代其措办,遇族人口角则公心调处。由是一族之内,尊卑大小相亲相爱,而犹有不和不睦者,未之前闻。

(匡逢向等修,道光八年解颐堂刊本)

涟源李氏

民国涟源《李报本堂族谱》卷首,《宗规》:

宗族当睦。《书》曰以亲九族,《诗》曰本支百世睦族,圣王且尔,况凡众人乎?尝谓睦族之要有三:曰尊尊,曰老老,曰贤贤。名分属尊行者,尊也,则恭顺退逊,不敢触犯分属;虽卑而齿迈众,老也,则扶持保护,事以高年之礼。有德行族彦,贤也,贤者乃本宗桢干,则亲炙之、景仰之,每事效法,忘分忘年以敬之。此之谓三要。又有四务:曰矜幼弱,曰恤孤寡,曰周窘急,曰解忿竞。幼者稚,年弱者鲜势,人所易欺,则矜之。一有怜悯之心,自随处为之效力矣。鳏寡孤独,王政所先,况乎同族?得以耳闻目击者则恤之。贫者,恤以善言;富者,恤以财谷,皆阴德也。衣食窘急、生计无聊、命运亦乖,则周之。量己量彼,可为则为,不必望其报,不必使人知,吾尽吾心焉。人有忿则争竞,得一人劝之,气遂平;遇一人助之,气愈激。然当局而迷者多矣,居间解之,族人之责也,亦积善之一事也。此之谓四务,善乎!陶渊明之言曰:同源分流、人易世疏,慨焉寤叹,念兹厥初。范文正公之言曰:宗族于吾,固有亲疏,自祖宗视之,则均是子孙,固无亲疏,此先圣格言也。人能以祖宗之念为念,自知宗族之当睦矣。

(民国五年报本堂活字本)

零陵龙氏

民国零陵《龙氏六续家谱》卷首下,《家规》:

睦宗族。敬宗收族,大典攸关,《书》曰以亲九族,《诗》曰本支百世,睦族一事,圣王且然,况众人乎?睦族之要有三:一曰尊尊,分属尊行者,尊也,须恭顺退逊,不敢触犯;一曰老老,分虽卑而齿迈众者,老也,须扶持保护,事以高年之礼;一曰贤贤,有德行闻望,足为本宗桢干者,贤也,须钦崇景仰,每事效法,忘分忘年以敬之。此之谓三要。又有四务:一矜幼弱,幼者稚年,弱者鲜势,人所易欺,矜之则慈爱,具有真情辅助,更多美意;一恤孤寡,鳏寡孤独,王政所先,况乎同族?其道在恤,贫者恤以善言,富者恤以财谷,加以安养衰龄,阐扬节孝,勤推解而保赤隆,嗣续以承宗,则与薄待穷民者异矣;一周贫困,衣食窘迫,生计无聊,则周之,量己量彼可为则为,不必望其报,不必使人知,吾尽吾心而已;一解争兢(编者按:此处"兢"应为"竞"字之讹。),人有忿则争兢(编者按:此处"兢"应为"竞"字之讹。),得一人劝之气遂平,遇一人助之气愈激,从中解之,族人之责,亦积善之一事也。此之谓四务。至推教养之德于同族,凡义田、义仓、义学、义冢,俾死生无致失所者,皆豪杰所能为,顾人之立意何如耳?昔陶渊明有言曰:同源分流,入世易疏,慨焉寤叹,念兹厥初。范文正公曰:宗族于吾固有亲疏,自祖宗视之,则均是子孙,无亲疏,此格言也。人能以祖宗之念为念,自知宗族之当睦矣。

(民国十年敦厚堂木活字本)

四川
泸县

泸县年事中家族活动,嗣艰者之愿望,清明拜扫及六月荐新,冬至祠祀,除夕祀祖,婚姻避同姓及拜天地祖宗。

民国《泸县志》卷三,《礼俗志·风俗》:

元旦,早食后,与近族互相走贺,或谒祖墓,曰"挂纸"。

元宵节,好事者窃天灯之首灯,或人家之檐灯,送于艰嗣者,谓可生子,曰"送红灯"。三月三日上巳,僧尼作蟠桃会,蒸面为桃,从高掷下,艰于子嗣者,攫取食之,谓可生子。

二月春社,新冢必先社前祭扫,以谚有"新坟不过社"之语也。清明前后十日,人家具酒馔、香烛、纸钱、爆竹祀墓,曰"挂坟",亦曰"宪清"。至则剪荆棘,插纸标,兴拜如仪,故亦称拜扫。或更招宾客,祭毕,席地饮酌,曰"玩山"。城中士女多就播间祭酌,曰"上野坟"。六月十五日前后,择吉以新米作饭,荐祖,举家尊幼以次食之,曰"吃新"。

望姓有祠者,于是日族祀祖先,所谓冬尝也,富家或食羊肉,或宰年猪。民国后定是日为冬节。

举家会食,祀祖,曰"食年饭";燃爆竹,夜分祀先,礼毕,卑幼拜尊长,曰"辞年";有赐,曰"押岁"。

嫁女濒行,女辞祖。……夫妇交拜天地祖宗。

嫡亡而以妾继者,必告于祖宗,并招亲友证之。

(巴蜀书社1992年版,第108页)

广东

乳源余氏

嘉庆《乳源余氏族谱》卷一,《家规并引》:

一、遵宗睦族。范文正公曰:"宗族于吾,固有亲疏,自祖宗视之,则均是子孙,固吾(编者按:此处"吾"字应为"无"之讹。)亲疏。"此先贤睦族之格言也。末俗之人,或以势骄,或以力抗,或以巧诈相欺,以致同族之亲视若秦越,良可悯也。尝思厚族之要有三:曰尊尊,曰老老,曰贤贤。又有四务:曰矜幼弱,曰恤孤贫,曰周窘急,曰解纷争。今试详之,名份独超乎上者,尊也,则恭逊待之,不可简亵;分虽卑而齿迈众者,老也,则以引以翼,待以高年之礼;有德行才能者,贤也,行止可师、模范可法,朝夕亲灸效法其所为,不可挟分尊年长之心。此之谓三要。幼弱者年稚而鲜势也,每易为人欺凌,贵有以矜之惜之辅之翼之。一有矜惜辅翼之心,而生全良多矣。孤寡者,王政所先,况在同族,何忍坐视,贵有以悯之,或慰之以善言,或赠之以财谷,皆族谊之当然也。俯仰不给,英雄为之气短,贵有以周之,随量而予,不必望其报也。人于忿争,有忘身及亲而不顾者,贵有以解之,则讼端皆化无矣。此之谓四务,进而推之,为义田、为义仓、为义学、为义冢,使养生送死无憾,皆豪杰所当为者,且属积善积德之事,同族之人尚其勉旃。

(余有璋等纂修,嘉庆二十五年木活字本)

广西

平乐邓氏

民国平乐《邓氏宗谱》卷二,《连城先生篆盛钺邓君传》:

……咸丰六年,翁族染瘟,胞兄并嫂及子侄受病者六七人,邻舍避之不敢近视,翁亲为胞兄与嫂煎汤药,晨昏弗离,而翁夫妇独无恙,此天之所以庇善人也。洎乎兄与嫂并长侄,不日相继物故,诸侄尚幼稚,一切殡殓之事属公料理。后且训抚诸侄,合爨不啻己生,谢家乌衣同居、杨氏铜盘会食,何多让焉。……

(光绪十七年十贤堂刊本,民国十三年续刊)

贵州

紫江朱氏

民国《紫江朱氏家乘》卷四,《旧谱家规十二则》:

一、睦宗族。《诗注》曰:同姓为宗。《书·尧典·九族注》曰:高祖至元孙之亲,宗大而族小也。《周礼·大司徒·六行》：孝友之后即继以睦。郑康成训睦为亲，许叔重训睦为敬，又训为和。盖以族人众，势本疏远，其实推而上之以致始祖即一人也，亲孰如之？然其中或因贫食居贱，行止难堪，而亵玩相待；或因田宅毗连，意见各别，而嫌隙丛生。惟奉之以敬，处之以和，乃足以敬宗而收族。昔陶敬节赠长沙族祖诗曰："同源分流，人世易殊。慨然寤叹，念兹厥成。"诚有味乎言之也。近时闽广多有因族大人众，祠堂多有蓄积，往往倚以为势，每与外姓，或因口角嫌疑，或因田园轇轕，或因嫁娶不和，或因构讼不息，动辄鸣锣聚族，烧杀抢掳，互讼公庭。如或两姓势均力敌，遂敢聚众械斗，酿成人命重案，倾家破产，买人抵偿，仇家不服，上控翻案，仍将凶手拟抵，至于杀身亡家而不知悔。此又知睦宗族而不知宗族之睦在乎安分守法，共相勉为善良，以延宗嗣，以光前人，而不在乎倚势作威、好用狠斗致隳先绪也。今为吾族约：须体尊祖则敬宗、敬宗则收族之义，凡族中之贫乏者，遇有冠婚丧祭不能举行者，稍有力之家，当同忧共患，或一身独任，或众擎共举，为之成全其事。视其人之材力可任何事者，为之设法安置，或攒会凑本，使之经营，或出田议租，令其耕种，俾得养赡身家，不至流于匪僻。如其子弟聪颖无力读书者，则帮出学资，送之就傅，俾得发名成业，亦增宗族之光。倘有不安分不听父兄教训，动辄惹事生非，及好嫖赌不务正业者，即集族中房长、族长及正直老成加以训饬，责以夏楚，仍许其改过自新；若能怙恶不悛，而且目无宗族者，族中即连名出首，送官惩治。再有不顾廉耻为娼盗者，一经族中查实，除送究外，即将其家除名，不使入祠祭分胙，以昭炯戒。庶泾渭攸分而邪正各判，人人皆知端品植行，自无邪慝之作，子孙绳绳翼翼、肃肃雍雍，岂非祖宗之流泽孔长而得敬宗收族之遗意也。

（朱启钤修，民国二十四年排印本）

四　种种惩罚规矩

宗族对严重不守族规者施行家法，有体罚的打板子，精神惩罚的记过，两者兼具的**捆绑祠堂门前示众**，经济处罚的罚银、罚摆酒席赔礼道歉，再严重的开除出宗与鸣官正法，甚至非刑致死。

直隶

交河李氏

第十三篇 族人规范

公议处死。

民国沧州交河马连坦《李氏族谱》，《李氏谱例·家训》：

我李氏自永乐二年迁居以来，数百年耕读传家，孝友厉志，恪遵祖训，勿敢少违。今族众户繁，拖业不一，恐子弟辈习染不端污玷清门，是以合族公议设谱例十五条，家训十五条，时时宣诵以明教言，凡我族人皆宜恪遵，幸勿面从私违，羞辱先人于地下也。

计开谱例十五条

一、立总族长一位，管理合族事物。

一、既为族长，必须品端心正、性情和平，乃可服人，亦可拿事。

一、凡定族长，赖其约束族人，必须恪遵家训，规步方行，方可训教子弟。如行诣有愧，触犯规条，合族齐集公讨其罪，如稍有改悔，聊示薄惩以警其后，不然则削去族长名字，永远不许再立。

一、凡族长已黜，即刻公议明白，择其端方正直者而补之，不许久空其缺有误公事。

一、不许恃族长名色做事不端、处事不公，以至家法紊乱。凡族人有犯训者公议明白，按事定罪，秉公处断，不得妄出己见，致令人心不服。

一、立看祠堂人一名，每逢祭期预行洒扫洁净、备办香烛纸稞，不许临时误事。凡祠堂内一切器物，小心看守。如有失落，照样赔补，凡族人摆祭看守供器，勿要损坏，有违重处不怨。

一、祠堂门常常封锁，非祭祀不许擅开。

一、合族人等到祠堂大门，首俱要下马下车，违者重处。

一、凡至祭期，尊者俱在阶上拈香祭祀，卑者俱在阶下行礼，务要按次序，不许紊乱。

一、凡有晚妻带来之子，不许叙入族谱，有犯异姓乱宗之例。

一、凡无子之家，必遵长门无子过次门之长、次门无子过长门之次之例，不许乱争。如无应继之人，必择其近支之子多者而继之；如近支无人，必选其远支之有才者而继之；如远近均无可继，过嗣外人之子必须合族人等立字画押，然后许入族谱，不然断无绪入族谱之例。

一、凡祭田内所获籽粒，交看祠人收存，以备公费，不许本族人借用。如虫伤鼠耗、天雨漏湿、被贼偷盗等，于存者无干祭田坟外隙地也。

一、凡合族人等务要接以礼貌，方是世家体统。如敢违犯尊长口出戏言者，重处；如长辈不自尊重戏骂晚辈者，罚出香烛外，更令其跪祠堂门首，以耻辱之。

一、凡族中有不论是非、不遵家训、毁骂宗族者，领受责罚外，凡合族人等不论辈次尊卑，令其逐门叩首以警众。

一、凡族中有不遵法律,败坏伦常,或做贼放火任意邪行者,合族公议立刻处死,伊家眷不得阻挠。

计开家训十五条

一、不许凶酒骂街。

一、叔嫂不许戏言。

一、不许充当衙役,犯者公举。

一、不许仗族大欺压邻里。

一、不许与外姓人论本族人是非。

一、不许助至亲厚友与本族人兴讼。

一、凡族人有婚丧大事,合族公办,不许推诿。

一、不许招赌窝娼,既非良民正业,尤恐其引诱子弟为祸不浅。

一、子弟不许入茶馆酒市。

一、族人有鳏寡孤独贫乏身死,暴露不能买棺葬埋者,合族公办,具棺葬埋以全一脉之情。

一、不许交接浪荡子弟。

一、不许学剃头修脚。

一、不许与家奴为婚。

一、不许做戏子当吹手。

一、不许放纵牛驴马等类践踏田苗,致妨农业。

(民国八年七修本)

任邱边氏

边氏《一经堂家训》,系明代天启甲子二月二日十世同著,清代仍在沿用,故收录于此。

乾隆任邱《边氏族谱》卷首,《一经堂家训》:

一、朔望谒祠堂,必诚必敬,勿苟且祭物以致轻慢先灵。

一、遇四时节令,茔前祭扫,必致如在之诚。

一、遇县父母生辰佳节,置办礼物以致敬,理势然也,且潜消多少事体,两学师以及诸官长亦当周旋。

一、禁谈县父母得失,招祸在此,且失忠厚之道。

一、禁不许谈朝廷政事,道听途说是无涵养之人也。

第十三篇 族人规范

一、遇伯叔当极尽侄道,纵赔些下头输些财物,究竟不是外人,吾闻君子不打笑面,何难之有?

一、要和兄弟,非特为兄弟,为自家添羽翼也,纵有人离间,只附之一笑,非有识者不足以语此。

一、要言语煦煦,令闻之者喜;行事要宽厚,不可刻薄。仍要细心体察,不坠术中足矣,勿存报复意。

一、遇钱粮当极早办纳,终无赦理,徒受人气何也。钱粮出于地亩,当素日与书手算个明白,纳时必亲自纳,或令得当人纳,勾销明白,将票收回,倘有疏虞,以存质对。

一、遇亲服当情意蔼然,尊尊长长,宁足恭,勿简慢,宁作过头亟揖,勿说过头话。使自傲大,自以为圣人,只此便是不如人也。

一、要积阴德,盖天之助人为善也,至快至周,而无毫发之或悭;天之报人之恶也,至信至密,而无毫发之或漏,当起念时,即便检点,诸恶莫作众善奉行,久久必获吉庆,所谓祸福无不自己求之者。

一、读书作文一日务必一日之功,日积月累,久久自然浃洽。鲁莽厌烦者决无有成之理,固学本于重威,不信然哉?

一、教子读书:天下事利害尝相半,有全利无少害者惟书,能令子孙饱读古人书,便是人间三岛。

一、禁泛交。泛交则多费,多费则多营,多营则多求,多求则多辱。

一、遇日月稍觉艰窘,须极早回头,便自随分度日,盖贫不足羞,可羞是贫而无志。若犹以门面自雄,祖先有灵,当必顿足九泉之下。

一、要学吃亏。自古英雄豪杰,只为不肯吃亏,专要立界墙全体面六字,做坏了多少事件。

一、要谨言。多眼招尤,自不必说;苟能不言,人终不得测其浅深,自不敢欺。

一、禁穿好衣服、制桌椅装门面、说大话、设盛馔燕宾客,名乃杀身之物,何如藏头之为便也。

一、禁听妇人言,凡事三思。揆之于理,独断独行,不惟不谋于妇人,并不闻于妇人,非负性刚毅者不足以语此。

一、要肃闺门,不在封门闭户、出入回避,只要老成庄重、寡言寡笑、容妆淡素、喜怒有常,下人自然畏服。遇富贵之客,他毕竟带些富贵气,可去即去,不可久恋。

一、遇恶少年急当回避、含羞忍辱、莫与之较,纵辩得己是,亦无益也。

一、遇贫贱下等之人,均属乡里,要与他些体面,可揖即揖,尔为尔,我为我,尔焉能涣我哉！

一、遇家人近之不逊、远之则怨，当酌量于不近不远之间。倘与之绝，亦须借名，不出恶声。

一、禁下人生事，倘有不虞，只处自己人不是。

一、遇旧帐只在有意无意之间，休认真了，放债原不是好事。

一、禁吃酒，非全然不吃酒也。吃酒有时，岁时伏腊喜寿婚祭之日，何尝不吃酒，但不及乱耳。所云禁酒者，禁为士吃酒不及时念书，为农吃酒不及时耕种，为工吃酒不专心利器，为商吃酒不精力营谋，此种人一落酒局，忘却本业，酒后打人骂人，丑恶万端，以及持刀弄杖，或至伤人招祸，有不可胜述者，醒后追悔已无及矣，可不戒哉！

一、禁赌钱。凡人初赌时，只云解闷，又云小赌，有何大害，不知小者大之基。赌钱初则甚失钱，钱尽则失物，物尽则破产，及至破产，上不能事父母，下不能畜妻子，名为匪类，甚而卖子质妻，身居下品，此时悔之晚矣，能无惧乎！

一、禁养妓人。少时见一美色，未有不动心者。从古柳下惠鲁男子有几人哉！色之一字，较之吃酒赌钱尤难于禁，不知难于禁者其得祸更易更深也！官娼要钱，好者不惜钱，虽典田卖产亦所愿也；私娼要力，好者不惜力，虽吐血生病亦弗顾也，以及相争相斗，身家俱败，祸岂不更易更深哉！

谨按：(边同)公所著家训，平实剀切，子孙恪守而遵行之，保家有余矣，而犹有一则，予小子敢附志之，则广支派勿使有绝房而已。《诗》曰：螟蛉有子，**蜾蠃负**之。物犹如此，而况人乎！故《诗》又曰：以似以续，续古之人。予尝见世之人，儿子**绕膝顾**而乐之，而兄弟奉事无人则不动念，无论死后若敖之鬼，馁而忘痛；即生时之形影相吊，老景凄其，抚景自怜，无言饮泣，苟有人心，岂能安寝！收绝产则曰某分应得，过子嗣则忍勿能予，此盖由妇人不贤弗明大义，而男子又心存依违之见、姑息之私，宁使手足绝血嗣，不敢向妻子有违言。呀！可齿冷也。

吾高祖为公第三子，适四房无子，高祖以第三子继之，吾嗣曾祖为高祖次子，早卒，本生曾祖以吾祖嗣之，吾祖生子二，适伯祖无子，吾祖即以吾叔过房，绵延不绝，得至于今。及叔父生子五人，深念反本之义，欲以次子明禧兄为吾父之子，吾父力阻之乃已，吾父既生余兄弟，此事自可以已，而叔父犹欲行之，非吾家孝友有越人者哉？夫门祚昌衍，首在人和，昔青土汜毓家，儿无常父，衣无常主，千载美谈，生时如死，况死后忍馁兄弟之鬼哉！嗣后垂训子孙，不惟长房不可使绝，即二房以上无子而他房有子不以过嗣者，即以不孝论。或有同父异母兄弟或妾之子，其母已卒，而谓身不可后人，以绝其母之祀者，此不通之论，不得假以支吾。又过嗣为衍子孙，亦即为养老计，如嗣子不能养老，只希图承产自肥,甚至分宅异居,亦以不孝论,各禀遵之。向禧附识。

(乾隆三十七年刻本)

乾隆任邱《边氏族谱》,《笃叙堂家训》:

应事接物,胸中要有分晓,外面要存浑厚,遇人轻我必是我无可重处,故君子必自反:经一番折挫长一番见识,加一分体贴知有一分物情。

一、人能常悔往事之失、前言之非,则德日进、学日广而自不知。

一、行一件好事心中泰然,行一件不好事衾影抱愧,即此便是天堂地狱。

一、人每以听其自然为之顺天,不知天赋人以聪明才识,原有多少事业待人做出来,若止听其自然、而人事不尽是逆天,安得谓之顺哉？

一、亲友中有显贵者,对人频言,必招鄙笑。

一、不能受言者,不与多言,此是善交法。

一、凡宴会宾客,非质疑问难之时,不可讲说诗文自矜博雅,恐座中有不知者愧而恨之。

一、险恶之人不可与戏语。

一、向人说贫人未必信,且人即信我何救于贫,徒取人厌耳。

一、或问夏原吉曰:量可学乎？曰:某幼时有犯者未尝不怒,始忍于色,中忍于心,久则自熟,殊不与人较,何尝不自学来。

一、喜庆之家,肃肃雍雍；悔吝之家,嘻嘻嗃嗃。

一、父母之待,孝尤切者有四:曰老,曰病,曰鳏寡,曰贫乏。父母盛壮,起居犹能自理。至于龙钟鹄立,扶杖易仆,寒夜苦寂,铁骨难挨；又如偏风久病,坐卧不适,遗溲丛秽,席荐可憎,子所难奉惟此时,亲所赖子亦惟此时；又如老境失偶,寒暖谁问,丈夫犹可,孀妇奈何,就是儿孙满前,耦者耦,稚者稚,人人鼾睡去,个个乐事归,漏声长处不可问,枕边泪湿有谁知？只因一点骨肉,博得半世凄凉。又有抚字财匮、婚娶力竭,健少年经营肥暖,老穷人骚首跨躇,望一味已垂涎、缺三餐而忍气,吁嗟！身从何来,而待亲若此,人子行孝,更当于此吃紧也。

一、凡妇之不孝者,夫使之然也,未有夫孝而妇不孝者也。何则？子之于父母,承其言、顺其旨、养其志、尽其欢、致其教,妇习见之,必曰:"吾夫之尽孝道若此,其子职若此,天伦之重也若此。"则平日之好合于夫者,必不忍不孝于舅姑；平日之严畏其夫者,必不敢不孝于舅姑,由其不敢不忍,久久动其天性,则皆可以为孝妇也。故曰:"未有子孝而妇不孝者也"。如或子不能孝,不顾亲养,罔有深爱,其妇习见之必生慢易心,将曰:"我岂其毛里哉,亦名焉而已。"朝摘一短焉而夫领之,夕出一事焉而夫任之,不以为妇之罪,而言父母之寡恩,渐积之久,其妇盖无所忌由而动其天良哉,故曰:"妇之不孝,夫使之然也。"且少妇在舅姑之荫下者,情易于生怨,或财物不能给其用,或回人事不能如其愿,或出入不能由其便,或饮食不能遂其欲,外虽受制而新之无体也已甚;若长妇当舅姑之退老者,其情由易于生忌,或不能体好恶之志,或不能适寒暄之节,或不能供甘旨之养,或不能有和婉之容,或不能顺使之意,泛视舅姑如家人之常,而忘其分谊之尊,怠忽失体,又往往然也。所赖为子者晓以天伦,发其血诚,纵有所苦,不生怨心,则可以言孝矣。

律典与经史并重,今人多鄙刀笔刑名为不足学,而一遇仓卒之变,无所适从,有因小故而蹈重典者,皆由平日不知律令故也。夫律既有本条,又有新例,情伪多端,轻重不一,若不留心寓目,将同于不知法度之人,况场屋判题用律向按:判题即于是年革去,讲约化民用律,是律为朝廷大政,谆切示人,岂可忽视之乎?乾隆丙子三月十三世孙边元厚著。

(乾隆三十七年刻本)

清河张氏

同治清河《张氏贻谷堂支谱》,《家训谱》:

家训,敬祖也。邦有法,族有规,读邦法而不知省者顽民也,见族规而不加察者败类也。夫先民有言询于刍荛,况祖训煌煌,言犹在耳,敢不汇而集之,以有益于后世耶?作《家训谱》。

艺一府君家训三箴:一曰业术无常,礼教宜承,子孙虽愚,经史宜教,肢体非轻,嗜欲宜节,行谊攸关,败污宜绝;二曰财不可敛,多藏厚亡,欲不可纵,任性痴狂,妇不可听,溺爱损伤,己何执遇事苍茫;三曰征逐者纵,少勿逸游,滥友者妄交勿易投,趋炎者陋婚勿高述,受贿者辱官勿下求,任用者败仆勿与谋,自满者溢达勿招尤。

敦一府君家训二十则

一、早完钱粮,免催科,供国用也。

一、追祀远祖,祭尽其诚,敦孝道也。

一、大孝至悌,惟士为能,下此服劳,奉养亦足多也。

一、宗族身之枝叶,相接以礼,相爱以情,雍睦之风也。

一、乡党以洽比为宜,和则亲,乖则疏也。

一、农桑衣食之资,舍本业而勿他事,饥寒之道也。

一、节俭不可太过,然与奢宁俭,亦宣圣所节取也。

一、欲端心术必事读书,学问所以化气资也。

一、秀才不可做讼师，起纷争，招怨尤，坏心术也。
一、壮年勿事争斗，一朝之忿亡其身以及其亲也。
一、年幼妇女勿宜入庙看戏，冶容诲淫自取之也。
一、窝娼、窝赌、窝盗，士类所耻，王法所诛也。
一、女使仆妇勿起淫心，恐失其身也。
一、排难解纷长厚之道，不妨委折以纵也。
一、交易必须公平，放利而行多怨尤也。
一、坟荫不可看碾砟，阴灵之所栖，丁口之所系也。
一、三朋四友征逐为欢，非美事也。
一、言语不可轻发，启口取羞、出口兴戎也。
一、谗人不可轻听，彼能谗人，亦能谗我也。
一、人子以送终为大，于此不用其诚，恶乎用其诚也。

（同治十三年季秋镌，贻谷堂藏版）

山西

离石于氏

先祠堂责治，不改则送官府。

康熙离石《于氏宗谱》卷五，《垂训·族规》：

一、子弟有不孝不弟、不和亲族、不敬长上者，宗子、司仪带赴祠堂，量事之轻重责治，令其改过；如再不改过，送官究治。

一、族中子弟有奸人妻女，酗酒赌钱，不顾家计，不务本业士农工商之业，或恃强打降、生事非、为争斗、好讼，宗子、司仪查出，轻则或责或罚，重则公举到官处。

一、族中有奸淫内乱者不论有服无服，男则责逐改姓，不许归宗；女则休回母家。有为窃贼者，宗子、司仪带赴祠堂，重责三十板，令其改过自新；如不改，责逐离宗。若为大盗，宗子、司仪率阖族公举到官，依律究治。

一、族中无论尊卑，妻室有不孝公婆、不遵礼义者，宗子、司仪查出，同本支年尊尊长一二人及本妇公婆当面诫训，令其改过自新。如夫男偏徇，当本妇责治，倘本妇仍然不改，同阖族尊长带赴祠堂，令本妇之婆当众责治，倘干应出之条，照律遵行。

一、族中有婚丧大事，照常行礼，不分亲疏；如人不到而礼仪到者，免议；若人与仪俱不到者议罚，贫而无告者不在此格。

一、爵位贵显或家资富厚者，遇本族之人，不论服属远近，凡老幼贫贱，伯叔尊长俱照服制执礼,不得以富贵骄傲族人。如有此等,宗子、司仪同阖族长幼诣彼家,责以大义,议罚。倘不遵照不睦条,鸣官。

一、奴仆凡于族中之人,无论贫富、贵贱、长幼,概执主仆之礼,不许抗礼,不许结亲,违者奴仆带赴祠堂,重责三十板。结亲者断离,奴仆之主议罚。

一、城南清端公祠堂虽非合族宗祠,但永宁概无宗祠,不便另立,故即以城南之祠为公所。遇有族中大事商议者,俱群集此祠议行。

一、族中公事,宗子司仪有帖传请,按期即至。如真正有事或不在家则已,倘藉端躲避者议罚,生监有职者加倍。

(于准纂修,康熙年间刻本)

灵石何氏

身行盗窃及为隶卒者不能入谱。

道光灵石《何氏族谱》卷一,《谱法四则》:

四、辱谱宜绝。吾族赖祖宗阴德,人虽不必皆贤,尚无极不肖者。但地大孽生,间有匪类,亦未可定。自兹以后,如有身行盗窃及为隶卒者,不可留于谱内,上污先人,下累宗党,亦宜于十月初一日同众公涂其名,其子若能改行,仍许入谱,族众亦不得复念旧恶,绝人为善之路。

(乾隆间何思忠创修,后裔续修,道光十四年续刻本)

灵石陈氏

道光灵石《陈氏族谱》,《陈氏族中条约》:

一、辨异姓。族繁人众,其中不无乏嗣待继者。然非类不歆,岂容冒入?凡异姓子不得入先茔,不得入祠堂,不得入谱,违者阖族攻之。

一、继嗣务取本族,由近及远,昭穆相当。俗人牵于私情,或以甥,或以婿,或以表侄,或以内侄,或以随养子,或买他人子,是皆乱宗之渐。幸余本支中自来无此弊也。今后俱宜严禁,间有违者,非惟谱削不载,阖族公议逐出。

一、谨名讳。从前谱失,先人名讳莫稽。自一世支祖以至祖与父俱用一字排行。至余兄弟并子侄辈任意为名,非惟紊乱次第,且令后人效尤,将来不免犯讳之弊,非所以正名分也。兹因谱系编明,复编定谱讳,自孙辈起首,以后勿得异同,倘有不遵谱牒,任意别讳者,议罚改正。

一、慎登谱。凡子嗣年及八岁者,止于父行下添注。年十五岁者始另列行传。盖古者,

第十三篇 族人规范

人生八岁入小学,十五岁入大学。此亦效古之意也。若中殇、长殇,虽无嗣亦书。幼殇则不书。此外又有出继异姓者,已出本宗,应不与书。至为僧为道及辱身贱行者,更深恶痛绝。

(陈允中等重修,道光二十七年刻本)

山东

即墨杨氏

家法定曲直,不许告官。

民国即墨《杨氏家乘》,《家规》:

至,焚香誓于家庙,示无所徇。吐其实,定其曲直。小事开罪尊行,则令拜谢之。大事则告于祖宗而朴责之。田产不明,则为分晰之。强悍不遵约束者,则公曰于官,以法治之;数十年来,多求官批照。有族人不白门内尊长辄告同姓者,除不准审理外,仍先责三十板,罚白银十两,入官公用。听其词者,以尊卑定顺逆,以曲直定是非。

(民国二十五年排印本,六修本)

江苏

宜兴篠里任氏

民国《宜兴篠里任氏家谱》,《宗法下》:

一、祭之日,齐明伐鼓一通,执事毕至;伐鼓二通,祭品齐备;发鼓三通,与祭毕至。至而后者,罚银一钱;无故不到者,罚银三钱;公派执事不到者,罚银五钱。

一、助祭各执事,宗长、宗相于三日前派定,署名祠门外,临事失措者,轻重量罚。

一、祭,设纠仪二人。误举,其罚与所举同。

一、与祭不敬者,罚银三钱;餕而失次喧哗者,罚银二钱。

一、凶服不入庙。有三年之丧者免祭。祭日,白服入祠者罚。

一、祠内桌凳碗碟及各样器皿,俱不许出祠堂。擅借及借与人者,各罚银一两。

一、祭餕轮流派值,不称者量罚。每八人一桌,每桌肴十碗、酒四斤。

一、正旦,除远十里以上及雨雪不住本村外,无故不到者,罚银三钱;十里内为雨雪所阻霁而不到、数十里内四日不到无故者,罚亦如之。本村发鼓不到者,罚银一钱。

一、朔望,除不住本村及务农农忙外,无故不到者罚银五分。

一、清明祭毕而扫墓,扫墓毕而餕,餕毕而旌善纪过,旌善纪过毕而会计钱谷。冬至除扫墓。

一、二祭（编者按：指清明、冬至。）后，会课合族生童，照考前后给赏。无故不到者，罚银二钱。其会文用原、誊卷各一册，送近科乡绅时下有文望者评阅。

一、各处坟茔申约严禁。如有内外人等入坟偷砍竹木、樵采柴草、纵放六畜食践、折损墙园篱笆，本犯痛责三十，或各家人犯者痛责六十，或故使老幼残疾不胜责者肆行偷取，罚坐父兄子弟孙侄。凡所偷物论原赃抵出一倍。现获出首者，坟主出银三钱给赏。有见而不首而嫌讳者，罚同本犯之半。强梗不服者，送官治罪。

一、各家田地园圃山场，申约严禁偷盗。食践者，痛责三十板，家人犯者，痛责四十板。赃罚获首，并同坟茔之例。

一、凡不孝不悌、帷簿不修、盗贼奴隶，此族恶大条也。不幸有犯者，公逐不许入祠，鸣官正法。

一、族中有下犯上、少凌长者，除不孝不悌公逐外，重者责四十板、罚银三两、纪过，轻者责三十板、罚银一两、纪过；强梗不服者，送官治罪。

一、赌博者责三十、纪过，开场者系于祠门三日、责五十、纪过；获赃出首者，公给赏银二两。如本犯强梗不服，宗长、宗正等联名送官治罪。

一、孝、悌、忠、信、礼、义、廉、耻，八者为善之大。有一于此，不失为良民。至如勤俭、守分、谨慎、公平、质朴有实迹可见者，皆善也，有则旌之。

一、凡放肆、懒惰、凶暴、撒泼、说谎、胡为、浪费、弃产、强梗、不务本等生理，皆恶也，虽小必纪。

一、妇女入寺观烧香者，罚银二两；出村看戏者，罚银一两，坐父兄夫男。或烧香责二十板，看戏责十板。

一、卑幼不告祠堂而讼者，责四十；尊者犯者，杖二十，年高则杖其爱子。所讼事听宗长等究其虚实，坐如律。

一、族中有抗赖祠逋者，二祭日系于祠门，追完释放。

一、祠堂听直，宗长不可偏护。有偏护者，合族尊卑长幼齐质直之。

一、听直开祠，当论定而行罚，既罚而纪过。

一、受罚，必令所犯至亲一人、无仇隙者亲责。

一、外直，不启庙，与外族长治于前堂。

一、打行扎诈，律有明条。如族中有抑价强买、踢翻担笼、拉位船只等项，本犯责二十板、纪过，助凶者罚亦如之。

（任承弼等修，民国十六年一本堂刊本）

第十三篇 族人规范

安徽

绩溪南关许余氏

乡蛮宗党有活埋残忍行为。

光绪《绩溪县南关许余氏惇叙堂宗谱》卷一〇,《宗祠规约》：

作奸犯科,国家有例,犯国法者鸣官治之,非家法所当治也。家法只以祖宗前杖责为止,杖责以上非宗祠所可预。闻乡蛮宗党往往有活埋活葬惨情,妄谓家法尔尔,不思治人家法,自己已罹国法,即家法杖责、跪香、革逐亦必悖伦逆理、盗卖祀产等情,有关宗祠乃可。非关宗祠者,宗祠为之排解,不得妄施家法,开宗族以强欺弱之衅。尤有事关宗祠,非家法所能预定,又非家训所能备载,不得不另立一则以定准绳,谓为规约。有背约者,阖族阻止之,阻之不可,再议拟家法以治之可耳。

（光绪十五年刻本）

绩溪梁安高氏

光绪绩溪《梁安高氏宗谱》卷一一,《家法》：

家法准

或谓罪无大小,皆待治于国法；而家法止治小罪,立之何益？不知小过不惩,将成大恶,故小惩而大戒,为小人之福。此《周易》履霜所以戒坚冰也。既立家法,斯于必行,又恐行之不善,或行家法而遂僭国法,或行家法而反坏家法,此岂立家法之意哉？何谓行家法而僭国法？盖国法有五刑之属,而家法不过杖责与驱逐二条。若罪不止此,即非家法所得而治矣。假使泥家法之名,因而置人于死,如打死及活埋之事,此行家法而僭国法也。何谓行家法而反坏家法？杖责、驱逐皆祖父施于子孙,尊长施于卑幼者。假使尊长有过,而卑幼遂假家法之名以施于尊长,是欲行家法而先为悖逆,此行家法而反坏家法也。故家法止于杖责、驱逐,若罪不止此,则送官究治,不得私立死刑。杖责、驱逐之法,尊长可施于卑幼,卑幼不得施于尊长。行家法者必以是为准云。

杖责罚跪

一、凡小子无知得罪尊长,或与女子戏谑及窃人物件者,其父兄随时在家自加杖责,仍令长跪服罪。

以上各家家法不必入祠。

一、成人以上得罪于父母尊长。

一、窃取族内物件。

一、在族外有奸淫事迹。

一、与族内妇女笑谑。

一、聚赌。

以上由分长或族长引入支祠或宗祠祖前杖以竹板，杖之轻重多寡视其罪之大小，身之强弱。既责，仍诚心化导，务期悔悟。

逐出革胙

一、悖逆不孝，其罪最大，而父母在又不能逐出，姑从宽由分长、族长捆入祠堂重责，悔悟即已。倘终父母之世曾不悔悟，于其父母没后，即将此子逐出境外，并革去祠胙，生前死后永不归宗。后虽或有别功，或其子孙有功，皆不准赎。如其妇非不孝，则生前同逐，而其妇死后仍准入谱，至其子以下照当回族入祠。

一、殴打有服尊长者逐革如因尊长殴其父母及病醉病狂不在此例。

一、盗卖宗谱及祖坟地基，砍卖祖坟切近荫木，致伤祖坟者，逐革。

一、在族内奸淫乱伦明确者，男女并出。

以上四条俱永不归宗。

一、在族内奸淫行迹未著，将男子逐革。

一、在族外行窃者逐革。

一、素性凶暴，殴斗伤人者，逐革。

一、行止诡异，交结邪匪者，逐革。

以上四条若能在外改过自新，仍许亲房保其回族归宗。或生前未及回族，而终身不至为大非者，死后仍许归宗。

一、子妇殴打父母舅姑乃伦常大变，人所不容，非但逐革已也；分长邻右即行将逆子逆妇送官重治，免生逆案株连宗族。

（高富浩纂修，光绪三年活字本）

绩溪仙石周氏

宣统绩溪《仙石周氏宗谱》卷二，《周氏宗谱家法》：

家法以尊治卑，不得以卑治尊。凡族中子弟犯家法者，叔伯父兄得以家法治之。若长辈犯国法，自有官治。若犯家法，晚辈不得藉口祖宗笞责尊长，但公请长亲评论，请其改过，免陷刑戮以辱祖先。

家法治轻不治重。家法所以济国法之所不及，极重至革出祠堂、永不归宗而止。若罪不止此，即当鸣官究办，不得僭用私刑。山乡恶俗有重责伤人及活埋者，此乃犯国法，非行家法也。

家法老幼妇女无笞责之条,妇人有过,惟其姑与夫在家笞之可也。如果不孝翁姑,辱骂丈夫,既不忍出,又不可坐视,惟入祠罚跪,男子不得动手拖扯,所以重羞耻也。家法以跪香服罪为正。以上立法严而行法恕,不可轻用。

(宣统辛亥善述堂刻本)

婺源三田李氏
对奴仆、庄佃的规定。

光绪婺源《三田李氏宗谱》卷末,《家法》:

义男年过十二,非唤不许擅入中门,倘挑行李、盘盒之类,止许至中门外,易婢送入,出亦然。

(李廷益、李向荣修,光绪十一年木活字本)

光绪婺源《三田李氏宗谱》卷末,《家法》:
御仆隶
一、义男女年及二十以上者,务令配合;若无所偶,必取赘以完之,毋得羁留年大。
一、义男女途遇主君,毋分长幼,俱要拱立道傍,义手称叫;命之退,方许移步。
一、义男晚归,无分老幼、寒暑,俱要侍立主前,虽宴宾客亦如之,俟主宾宴息方许退闲。

防不虞
一、严谨火烛,每夜须扫拭灶尘,移薪息火,增置水缸,以便急用。仍嘱奴婢及佣工人等,毋许房内烧火并睡后灯烛不灭。
一、遇夜倘有窃盗,毋得秉势赶去,恐致伤人。如获盗即当送官惩治,不得先自殴打。

待庄役
一、各庄火佃每遇正月朔日,无分晴雨,男妇黎明齐赴中堂廊下叩头贺正,毕,祠内值年者给与点心酒饭而回。若点名不到者,定行责罚,如有故,预先禀明者勿罪。
一、横坂居人每遇清明节须往正四公墓上洒扫洁净,以便各房子孙祭拜。值年者给予点心酒食,事毕方退。如有不到并治事不堪者,即时责戒。

(李廷益、李向荣修,光绪十一年木活字本)

江西

豫章黄氏

告官。

光绪《豫章黄祠四修主谱》,《道光庚戌公议条规》:

一、祠内公议,不准赁寓本姓之人。因前多本姓随营者寓祠操武,损坏房屋,并霸住祠内,无租连年不出,而其余亦均藉此效尤,侵扰不堪,祠规大败,以致众同宗具呈南昌县宪逐出。自后如有复行强占者,准首事请凭同宗公正之人鸣官究逐。

(黄祖络等修、黄振声等纂,光绪二十五年刊本)

新淦黄氏

不许转房婚。

道光《临淦窭前黄氏重修族谱》,《条例》:

一、至若弟受兄嫂、兄纳弟妇,辱乱大伦,有伤风化,合当鸣官重处,断不可蹈此恶弊。

一、若不守四民之常,违悖孝弟之道,奸淫窃盗、乖乱伦理、上辱祖父、下累妻子者,合当惩戒不悛。送官重究,仍削其谱系,黜以示劝惩。

一、又或收藏不谨,致有损坏及自擅增补字样故作情弊与众部不同者,罚钱五千文公用。如有知情恃势党蔽者亦如之。

(黄登第修,道光十五年本)

清江杨氏

嘉庆《清江杨氏四修族谱》,《腊祭条规十八条》:

一、燕私之饮,绅士尊长而外,添喜添丁添寿及值年首事,皆在其列,周年盛举,福受祖惠,理宜亲自赴席商定一切事宜。若令人代饮,是大不敬也,公议立时叱出,另罚钱二百文,至坐次则以毛为辨。

一、捐官职贡监者,腊祭日赍诏诣祠,公仝验看,以便加胙。祭毕,绅士会书喜助,次年腊祭日交出,若届期推诿,虽与祭,不准加胙。逾期三年者,重修谱牒不得列入簪缨录。

一、发科甲暨捐五品以上衔者,特出公项银二十两交首事日间演戏四本,备席一夜。科甲竖杆祠前,另帮银十六两。此外功名或二三人、或三五人合共照前规办理一次。永禁不许演夜戏,闹酒打采,致亵祖灵,违者照用数倍罚,不遵罚者,其合家胙肉永远扣除。

一、值年首事分收谱格四本,凡添喜添丁及有殁葬之家,随时告知登记。若已告未载,罚首事钱一百文;未告不查,二比各罚钱一百文。腊祭之日,将谱格交与绅士誊注草谱,以免重修时纷纷查问。

一、值年首事规避者,罚钱四百文。

一、用数以钱省为度。向来一岁常用及腊祭俵胙在内,大约一十四千上下为准,逾数则首事赔垫,所以示节省也。近年诸项昂贵,议以二十千为定,毋得浪费,即于元宵口灯清算登簿交代,稍有怠弛,新旧首事合共罚钱二千文。

(杨殿榑等修,嘉庆七年刊本)

宜黄谢氏

削谱。

同治宜黄《宜邑谢氏六修族谱》,《家规》:

一、尊长之所当敬。嗣后子侄倘有无礼侮辱,定应开祠惩责。至尊长辈亦宜慈爱抚恤,如或恃长恣虐,是又公论之所难免也。

(谢赋文等修,谢性卓等纂,同治九年刊本)

同治宜黄《宜邑谢氏六修族谱》,《凡例》:

一、本宗子为异姓后者,虽易姓仍书名讳,载为谁氏子,示不忍忘,冀其归宗故也。但于中恐有不肖,鬻儿女为婢仆者,查出即行开祠削其谱牒,无玷宗盟。

(谢赋文等修、谢性卓等纂,同治九年刊本)

浮梁祁门郑氏

咸丰浮梁祁门《郑氏宗谱》,《新居祖庙归粮裕祭记》:

一、春冬二祭,斯文规避者罚;其居远在城者,冬至照罚,元旦宽免。

一、祭仪祭品俱照旧例,备祭者缺失罚。

一、文学酒值祭者不专洁罚。

一、祁西大祭,斯文除六旬外俱宜与事,规避者罚。

一、祭必诚敬,毋许争竞,如有借端生事者责罚。

(郑培先修,咸丰十一年刊本)

湖南

宁乡南塘刘氏

不经族遽尔鸣官者处罚。

民国《宁乡南塘刘氏四修族谱》卷二,《家约》:

族之有祠,上以奉祖宗,下以治子孙也。吾族忠厚传家,习闻彝训,其亦知所自受矣。第恐习俗渐染流为不肖,不得不预为防范,相与纠正,以为祖宗光。子不孝父母、媳不敬翁姑,饬亲房伯叔带令入祠重责,不悛送官,永与族绝。兄弟不睦,争夺财产,视若寇仇者,入祠处断惩责。卑幼凌辱尊长,入祠分别亲疏责罪。强葬祖山、侵犯祖茔,饬令起阡、醮谢,入祠惩责,不服送官。卖女为人媵妾,饬令赎回,入祠惩责本房,知情不举者坐罪。娶妻原以为承祧,或为饥寒所迫,当另图生活,无故而嫁生妻者,入祠惩责。夫死愿守节,即家贫无依,当曲为保全,父母、兄弟通嫁者,许本妇入祠,经族处罚。不肖子弟不勤生理,流入匪类者,查实,入祠重责,不悛送官,不许入族。学法学打帮恶行凶者,入祠重责,不悛送官,不许入族。族中有事不得构讼,须入祠凭族理处,不经族遽尔鸣官者处罚。

(民国十年存著堂木活字印本)

湘乡匡氏

国法、家法合一。

道光湘乡《匡氏续修族谱》卷首,《家规》:

一、子孙有不孝者,房长锁拿,禀告户长,遵律惩责,不服送上。

一、子孙有放荡淫泆、奸犯伦理者,杖一百,本房房长重责不贷。

一、子孙有无故殴尊长者,户长、房长公同重责六十板,另罚;有有故殴尊长者,责后依理论断;再有兄殴弟者,是欺父母,亦当究论。居父母丧而嫁娶生子,死者身犹未冷,生者尚在哀戚,便作此等事,忍心害理极矣,杖六十,并责房长;若丧制未终,释服从吉,忘丧作乐者,杖二十。

一、父母丧必须依礼定限安葬,若惑于风水及托故,久停不葬者,俱属不孝,杖八十。

一、子孙有侵犯祖墓者,房长谋之户长、族尊,公斥起扦另葬。

一、子孙有为贼盗者,犯一次者重责,犯二次者逐出,犯三次者送上究治,断不容宽。逞凶打骂,无论在家在外,许本房房长重究。酗酒赌博,各房房长时嘉(编者按:此处"嘉"字应为"加"之讹。)训教,不悛者究责。

一、子孙有强牵强割以及兴贩拆枕等事,大干王法,有玷风化,照律杖一百,不服者送上禀究。田土山林,各有疆界,如有恃强侵占,凭户长族尊依理处治。

一、族内子孙有开挖田塘致房舍祖坟龙脉者,依律杖一百,仍令本人即时填修。

第十三篇 族人规范

一、子孙有田土等事,不先鸣族而擅入公庭者,依理判决,外罚银五两,入祠充公。

一、族内子孙有帮唆词讼、欺诬良善者,查出杖四十,罚银五两修祠。

一、凡族内子孙妻妾,若于妇无七出之犯,于夫无义绝之状,而擅自出之者,杖八十;虽犯七出,有三不去而出之者,追完原妇,仍配本夫。

一、族内子女婚配,必择门户相当之家,如以女市利而嫁与仓头之子为妻,既玷祖宗,且辱同宗,照律杖一百,将女父逐出外境,田产编入宗祠;本房房长知而不究者,杖三十,并除项役。

（匡逢向等修,道光八年解颐堂刊本）

涟源李氏

民国涟源《李报本堂族谱》卷首,《宗规》：

谱牒当重。谱牒所载皆宗族祖父名讳,孝子顺孙目可得睹、口不可得言。收藏贵密,保守贵久。每岁清明祭祖时,宜各带所编发字号原本到宗祠,会看一遍,祭毕仍各带回收藏。如有鼠侵、油污、磨坏字迹者,族长同族众即在祖宗前量加惩诫,另择本房贤能子孙收管,登名于簿,以便稽查。或有不肖辈,鬻谱卖宗,或誊写原本瞒众觅利,致使以赝混真紊乱支派者,不惟得罪族人,抑且得罪祖宗,众共黜之,不许入祠,仍会众呈官追谱治罪。

（民国五年报本堂活字本）

民国涟源《李报本堂族谱》卷首,《宗规》：

职业当勤。士农工商所业须不同,皆是本职。勤则职业修,惰则职业隳、资身无。修则父母妻子仰事俯育有赖,隳则资身无策,不免姗笑于姻里。然所谓者勤,非徒尽力,实要尽道。如士者则须先德行次文艺,切勿因读书识字,舞弄文法,颠倒是非,造歌谣匿名帖;举监生员,不得出入公门,有玷行止;仕宦不得以贿败官,贻辱祖宗。农者,不得窃田水,纵牲畜作践,欺赖田租。工者,不得作淫巧售弊伪器什。商者,不得纨袴冶游酒色浪费。亦不得越四民之外为僧道、为胥隶、为优戏、为椎埋屠宰。若赌博一事,近来相习成风,凡倾家荡产招祸速衅,无不由此犯者,宜会族众送官惩治,不得罪坐房长。

（民国五年报本堂活字本）

湘乡平地胡氏

民国《湘乡平地胡氏续修族谱》卷一,《族约》：

《书》曰：以亲九族。九族既睦,周官大司徒之职以六德、六行教民,而又有族师掌其族之戒令,政事月吉则属其民而读邦法,书其孝弟睦姻有学者。然则古帝之治,天下孰非以笃宗族为急务哉!吾族以忠孝垂训,自建祠以来,彝章确守,懿然先世家风。然族众人繁,散居暌隔者不少,苟非有以维系之,窃恐陋习相移、浇漓易染,或有蹈于非僻之愆者,不免矣。兹谨订族约数条,胪列于左。子孙于祖父母、父母有隐无犯,服劳奉养必尽其力,反是则为违犯教令、为恶逆、为不孝、为干名犯义。所谓违犯教令者,平日不遵祖父母、父母约束;是恶逆者,殴及谋杀祖父母、父母;是不孝者,咒骂祖父母、父母;是干名犯义者,呈告祖父母、父母,是稍有不心,断不至灭绝人伦。若是如有不知而误犯及明知而故犯者,一经查出,无论有故、无故,族长、祠长着落房长,房长着落亲属,拘祠严办;情重者,送官解究。如亲属、房长等隐匿不报及查出而反纵容者,亦宜分别轻重治罪。卑幼之于尊长,自期功、缌麻以及同宗,无论有服无服,凡于其尊者则尊之,于其长者则敬之,名分不可紊乱也。如卑幼不知名分,为父兄者平日严加训责,决不可使有独犯情事。有嫌故亦不可听其逞凶肆殴,致遭大变。傥任意干犯及父兄纵容者,激鸣族众,究治不贷。

(胡传谟等续修,民国二十六年安定堂刻本)

民国《湘乡平地胡氏续修族谱》卷一,《族约》:

子孙于其祖父母、父母丧,承重孙于其祖父母丧,出继为人后者于其本生父母及伯叔父母丧以及期亲之丧,五服图中本有定制。居丧不演戏、不作乐,在制不嫁娶、不筵宴。凡三年服及降服子,丁忧不应试,凡丁忧以闻丧日期为始,不计闰月,以二十七月为服满,如有违者即治以逆丧、短丧之罪。

(胡传谟等续修,民国二十六年安定堂刻本)

民国《湘乡平地胡氏续修族谱》卷一,《族约》:

人命起于奸,人皆知之。曾不知所禁、犯奸者,无论强奸、刁奸、和奸、轮奸,总之肆己淫恶、污人节操,事苟败露,难免酿成不测之祸,且报施不爽,多绝嗣者。若亲属相奸,是为内乱,尤为伤风败化。吾族素以循谨传家,奈风会日漓,安知不为时俗所染,日习狎玩而不知所贵,别嫌明微,塞乱心于未萌。

(胡传谟等续修,民国二十六年安定堂刻本)

汉寿盛氏

光绪汉寿《盛氏族谱》卷首,《家规十六条》:

严诫子孙孝养父母,有忤逆者,各户族长遍晓通族,齐集议处,送官惩治,切勿稍纵以灭天伦。严诫子孙敬礼长上,不许以卑犯尊、以少凌长;倘有违傲,各户族长齐集议处,轻则教诫,重请法惩,断不姑恕,以长嚚凌。拖抗钱粮,新例最严,严诫子孙各及早完纳,以报国恩,以免追呼。茔山重地,身所自出,止许蓄禁团林,以培风水,以安幽灵;有戕贼者,聚族重处。严诫子孙各安生理,不许交结匪类,三五成群,流为盗贼,贻玷祖考,连累户族。如有违犯教令,不待发觉,通族即先送官,公请惩辨(编者按:此处为"办"字之讹。)。严诫子孙婚姻必守伦常,如有乱伦昏配、佰(编者按:此处"佰"字应为"伯"字之讹。)媳叔嫂居丧纳宠、以妾为妻之类,行同禽兽,大伤风俗,户族禀官,公请按律严办,徇情者并究。赌博为盗贼之阶,每多连累父兄族邻;游手好闲有妨本业,不务生理,以致困乏乱行。族有此人,齐集约举报,免致于连。不许聚众斗殴,恐伤人命干连户族,即有不平之忿,必须先鸣族众,听候理处,毋得听信奸棍主摆作证,致兴讼端。奸淫邪慝,大伤风化,户族公举请律按究,免贻后悔。地方每有恃强凌弱、吞并田产、越界混争,子孙如有效尤,户族公举立请枷责,以遏刁风。凡遇孤寡,理宜怜恤;如不能守,任其他适,不许坐堂招夫,玷辱祖庙,蹈此者主昏、媒证并惩。正名定分,尊长前则称讳,卑晚前则称字,若疏远分卑而年高尊长不得呼其讳,至亲分尊而年幼卑晚不敢呼其字,违者立行杖责。迩来人情,更有不及前人者,扫墓不自躬临,是忘亲也。良民学戏、充役,是自贱也;妇人烧香、看戏,造淫缘也;同姓苟合为婚,是不比于人数也;亲死破茔钻葬,损人利己,天理不容,王法亦所不恕也。我族内诫之诫之。诫子孙口角是非必先鸣族理论,不许肆行妄为,违者重处。诫子孙不许充当彪头、牵牛、抢亲以及无故私宰、强掘油索,违者集族惩治。诫子孙不许恃富压贫、以强欺弱、以众暴寡,纵妇放悫、坐拼吓诈,以及招谣(编者按:此处"谣"字应为"摇"之讹。)撞骗等等不法,必集户族,先行规戒,任其改过自新,违者送治。

(光绪二十七年广陵堂活字印本)

零陵龙氏

民国零陵《龙氏六续家谱》卷首下,《攻敏政信四房合同》:

……两谱交质,各宜谨守,毋许虫蚀鼠伤、油污霉坏、添涂字句,倘有损伤以及鬻谱卖宗、誊写原本瞒族觅利等事,众共黜之,不许入祠,仍着伊亲属送官,惩治追谱,断不宽容。

(民国十年敦厚堂木活字本)

民国零陵《龙氏六续家谱》卷首下,《家规》:

修职业　职业者,统士农工商而言之也,业虽不同皆是本。职业修,则父母妻子仰事俯畜有赖;职业隳,则资身无策,不免贻笑于姻里。然所谓职业者,如士有志圣贤,须先德行,次文艺,勿因读书识字,舞弄文墨,颠倒是非,造歌谣匿名帖。举监生员不得出入公门,有玷行止;仕宦不得以贿败官,贻辱宗祖。农者,国家所重衣食之源,须服勤终岁,不得纵放牲畜以荒良田,又不可图肥己身而空赋税。工者,不可作淫巧、售敝伪器件。商者,不得纨绔冶游、酒色浪费。以上四端均生人应为之事,只有僧尼、俳优、盗贼与夫舆台、皂隶、给使令之辈,供鞭笞之具,断不可为。至赌博一事尤宜严戒。凡倾家荡产、招祸速衅,鲜不由此,犯者宜令族众送官惩治,否则罪坐房长,吾族当速戒之。

(民国十年敦厚堂木活字本)

四川

南溪县

南溪家附属于族及族规酷刑制族人。

民国《南溪县志》卷四,《礼俗篇·风俗》:

有清一代,南溪民俗重孝慈、贱淫佚、慕科第、勤稼穑、尊神鬼、信命运,此其大较也。一民之身,恒附属于其家,……而家又附属于族,附属于乡,由族而推之,以至戚党邻闾,则社会习惯之制裁生焉。……乡有逆子,聚族科罪,坑埋沉渊,惨酷不恤,演之既久,尊为信条。故赤贫之夫,越货之盗,养生送死,视为当然。

(巴蜀书社民国二十六年版,第615页)

铜梁安居乡周氏

光绪铜梁《安居乡周氏宗谱》卷一,《训规》:

一、敦孝悌。孝弟为生人之大本,大本不立,则百事皆虚。况尽孝尽弟,天无爽报;不孝不弟,固有常刑,所以圣经贤传,无不于孝弟二字反复告诫也。我周孝友遗风,光昭史策,今之支分派演,皆祖宗之敦本有以致之。谁无父母兄弟,岂可乖戾伦常,自相残害乎?惟冀吾族之中,父兄叔侄互相劝勉,法祖尊亲,共敦孝友。斯本根即固,枝叶自繁,伫见一室之中,太和翔恰,讵非乐事欤?设有不孝子孙,犯上作乱,败伦丧纪,轻则凭族议处,重则鸠族送官,切勿姑息养奸,贻害家族,株连里党。即其身后,命不准载谱,主不准入祠,免坏风俗,贻吾族羞。至族中人,亦不得偏袒护庇,以助其翼。

(周泽霖纂修,光绪十年刊本)

广东

第十三篇 族人规范

乳源余氏

嘉庆《乳源余氏族谱》卷一,《家规并引》:

一、遵肃闺门。《诗》首《关雎》,《书》重厘降,盖闺门之内肃若朝廷。纵使家道贫寒,亲操井臼,当如桓少君之执妇道;不幸寡居,操心铁石,亦如燕节女之白首沐霜。此皆德之无亏,抑亦门庭之有庆也。安定胡先生曰:娶妇必须不若吾家。非谓迁就族类,娶卑贱之女以贻祸也。若妄谐伉俪,不有家法者,娇悍妒忌,淫僻长舌,私溺子女,皆为家之惯索,罪坐其夫。若本妇果系顽梗,其夫亦无可奈何者,族中据本夫告词,询访的确,当祖宗前,合族公斥,或送之外氏家,亦少有所警。至本族出嫁之女,或有毒投河自缢,究否任凭他族,本族无容苛求,则不独为出嫁女戒,且为本族所娶轻生者谨,此不究之深究也。至于恶俗相聚、结社讲经、要求神福、入庙烧香、无故往来、挑是弄非者,一有如此,重惩勿轻。谚云:教妇在初来。丈夫者各宜慎之。

(余有璋等纂修,嘉庆二十五年木活字本)

嘉庆《乳源余氏族谱》卷一,《余襄公训规十四条》:

一、妇人之义,从一而终。不幸夫死,即艰难贫困,亦当坚志守节。古云:饿死事小,失节事大。本族守节固多,失节亦有。今而后,间有不幸夫丧,即当励志贞操;纵有家贫及无子可倚靠者,亦当居丧守志,三年服满,然后改嫁。倘有无籍棍徒,专以说合为媒,诱动丧妇改嫁,以失贞操者,众议送官究治,以惩将来。

一、丧服之制,孝服用麻布。凡遇族之丧,当头戴一小白帽,身穿一素孝衣。近来俱已违之,忍心何在?去古礼甚远,且圣言:"临丧不哀,吾何以观之哉!"而况同姓之服乎!厥后凡遇族中老少丧,服不问斩衰、齐衰,务要头戴一小白帽,身穿一素孝衣,以至二三月,庶不失宗祖之伦纪矣。间有不遵条例,众族责罚,以示戒惩。

一、丧服之具,祭葬当崇厚道。近来或遇丧葬,各以时银三分买物烧纸,甚非尚礼厚伦之典,正所谓视至亲如路人者是也,良可痛恨!以往或遇丧葬,每以十人凑成纠银五钱,买备三牲,各具财包。至于柩前,各奠酒以表微敬,使生者顺而死者亦安,亲朋视之,有所感激,不得仍行故俗。如违,族众面化以耻辱之。

(余有璋等纂修,嘉庆二十五年木活字本)

第四编
宗族与社会、国家的关系

第十四篇 宗族与社会

宗族关注族人聚居村落的建设，施行公共管理；关注族人生产、生活秩序的建立，维护村落治安；筹划、组织村落群体文化娱乐生活；试图调节宗族内外争执。实即进行村落自治，组织族人社会生活。

一 宗族对聚居村落的管理

宗族对族人村落的责任，清朝人多有论述，宗族自身则强调族内救助，行为正当，有争议在内部协调，自行达成协议，立合同为据。

（一）清朝人议论家族管理与什伍组织的配合

图董组织与宗族族正结合。

《皇朝经世文续编》卷一八，《吏政三·官制》，冯桂芬《复乡职议》：

治天下者，宜合治亦宜分治。不合治则不能齐亿万以统于一，而天下争；不分治则不能推一以及乎亿万，而天下乱。柳宗元《封建论》云：有里胥而后有县大夫，有县大夫而后有诸侯，有诸侯而后有方伯连帅，有方伯连帅而后有天子，此合之说也。封建之合不如郡县之合尤固，故封建不可久而郡县可久。反而言之，天子不能独治天下，任之大吏；大吏不能独治一省，任之郡守；郡守不能独治一郡，任之县令；县令不能独治一县，任之令以下各官，此分之说也。顾氏炎武曰：大官多者其世衰，小官多者其世盛。盖大官所以治，治民之官；小官所以治，民分而又分其数，不能不多，其位不能不小。今世治民之官颇少矣，县令巍然七尺耳，控一二百里之广，驭千百万户之众，其能家至户到而周知其循莠勤惰饱饥甘苦哉！自令以下各官，非赀选即吏员，流品既杂，志趣多庸，加以闲关跋涉，千里万里而来，身家妻子惟一官是食，犬马于富民，鱼肉乎贫民，视令以上尤甚蠹民而已。何有乎治民，然则今之小官如顾氏之说更多，其数患不滋甚耶，不知顾氏之意固欲复古乡亭之职也。考周制，乡大夫之下有州长、党正、族师、闾胥、比长；遂大夫之下有县正、鄙师、酂长、里宰、邻长，以乡人为之皆官也。以今十万户之州县计之，当有乡遂大夫十，州长、县正五十，闾胥、里宰五千，比长、邻长二万五千，此今日断不可行之事。汉制十里一亭，亭有长；十亭一乡，乡有三老、啬夫、游徼。三老掌教化，啬夫职听讼、收赋**税，游徼**循禁盗贼，亦以乡人为之，亦皆官也。以今方二百里之州县计之，当有三老、啬**夫、游徼**各四十，亭长四百，视周已大减，然犹之多也。隋文始一切罢之，盖亦一时矫枉过正之举，乃遂为万世定制。《唐六典》汉氏县丞尉多以本郡人为之，三辅县则兼用他郡，及隋氏革选，尽用他郡之人。今州县设佐四五人，拨二三人分治各乡，至都图则有地保、地总司民事，其流品在平民之下，论者亦知其不足为治也。于是保甲之法，十家一甲长，百家一保正，一乡一保长，然率视为具文。诏书宪檄络绎旁午而卒不行，闲行之而亦无效。军兴以来，各省团练、民勇，有图董、有总董，大同小异，顾行之转视保甲为有效。然则其故可思，地保等贱役也，甲长等犹之贱役也，皆非官也，图董绅士也，非官而近于官者也，惟官能治民，不官何以能治民。保甲之法去其官而存其五四递进之法，不亦买椟而还珠乎？吾甚不解。论保甲者，谓得《周官》遗意，则何不径师周公，乃必以隋文为主而周公为辅也。兹为之酌古斟今，折衷周汉之法，县留一丞或簿为副，驻城各图满百家，公举一副董，满千家公举一正董，里中人各以片楮书姓名保举一人，交公所汇核，择其得举最多者用之，皆以诸生以下为限。不为官，不立署，不设仪仗，以本地土神祠为公所，民有争讼，副董会里中耆老于神前环而听其辞，副董折中公论而断焉。理曲者责之罚之，不服则送正董，会同两造族正公听，如前又不服送巡检，罪至五刑送县。其不由董而达巡检，或县者皆谓之越诉。今州县门或署越诉答五十，盖指越里老而诉州县，非谓越州县而诉府，详见《日知录》，然则里老听断小事，固旧制矣。不与理缉捕关正副董指引而不与责成征收，由正副董劝导而不与涉手。满五千家地广人稀之县量减设一巡检，全乎为官如今制，惟以邻郡二三百里内无山川闲阻之地，诸生幕职荐举者为之丞簿，由巡检升除。**丞簿月给**养廉三五十金，巡检半之，正董薪水月十金，副董半之，正副董皆三年一易，其有**异绩殊誉**功德在闾里者，许入荐举；有过者随时黜之，见令丞簿尉用绅士礼，文用照会，有罪即与凡民同，如是则真能亲民，真能治民，大小相维，远近相联，庶几顾氏所谓小官多者乎？无事而行保甲，必有循名责实之功，有事而行团练，更得偕作同仇之力，风俗有不日新、教化有不日上哉！

（葛士浚辑，光绪十四年刊本）

"保甲为经、宗法为纬"的地方治理设计。

第十四篇　宗族与社会

《皇朝经世文续编》卷五五,《礼政六·宗法》,冯桂芬《复宗法议》：

三代之法,井田封建一废不可复,后人颇有议复之者,窃以为复井田封建不如复宗法。宗法者,佐国家养民教民之原本也。天下之乱,民非生而为乱民也,不养不教有以致之。牧令有养教之责,所谓养不能解衣推食,所谓教不能家至户到,尊而不亲,广而不切。父兄亲矣,切矣,或无父无兄,或父兄不才,民于是乎失所依,惟立为宗子以养之教之,则牧令所不能治者,宗子能治之,牧令远而宗子近也。父兄所不能教者,宗子能教之,父兄多从宽而宗子可从严也。宗法实能弥乎牧令父兄之隙者也。《诗》曰：君之,宗之。公刘立国之始,即以君与宗并重。《左氏传》晋执戎蛮,子以畀楚,楚司马致邑立宗焉。以诱其遗民,正与《公刘》诗相表里。盖君民以人合,宗族以天合。人合者必藉天合以维系之,而其合也弥固。嬴政并天下,始与井田封建俱废。秦亡之后,叔孙通等陋儒不知治本,坐令古良法美意浸淫渐灭不可复。故汉初知徙大姓,借其财力实边实陵邑,而不知复宗法。魏晋知立图谱局而不知复宗法,唐重门第至以宰相领图谱事,而不知复宗法。惟宋范文正创为义庄,今世踵行者,列于旌典；又令甲长子没必立承重孙。二事颇得宗法遗意。自可因势利导,为推广义庄之令,有一姓即立一庄,为荐飨合食治事之地。庄制分立养老室、恤嫠室、育婴室,凡族之鳏寡孤独入焉,读书室无力从师者入焉,养苟室笃疾者入焉。又立严教室,不肖子弟入焉。立一宗子复古礼,宗子死,族人为之服齐衰三月,其母妻死亦然,以重其事。又有宗妇死夫,虽母在,为之禫。宗子之长子死,为之斩衰三年,则骇俗不可行矣。名之曰族正,副之以族约。桂林陈文恭公议。公于乾隆中年抚江西有此令,未及成而去。继之者以他狱连及祠户,遂一律毁祠追谱,与公意相正反。族正以贵贵为主,安阳许三礼议先进士,次举贡生监,贵同则长长,长同则序齿。无贵者或长长,或贤贤。族约以贤贤为主,皆由合族公举,如今义庄主奉法,无力建庄者假庙寺为之,嫁娶丧葬以告,入塾习业以告,应试以告,游学经商以告,分居徙居置产斥产以告,有孝弟节烈或败行以告,一切有事于官府,以告无力者随事资之,一庄以千人为限,逾千人者分一支庄,增一族约,单门若稀姓若流寓有力者,亦许立庄。无力者择所附,如吴则同出泰伯之类,又如昌黎所谓何与韩同姓为近之类。无可附者则合数百人为一总庄,亦领以庄正庄约,期于亿万户皆有所隶而止,《周礼》宗以族得民,赅词也。有谓庶人无宗者非是,前人已辨之。立庄之后,敦劝集资,令经费充赡。另议永停捐例,惟存民爵,正可为奖励立庄之用。

（葛士浚辑,光绪十四年刊本）

兄弟析产为正道,有待公正族正管理。

《皇朝经世文续编》卷五九,《礼政六·宗法下》,王绅《兄弟异居议》：

比世同居，盛德事也。然而非常之道，不可以常情守，故圣人不贵。古者制民产百亩，家以八口为率，有弟以为余夫，壮而有室，则别授田，未尝禁人之分居也。且教人以分居也，何也？人以一身，分而为兄弟，又分而为兄弟之子，以至于无穷，势由聚而之散，数由少而之多，不能终于不异也。君子谨其异之始，而予之职业，示以勤苦，俾之各成其事，而民竞劝，斯亦使人自立之道矣。后世一二贤哲，惩兄弟之争财而私产也，激而为累世同居之事，意固慈祥恺恻矣。追其后无公正之族正以持之，有不肖之子孙以间之，致起争竞，遂至一败而不可止。是始于让，终于争；始于和，终于戾，而一家之气象萧然矣。夫兄弟至亲也，在于情谊敦笃，不在形貌缠绵。使既异之后，有无相通，疾病相扶，虽异犹未异矣。如或志意猜疑，神情阻格，虽与之共居止、同饮食，而日相暌违，其得谓之不异乎？《仪礼》之言曰：父子一体也，兄弟一体也，故父子手足也，夫妇判合也，昆弟四体也。昆弟之义无分焉，而有分者，则避子之私也。子不私其父则不成为子，故有东宫、有西宫、有南宫、有北宫。异居而同财，有余则归之宗，不足则资之宗。此亦言当分别之义，而第以子之私言，义不尽于此矣。虽然，抑有进焉，国君传子，正也。而或改而传弟，岂非雍睦友恭之尤者乎？然商自沃丁立弟，其后弟子或争相代，比九世乱，宋宣传穆与夷弑，诸樊让札王僚诛，鲁隐曹臧，其前事矣。宋之二太，尤可衰恸，岂非以名分无定而生心者众乎？是故唐虞之揖让，不可行中古以后；夷齐之得仁，难以语季世之心。何也？人心不同，慈惠者难得，而暴戾者不少也。吾闻古王者之子，长则各有分土；诸侯之子，长则各有职业。桓荣诸儿，分经而诵；曹彬诸子，分蓺而营，使不肖不得庇于贤良，贤良不得牵于不肖，所谓父之于子，贤则爱之，不贤则贱之，是乃天地之公心也。夫事贵守常，不贵立异，当图其终，不贵矜其始，能为远虑，谋及子孙，可为深长思矣。

（饶玉成辑，光绪八年刊本）

湖南

长沙涧湖塘王氏

阐述家、族、团、国之集合关系。

民国《长沙涧湖塘王氏六修族谱》卷首一，《王氏四修族谱序一》：

王氏为族甚繁，郡著太原，系出姬姓，大家数二十一望，相传已数千百年于兹矣，是故如星之罗，如棋之布。有各宗其宗者也，如瓜之绵，如葛之施；有各族，其族者焉，不有谱以联之，其何以知派之所由别，于支之所由分欤？且夫派者，取义于水，水必溯夫其源；支者，取义于木，木必推其所本。族而有谱，固皆有水源木本之思欤！余自乙巳岁摄篆星沙，有王生锦城者，为余县试首拔士，余重其文，盖春容大雅将和其声，以鸣国家之盛者，

第十四篇 宗族与社会

继见其人,翼翼如怡怡如,殆油油然有孝弟至性者焉。王生勉乎哉!今夏来谒,以续修家乘告请序于余,余重思之,王生与其宗人之为是举也,其循三十年一修之成例,今适届其期耶?抑以尊祖敬宗,敬宗者收族,而不能已于怀耶?不然则将有感于一邑之化由于一乡,一乡之化由于一族,因而联宗族之情以寓治平之意耶?若是则余于王生有厚望也。余尝谓治斯时人,欲其出入相友,守望相助,莫善于团,而乡团之法莫便于族团,盖族之为团也,或立族正以综理一族,或立房长以分理各房,或请官法以列于祠,或拟宗规以著于牒,则为法为戒为劝为惩。分虽别乎尊卑,年虽分乎长幼,居虽间乎远近,属虽系以亲疏,但在一族之内者,族正得而约束之;但在一房之内者,房长得而纠察之。则父兄之教育有先,而子弟之率亦谨矣,尚何虑?夫游惰何患?夫盗贼何忧乎?悖逆争斗而使俗不长厚哉!是故族者,家之积也;天下者,族之积也。各族理则天下理,此昔陈榕门先生所行于江省之至意也,即今圣天子所属望于编氓之至意也。王生勉乎哉!余于王生有厚望焉!是为序。咸丰三年癸丑岁仲夏月穀旦,湖南盐法长宝道前任长沙县知县通家弟夏廷樾憩亭氏拜撰。

(王万藻等修,民国三十八年听槐堂铅印本)

湖南善化人唐仲冕在江宁设立祠堂,不违法。

《大清宣宗睿皇帝实录》卷三一九:

(道光十九年二月乙未)谕内阁:前据御史周春祺奏,江宁布政使唐鉴于江宁省城为女建祠,其胞弟唐紫玖现住省城,并该司系属病躯,终年不去药饵等语。当降旨先后交福泰及汤金钊等查奏。兹据汤金钊等勘明,该省天界寺前有唐孝女坟冢碑坊,并无建立专祠烧香聚会情事。其寿星桥房屋一所,勘系该司故父祠堂,唐紫玖先曾在内居住,现已回籍,亦无夤缘钻刺等弊。该司语言步履,均无患病情形,公事尚无废弛。惟于伊弟前来江省,任令署外居住,请旨交部议处各等语。余与福泰所奏大略相同。唐鋖即唐紫玖,既经该尚书等查无倚势招摇劣迹,该藩司令在署外居住尚无不合,着无庸议。惟伊故父唐仲冕在江宁置有房屋,设立祠堂,唐鉴于简放江宁藩司时,不即据实声明。伊女在伊江安粮道任内病故,并不送回原籍,辄借寺旁隙地营葬,致招物议,唐鉴着交部议处。

(中华书局1986年影印本,第5册,第999页)

江苏
仪征蒋氏

民国仪征《蒋氏宗谱》,《家规引》:

国有法而家有规,法正而国治,规整而家齐,理固然也。尝观世俗以势之强弱称宗族之大小,殊不知族之大小实由于子孙之贤不肖也:贤则显祖荣宗,家钦国仰,族虽不大,亦望族也;不肖则败名失节,亏体辱亲,族虽甚大,亦贱族也。故有宗族者,必以家乘为先。务修家乘者,尤必以家规为首。故谱牒之有家规,无非使后世子孙触目惊心,皆知向义,恪遵高曾之矩矱,不失为故家旧族云。

(民国印本)

安徽

不许以家法害人,有违国法。

绩溪南关许余氏

光绪《绩溪县南关许余氏惇叙堂宗谱》卷八,《惇叙堂家法》:

家法治轻不治重。家法所以济国法之所不及,极重至革出祠堂,永不归宗而止。若罪不止此,即当鸣官究办,不得私行山乡恶俗,有重责伤人及活埋者,此乃犯国法,非行家法也。

(光绪十五年刻本)

(二)倡导宗族内部的义行与救助

直隶

故城祕氏

置义冢,助婚丧。

宣统故城《祕氏族谱》,《处士祕公无逸墓志铭》:

……三岁失父,有天性,事母以孝闻,自少及长三十余年色养无间言,君长八尺余,负气伉爽,故喜游任侠,善饮酒,家以故中落,后乃折节谋治生,家更饶于旧,然不悭吝,孝友好施,与其天性也。伯兄奋翼以游惰致贫,君养之别室,戊午岁奋翼死,一切含敛悉中礼,既葬,事寡嫂亦如之。从叔荣生老而无子,欲觅嗣子于本支,君最近而无其人,转求之疏族,又虑君议其后,于是谋之君曰:吾旦夕就木,吾产应归汝,又念无以为继嗣,第二者恐不得当,子其谓我何?君笑辞曰:饘粥吾粗足自给,奈何利叔有误大事乎?卒以其产立族子英。故城俗,死无子孙者葬之别茔,名"绝户坟",伯父举人允升无子,葬四十年矣,君岁时祭其墓,泪辄簌簌下,曰我死后谁复奠一抔麦饭者,且绝户名安忍闻,因以仲孙五

第十四篇 宗族与社会

化继其后。里人某某贷银若干不能偿,议以田酬其值,君闻之焚卷不肯受,甲子岁饥,捐赀赈贫乏,村中赖以全活者常数十家。至于置义冢,助婚丧,不更仆数也。

(宣统二年重修本)

种种义行。

宣统故城《祕氏族谱》,《世系》:

九世　县志:丕笈性孝友,自幼嗜学能文,康熙癸卯举人,癸丑进士……事竣以病乞假回籍,设邑塾,修邑坊,置邑田义渡,一空其从前之禄入。病痊,视学秦中,誓绝请托,斥苍苴,生童卷必亲阅,以勤学,卒于官。秦士感泣,挽章充栋,已而陈之督抚,有"驰驱两试,精白一心"之批,准祀名宦,载在秦志。秦距故城两千里,岁有士子来祭其墓,其校士之明且公,盖可以已。易箦时以邑学两芜废圮,经阁废,邑贤都宪马东田绝祀之事嘱子世贞,今阁建,芜新,马氏承祧有人,完其室,给之田宅,皆其子继父之志,捐赀为之者也。

十世　显考太学生靖野府君行述……盖奉王父之遗命行之,惟恐不及也。甲申邑被水灾,加以瘟疫盛行,流离死亡者载道,吾父悯之,明日煎粥以待饥者,此风一倡,每日环门丐食者数百人,一一给之,全活甚众。乙酉春因邑之绅士纶请上台,祀上父于乡贤,遂修建乡贤祠,进谒文庙,见两芜倾圮,辄慨然曰:何以安妥先贤也,于是不惜重赀,独立修葺,使之焕然一新。至保全弟妇,吾从叔母陈氏之节义,抚养孤侄,吾从兄王说之成立,设义渡以济行人之往来,设义学以教族党之子弟,设义田以赈族属之穷乏。……

宪洙子讳章字在中,庠生,配孙氏、王氏、李氏。生冲、万青、万选,俱李出。二女,李出,长适监生师钟昭男永福,次适廪生蒋象节。先大父性真率,不修边幅,与人交,一言不合辄义形于色,或里党起争衅,片言为直是非,各徐徐而退。嘉庆初宗祠失修,大厦有颠济之虞,大父虑无以妥先灵也,于是倡义集款,有改筑后山之举焉。又四世祖义官公墓旁地俗名九家坟租税所入,用备墓祭历有年矣,嗣缘族某司其事,因以自肥而祭典弛,大父以义责之,公产是以得珠还,迄今义官公墓前之香火弗衰,子姓祭毕而合族会食者,盖沿大父之旧云。孙男学汉谨识。

十五世　方正子学周,字兴歧,修髯广颡,气宇轩昂,有古道仁人之风。性耆学,家藏诸书悉皆成诵,尤精歧黄术,远近就医者投以药无不立痊,但志在济人,绝无市嚣志习气,廉静之风,虽苏橘董杏不足以拟其清高也。且重交游,尚气节,素与宿学赵明经总善,明经寡知交,独器重兄……族弟学汉谨识。

十五世　叔祖希言公,英明豁达,资性不凡,未曾读书于圣贤,道理发言辄中款要,昆季早世,一身秉家政,督读督耕秩然有条,家素饶,遇贫寒者周恤之,睦乡邻,亲族属,每佳辰令节,三五知己快饮剧谈……侄孙际瑞谨述。

十五世　居大化,鼎华长子云书,字篆鸿,号轩卿……著有《蒙养草》等诗集,藏之家箧云。

十六世　侄聘卿,朴诚循谨,与人处无疾言剧色,咸同间流贼骚扰,邑人避兵,率携糗粮钱衣诸物,聘卿负先人木主谱牒一帙而已,人嗤其迂,已乃惴惴焉,恐或遗其天性然也。事亲孝,父兴歧公好施予,家无担石储,勉承父志,未尝有难色。喜读书,贫不释卷,以医学世其家,全活甚众,尤精痘疹诸书,乡邻有病者,求辄应,虽证近危急,投药立痊,盖德艺兼优云。族叔学汉识。

十七世　默斋兄,不骄不伐,克勤克俭,当先族伯在世即综摄家政,理烦治剧井井有条,下至仆佃莫不受范。然性好施予,族党之贫乏者往往待以举火,以故沐其德者闾里几遍,受其赐者诵说不衰,晚年虽丧子而三孙左右服事,孝思纯笃,继自今曾孙济济,率皆动遵轨物,崇朴黜华,与世俗之富厚者迥别。于以知吾兄之流泽为甚长,行且至于仍云而麎既也。族弟际瑞谨识。

（宣统二年重修本）

宣统故城《祕氏族谱》,康熙《续刻族谱跋》：

吾观世有公卿之子降为氓隶者,匪里后嗣之不振,盖亦前谋之否臧致之也。若吾始祖起家农事,惟忠惟厚,三传而补博士弟子员,四传而成进士,五传而列名仕籍,自是而后领乡荐者六人,及笈之身而又幸捷南宫,可不谓久而寖昌者乎？中间虽亦罹兵燹,值凶荒,而诗书之泽不泯,盖忠厚之食报不爽也,况今后起之秀不乏,将来必仍有享高爵令名而道德文章表于世者,以似续而光大之,其皆吾始祖流泽之远之所必至者乎？或曰天道未可知也,余曰先德犹存,亦信之以人事而已矣。今予户虽繁衍,大率皆循礼崇让,其于伯叔兄弟间从未有争锥刀而讼于庭者。其待外人也,遇一稍知理者,犹敢与之辩论曲直,但使其人见伪懈而骄张,则讷讷然悉成无口匏矣,人或讥其软愞,余正乐其谨退也。而至于家徒四壁,衣冠了鸟,人抱凌云之气,无有肯俯首承睫,甘为舆皂以自存活者,其志节犹可尚已。吾族之人心习尚如此,是先德之犹在人也,继自今敬而守之,永无陨越,其不辰享祖宗忠厚之报者无有,而如其惑于流俗人之见思,欲反是道而行之,天岂复能祚尔乎？凡我族人其谛听之勿忽。康熙三十三年甲戌,九世裔丕笈谨跋。

（宣统二年重修本）

武强贺氏

创建书院，整顿义塾。

民国武强《贺氏家谱稿》，《王考苏生府君行述》：

……及官故城，训导家人犹食粗粝，而提倡善举如乡居时。尤以兴学育才为第一要务，悼痛故城文学衰敝，必思有以兴起之，乃议建设书院，整饬义塾，创醵金法而首出资以为之，倡义塾既顿改旧观，学院之议则阻挠者日出，志不可退，久之县令沈君政初、教谕范君翰文感其诚，联合士绅食禄者捐廉，富有者出资，运使季公邦桢闻而善之，酬助千金，二十年而历亭书院卒以落成。时故城地值廉，甚乃举余钱大购田土，已而连岁丰稔，书院经费遂以充足。庚子之后，变法议起，诏州县立学，各县多以经费无出观望不举，故城独得故书院为学校，而规模立具。

（1949年本，国家图书馆藏）

临渝郭氏

清代临渝《郭氏家传》，《族祖雪庐公行述》：

公少有俊名，诗文古文辞皆有家法，……时海内承平，人知向学，公所居有园亭花竹之胜，席累世之丰盛，积书盈屋，手自丹黄淋漓，殆偏暇则招致四方之贤士置酒高会，上下千古竟日累月无倦客，……生平喜周人急，察颜色不豫曲得其情，密为部署，及其人知之，则事已办矣，然公亦终日不自言也。宁都果合山金精十二峰之一，岩洞滨邃，人迹罕至，州人贫不能葬，……公父象昭公偶游其地，立出数千金买地葬之，公之好施盖家法云……公好砚，尝至谭快人家，有金星者宋砚也，公频行，遣急足携之去，而快人不知也，送公至渡口，公出钱券八十千与之，曰为砚，快人愕然，公语之故，快人曰君其可谓巧偷豪夺矣，然亦何必尔，相对轩渠却之不受，购一舟以为义渡焉，因名曰之砚渡。族孙炽述。

（清代乌丝栏抄本）

滦州边氏

民国滦州《边氏家谱》，《家谱约叙》：

夫家何为而有谱，谱又何为而有约？良以族于宗繁非谱不纪，支分人众非约不行，凡谱与约所由重也。然古人有谱或未必有约，即有约亦未必次诸谱，兹必连而编之则又何也？盖古者各有墓志，有存之即可为谱，不言躬行守之即可为约，故祠堂、宗法、家塾、义田等项事宜皆其旧规遗模，群习而目睹之者也，何庸标世系以示人，选良献以励众也哉？今世去古既远，人情以俗为便，温清定省之仪尚苦繁节而罔谨，况杳冥若祀事，谁复致凛于四时，父子兄弟之际犹殖私财以自丰，况疏远如九族，谁肯轻拔其一毛。凡若此者非目睹而赘旒视之,闻约而尘饭弃之也,正为无谱以竦动其心,无约激发其志,故相沿以至于斯耳。吾族人寡俗厚,家寒唇久,立尊祖睦族一会,尝相与指陈,先世皆恨无谱以征为阙典焉,既语至维持俗数事,又皆若有不约而同者,余小子敬承先考遗意,著谱约一帙,以发众志之所共快,且期以近义可复,而非且欲为今日之快谈已也,是为叙。

古孤竹边氏后裔柔远记。

(民国二十七年唐山华美印书局本)

山西

离石于氏

表彰义勇。

康熙离石《于氏宗谱》卷五,《垂训·族规》:

一、族中有行善者,果其慈心济众,阴行方便,见义必为,宗子、司仪于岁终奖励。大者馈以布帛,小者送以食物。

(于准纂修,康熙年间刻本)

灵石何氏

设义渡建桥梁。

道光灵石《何氏族谱》卷之末,《五德公捐修义渡设立桥梁碑文》:

灵石王淳初撰。

灵邑曹村里之张村,与两渡**镇隔汾**河而峙,古渡口在斯,为北乡一带诣城必由之路。往昔立渡之始,舟楫俱全,嗣后**年岁屡歉**,渐致隳坏,四方往来者遂不免临河却步之忧。两渡镇五德何公目击心伤,慨然独任其事,捐多金以更新之,继又命其令嗣等曰:有舟无梁,便于夏,不便于冬,非安全之计也。然倡于始而不计于终,岂久远之图乎?吾欲再输金,于冬季设立桥梁,请诸乡公直数人掌握银两,共董此事。嗣后但以其息办而本依然不耗,庶可永保无虞。乃事未成而公遂逝。阅明年,泽远与乃兄青云缵承父志,纠清公直某等成其事,一切悉如公议。至今远近人胥利赖之。夫公非奢费之人,而是举不待恳请劝相,前后数百金坦怀而出,斯非利物济世仁人之用心哉?是秋桥成,事竣纠首诸君造吾庐,备道其巅末,且索言以寿诸贞珉。余惟渡蚁亿万尚致并元之祥,公造舟为梁,为数十村人计图安全,积日积人而计之,不啻亿万矣。况公之善行又有不止于是者乎?古云:积善降之百祥。公非缘果报以为善者,而余以为不求果报,其报更大。彼冥冥中报公之子姓者,夫岂可限量耶?余故乐纪其事,为公记兼为公祝。

(乾隆间何思忠创修,后裔续修,光十四年续刻本)

山东
即墨万氏
同族捐赈互助及济贫。

道光即墨《万氏谱书》,《捐赈纪名》:

族之有谱,联敦睦也。顾联以敦睦之意,必期有敦睦之实。道光十六年岁饥,族人之夙殷者共捐京钱千有余千,约吾族之贫者赈之。是即敦睦之实也。爰记其名,以为后之登斯谱者劝。

中溢、中住、中厚、新命各捐大钱十千文,中斋、正焕、正蕴各三十千文,廷嵩、新沼各四十千文,光详一百二十千文,正瑚一百千文,新浩六十千文,正良三十二千文,正秀、新鹏、新学各二十千文,正显三千文。

(道光刻本)

江苏
常熟王氏

民国常熟《太原王氏家乘》卷七,《义庄·张家墅王氏捐置义冢记》:

张家墅王君雨岩,推所有附近之田以设义冢,冢计十一亩有奇,以输国课,以备祭扫之需,而自述其缘起,曰:"此非小子霖之能也,予先人之志也!癸未岁之灾,先人出粟以赈,七图之人既得。先生之文垂诸家乘矣!惟是被灾以后,败棺**遗椁累累**然在目也,先人临殁,谆切以为命,日月奄忽,苟一日暴露,则先人之志一日未**偿**,用是不敢缓,敢请记之。"予**惟国家**涵濡百余年,所以谋泽及斯民者,**至孅悉**也。邑有广仁局,方春之时,驾小艓**以收暴露者**,四野相望,岂犹泽有未遍与?而**败棺遗椁**所在皆有,子孙既不欲以祖父骸骨官为掩埋,而又诎于力,此泽之所以虽遍而未遍也。古者墓,大夫之职,令国民族葬而掌其禁,令使皆有私地域,其亦以掩骼埋胔之举泽及于一时,而官之泽之不若民之自为泽也。是故,族葬之法行而世无不举之棺。今王君更能广其惠于里人,所以推宣圣天子泽及枯骨之至意,而益衍先人之德于无穷。其用心之挚又何如也。使闻王君之义者咸观感而则效之,由是而行之。一乡由是而行之,郡邑由是而行之,天下是即《周礼》相葬相救之意也。然则君之是举,其泽远矣!道光六年三月,孙原湘撰并书。

(民国刊本)

安徽

泾县

泾县某姓维持东园古渡。

洪亮吉《泾县志》卷二,《津渡》:

往来稠集,自黎明至夜分无虚晷刻,非大船不克允济,兼取快便,添设小船,择勤敏者予以资斧,俾掌樯楗。向来措办,俱出宗祠忠孝堂公项。近因应给不周,……(今夏)巡五谋于同族,自修大小两船,并给司渡人食用,费银八十两,因言此项需有专款,方能持久,慨然自置湾市房,计价一千一百一十两,助入宗祠,岁收租银,为济渡永远之资,族尊户众,咸嘉其义,请其二代木主崇祀享堂。……义举一人,而功归合族,洵不朽事也。嘉庆五年秋月绳祖撰碑文。

(《中国方志丛书》本,台北成文出版社1975年版,第206页)

以千金为乡里置桥。

施闰章《学余堂文集》卷二,《斗山杨氏族谱序》:

余尝作《老痴杨先生传》,其略盖得之杨君仲建。仲建家黄池,舟上下必道其庐,至则相索,久游而不厌。闻其五世祖曰宗信,尝以千金置桥横岗,乡人传称之。而其伯父儒、父伋皆尝与先大父同问学于陈九龙先生之门,以是余两家交最旧,因得尽征其先世。

(《四库全书》本)

歙西金山宋氏

康熙歙西金山宋村《宋氏族谱》卷一一,《世德·太学生恩授寿官良铣公传》:

不十载……称巨商,周贫恤急,举出其诚,而睦族敦伦尤恺挚。兄良辅早卒,事嫂抚孤,恩义备至。修理本族家祠,新其前堂及造水口亭阁不下千数百金,仪真南门甃石为桥。

(宋德泽辑,康熙五十九年秉德堂刻本)

休宁金氏

乾隆《休宁金氏族谱》卷二三,《事略》:

六十二世正佑公……当宗祠年远颓圮,公分最长,倡议修理,族之贤者起而应之。不数年而栋宇焕然重光,则公之功多也。及祠告竣,尝于聚族时告人曰:家必有庙,庙必有主,非徒使后人上敬祖祢,亦欲使知下荟子孙也。今人各亲其亲,各子其子,以一家视族人,则族人诚疏矣。入家庙而以祖宗视之,固无亲疏也。苟为子孙者不顾一脉相承之谊,相恶相怨,甚至鼠牙雀角,此岂立庙合族之意哉?继自今愿为吾族者,毋以众暴寡,毋以富欺贫,毋以强凌弱,贫穷患难婚姻死丧相救相助,如葛藟之固其本根,则上可以对宗祖,而下真无愧于子孙矣。其意总以亲睦为主,族人亦多化之。或有忿不能平,质正于前者,多方开释之。公熟于典故,善为词说,旁证远引,喋喋不休,必俟其人心平气和而后止。自是公庭罕有至者,远近邻里以为金溪浑噩之风可追皇古云。

(金门诏纂修,乾隆十三年活字本)

宗族利用部分族人的互助会收益修缮祠堂。

乾隆《休宁金氏族谱》卷二三,《事略》:

六十三世有琤公……宗祠年久未大修……众议估修费须八百金,族批输不能过半。公与族公助、钟眉、任初、受威、用中诸公议收诸会谷,三年足以襄事。会谷者,乡例,每赛神辄集诸家共立一会,会各置租数十砠不等,岁各会率一祭献,在会之户得各分胙肉,俱有定数。族中会颇多,有一神而二三会者。兹议:祠尽收其谷,其各会钱粮及所祭献,祠为之代办,胙肉并停,岁可得赢谷数百砠,此议创有会之家,颇起私议,得受威、用中、公助三公批从,私议遂息。以会莫多受威公房,次则用中、公助公房,余皆不及也。然议定,董其事者实难,其人盖非公干勤强兼者,不足以胜任。公助、任初二公同举公,众以为当,而公亦直任不辞,三年中,所以劳心劳力者,无片刻闲……按:宗祠大修之举,祠功凡十二人,而公实为之首,收会谷以襄事,于事神之道初无所妨,其议永足为后采取,故特详其事焉。

(金门诏纂修,乾隆十三年活字本)

绩溪南关许余氏

光绪《绩溪县南关许余氏惇叙堂宗谱》卷八,《惇叙堂家政》:

养老之用。凡生平公谨,至年老又遭患难,无子侄服亲,无田产者,于祠祀产拨租以养之。如祀租无余,每年由祠董与族内富户派送月米,如无富户,则中户派送,不得任其转辗沟壑,不得视其流离乞丐。如本族有年老饥寒乞丐者,即族长、祠董与富户亲房之罪也。

赈贫之用。凡家贫孤儿寡妇与疲癃残疾,及年壮遇灾遇病、素行归真、衣食无赖而无服亲者,祠董拨祀租以赈之。如祀租无余,于合族上户及其近房派送月米。在节妇则尤当加礼,其寡妇与疲癃残疾俱赈之终身。孤子病人以年长病好为度,孤子日后发财则捐资为义田、义仓以济后之贫者。

助学之用。族中子弟读书三五年,如果天资高妙与天资平等而志大心专者,其家贫无力,则祠董于祀租每年拨助学资。如祀租无余,则于上户亲房劝其扶助,中举则偿其本。

……

救荒之用。每遇荒年,如既无义仓又无祀租可拨,族长、祠董会计合族富户捐资以保合族贫户,断不至家家赤贫,家家无粮。务求一族之富人能保全一族之贫民,不使一人独受饥寒。富者有钱出钱,有谷出谷,倘明明有钱有谷,为富不仁。凡以上各条从中违拗,以致祖训家政徒为具文,贫民求生无路,则由本族持此谱呈官求究,以不孝不义之罪治之。

(光绪十五年刻本)

黟县南屏叶氏

嘉庆《黟县南屏叶氏族谱》卷一,《桥梁·万松桥》：

在水口万松亭之北,嘉庆七年本族叙秩堂支丁乐输建造,越五载桥成,三洞,长十二丈,高一丈六尺,广一丈二尺。桐城姚姬传有记：徽州之县六,其民皆依山谷为村舍,山谷之水湍悍易盛衰,为行者患,故贵得石桥为固以济民,吾至徽州,观其石梁之制坚整异于他郡,盖由为之者多石工,习而善于其事故也……乾隆五十三年夏,徽州蛟水发……其后数年,民修田庐既饬,而山崩坏未复,地脉亏败,叶氏以为忧,群出财修之……嘉庆八年六月桐城姚鼐记。

(叶有广、叶邦光修,嘉庆十七年木刻本)

嘉庆《黟县南屏叶氏族谱》卷一,《桥梁·西干桥》：

在村之西北,嘉庆十一年叙秩堂支丁乐输建造,与万松桥先后落成,俱载县志。族内原有桥会,今仍轮流值年经理。

(叶有广、叶邦光修,嘉庆十七年木刻本)

绩溪城西周氏

光绪《绩溪城西周氏宗谱》卷一九,《义冢》：

义冢之设,可以为裔孙借急,可以止祖坟盗葬,甚盛事也。适胡里族人重建宗祠于间坑口,多亨公墓余山采取木料,合我祠股分估值树价,计其数钱一百五十两。除付胡里建祠捐钱一百两,仍剩五十两,置买效字号土名何家培地业,立为义冢。裔孙荣长明公子

第十四篇 宗族与社会

宗朴廷宪公次子、启京广昂公继长子、启运广涵公长子、启沛广煜公三子,复倡首邀捐,醵钱增买毗连地业,开扩义冢地址,立碑订界,董理其事。

（周赟等修,光绪三十一年敬爱堂木活字本）

绩溪东关冯氏

光绪《绩溪东关冯氏家谱》卷首下,《义冢记》：

吾太高祖明庠生讳世德公所置土名大塘后地,先是祠内二世祖鹏公配葬兹山之麓。吾太高祖慨然念本派之死无所归者,遂买置此山以作义冢,除祖坟前后左右相距一丈外,余皆以安葬本派之丧。其仁施族姓、泽及枯骨者为何如也。其地为荒字号,上至尖,下至田,左右各至湾,计山税一亩一分四厘六,其上半山税归清明尔求户,下半山税归宗祠盛宗户纳。

（冯景坊等编辑,光绪二十九年活字本）

浙江

绍兴汤浦吴氏

族人听命于族长及族长应守礼法。

民国绍兴《汤浦吴氏宗谱》卷一,《吴氏家规》：

一、族长为合族之主,必谨守礼法,以群御子弟。毋贪财,毋徇情,抑豪纵,惜孤寡,敦风化,谨祭祀,庶几卑幼率服,风淳俗美矣。

一、卑幼宜听令于族长,公事咸禀而后行,毋恃势,毋倚财,违命自专,不遵礼法者,以家法绳之,不服,会众呈究。

（吴金璠等续修,民国五年孝思堂刊本）

族长修复族人坟茔及岁时祭祀之义举。

民国绍兴《汤浦吴氏宗谱》卷三六,《炳文公义祀纪略甫十五房》：

敬阅宗谱祖训,曰：宗人有一言一行可纪录者,必详书之,以彰善类。吾族叔祖,行字炳文,暨两叔圣遴公信,父子同仁,有足录之。族内贤一公派有号福二公,元配郑氏安人。又有双桥府君、丁氏太君,后有我元处士、金氏孺人。再后,皇清敕受广东碣石卫经历景星府君,敕封单氏孺人,伊子耀日曾任台州黄岩县典史,俱系卜藏金家阪,山名磨盘。其嫡系作宦在外,不得省墓,遗址几湮,缺祀已久。于乾隆癸亥年二月某日,管山人金某觇坟址木拱，拜扫无人伦，于若敖胆将此山盗卖章姓。幸公信之妻舅金某世居兹土，熟视山中吴界埋石，又闻传言汤浦祖山，来报于信，信禀之父。父为我族族长，年高德邵，细查谱载确在，贤一公派历瘗此山。乃遣信即往验之，遂讼于官，得归是山。自后又命遴出资封植，以妥先灵。遴遵父命，于棺之**暴露**者掩之，木之蔽向者翦之，土之卑塌者筑之，且具鸡酒以奠。不惟是也，而又倩彼石公勒碑书名，以垂久远。于每岁清明日相邀族人，同往致祭。今年，岁在丙寅三月二十一日，遴叔之男孔三弟，邀及族人质庵、奕宣、凤书、静庄等，备船只，过嵩坝，往返数日，**牲醴肴馔**动费多资。并散余胙于金氏，盖不忘其来报之情，迄今数载，毫无德色，一皆凛**尊我叔祖**之遗命。可谓祖孙父子一家义举，族所罕见。因备述其事以为纪，聊以彰其善云。

族侄孙中倬谨识。

（吴金璠等续修，民国五年孝思堂刊本）

民国绍兴《汤浦吴氏宗谱》卷三六，《惠顺公赈饥纪略祯大房》：

敬阅宗谱祖训，曰：宗人有一言一行可纪录者，必详书之，以彰善类。我叔惠顺公，暨我弟中俊，同心济美，于雍正己酉年春王正月二十五日，时天道严寒，雨雪连旬，乡人之不足者尽**嗷嗷**待哺。俊恻然曰："周急之谊，正在此时矣！"为请于我叔惠顺公，公曰"诺"。遂即望**烟填簿**，计口四百有奇，给米二十余石，邻里赖之。昔我高祖近川公树德于前，曾有传记。若我叔与我弟者，可云克绳其武矣。

时雍正十年岁次壬子端阳之吉。

（吴金璠等续修，民国五年孝思堂刊本）

绍兴欢潭田氏

义仓兴办方法。

光绪绍兴《欢潭田氏宗谱》第四本，《田氏义仓善后说》：

《易》曰："君子作事，谋始。"始之不谋，何以善后。凡事善后难，善后于义仓尤难。因时制宜，随俗立法，不师古者悖，泥古者窒。举其大要有三：一曰不经官。古社仓，隋唐及宋，赀计咸教，悉仰诸官，崇安社亦。然由其赀假诸官，故监视有请，敛散有申。此吾田氏之仓，民捐民置，呈官立案而已。此即前明倪文贞公，义社翊富仓，不托于官之意也。二曰善任人。朱子曰："里社不能皆有可任之人。"任失其人，侵亏，不免怠废，其小者也。惟有家道者，无侵亏。今之捐者，家道皆可，推择一人焉主其计，没则更推。历观义举，无不败于原捐之子孙。集家庙公推，同捐推富，同富推能，捐裔无可推，推及族人，毋相徇比。三曰绝借。贷公众之赀,易生觊觎,饥寒之迫,遑恤廉耻,贫故贷,贷宜偿。责以必偿,恐伤恩;听其不偿,又坏法,不若绝之便。三者大意,取法翊富仓。倪公,固越人,时未远,谋较密也。

(田绳祖等修,光绪三十年荆茂堂刊本)

江西
清江云溪徐氏

嘉庆清江《云溪徐氏族谱》,《宗训》:

一、听命尊长。尊长为一族之望,老成练达,见事多而处事必正。后生辈有所行当先禀请商议,议定遵奉无违,敢有藐视不听从者,众共叱之。

(徐廷攀修、徐攀桂纂,嘉庆十八年刊本)

(三)提倡合约,力戒兴讼

安徽
绩溪城西周氏

胡氏、周氏二族就祖坟山保护协商达成《合议》。

光绪《绩溪城西周氏宗谱》卷二〇,《合议》:

立议据胡宗祠、周宗祠,今因两族坟茔来龙均在府龙土名虎坝岭蘇湾出脉,先年被人打石,有伤来脉。是以买有该处阴培山业,公禁永不取石打矿,共收豆三斗,胡姓一斗,周姓二斗,其余山利概置不取。原以上护府龙,下保两姓来脉。今有闾坑汪灶旺在于该处阳培藉买葛姓行字五百九十七号山税五分,开垱打矿,租卖歙人。两姓会同查看明确,经公理论。今汪灶旺托人劝处,愿将伊阳培所买葛姓山税,照阴一体便卖,胡、周两姓严禁,永远不得取石。议价六两,递年包胡、周两姓豆租十二平升,仍照阴培例,胡姓一股,周姓二股,其价与外**费照股配**出。嗣后互相稽查,倘有私自盗石,有伤来脉,通知公论,或致用费,照股均配,**不得推诿**。其税各照股拨收完纳,其契存周姓宗祠收贮,不得遗匿,其契底各附墨内,以便查览。事关府龙及两姓祖脉,因凭两族立此合议二纸,各执一纸为据。

(周赟等修,光绪三十一年敬爱堂木活字本)

绩溪庙子山王氏

王氏、唐氏、吕氏、汪氏坟山协议。

民国《绩溪庙子山王氏谱》卷一三，《冢像略·合议据》：

立合议据人唐厚甫、王春庆、吕永庆、吕元庆、汪程氏，缘因唐、汪、王三姓于遐字号瑶甘来龙山后背边，坐东南朝西北地内，合造葬坟五大明棺。因前是元庆地，后是永庆地，若不凑便，未免后嫌单薄，前多阻塞。适吕姓两家意欲合墓，各将地业归入，一同合造，以成金壁。于是五家各出钱力造成葬椁七大明棺，汪姓内得两只，王姓内得两只，唐姓内得一只，吕姓每家各得一只。其居椁之东西次序，绘图于后，每椁载明姓氏，照椁居祖，不得藉端互换，恃强占踞。葬祖之期前后不一，必须早日知会，一家葬祖，四家齐到，眼同开蔽。惟血丧毋许进椁，必要经过三霉方可，如有恃强私葬，皇天不佑，子孙不昌。面议：汪姓该地一切归作护坟，明堂前有小顶田二亩半，不得栽植树木，遮塞面前；吕姓两家明堂脑后诸地，自前后左右以及起止来龙护砂一切不得挑泥掘挡。一家有违，四家出首，其银粮各归各户完纳，其粮食各业各收，不作公款。所愿一体同心，各遵原议是幸。恐口无凭，立此议据一样五纸，各执一纸，永远大发，存照。光绪二十八年七月井日立。合议据人唐厚甫集成按即、元德押、王春庆押、吕永庆押、吕元庆押、汪程氏押，凭中汪声远押、汪廷准押，代笔汪采五押。

（王集成纂，民国二十四年排印本）

黟县鹤山李氏

李氏、江氏坟山合议。

民国《黟县鹤山李氏宗谱》卷末附，《李江两姓议墨》：

立议字人江天佑、江天赐、李元秀等，今因二家祖茔均葬在二都东山，土名金钱堆，恐后二家子孙人心不一，是以托凭亲友议立合墨。所议者江姓祖坟之拜坛，即是李姓祖坟之保脑，二家以后均不得开穴扦葬，以及私鬻情事。此外余山照原各管各业，二家不得侵越界至，如敢侵越，将此合墨赴公理论，甘罪无辞。立此议墨一样二张，各执一张，永远存照。康熙五十二年正月。立议墨江天佑、江天赐、江有生、江三贵、李元秀，中见黄天平、吴德光、江圣三。

（李世禄纂，民国六年木活字本）

浙江

绍兴欢潭田氏

田氏渡口议单。

第十四篇　宗族与社会

光绪绍兴《欢潭田氏宗谱》第四本，《新江口义渡议单》：

立公同议单，郭忠贤、邵正阳、田澹斋等，为重整义渡，以济行旅而垂久远事。窃缘山萧隔界有新江一区，自前明万历间暨邑令刘公所凿，以泄南来之水，故名新江，其地东隶山阴，西属萧山，为往来之要道。刘公并设渡船，济渡行旅，迨后日久废弛，行旅病之。国初年间，忠等先世同志乐善，捐资设立义渡，以济往来。置得渡产共田十六亩有零，当立郭、邵、田户名承粮，每岁收息，以作纳课修船并渡夫工食之需。并于江之山阴岸建造渡屋一所，前进为往来行旅歇息，后进供奉刘公神位，春秋祭享，且为勒石于左，使无泯没，诚美举也。其时，令宣德化承管渡产，掌理渡务，旋以不顾专职罢用。另举传东阳承管照办，不料今伊子等更甚于宣，将渡产肥己，船屋不修，**撑渡懈怠**，呼唤不应，甚有倾沉溺毙等事，殊堪恻悯。至查所勒碑记，已被磨灭无迹，若不急为**整顿**，将来产消渡绝。忠等不忍先世善举坐视废弃，出为经理，并邀附近绅耆力能稽查渡务者，延董其事。公同酌议章程，另选勤慎妥协之人，承撑渡船，给与渡田以资工食。并将渡产立定规则，仍勒石，永远照办，庶义举不致淹没，行旅得以永赖。为此写立议单四纸，一纸呈官备案，三纸郭、邵、田三姓各执一纸，使后裔有所遵守，为照。

今将田亩、规则开列于左：

山阴县四十三都一图郭、邵、田户，田十六亩一分七厘二毫，池二分九厘二毫，地四分八厘七毫，应征银一两三钱一分正，应征米一斗四升八合。

一、议将慕字二千六百九号田，一亩九分二厘五毫。每年该租钱四千八百文，以完国课。

一、议将慕字二千六百十一号田，九分九厘四毫。又二千六百十五号田，三亩九分七厘五毫。共每年该租钱十二千二百文，以作修葺船屋之用。

一、议将慕字二千六百八号田，一亩四厘三毫。又二千六百十二号田，七分七厘陆毫。又二千六百十四号田，八分五厘。又二千六百十八号田，九分四毫。又二千六百二十八号田，八分七厘四毫。又二千六百二十九号田，一亩六分七厘四毫。上共田八亩一分五厘五毫，每年免租归于渡夫，插种以作工食。

一、议将慕字二千六百十三号田，一亩一分二厘三毫。又二千五百九十二号地，四分八厘七毫。又二千五百九十三号池，二分九厘二毫。每年该租田二千八百文，准于每年三月初七日，整备福物，祀神之用。

一、议修葺渡船、渡屋以及完粮、祀神等事，从前皆归渡夫承值，致有侵蚀情弊，此次更立章程，所有渡田，除拨渡夫作工食外，余田拨修葺船屋、完粮、祀神之用。应由董事收花承办，议以各董事输流值年经理。如值年之家路远，不克经理者，听其委托局内附近董事代理，所用各费，虽经拨田，开销仍须登帐备查。每于祀神之日，众董会集核算，盈则存放生息，以备公用，绌则众董派垫，俟盈年归还，以昭平允。

一、议渡田本年租花，先被傅祖纲等预租肥己，现在置造渡船、修理渡屋，并本年渡夫工食一无所出。今有萧邑戚友，自愿乐捐以勷善举，并勒石以垂不朽。

一、议渡夫从前无人稽察，是以漫不矜心，致有沉溺等情，此次已有附近董事，专司稽察，渡夫稍有怠惰，以及老幼力不胜任者，即当更换，毋得徇情留用，致误渡事。

一、议渡屋前进现已修葺完固，后进本为供奉刘公神位，今遭该渡夫失修倾颓，仅存基址，将俟积渐有余，再行建造，以昭诚敬！

道光二十年五月　日立。公同议单郭忠贤、邵正阳、田澹斋、陈立斋、何小晴、俞柳塘、俞蔚然。

（田绳祖等修，光绪三十年荆茂堂刊本）

湖南

桂阳邓氏

族谱刊载节选的清律条文。

光绪桂阳《邓氏族谱》卷首上，《罪格》：

殴及谋杀祖父母父母、夫之祖父母父母，杀伯叔父母、姑兄嫂、外祖父母及夫曰恶逆。告言祖父母父母、夫之祖父母父母；及祖父母、父母在，别籍异财，若奉养有缺；居父母丧，身自嫁娶，若作乐、释服从吉；闻祖父母、父母匿丧不举；诈称祖父母、父母死；曰不孝。谋杀及卖缌麻以上亲，殴告夫及大功以上尊长、小功尊属，曰不睦。奸小功以上亲父祖妾，曰内乱。以上四条列在十恶之内，罪或烁骨扬灰，或凌迟，或斩，或绞，或充恶地。若奸和者，男妇同罪；强则止罪其男，俱照服制亲疏，定罪轻重。

恩议所不及、常赦所不宥，何等森严，愿吾族人世世禀之儆之毋犯：械毙人命，即在九服之外，或系他姓等常人，罪充军不赦。劫财杀人，首犯罪斩，从犯罪军。合众抄抢人家财物者，首犯罪斩，从犯罪军。盗铸钱文数至十百千文者，首犯罪军，从犯罪徒。盗人耕牛至四五头者，罪军。盗人银及银器赃至数十两及百两者，罪斩。盗人衣服、谷米者，一犯杖，再犯刺手，三犯刺面。盗开挖人坟墓至见棺者，罪军。盗葬人坟山者，除断令迁埋他所外，罪重杖。盗砍人坟树，除断给树价外，罪杖。谋夺人田及侵占界址者，除以田土仍归业主外，罪杖。赌博钱物，或经官查获或被人告发，赌物多者生监斥革，少者戒饬；若农工商贾，多者罪徒，少者罪杖。窝贼窝赌，无论生监及四民，虽未亲身窃赌，罪同正犯。妇女妄入庵庙寺观，责在夫主本父，罪杖。游民不事生理，一经保甲禀报，罪杖。拖欠钱粮仓谷

第十四篇 宗族与社会

除差押清还外，仍罪以杖，若欠户先自逃匿无可追者，着令亲房人代完。正贡生、咨部以训道即用，臣邓经敬录。

（邓廷洞、邓盛昌等修，光绪三十三年登秀堂木活字本）

反映宗法观念的政府对民间奖励的政策，宗族载入族谱。

光绪桂阳《邓氏族谱》卷首上，《赏格》：

孝子悌弟克敦天伦者，给赏银两，建坊、旌奖。节妇烈女，上等给赏银两，建坊、旌奖；次等赐以匾额，着本地府州县官亲诣，以悬其门。兄弟叔侄数代同爨雍睦可风者，诏旌其门。生员优免丁粮。生员补廪，逐年给赏膳银外，仍免丁粮。廪生出贡，当即给赏脚价、旗匾银共一十六两八钱外，仍免丁粮，近奉新例，许穿八品补服。贡监生员中举人，当即给赏长夫银一十二两二钱零，仍免丁粮。举人中进士，当即给赏旗匾银两外，仍免丁粮。以上八条皇恩何等深重，愿吾族人共劝勉之。

（邓廷洞、邓盛昌等修，光绪三十三年登秀堂木活字本）

族谱刊刻告诫生员的《盛朝卧碑》。

光绪桂阳《邓氏族谱》卷首上，《盛朝卧碑顺治九年颁，刊立明伦堂》：

生员之家，父母贤知者，子当受教；父母愚鲁或有非为者，子既读书明理，当再三恳告，使父母不陷于危亡。生员立志当学为忠臣清官，书记所载忠清事迹，务须互相讲究，凡利国爱民之事更宜留心。生员居心忠厚正直，读书必有实用，出仕必作良吏；若心术邪刻，读书必无成就，为官必取祸患，作害人之事，往往自杀其身，常当思省。生员不可干求官长，交结势要，希图进身，若果心善德全，上天知之必加以福。生员宜爱身忍性，凡有司衙门不可轻入，即有切己之事，止许家人代告，不许干与他人词讼，他人亦不许牵连生员作证。为学当尊敬先生，若讲说须诚心听受，如有未明，从容再问，毋妄行辨难；为师者，亦当尽心教训，勿致怠惰。军民一切利害不许生员上书陈言，如有一言建白以违制，斥革治罪。生员不许纠党多人立盟结社，把持官府，武断乡曲，所作文字不许妄行刊刻，违者，听提调官治罪。以上八条不徒生员之家固宜恪守，即四民之族亦宜凛遵。

（邓廷洞、邓盛昌等修，光绪三十三年登秀堂木活字本）

宗族告诫族人勿得兴讼及睦族、睦邻之道。

直隶

临渝郭氏

应对族人兴讼。

清代临渝《郭氏家传》,《高祖陶轩公行述》:

……公性和易,待人无疏戚贵贱,一以诚族。祖体仁公家法严整,虽宴处子弟侍立,终日不敢有惰容;公反之,家庭熙熙,各适其适,从弟以小嫌讼公,其势不可解,不得已质于县廷,从弟辞屈,令君将惩之,公垂涕言曰:家之不齐,某之罪也,而使之辱于庭,其将不可以见祖父,某之罪大矣。令感其言,亦太息而止。从弟后稍敛戢。……曰耕而必读所以破愚也,读而必耕所以养生也。以故数十年来子姓蕃衍,丁壮且数百人,无荒本业之秀士,亦无不识字之农夫,公之教也。公所论著《诗古文辞》二十卷,道光某年炽于火,惟存制举文数十篇。

(清代乌丝栏抄本,国家图书馆藏)

安徽

婺源长溪余氏

谆谆乎言戒讼,是讼事屡见耶?

道光《婺源长溪余氏正谱》卷首,《祖训》:

一、兄弟伯叔分产析业,务在公平,配搭阄取,毋贻讼端。

一、族内倘因财产口过互相是非,必须听从贤明族长公议释判,毋得邀尔闻公,以失族谊。倘族长不明或有心袒护,必致一面不服,贻笑他村,为族长者能无愧乎?务要平心决断,以全族好,以息讼端。

一、戒争讼。争之不已必然致讼,讼岂盛德事哉?盖讼者之言辞皆虚浮无实之语,足以坏心术,费财倾家,诚为无益。纵有外侮,亦宜以静制动,若以无理讼人,尤为不可。

(余章耀等修,道光二十八年宝善堂刊本)

绩溪东关冯氏

光绪绩溪《东关冯氏家谱》卷末下,《家戒》:

百行奚先?曰忠与孝。五伦孰重?曰君与亲。纲常须正,伦理在明。奈何子孙蕃衍,消长不均,毋以强而凌弱,毋以富而欺贫,服族虽远,名分犹存。毋以亲为途人,毋以疏而逾亲。宜患难而相救,毋相稽以反唇。用以光乎祖考,期无愧于平生。致家和而族睦,使俗厚而风淳。

(冯景坊等编辑,光绪二十九年活字本)

光绪绩溪《东关冯氏家谱》卷末下,《家规》:
一、本支派原同一气,必尊卑有序,无相凌越。
一、弟兄叔伯有同产,业须分明逊让,毋致争竞。
一、尊祖敬宗,和家睦族,毋因利害义,有伤风化。
(冯景坊等编辑,光绪二十九年活字本)

五服至亲因祖产打官司。

光绪绩溪《东关冯氏家谱》卷末下,《书家谱后记》:
又因己产东关亭祖遗基地被服侄运鸿霸占,到官求理,业未断还,反被杨令以案外之十四都彬坑众山责以抗粮,希图架害。窃幸杨令改官,有新下车者程令兰阶察我负屈,业断归还,案亦永释。
(冯景坊等编辑,光绪二十九年活字本)

光绪绩溪《东关冯氏家谱》卷末下,《书家谱后记》:
又因新安统宗始祖定公坟前被歙南鸿飞外门同姓不宗军派冯安镐等抽脚盗葬,互控在案,起扞乞援。我族念在同宗,不忍坐视,只得躬往彼处,缠绵日久,因此羁延。
(冯景坊等编辑,光绪二十九年活字本)

歙县蔚川胡氏

民国歙县《蔚川胡氏家谱》卷二,道光二年《规条》:
息词讼。族繁事杂,争竞在所不免,但不可轻举兴讼,当先鸣族贤房族家长,究明其巅末,公剖其是非,直者劝其涵容,曲者谕令输服居闲,曲为调停处分,以息其争端。盖乡族以情理相兼,非比官府可用法直判也,如情伸事白可已即已,苟肆刁捏控,反自取破家之祸,后悔无及矣。
(民国四年线装活字本)

歙县汪氏

康熙《歙县汪氏崇本祠条规》,《崇本祠条规》:
两族倘遇外侮,必致呈公。有名器者并司年上下首及各门司年者协力共攻,不得推诿。
(康熙三十年刻本)

绩溪梁安高氏

光绪绩溪《梁安高氏宗谱》卷一一,《祠堂记》:

乃恢构中堂五大间,然大门左右尚系他姓地,一时未能凑全,及凑全时则又外侮迭至,结讼连年。幸族之仗义者不惮艰危,上下执辨,卒得申理。

(高富浩纂修,光绪三年活字本)

绩溪华阳邵氏

光绪绩溪《华阳邵氏宗谱》卷首,《新增祠规》:

受人欺侮,情固难容,然必须投告亲族,由祠调处。若逞意兴讼,两造机诈百出,欲罢不能,破家荡产,悔恨无及。惟父母之仇,祖坟被害,奸淫大变,应力申雪,其余皆可以情恕理遣。至禀祠时,应缴祠费洋三元为会众膳食之资,此外不必致谢。

(邵俊培纂,光绪三十三年叙伦堂刊本)

绩溪南关许余氏

光绪《绩溪县南关许余氏惇叙堂宗谱》卷八,《家训》:

息争讼。凡人一生不入公门便是福人,我新安沐朱子遗泽,称文物之邦,而讼风反甚于他处,大抵为风水居其半。如果已葬祖茔被占而讼尚属万不得已,若因求地葬祖而与人结讼,岂不可笑?你看古来那有因讼得地而昌盛的,惟有已葬祖坟命盗等事不得不讼,其余田地银钱都算小事,不必结讼。至于已聘妻媳被占似乎有理,但已聘而愿改婚,其家无耻,其女已不贞,我且不屑娶,何讼之有?况一切小忿致讼,至于破家荡产,辱身失名,自害害人,到后始悔,何不早先思量?

(光绪十五年刻本)

族人纠纷在祠堂内调解,系严肃认真行为。

光绪《绩溪县南关许余氏惇叙堂宗谱》卷一〇,《宗祠规约》:

鸣祠品理。凡派丁与亲属有不平之事,鸣祠理论,原造俗语谓之"开祠堂门",被造谓之"关祠堂门"。然必事关宗祠,方与公道品论,勿使成讼,庶与家训所谓息争讼者相符,切不可各为其党。但祠堂门不准任其苟且开关,反致多事,必须备仪先请祖宗,再各如品理人数备筵延请,盖理当如斯,非品理贪嗜哺啜。

(光绪十五年刻本)

第十四篇 宗族与社会

休宁古林黄氏

乾隆《休宁古林黄氏重修族谱》卷首下，《祠规》：

争讼当止。谚云：在官无罪人，便是福人。家有讼事，**费盘缠**，费奔走，无论曲直得伸何如，即歇家之笼络，胥皂之讥呵，已自百样难堪，甚至**破家辱亲**，祸及身后，几见会打官司人家长进否？皆缘一点客气所致。语曰：恕无忧，忍无辱。至言哉！设或万不得已，事关祖宗、父母、兄弟、妻子，亦要自作主见，早知回头，切勿听讼师棍党挑唆撮弄，究竟钱财他人赚去，祸患自己承当，有何趣味。

（乾隆十八年刻本）

婺源长溪余氏

道光《婺源长溪余氏正谱》卷首，《祖训》：

一、兄弟伯叔分产析业，务在公平，配搭阄取，毋贻讼端。

一、族内倘因财产口过互相是非，必须听从贤明族长公议释判，毋得遽尔闻公，以失族谊。倘族长不明或有心袒护，必致一面不服，贻笑他村，为族长者能无愧乎？务要平心决断，以全族好，以息讼端。

一、戒争讼。争之不异必然致讼，讼岂盛德事哉？盖讼者之言辞皆虚浮无实之语，足以坏心术，费财倾家，诚为无益。纵有外侮，亦宜以静制动，若以无理讼人，尤为不可。

（余章耀等修，道光二十八年宝善堂刊本）

婺北燉煌洪氏

两姓坟山争执致讼。

嘉庆《婺北燉煌郡洪氏支谱》卷末，《墓图》：

主太爷堂谕：**特授**江南徽州府婺源县正堂随带加三级纪录三次记大功一次李为讯得洪志涅控俞从癸、俞加喜占葬毁碑一案。缘短字二百五十九号土名平田口山场，共税八分五厘，册注洪涅祖、元春与俞伯成、俞伯儒踞业。顺治十一年，洪志涅祖凑买伯成、伯儒全税，立碑葬坟，现有赤契可凭。嘉庆四年七月间，俞从癸藉有伊家短字二百五十五号土名冷水坞山场毗连，遂将伊祖母棺骸占葬。俞加喜复又毁坏洪坟石碑，经洪志涅堂兄洪珍查知，鸣约控案，饬唤勘讯，经本县勘明绘图。查卷，今讯悉前情，查俞从癸短字二百十五号之山，坐西朝东，系属坞里中嵌三田，核与鳞册相符，即谓南至水坑，现有坞里山脚坑形，是该山界本自分明，与洪志涅短字二百五十九号坐东朝西之山，不特四至迥别，兼有坞里、坞口之分。俞从癸何得混以坞里山脚水坑，妄扯坞口、小河为伊南至直下至坑之证，以致侵逼洪坟，殊属不合。着将俞从癸重责二十板，定限十日内将所葬之棺起迁，嗣后毋许再于洪姓山界侵葬干究。俞加喜混行毁碑，本应责惩，姑念到案俯首悔罪，宽免深求。取具俞从癸等遵限完案。此谕。

（洪齐康修，嘉庆二十一年洪椿光裕堂刊本）

湖南

湘乡匡氏

道光湘乡《匡氏续修族谱》卷首，《家规》：

……子孙有不孝者，房长锁拿，禀告户长，遵律惩责，不服送上。……子孙有为贼盗者，犯一次者重责，犯二次者逐出，犯三次者送上究治，断不容宽。……子孙有强牵强割以及兴贩拆枕等事，大干王法，有玷风化，照律杖一百，不服者送上禀究。……子孙有田土等事，不先鸣族而擅入公廷者，依理判决外罚银五两，入祠充公。

（匡逢向等修，道光八年解颐堂刊本）

涟源李氏

民国涟源《李报本堂族谱》卷首，《宗规》：

争讼当止。太平百姓完赋役，无争讼，便是天堂世界。盖讼事有害无利，要盘缠要奔走。若造机关，又坏心术，且无论官府廉明何如，到城市便被歇家撮弄，到衙门便受皂隶呵叱，伺候几朝夕，方得见官，理直尚可，理曲到底吃亏，受笞杖，受罪罚，甚至破家忘身辱亲，冤冤相报，害及子孙，总之则为一念苛气始，不可不慎。经曰："君子以作事谋始，始能忍，终无祸，始之时义大矣哉！"即有万不得已，或关系祖宗、父母、兄弟、妻子，事情私下处不得，没奈何闻官，只宜从直告诉官府，善察情更易明白，切莫架桥捏怪，致问招回，又要早知回头，不可终讼，圣人于讼卦曰：惕中吉终凶，此是锦囊妙策，须要自作主张，不可听讼师棍党教唆，财被人得，祸自己当。省之省之。

（民国五年报本堂活字本）

零陵龙氏

民国零陵《龙氏六续家谱》卷首下，《滔溥二房合约》：

立清理杜后无事合同人：滔、溥二公嗣孙龙钦甫、彬玉兄弟等。有阳邑十九里地名渣浦塘坟山一，只是明嘉靖二十七年葬玉高祖腾岜公，叠后葬堂伯祖朝理公，伯祖婆李氏、子应琪幼殇至康熙二十五年葬。钦甫胞弟应星因玉父早年徙湖南阴，眹口鸾远山系滔公关内分受之业，恐日后人心不古，有伤族谊，是以请凭户族戚友入场作证，将历年清明公项数一概清理，两无委欠，山付滔公嗣孙独管，溥公后嗣再不得藉坟进葬。是卸之后永遵合约，永无异言，勿忘前人慎终睦族之意也矣。恐后无凭，立此清理杜后无事合同二纸，各执一纸，收执为据。

凭户族戚友：刘国安、胡又臣、龙九皋、徐三略、夏迁初、龙辉楚。

康熙二十七年三月十六日，立笔人、龙彬玉。

（民国十年敦厚堂木活字本）

江西

以义理图谋冰释族内冲突。

清江永斌杨氏

乾隆《清江永滨杨氏三修族谱》不分卷，《条例》：

一、敦族谊。水源木本，百世犹亲，虽富贵贫贱不同，而一脉之传堪念，故患难必相扶持，颠危务加怜恤，即有睚眦小嫌，经尊长处断，正宜冰解，若以大凌小，以贵欺贱，以富虐贫，以强暴弱，以众残寡，以卑抗尊，构衅成仇，大伤祖志，此风胡可训哉？

（杨如沄修，乾隆二十七年刊本）

清江云溪徐氏

嘉庆清江《云溪徐氏族谱》：

一、致戒争讼。天下词讼之结，多起于争一忿未惩而相与斗狠不已，致鸣于官，纠缠日久，奔走道路，匍匐公庭，辱身荡家，往往致贻后悔。族间稍有不平之事，念属同宗，经报尊长，无不可以劝释；至乡邻外侮，亦须酌量事势，不得任一时之气，致两造之穷。语云：讼则终凶。是诚居家之切诫也。

（徐廷攀修、徐攀桂纂，清嘉庆十八年刊本。）

新淦黄氏

道光《临淦窑前黄氏重修族谱》，《条例》：

一、远争讼以睦邻好。吾族两房一本共敦世相笃好，故同姓之人绝无睚眦，唯是左右邻居间有违言，亦宜忍让，且衡宇相望，戚谊是深，猜嫌怨忿，反覆相寻，尤为礼不应有，故必自存厚道，以弥其隙。或稍遇有不平，非剥肤切肉，万不获已之事，亦必以退让舍忍，维挽其末。若其逞威恃力，挟奸任诈，以恣欺凌者，其共耻之。

(黄登第修,道光十五年本)

兴国刘氏

同治兴国《刘氏重修族谱》,《族规》:

一、争讼。《易》曰:讼终凶。则讼之一事,无论胜负皆不利也。使因事相争构讼公庭,负者理曲而固甘坐罪,胜者理直而钱终输,故凡有争论,务宜经中理断,平允劝释,则情不伤,而财不枉费。世有好讼之徒,虽事可情恕,偏欲缠讼不休,究之守候在辕,废时失业,书役需索,非钱不行,此《易》所谓终凶也。愿我族共思之。

(刘天成等修,同治元年刊本)

宜黄谢氏

同治宜黄《宜邑谢氏六修族谱》卷一,《族规》:

一、族邻之所当睦。凡同姓一脉,与比户连居者,作人息最为亲近,总宜共相和好,慎毋以众暴寡,以强凌弱,庶成敦厚之里、雍睦之族。

一、忿争之所当息。凡忿怒之时,须宜忍耐,倘纵一时之性气,必至贻悔于千朝。况同族一脉,尤宜切戒,即有不公,自有公论,不可因小成仇,贻讥乡党。

(谢赋文等修、谢性卓等纂,同治九年刊本)

南丰西麓双井黄氏

同治南丰《西麓双井黄氏族谱》,《凡例》:

一、同族有争斗是非,会众从公解释,如有强梗不服,公众责罚。

(黄家章等修,同治十二年刊本)

宜黄棠阴罗氏

乾隆《宜黄棠阴罗氏尚义门房谱》,《罗氏尚义门房谱序》:

今夫王道之行观于乡,而雍睦之风起于家。吾支祖敕赐尚义守志公,系传而下十有余世,子孙之相亲相睦,繁然而居已四百年于兹矣。于公诞辰,群诣家庙以享以祀,以妥以侑,虽幼子童孙,皆衣冠整肃,罗拜庭阶,宣读敕书,以昭祖宗令德,自明迄今守为家法。岁丙子,余族有事谱牒,以文庄公十二子臣通公为一世祖,又溯文庄已上之三十一世祖大农公为先世一世祖,推本穷源,敬宗收族,制云备矣。第篇帙繁多,收藏不易,即稽查对阅,不无苦于累牍之劳,本支长者爰举同事诸人,复联房谱,上溯大农公,迄于仲良公,

第十四篇 宗族与社会

尊为先世,而本支一世祖则断自尚义守志公,以族谱言之则曰收族,以房谱言之则曰亲亲,庶几收藏易而展卷之余复秩序昭然也。或曰:公支衍为五房,今所修,第联其四,何与?曰:本厚公实先有谱耳,故不与也。且斯谱之修何为耶?亲亲也。抑知亲亲之道,岂仅文貌相承而已哉?子姓虽繁,其初本于一人,以一人之身衍为数千百人,其间善败好恶,得不相与维持,相与规诫。毋以强凌弱,毋以富骄贫,毋为非礼,毋犯非义,凡兹同谱,父戒其子,兄勉其弟,期无失乎亲亲之道而可矣。诚如是也,则王道之行观于乡,而雍睦之风起于家,斯谱之修曷可缓与。是为序。

时皇清乾隆二十三年六月谷旦,系下十二世孙星纬熏沐敬撰。

(罗奂等修,光绪二年刊本)

甘肃

金城颜氏

光绪《金城颜氏家谱》,《家训十条》:

十一世孙家长穆如谨拟。

息争。凡治家之人,事无巨细,争心不已必致成讼。初为争财争气,小事也看得极大一般。及至成讼,拖累日久,用费过多,方悔因小而失大,恨已晚矣。是皆一时躁急,不能忍辱,往往听信过讼之言,不能体察真伪,揆度事变之故。若遇非义之加,能以理胜气,以义制忿,细思:一时任气,后来如何了结;一字入官,将来如何审理;如何不致敛怨损财。则争自息,而讼自无矣。范忠宣曰:"能以责人之心责己,恕己之心恕人,不患不到圣贤田地。"圣贤而忧讼乎?有讼则天也,非人也。至若健讼之徒,遇事风生,挟官恣肆,以自逞其恶才,横吞善类,此鬼神之所殛,岂惟王法之所不容?

(光绪十二年本)

四川

荥经县

民国《荥经县志》卷一二,《风俗志》:

旧志谓川俗重财寡亲,荥俗尤甚,因力斥骨肉分爨之非。……邑中富室无继续三代者,缘丁多则产析,累析则式微。

(巴蜀书社1992年版,第596页)

南溪县

礼法之变。

民国《南溪县志》卷四,《礼俗篇·风俗》：

同、光以还,民生多艰,奸伪渐著。风俗迁移,如江河之日下,缙绅之族,礼法荡然。

(巴蜀书社1992年版,第622页)

南溪家谱。

民国《南溪县志》卷四,《礼俗篇·风俗》：

税氏家谱载其明代科举盛况。侯氏家谱载其族迁徙史。马家场段氏、李氏族众而强武,二族初以细故讼频年,今鉴于内讧,畛域渐化矣。

(巴蜀书社1992年版,第613页)

铜梁安居乡周氏

光绪铜梁《安居乡周氏宗谱》卷一,《训规》：

一、禁斗讼。斗为君子所戒,讼实仁人所憎。人生世上,当求理之直,勿恃力之强；当劝人之善,勿诬人之恶。斗则每因人之偶犯于己,即恃力之强,而斗殴纷争。夫以一朝之忿,至忘身及亲,嗟何及矣？讼则每因己之稍屈于人,即诬人之恶,而捏词具控。夫以一事之微,至倾家破产,悔已迟矣。斯二者,皆不思不忍所致也。苟临事而思夫理,忍夫气,又何斗讼之有哉？至若构衅唆讼,笔尖杀人,尤属贻害作祸之事,施诸异族犹且不可,况借他人之题,自戕同气。窥门内之隙,暗伏毒机,人之无良,祸害踵至,计其报施,岂有爽欤？愿宗人忿则思难,无贻事后之忧,更于族之好斗讼者,劝惩之。即或事情重大,家法难处,万不得已,当闻于官,只宜从直告诉,切勿架词捏故,以及听刁久延,财归人得,害独己受。若族有被人诬告,不能自伸者,势可以闻于官府,则为言之；有方略可以解救,则为解之,庶不失保族之道焉。

一、尊族长。又尝考之他省,一族之中,设立户长、分长,户长者长一户,分长者长一房,轮立之日,谋族告庙,以表一家之楷模。齐家之道,莫善于此。我族自六房分支以来,人众事繁,无所表率,因之愈远愈疏,而乖戾以起,此虽由于本实先拨,亦未始非族规不立之故也。兹谱于禁斗讼外,载尊族长一条,所以肃家法,泯争端也。嗣后我六房中,务必一房各立房长,六房总立族长。不拘班辈尊卑、年齿长幼,但择品谊卓越者当之。每岁清明,族长躬率合族人众,诣宗祠祭扫毕,将谱内所载圣谕、训规,为之讲解劝导,俾共知法守。设各房有事,先投本房房长理楚,本房房长不能了息,然后投凭各房房长理楚,各房房长亦不能了息,凭各房长请族长于宗祠理楚,总以理明气散,勿致失和为妙。万一族人或恃横傲众,或挟势凌人,即经族长理楚仍欲兴事者,凭族长协各房长据实秉明,重则请官究治,轻则请回责罚。受秉者,不得挟嫌生忿,致干众怒。而族长更当正己化人,秉公剖断,不得借公报私,因利生害,以致人众不服,有坏成规。至合族之人,亦当谨遵约束,不得以分高凌之,以力众排之,以巧诈乱之。不遵者群起而公讯之,庶体统一严,家法肃而争端泯焉。

(周泽霖纂修,光绪十年刊本)

(四)重人伦,禁非为

江苏

常州毗陵胡氏

光绪常州《毗陵修善里胡氏宗谱》卷一,《家戒》:

一、戒争讼。《易》称:内险而外健,下险而上健,故讼。险健之心不可施于他族,况同宗骨肉乎?近世风俗日偷,九族不睦,偶因细故,两各忿争,遂致叔侄不和,兄弟不协。操戈同室,骨肉参商。为吾子孙者,有忿必惩,有怨必释,毋听旁唆煽惑,匍匐公庭,以致讦讼连年,倾家荡产。纵使委屈受辱,被欺久之,自有公道在人,曲直是非不待辨而自明也。妄自涉讼者,治以不守家法之罪。

一、戒赌博。一掷百万,刘裕徒夸豪。举蒲博戏具,陶侃投入江中。皆以赌博害事故。至于赌,子弟亦侍立而旁观,族奴与旁主而对坐。因讨赌钱,侄不逊伯叔,弟不逊兄长,朋友反目,亲戚乖离。总由父兄之约束不严,故子弟不专执一业。名为士而不勤于读,名为农而不勤于耕,名为工而不勤于艺,名为商而不勤于贸易,游手好闲,坏名丧产。甚至输极无偿,当场出丑,剥衣赤身,因而子窃其母之衣衫者有之,夫窃其妇之首饰者有之。兼至拐骗亲戚财物,以致戚属不和。种种弊端,言之发指。况本朝新例甚严,制造赌具、窝赌收头者,轻则满徒,重则充发。犯赌者,枷责不贷。凡为子孙,誓当深戒,不可自投法网。

一、戒酗酒。孟子曰:博弈好饮酒,不顾父母之养,一不孝也。范鲁公质戒从子杲曰:戒尔勿嗜酒,狂药非佳味能移。谨厚性化为凶险类,古今倾败者历历皆可纪。每见后生小子耽嗜曲药,不惟乱性灭德,抑且撒泼行凶,招灾惹祸。所宜深戒。

一、戒拳勇。孔子云:君子有勇而无义为乱,小人有勇而无义为盗。孟子云:好勇斗狠以危父母,五不孝也。今以每恃筋粗力壮,小有不合,动辄挥拳,失手伤人,以致拖枷带索受极刑。上危父母,下累妻儿。总起于一朝之忿忘身及亲,则惑之甚者也。为子孙者戒之,戒之!

一、戒出入衙门，刁写词状。郡城有邱姓者，笔刀刮利，讼者群走其门。厥子知其孽之大也，长跪哀求其父谢绝，某鉴其诚而辍焉。康熙癸巳科，厥子遂联捷，其孙亦厕，子弟隙然卒，以前此笔刀之孽俱不寿，善恶之应如响乃尔。吾族幸无此事，然有则改之，无则当加勉者也。

一、戒暴弃。孟子云：言非礼仪，谓之自暴。吾身不能居仁由义，谓之自弃。暴弃之病多在读书人，人家尽有聪明子弟，父兄悭吝，妄谓富不教书，穷不上学，甘听埋没，可痛也。亦有自己读书，非不知读书好处，教子亦历有年，后任子弟束书高阁，尽弃前劳，尤属可惜。又有父兄，不吝脯脩，积年择师严训，刻期上进，子弟甘为人下，竟尔抛荒，此谓自弃之过。程子所谓下愚不移也。凡此皆起于无志，无志则无耻。宜永为鉴戒。

一、戒嚚讼。《春秋·内传》云：口不道忠信之言为嚚。《尚书·蔡传》云：讼，争辨也。丹朱乃帝尧之子，负启明之质，尚以妄言诳语，弗克嗣有天位，况我士庶人乎！每见子侄辈不论公事私事，尊长未及开谈，或发毁一二语，便肆面红颈赤，高声争辨。即使所言皆是情理两全，亦当柔声下气，从容开导。尊长或有见他不到处，自有曲直，断不可鸥叫哇鸣，喧哗争闹，以失卑幼道理。况强词夺理，未必允当，愿子孙毋蹈此种习气。

一、戒骄惰。横渠张子云：教小儿先要安详恭敬，切莫骄惰，坏了他性情。极言骄惰之弊，至交朋友则不能下朋友，事官长则不能下官长，为宰相则不能下天下之贤。言之毛骨悚然，不寒而栗。由此推之，在家子必能下其父，弟必不能下其兄，不惟见疏分尊长，不能尽礼节。见亲房伯叔兄长，亦似不肯相叫一声，其它不恭情状更是无数。此种病根，总坏于骄惰二字，皆由父兄之教不先，自幼便坏了他气质。故子弟之率自然不谨尔，愿吾子孙训诲子弟，幼须熟读朱子、小学，讲求曲礼仪规矩，恂恂谦谨，毋容姑息之爱，酿此恶习。

一、戒嫉妒。孔子云：君子成人之美，不成人之恶。又曰：乐道人之善。今人自不能孝，妒忌人言孝；自不能友，妒人言友；自不能成名，妒人成名，种种妒心，皆生于内不足也。处则为妒贤妒能之子，出必为妨贤病国之臣。切戒切戒。人生四十无子，理当娶妾以延宗祀，毋或酿成妇人悍妒性情。宁无后以干不孝。

一、戒盈满。《易》谦卦六爻皆吉，伯益云：谦受益，满招损。今人小得意便趾高气扬，自尊妄大；小不如意，便心怀不平，十分怨怒，皆气量褊狭故也。夏禹不自满，孔子谦而又谦。河海惟下，故能纳百川；地势惟卑，故能载万物。人之福量亦然。娄师德自甘唾面，李文靖受狂生诃辱，何等雅量！愿子孙世世慕效之。

一、戒结交匪类。唐柳玭《戒子弟书》曰：胜己者厌之，佞己者悦之。浸渍颇僻，苛刻德义，簪缨徒在，斯养何殊？宋康节邵先生戒子弟曰：亲贤如就芝兰，避恶如畏蛇蝎。或曰：不谓之吉人，吾不信也。故习与正人居，则所闻皆善言，所见皆善行，渐染熏陶，何患不化

第十四篇 宗族与社会

为君子。习与不正人居，所闻皆妄言，皆邪行，渐染熏陶，鲜或不化为小人。即前酗酒、耍拳，纷争好讼，养成骄惰等恶习气，结交匪类，以中其毒也。凡子孙，遇此等人，当如蛇蝎之螫己而避之。

……

一、戒苛刻。袁氏《世范》曰：自古人伦，贤否相杂。或父子不能皆贤，或兄弟不能皆令，或夫流荡，或妻悍戾少恩。一家之中，有此患者，虽圣贤亦无如之何。譬如身有疮痏赘瘤，虽甚可恶，**不可决去**，惟当宽怀处之。《郑氏家规》曰：子孙固当竭力以事尊长，为尊长者亦不可挟此自**尊攮臂掀袂**，恣言秽语，使人无所容身，甚非教养之道。

一、戒丧心。吾族乡居，本以耕读传家。读者勤读，耕者勤耕，务本业也。故今日之弊，不患不勤，特患勤而有越畔之思。故特与务农者约：勿侵削人之阡陌，勿践伤人之滩埠。人与己一心也，人己易观，知己之恶人，即知人之恶己矣！眼前起纷争，日后遭天谴，得利少而获祸多，此当深戒。至于增添产业文券，极要分明，盖彼固出于不得已，吾则欲为子孙悠久计。果值几缗，便当尽数付足，不可以贷物抬高，做损人利己事。谚云：秕糠置田秕糠卖。天道好还，纵得之，必失之矣！本业之外，或有贩负，开张逐什一之利，虽末务，亦义所不禁也。须公平交易，勿以滥恶货物诡托精良，勿以乌有账目擅肥囊橐。市道也，而存忠厚心，神其鉴之矣！

附家戒条目：

勿慢忽天地鬼神

勿谤讪君上

勿违逆父母

勿怠废先人岁祀

勿失守先物，宗谱尤重

勿迟葬先柩

勿怠忽师训

勿犯上阋墙

勿姑息纵养子弟

勿反目，亦勿惑听妇言

勿交匪类

勿欺孤寡

勿苛下，亦勿纵仆

勿挟奸诈心

勿做残忍事
勿嗜利忘义
勿背恩负德
勿占人便宜
勿与人讦讼
勿言人闺阃
勿谈人过失
勿奸淫妇女、狎比顽童
勿掷色打牌
勿吃洋烟倾败家业
勿游手坐荒岁月
勿阅淫邪小说
勿唱曲吹弹
勿笼禽鸟、养蟋蟀、放凤鸢
勿学拳棒
勿食牛犬田鸡
勿衣服好丽、器皿求工
勿奔走权势
勿攀高姻
勿婚嫁过于丰厚
勿信师巫邪术
勿须妇女平居涂脂传粉、穿绫曳绢
勿容三姑六婆时常出入
勿秽亵字纸
勿抛弃五谷
勿吝与乞丐
勿投充衙门
（胡伯良修，光绪五年敦本堂刊本）

湖南

湘乡匡氏

道光湘乡《匡氏续修族谱》卷首,《家规》:

族内子孙有纵放牛马等畜践食田禾,有伤风化,无论本宗、乡邻皆宜禁绝。

(匡逢向等修,道光八年解颐堂刊本)

汉寿盛氏

光绪汉寿《盛氏族谱》卷首,《家规十六条》:

严诫子孙各安生理,不许交结匪类,三五成群,流为盗贼,贻玷祖考,连累户族。如有违犯教令,不待发觉,通族即先送官,公请惩辨(编者按:"辨"字应为"办"字之讹。)。

赌博为盗贼之阶,每多连累父兄族邻,游手好闲有妨本业,不务生理,以致困乏乱行。族有此人,齐集约举报,免致于连。不许聚众斗殴,恐伤人命干连户族,即有不平之忿,必须先鸣族众,听候理处,毋得听信奸棍主摆作证,致兴讼端。

奸淫邪慝,大伤风化,户族公举请律按究,免贻后悔。地方每有恃强凌弱,吞并田产,越界混争,子孙如有效尤,户族公举立请枷责,以遏刁风。迩来人情,更有不及前人者,扫墓不自躬临,是忘亲也。良民学戏、充役,是自贱也;妇人烧香、看戏,造淫缘也;同姓苟合为婚,是不比于人数也;亲死破茔钻葬,损人利己,天理不容,王法亦所不恕也。我族内诫之诫之。诫子孙不许充当彪头、牵牛、抢亲以及无故私宰、强掘油索,违者集族惩治。诫子孙不许恃富压贫、以强欺弱、以众暴寡,纵妇放谎、坐拼吓诈,以及招谣(编者按:"谣"字应为"摇"字之讹。)撞骗等等不法,必集户族,先行规戒,任其改过自新,违者送治。

(光绪二十七年广陵堂活字印本)

广东

乳源余氏

嘉庆《乳源余氏族谱》卷一,《家规并引》:

一、遵防奸盗。盖小人智过,君子每出于不備之家,一致被害,束手无策,及至告官,得不偿失,即能获盗,牵累失时,是人之自为计疏也。今人散居,多者数十烟,少者十余户,兼有邻,同井相友相助,须于平日谨密防闲。或独居僻静,过夜犬吠,盗未必至,想是探视,不可以为他而不惊;过物有声,必须即刻遍巡,亦不可以为鼠而自误。再或里中来有踪迹可疑者,察其实据,果系奸反,协同地保,公送官署,致免后悔,慎之慎之。

(余有璋等纂修,嘉庆二十五年木活字本)

广西

平乐邓氏

民国平乐《邓氏宗谱》卷二,《家训小引》:

一、完赋税。国用取之于民,民业职在供赋。故有田产者,斯有赋税,苟不及时轮纳,一经官吏催迫,差役追呼,是自取骚扰之累也。惟每岁早自完纳,虽一粥一饭,享受安然;一枕一衾,不警梦昧。朱子云:国课早完,即囊橐无余,自得至乐。此之谓也。

一、戒争讼。居家戒争讼,讼则终凶。争者起于心不平也,或因一事之微,或因财产之故,遂至争端不已而讼。讼端不已而倾家,倾家则包藏祸心,起衅散命者有之,因小失大,势所必至。言念及此,悚然惕然,戒之,戒之!

(光绪十七年十贤堂刊本,民国十三年续刊)

与政府法律相呼应,族谱中刊载《律例歌》。

民国平乐《邓氏宗谱》卷二,《律例歌》:

语云:读书万卷不读律,致君尧舜终无术。可见律典与经书并重,今人多不讲求,竟有因无碍之细故,而反蹈不宥之重典者,此由平日不知律令故也。近奉功令,摘叙小民易犯律例,写行天下,俾家喻户晓,以臻道一风同之盛,猗欤休哉!吾族固素称善良而儆惕之怀,愿斯须不可去也,故载《律例歌》。

谋杀人命	拟斩监候	若系图财	立决不宥
斗殴杀人	律应拟绞	监候三年	身终难保
两人斗殴	误杀旁人	亦拟绞候	终丧其身
威令他人	殴人致死	依律拟绞	自重主使
殴人未伤	即笞二十	若有伤损	依次加责
折人一齿	眇人一目	毁人耳鼻	俱杖一百
伤人肢体	责令保辜	若成废疾	罪拟满徒
瞎人两目	折人两肢	致成笃疾	流罪无拟
笃疾之人	无能营干	断折财产	以资养赡
刀枪伤人	充军边卫	因执凶器	特重其罪
以卑犯尊	无分内外	但致笃疾	即拟绞罪
弟殴其兄	妹殴其姊	分别服制	加等问拟
同胞兄姊	拟罪犹重	但殴即徒	法难宽纵
殴至成伤	即问流徒	折伤以上	罪应徒死

第十四篇 宗族与社会

至于伯叔	甥与舅氏	名分尤尊	罪应重治
莫谓尊长	可拟卑幼	若致殴死	亦拟绞候
私和人命	拟杖六十	财物入官	律法有则
祖父彼杀	子孙私和	拟罪满徒	按律以科
卑幼彼杀	亦难漠视	尊长私和	重杖惩治
藉命打抢	追物给还	罪比抢夺	以惩凶顽
冒认尸亲	藉命吵闹	殴打指诈	重则枷号
故杀亡妾	以及子孙	图赖人者	罪拟充军
斗殴之后	寻殴报复	毙人父母	斩罪莫赎
见人斗殴	迁怒其亲	毒殴致死	立斩其身
强盗己(已)行	罪干重拟	即不得财	流三千里
强盗得财	以药迷人	拟斩立决	首从不分
强盗杀人	更应重治	放火奸淫	立斩枭示
窃盗得赃	决杖六十	每逢十两	加等重责
窃赃百两	罪应拟流	若至满贯	拟绞羁囚
田野谷麦	山林柴草	若行偷窃	罪同窃盗
窃盗拘捕	例重杀人	为首斩决	为徒充军
偷窃耕牛	论只问拟	十只以上	罪于流徒
盗杀耕牛	应律充军	窝家分赃	同一罪名
私宰耕牛	初犯枷号	再犯充军	罪同于盗
盗贼窝主	最重分赃	虽不得财	亦流远方
窝流盗贼	分别名数	二人以上	流配他处
强盗窝主	邻佑知情	不行首告	满杖匪轻
容留流棍	勾引匪人	照例问罪	边卫充军
自昼抢夺	计赃问拟	犯至三次	立绞处死
抢夺杀人	为首立斩	伤人斩候	以惩凶悍
丢包贼犯	罪同抢夺	得赃数多	从重论决
军民和奸	例难宽释	奸夫奸妇	各拟加责
纵容妻妾	与人奸通	各杖九十	妇人归宗
买休卖休	和同婚娶	各杖一百	妇人离异
媒证知情	决杖九十	财礼入官	人财两失

强奸妇人	罪名非小	已成未成	分别斩绞
调戏妇人	致妇自尽	拟绞监候	终须丧命
妻妾因奸	谋杀亲夫	凌迟处死	以蔽其辜
杀死亲夫	奸夫斩首	妇虽不知	亦拟绞候
恶徒多众	强奸幼童	分别首从	斩绞惩凶
掘坟见棺	流三千里	开棺见尸	律拟绞死
未见棺椁	充徒三年	虽别首从	俱受罪愆
毁弃死尸	应拟流罪	若即尊长	斩候不贷
弃尸卖地	罪亦如之	追价入官	律法须知
移尸他处	重杖八十	以致失尸	满杖一百
有主坟地	私行盗葬	决杖八十	勒令迁让
贪人吉地	盗发其坟	拟绞监候	例有明文
勾引匪类	冒认古坟	为首为从	流徒罪分
祖坟树木	子孙砍卖	十株以上	问拟军罪
奴仆盗卖	与子孙同	名分并重	法律难容
盗卖坟树	若系他人	犯至三次	亦拟充军
知情盗买	罪亦难宽	树木等物	各分入官
盗卖祀产	数目攸分	至五十亩	边远充军
盗卖田宅	律笞五十	侵占罪同	数多加责
强占山场	照律问拟	不计亩数	流三千里
欺隐田粮	脱漏户册	其田入官	仍杖一百
粮不过割	契不投税	田价入官	仍以治罪
放债取利	三分一月	违禁多取	坐赃论决
异姓乱宗	拟杖六十	以子与人	罪与同得
同姓为婚	勒令离异	仍杖六十	并追财礼
许嫁之女	再许他人	各拟重杖	财礼入官
翁姑主婚	改嫁孀妇	母嫁强抢	重杖以处
母嫁夫家	抢孀夺志	各按服制	加等重治
娶主知情	罪照强娶	仍行加等	女听守志
强嫁孀妇	以致自尽	罪拟充军	为重人命
贩卖妇女	惟利是图	为妻为婢	罪别流徒

1912

第十四篇 宗族与社会

多众开窑	罪当斩决	和同诱拐	充发边域
诱拐妇人	或用邪术	皆拟立绞	法难轻忽
开场诱赌	聚赌抽头	初犯再犯	分别流徒
偶然聚赌	抽头无多	罪拟枷责	在场同科
开宝赌博	分别首从	军流徒罪	伪造印信
冒支钱粮	为首立斩	为徒绞戕	指官诓骗
确计赃数	多则拟斩	少亦追戍	私铸铜钱
为首立斩	为从绞决	并追家产	私铸保邻
匿不举首	知情买使	立绞不候	伪造假银
为首拟绞	为从充军	仍先枷号	诬指为盗
陷害良民	不分首从	边远充军	诬告他人
罪加三等	致死拟绞	法律用整	诬告死罪
已决反坐	未决减流	加徒惩过	诬告平民
死于拖累	原告拟绞	教唆同罪	词讼告官
复行上控	除本罪外	枷号示众	邪术避行
拟绞羁囚	学习之人	罪问满流	聚众十八
抢犯获罪	为首拟斩	余发边卫	抢夺犯人
殴差致死	首从斩绞	分别问拟	**联谋聚众**
抗粮抗官	分别斩绞	法无可宽	**借事聚众**
罢市罢考	为首立斩	为从拟绞	刁民聚众
寒暑哄堂	斩决枭示	刑法非常	捏造言词
投贴揭帖	知而不首	俱拟绞决	生监恃符
包揽词讼	越分为非	治罪从重	

（光绪十七年十贤堂刊本，民国十三年续刊）

安徽

休宁古林黄氏

乾隆《休宁古林黄氏重修族谱》卷首下，《祠规十六条》：

严禁蓄。岑山水口堤河干荫木，禁蓄有年，蔚蔚菁菁，实增吾乡景色矣。但恐日久法弛，今议祠中专雇一人看守，着令写立包揽一纸，存于祠匣。如遇盗砍等事，庶有责成。

（乾隆十八年刻本）

歙县桂溪项氏

乾隆《**歙县桂溪项氏墓图**》,《新例宪示》:

江南徽州府歙县正堂加三级纪录三次萨为请旨事。奉本府宪何信牌开,奉布政使司托、按察使司徐宪牌内开,奉署安抚部院尹宪行,乾隆二十一年正月十二日准刑部咨安徽司案呈准山东司传抄提督咨称:本衙门奏前事内开查例载,凡子孙将祖父坟园树木砍伐私卖者,照违令律治罪。私买者罪同。奴仆盗卖者计赃加窃盗等治罪。盗他人坟园树木者计赃准窃盗论。其盗卖坟茔之房屋、碑石、砖瓦、木植等项,均照此例治罪。私砍树木等物,分别入官给主等语。臣衙门向来遇有此等案件,均照前例办理,折责二十板发落完给。伏思坟园树木,风水攸关,为子孙者不能加意栽培,转致私售图利,即属不孝。其奴仆于家主名分尤严,乃敢罔顾恩义,辄将家主坟园树木砍伐盗卖,情殊可恶。且附近京城地方树木茂盛,一望菁葱,始足壮观,岂容任意砍伐,只缘向来立法太轻,以致不肖之徒无所顾忌,犯者往往不少请。嗣后坟园树木除实在枯干者,许具呈该管官详查明确,准其砍伐外,如有不肖子孙将祖父母坟园树木砍伐私卖一株至十株者,杖一百,枷号三个月;如在十株以上,即行充发。奴仆盗卖者罪同。盗他人坟园树木者,杖一百,加枷号一个月。其盗卖坟茔、房屋、碑石、砖瓦、木植者,亦照此例治罪。至于私买之人,若不严加惩创,恐市井无赖贪利引诱,则盗卖弊端仍难杜绝。嗣后有犯者,请亦照现议盗他人坟园树木之例一体治罪,所有私砍树木等物,分别入官给主,如此则小人咸知儆惧,而私买私卖之弊自可除矣。臣言是否有当,伏乞圣鉴训示施行等因。乾隆二十年十二月十一日奏。本日奉旨依议,钦此。相应行文安抚,转饬各属一体钦遵查照施行等因,咨院行司奉此合就转行。为此,仰府官吏照牌事理,即便转饬各属一**体钦遵毋**违等因,到府行县,奉此合亟出示晓谕。为此,示仰合邑居民人等知悉,即便**一体遵照**,毋得干犯,致罹罪戾,慎之毋违。特示。乾隆二十一年三月十三日示。

(乾隆二十六年刊本)

歙县汪氏

康熙《**歙县汪氏崇本祠条规**》,《崇本祠条规》:

两族来龙山朝山树木俱系祖宗培养,以荫子孙,关系非浅。如有私自借端砍伐者,亦照宗祠盗砍祖茔树木条例公究。

(康熙三十年刻本)

第十四篇 宗族与社会

绩溪城西周氏

光绪《绩溪城西周氏宗谱》卷一九，《禁碑》：

禁碑。特授绩溪县正堂加十级纪录十次清为永保祖茔恳恩示禁事。据生员周荣、监生周广辉、生员周邦镇、周嘉铭、监生周槐堂、生员周宗燮、周宗朴、监生周玉章、廪生周启锦、布经周启运、生员周宗栋、抱呈周承莲等呈称：原夫报本必先乎祖墓，追远尤切于坟山，是以卜得佳城，律有禁步，阡成美穴，例重护坟，养荫木以卫来踪，开明堂以资拜扫，前代之神灵所寄，后人之命脉攸关，左右不得有伤，前后惟恐或损。今生等诹月筮日，勒石安茔，如西门外鱼形母鲤塘、胡里东头铺后、铜镇桥、梅木坦、闾坑口、前坑口、牛窝墓、裡坑、隐张、坑口、周坑村口中央、高车、楼下巷、吴家坑，凡十有四所，廿有一穴，修葺完固，标志分明，祖茔幸保无虞，祭祀可以勿替。所可虑者，异姓棍徒惑遗穴于地师，越行盗葬；最深恨者，不孝支裔听剥祖之邪说，暗地偷棺。即如盗荫取柴，锄根掘木，为害不一，受祸实深。为此，伏乞赏示严禁，保百世之祖茔，杜千秋之侵害，殁存衔恩感激上禀等情。据此，除批示外，合行示禁。为此，示仰各处居民及该族各支丁人等知悉，凡有卜宅兆者，须思地理即天理，人祖即吾祖，毋惑地师，在周姓坟山觊觎盗葬。至于各派支丁亦知根深则枝茂，祖妥则丁安，在在丘坟必当共保无虞，处处荫木均宜加意栽培。自示之后，倘有无知棍徒、不孝派逆，胆敢在于该处坟山盗葬及戕荫取柴，许该族指名禀县，以凭严拿究惩，决不宽宥，各宜凛遵毋违。特示。右仰知悉。嘉庆二十二年二月十八日示。

（周赞等修，光绪三十一年敬爱堂木活字本）

江西

万载辛氏

民国《万载辛氏幼房谱》，《艺文征》：

牟村堰记　　廷芝畹堂：

距邑西四十里曰牟村，地势宽衍，溪水经大桥盘纡而下，不能上荫田亩，天旱十不得一二收。前明有堰，圮已久，居人业农者苦之。天与公居是村，得岸旁田仅二亩，悯乡人艰于力作，议倡修堰，众咸踊跃焉。公乃亲董其劳，极寒暑不避。堰初立，溪水骤冲，沙脚浮起尽坏，襄事者不敢议复立，公慨然再捐金若干，倩工凿江石底成六孔，为堰作根柢，堰遂成。后经春涨暴发不坏也，荫田可千余亩，乡人德公免桔槔之力，而岁又倍收焉，号其堰曰"与公堰"，而公弗有也。乡人请余记之。余曰：方今盛世，大化翔洽，除弊兴利，宏且远矣，而岩栖谷处，在下者复能体国家养民意，无利不兴，亦足以征风教德泽之厚。夫民之天在食，田之利在水，故堰之立，功于民也大。昔李冰守蜀凿离碓为渠，溉田畴，百姓享其利。水工郑国为秦筑□口渠成,关中为沃野,无凶年,号曰郑国渠。然自上为之则为力易,辟如顺风而呼其势便也。自下为之,非其人不足以率众,非有财与力不足以肩事,是以鲜有成者。今公为群情所素服,而毅然任之,且捐多金,一再焉以克底于固,而不自以为能,乡之人即以公名其堰,则事垂闾里,泽及奕世,其功庸有极乎?余生长桑梓,思有以惠比邻者,竟无涓埃之力。闻公牟村之行事,能无慨慕乎哉?是役也,始于乾隆之己巳秋,告成次年之庚午冬。公,我族祖金佑,天与其字也。

续修石栏干纪事　　樊雄楚:

辛君衢奉其父琫之命,作龙江石桥于万载县之北郭里许,用银三万两,累二十余年。而后知袁州李惺吾太守为之记。辛君卒后,家值累丧,益不支。其子尚勤乃鬻产为石栏干,共六十余丈,用银七百两零。方李作记时,栏干尚阙,今其孙炳乔请余文续记其事,余谓李记佳,足不朽,余姑补载此事,亦愈见辛君一家祖父孙好义若是之勇也。子又按:易教授锟铭补斋先生墓志称,先生著有《龙江桥志》数卷,稿藏家。补斋先生即尚勤也。噫稿虽藏于家,不即刊,其不欲没乃祖父之心力,可不谓之善继志者乎?遂附著于此。栏干告成之岁月为乾隆庚子仲冬,纪事之岁月为乙卯季夏。赐进士及第戊戌榜眼江西袁临协镇副总兵襄阳县樊雄楚拜手撰。

(民国三十五年版)

二　宗族与乡里社会

宗族处于地方社会,与其他宗族、群体发生关系,应政府差役建立里老组织,保卫乡里,自建或共建寺庙、祠宇,共同办理岁时节日活动,因为土地、水利资源利用、坟山维护,而发生冲突,甚至械斗。

(一)宗族应差役承充里老

直隶

交河李氏

族中公田,作为承充甲头之费用。

民国沧州交河马连坦《李氏族谱》,咸丰《献邑刘家庄李氏轮流充甲承种随差地合同》:

第十四篇　宗族与社会

立合同李灿若、李廷柱、李成、李本青、李德林、李照远、李具、李天德,公议随差地四十亩,八股轮流承种,膺充甲头,周而复始。第五年,李志林股二支承种膺充,不许争夺搀越,乱其次序,前顶李本青,后接李照远,立此存照。

嘉庆五年四月十五日立,咸丰三年本初抄。

(民国八年七修本)

江西

清江湖庄聂氏

光绪清江《湖庄聂氏四修族谱》,《出甲合约》:

立合约人原三十八都三图二甲新编十七都二图三甲聂文远、名扬,情因文远历来祖上北屋而居,文远原有清江丁户聂永贵在本图十甲熊健瑞户下,今康熙五十八年冬月内,当凭亲邻人等,文远出费帮差熊健瑞,情愿立约出甲,任从文远、文迪兄弟子侄等择甲朋户。是以两家谛议,聂文远等请凭中亲自愿出银三十两整,以作入户帮差使费,朋充二甲里长聂名扬、五房族长公同会计,写立合约,其有差役五分均当,名扬户下四丁,文远等一丁,门差户役,照分平认,日后添粮增丁,得粮者自认输纳,立约之后,两家不得竞少争多,子孙永毋异说。如有另生枝节者,甘罚无辞。今欲有凭,立此合同二纸,各执存照。

凭中人	张藻游		
	熊永芳		
	熊元燮		
五房族长	聂溱	见立合约	允善
	维刚		宗贤
	聂希信		万选
	禹锡		光华
	玉菱		亿鼎
	文达		
代笔人	聂澍		

康熙五十九年正月 日立合约聂名扬、文远。

外有纸约合同一张存在案箱内,每年正月交案之日众等面看,仍存案箱。

(聂典训等修,光绪二十四年刊本)

甘肃

秦州西厢里张氏

各宗族及宗族、房派轮流充当里老、甲首。

光绪《续秦州张氏族谱》，《张五家轮当里老记簿》：

州境隶西厢里籍者十甲，独第五甲有正、盛、张、杨之别，一甲而实四甲也。岁春秋征合里出管柜老人一人，余九甲各十年一周，而第五甲则四十年一周。若张五甲者，自国初分为四派，其属州中城下河里一派者长房，其次房则西关三阳后巷一派，又次则西南距城十里之张家山一派，第四房则东关一派。老人差由四房以次挨当，则又一百六十年一周。其帮办老人之里长，四房四年一周。每周本房人有不能当者，则帮代差钱一串，老人各自承当，并无帮钱之说。今年里长值第三房老人，则于同治九年第三房当迄。兹并本里所有十甲姓氏住址开列于左，用为久远轮流□□，庶有以踵先贻后而杜无穷之流弊矣。是为记。

第一甲　州西关李姓名永一族

第二甲　州西三十镇台姓一族

第三甲　州西关现开设公义行穆姓一族并庵沟土匠何姓两族

第四甲　州大学城街梁姓名士俊一族

第五甲　正五甲　州西路杨家寺车家沟赵姓一族

　　　　盛五甲　州南路门家河赵姓一族

　　　　张五甲　详前记并后名次

　　　　杨五甲　州东路甘泉寺杨家湾某姓一族

第六甲　州北路凤凰山人现住李家坪王姓名跟菜一族

第七甲　州西关范姓名云一族

第八甲　州西路鹞子峪人现住西五十铺高姓一族

第九甲　州西关孙姓名丕烈一族

第十甲　州西关业挂面韩姓一族

　　　　张五甲　长房　下里河张钰、得钰等

　　　　　　　　二房　三阳后巷张印、申、世英偕侄登、阶等

　　　　　　　　三房　张家山张履中等

　　　　　　　　四房　东关张发祥等　　　　　　　　　　　公立

光绪四年五月中浣。

（光绪三十四年续修本）

第十四篇 宗族与社会

江苏

华亭县有义米帮贴差役赔累与优恤宗族贫穷。

《大清世祖章皇帝实录》卷四五：

（顺治六年七月）辛酉。户部议覆江宁巡抚土国宝疏言，华亭县义米一项，始于义士顾正心悯里人差役之苦，宗族赡养之难，捐赀置田四万八百余亩，每岁租米四万三千余石，帮贴赔累，优恤贫穷，原与有司无涉，应仍归正心子孙收种，以成义举。从之。

（中华书局1986年影印本，第358页）

（二）宗族独建、共建祠宇寺观

直隶

故城祕氏

前人修建观音庙，后人维护。

宣统故城《祕氏族谱》，《创建先仪之公祠堂记》：

凤盖公讳仪，之其字也，一生好善乐施，敦宗睦姻，当明中叶徭役烦重，充里胥者累及身家，甚至有逃家破产者，公忧之，施地若干亩，择族之长厚者主之，俾族人轮年播种给里胥雇值之费，迄今族人赖之。晚年好善愈笃，于村前买地数亩，创建观音祠，悉输田产于其中，若谓以诗书励人其效迟而难洽，不若以佛法翼世，……公卒，葬村西北，踞村里余……族人葺修观音院，并为公建祠……光绪二十八年十月之吉，十五世裔孙学汉顿首拜撰。乙巳邑侯查以学堂无款，业将庙产庙树提去充作学堂公费，时汉客范庄，归闻之，邀众禀准提出作自立初等小学堂，今又立识字义塾，盖皆由南堂推而行之者也。

（宣统二年重修本）

山西

洪洞薄村十甲王氏

修缮文庙。

嘉庆《洪洞薄村十甲王氏族谱》卷二三，《重修文庙碑记》：

吾乡文庙，前辈诸先生茶会之所建也。茶会人一十八位，每月每人纳制钱五文，积少成多，于康熙四十二年工竣。雍正七年，族祖大夏公又于正殿之东厅补塑文昌帝君像，于村之东门上建魁星阁。迄今日久，将有废圮之虞。源等目睹心伤，因约同志十三人，募得一百八十余金，于正殿则修整之，文昌殿以及庙门则仍其规而高大之。不惟庙貌巍焕，神圣之灵爽得妥，而吾乡之文风或自此不振矣。此记。

时大清　年　月　日,里人王源、王泰升仝记。

(王楷苏等修,嘉庆二年刊本)

平定张氏

修建文昌阁。

咸丰平定《张氏家谱》,《文昌祠万年灯碑记》:

乾隆十一年,贡士张纯修捐资百金,买园三亩于庙旁,令守祠道者刘**住持经理**焉,以其息为膏油之助,而后灯可长继,名曰"万年灯"……赐进士出身充武英**殿纂修**官特授奉政大夫知直隶平定州事华亭王祖庚撰书,乾隆十五年庚午孟夏上浣日立。

(张学鲁等修,咸丰七年刊本)

洪洞薄村十甲王氏

嘉庆《洪洞薄村十甲王氏族谱》卷二三,《重修春秋阁碑记》:

吾乡之春秋阁,所以祀关圣大帝也,创自前明天启五年乙丑,六年丙寅工竣。惟时输资者吾族居十之八九,而家翰实董其事,僧人海重与有劳焉。越二十五年,为大清顺治四年丁亥,阁之廊庑、中门已多损坏。主持僧人可会发愿重修,不惮千里,走募齐鲁,数年积金一百二十九两。筮日兴作,于正殿则重加丹腠;于廊庑、中门则重加苦盖,顿还旧观矣。工竣,因勒石以记巅末,庶可会募化之勤,劳诸善**信施舍**之功德,俱藉以不泯云。

时大清顺治十年岁次癸巳仲夏吉旦,里人王**家翰撰**。

(王楷苏等修,嘉庆二年刊订)

江苏

江阴澄江袁氏

民国江阴《澄江袁氏宗谱》卷二,《袁氏大悲庵碑记》:

是佛皆慈悲,而观世音独以大悲称,非以其遍人间世,为之覆护安全,而且闻声即赴,故称大悲焉。余以为人与佛本同一性,大悲种子人人具足,即身即心,大悲具在。仅一声称名,已与西天竺圣人呼吸相通矣。况复设大悲像而共崇之哉!吾友袁子尔和,以广大心行利益事,欲递年精诚礼忏,设建坛场,遂于邑之西南郊筑精舍,延云梗上人主法席,专礼大悲忏法。并施田六十亩以饭僧,六亩以供香灯,芦荡二十余亩以资樵爨,规模大备。及袁子殁,上人踵而扩之,建造两廊,守成,修葺,勤勉心苦,遂成名刹。将来后嗣相继世守弗替,不负袁公雅意。是所望于云师也。而袁之子若孙,遵先人之命,复为之护持不衰,是皆是大悲神力而实见之。行事者行见人人发广大心,时时行利益事,无量善根皆从是庵始,诚不可无志。予老友陈江村为袁氏倩驰邮简入都,属予,予因念尔和世谊,遂援笔书之。尔和讳跃龙,云梗讳超清。庵建于康熙二十五年丙寅十月,成于四十年三月。其田与宕亦详列于后,以志不朽云。

康熙岁次辛巳季春,赐进士第湖广道监察御史邑人朱廷铉撰。

田坐落陈云塛,芦荡坐落花山北白荡。

(袁衡五等修,1949年排印本)

民国江阴《澄江袁氏宗谱》卷二,《袁氏重整大悲庵祠告示》:

特授江阴县正堂加五级纪录十次萧为环叩示禁事。案据耆民袁凤鸣、袁伟烈、袁飞珑、袁柱澜,生员袁存诚、袁照、袁曦、袁灿、袁圻,监生袁鸿、袁淮,候选训导袁杰,职员袁涛、袁仁植等呈称,南外五保横塘,有大悲祠庵者,载明邑乘,镌在庵碑,生等祖先尔和,谨创于前,不肖祠裔嘉宾盗卖于后,余存三间瓦屋,供奉各祖神牌,岂料奸僧诱设佛会,男女混杂其际,木主残毁不堪。入庵祠者,犹且兴嗟,为子孙者,能无增痛?用是鸠兹宗族,燕彼保邻,备价交孙、沈、陶三家,赎回基庵田各项,以成先志,少盖前愆。但僻在乡村,势难照应,邻里纵有维持保护,蛮横每多,聚吵伤残。甚或庵僧不守清规,仍倡期场,作践后裔,觊为公所,复思倚横毁伤。则今时之一番苦心,保后日之不再遭毒手,亟叩示**禁等情到县**,据此合行示仰,该地保甲居民及庵僧祠裔人等知悉:嗣后附近居民,毋许再**至该庵滋**吵,住僧不得复设佛会,祠裔亦宜敬守前规,勿再变卖庵田。倘敢故违,一经告发,定提重究,决不姑宽,凛之慎之,毋违示。

嘉庆二十五年四月廿八日示。

发贴袁氏庵祠。

(袁衡五等修,1949年排印本)

安徽

歙县汪氏

乾隆《汪氏通宗世谱》卷三,《本朝兴修清理保护事迹附载·募修乌聊山后殿公呈》:

具呈进士举人贡监生员汪寅祖等呈为请印募修吁恩批示以妥神庙以广福田事。窃据乌聊山广惠汪王原系六州香火,虽属寅祖等先世公祖,实关郡县,达尊福神,累代襃崇,春秋祭享。但自唐宋以迄于今,多历年所,神灵显赫,阅久弥新,庙貌迭承,相传日旧,以致前后殿宇瓦砾无存,门庑倾颓,罗列诸像,神所凭依,曾张一盖以蔽风雨,感怀寓目,心甚恻然。睹风水之兴思,孰不期敦源本、怀栋梁之胜任,又难仔肩得人,遂致庙寝久淹,殊觉观瞻无色。幸值皇恩浩荡,凡历代明神,御书崇奖有功,殿宇敕赐增修,更际宪台廉明,神人共仰,属员清正,士民咸安,诚兴废举坠之时,抑崇德报功之日也。窃念广惠王保障在昔,福佑至今,恳祈老祖台并各县父母赏给印信缘簿,批示各属同事之人,劝谕合族名门并众好义者,量力捐赀,同心鼎建。众擎易举,匪同坟力之或疲,聚少成多,何虑龙宫之难纪?赀费齐集之时公同料理,刻期命匠,鸠工庀材,功有兼成,事无中饱,则福因常满,人培善果,于千秋神庙维新,群仰宪恩于万祀。上呈。康熙四十三年三月 日具。

徽州府正堂罗批:维越国上神保障此方,丰功伟绩,历祀至今,岂忍庙貌倾圮,飘摇风雨?今既共愿兴修,本府当捐薄俸以为之倡,仍准给印**簿,以期**同志之共相捐助也。

督粮分府刘批:据呈广惠王庙貌久倾,欲图鼎建,诚**崇德报功**之盛举也。族众既有同心,凡兹士庶谅皆好义,设簿劝捐,允宜速举。

歙县正堂郑批:广惠王英灵赫濯,崇祀迄今,不第一郡子民咸切瞻依,即万里河山均之保障,岂忍庙貌倾颓,自应庀材修建。今既赖有同志矢愿劝捐,具见报功好义之诚,附衔印页广传,量助乐输,俾庙宇再见翚飞,神灵永依安妥矣。

(汪玑修,乾隆五十二年刻本)

乾隆《汪氏通宗世谱》卷三,《募输公启》:

伏以勋高越国功垂唐室之初,祀历乌聊福庇万家之后,忠烈显于累代庆衍,宗盟仁慈佑厥遐方,保安众姓。恭惟尊宗台众位先生,盛世宏猷,熙朝硕彦,名高天府,首登跃浪之龙,赀裕国储,身跨骑仙之鹤,锦绣偕金珠而共丽,富比陶朱,词林续会状以兼荣,文成班马,或似养源敦笃,世美禁涂古风,或如圣锡端方,人称及第时雨。不佞寅祖身虽楚产,派本吴都长子国柱,甫莅新安,叨庇越公之赐,敬瞻府庙,钦崇汪王之灵,仰观赫**濯神威**如觐保障英烈,但见倾颓栋宇,殊非累封殿庭,昔归初唐,曾捐六州而不顾,今镇旧**歙**,竟仗一盖以容身,心甚恻焉。神俱往矣,遍询僧祝,佥称公议欲重新广布祇园,不吝金钱,亦喜舍,但以仔肩乏任,遂致庙寝久淹。今幸任修有人,遂募同志捐修后殿,譬黄河之入海,共纳众流,犹泰岱之连山,何分群壤,齐心鼎建,量力捐赀,惟祈仁敦先泽,德妥神灵,培本溯源,敬新累世不迁之庙,登封礼报,巍焕皇家共仰之英,庶十字褒荣,气擢黄峰而更秀,且五朝典备,望隆白岳以常尊,功续前因,名成不朽,临楮曷胜,竦切之至。谨启。楚晴川廪贡生汪寅祖拜撰。

(汪玑修,乾隆五十二年刻本)

第十四篇　宗族与社会

乾隆《汪氏通宗世谱》卷三,《重修汪王庙后殿碑记》:

一代之兴必有忠烈显应,文德武功,带砺名神,以卫声灵,以垂永久。我朝兴清历鼎盛,百度维新,凡山川神祇御书崇奖有功,殿宇敕赐增修,乌聊山越国汪公庙,载在祀典。定鼎之时,神兵效顺,大都督张总戎传有异兆,郡太守曹司马播诸鸿文,余素仰英风,幸叨简命来守是邦。知祖之保障黎庶、福庇**簪缨者**,已非一日矣。但神灵赫奕,历久弥新,庙貌迭承,相传日旧,有昔者之倾圮,乃有**今兹之创**兴,事与时会,境承运开也。近蒙皇恩浩荡,忠烈庙宇奉旨加修,又经前抚俞檄行募捐。夫神明显赫而不上祀丰功,典礼者之过也;圣主恩隆而不推崇广厦,守土者之责也。余用是捐俸倡输以董其事,适新安守之父楚岁荐汪生寅祖以系出天**都,请簿**募修,公成前殿之余,遂更重修后殿。建祖神像,将佐并先世牌位于中,夫人钱**居左殿**,嵇、庞、张三夫人居右殿,斋厨廊庑规画井然,一体瞻依,春秋祀享,各神得所,旧制重新,黄山白岳之精英,练水紫阳之秀丽,一举而纳诸殿内。昔日之数椽仅存者而今且栋宇巍焕矣,昔日之瓦砾无稽者而今且殿庭壮丽矣,昔之神貌颓委者而今且法像庄严矣。自是而阴阳和,风雨时,民安物阜,国历绵长,仕宦昌炽,工贾辐辏,万有千岁,无复有沴戾灾浸以挠我栋榱者,盖天之佑文德,隆武功,副皇上加惠元元之意,藉神力以保障斯世斯民者,千载如一日也。余叨郡牧,夙钦神功,落成之时,汪生以文请余,因是胪列数言以垂不朽。其同助诸公并勒姓名,共志一时义举云。皇清康熙四十六年仲秋月,新安太守罗珍、同知柯宗仁、通判靳治荆、歙县知县郑元绥、新安卫裔孙国柱、经历姜祚昌、晴川裔孙寅祖募建。

(汪玑修,乾隆五十二年刻本)

绩溪南关许余氏

光绪绩溪《南关许氏惇叙堂宗谱》卷一〇,《附捐助寺院》:

我族明初正盛十八寺均有批助,今稍可考者惟太平寺为最。太平寺殿宇本湫隘,永乐间寺遭回禄,我祖上批助寺基,**增建偏殿余屋**,并助香灯田亩方塘竹园,遂使规模宏敞,气象一更。及各房助资重塑**佛像,勒名碑碣**,许余氏十居七八,法堂有斗保公夫妇像。而东岳庙为最,庙中有孟才孺人像,曰孟婆像,妇女有烧婆婆香俗。我族于寺,曩时年中多节会,例由僧人具茶果肴品礼延我族人,四月八馈青精饭,正、腊月亦多馈送。兵后例就顿息其批助。

……太平寺节会延待馈送残缺者尽删去:三月二十八岳庙有祭,头坛法事本族上六十岁者到祭,祭毕,吃岳庙僧人饭菜。四月初八法堂、岳庙、三官殿、太子堂四房僧家轮流周而复始,先领僧饭,再请佛毕,又领酒筵。四位一席,素菜六品:腐角、腐皮、寿桃、笋、木耳、煎面,水酒四双壶,亦上六十岁者。到是日,送乌饭。十一月,送本祠塘鱼二十斤,春分、冬至用汇南街口鱼盘。

(光绪十五年刻本)

绩溪庙子山王氏

民国《绩溪庙子山王氏谱》卷八,《宅里略一·井亭》:

……上水口亭祀关壮缪,下水亭口祀观音,均在村西南。凹口亭祀土神,亭下数百步土地庙亦祀土神,均在村东南。灰灶头土地庙,光绪间新立,祀土神,在村北。

(王集成纂,民国二十四年排印本)

婺源长溪余氏

请求官府下令正风俗,禁社区演戏。

道光《婺源长溪余氏正谱》,《沱川·禁目连戏请府示公呈》:

禀为物力艰难已极,乡风薄恶日滋,上恳宪恩赐示严禁,以端风化,以厚民生事。习俗为政治之源,士绅有维持之责,凡为乡里所深忧者,敢请胪陈而悉禁之。窃惟耕织绘图,丁宁力作,岁时讲约,申禁非为,何期游手之徒相聚抽头之宅,摊财下注,十室九空,喝雉呼卢,千金一掷。他若摹牌斗淏,无非设展张猩,繁矣有徒,皆然无畏。或矜门第,明开饮博之场;或厕衣冠**魁赌块苦**之地;或居酤之结伙朋、谋局骗,三五成群;或子女以为囮密室深宵,百千献媚,**或借钱粮**为孤注,挂拖欠于百家;或将口食抵输筹,忍饥寒于二老;设奸薮,长盗竿,破家资,坑国课,此赌博之宜禁也。又如约内每投细事,本家动设长筵,竭小民终岁之勤劳,倾藏治具,供执事片时之醉饱,狂舞酣歌,稍缓回杯,便成构讼。甚至鬻妻质子,皆缘托见谢中,公论自在,人乃概疑,父老绅衿为啜片言,殊可折,何须判是非曲直于豆觞?此托约置酒食之宜禁也。又如合村之禁目连戏,先达犹存手泽。天卿理学则余懋衡著其书,廷尉儒贤则余启元为之叙。顷者,膏粱恶少弃而里社成规,开局洗棚,动延半月,借端胁骗,分润私囊,贫家强捉挈生,小户苦供柴火,征银征米,排门比费,急催科,祭锁祭久,剪血刑牲为劝善,扮涂鬼脸,煽惑人心,既动众费以伤财,复旷时日而废事。此目连戏之宜禁也。恭际宪天莅政,旧染更新,请给示以通知,饬勒碑以垂久,责令沱川约甲具还甘结遵依,庶僻壤穷乡渐成乐土,而光天化日永沐仁恩矣。

(余章耀等修,道光二十八年宝善堂刊本)

第十四篇　宗族与社会

歙县汪氏

康熙《歙县汪氏崇本祠条规》,《崇本祠条规》:

元旦灯节王祖诞辰春秋二社事仪,**仍照旧例轮管,不在二祭之内**。其元旦及灯期每日王祖案前及列祖几前香烛,上流下接,**俱照簿例**循行之。

(康熙三十年刻本)

绩溪庙子山王氏

各个村落共同之迎神赛会。

民国《绩溪庙子山王氏谱》卷九,《宅里略二·风俗·迎神》:

七都原有太子会,太子平时置张家村后三王庙,各村逐年分棚迎赛。洪杨乱后,是会废不能举,寺后各村仅每年秋收鸣锣、燃爆、焚香、点烛迎之而已。太子俗以为汪华子,实则唐张巡之沿误。华虽建吴国称王,以天琪为右相,铁佛为左相,然未久即奉表归唐。则终唐之世决无有敢称其子建、璨、达、广、逊、逵、爽、俊、献九子,见汪氏谱为太子者俗云:一二三太子,四五六诸侯,七八九相公,均无稽。各家著录于华子均未有太子之称,历代封王政和七年封华为英济王。宣和四年封显灵英济王。乾道四年封信顺显灵英济广惠王。嘉定四年封昭应显灵英济广惠王。淳祐八年改封昭应显灵英济威信王,十二年封昭应广灵显德英烈王。宝祐二年封昭应广佑显圣英烈王,六年封昭忠广仁显圣英烈王。德祐二年封昭忠广仁武神英圣王。至正元年封昭忠广仁武烈灵显王。洪武四年颁给昭忠广仁武神英圣王,祠榜文见汪王庙诰敕碑及武林石刻。或二字,或四字,或八字,皆及华而止,亦无太子之目,是以华子为太子,实无依据。张巡曾官太子通事舍人《新唐书·张巡传》,其称谓在当时太子二字不敢呼在姓名下,故不曰张太子舍人而曰太子张舍人。杜甫诗题"太子张舍人遗织成褥段"是也。五代迄宋,历年既久,传闻遂讹,乃脱下三字而误称为太子。然张氏与李唐无关,求其说不得,遂误以太子为唐时所封。陕西糖坊街张公祠内有宋碑,载唐封张巡为三太子是也《黟县三志》亦载此说。是误以巡为太子,在宋已然,历元、明、清迄今沿袭未改,再以吾乡各村会期证之,**尤确可据**信。张巡相传为七月二十二日生,各地方志往往均有此记载。汪泽注高孝本《绩溪杂感诗》亦云,七月二十五日前三日为睢阳寿,故八都即于是日迎太子出会,出会必演剧。而邻近十余里内各村,若同日出会演剧,必互相冲突而不能遍观,因此五都则提前于二十日出会,六都六棚又提前于十八日出会,而汪村前坦头则逢闰月之年于六月出会,必以闰年六月者,其始必闰月,在六月以前,六月亦七月,后乃不论闰在何月均出会耳。据此,则太子为张巡无疑。夫隋炀无道,一时起兵,见于隋本纪者四十余辈,爨不及析骸,食未遑易子,天下之乱极矣。环歙诸地皆为豪力所暴劫,华以偏裨崛起歙州,东击宣而南下睦、婺、饶,保五州之民以安居乐业者十余年。《通鉴》载华据五州,是。崇功报德,祀之固宜。惟其名称应改正。

(王集成纂,民国二十四年排印本)

江西
南丰西麓双井黄氏
家族与佛寺。

同治南丰《西麓双井黄氏族谱》,《绍泉公崇五都杜燉寺施田山碑记》:

事有历久不泯者,非粉饰张大之谓,由其人之德泽被于人者深,故其子孙自欲表彰而勿置也。予治宜之三年,有生员黄鹄以乃祖国辅号绍泉者,施田山于崇之五都,寺名"义海",碑记请予阅之,见有"惠施生者,泽及死者"之语,心窃疑焉,以为或亦张大前人之说云尔。后一年,以七都地方事,宿义海寺中,召住持僧致中询之,其创寺者谁,则宋之处士柱公也;新寺者谁,则明之住持宏范也;施田山以祝圣者谁,则黄君国辅所施过半也。予曰:得非鹄生之祖乎?僧应之曰然。因述黄君之在当日,每于饥岁食人以食,冬月衣人以衣,新桥梁,施舟渡,善行有不胜计者,晚年雅慕禅风,将本都良田二千四百余斗施入常住,令住持僧众得以不冻不馁者,皆黄君之惠也,且将牛路山数号仍施入寺,山形秀美,本都之死而无葬者听其安厝,虽立契券,仍付寺收,此固僧所目而睹之,非仅耳而闻之也。余听之,不禁跃然曰:是固所谓惠施生者,泽及死者也。黄生之请,实欲记其祖之惠泽,以垂不朽,非大前人之说云尔。余司地方之事,请得与本都士民约:凡连黄君之田者,毋侵其界畔,凡葬黄君之山者,止醮其坟茔。而黄君之子孙与本寺之常住世相护持,以图永久,庶与宋之杜君、明之宏范鼎足共垂不朽也。夫表扬善行以示后人者,予之志也,予之事也,遂于公务之暇走笔而书之。

时皇清康熙三十五年岁君丙子蒲月朔后三日,海陵文林郎知宜黄**县事年家**侍弟王孙骖受轩甫题于本署之世泽堂,文林郎知三水县事愚侄孙佐篆额,南闽**嗣法僧德**荣南津氏书丹。

(黄家章等修,同治十二年刊本)

同治南丰《西麓双井黄氏族谱》,《杜燉寺住持僧溯源复立领字》:

崇五都杜燉寺住持僧溯源今批领到县西黄绍泉公先年施于本寺供佛斋僧福产早迟田租大共二千四百四十五斗,永远供祀香火无异,但住持者当祀乐善好施,胜因毋得私典私卖,当如有此弊,任凭施者管夺。第绍泉公支下亦毋得恣情生弊,恐后无凭,立批存据。

第十四篇 宗族与社会

乾隆十九年甲戌春井月　日立。

本寺住持溯源南律和尚系下本支眼同、秀峰、蔼然、沛然,在见吴元柱位、黄贞士位、卢翔南位、涂立月位。

(黄家章等修,同治十二年刊本)

陕西

郃阳马氏

民国《郃阳马氏宗谱》,《春节射虎记》:

郃阳昔称有莘之野,乃元圣躬耕地。土质宜农,乡村组织向以农为本位。终年服田力穑,逸豫之时殊鲜。惟当新春令节,大都洁其居处,新其衣履,治盛馔备酒肴,戚友往来梭拜,盖隐寓互相慰劳之意。若值年丰时和,必作种种游戏,如跑船、走马、高跷、龙灯之类,以表其娱乐之忱。此皆农村普遍现象,无足述也。所可记者,厥为射虎之习。射虎俗名"社夥"。社夥创自何人,始于何时,不可考。相传明末遗老痛宗社云亡,不肯厕身廊庙歌颂升平,复不甘匿迹消声与草木同朽,辄于戏剧游艺之事发抒其治乱兴亡之感。我处所流行之"线戏"即其一端,而射虎尤为识者所称道。道光时邑侯段士聪大令著《郃阳新咏》,有"服制甲天下,射虎赛扬州"之句,其感想可知。第吾乡陋俗,凡遇游戏事,相习不借外社物,不纳外社人,居外社者亦相戒不肯参加,违者均引以为耻。而射虎则非族繁丁盛且有文人才士以及绘画、雕刻、裱糊、纸扎、铁工、木匠之属不能办,以故乡村中力能及此者殆寡。就余所忆,惟城内及南蔡庄曾一度为之,他无闻焉。吾族累世以来,每数年必举行一次,老幼均视为故常。余少时(编者按:作者马凌甫约生于光绪十年。)亦屡与其役。兹值科学发达艺术演变,经时稍久恐或失传,爰记于兹,备作传薪烬火,或亦留心乡土文化者所乐睹也。

射虎虽属游戏之事,颇足觇地方文化程度之高低。小而片长薄技,大而博学多闻,均得参预以表著其才能。其筹备也,先作若干长方木架,一段插铁竿,一端扎彩楼,下方围赤色布帛,四周缀纸,扎水纹及花卉竿,有树木、秋千、织机暨其他种种形状。出演时,置周岁小儿于竿头,以七八岁左右之孩童坐楼前,扮演遗闻故事。所演题目每日均须更易。锣鼓牌及总牌必副长联,各目亦必以短联缀辅,且须与日俱新。

(民国二十五年增订本)

（三）维护与捍卫乡里

山东

即墨万氏

万氏族人为"捻乱"中护族之死难者树碑纪念。

民国即墨《万氏谱书》，《村东义碑》：

自古大难之遇，在国有忠臣，在野亦有义士。咸丰辛酉，南捻北乱，村众逃避。有百余人者，为村护守，坚不去。其时，日既向夕，贼自东大至，将营窟南阡。百余人者，挺然对敌，不使近村。寡不敌众，为贼所伤数十人，然贼亦以此不敢营住南阡。呜呼！此数人者，真义士也！惜诸家悉贫，不能上请旌恤。吾乡恐其终掩没也，谨勒名于石，以志不朽云。

廷格　光珍　正西　正举　正席　正笔　正亥方清子碑，作海　正功　正策　正烈
正秋　新达　新虎　新汤　新笔三支正坎子　新宦四支正礼子　新玕五支正根子
兆宁　兆明　兆乾　兆宽　兆心五支，即兆宽弟　兆俭长支新专子　兆华五支新朗子
瑞藻五支兆成子　瑞鳌　瑞齐因谱有重名，详注之。但碑所载，尚有遗漏，俟再考问。

（民国印本）

河南

项城张氏

设堡寨，固乡里，修复书院。

民国《项城张氏族谱》戌部，《赠荣禄大夫静斋公传采邑志十五世》：

……有可以为乡里福，则力行之不倦。邑尝大饥，慨然出粟以裒贫者，而往往溢其概量以为之益，恐又不能以无节也，乃制木碗一，约盛半斤，许为每斗之羡。至今相沿，以为成法，邑之人靡不称公之德，而公弗居焉。是时，海宇清宴，人安无事，公独诇察时变，默深远虑。尝谓："天下承平久，文武恬嬉，盗贼滋盛，非有警备，曷以自卫？"乃即所居村，环以木城，置火器为固圉计。故发捻之乱，中原鼎沸，而公乡独完，嗣县城被兵，复输所储火器于官，竭力助城守，卒赖保全。其乡民闻贼迫，望城求庇，阵者恐贼乘机入，怯不敢援手，君严备以纳之，存活者尤多。盖君之勇于为义，不以显晦夷险殊也。……公亦独输千金修复书院，且亲督役，观落成焉。

（张拱宸、张培璋等重修，民国二十五年天津文岚簃印书局仿宋排印本）

授业有成，组织团练。

第十四篇 宗族与社会

民国项城《项城张氏族谱》戌部,《端亭公传采录邑志十三世》：

张楷,字端亭,岁贡生,同治甲子庚午科,连荐不售,绝意进取。开馆授徒,入庠食饩擢高科者,不可胜举,族孙镇芳其尤著也。教人以《小学》、《孝经》为先,善诱循循,虽童蒙亦为指陈大义,于学、庸、周易,能发其奥旨。立身平易近人,忠信笃敬,孚里党事,父兄克尽祗恭,教子严而有法。咸丰间,粤匪猖獗,倡筑寨堡以卫邻族,连保甲,练乡团,与官兵相犄角。乱定,商合族众续修宗谱,极详备。殁后,门人为立教思碑。

（张拱宸、张培璋等重修,民国二十五年天津文岚簃印书局仿宋排印本）

民国项城《项城张氏**族谱**》戌部,《程远公父子传十五世》：

咸丰年间捻匪作乱,**蹂躏地**方,相邻被害者不堪枚举,公引以为忧久矣。适有云从公倡修瓦房庄寨之议,商之公,公慨然允诺,捐资协助,事事出力。及功亏一篑之时,寨户力竭,束手无策。当是之时,功已败于垂成矣。公奋袂而起,谓云从公曰："请勿忧！我有仓储,取之不禁也。"随捐杂粮百余石发给工人,合寨父老子弟,莫不加额相庆,欢声如雷。民气为之一振,而寨遂赖之以成。公,诚一方保障也。

（张拱宸、张培璋等重修,民国二十五年天津文岚簃印书局仿宋排印本）

民国项城《项城张氏族谱》戌部,《健鹏公传十五世》：

……咸、年间,捻匪蜂起,人心惶恐,公倡修张寨,不数月而告成功,四方乡邻避难者,倚为长城,得保无虞。迨大难削平,遂邀族众续修宗祠,可谓急公好义力任其难者。他如白衣阁庙宇十余间,多半坍毁,捐资兴工,非迷信神道,乃为当日立学计也。寨西有砖桥两座,日久倾圮,慨解义囊以资修补而便往来。处世重然诺,尚廉节,仗义疏财。族人偶有争端,力排解,必求事息而后已。

（张拱宸、张培璋等重修,民国二十年天津文岚簃印书局仿宋排印本）

安徽

黟县鹤山李氏

联合众姓捍卫乡里。

民国《黟县鹤山李氏宗谱》卷末,《添祥公会序》：

明季流寇扰乱,蹂躏几遍天下,而新安尤甚。我族当年人丁尚微,因邀集松岭、榆村、湖洋川凡四十余姓,名曰六关,同供奉文孝皇帝诸神像。每逢九月朔,迭相迎送,自外视之,为踊跃,而实则联众姓以资捍卫,即古者守望相助之意也。后人不察,夸奇斗富,踵事增华,寝至入不敷出,姓姓受累,不其戚欤!今幸圣天子下明诏,凡迎神赛会一是严禁。于是同关诸君子上体天子微意,下恤穷黎苦衷,筑庙于立川僧寺之旁,将神像送入,俾神静人安,无复迎迓之劳,盖善举也。而我支向日迎神一切费用,多出自敬翼会。世禄谨与众议,将敬翼会产业改为添祥公祀产,此添祥公会所由来也。且始祖福安公生二子,长添祥公,我房支祖;次添禄公,二房支祖。夫支祖而无祀会,阙典也。二房禄公有祀会,而我房祥公无祀会,尤为歉然。今乃挹彼注兹,使当年虚靡之资作今日实济之用,可谓一举而数善备矣。世禄复虑会产无多,祀典将历久而难继,乃输英洋一百元以为倡。如后人见义勇为,同乐输将,则祀典永垂弗替,而敬老育贤诸善举亦可次第举行,非我族之幸欤?是为序。光绪三十四年仲春月,十三世孙世禄谨撰。

(李世禄纂,民国六年木活字本)

浙江

绍兴汤浦吴氏

战争中宗族组织团练自保,被残杀。

民国绍兴《汤浦吴氏宗谱》卷三三,《粤匪扰害记》:

维我圣天子开国以来,以仁政而治天下者久矣,夫为元元者,共享升平之福,历有二百余年。逮道光、咸丰之际,天变迭见,其间日蚀而地震,川溢而山崩,兼孛星当现,形同丈帛怪异之事,未能尽述。嗣后粤匪蜂起,名称长毛,至辛酉秋,恢然陷绍,民不聊生。惟我汤浦吴氏,前蒙上宪恩谕,招集团勇,以防不测。尔时房掠吾镇,即与对垒,大小亦有数战,孰知寡不敌众,粮不继日,守至壬戌秋,竟被残害以成焦土。或有殉难,或有不屈,或妇女不辱身。虽枭首尚作本乡之鬼,或有被掳,或有早散四方,或有老幼逃生,出匕捐躯,徒为异域之魂。呜呼!天实为之,谓之何哉!仰维皇上洪恩,钦命蒋公益澧,带令水陆马步军勇,由衢州破敌以来,不满一载,扫清浙江全省,使民复归故土,各建宇舍。会亲族而诉契阔,收枯骨而埋雪山。然而复安社稷者天也,然而剿灭乱贼者人也,然而为氓者世戴吾君之恩也。由此谕之,天也、人也、恩也,皆沐圣天子之洪福也,抑仗各将帅之用命耶?今当重修宗谱,表而白之,俾后世子孙之所共览焉,是为记。

时大清同治七年岁次戊辰四月穀旦,裔孙育秀敬志。

(吴金璠等续修,民国五年孝思堂刊本。)

湖南

涟源李氏

协助官府,认真对待保甲。

民国涟源《李报本堂族谱》卷首,《宗规》:

守望当严。上司设立保甲,只为此方,而百姓却乃欺瞒官府,虚应故事,以致防盗无术,束手待冠(编者按:"冠"字当为"毙"字之讹。),小则穷,大则强,乃至告官得不偿失,即能获盗,牵累无时,抛弃本业,是百姓之自为计疏也。民族虽散居,然多者千烟,少者百室,又少者数十户,兼有乡邻同井相友相助,须依奉上司条约,平居户讥出入者有事递为应援,或合或分随便邀截。若约中有不遵防范踪迹可疑者,即时察之,若果有实事可据,即会呈送官究治,盖思患预防不可不虑,奢靡之乡尤所当虑也。

(民国五年报本堂活字本)

江西

清江云溪徐氏

嘉庆清江《云溪徐氏族谱》,《宗训》:

一、相助守望。重门击柝,御暴防奸,伊古为然。近世窃盗难弭,暮夜多警,吾姓聚族而居,有患同恤,一闻盗警,须互相搜捕,或有不肖子弟,陷入匪党勾引,尤宜留心查察,锄莠安良,合族无寇攘之扰,尽人避瓜李之嫌,岂不风淳而俗美也哉?

(徐廷攀修、徐攀桂纂,嘉庆十八年刊本)

(四)械斗危害乡里

节制祠产以防止械斗。

《大清律例》卷二六,《刑律·人命·斗殴及故杀人》:

广东、福建二省械斗案内,如有将宗祠、田谷贿买顶凶构衅械斗者,于审明后,除主谋买凶之犯严究定拟外,查明该族祠产,酌留祀田数十亩,以资祭费,其余田亩及所存银钱按族支分散。若族长、乡约不能指出敛财买凶之人者,族长照共殴原谋例,拟以杖、流,按致死人数,每一人加一等,罪止发遣新疆为奴;乡约于杖六十、徒一年上,每一人加一等,罪止杖一百、徒三年。

(天津古籍出版社1993年点校本,第457页)

湖南

传说湖南郴州劣绅张国宝强夺李氏宗祠。

《大清穆宗毅皇帝实录》卷二九九：

(同治九年十二月上癸亥)又谕：有人奏，湖南郴州劣绅张国宝在籍叠次攘功，滥得保举，改义学为惜字会，藉以专利。张氏义川公田改归义学，并强夺李氏宗祠等语。张国宝身为绅士，自应安分守法，若如所参各款，实属贪诈妄为。着刘昆确切查明，据实参奏，毋稍徇隐。原折着抄给阅看，将此谕令知之。寻奏：遵查张国宝被参各款均无确据，其积功得保，并无虚冒。惟得保时收受贺仪帮项，究属不合，应请交部议处。从之。

(中华书局1986年影印本，第6册，第1135-1136页)

广东

《皇朝经世文编》卷二三，《吏政九·守令下》，程含章《论息斗书》：

粤东风俗之坏，诚莫过于械斗矣。此风起于福建之漳、泉，流传至于潮州，渐染及惠、嘉、广、肇、韶、南，而以潮州为尤甚，祸流数十百年而未有止。其初由地方官惟知鱼肉乡民，不理民事，民间词讼延至数年不结，甚或数年不得一见官面，愚民无所告诉，不得已激而成斗。斗后官仍索贿，并不与民曲直，于是黎民咸怨，而抗官拒捕之事作矣。民既抗官，遂致用兵。夫马口粮解费出自民间，兵役所到，室尽为空。由是官视民如寇仇，民亦视官如豺虎，上下隔绝，情意不通，此所以愈治而愈坏也……然则为之奈何……立乡规，设族长，置党正，立义学，作人材，教孝弟，训睦恤，所作之事，无不青天白日，躬先倡率……余前在南雄，即用此二法。

(贺长龄、魏源等辑，中华书局1992年影印本)

《皇朝经世文续编》卷一〇〇，《刑政三·律例下》，张之洞《请严办匪另立专条疏光绪十二年》：

窃据广东按察使于荫霖详称："查粤省民情强悍，每因睚眦小怨、田山细故，辄即不候官断，招雇外匪，约期械斗。主斗之人，大率系其族首、族绅、祠长之不肖者。名为两族两乡互斗，实则临时雇募土匪、盐枭、海盗及一种专习线枪游手亡命之徒。号召者或数百人或千余人，附和者或数村或数十村。外洋利器随处可购，是以洋炮、洋枪、旗帜、刀械无一不有。又复高筑寨墙，建造炮台，有攻击三五年而互斗不已者，有已经和息而挟恨复斗者。临斗之时，高竖大旗，对放巨炮，若攻入彼村，即恣意焚杀搜抢，所烧房屋动以数百间计，所杀人口动以数十命计。甚至掘毁坟墓，掳捉男女，拒杀兵差，凶残不法，无异化外。且斗胜之村，动辄残毁田禾薯蔗数百亩，砍伐树林果园数千株。故此数村经一次械斗，即

第十四篇 宗族与社会

丧失一二年或数十年之资产。其隐害民生者尤非细微。此等恶习惟广州府之番禺、东莞、增城、新宁、新会，惠州府之归善、陆丰、海丰、博罗、长宁、河源，潮州府之潮阳、揭阳为最，他郡县亦多有之。其惠州府属近日甚至传闻有设卡**断路残食**人口之事，残忍蔑法，各省罕有。互斗之村斗散即止，每不据实具报。而地方文**武规避处**分，亦不免代为隐饰，习以为常。即或驰往弹压捕拿，该**匪等悍然**不理，凶斗如故。或迎拒官长，不令入村。或兵役无多，不敢近前，必俟其斗散，**然后邀**致邻近绅耆从中排解。责令交匪缴械，于是贿买顶凶，任意搪塞。**所缴者**皆破坏无用之械，所交**者皆蠢愚**老疾之人，不特非为首，抑且并非为从，彼主**谋肇衅敛**钱纠众帮斗行凶者，转**得逍遥**法外。纵使悬赏拿获，而人多斗急枪炮如雨之际，究竟何人下手伤人，何枪何炮之伤最重，亦属无从质证。照例惩办，罪止军流，毫无儆畏。推原其故，由于粤民聚族而处，祠产素丰。事无大小，皆听族首、族绅、祠长号召。族首等贤否不齐，主斗者既藉势豪，兼恃财力，取公帑以恣挥霍，敛众费以供侵渔，而所雇觅之匪徒，又足以为之羽翼，但有得财之乐，从无偿命之苦。地方官因无兵力，传首谋则不到，勒凶匪则不交，官法既穷，私忿益炽，以故江河日下，群相效尤。历年大吏及地方官明知其弊，特恐操之过急，激成事端，得办理不善之咎，不得不将就了结。民强官弱，法令不行，实情不敢上闻，严办诸多窒碍，所以积弊至于此极也。查从前发逆滋事，徒以养痈成患，驯至不可收拾。今外患甫平，内讧宜靖，现奉檄行文武大员分往各县匪乡，查明新旧各案，推究致斗之由，判以曲直，勒交积匪，审明案据，立予严惩。各就该处情形，从民所便，责成乡长、族长、房长层层钤制，约束化导，以后遇有匪徒生事，责令禀报捆送，以期永靖地方。惟查例载：广东省纠众敛费，约期械斗仇杀，人数虽多，致毙彼造一命者，主谋纠斗之首犯发极边足四千里充军，二命者实发云贵两广极边烟瘴充军，三命者发新疆给官兵为奴，四命以上绞立决，十命以上斩立决，二十命以上斩决枭示。其随从下手伤重致死应行拟抵者，各依本律例拟抵，伤人及未伤人者亦按本律例分别治罪。又广东械斗案内，如有将宗祠田谷贿买顶凶构衅械斗者，于审明后，除主谋买凶之犯严究定拟外，查明该族祠产，酌留祀田数十亩以供祭费，其余田亩及所存银钱按族支分散。若族长、乡约不能指出敛财买凶之人者，族长发遣，乡约杖徒各等语。是下手伤重，方议抵偿，主谋纠斗，不皆重典，而为从伤人及并未伤人之犯照为从减等，罪止满流，即照军器伤人亦止拟军，详译例文，自以乡里寻仇，尚非巨患。仅言斗则无焚掳之流毒，仅言械则无枪炮之利器，仅言纠众则无枭匪海盗之丛集，仅言仇杀则无抗官拒捕之重情，是以下手者仍照共殴，主谋者尚多照差等。窃惟今昔情形，实多不同，变通之道，因时而宜；重典之刑，因地而用。近年广东械斗，联村聚众，杀害无辜，焚毁抢掳，抗官拒敌，伤及兵差，形同叛逆。罪坐所由，主纠者似无宽贷之理，而为从之犯各项匪、盗毕萃，其中专以帮斗为生,不过杀人渔利,并非本族本村与彼造衅有不解之仇、切肤之患。枪炮轰击之际,杀伤之多少亦不能自为限制,下手之轻重更无从推究主名。揆其凶悍情形,实系真正土匪,配所逃回,必更报复滋害。然非当互斗之时派兵围捕,则真犯决不能拿获,主谋亦无从追究。且使此乡寻斗残害彼乡,未经报复之时,若早发官兵将肇衅之乡认真围捕,将首祸帮凶勒交数名立置重典,则彼乡冤情既平,自不致寻仇蔓祸,保全实多。伏查同治六年刑部奏定章程,天津锅匪数十人以上持械聚斗,杀伤抢掠,就地正法,拒捕者格杀勿论等语,其所以特从重典者,原为除暴方可安良。况以广东斗匪数累千百,械必枪炮,较之天津锅匪仅聚数十,仅持刀械者,情节尤为重大。相应详请奏明另立专条,从严办理,宽免州县处分,责令实禀实办,以儆凶匪而遏乱萌等情前来。臣等查粤省械斗,实为诸匪之薮,恶俗不革,内患堪虞,该司所陈系属实在情形,惟有据实沥陈,仰恳圣明俯念广东械斗日多,情形凶悍,薮盗养匪,实为地方治乱所关,饬部特立专条,准将粤东械斗匪犯,凡纠众数十人以上,招雇匪徒,施放火器,杀伤人命,掳虐男妇,焚烧房屋,抢毁资财之案,其主谋者,敛钱纠斗者,受雇持械帮斗审明素行不法凶暴显著者,无论杀伤几命,是否系该匪所伤,均照土匪例不分首从,一律就地正法,情节重者酌加枭示。向来管事之该族首、族绅、祠长于聚斗之前数日不行出首者,既斗之后十日内不行交犯,即以主谋同论。至斗乡祠产,查系赴他乡寻斗及定地互斗者,除酌留香火资三十亩外尽数入官,以为义仓社学之用,雇觅无资则乱源可止。其因强乡生衅寻斗,弱乡集众应敌,因而杀伤焚掳者,但科斗罪,祠产免其入官。若此乡虽经受害,不候官兵拿办,自行纠匪前赴他村报复残害者,不论致斗先后,一律报理。其未伤人、放火、掳生、劫财及人数较少者,暨他村寻斗仅在本乡自卫拒斗致有杀伤并无残暴情形者,仍照旧例办理。各属再有斗案,准其请兵围捕,务将主谋纠敛及各帮斗真犯拿获究办,抗拒者立予格杀。并恳格外天恩将从前凡有斗案处所之地方官,无论已报未报,概免其应得处分,俾免瞻顾。以后州县遇有斗案,据实禀报惩办,免其议处。如再有讳匿粉饰致主谋斗匪远扬者,一乡肇衅寻斗,地方官不早请兵获匪严办以致酿成互斗巨祸者,均予从重参处。庶足以抑强安弱,渐变浇风。

(盛康辑,光绪二十三年思补楼刻本。又该文收入《张之洞全集》卷一四,题为《请严定械斗专条折》,奏时间为光绪十一年二月二十七日,文末有皇帝谕旨:"该部议奏。钦此。")

设立乡约、族正以制械斗。
《皇朝经世文续编》卷八三,《兵政二十二·剿匪下》,张之洞《拟分任文武大员查办匪乡疏光绪十二年:》

第十四篇　宗族与社会

窃维广东莠民为害地方者,约有三类:一曰盗劫,一曰拜会,一曰械斗。盗以抢掳,会以纠党,械以焚杀。三者互相出入,统名曰匪。会多则为盗,盗强则助斗,斗久则招募,会、盗各匪皆入其中,习俗相沿,蘖牙日盛,扰害农商,挠乱法纪。盗,以广州府属沿海各县,肇庆韶州两府沿江各县,及廉州、琼州两府洋面为最多。会,以惠州府及毗连香港之九龙司等处为最多,高廉所属亦渐蔓衍。斗,以惠、潮、广三府为最多,廉、琼次之……**略仿潮州章程,设立约正、约副、族正、族副、房正、房副,责成稽查劝导,给以札谕,荣以顶戴、匾额**,以后该乡如有各项匪徒,即令举首捆送,令悍徒皆归于统纪,犷俗以渐而转移。国法彰明,秽瑕涤荡,庶可保全良善,杜绝乱阶。

（葛士浚辑,光绪十四年刊本。又《张之洞全集》卷一四载有此奏,名为《查办匪乡折》,上奏时间为光绪十一年十二月二十七日,文后有皇帝谕旨:"着照所请。该部知道。钦此。"）

为治理械斗提充祖祠尝产。
《大清德宗景皇帝实录·附宣统政纪》卷三七:
（宣统二年五月壬申）两广总督袁树勋奏:广东械斗日炽,拟分别治标治本办法,当场严惩斗匪,严究主谋,追缴枪械,不准稍有隐匿,此治标之法也。通饬各州县,嗣后有控案不结,致成斗案,或闻报不速查办者,严行参办。又嗣后互斗及帮斗乡族,查明祖祠尝产,除酌留祭飨之需外,余悉提充该乡小学堂工艺厂之用,此治本之法也。并拟于官绅之能解斗,劝息弭患无形者,酌加奖励,下部知之。寻民政部奏:现在筹备立宪,正当开诚布公,与民更始。若如该督原奏办法,非特与立宪主义大不相符,抑且为从来行政所未有。应请饬下该督更正办理。从之。

（中华书局1986年影印本,第9册,第652页）

粤人好斗。
《清稗类钞》,《风俗类·粤人好斗》:
粤人性刚好斗,负气轻生,稍不相能,动辄斗杀,曰打怨家,非条教所能禁,口舌所能谕,尝有千百成群聚众械斗之巨案。盖大姓多聚族而居,多者数千家,少亦数十百家,与他姓一言不合,即约期械斗,人数不足,则出重资雇人相助,如助斗而死,给抚恤金,因斗伤废,给养伤金,其费用则出自祖尝,或按田科派。游手无业者多乐受雇,虽死不悔。斗时,扬旗鸣鼓,枪炮交施,如临大敌,可数日不解。地方官之恇怯者,不敢出而弹压,亦不敢问两造之曲直,惟飞禀大吏,请示办理而已。

械斗既累日不解,或由两造各邀公正绅耆评其曲直而裁决之,或由地方官传谕董事为之劝解而调和之。如两造终不服,则先停战,而控之于官,静候判断。亦有两方既分胜负而再兴讼者,且有斗死多人而绝不报官者。

粤人虽强悍而极畏官吏,每有两方械斗之后,此方如有斗死者,即禀官讼之。官循例捕凶手,亦仅虚张声势,不果捕也。彼方乃匿凶手,以重金贿死者家属,令递禀和息。然家属之欲壑不满,差役之囊橐不盈,和禀亦不得递也。故遇此等案件,县署幕友、书吏以及刑差、门皂,均有例规,即县令亦有照例之馈遗焉。

(徐珂辑,中华书局1984年版,第5册,第2207-2208页)

福建

漳浦浪子班。

《清稗类钞》,《风俗类·漳浦浪子班》:

漳浦有浪子班,专聚无赖少年,以待有械斗时,受雇为助。

(徐珂辑,中华书局1984年版,第5册,第2206页)

三 宗族兴衰与社会环境

族人光宗耀祖的心理追求,便其视读书仕宦为重要门径,以求得宗族的兴旺。很自然地,社会上层、社会精英既是宗族建设的动力,又是宗族发达的表征。换言之,他们的状况是宗族兴衰的标志。造成宗族兴衰状况的另一种社会环境是战乱,它既破坏宗族,在客观上又促成族人重建宗族的热情。

(一)光宗耀祖的追求与宗族的兴旺

直隶

容城孙氏

孙奇逢《孝友堂家训》:

谓潜孙曰:家运之盛衰,天不能操其权,人不能操其权,而己实自操之。父慈子孝兄友弟恭,男正位于外,女正位于内,即贫窭终身,而身型家范,为古今所仰,盛莫盛于此。如身无可型,而家不足范,当兴隆之时,而识者已早窥其必败矣。

第十四篇 宗族与社会

(《丛书集成初编》本,中华书局 1985 年影印本)

东光马氏
族谱罗列仕官功名人物。
沧州东光《马氏家乘》,《乡贤祠祀》:
工科都给事中马公汝松
湖广布政使司参政马公允登
湖广宜都知县马公廷赞
陕西学政马公之䏌
选拔贡生马公廷宣
忠义孝弟祠祀:
湖广监军道马公绍芳
坊表:
进士坊　　　在本城南街为马汝松立
大司谏坊　　在本城南街为马汝松立
紫诰承恩坊　在本城南街为马汝松父尧辅立
父子进士坊　在本城南街为马汝松暨子允登立
省台济美坊　在本城南街为马汝松暨子允登立
(1999 年十一修本)

族谱罗列甲榜名单。
沧州东光《马氏家乘》,李周望《太学历科进士题名碑录》:
　　嘉靖甲辰科登秦鸣雷榜　赐同进士出身三甲第一百七名马汝松　直隶河间府景州东光县民籍
　　隆庆辛未科登张元忭榜　赐同进士出身三甲第二百六十六名马允登　直隶河间府景州东光县民籍
　　万历癸丑科登周延儒榜　赐同进士出身三甲第一百八十名马中周　直隶河间府景州东光县民籍
　　顺治己丑科登刘子壮榜　赐同进士出身二甲第六十二名马之䏌　直隶河间东光县人
　　顺治己丑科登刘子壮榜　赐同进士出身三甲第二百五十九名马廷赞　直隶河间府

东光县人

　　顺治戊戌科登孙承恩榜　　赐同进士出身三甲第二百六十名马中霜　直隶河间府东光县人

　　康熙癸丑科登韩菼榜　　赐同进士出身三甲第四十七名马孔怀　直隶河间府景州东光县人碑录止此

　　雍正癸丑恩科登干振榜　赐同进士出身三甲第　　名马咸厚　直隶河间府东光县人

　　乾隆壬戌科登金甡榜　　赐同进士出身三甲第六十二名马兆鳌　直隶河间府东光县人

（1999年十一修本）

沧州东光《马氏家乘》，《原跋》：

世间何者可久？曰为德可久。何征？曰征于我祖宗。盖自陵章移瀛东，越四世而繁，职谏垣，列乌台，参藩政，监军旅，守海疆，知封隅，上林文武济济，所滋随年益广，问其故则为政惠民，居乡积善，第知以清白贻厥后人。但愿从今法祖忠信厚道，敦诗书，将三百年之人家，正是方兴未艾时。十一代孙永命谨跋。

（1999年十一修本）

姻亲名人为族谱写序

沧州东光《马氏家乘》，纪昀《马氏重修家乘序》：

古氏族之书今皆轶矣，其略可考者惟《世本》，散见于诸书，然杂纪帝王诸国之世系，非一家之书也。《文选》注引刘歆《七略》始载子云家牒，刘孝标注《世说新语》所引晋代诸家谱尤班班可稽，今之族谱其昉于汉晋以来乎？谱有欧阳永叔、苏明允纵横二例，太史公年表月表，说者谓旁行斜上仿诸周谱，则横谱尤古法矣。今士大夫家例有谱，然能一修再修至于四五修而不已者，则必名门巨族始有之，盖必祖宗积累者深，而后其子孙富贵蕃衍可编辑为书，寒门细族弗能也。又必其子孙象贤克承先德，无忘敦本睦族之谊，而后相续成其事。始振中蹶者亦弗能也。然则门户之盛衰与福祚之修短，盖可于家乘验之矣。东光以马氏为甲族，其他名德不具论，自明嘉靖以来，一支之中登进士者凡九，亦云盛矣。谱至今日凡五修，亦云绵远矣，非世济其美能之乎？昀马氏婿也，乾隆甲子读书外舅周录公家，得其旧谱，详其世德，乙酉四月奉讳里居，以会元城公葬宿公家，公谓昀曰：余家乘之未辑今又四十年矣，向恒欲举其事，而长子早夭，继嗣有待，念及余名下阒然无所书，辄愀然伤之，每忽忽不自适而罢，及尔外姑之卒，始择立兆晟，初未验其贤否，意尚两持，

第十四篇　宗族与社会

既而兆晟真善事余,余悉以家政付之,遂决意定以为嗣,且授例以其职封,余宣诸纶音,载诸户曹之籍,余今有子有孙,非复向之无可书矣,家乘之修,欲及余未就木而为之也,尔盍为我序之。昀敬诺。七月,昀在京师,公遗使赍书来省女,且促前序,因为叙其续修之由而书之如左。若夫推一本之爱,油然而生孝弟之心,苏氏族谱亭记言之矣,今则不复剿说也。乾隆乙酉七月,翰林院侍读门婿纪昀谨序。

（河间纪昀印,1999年十一修本）

沧州东光《马氏家乘》,咸丰《马氏新续族谱序》：
东光距南皮四十里,马氏为东邑望族,自前明至今数百年,与余家世联姻戚,万先祖母马燕屏公女也,先大夫幼失怙,时依外家,官工部时曾以覃恩为曾外王父貤赠中宪大夫……咸丰丁巳年十二月二十二日,翰林院修撰再甥张之万顿首谨序。

（1999年十一修本）

沧州戴氏
戴氏科第名录。
光绪沧州《戴氏族谱》：

五世戴才	嘉靖癸卯甲辰联捷进士	
八世戴明说	天启丁卯科举人	
九世戴王纶	顺治戊子科举人,乙未科进士,榜眼及第	
九世戴王缙	顺治丁酉科拔贡,本科举人,戊戌科联捷进士	
十世戴景	康熙戊子科举人,拣选知县	
十世戴访	优生乡饮大宾	
十世戴信	武生,以军功授张家口千总,云州堡守备	
十一世戴璇	增贡生通州训导	
十一世戴宏	监生,康熙癸巳科举人	
十一世戴恩诏	乾隆壬子科恩赐副榜	
十一世戴君成	乾隆乙酉科武举,安庆卫前帮千总	
十一世戴宽	康熙乙卯庚辰科联捷进士,翰林院庶吉士	
十一世戴寅	康熙戊子科举人	
十二世戴又甲	承袭荫生,咨部候铨,督察院继历	
十二世戴占熊	乾隆癸卯科武举	

十二世戴介眉　　乾隆癸卯科举人
十二世戴岚　　　嘉庆戊寅科举人,任平谷县训导
十三世戴鸾图　　道光乙酉科拔贡,戊子科举人,署宁晋县教谕
十四世戴清平　　乾隆乙卯科武举
十四世戴问善　　廪膳生,道光己酉科拔贡,本科举人
十五世戴广涵　　增广生,道光己酉科举人,拣选知县,例授文林郎
十五世戴恩涵　　廪膳生,道光己酉科副榜,咸丰壬子科举人,例授文林郎
十五世戴连芳　　五品顶戴
十五世戴吉林　　军功五品蓝翎补朝阳县营菠萝赤千总,敕授武略骑尉
十五世戴官彤　　附生,鸿胪寺记名序班
十五世戴寿领　　例授登仕郎
（光绪三十四年本）

南皮集北头刘氏

民国南皮集北头《刘氏族谱》,《甲榜总目》:

前明万历壬辰科　　八世生中　　翁正春榜三甲第十一名进士,仕至翰林院检讨,丁酉科浙江主考

万历丁未科　　　八世生和　　黄士俊榜二甲第二十五名进士,仕至湖广宾庆府知府,己酉科山西分校官

崇祯戊辰科　　　九世庆蕃　　刘若宰榜二甲第二十二名进士,仕至河南按察使司佥事兼任提学道

崇祯癸未科　　　九世世杰　　杨廷键榜三甲第三十七名进士,仕至山东兖东沂兵河道,辛卯科河南分校官

前清顺治壬辰科　十世大模　　榜名大谟邹忠倚榜三甲第十一名进士,仕至吏科给事中,庚子科福建主考

顺治乙未科　　　九世庆藻　　史大成榜三甲第一百十三名进士,仕至知县

顺治己亥科　　　十世雯旷　　徐元文榜二甲第四十六名进士,仕至内弘文院编修,甲辰科会试分校官

顺治辛丑科　　　十世宗亮　　马世俊榜三甲一百五十二名进士,仕至知县
康熙己未科　　　十世果实　　归允肃榜二甲第八名进士,仕至翰林院编修
雍正丁未科　　　十一世弘烈　中式明通榜

第十四篇 宗族与社会

乾隆辛巳科　　十四世凤翔　中式明通榜,考取内阁中书,仕至江西道监察御史

道光壬辰科　　十三世仲珣　吴钟骏榜二甲第二十二名进士,仕至甘肃凉州知府,署理甘肃甘凉兵备道

咸丰己未科、同治癸亥科　十四世子镜,更名子铨,中式咸丰己未科会试　马传煦榜第一百二十四名贡士,同治癸亥科殿试,翁曾源榜二甲第七十二名进士,翰林院庶吉士,历官吏部郎中,钦差坐粮厅监督陕西汉中府知府,钦加三品衔

光绪庚寅恩科　　十五世锡光,一名锡章　吴鲁榜三甲第一百八十六名进士,仕至内阁中书,委署内阁侍读,截取陕西孝义厅抚民同知

（民国二十三年续刊本）

东光马氏

家有节妇荣耀宗族。

沧州东光《马氏家乘》,《列女》：

节孝

马进妻赵氏,守节四十年卒。　　邑志　通志

廩生马之骧侧室李氏,夫亡李年十八,子幼家贫,衣食罔给,毅然自矢,纺织度日,躬亲教子,守节四十余年卒。　　邑志　府志　通志

马岳妻石氏,年十八夫亡,无子,坚守贞节,视嗣子咸继如己出,家贫姑老,孝养维艰,纺织度日,苦节四十一年卒。　　邑志　府志　通志

马显妻夏氏,年未二十而寡,遗一子,家徒四壁,菽水承欢,未几公姑殁,百计营葬,事后为子娶妇,子复夭,颠沛流离苦节五十余年,族人义之,为请旌建坊从祠祀,有诗人题咏《冰瓯草》一卷。　　邑志　通志

武生马尉妻杜氏,年二十七夫亡,无子,后四年家遭回禄,杜竭力经营,持以勤俭,卒抚嗣子成名,乾隆九年卒,年八十二岁,请旌建坊从祠祀,嗣子泽洪自垂髫过嗣,历五十年色养不衰,其孝亦足称焉。　　邑志

庠生马子寅继妻苏氏,年二十夫亡,时翁姑在堂,遗子泽涣甫晬,苏仰事俯畜,人无间言,终能教子成名,乾隆十二年卒,年五十五,学使陈表其闾曰"松筠劲节"。　　邑志　通志

监生马纶妻庄氏,夫亡无子,庄负性贞静,孝事公姑,守节三十七年卒。　　邑志

马念慈妻曲氏,夫亡无子,善事公姑,劳而不怨,苦节四十余年,请旌建坊从祠祀。　　邑志

庠生马效伸继妻赵氏,夫亡无子,苦节四十余年卒。　邑志　通志

马居仁继妻孙氏,年二十五夫亡,善事公姑,苦节四十五年卒,请旌建坊从祠祀。　邑志

马兢妻邵氏,年二十夫亡,守节四十八年卒,学使陈奖曰"心肝冰雪"。　邑志　通志

马泽远妻吴氏,年三十夫亡,守节五十余年,邑令陈奖曰"冰雪为心"。　邑志　通志

马桓妻王氏,年二十四夫亡,有遗腹子,守苦节至八十岁,嘉庆八年卒。　邑志

贡生马金堂继妻张氏,夫亡守节,抚二子蕴瑾、蕴琰,教以义方,卒为廉吏,封孺人,七十九岁卒。　邑志

马润章妻戴氏,于归后夫外出不归,或传已殁,戴茹贫,矢志苦节三十七年卒。　邑志　通志

马天林妻霍氏,夫亡无子,守节五十余年卒。　邑志

马桐妻徐氏,青年守节,课子读书,始终不懈,寿八十四,邑令陈奖曰"松筠比操"。　邑志　通志

马金镳妻崔氏,年二十五夫亡,守节七十余岁卒,同治三年旌。　邑志　通志

马金园妻姜氏,年十九寡,抚孤守志,阅五十三年卒,邑令陶奖曰"冰霜苦节",从祠祀。　邑志　通志

马金祥妻张氏,二十八岁夫亡,守节三十余年,邑令周奖。　邑志

马峦志作金銮妻杨氏,二十守节,存年五十六。　邑志

马司纲妻刘氏,十九岁夫亡子幼,矢志抚孤,性和厚,事姑以贤德称,邑令翟奖曰"节媲柏舟",至晚年饔飧不给,子妇赵氏乞食活之,苦节五十八年卒。　邑志

马文煌妻祠氏,年二十三夫亡,无子,守节三十二年卒,邑令陶奖。　邑志

马春渚继妻刘氏,二十八岁夫亡,家贫子幼,事孀姑孝,苦节十八年卒。　邑志

马锦林妻孟氏,二十九岁守节,存年六十二。　邑志

马镕瑶妻侯氏,二十岁守节,存年五十二,邑令周奖。　邑志

庠生马濚毕继妻施氏,年二十四守节,家遭回禄,穷且益坚,存年五十八,邑令陶奖。　邑志

贞烈遇难

马春浒妻韩氏,年二十二,携子丙寅投水死。　邑志　通志　按:同治七年捻匪扰境,韩与四岁子丙寅俱遇难。

贤懿

马杲妻赵氏早寡,抚五子俱成立,孙曾联登科第,守节四十年卒。　邑志　通志

第十四篇　宗族与社会

马中骊继妻施氏，年十七归中骊，前室遗子方二岁，未几姑亡，夫弟方四岁，施复连举五子，夫亡俱幼，施抚七孤，教诲成名，贫甚，饔飧不继，誓志愈坚，苦节三十余年卒，年六十九，雍正五年旌。　邑志　府志　通志

同知马光妻王氏，通达识大体，病，子永命授陕西靖远卫同知，将不果行，王诃之曰："汝父受国家厚恩，历官四任，今汝复邀圣知，宜黾勉报称，无负于君，即无负于亲也，吾疾当不至死，奈何以为辞！"永命垂涕受命而去。永命妻胡氏知书善文，谙经济要务，永命官陕西清苦自矢，胡奉姑家居，出嫁衣易金助之，永命年三十二卒，胡抚子兆鳌成进士，官江南靖江知县，教以致身之学，家居撙田产所入远补其乏，兆鳌年三十八卒于官，胡赴其任所清厘仓库而归。　邑志

马玉柱妻于氏，性温厚，寡言笑，夫亡，遗子三，幼者不满百日，家故贫，赖织纴以给衣食，见尊卑长幼，除道寒暄外无他语，其幽静如此。食贫茹蘖，阅四十余年卒。　邑志　通志

已请旌未登邑志者

马士璋妻魏氏，自二十九岁夫亡，抚犹子春埕，苦守贞节至八十岁卒，奉旨建坊旌表，额曰"清标彤管"。

马煐达继妻吴氏，二十余岁夫亡，数日不食，殉夫自尽，蒙直督部堂那奏准旌表，额曰"节烈可风"。

（1999年十一修本）

沧州东光《马氏家乘》，《节孝祠祀》：
武生马爵妻杜氏
马居仁妻孙氏
马显妻夏氏
马**念慈妻曲**氏
马**平章妻周**氏
马金园妻姜氏
节孝坊：
一为马显妻夏氏立
一为马念慈妻曲氏立
一为马居仁妻孙氏立
一为马士璋妻魏氏立

(1999年十一修本)

河南
项城张氏
选举典记叙官宦，以祖宗荣耀令子孙振奋，建设盛族。

民国《项城张氏族谱》子部，《修谱凡例》：

一、选举之典，国家所以需人才，如吾族能膺其选者，在上足以充朝廷之用，在下足以显祖父之名。且宗族赖之而受庇护，子孙因之而获荫袭，况夫相继一门，可睹联芳之庆，并萃一世犹来盛族之称。今兹所以于某祖之膺选举者，将国号冠于名上、年号纪于名下，复于功名进取详其始终，宦途升迁，注其颠末，再将生卒载之于后以明时纪，庶使后世族人知某祖为何代人、某祖与某祖同时，慕其荣耀赫濯而愤厥志，以绵夫吾家书香于勿替焉，岂不懿欤！

（张拱宸、张培璋等重修，民国二十五年天津文岚簃印书局仿宋排印本）

安徽
《吴汝纶全集·日记》卷一一一，《制行》：

光绪二十八年十一月初十日，亲族闻吾归，皆来相见极欢，应接不暇。二十六日，暮，还夫子冈宗人迎鸿家宿。

（施培毅等校点，黄山书社2002年版，第4册，第761、764页）

江西
家族上层举业的成功。

宜黄棠阴罗氏
光绪宜黄《棠阴罗氏永二公三修房谱》，罗鸿熙《序》：

我祖崇逊公以一公子承二公祧，数百年来，瓜绵椒衍，追思尚义，同念本根，而我两房尤觉亲亲也，后之承祧者其亦知所黾勉矣，顾熙于此犹不能无感焉。辛卯初修，任石城教谕以谱事请假回籍者叔祖金来也，任常州府佐以保举署江阴知县者从兄在爵也，以岁荐食于家者从伯中简也，应乡试者十余人，应童子试者十余人，盖在乡间亦称望族，若从伯毓杰、从兄兆埙父子先后明经归部，就职即补司训，与叔万同，曾几何时，而老成半凋谢矣。读相国潘芝轩先生旧序，谓其祖视学豫章，按临昭武，罗氏孟元公系下一榜四获其隽叔祖有章、父麟、叔万、从兄兆壎，生童各冠一军伯挺、叔万，受知人多，通家谊重也。方拟今

第十四篇 宗族与社会

岁科场有人获隽,当乞主司弁言与潘序后先辉映,乃事与愿违,其能无盛衰之感乎?继自今我祖系下父父子子,夫夫妇妇,兄兄弟弟,家之肥即国之庆,庶几下培豫章之材而上扬忠孝之烈也夫。

(罗奂等修,光绪二年刊本)

宜黄谢氏

同治宜黄《宜邑谢氏六修族谱》,道光《五修族谱序》:

己亥秋,予奉简命典试江左,撤棘后接家大人手缄,乃知家大人与高富谢君蕙孙交最笃。蕙孙与予同出相国潘芝轩先生之门,其兄雪虹、弟霞九复与家昆季辈同补弟子员,遂成世谊,予曩时已尽识之,今以家谱续修,同其族诸君子恳家大人嘱余一言以弁其首,并邮寄原序。余悉览之。窃谓谢氏之谱之光昭简册也,由来旧矣。其文学之博也,则有二凤齐鸣;其勋名之盛也,则有五凤齐飞;其子弟之俊秀也,则有芝兰玉树并生庭阶。遐懿遗徽,殊难殚述。要之,自周秦汉晋唐宋以来,家乘所载与国史互相辉映者,尤莫如文靖公与康乐公。高富始祖宜昭公即其孙枝之一也。明德之后必有达人,良不虚矣。且闻高富介居沃壤,土脉膏腴,人民淳朴,数百年来,科名仕宦即不数觏,而风清俗美,族党间相与言孝言慈,与仁让蒸蒸日化于善,有不足为闾里之光荣乎?且无论其他,即兹过都越境,合一姓而共溯本源,联支派,序昭穆,于以亲亲而尊祖,敬宗而收族,非极仁孝之思有以积于中而著于外,曷克举此。顾谱之修也,善者表之,不善者讳之,似非若史之作,有褒而亦有贬。然捧而读之,偏能于见善知兴,即能使不善知愧。程子不云乎,欲管摄天下之人心,使之为善,而不为不善,莫要于明谱系。是谱也可以激励人心,可以主持风化,而岂徒书表书名,纪年纪月,为存殁葬娶之籍而已哉?今其谱将告竣,正值一人有庆,恩榜宏开之会,寰海内外,莫不家弦户诵,以仰副圣天子寿考作人之盛心,矧谢氏森森玉立其间,奋然兴起者,正未可量。但使诵先人之清芬,嗣祖宗之家学,由是观光上国,珥笔天廷,和其声以鸣国家之盛,则斯谱之有光于前烈也,岂不懿哉!因书此以致望于蕙孙兄弟及其族诸君子之意,而即以报家大人之命云尔。

时皇清道光二十年庚子岁嘉平月吉旦。

赐进士出身、诰授资政大夫、礼部右侍郎调刑部右侍郎、前通政使司通政使、大理寺少卿、刑科掌印给事中、福建道监察御史、翰林院编修、戊子江南副考官、丁酉山东正考官、己亥江南正考官、壬辰乙未会试同考官加三级、年眷弟树斋黄爵滋拜撰。

(谢赋文等修、谢性卓等纂,同治九年刊本)

余干徐氏

迁徙族人中出现了高官显宦，为满足其归宗认祖的愿望，祖籍宗族借此修撰或重修族谱，并借以荣耀乡里。

康熙余干《徐氏宗谱》，《黄丘徐氏重修族谱序》：

余向读《春秋》，得记胡氏传曰：有夫妇然后有父子，有父子然后有君臣，故春秋立君臣之纲，明人伦之大道也。敦本正伦，明宗重族，显名垂训，守法彰行，此八者乃为人之正道，孝悌之本源也。敦本则身体有归，正伦则长幼不紊，明宗则知己身之所出，重族则令外人之尊隆，显名于邦国，垂训于家庭，守乃法而肌肤不辱，彰乃行而昭穆有序，盖仁人孝子之事，不外是矣。余观黄埠宗亲诸君子皆能出孝入悌，内敬外恭，威仪若大宾之肃肃，器宇如叔度之汪洋，笃诗书而承先启后，崇礼乐而追远慎终，是皆凛乎春秋大义者也。夫黄丘之徐虽为干越望族，本属南州高士公之裔也，自唐侍御史韬祖阀阅之后，子孙繁衍，分支散漫，递及铉公宦居金陵，相传南宋挺生明公，媲韩、欧之学问，负班、马之文章，登淳熙丁未进士，转升广信司理参军，修身治国，忠君爱民，诚乃辅世之良臣，人中之俊杰也，然虽建伟绩于金陵，而终不忘南州故祖，乃致仕之日，促舟西下，向洪都觉溪旧址，对冢焚黄以谢先人之灵，庶道经黄埠，见豸山之秀丽，睹信水之濚回，因以卜居焉，则司理公实为始迁之祖也。传及二十余世，胤增数千，其间簪缨振振，国士林林，笔难罄述，至若分支衍派，燕翼贻谋，又奚止一方一隅而已哉？虽徙居千万里者，尤不啻若斯之盛也。以今盛京诸大夫伯仲乔梓皆我朝桂石之臣，但以久籍辽阳，宗支远隔，因顺治年间受命平粤，凡我洪都商贾皆以桑梓之谊待之，复书达黄丘宗亲，亟欲请谱，俾知木本水源，不失仁人孝子之事。一时俊耄共体厥志，携谱星驰以慰渴望，由是重修锦牒，而名公巨卿莫不侈扬其盛，不数年而宪孺公举乡进士，由京主干陶初公府，朝夕共谈，不过亲亲仁民爱物之义，若以宪孺公之才高山斗，望重京邦，而得蜚声**翰苑**、**鼎甗**皇朝。所谓孝子忠臣，信不诬矣。乃仅以暮年而授普予令，卒不为五斗折腰，而**效陶靖**节归去之赋，守廉四十余年，仪型子弟，教育英才，推孝友于一堂，著忠信于四里，其栽培之德，仁厚之风，岂区区富贵者所能几及于万一哉？古人有言曰：忠臣必出于孝子之门，而孝子必生于诗礼之族，积德之家也。以故有神童健章者，耄年举孝，当道旌隆，存不磨之至性，留有志之芳名，宁非祖功宗德之厚，山川毓秀之奇，盍能有此振俗之士杰生其间也耶？即今膝丹正士，尊则仁则述先，臣则备五坤则是中等，及卓志儒林者，皆有命世雄才长民大略，是亦渥注之神驹，丹穴之灵雏者也，行将飞黄矣。余忝族末，屡叨诸君之教泽，因读南州家谱，实系一派同源，云及本来合族共有重修谱牒之志，于是协力同心，共成胜事，重修先公之德绪，复缵宗祖之仁功，俾后世子孙咸知敦本正伦，明宗重族，显名垂训，守法彰行，纂修之功岂不大欤！愧余久废诗书，滥膺征职，不能为诸君之一助，但记书有言曰：善继人之志，善述人之事者。此之谓也。是为序。

时皇清康熙五十三年仲夏月穀旦，韬祖三十世孙礼坊斯麒顿首拜撰。

（徐德忠等修，康熙五十三年本）

湖南

长沙涧湖塘王氏

家族之名流是维系家族兴旺的关键。

民国《长沙涧湖塘王氏六修族谱》卷首一，《四修族谱序三》：

从来族之涣而不属者，情无所联也。人之泯而不传者，名无所载也。世有聚处千百而悲愉相关宛若一体，且其中或以道德，或以文章，或以功名勋业，并流芳不朽，即跼蹐衡门而孝友节义昭昭与日月争光，子孙因以绍述不替，此非漫至是。盖家乘无异国史，纪载备则实行彰，虽百世而华衮具在，是谱不可不修也。吾家族谱之修，今已四次矣，其初起自仲公于明嘉靖时创修之，继而康熙时续修之，乾隆时再续修之。旧谱虽云剥蚀而世系皎若列眉，是前人既已修之于前，后裔可不续之于后乎！故鼻祖霸公历居南京，宦游云南、广西、河南，致仕后徙居湖南攸县，子四：长元隆居攸县；次元桃居武冈州；三元祐居江西丰城；四元禧即我脉祖，由攸县徙居浏阳。三世祖永贞公始迁长沙谷山，授指挥使职；四世祖杉公、五世祖本昌公皆袭其职；八世祖彪公授镇抚职、义五公义勇将军；九世祖生菴袭镇抚职，仁章公袭义勇将军职、赠通议大夫；十世祖荣宗公袭义勇将军职，无菴公任江西左参政、赠兵部右侍郎；十一世祖凯公武略将军，伟公兵部右侍郎，伸公由拔贡任衡阳县教谕。历稽祖泽，谱载班班。今兹后裔蕃衍，惟昔先人之余光耳，不从而续修之，则前人之浸以沦湮，后之人不更泯没哉！爰集族众共襄斯举，依苏氏老泉之遗规订成汇首，仿欧阳永叔之成法辑著卷中，星罗棋布，派异从同，付诸梨枣，共鸣国家之盛，则炳炳蔚蔚，以是见吾祖先之铭钟勒鼎者，永远弗湮；即以是吾子孙之竞秀争芳者，方兴未艾也。是为序。咸丰三年癸丑岁仲夏月穀旦，裔孙开珍、开子、开云、开泰、式兴、式弼、式尊、式交、式鳌、式吉、式豪、式喜、式西、式立、式述、式树、式蓉、式嵘、哲纯、哲夫、哲逢、哲盛、哲武、启岐公撰。

（民国三十八年听槐堂铅印本）

湘乡大界曾氏

民国《武城曾氏衍湖南湘乡大界五修族谱》卷首，《旧序》：

……从祖赠文正,官武英殿大学士,一等毅勇侯;王父澄侯公,貤封建威将军;王父弟赠忠襄,官总督,一等威毅伯;世父谥惠敏,官户部侍郎,假全权大臣。一门之内权重位极,次之从昆子侄,珥貂蝉、乘朱轮者百十人,膺敕书得表扬先行而临御于庶姓卒伍之上,不可指数。

(民国三十五年三省堂活字本)

民国《武城曾氏衍湖南湘乡大界五修族谱》卷首,《旧跋》:
……迄今叠沐皇仁,世官有袭,差徭有免,为之子孙者,亦幸生圣人后,与有荣施也。

(民国三十五年三省堂活字本)

民国《武城曾氏衍湖南湘乡大界五修族谱》卷五下,《典制·附高祖元吉公祠堂记》:
吾曾氏散居衡湖南,先大夫尝建祠堂于衡邑之庙山矣。吉公者迁湖南之四世祖也,迄今且二百年,子姓繁衍,聚族于湖南之兴业乐乡。以公之遗产衡之靛塘湾田为公祀田,后又增置湖南之圳上田数亩。岁时祀公于公所居故宅,湫隘不可卒事,族众病焉。先大夫尝欲为公别建祠于湖南,未果,遂淹忽以疾。小子志之不忘,岁丙午乃纠族众议之,或疑赀缺乏。骥云曰:精卫塞海、愚公移山、众志成城,诸君子苟有志营造,何赀之足虑?众乃跃然起曰:子议良是。于财稍丰者捐基地,次出缗钱,次供材木,其贫者一艺以上勤其手足,攻木攻土,惟力是视。群志一心,以后至为耻,而骥云实董其役,不数月落成。堂一楹,堂后有寝以妥公灵,左右有序,旁有厢门间内敞。墙垣外周,其地适居公墓之东,去墓所数百步,公之圳土祀田在焉。向之榛莽之区,一旦焕然巍然,子孙登是堂者,衣冠必以正,笑语无敢哗,秩然油然。春秋祭祠,卜族中贤德者以主事,余骏奔走执豆笾,雍然肃然,……岁庚戌适有事于祠,父兄子弟并属骥云曰:首事者子也,成事者子也,子其为文以记贞于石,以垂于久。越数十百年后,因而重之,拓而广之,胥视子志。小子泫然曰:首事者,先大夫之志也;成事者,族中君子长者之力也,小子何知?时先大夫下世已岁余矣,归而执笔濡墨敬记之,用以著弓冶之所自云尔。

貤封光禄大夫礼部右侍郎加二级五世孙骥云高轩氏谨撰,六世孙国华温甫氏书丹。
皇清道光三十年岁次庚戌季冬月穀旦敬立。
谨案:此文应刊入卷四之首,以搜集过迟附刊于此。

(民国三十五年三省堂活字本)

福建

第十四篇 宗族与社会

南平、延平麟阳鄢氏
家谱书写为宗族增光之事。

光绪南平、延平《麟阳鄢氏族谱》卷首,《续凡例》:

一、蒙恩诰赠天语,**煌煌盛**典也,例当大书其上,以示子孙,然扬名显亲,了然共见。今以帙繁从简,只于系名下另行抬载晋封某职衔,不复详誊诰命,惟靖献、皇州二公,孤忠自矢,于乾隆四十一年十一月初八日奉钦定胜朝殉节诸臣赐谥节愍,洵足登诸国史,非仅家乘之光也,故为具载全文。

(鄢宗云等修,光绪四年刊本)

广西
平乐邓氏
民国平乐《邓氏宗谱》卷二,《凡例》:

一、吾族仕宦绅衿代不乏人,而始祖以前纪载旧牒,始祖以后,虽无大官大邑,而一命之荣以及乡国贤士无不必录者,非徒以耀观瞻,盖尊朝廷之宠命,荷祖宗之厚德耳。

(光绪十七年十贤堂刊本,民国十三年续刊)

(二)兴文教以振家声

陕西
汉中西乡李氏
光绪《西乡李氏家谱》,颜钟骥《西乡李氏家谱序》:

至第七世……其曾孙捷峰中丞由名进士开府江西,而族始大。

(光绪八年本)

关西马氏
马氏家族科举出仕兴旺近百年,后儒业不振而渐式微。

同治《关西马氏世行又续录》,《同州马氏家传》:

吾族自繁峙祖至相九祖,入祀乡贤者六人,世艳之,百余年来少替矣。当时儒术翩翩,今半农贾,子孙目不识书。

(同治七年刊本)

邵阳马氏

白发苍苍,犹携孙以应童子试。

民国《邵阳马氏宗谱》,《奉祀生先考昌斋府君行状》:

府君以毵毵白发,携其孙以应童子试者,已历数载,人方将谓祖孙毕且同案,传为乡曲佳话。今乃先登(编者按:即传主之孙。)获售,仅相距无几日,而乃瞑目不及见也。

(民国二十五年增订本)

民国《邵阳马氏宗谱》,《马公和平懿行序》:

故二十年间,于洛川中部宜军三县扩设商号三十有余处。自是家声丕振,宅第连楹。公既输饷入太学,子弟亦复人文蔚起。遂创建衍绪堂宗祠,垣护扃镭式严以固,凡属栖神之室、享祀之堂与夫典守之舍、庖湢之所,以次落成。岁时伏腊,先灵告妥。

(民国二十五年增订本)

江西

清江云溪徐氏

尊师重道,培养子弟,重振家声。

嘉庆清江《云溪徐氏族谱》,《宗训》:

一、笃课儿孙。自古人才出于学校,是非学无以望子弟之成材。而塾师之具,训蒙士则尤关,始基之立,苟不择名通勤慎之师以诲之,基之一坏,后欲培之而不能,然师固在择之谨而尤贵乎待之隆,礼貌尊崇无不为之加意造就。吾族前代科名显达,而近世不克大振书香,得非作养未善而安于简陋之故乎?嗣后务宜尊师重道,有贤父兄自不患无佳子弟矣。

(徐廷攀修、徐攀桂纂,嘉庆十八年刊本)

浮梁祁门郑氏

增光俎豆,即提高宗族地位。

咸丰浮梁祁门《郑氏宗谱》卷首,《祖庙训》:

一、各疃子姓要先读书,或以缙绅,或以青衿,皆可以增光俎豆,荣施宗族,倘资不能进,富者积善课子,贫者执业营生,庶亦不为祖玷。

(郑培先修,咸丰十一年刊本)

第十四篇　宗族与社会

新淦黄氏
道光《临淦窻前黄氏重修族谱》，第一册，《条例》：
一、**崇儒读**以冀振兴。吾族历居数百年，以诵读入学几膺乡**荐者寥寥**数人而已，若其科第之**荣，爵秩**之显，盖未知或有焉。此为之后者所当奋然自勉也。**童蒙**之辈为父兄者，必令就**塾，遇有资性超群者**，务使专业以求进取，如或其家贫乏力不能及，责其所亲稍裕之家及**虽属疏谊**而赀产较丰者，必共为量力匡勤，俾获有成。

（黄登第修，道光十五年本）

兴国刘氏
同治兴国《刘氏重修族谱》不分卷，《族规十条》：
一、立学校。庠序之设，所以端士习而培人材也。故孝弟忠信礼义廉耻，无恒产而有恒心者，惟士为能，况长习举子业，以图上进，幸而名成固可以振家声，不幸而名不成，亦可娴习乎礼义而不失为彬彬尔雅之风，为父兄者各宜置立家塾，延师课读，勿使荒业以嬉。孟子曰：中也养不中，才也养不才。故人乐有贤父兄，此之谓也。

（刘天成等修，同治元年刊本）

广昌涂氏
同治广昌《豫章涂氏宗谱》卷一，《祖训家规十二条》：
一、重勤读。读书为无价之宝，果志坚勤读，定登科名，故不论贫与富，择其子弟之俊秀者，须礼敬师友，以培养德性，汲遇熏陶，自然上达。纵万一不遂，功名之志虽不甚智，亦不至愚顽不化，凡一切悖戾之事，庶几可免。

（涂永償修纂，同治十一年修）

南丰西麓双井黄氏
同治南丰《西麓双井黄氏族谱》不分卷，《凡例》：
一、族众有游泮登科及第岁贡国学与出仕者，通众举贺不拘，各祭皆送花红，但入泮国学俱照旧例送贺，至若岁贡三两科者五两，第者十两，出仕者五两，送科举者盘费亦照旧例，此乃体祖宗培植人文之意，岂得谓滥费哉？

（黄家章等修，同治十二年刊本）

湖南

汉寿盛氏

未能中举的庠生被授命修谱。

光绪汉寿《盛氏族谱》卷首,《自序·续修谱序》:

当余之弱冠也,幸沐祖灵,癸未岁试微幸补弟子员,方期驰逐名场,大伸素志,为宗族光宠,于以绩修谱牒,笔削谨严,稍副平生之愿,乃岩栖十余载,仅博一衿,上既不足以建功于国、为朝右之忠臣,下复不足以立名于家、为门内之孝子,于家乘事而不一为倡率,其何以告无罪于先人乎?用是纠集族中贤能,倡议续修,一举即成。佥以主修命余,余曰:有分尊于我者,有年长于我者,余何敢焉?佥曰:非有公正不私之志不足以服人,非有鸠工庇材之能不足以成事,汝读书有素,谙练经史,续修之举诚能胜任而无难也。余因族命不敢辞,勉赴厥职,昼夜采访,纂辑成编,幸得房兄文星为之督监,族祖晓兰、族叔宗宝、族兄菊友为之忝阅,堂弟克家、益唐为之协理,房孙国本为之校对。因材授任,量能而使,自去秋起事,不数月而剞劂告成,然此皆得于诸公之踊跃赴公,共勷厥事。余何立之有,而敢自张耶?……光绪二十七年岁次辛丑仲冬月穀旦,十八派孙邑庠生元音召棠氏谨识。

(光绪二十七年广陵堂活字印本)

四川

云阳县

云阳望族与儒、贾关系。

民国《云阳县志》卷二三,《族姓》:

卢,自闽以贸来县,咸、同间门户极盛,喜周贫乏,务为慈惠事,崇尚儒业,以学行教其子弟,皆隶学官为儒生,(存)膺乡举,任列县教职,声誉籍甚,遭庚午水灾,家中落,然其子姓,皆食贫植品,不坠家法。陈,巫山来,有宗祠,乾、嘉间盛有文学,岁贡、教官陈嘉琅首创县志;今后人读书治生,不失祖风。王,师位父子与陈嘉琅父子同时鼎盛,互为婚姻,今强半贫乏,秀异者不失儒风。闵,江西人,徙居城郭,以私财置汤口渡船,利济至今;光绪中,绍贡做官,仲季,合称三闵。刘,由农而儒,海鳌、海云以科第官监司。蒲,明初来,千余户,同、光中有璧谷兄弟为儒,号长者;温饱者不及半数。向,明时来,清初有好儒业者,诸生甚众,然入学即废,无达者;今力农,或他乡、异县佣保、佃户。彭,大冶来,贸易,修治陂塘致富,田畦连数县,入谷溢万石,至清代,习武科,武举三人,供职兵部,诸生倍之。薛，从大冶来，同、光间贡生瑞图以儒为县闻人，家族田产与彭氏等，虽多亲学问者，而多寒畯；民国以来出文武人才。邬，湘乡来，多财，同、光间，世文捐金建云峰书院，子远泽及彭义庄受县令檄，号召集资，敌兰大顺。涂，世乱则登磨盘寨自保，富。杨，无子，以甥冉为后，曰冉杨春，后人曰冉朝杨，后遂姓杨，至今两姓不婚，农、渔、樵业，时世变化，无改于旧。张，大宗祠在万县，支祠散在云阳各乡镇，丁众无虑万数，食农温饱者为多，食贫佣作及工艺者又强半焉。谭，与忠州、万县不通昭穆，均谓明末谭宏之后，谱牒存佚靡恒，莫由详考。邱，地处新军口贸易区，道光出举人之松兄弟，今江市衰，邱亦微。南曾，自公安来，咸、同以来阀阅甚盛，贡生锡光以州司马家居，好施予，人士畏而怀之。族人游惰，其子孙尚守素业。北曾，岳州徙来，咸、同兴盛，亦衰。云安盐场，陶、郭，来自黄冈，业盐灶、煤矿，咸丰间东南乱，淮盐不行，蜀盐济楚，骤富而骄奢淫逸，同、光间官运制行，此类败落，而知读书者岿然为右族。陶凤冈，道、咸中以文名，海门辑学志。潘，康熙中由零陵来，诸生数十人，今无闻。袁，闻性少赘汪氏，康熙壬辰举人，生子兼姓汪，汪枢贡生，汪仲沄乾隆甲子举人，汪榘壬申举人，其后姓汪，别子仍姓袁。后来汪绝而袁仍存。戴，乾隆中自麻城来居古陵镇，咸、同中华万振起商务，数十年成大族，集众财，立会馆，市镇整肃。北张，万历中自城固来，多儒士，诗书孝友，显于闾里，其内教尤修，令妻寿母，节孝相承。

（台北成文出版社民国三十四年版，第224页）

（三）战乱对宗族的影响

直隶

临渝郭氏

临渝郭氏家族力量在战乱中的凸显。

清代临渝《郭氏家传》，《清故刑部四川司郎中郭君廉夫家传》：

道光之季粤逆播乱桂林，掳舟东下，窜踞金陵，分兵四出，海内沦陷者六百余城，湖南江忠烈公忠源、曾文正公国藩倡议团练，捍外患，清内匪，崎岖十许年，名将继兴，遂平巨憝。是时各省土寇乘乱蜂起，捻匪飘忽于齐豫，马贼出没于奉天，河南、山东之民以办团练为名通贼抗官，至烦兵力剿抚，数年而后平。而天津东北一隅独以团练劲旅名天下，逆首李开芳大举北犯，五次扑津不遂，狼奔豕突，卒蹙授首于冯官屯。畿辅晏然，赖以无恐，团民之功伟矣。临渝，当山海卫，距津沽密迩，戢匪御侮与有力焉。时郭君廉夫以教职家居，实至其事。君讳长清，字润轩，廉夫其别字也。郭君世居河南之确山，始祖讳通，洪武十四年随徐武宁山海，遂家焉，以子贵封怀远将军，世袭指挥同治，迄明季，嗣是代有闻人。讳愈岁贡生河间府故城县训导是为君曾祖，讳升宗是为君祖，讳锡蕃是为君父。生而颖异,喜读书,慷慨多大节,居家以孝谨称,道光丁酉举拔萃科,遇母夫人忧,服阕,补试得高等,癸卯举于乡,癸丑大挑二等以教职俟铨,家居授徒自给。临津北边朝阳赤峰,粤匪扰津,土匪蠢动,马贼从而窥伺,县城几危,邑令岱峰先生玉简知君才,委以团防事,君见义奋发,集邑绅筹饷,召募得八百人,备器械,教步伐,阅月而毕。邑西南之百盒岭,居民数百家皆郭姓,君晓以大义集资教练,复得壮丁五百名,联络保卫,声势颇振,乃亲历险要,如联峰山凤凰店诸处相度形势,设墩置燧,慎密防守,客匪屏迹,境内晏然,君之力也。

(清代乌丝栏抄本,国家图书馆藏)

安徽

不同信仰的冲突:太平军斧斤祠堂之木主。

《皇朝经世文续编》卷八七,《兵政十三·地利下》,方宗诚《与邑人论城守书》:

自旧岁粤贼窜扰湖湘,吾邑筹备防堵,将一年矣……祖宗之所以与我者遗体也,而我之所以报祖宗者禋祀也。前闻贼之所过,大家逃散,贼斧祠堂之木主,或投水火,或弃粪壤,闻之切齿,思之伤心。试问局中局外诸君,资财妻子与祖宗孰重?平日席祖宗产业以养身家,藉祖宗家声以耀闾里,至此之时,计资财,顾妻子,各为巢穴以求安全,而祖宗神主弃置不问,任贼烧毁,任贼斧斤,其城居不去者,亦但徼幸贼之不来,而非有固守之志,设有不幸,祖宗木主受其秽污,他日何以见祖宗于地下,此其不可不守者二也。

(盛康辑,光绪二十三年思补楼刻本)

绩溪梁安高氏

光绪绩溪《梁安高氏宗谱》卷一,《高氏宗谱序》:

及咸丰间粤匪之变,而旧谱复凋残于兵燹之余,此则高氏之修谱为尤亟者也。同治壬申夏,余过梁安,晤高氏诸君,咸欲修谱,而以旧谱残缺为忧。余谓:旧稿残缺则修之更不容缓。

(高富浩纂修,光绪三年活字本)

绩溪枢密葛氏

宣统绩溪《枢密葛氏宗谱》,《光绪重修家谱序》:

本朝乾隆间又复续修,惜兵燹后罕有存者。煜念世远人繁,修谱当急,继以宗祠被毁,不得不以宗庙为首务,因与族中诸君子造祠、理牌、祧主。

（宣统辛亥刻本）

宣统绩溪《枢密葛氏宗谱》卷末，《谱跋》：

慨自咸丰十年粤匪犯境，人丁惨遭七八，乃数百年来一大劫也。我祠诸君子造祠、理牌、祧主后倡议赓续，诚恐年湮代远，后来无以足征也。

（宣统辛亥刻本）

山西
洪洞薄村十里王氏

嘉庆《洪洞薄村十甲王氏族谱》卷二三，《重修佛庙山门记》：

乡之佛庙旧有山门，余曾大父光禄圃隐公于前明万历丁亥输资创建者也。迄今百有余岁，不无倾坏。余有志修葺，未之逮也。今春，堂孙梓请于余，欲募资而修葺之。余曰："此余志也。祖宗创建于前，子孙修理于后，亦继述之一端也。惜余老矣，汝其为之。"梓乃走输募数千金，仍其旧基而加崇焉。今夏工竣，将勒石焉，而请余记其巅末并捐资姓氏于左云。

时大清乾隆十九年岁次甲戌，附监生王有德撰。

（王楷苏等修，嘉庆二年刊订）

四　各地方宗族活动的异同

江苏
上海曹氏

吴地重家庭、不关注宗族建设之说。

民国《上海曹氏族谱》卷四，《曹氏祠堂记》：

我邑曹氏为宋吴惠王后，自南渡而徙江南，代有名臣，载在谱牒。至孟春公始迁上海，迄今已二百余年矣。其六世孙梧冈以明经为江西赣令者八年，读礼归，慨然于吾吴之俗，第知谋其养于子孙，而不思隆其荐于祖宗也。或糜金钱以营珠宫贝阙，而于先人靳一椽也；抑或捐其廪以饭紫衣黄冠，而于族人之饥寒疾苦漠不相关也。于是偕其弟巢南度地于城西，纠工庀材，构祠堂若干楹，奉始祖孟春公以下五代之祖考，并列于祠，以时修祀事。奉位入祠之日,奏鼓乐,陈豆笾,左右昭穆咸秩于礼。又割膏腴之产若干亩,册为义田,以赡族人,戒其后昆世守之毋变。属同学张子永铨为文记之,以镌诸石。

(民国十四年崇孝堂排印本)

江西

江西宗族之谊为海内之最之说。

《皇朝经世文编》卷五九,《礼政六·宗法下》,李绂《别籍异财议》：

吾江西风俗淳厚,聚族而居,族必有祠,宗必有谱,**尊祖敬宗**收族之谊,海内未能或先。至于一家之中,累世同爨,所在多有。若江州陈氏、青田陆氏,并以十世同居,载在史册,今此风亦稍替矣。观朱子晓谕兄弟争财产事,援据礼律以敦教化,凡祖父母、父母在堂,子孙别籍异财者,并将关约呈首,抹毁不遵者,依法断罪。信乎儒者之政,异乎俗吏之为之也。然细思之,尚有未尽善者,盖禁其争财可也,禁其分居恐未可也。孟子论王政止称八口之家,朱子释之以弟为余夫,壮而有室,即别授百亩,是古者未尝禁人之分居也。惟是乡田同井,相友相助相扶持,则分而不分耳。迨世既衰,渐失友助扶持之意,于是笃行之士,矫为累世同居之事,姑以劝亲睦而激薄俗耳,非比户所能行也。凡累世同居者,必立之家法,长幼有礼,职事有司,笇库句稽,善败惩劝,各有定制。又必代有贤者,主持倡率,而后可行。否则财相竞,事相诿,俭者不复俭,而勤者不复勤,势不能以终日,反不如分居者各惜其财,各勤其事,犹可以相持而不败也。至于祖父母、父母在堂,亦微有辩,如年逾七十,宜传家政。或年虽未衰,别有疾病,而不任综理,则子孙析居,亦无不可。且其家既分析,必其家法未立,又无可兼综之人,今必责已分者使之复合,是强人以所不能,势不行矣。惟既分之后,骨肉争财,致兴讼狱,则不逊不亲,岂惟偷薄,彝伦已斁,地方官长,深惩而严治之,庶还淳厚。故曰禁其争财可也,若止于分居,则不能禁,亦不必禁。惟教之以亲睦之道,俾分犹不分焉,亦未害于三代之治也。

(贺长龄、魏源辑,中华书局1992年影印本)

南北方修谱建祠的区别。

宜黄谢氏

同治宜黄《宜邑谢氏六修族谱》,《谱序》：

……又闻秦楚诸境,其俗宗庙之说寥寥,只于其祖先图像帧幅之上填写世系,至四五传而止,久且霉烂破裂,并此而失诘高曾,于缌麻袒免之人几不知为谁何,是则虽间有庙而仍无谱以系之也。吾故曰：族谱弗修,则尊祖敬宗收族之法不备也。至若吾乡诸姓,

第十四篇 宗族与社会

宗庙谱牒罔有或缺,胜于他方远甚。

(谢赋文等修、谢性卓等纂,同治九年刊本)

湖南
桂阳邓氏
佛道与宗族争信众。

光绪桂阳《邓氏族谱》卷首,《家戒十条》:

戒信佛。僧道之忘君亲、疏族党、绝宗祀,其获罪名教者,兹固不具论。独怪世之信此者,往往迎僧延道,率属来家,或为父母祈求,或为本身忏悔,谓必如是,多作佛事,殁后方可登天堂,离地狱。窃思天无阶可升,宁有堂?地无隙可入,宁有狱?即令天果有堂,彼固曰:为善者登。试问汝父母及本身果不善,而虑其难登乎?地果有狱,彼固曰:为恶者入。试问汝父母及本身果有恶,而惧其必入乎?是自暴其父母之恶,以令人知,诚不孝不智之甚矣。且如盂兰盆诸会,彻夜连宵,拜佛诵经,妇女僧道杂处无嫌,能保其必无淫污之一事乎?此时天有堂,僧道尚自可登乎否?地有狱,僧道独自不入乎否?伤风败俗,莫甚于斯,尤宜戒者。我州原无女尼,近来尼庵之设所在皆然。以彼自恃身为女身,进户穿房,甘言蜜语,其诱人之术最工,凡妇女一与之好,渐必借拜佛名色,请诣庵刹。倘遇彼心上人之恶少敢肆猖狂,鲜有不为所污辱者,可勿撼哉!可勿防哉!

(光绪三十三年登秀堂木活字本)

广东
广东祠堂最为盛行之说。

《皇朝经世文续编》卷六七,《礼政七·宗法》,张之洞《劝酌提祠产周济贫族示》:

为剀切劝谕事。照得广东各属地方,民物殷阜,礼教昌明,巨族豪宗,祠堂最盛。往往祖祠产业,动逾巨万,每年所入,辄累千金,祠内子孙之读书应试出仕经营者,类皆筹有资费,议有花红,敦睦可风,远逾他省。但于族中贫困失业之人,尚未闻有议及专款周济之条者,揆诸嘉善矜不能之义,未免阙如,各该族子孙既众,贫富难齐,贤愚不等,自应量为拯恤,方合敬宗收族建立祠堂本义。况族大人多,难保尽为良善,衣食既足,廉耻自生,若任其迫于饥寒,则弱者转于沟壑,强者流为盗贼,不免扰害本乡,盗窃同族,及至官司勒令交匪,甚至查产封祠,则仍须自出花红购缉,既蒙庇匪之名,仍有费财之累,何如平日周济贫宗,使其不流为匪之为愈乎?更有甚者,凡遇有械斗,雇募凶徒,寻仇报复,则提祠产以供斗讼费,遇有讼案,雇募讼师,缠控互讦,则提祠产以供讼费。夫以祖宗所积,不能备施济亲亲之用，徒以供斗讼犯法之资，颠倒甚矣。迩来各属盗风尚炽，虽经本部堂饬属严拿，仍未衰息，其中顽悍性成，憨不畏死者固不乏人，而穷迫无奈，致陷重辟者亦复不少，本部堂心甚悯之。近年以来，所有被灾穷民，出洋生计，开辟地利，教习工艺，及一切善举，凡可以培养元气之处，无不饬属举办，竭力筹维，但公家经费有常，势难□行博济。兹拟劝谕各该族人等，于祖祠产业，每年所入租息，酌提若干，自议章程，查明本族极贫丁口，每年各予拯济，量其人之性情才力，或借给资本，令其小贩营生，或雇募工师，教其学习手艺，使人人皆有业可习，有食可谋，自不至相率为匪。其祠产丰厚者，或酌提巨资，另营家塾，以教聪颖之子弟，或设立恤嫠育婴公所，以养孤寡之妇女、无依之童□，年终将用过若干银两，施济过本族若干丁口人数姓名，榜示祠门之外，官吏但使劝督，经手仍由族绅。惟各族贫户，不得藉端讹诈，无厌要求，如已经周济，而无赖滋闹不休，许该族绅指名禀官惩办，各族绅能实力举办，著有成效者，本部堂定为破格奏请旌奖，以示优异而昭激劝。再各乡神佛祠庙祀田产业，亦复不少，其常年所入租息，有为劣绅强宗首事值年人等把持侵蚀者，已往概不须问，惟应将现在所有租息，公同查出，每年除香火祭赛宴会据实开销外，余款尚多，酌提若干，以济乡里贫乏。除札饬各府厅州转饬所属尽心劝导外，合亟出示晓谕，为此示仰各**属绅耆知**悉：尔等各有宗祠，宜就各乡情形，祠产多少，量力准情，妥议章程，禀由地方官**核明禀请**立案，即行开办，不得支饰观望。各该族长等，均系深明礼义之人，一经晓谕，自当争相劝勉，以时举行，庶财不外散，仍归于本族，人有恒业，勉为善良，永革斗讼之风。力行施济之事，睦姻任恤，可由此而类推，康乐和亲，遂蒸成为风俗。本部堂实为厚望焉，毋违特示。

（盛康辑，光绪二十三年思补楼刻本）

宗族聚居盛行之地。
《皇朝经世文编》卷五八，《礼政五·宗法上》，张海珊《聚民论》：
……今者强宗大姓所在多有，山东西、江左右以及闽广之间，其俗尤重聚居。多或万余家，少亦数百家，其耳目好尚衣冠奢俭，恒足以树齐民之望而转移其风俗。

（贺长龄、魏源辑，中华书局1992年影印本）

第十五篇 宗族与国家

一 祠堂教忠教孝与守法

族规祖训宣扬忠君观念,教导子弟谨守圣谕,遵守国法,完纳钱粮,做忠臣良民。

山东

即墨杨氏

仕宦事君之道。

民国即墨《杨氏家乘》,《家训》(杨氏十二世孙、康熙赣令杨玠撰):

予小子述先人行事详矣。孝于亲,忠于君,友于兄弟,义于乡党。立志希圣贤,学文追古昔,此其大者。可以师百世,即一步趋,一措置间,亦恒非近今所能及。盖卓然以身教也,后之子孙率而守之,鲜有失德矣。家训之述得勿赘之云乎!然先王父尝有言曰:"上品之人不教而善,下品之人虽教亦不善。品之最上最下者寡,而中人常多。教则成,不教则败,是故教不可以已也。"历观史册,惟汉万石君石氏家不言而躬行。虽齐鲁诸儒质行,皆自愿为弗及。其他并有家训,唐韩休、穆宁、崔邠、柳公绰皆兴教于家。公绰子玼述家训尤严切。贞元间言家法者,尚韩、穆二门。而史臣赞曰:"穆、崔、柳代为孝友闻家,君子之泽远哉,知所重也。"我先人期迪后嗣,代有明训,故三百年来,英异醇谨者多,而毁方跃冶**者寡**。良有耳提面命,得所遵循尔。六经四子先儒载道之文,何非至教。顾圣言高深,往**籍浩瀚**。有触乎耳,未必遂动乎心。出乎先人之口,非甚不肖,辄复瞿然以儆、惕然以思者,人之情也。恨予小子赋性薄劣,高曾以前,流传训词,无多闻者。少侍文祖(编者按:文敬公杨六谦,杨玠祖父。),提撕警觉,日以十数。而冥顽无知,不能体认,更多遗忘,未克承先,何以示后。每独居深念,恐十世家声遂坠于地,未尝不汗流浃背也。谨述所记忆,次为一编。用以自箴,且贻来者。

(杨玠等修,民国二十五年排印本,六修本)

列祖训词。

民国即墨《杨氏家乘》,《家训》(杨氏十二世孙、康熙赣令杨玠撰):

太原公(编者按:明嘉靖。)曰:吃人亏。居官尽职,只宜图报,不可望报。独处,官服要整肃;接人,容貌要和怡。节用是守成良方。

沛令公(编者按:明万历。)曰:居己宜谦和。士贫宜自振,不可仰望于人。仰望于人,虽得其周恤,终亦无济。自振之法,惟在读书。吾家奕世科贡,做官为名宦乡贤,为以清白为第一义。读书发达,芳名自远。若征逐膻臭,克薄成家,虽十万腰缠,终是祸胎。人家节孝,如岁寒之有松柏。虽天地闭塞,而生气长存。心田有诗,曰:"小窗闲与尔曹语,要种心田学好人。"遗像自赞犹曰:"勿遗我心田!"

云和公(编者按:明隆庆崇祯。)曰:我一生为多情所累。只是多过意不去处。若便恝然,天下岂复有人类!端正是立身之本,长厚是处世之本。士人服官,乌纱圆领,南面临民。行则高坐肩舆,百姓望之尊严若神。顾影自视,亦似如此。若存心不正直,断事不公平,何异邪祟鬼魅,依草附木,可愧甚矣!官府莅事,民呼曰爷。爷者,人呼父之称。要思父之于子,其保护爱惜如何笃挚,我果可以不愧其名耶?日日警省,自不敢不处官事如家事。

(杨玠等修,民国二十五年排印本,六修本)

仕宦事君之道。

民国即墨《杨氏家乘》,《家训》(杨氏十二世孙、康熙赣令杨玠撰):

读书仕宦,不止为一身,富贵要思显亲扬名。若贪墨残忍,上挂弹章,下致诅咒,是未能显亲,先辱其亲矣。身没之后,何以见祖父于地下。事君要存得一点真实忠爱之心。不尔,即声誉赫然,不过功名之士。况名者,鬼神所忌。有名无实,自古及今,鲜有不败者,可畏也。贪墨是居官首戒。身死名污,子孙至为羞称。所谓士君子立身一败,万事瓦裂者此也。比如失节之妇,虽有美容巧技,何足复道。事君要有担当。关系大,故以身任之。若左瞻右顾,如何办得天下事。大臣事君,第一要远权势,绝夤缘,去朋比。君子难进而易退。禄位之场不可久恋,功名之地不可久居。驽马恋栈豆,鲜有不及于祸者,且贪进无厌,即是廉耻道丧,非君子之节。

(杨玠等修,民国二十五年排印本,六修本)

地方官赞扬杨氏家法,以其减少了行政诉讼。

第十五篇 宗族与国家

康熙即墨《杨氏家乘》,《家规》:

族中南北不许相讼。有屈者,入城白尊长。尊长传其本支年老正直者至,焚香誓于家庙,示无所徇。吐其实,定其曲直。小事开罪尊行,则令拜谢之。大事则告于祖宗而朴责之。田产不明,则为分晰之。强悍不遵约束者,则公曰于官,以法治之。数十年来,多求官批照,有族人不白门内尊长辄告同姓者,除不准审理外,仍先责三十板,罚白银十两,入官公用。听其词者,以尊卑定顺逆,以曲直定是非。……自行此法数十年以来,吾家族人无具两造者矣。邑父母官尝曰:"尽如杨宅家法,直可刑措。"乡之异姓不能皆然也,子孙可世守之。

(民国二十五年排印本,六修本)

广东
嘉应州洪氏
君恩重于亲恩。

《洪氏族谱》,洪钟鸣《原谱祖训续训》:

君恩重于亲恩,谚云:"宁可终身无父,不可一日无君。"生当明圣省刑薄敛,敬先尊贤,永享太平。其敢忘诸!

(陈周棠校,浙江人民出版社1982年版,第20页)

湖南
平江叶氏
宣讲《圣谕广训》。

民国《平江叶氏族谱》卷一,《家训五条》:

家训莫大于人伦,人伦莫先于君父。君也者,祖宗所赖以存身家,所赖以立子孙,所赖以生长陶成,而绵绵延延维持于勿替者也。世徒见身在草茅,业安耕凿,若无所谓臣,无可为忠,不知"普天之下莫非王土,率土之滨莫非王臣",不必摺笏垂绅也。即此食旧德,服先畴,凡隶版图,悉归统属,皆所谓臣矣。不必鞠躬尽瘁也,但使安家室、训子弟、早完程课、不犯律条,亦可为忠矣。况自先世以来,久享太平之福,使吾侪得有今日,何莫非受用不穷、所当图报者哉!伏读《圣谕广训》十有六条,纲举目张,言言切至,何一非生民日用之资。今欲一道同风,宜于岁时会合,集族中父老子弟当堂听讲,而又恭录其尤关于宗族最为切近而易行者。每门刊布几条,使之家谕户晓,相与父诫其子,兄勉其弟,是亦同文不倍遵道无偏之意也,愿与吾族勉之。

(叶瑞菜等续修,民国二十三年南阳堂铅印本,七修本)

安徽
歙县汪氏
尊奉"圣谕十六条"。

康熙《歙县汪氏崇本祠条规》,《崇本祠条规》:

恭逢圣天子谆谆教民敦化,所颁"圣谕十六条"见奉各宪府主县主实力举行,严敕各乡朔望宣讲。凡两族子孙务宜仰遵,倘有悖戾不法、致其亲属鸣众申诉者,各门尊长贤达必须会集宗祠,为之惩劝。更有事关风化,必致呈公,凡有名器者,当为秉公倡率,不得为尊亲者讳。若情真事实,故行推诿者,两族鸣鼓共攻。

(康熙三十年刻本)

江苏
宜兴王氏
家法、国法的一致性。

民国宜兴《王氏宗谱》卷一,《家规条例》:

按:国有律法则人民不乱,家有规条则子孙循守。要之国法家规可相循而不可悖也。自今以后有犯之者,皆乱法之子孙也,宗祠重处不贷。

一、钱粮系朝廷重务,须依限期上纳,毋得恣意迟延拖欠,贻累经催,如有此等子孙,听宗长、会同房长深为管束,照钱粮数目定罚,严追上纳,不许轻纵。恃强顽抗者送县惩究。

一、治家以风化为先。本宗子孙,敢有淫污浊乱,败坏人伦,以及为盗为窃破案犯法,宗长、房长访确,情真罪实,急缚扭送祖墓坟前,或在宗祠绳以家法。

一、凡诰敕谕文者,为列圣褒宠臣工之典故,敬录之以耀恩荣于不朽。

一、凡崇祀封赠科甲明经荐举恩荫国学胶庠,散职儒士,已于世传中备书,履历仍以类表而出之。诸妇女以节烈闻者附后。

以上各条皆系祖先垂训,子孙咸宜敬畏以警,将来慎勿视为闲谈,以犯家法也。程子云:国法严而家法更严!慎之慎之!

(王闰根主修,民国三十四年三槐堂木活字本)

常州毗陵王氏

家训解释忠道。

光绪常州《毗陵王氏支谱》卷一,《家训》:

律己篇　　计八条

经曰:其齐其家先修其身。孟子曰:身不行,道不行于妻子。余辑家训,先之训身,端其本也。窃惟修己治人之道无逾孝悌忠信礼义廉耻八字,爰作八训为《律己篇》。

忠训

忠有二义,合一中心,内而尽己,外以事君。文正懿敏,世济其勋,后嗣仰止,奕叶流芳。

释曰:中心,忠字文也,而有二义,一曰尽己之谓忠,一曰臣事君以忠,其实一也,景而行之,不奕叶流芳乎?

(王向辰等重修,光绪十八年愿贻堂刊本)

安徽
休宁茗洲吴氏

出仕做良臣忠臣。

雍正《茗洲吴氏家典》卷一,《家规》:

子孙有发达登仕籍者,须体祖宗培植之意,效力朝廷,为良臣,为忠臣,身后配享先祖之祭。有以贪墨闻者,于谱上削除其名。

(吴青羽撰,雍正十三年刊本)

早完国课。

休宁古林黄氏

乾隆《休宁古林黄氏重修族谱》卷首下,《祠规》:

赋役当供。践其土食其毛,故布缕粟米力役之征,万古不易之通谊也。本分职业之人,必要将分内差粮办纳明白,何等守法自在。若或拖欠钱粮,躲避差徭,便是顽梗不良之徒。且朝廷法度岂容官府姑纵,毕竟追呼杖责,问罪受辱,仍要照数完纳,何益哉!

(乾隆十八年刻本)

婺源长溪余氏

道光《婺源长溪余氏正谱》卷首,《祖训》:

钱粮国课务宜早完,毋许丝毫蒂欠。

(余章耀等修,道光二十八年宝善堂刊本)

绩溪南关许余氏

光绪《绩溪县南关许余氏惇叙堂宗谱》卷八,《家训》:

早完粮。百姓无君臣之分,只有钱粮是奉君王的,一日完粮,一日太平,一日百姓受福。惟乱世不完粮,苦不忍言,如今太平不完粮,等粮差上门,所费更多。到官受责,甚至破产倾家。每年钱谷务先完粮,而后作别事,好不安耽。假如少有天灾,未经奉免,亦宜完纳。凡有声名者,切不可抗粮取祸,一时好高,后悔迟了。

(光绪十五年刻本)

绩溪华阳邵氏

光绪绩溪《华阳邵氏宗谱》卷一八,《家规》:

忠上:一、忠上之义,担爵食禄者固所当尽,若庶人不传质为臣,亦当随分报国,趋事输赋,罔敢或后。区区蝼蚁之忱,是即忠君之义。《传》曰:嫠不恤纬而忧王室,野人献芹犹念至尊。名列于谱者省之。

(邵俊培纂,光绪三十三年叙伦堂刊本)

歙县蔚川胡氏

民国歙县《蔚川胡氏家谱》卷二,道光二年《规条》:

供正赋。正贡钱粮,急公输将,士庶之职也。本族虽无抗逋之弊,迄今以来不无愆期慢后,致累戚里,殊失奉公之义。今后凡有征纳,务依时完纳,庶免黑夜追呼,鸡犬不安,以身试缧绁之辱。

(民国四年线装活字本)

江西

广昌涂氏

以清世祖圣谕六条为人生准则,早纳赋税。

同治《豫章涂氏宗谱》,《祖训家规十二条》:

第十五篇 宗族与国家

一、遵圣谕。圣(世)祖章皇帝谕六条：孝顺父母，尊敬长上，和睦乡里，教训子孙，各安生理，毋作非为。是六谕者已。有司申饬，令家传户谕，同耳闻而目见之诚，所为子孙者日以六条逊于尔心，躬行维谨，以此守身，则士习而善，民习而良，福禄流于子孙，身安而家庆矣。

一、**输国赋**。为臣食禄天朝，固当知报君恩，为民享太平之乐，亦当知蒙治休于圣明也。故马**融忠经**者有庶人之章，况使拖欠钱粮，不惟负国欺官，并且自累，凡有粮人户，必须依限完纳，莫致有司追勒，自贻伊戚。

(涂永偵修纂，同治十一年修)

新淦黄氏

遵守文字规范，远离文网。

道光《临淦窑前黄氏重修族谱》，《条例》：

一、阙旧文以遵功令。吾族谱年远，文翰参差，字面不无违碍，已奉各宪明示，不许记载，故今。谱以新修序为首，前代旧序行谊一概不镌，其八景、居徙、家训规例及领谱字号，逐次列于图前，至各寿文志赞，务其实行，与文艺相符，方列于传后。一切微言微行，人文不相吻合者，断不取录，毋使訾为木灾。

(黄登第修，道光十五年本)

遵守国法与完纳赋税。

清江云溪徐氏

嘉庆清江《云溪徐氏族谱》，《宗训》：

一、谨遵国法。天下之治，治于王法，人能循理奉法，遵王道路，则可以寡一生之过而优游于化日之中。至食毛践土，福享太平，黎民尤当尽乎忠顺。田畴赋税，国家岁有常供，务须及早完纳，以报君恩，方见遵王守法之实意。凡我族人，宜凛此为首训。

(徐廷攀修、徐攀桂纂，清嘉庆十八年刊本)

新淦黄氏

道光《临淦窑前黄氏重修族谱》，《条例》：

一、早输纳以免差扰。粮为国课所系，微论绅衿士庶皆当早纳，无待追呼，诚能依限输将，俯仰无累，妻孥宴然。倘有违缓，胥役叩门，多方需索无名之费，或反浮于应纳数目，甚至捶楚日加，仍不能为宽贷，与其去钱受刑而完之于后，曷若守法良民而完之于先为愈也。

（黄登第修，道光十五年本）

清江湖庄聂氏

光绪清江《湖庄聂氏四修族谱》，《宗训八条》：

一、敦人伦。君臣、父子、兄弟、夫妇、朋友五者，人之大伦也，吾族素敦古处，彝伦攸叙，忠孝节义，代不乏人，至今称仁里焉，愿世世子孙无乖伦纪也。

一、完国课。维正之供，朝廷之常法，以下贡上，小民之输将。古语云：国课早完鸡犬静，衙门不到梦魂安。我等族内凡有钱漕，各宜及时早完，免致追呼滋扰。愿世世子孙无欠官粮也。

（聂典训等修，光绪二十四年刊本）

兴国刘氏

同治兴国《刘氏重修族谱》，《族规十条》：

一、省催科。钱粮乃国家维正之供，务宜每年投柜清完，免致吏胥之需索，切不可推延观望，以冀蠲免之殊恩，盖早完钱粮，俯仰无累，妻孥晏然，其为安乐，莫逾于此。倘不知国课之当重，或有意抗违，或任情迟缓，迨积重难完，有司迫于奏销之限，不得不严追比势，势必荡产倾家，其害伊于胡底。凡我族等，宜三思之。

（刘天成等修，同治元年刊本）

河南

道州周氏族人逋赋，祠堂祖宗被枷锁。

王士禛《池北偶谈》卷二〇，《谈异一·道州祠堂》：

道州有濂溪先生祠堂，近岁周氏子孙有为诸生逋赋者。州守张大成，辽东人，径诣祠堂，枷锁先生像三日，见诸弹章。比年吴中奏销逋税，唐荆川、缪西溪诸公名列官户，亦不免云。

（中华书局1982年版，第473-474页）

湖南

湘乡匡氏

第十五篇 宗族与国家

道光湘乡《匡氏续修族谱》卷首,《家训》:

国课早完。从来非君子莫治野人,非野人莫养君子。立政立教,君子之所以治野人;不缕粟米,野人之所以养君子也。自昔画井分野,任土作贡以来,大义攸昭,莫之或改矣。无如一种顽梗之徒,不知上下之分,竟把朝廷钱粮置之不问,及到上人奉削星催严比,无计可施,不得不贿胥徒抵塞一两卯、代责一两次,虽得稍宽一时,不知费了许多闲钱,而正供依然未妥,甚至抵饎不来,朝廷加以重刑,身体受其鞭挞,岂不是亏体辱亲,为不孝之大者乎!若能先公后私,依限完纳,虽有差人,催我不着,虽有比较,论我不着,门外无夜呼之吏,夫妻享田园之乐,何等气象,何等好处!况上人缓征薄敛,子惠元元,恩甚渥矣。吾辈叔兄弟侄应体上人德意,与其为抗饷之顽户,曷若为守法之良民;与其抗饷而令国法之及,曷若奉公以图朝夕之安。仔细思之,甚无忽此。

(匡逢向等修,道光八年解颐堂刊本)

涟源李氏

民国涟源《李报本堂族谱》卷首,《宗规》:

赋役当供。以下事上,古今通谊,赋税力役之征,国家法度所系,若拖欠钱粮,躲避差徭,便是不良的百姓,连累里长,恼烦官府,追呼问罪,甚至枷号,身家被亏,玷辱父母,又准不得事,仍要赋税完官,是何算计?故勤业之人,将一年本等差粮先要办纳明白,讨经手印押,收票存证,上不欠官钱,何等自在,亦良民职分所当尽者。

(民国五年报本堂活字本)

汉寿盛氏

光绪汉寿《盛氏族谱》卷首,《家规十六条》:

拖抗钱粮,新例最严。严诫子孙各及早完纳,以报国恩,以免追呼。

(光绪二十七年广陵堂活字印本)

甘肃

金城颜氏

族长先完纳宗族公共田产的赋税。

光绪《金城颜氏家谱》,《防微劝语八条》(十三世孙家长庠生秉惴敬拟):

一、劝早完赋税。国课之设,田园之定制,即小民之职分。随时完纳,心乐身安。迟则凌辱,终不能免,亦何谓哉!吾族银粮,家长经理,是以族众安然。较之他户,得免差役追呼,颇有荣施。然须体贴当事人先公之心,踊跃输将,毋自贻辱为望。

(光绪十二年本)

福建

南平、延平麟阳鄢氏

光绪南平、延平《麟阳鄢氏族谱》卷首,《祠规》:

一、国课早完。民间田赋,国帑攸需,上充国课,下好征租,因租受苗,胡弗乐输?年清年款,吏免追呼,一能及早,三善毕俱。祖祠粮色,合族楷模,急公先务,不计有无。上忙下忙,须预为图,若有拖欠,累将宗株,经营之责,安可道乎?

(鄢宗云等修,光绪四年刊本)

二 政府对宗族的保护与宗族的教化权

(一)政府鼓励宗族活动的方针政策

朝廷鼓励民间宗族建设,以亲权法、立嗣法讲求孝道睦族,给予宗族送审权,旌表节孝义行,保护宗族公产,倡导民间互助自救,营造良好社会风尚,令宗族维护乡里治安,甚至抵御造反者,实际上给予宗族内部管理权。

皇帝倡导宗族建设及其四项内容。

清世宗《圣谕广训》:

第二条 笃宗族以昭雍

《书》曰:以亲九族。九族既睦,是帝尧首以睦族示教也。《礼》曰:尊祖故敬宗,敬宗故收族。明人道必以睦族为重也。夫家之有宗族,犹水之有分派、木之有分枝,虽远近异势,疏密异形,要其本源则一。故人之待其宗也,必如身之有四肢百体,务使血脉相通,而疴痒相关。周礼本此意以教民,著为六行:曰孝,曰友,而继曰睦,诚古今不易之常道也。我圣祖仁皇帝既谕尔等以"敦孝弟、重人伦",即继之曰"笃宗族以昭雍穆"。盖宗族由人伦而推,雍睦未昭,即孝弟有所未尽,朕为尔兵民详训之。

大抵宗族所以不笃者,或富者多吝而无解推之德,或贫者多求而生觖望之思,或以贵凌贱而势利汨其天亲，或以贱骄人而忿傲施与骨肉，或财货相竞不念祖免之情，或意见偶乖顿失宗亲之义，或偏听妻孥之浅识，或误中谗慝之虚词，因而诟谇倾排，无所不至。非惟不知雍睦，抑且忘为宗族矣。尔兵民独不思子姓之众，皆出祖宗一人之身，奈何以一人之身分为子姓，遽相视如途人而不顾哉！昔张公艺九世同居，江洲陈氏七百口共食。凡属一家一姓，当念乃祖乃宗，宁厚勿薄，宁亲勿疏。长幼必以序相洽，尊卑必以分相联。喜则相庆以结其绸缪，戚则相怜以通其缓急。立家庙以荐蒸尝，设家塾以课子弟，置义田以赡贫乏，修族谱以联疏远。即单姓寒门或有未逮，亦各随其力所能为，以自笃其亲属。诚使一姓之中秩然蔼然，父与父言慈，子与子言孝，兄与兄言友，弟与弟言恭。雍睦昭而孝弟之行愈敦，有司表为仁里，君子称为义门，天下推为望族，岂不美哉！若以小故而斁宗支，以微嫌而伤亲爱，以侮慢而违逊让之风，以偷薄而亏敦睦之谊，古道之不存，即为国典所不恕。尔兵民其交相劝励，共体祖宗慈爱之心，常切水木本源之念，将见亲睦之俗成于一乡一邑，雍和之气达于薄海内外，诸福咸臻，太平有象，胥在是矣，可不勉欤！

（宣统津河广仁堂印本）

朝廷鼓励地方官廉洁爱民，令子孙宗族咸受其庆。

《大清世宗宪皇帝实录》卷四九：

（雍正四年十月）甲戌。谕大学士九卿翰詹科道等：尔等多出自科甲之人，既诵法圣贤，读书明理，当知君臣之大义，须上下一体，情分相联，方克致升平之治，人人共受其泽。自唐宋以来，去古已远，习俗浇漓，人心诈伪，狂妄无忌惮之徒，往往腹诽朝政，甚至笔之于书，肆其诬谤。如汪景祺、查嗣庭，岂能逃于天谴乎！我国家恩养休息，海宇晏清八十余年，万民乐业。即尔等父母妻子，孰不沐浴膏泽，安享其福耶？且士人立身行己，以礼义廉耻为重，乃至昏夜乞怜，上书投札，满纸称功颂德之语，何廉耻荡然至于此极也。又有将子弟姻戚、门生故旧私书请托者，不知以素所亲爱之人，为之请托照拂，实属无益而有损，盖彼无倚恃，尚知警惕自守，勉励供职。若先有请托，彼必以为势力可恃，肆其狂妄，无所不为。及实在赃款发觉，则受请托者不能为之庇护，是非所以爱之，而实以害之也。又尔等皆系各省州县之百姓，受治于有司者，如请托之风尽除，凡地方有司皆有所畏惧而廉洁爱民，则尔等之子孙宗族咸受其庆，不亦善乎？如请托之风不绝，则地方官员各有倚赖，将肆其贪婪。则尔等之家产，不足饱贪官污吏之溪壑，尔等自为身家桑梓计，亦断应速改历代之陋习也……

（中华书局1986年影印本，第1册，第743页）

扬睦族修祀之俗,惩聚匪藏奸之弊,禁止无根据的联宗活动。

《大清高宗纯皇帝实录》卷七〇九:

(乾隆二十九年四月)庚子。谕曰:辅德奏,江西讼案繁多,率由府省地方敛金买产,合族建祠,不肖之徒妄启事端,所至停宿,讼徒开销祠费,甚至牵引远年君王将相为始祖,荒唐悖谬,不可究诘。现在通饬查办一折,所见甚为正当,已批如所议行矣。民间惇宗睦族,岁时立祠修祀,果其地在本处乡城,人皆同宗嫡属,非惟例所不禁,抑且俗有可封。若牵引一府一省辽远不可知之人,妄联姓氏,创立公祠,其始不过借以酿赀渔利,其后驯至聚匪藏奸,流弊无所底止,恐不独江西一省为然。地方大吏自应体察制防,以惩敝习,况礼经所载,大夫不得祖诸侯,即谱系实有可稽,而地望既殊,尚当远嫌守分。若以本非支派,攀援窜附,冒为遥遥华胄,则是靦颜僭越,罔知忌惮,名教尚可贷耶?各督抚等,其饬属留心稽察,实力整顿所辖之地。如有藉端建立府省公祠,纠合非类,健讼扰民,如江西恶俗者,一体严行禁治,以维风纪而正人心,毋得仅以文告奉行故事。

(中华书局1986年影印本,第9册,第917-918页)

上谕严饬广东所属州县地保乡约及族长人等协助杜绝种植鸦片。

《大清宣宗成皇帝实录》卷一九一:

(道光十一年六月下)又谕:李鸿宾等奏查禁鸦片烟章程一折。鸦片烟来自外洋,内地奸民近亦有将罂粟花栽种熬膏,贩卖渔利。前已屡降谕旨,通饬各直省督抚,各就地方情形妥议章程,严行查禁。兹据李鸿宾等奏,粤省惟潮州府属,间有种植罂粟花之事,已饬地方官随时铲拔,以杜萌蘖。正恐潮州府属之外,栽种者亦复不少。至夷商夹带入口,奸民辗转兴卖,广东一省,向为尤甚。若不杜绝来源,以净根株,是以内地有用之财,易外洋害人之物,流毒方来,伊于何底。着该督抚等严饬所属州县,如有奸民偷种私制等事,责令保甲人等首报,勘明将地入官,并拘犯即照贩卖鸦片烟例治罪,并将徇隐之地保乡约及族长人等,分别枷责。兵役得规包庇,从重惩办。各州县因公下乡,及抽查保甲之便,随时认真察访,按季申报。该管道府,即委员分往覆查,于年终出具所属,并无种卖鸦片烟切实甘结,详报督抚。每年具奏一次。傥地方官暨各委员查办不力,致僻壤荒坳,尚有私种制作烟坭,一经查出,即将该员等严参惩治。至外洋夷商夹带烟坭进口,及内地奸民私贩销售,尤当设法查拿,从严惩究。务使弊端永绝,方为正本清源之道,不可有名无实,日久仍视为具文致干重咎。

(中华书局1986年影印本,第3册,第1025-1026页)

第十五篇 宗族与国家

江西通饬各属选举公正族长绅士教诲族众捆送究惩为匪不法者。

《大清宣宗成皇帝实录》卷一八一：

(道光十一年二月甲申)谕内阁：前据御史周作楫奏，江西会匪之案，每多诬扳妄拿，请饬各该姓族长绅士出结捆送。当经降旨令吴光悦体察情形，据实覆奏。兹据该抚奏称，该省向立族正，原系编查保甲良法，历经照办，近年缉获赣州匪徒，多有访自绅士及由该户族捆送者。惟举充不得其人，又恐转滋流弊。着该抚通饬各属切实选举公正族长绅士，教诲族众，如有为匪不法即行捡送究惩。倘因匪党较多，力难捆送，亦即密禀官司严拿。如有挟私妄诬别情，照例坐罪。仍责成地方文武各官，一有各项匪徒窃发，先行派拨兵役，实力堵拿。不得藉有族长绅士捆送，置身事外，坐误事机。其获案各犯实有牵累者，许族长绅士具结保领，立时讯释，以靖闾阎而安良善。

(中华书局1986年影印本，第3册，第909页)

山西省责成宗族族长拔除罂粟改种五谷。

《大清德宗景皇帝实录》卷六七：

(光绪四年二月上甲申)又谕：阎敬铭、曾国荃奏申明栽种罂粟旧禁一折。民间栽种罂粟，大妨农食，屡经严行禁止，无如积习相沿，每贪利而忘害。如山西省地半硗瘠，产粮本不见多，又不按亩力耕，私种罂粟。民间既少存粮，一遇荒歉，尽成饿殍。该省此次惨罹旱灾，创巨痛深，当知变计。嗣后务须尽力农作，期于谷产充盈，凶荒有备。阎敬铭、曾国荃现已出示晓谕，所有栽种罂粟者，责成族长、甲长，押令拔除，改种五谷。如花户人等不遵，禀官究治，知情徇隐者罪之。州县官吏私征罂粟亩税，立予□□□尔□撤各节，均着照所议行。并着各省按照此次章程，一体严行查禁，庶几兴利除害，闾阎共乐丰登，毋再蹈从前覆辙。将此通谕知之。

(中华书局1986年影印本，第2册，第26页)

令宗族钤制族人不得种植罂粟。

《皇朝经世文续编》卷四二，《户政十四·农政下》，曾国荃《申明栽种罂粟旧禁疏》：

……臣等往返函商，莫若出示，令民间宗族房亲、乡约里社自相钤制，庶免衙门书差需索舞弊。一族之中有种罂粟者，责成族长率子弟拔除，一甲之中有种罂粟者，责成甲长押令拔除，立即改种五谷，以收东作西成之效。如花户人等意存梗化，准该管族长、甲长禀究治罪，如族甲长知情徇隐，则罪其族长、甲长，如州县官吏据为利薮，私自征收罂粟亩税，一经查明，立行参撤。现已刊刻告示，分颁各属，饬行张贴。臣等不时遴选士类，到处稽查,傥有仍前栽种者,准地方公正绅耆及族中品行端方者,将种烟花户秉公议罚,以备里社之荒,并准据实控官惩办,庶民间自相约束,耳目近地觉察易周,而衙门残害乡里之弊亦可消除。臣等为晋省将来充裕民食,预备凶荒起见,是否有当,伏候圣裁。

(盛康辑,光绪二十三年思补楼刻本)

议令族长参与散派戒烟药品。
《皇朝经世文续编》卷一三,《治体四·治法下》,郭嵩焘《奏请禁烟第二疏》:

窃臣于光绪三年二月初八日具奏设法禁止鸦片烟一折,至今未奉批谕……应饬各省督抚臣举派在籍公正知事体绅员一二人,使专司示禁鸦片烟之责,以次责成各府州县及学官各举派总办一人、帮办二三人,仍由府绅总成,以达于省绅,而稽考其成效,亦不必设立公局。开支经费,但由地方官及各绅民捐资,广制戒烟方药,分散四乡,责成各族族长稽查一族,各乡乡长稽查一乡。督抚即因以推知州县之奉行与否,及各府县绅员之得力与否,一除粉饰之心,而坦然示以大公恻然,推以至诚,绅民未有不感动踊跃自为禁制者,此举派稽查之大端也。

(葛士浚辑,光绪十四年版)

命湖南地方官讨论责成各姓族长稽查管束地方治安问题。
《大清宣宗成皇帝实录》卷二九一:

(道光十六年十一月甲辰)又谕:有人奏,湖南长沙府属之湘乡县锁石圳花明楼茶园圳一带地方,与衡阳、邵阳等县毗连,住居之户多习为窃,竟成窝薮,复有恶棍陈连五父子等包庇纵容、拒捕殴差等语。着裕泰即按照折内所指姓名严密访拿,并遴选干员,潜赴白泥湾大拖里等处,查访该监生等各项劣迹,按律惩办,以儆凶顽。至该处距县僻远,其应如何设立保甲门牌,并责成各姓族长稽查管束之处,着该抚即饬地方官妥议规条,核实办理。原折着钞给阅看,将此谕令知之。

(中华书局1986年影印本,第5册,第509页)

湖南责成族长查办哥老会。
《大清穆宗毅皇帝实录》卷二〇五:

(同治六年六月上癸未)谕军机大臣等:刘昆奏剿办斋会各匪情形一折。湖南湘乡、浏阳两县斋会各匪,竟敢聚众劫杀,谋逆抗官。经刘昆督饬该地方官绅,并派勇分投剿办,殱擒多名,匪党溃散。着刘昆将逃散余匪,实力搜捕,并将首要各犯立限缉获,毋任一

第十五篇 宗族与国家

名漏网,致令余烬复然。浏阳股匪,现窜江西万载县交界之富溪小洞岭,刘昆务当檄饬勇团,越境剿洗,不得但以分防本境为了事。并着刘坤一派兵会剿,务净根株,以杜延蔓。近来湖南各属哥老会匪,到处煽诱,潜伏未动,隐患甚深。该抚当加意访拿,随时惩办,固不可操之太蹙,亦不可姑息因循,酿成巨患。所称力行保甲团练及责成族长、团长自行查办之处,即着督令切实奉行,以清其源,不得日久视为具文。将此由五百里各谕令知之。

(中华书局,1986年影印本,第5册,第643-644页)

族长处理内部纷争。
陈廷敬《午亭文编》卷四四,《监察御史陆君墓志铭》:
民有宗族争者,则以其族长逮之。乡里争者,则以其里耆逮之。
(《四库全书》本,第1316册,第639页,台北商务印书馆1983年版)

清社法与利用族长。
《皇朝经世文续编》卷八〇,《兵政六·保甲》,姚莹《与倪兵备论捕盗书》:
漳、泉素称多盗,频年诛捕不为少矣。而攘劫之风不息,则捕之可胜捕哉？今功令以保甲为弭盗首务,此在西北省行之或有效者,然行之不善,民间已多病之。东南非阻江湖,则滨大海,闽广之间,山深林密,往往兵役所不能至,惟群凶亡命者匿焉,驱之急则奔聚日众,其为隐忧甚大,又不仅攘劫之患而已。漳、泉、惠、潮各郡人民,聚族而居,强悍素著,藏匿凶慝,常临以兵役数千,不能得一罪人。今欲比次其户著籍察之,又日更月易,使注其出入生死迁徙,具报于官,恐愚顽之民未能,若是纷纷,不惮烦也。莹常以为保甲之法,宜审时度地变通而行,但师其意可矣。莹昔在龙溪时,患盗贼之多,用集各社家长,予以条约教告及族正、族副、家长信记,使各自注列名籍,不假胥役,社大者分设家长、房长,而以族正、族副统之；社小者,但有家长、族正而已,以族正副统房长,以房长统家长,大小事以次关白,子弟不肖为慝者,得自治之,不率教,然后缚送县。县中亦不为苛细,但即其地罚偿所失,凡白昼中途被劫者,察地界何社,先责其地之家长、族正,以赀偿客,然后捕贼。其夜中纠劫者,令事主侦贼去入何社,亦责偿于社,苟能捕贼者,免。县中四路,各令家奴一人,率民壮五人,日往视,授以循环二簿,给予饭食,至某社,则见其家长,信识于簿,注明月日,簿中无他,惟出状不敢容藏贼匪耳。自正月至于年终不间,若甫出状而有事,则惟出状之家长是坐。自是各社一清,宵小无敢容匿者,以为善矣。数月后,忽屡有夜劫,询其故,盖各社整肃,匪类皆逃至高山深林,藏匿渐众,饥无所食,因出扰劫,乃悟立法未尽善也。用召众家长晓之曰：尔邑诸社,大者万人,小者千人,最小数百,贼虽多不过数十,少仅十余人而已,尔族丁十倍于贼,贼虽强,焉敢伺夜深入,此必有与贼通者,通贼者非他,必不肖无赖,及本族贫乏人耳。若辈无业饥寒,族中富厚者不肯赡给,故怨而通贼,此盗之本也。今吾行清社之法,贼无所容,又啸聚山林为害,捕之较在社更难,且不胜其捕。拔本塞源,莫如恤族守社。恤族守社,奈何?先核尔社内公产及富厚之家出公费若干,再核尔社中赤贫无业素不肖壮者,召致归社,日给饭食钱,使为社丁。大社四十人,中社三十,小社二十,分为两班,每夜一班巡社防守。一人执锣而不鸣,一人击柝,余执大梃,不许持刀枪鸟铳,自三更起,绕行社外,至五更向明而止。见贼则鸣锣大呼,一社之人,咸起群呼逐贼,贼必不敢入社而逃,一社鸣锣,则邻社皆应,不鸣锣不逐贼者罚之。贼既走,不可远追击捕,恐穷迫拒捕伤人也。此法一行,各社贫乏者,有以自养,皆自保其社,不但不为贼,亦不复出而为外盗。此恤族守社之法,拔本塞源,孰有善于此者哉!众家长大喜,皆遵约而行,然后盗贼屏息。由此观之,则保甲之法如果行于漳、泉,不特闾阎骚扰,良民受累,且奸人无所容身,恐走聚险阻;如莹清社之事,其患又有不可言者。甚矣,立法之难也。

(盛康辑,光绪二十三年思补楼刻本)

族长兼任什伍组织的团。
《皇朝经世文续编》卷八九,《兵政二十·剿匪》,朱孙诒《条规事宜或作团练事宜条规》:
立团总。一乡举一团总,如一县四乡则举四人,多则不过五六人六七人为止,专司替办往来查催。一都举一团长,督办一都。一团举一团正,专办一图,或每图听举团佐一二人协同办理亦可。每团总领数团长,每团长领数团正。若一姓聚族而居,即可以族长兼团正团长。

(饶玉成辑,收入来新夏主编《清代经世文全编》,学苑出版社2011年版)

律令不许异姓乱宗。
《大清律例》卷八,《户律·户役·立嫡子违法》:
凡立嫡子违法者,杖八十。其嫡妻年五十以上无子者,得立庶长子。不立长子者罪亦同。俱改正。若养同宗之人为子,所养父母无子,所生父母有子,而舍去者,杖一百,发付所养父母收管。若所养父母有亲生子,及本生父母无子欲还者,听。其乞养异姓义子以乱宗族者,杖六十。若以子与异姓人为嗣者,罪同,其子归宗。其遗弃小儿年三岁以下,虽异姓仍听收养,即从其姓。但不得以无子遂立为嗣,若立嗣虽系同宗而尊卑失序者,罪亦如之,其子亦归宗,改立应继之人。

第十五篇 宗族与国家

(天津古籍出版社1993年点校本,第195页)

立嗣法。
《大清律例》卷八,《户律·户役·立嫡子违法》:
无子者,许令同宗昭穆相当之侄承继,先尽同父周亲,次及大功、小功、缌麻。如俱无,方许择立远房及同姓为嗣,若立后却生子,其家产与原立子均分。

妇人夫亡无子守志者,合承夫分,须凭族长择昭穆相当之人继嗣。其改嫁者,夫家财产及原有妆奁,并听前夫之家为主。

无子立嗣,除依律外,若继子不得于所后之亲,听其告官别立。其或择立贤能及所亲爱者,若于昭穆伦序不失,不许宗族指以次序告争并官司受理。若义男、女婿为所后之亲喜悦者,听其相为依倚,不许继子并本生父母用计逼逐,仍酌分给财产。若无子之人家贫,听其卖产自赡。

凡乞养异姓义子有情愿归宗者,不许将分得财产携回本宗。因争继酿成人命者,凡争产谋继及扶同争继之房分,均不准其继嗣,应听户族另行公议承立。无子立嗣,若应继之人平日先有嫌隙,则于昭穆相当亲族内择贤择爱,听从其便。如族中希图财产勒令承继,或恣意择继以致涉讼者,地方官立即惩治,仍将所择贤爱之人断令立继。

(天津古籍出版社1993年点校本,第195页)

禁止家族为继承遗产强逼孀妇改嫁律。
《湖南省例成案·户律》卷五,《示禁承继逼嫁》:
民间混争承继及逼嫁寡妇争夺财产之习,请赐严禁也。伏查《定例》开载:无子者许令同宗昭穆相当之侄承继。先尽同父周亲,次及大功、小功、缌麻,如俱无,方许择立远房及同姓为嗣。若立嗣之后却生子,其家产与原立子均分。又《定例》继子不得于所后之亲听其告官别立。其或择立贤能及所亲爱者,若于昭穆伦序不失,不许宗族指以次序告争并官司受理。若义男女婿为所后之亲喜悦者,听其相为依倚,不许继子并本生父母用计逼逐,仍着分给财产。若无子之人家贫,听其卖产自赡。又《定例》妇人夫亡,守志者合承夫分,须凭族长择昭穆相当之人继嗣。又《定例》孀妇自愿守志,而母家夫家抢夺强嫁者,各按服制照律加二等治罪。煌煌宪典非不严明,乃楚南习俗,遇有继嗣之事,若其人家道颇丰,则不容本人情愿,不论是非亲爱,只以分属亲房,即以子弟强令承继。其尤可骇者,倘有亲支数人,则人人称系应继,彼此争夺,甚至抢谷居庄。本人现在,而目击财产属之他人,莫敢谁何。虽欲卖产自赡,而不能自主,人亦不敢承买,以致争继之案竟成巨件,经年累月弗获归结,亦有因此别酿事端者。至于妇女夫亡,则夫家之人视为奇货。在本妇贫者,固图嫁卖财礼肥囊。若其家稍富,并欲得其遗产。倘本妇矢志柏舟,无子立继,则群起相争,多方□□□子可守,又复有意欺凌,用计逼逐,不嫁不休。此卑职历任南楚十余年来,见闻颇悉者。虽未必人人若是,处处如斯,然似此者已十之六七矣。夫立嗣承继,螟蛉似我,即与亲生无异。若不令本人喜悦,非所亲爱,则雠仇在室矣,何以终余年。从一乃妇人之义,逼令失节更属有乖风化,应请宪息俯赐饬行各属开明定例,刊示遍贴,严行禁止。一有违犯,即行惩究。俾继嗣者得以听其择立,不致混争;守志者获田,自作主张,无虞逼逐。均感戴深仁无既,而此等争继夺产之案必日渐稀少,亦属消弭□讼之一端也。

(原书藏日本,复印件)

孀妇改嫁。

《大清律例》卷八,《户律·户役·立嫡子违法》:

妇人夫亡无子守志者,合承夫分,须凭族长择昭穆相当之人继嗣。其改嫁者,夫家财产及原有妆奁,并听前夫之家为主。

(天津古籍出版社1993年点版本,第195页)

盗卖祀产罪重。

《大清律例》卷九,《户律·田宅·盗卖田宅》:

凡子孙盗卖祖遗祀产至五十亩者,照投献捏卖祖坟山地例,发边远充军。不及前数及盗卖义田,应照盗卖官田律治罪。其盗卖历久宗祠一间以下,杖七十,每三间加一等,罪止杖一百,徒三年。以上知情谋买之人,各与犯人同罪,房产收回给族长收管,卖价入官。不知者不坐。其祀产、义田令勒石报官,或族党自立议单公据,方准按例治罪。如无公私确据,藉端生事者,照诬告律治罪。

(天津古籍出版社1993年点校本,第209页)

盗卖祀产律。

光绪《大清会典事例》卷七五五,《户部·户律田宅》:

乾隆二十二年定例:子孙盗卖祖遗祀产至五十亩,问发充军,宗族收回田产,卖价入官,不足此数,照盗卖官田律治罪;盗卖义庄田产至十五亩,即照盗卖祀产五十亩治罪。

(中华书局1991版)

第十五篇 宗族与国家

赏还毕沅抄产内坟茔山田、祠堂家庙等。

《大清仁宗睿皇帝实录》卷五六：

(嘉庆四年十二月丁酉)赏还原任湖广总督毕沅抄产内坟茔山田、祠堂家庙,并附近坟茔余地及祭田三分之一。

(中华书局 1986 年影印本,第 1 册,第 733 页)

旌表捐助义田者。

《大清德宗景皇帝实录》卷一六二：

(光绪九年四月戊午)以捐助义田,旌表吉林民籍寿妇石熊氏。

(中华书局 1987 年影印本,第 3 册,第 273-274 页)

准为捐助义田者父母建坊。

《大清德宗景皇帝实录》卷三二九：

(光绪十九年十月甲寅)以捐助义田,予四川酆都县绅士候补知府曾溥为其父母建坊。

(中华书局 1987 年影印本,第 5 册,第 221 页)

《大清德宗景皇帝实录》卷四九八：

(光绪二十八年四月庚戌)予捐银助赈四川蓬州附贡生沈国熊捐助义田,郫县已故刑部主事刘湘妻邓氏各建坊。

(中华书局 1987 年影印本,第 7 册,第 586 页)

赏捐建宗祠义庄养赡宗族者匾额。

《大清德宗景皇帝实录》卷三一九：

(光绪十八年十二月壬申)以捐建宗祠义庄养赡宗族,赏前贵州按察使王庭兰匾额,曰"谊崇敦睦"。

(中华书局 1987 年影印本,第 5 册,第 136 页)

浙江平湖县陆氏以捐助宗祠义庄准建坊。

《大清德宗景皇帝实录》卷五五七：

(光绪三十二年三月)以捐助宗祠义庄,予浙江平湖县候选州同陆增铨、监生陆惟鋆为其故父故祖父建坊。

(中华书局1987年影印本,第8册,第382页)

金山县钱溥以创设义庄旌奖。

《大清德宗景皇帝实录》卷二五八:

(光绪十四年八月辛卯)以创设义庄,追予江苏金山县三品封职监生钱溥义旌奖。

(中华书局1987年影印本,第4册,第468页)

以捐建义庄予建坊。

《大清德宗景皇帝实录》卷三二三:

(光绪十九年四月)甲戌。以捐建义庄,予江苏华亭县绅浙江候补同知顾璜为其故父母建坊。

(中华书局1987年影印本,第5册,第176页)

置义地赡济宗族请饬立案。

《大清德宗景皇帝实录》卷四六一:

(光绪二十六年三月丙辰)署两江总督鹿传霖等奏,江宁绅士中书科中书衔附贡生潘绍骝等,仰承先志,积置义地二千五十余亩,赡济宗族,请饬立案,下部知之。

(中华书局1987年影印本,第7册,第42页)

以捐助宗祠义庄予浙江平湖县陆氏建坊。

《大清德宗景皇帝实录》卷五五七:

(光绪三十二年三月)以捐助宗祠义庄,予浙江平湖县候选州同陆增铨、监生陆惟鋆为其故父故祖父建坊。

(中华书局1987年影印本,第8册,第382页)

以捐建义庄赏匾额。

《大清德宗景皇帝实录》卷五七二:

(光绪三十三年四月)以捐建义庄,赏江苏在籍工部左侍郎盛宣怀匾额,曰"承先收族"。

(中华书局1987年影印本,第8册,第567页)

《大清律例》卷一二，《户律·仓库下·陷瞒入官家》：

凡亏空入官房地内，如有坟地及坟园内房屋，看坟人口祭祀田产，俱给还本人，免其入官变价。

（天津古籍出版社 1993 年点校本，第 255 页）

不忍不肖亡赖玷辱宗族，伯叔兄弟俱不连坐。
《圣祖仁皇帝御制文》第三集卷一四，《谕九卿詹事科道》：

昨侍郎穆旦等审问盗贼事情拟罪具奏：内贼犯王昭骏，以受伪兵备道衔问凌迟处死，其叔伯兄弟皆照律坐罪。朕念太仓王姓昔在明时亦曾为大臣，素称显族，本朝七十年以来为大臣官员者甚多，并未闻有他故。今因一不肖亡赖玷辱宗族之匪类，依律坐罪，朕心深为不忍，且为凡为大臣官员者痛之。尔等会议时，但将王昭骏本身及妻子定罪，其伯叔兄弟俱不必议。本内将朕此旨明白加载。为此手书特谕。康熙四十七年五月二十五日。

（《四库全书》本）

（二）清朝人对宗族教化权的认识及宗族义行为朝廷分忧

教化权在朝廷，可是民间宗族实际上在自行教养、自行约束，这样就有效地减少了社会问题，有益于社会的稳定。

教化之行常不在上而在下。
《皇朝经世文编》卷五八，《礼政五·宗法上》，顾炎武《华阴王氏宗祠记》：

先王之于民，其生也为之九族之纪，大宗小宗之属以联之，其死也为之疏衰之服，哭泣殡葬虞附之节以送之，其远也为之庙室之制，禘尝之礼，鼎俎笾豆之物以荐之。其施之朝廷，用之乡党，讲之庠序，无非此之为务也。故民德厚而礼俗成，上下安而暴慝不作。自三代以下，人主之于民，赋敛之而已尔，役使之而已尔。凡所以为厚生正德之事，一切置之不理，而听民之所自为，于是乎教化之权常不在上而在下。……吾友华阴王君宏撰，邻华先生之季子，而为征华先生后者也。游婺州二年而归，乃作祠堂以奉其始祖，聚其子姓而告之以尊祖敬宗之道。其乡之老者喟然言曰：不见此礼久矣，为之兆也，其足以行乎？孟子有言：恻隐之心，仁之端也。夫躬行孝弟之道，以感发天下之人心，使之惕然有省。而观今世之事，若无以自容，然后积污之俗可得而新，先王之教可得而兴也。王君勉之矣。

（贺长龄、魏源辑，光绪二十三年思补楼刻本）

宗族自教养,补王政之不足。

《魏源集》,《庐江章氏义庄记》:

有田若干亩,庐二区,司以族之贤能,正副二。岁时公家赋常先,廪其谷若干,以周族之贫者、老废疾者、幼不能生者、寡不嫁者。粜其余谷,为钱若干缗,以佐族之女长不能嫁者、鳏不能娶妻者、学无养者、丧不能葬者,而又凶馑祲礼于斯,延师养弟子于斯,旌节、劝孝、宾兴于斯。察奸罚不肖寓焉,合食亲亲厚族寓焉。于古有诸?

曰:古奚有是为也?去生民未远之世,不与下犹醨然,勺而斟之,无不意满。若太宰以九两系邦国,宗以族得民,友以任得民,大司徒令比相保,闾相受,族相葬,党相救,州相赒,大功异居同财,有余则归之宗,不足则资之宗。上之纪其民,一族也;民之视其族,一家也。其《诗》曰:"泂酌彼行潦,挹彼生兹,可以饙饎。"言万物无不得其平也。平,故靡有余,靡不足,无洽比,无吹嘘。庄周曰:"名生于不足。"不足有余之相形,义之所由名乎?井田废而后有公恒产者曰义田,宗法废而后有世同居者曰义门,任恤赒救废而后同心备急者曰义仓。闾左余子之塾废而后有教无类者有义学,墓图族葬之法废而后掩骼者有义冢,兵农之法废而后自团练自守御者有义勇。而上亦兢兢昭显章示之,以补王政所穷,以联群情所不属,岂非渊渊然有意于天地生人之本始而思复其朔者哉!

国家累洽重濡,醇酞挚生,献版岁倍,人浮于地,贫万于富。天子怵然廑尧、舜其病之虞,内筹八旗生计,岁徙数百户屯田实边。而直省民有能均财若土自相养,分县官忧者,吏得上闻请奖,著为令,以风示天下。于是安徽巡抚以庐江章氏捐田三千亩赡族,其规画,并义门、义仓、义学兼之,由县府道司转详入奏,敕部察例予旌,旌如例。

魏子曰:天下直省郡国各得是数百族,落落参错县邑间,朝廷复以大宗法联之,俾自教养守卫,则鳏寡孤独废疾者皆有所养,水旱凶荒有恃,谣俗有所稽察,余小姓附之,人心维系,磐固而不动,盗贼之患不作矣。不有是也,三代事不几全无效于后世哉!嘉其志,爰为之言。

(中华书局1976年版,下册,第502-503页)

人合不如天合,牧令教养不及宗族亲切到位。

《皇朝经世文续编》卷五五,《礼政六·宗法》,冯桂芬《复宗法议》:

三代之法,井田封建一废不可复,后人颇有议复之者,窃以为复井田封建不如复宗法。宗法者,佐国家养民教民之原本也。天下之乱,民非生而为乱民也,不养不教有以致之。牧令有养教之责,所谓养不能解衣推食,所谓教不能家至户到,尊而不亲,广而不切。

父兄亲矣,切矣,或无父无兄,或父兄不才,民于是乎失所依,惟立为宗子以养之教之,则牧令所不能治者,宗子能治之,牧令远而宗子近也。父兄所不能教者,宗子能教之,父兄多从宽而宗子可从严也。宗法实能弥乎牧令父兄之隙者也。诗曰:君之,宗之。公刘立国之始,即以君与宗并重。《左氏传》晋执戎蛮,子以畀楚,楚司马致邑立宗焉,以诱其遗民,正与公刘诗相表里。盖君民以人合,宗族以天合。人合者必藉天合以维系之,而其合也弥固。……宋范文正创为义庄,今世踵行者,列于旌典。又令甲长子没必立承重孙。二事颇得宗法遗意。自可因势利导,为推广义庄之令,有一姓即立一庄,为荐飨合食治事之地。庄制分立养老室、恤嫠室、育婴室,凡族之寡孤独入焉,读书室无力从师者入焉,养疴室笃疾者入焉。又立严教室,不肖子弟入焉。立一宗子复古礼,宗子死,族人为之服齐衰三月,其母妻死亦然,以重其事。名之曰族正,副之以族约。族正以贵贵为主,先进士,次举贡生监,贵同则长长,长同则序齿。无贵者或长长,或贤贤。族约以贤贤为主,皆由合族公举。如今义庄主奉法,无力建庄者假庙寺为之,嫁娶丧葬以告,入塾习业以告,应试以告,游学经商以告,分居徙居置产斥产以告,有孝弟节烈或败行以告,一切有事于官府以告,无力者随事资之,一庄以千人为限,逾千人者分一支庄,增一族约,单门若稀姓若流寓有力者,亦许立庄……

(葛士浚辑,光绪十四年版)

宗族自我管理与村落社会。
《皇朝经世文续编》卷二七,《户政四·养民》,冯桂芬《收贫民议》:

法苟不善,虽古先,吾斥之;法苟善,虽蛮貊,吾师之。尝博览夷书而得二事焉,不可以夷故而弃之也。一,荷兰国有养贫教贫二局,途有乞人,官若绅辄收之,老幼残病入养局,廪之而已;少壮入教局,有严师,又绝有力,量其所能为而日与之程,不中程者痛责之,中程而后已。国人子弟有不率者辄曰逐汝,汝且入教贫局。子弟辄奢为之改行,以是国无游民,无饥民。一,瑞颠国设小书院无数,不入院者官必强之,有不入书院之刑,有父兄纵子弟不入书院之刑,以是国无不识字之民。二事皆见米人祎理哲所著《地球说略》中,余又属及门管生嗣复询之夷士,益得其详。於乎善哉!所谓"礼失而求诸野"者,其是之谓乎?以三代圣人之法言之,宗族有不足资之之法,州党有相赒相捄之谊,国家有振穷恤贫之令。乞人之名见于春秋以后,文武成康之世安所得乞人而收之?又党庠术序,遍于郊甿,野人士女,咸知学问,安所得不学之人而刑之?二国之事犹操其末而未探其本也。然就后世而言,则可谓知本也已。今浙江等省颇有善堂、义学、义庄之设而未遍,制亦未尽善。他省或并无之。另议推广义庄,更宜饬郡县普建善堂,与义庄相辅而行,官为定制,择绅领其事，立养老室、恤嫠室、育婴室、读书室，严教室一如义庄法，以补无力。义庄之不逮，严教室教之耕田治圃及凡技艺，严朴作教刑之法，以制其顽梗。凡民间子弟不率教，族正不能制者，赌博殴窃贼初犯未入罪者，入罪而遇赦，若期满回籍者皆入焉。三年改行，族正愿保领者释之。别设化良局专收妓女，择老妇诚朴者教之纺织，三年保释，亦如之。期于境无游民，无饥民，无妓女乃已。夫民穷为匪，亦不教不养使然耳，及陷于刑辟，治之者尽法而止，不复过问，而为匪者如故也。坐窃贼以流徙，即为远地之窃贼，逐娼妓使出境，即为邻县之娼妓。何如养之教之，使不窃不妓之为尽善也。堂堂礼义文物之邦，曾夷法之不若可慨也已。至官强民入塾，中国所难行，惟责成族正稽察族人，有十五以下不读书、十五以上不习业者，称其有无而罚之，仍令入善堂读书习业，亦善法也。或曰贫民且麇至，何以给之。是不然，此举实禁锢耳，衣食之瑟缩，使令之苛暴所不待言，其人至瑟缩苛暴之不畏，可怜悯孰甚，正仁人君子所不忍弃也，且吾知其为数之必不甚多矣。

（葛士浚辑，光绪十四年版）

宗族为民人自养自卫之方，亦是政府御民之道。
《皇朝经世文编》卷五八，《礼政五·宗法上》，张海珊《聚民论》：

今者强宗大姓所在多有，山东西、江左右以及闽广之间，其俗尤重聚居。多或万余家，少亦数百家，其耳目好尚衣冠奢俭，恒足以树齐民之望而转移其风俗。今诚能严土断之禁，重谱牒之学，立大宗之法，以管摄天下之人心。凡族必有长，而又择其齿德之优者以为之副。凡劝道风化以及户婚田土争竞之事，其长与副先听之，而事之大者方许之官，国家赋税力役之征，亦先下之族长。族必有田以赡孤寡，有塾以训子弟，有器械以巡徼盗贼，惟族长之以意经营，而官止为之申饬其间。凡同氏谱之未通者，则官为通之，单丁只户不成族者，则以附于大族。游寓之家，其本族不能相通者，则亦各附于所寓之地。凡某乡几族，某族几家，某氏附某族，某族长某人，岁置簿以上于官。夫使民返其所自生则忠爱出，因乎其同类则维系固。以族长率同族则民不惊，以单户附大族则民各有所恃，讵非其自然之势至简之术乎！夫以乡遂聚民者聚于人也，以宗族聚民者聚于天也，聚于人者容或有散之日，聚于天者固无得而散之矣。语曰：百足之虫，至死而不僵。斯固民所以自卫之方，而即所以卫上之道也。

（贺长龄、魏源辑，中华书局1992年影印本）

由乡治而国治，乡治的基础在于理想的乡约、族正、里甲制的实现。

第十五篇 宗族与国家

《皇朝经世文续编》卷二三,《吏政九·守令下》,张望《乡治》:

天下之治始乎县,县之治本乎令。然而县令成教化一风俗,以闻于宰相天子,非其特立而孤行也;下有丞,又有尉,亦非丞与尉之辅而足也。此其故,为县令者,殆未有以明焉。朝廷垂意为县矣,勤勤于必得其人。得人矣,又虑以一邑之大,民之众,上与下不相属,政令无与行,威惠无与遍。虽谨且廉,而其政不举,于是里有长,乡有约,族有正,择其贤而才者授之,然后县令之耳目股肱备也。县令勤于上,约与正与长奉于下,政令有与行矣,威惠有与遍矣。族之人有一善,则其正劝之一族矣;里之人有一善,则其长劝之一里矣;乡之人有一善,则其约劝之一乡矣。有一不善,则斥之一族矣,斥之一里矣,斥之一乡矣。既已如此,县令于政理之暇,又时召见此三人者,面问百姓疾苦,人情向背,而以考吾政。优优怡怡,劳来而益委重之,以乐乎其心而警其怠,宣上之德意于民。民皆曰:上之爱我如此也,上之期我以君子善人如此也,吾日见乡里风俗之美也。一乡如此,他乡可知也;一县如此,他县可知也。岂非乡治而国治,国治而天下治乎?如或县令不能奉承朝廷之意,以求化民成俗,至以苟且疏阔为事,族正既授以虚名而不问,乡约殆非所谓约也,里长殆非所谓长也。其小者理户口,治馆驿,大者剽掠杀人,必以告,一切奔走奴隶之而已。一不当则群卒叫号于其家,而怒詈辱之于廷矣。而率其民以奉乎令者,固不责焉。况不选择而使,使之又不以礼,则夫自爱者固不肯为,为者类乡里无赖之人耳,借以生事容奸,贾祸于民,而阴享其利,且彼亦窥上之以无耻待也。众之所谓下流而居之,虽欲洁清不污不得也。遂尽从而弃之,上之人又孰从而信之,不惟上之人不信而已,即以己之不善而教人善,以己之恶而谓人恶,平居诶诶,其谁信而服之乎?不信不服,而乡里之患不可言矣。讼狱盈庭,簿书矻矻,县令日昃而不暇食焉。极于囹圄充塞,赭衣半道,而不知谁之为之也。其亦疏而失其本哉,论乡治。

(贺长龄、魏源辑,中华书局1992年影印本)

乡饮酒礼与族长的参与。

《皇朝经世文续编》卷六四,《礼政四·学校上》,陈寿祺《拟请郡县广行乡饮酒礼议》:

其仪式依《大清会典》,其坐序依《大清会典事例》。高年有德者居上,高年诚笃者并之,以次齿列,违者论笞如律,其有曾违条犯法之人,列于外坐,不得紊越正席,违者以违制论如令。岁以孟春、孟冬行之,其酒肴庀具,仿古者闾供祭器,党共射器,州共宾器,乡共礼器,毋致奢靡,素豫择贤,宿戒肄仪,及期,官长亲率乡人行事,无失度数,无视虚文,上下相亲,长幼相爱,父兄之率先也顺,子弟之观摩也深。既有以生其逊悌之心,而消其粗鄙桀骜之气,又可以察其乡之贤否,因立乡正、族正而寄之,以别淑慝之宜,如此而焉有狱不息,俗不成者哉。

(盛康辑,光绪二十三年思补楼刻本)

直隶
文安王氏

置祭田,联宗族而有水源木本之思。

民国文安《王氏宗谱》附录二,《张管营旧茔田记》:

张管营旧茔,其始未有祭田,祭祀费用之所出,初亦未有常供,盖聚族而居,支派未远,自能及时供给,其势然也。厥后族人迁徙日众,子孙繁滋,不获时来祭扫。同治五年岁丙寅,襄阳公、安州公虑祭祀之或缺也,因及铜陵公合力捐置祭田四亩有半……再从堂伯齐东公亦自捐地田亩为祭田,与先茔东壤相接,东西广八号,南北长一百二十号,悉两地之岁收以供祭祀,以先茔密迩左家庄,故祭田亦在邻近,因举其事由长房齐东公子孙世世经营理董之,而地契则仍由二支长房、二房子孙各自典藏。水源木本之思,缵祖诒谋之业,吾先世之所图既深且远,逮及云仍而未有极也。述其颠末以示后人。

(民国二十五年版)

山西
平定潘氏

咸丰《平定潘氏合谱》,《潘氏祭田碑记》(岁进士十一世孙潘浚撰并书):

州城东郭有我潘氏茔旧圹土也。考至始祖讳子华初建坟,即居于此,名曰"天皇岭"。延至三世祖纪,迁葬于城南棋盘垴,遗此旧壤,不耕不稿者,已数百载矣。有十二世孙讳名成者不忘祖宗之功德,整饬子孙之祀典,谋诸族人开垦此土,永为棋盘垴祭扫之资,又恐族之人见此而谋耕者,合族议定:止许异姓租种,凡我同姓,不得借耕养之名而任意吞并,恣情典卖焉。因勒诸石,以垂永久。

(潘组耀等修,咸丰七年刻本)

洪洞李氏

同治《洪洞李氏宗谱》,《置买祭田记》:

吾四门自建宗祠,已公立祭祀簿,挨次轮流,四时献享,现有成规,尤为久远。计先捐钱四百缗,以备祭田,嗣后各宜量力输资,同众公买,勿得偏持己见,任意典当,于是而供牺牲,洁粢盛,有由来矣。此举也上以敬祖考,下以训子孙,俾曾元仍云永敦水源木本之思也,岂不善哉?念吾族承祖父之积累,豪于义举,凡公事当乐输者,无不欣然资助,而忍漠然处此乎?

时道光十一年仲冬吉日,八世孙兰、芳谨志。

遗命九世孙作极暨十世孙逢沿谨增。

(李逢纶等增修,同治四年刻本)

山东

即墨万氏

光绪即墨《万氏谱书》,《东茔立树碑》:

吾族原籍云南省乌纱卫罗锅屯人,自永乐二年徙即墨邑城东北南阡疃。于东岭西立茔两处,历四百余年,树株渐枯。合族共议立树,捐钱买地筑室,觅人看守。南老茔有五世祖讳淳墓,东有文生祖墓,东南接连既溥祖茔一处,再南有文强祖茔一处,西南有方进茔一处,东南有正和茔一处,西北有希孟祖绝茔一处,北老茔、西阡茔在内,东头有朝官祖茔一处,湾南崖有朝杰祖茔一处,东头有诗祖茔一处,东南角有玲祖茔一处,东北角有方金、中谦茔两处。所有之草,永年俱系看茔人收割。所有之树,永不准伐。铭碑为记,以志不朽。

嘉庆十九年七月七日合族共立。

碑阴捐地钱纪名:

长支共捐钱七十千;二支方金钱五十八千;三支中镒钱十千、地分半,中谦地五厘,中汾地分半,中荐钱一百千,光麟钱十千,光辉钱六千;四支中传钱十千,中风钱四十二千,廷认地四分,廷信钱一百千,正元钱十千,正宗钱十千;五支中敏钱十千,中香钱二十千,方进钱七十四千,方兴地三分,方哲钱二十千,方策钱六十千,方启钱二十千,光有钱五千,正瑚钱一百千,正琏钱一百千,正锡钱六十千,正东钱四钱,正人钱三千,正刚地五分,正和钱二百千、地一分,新田钱十千,新凯钱二十千。

共捐青钱一千一百三十二千文。

(光绪刻本)

江苏

寡妇捐献宗族祭田。

《皇朝经世文续编》卷六一,《礼政八·昏礼》,管同《甘节妇传》:

节妇金氏,江宁金智洪女,年十七,归同县甘元勋,五载而嫠。所生惟一女,节妇忍死养寡姑。立族子文陛为嗣,文陛娶妇刘,旋卒,亦无子。节妇守义二十八年,年四十八卒。当卒时,女已适人矣,而寡姑犹无恙。妇疾革,谓其子妇曰:吾命将终,不能终事而祖姑,吾死不瞑目矣。殁后五年,族人福遂为请旌而述其事,乞予作传。妇人嫠居守义,其事迹比比相同,不必具述。节妇所异者,家有田仅二十亩,能以十亩养寡姑,而以十亩入宗祠为祭祀费。

（饶玉成辑,光绪八年刊本）

常熟王氏

义庄赡族。

民国常熟《太原王氏家乘》卷七,《义庄·张家墅王氏义庄记》:

士大夫处世,有敦本睦族,推己及人之志。即能举而行之,幸矣,若有其志当时未能即行,后之人能承其志,以行其事,不尤幸哉！张墅王氏,系出宋相国文正公之后,始祖坚仕宋为节度使,赠谥忠壮。坚长子安节,仕常州都统制,会元兵破常州,安节阖门俱殉国难,事载《宋史》。安节弟安义为宗嗣计,隐海虞之六河。安义十一世孙讳三锡,字海日者,迁居张家墅,称张墅王氏,数传至赠公芑伯,张墅之七世孙也。赠公具至性,修谱牒,立祀田,孝友著于家庭,赒捄遍于里巷,具详长真孙太史所立传中。顾其笃行谊,念本支,慕先正范文正义举,思立田以赡族,度田寡而计口繁,有志焉而未逮,临殁谆谆以命其安人席暨喆嗣辑舆、霖舆、杙焉,三君奉以周旋,太安人慈且惠,时时以治命相勖勉。赠公遗田六百余亩,历数年增置曰一百余亩。长君仲君复割己田二百余亩,共计一千亩有奇。又捐资二千余两,治屋建庄,祀忠壮公以下祖先位于后中堂,祀芑伯公位于厅正楹,取每岁供赋之余以赡族人。有司循故事以闻,得邀宠章,赠公前此未竟之志至此遂矣！世之拥厚赀广田园博乐善好施之名,能损有余以补不足,较之有其力而不行者,彼善于此则有之矣！赠公父子,家本儒素,阅两世艰辛,由困而亨,与族人共享其利,卓哉！仁人孝子之所为,有志竟成也！诗曰:孝子不匮,永锡尔类。又曰:匪棘其欲,聿追来孝。夫赠公举有志未逮之事以命三子,若预知三子者之必能相与有成也。三君一德一心,善继善述,次第举行,无废厥命,太安人无成而代有终焉,于孝于义复何愧歉！具勒规条,垂诸永久,则不独以示贤子孙敦本睦族之谊,且以见圣朝以亲九族。九族既睦之化,俾知淑人心厚,风俗必自乡党宗族始也。表厥宅里,树之风声,不亦宜乎！兹来嘱余记,余与赠公为至戚,熟悉其生平行谊,故乐为记而不辞！

道光十年七月既望。

（民国八年常熟王氏怀义义庄刊印）

第十五篇 宗族与国家

吴县范来宗复兴范氏义庄。

钱泳《履园丛话》卷六，《耆旧·芝岩太历》：

吴县范芝岩太史名来宗，字**翰尊**，为宋文正公后。中乾隆乙未进士，入翰林，告归，时年五十余矣。范氏故有义庄，积**逋累累**，不能资族中，咸推先生为主奉，清厘整顿，一秉至公，不三十年增置良田一千八百余亩，市廛百余所，每岁可息万金。文正公墓故在河南洛阳县之万安山，文正祖墓在苏州之天平山，俱焕然一新。而子孙之穷困者，例给钱米，一切丧葬助恤、考试之费俱倍加。自此义庄又复振兴，皆先生力也。年八十一卒。著有《洽园诗稿》十八卷。

（中华书局1979年版，第156页）

甘肃

武威段氏

宣统《武威段氏族谱》，《祭田记》：

吾家初无祭田，至先伯父太学斗垣公于邱家庄乾山巽向新茔附近购地一石三斗、质地七斗，是为经营祭田之始。比以茔之西南沟渠溢水，乃筑地一斗以隄防之。今岁春，质地为原主赎去三斗，所余者仅一石六斗耳。每斗岁租四斗，共得租六石四斗。太学生在日，即由天顺油铺收纳，以供春秋祭祀及忌辰荐享之费，更以所余备补助戚族庆吊婚丧之资。岁以为常，无稍更易。时太学公欲厘定规约，藉传久远，以事冗未果。后之人如能率由旧章，俾祭田永久保持，祭费不至亏挪，斯无负矣。

永恩仰承先泽，滥竽仕途，而回首家园，尚无祠宇以妥宗祜，清夜扪心能无滋愧。他日或薄有积蓄，窃愿有以副此志也。宣统三年辛亥九月，八世孙永恩谨记。

（宣统三年刊本）

浙江

鄞县鄮东皎碶吴氏

光绪浙江鄞县《鄮东皎碶吴氏宗谱》，卷首《公祀田山》：

乾坤两房正，清明祭扫乡一府君、党一府君，公祀列后：

民田一则，大小业量计二亩二分，坐落土名四都掌。

民田一则，大小业量计一亩，坐落土名下宣漕。

民田一则，量计一亩三分，坐落赵姓土名丁家潺。

乾房三月十一日祭扫莫一府君，公祀列后：

民田一则,大小业量计一亩,坐落土名李家洋。

民山一方,坐落纪家山西岙,土名鼻头梁。

祖堂前倒厅四间季房自值。

(吴承忠编修,光绪二年一耀堂木活字本)

诸暨赵氏

为读书子弟设立乡庠田业。

道光诸暨《清门福泉赵氏宗谱》卷二,《成道公庠产序》:

窃惟朝廷养士,实隆诏稰之,颁庠序尊贤,亦有廪饩之锡。志在圣贤,固无求安饱之志。欲兴礼仪,必先为衣食之图,况遇别穷通,势分顺逆,藜藿幸充,何难吟风读月,膏油弗给,只堪映雪囊萤。由是两试岁科,旅赀萧涩,三年棘闱,资斧空虚,叹黄卷之徒劳,悼青云之莫遂。兹儒业艰辛,端赖公田之培植。道年逾六旬,自四子分析外,检户内膏腴之田共十一亩八分零,立为庠产,纵攀龙附凤,固难遽慰诸目前,而后之雅意自好者,或以鼓舞激劝之有机奋鹏程,题雁塔,科第联翩,未必不由于是产之立也,爰为序。

规例开后

一、庠产照人均分,不得妄有厚薄。新进者,夏分全租,秋分半租。

一、庠产原为读书入泮者设,所以使寒儒笃志力学,以博科名也。若监生、武生,原属饶裕,无藉于此,不得与文士均分花息。

一、恩拔岁副及登科者,依前照股均分,俟出仕后始行归出。

一、立庠产,虽尚鼓励,亦寓矜恤寒士。已老结顶,仍令分花,俟身故后,下年归出。其无志上进,结顶太早者,许于五十岁上照旧均分。

一、例贡粟监进场,若能中式,即于庠士处照例拍收花息,亦俟上任后,始让与公堂给付。

一、庠产十一亩八分零,现在四股分租,租钱坐众生殖后,有入泮,其田理应让与进者,自行种植收花,不得阻执。

一、庠产不得私行戤押,违者作不孝论,罚伊永不许收花。

一、庠产未管之先,书钱、考费皆于庠产内领给。

一、庠产已管之后,书钱、考费皆于祀产内领给。

一、读书束脩,每年议定十千为例,子孙读书者照人分派。

庠产田亩字号列左

周字号

第十五篇 宗族与国家

二百三十三	田三亩一分八厘九毫	落山埠头
二百四十七	田二亩九厘四毫	齐观音田
三百二	田三亩六厘	桑园衕
三百五十五	田二亩二厘	裹案山脚
三百三十七	田一亩五分九毫	桑园门口

(赵伟猷等编辑,道光九年永思堂木活字本)

《皇朝经世文续编》卷六七,《礼政七·宗法》,徐时栋《甬东吴氏义庄碑记》:

人生而无饥寒,则天下皆游民也。天下之生是人也,穷之以口体,而赡之以心力,口不食则饥,体不衣则寒,于是乎出其心力以衣食之。天若曰:尔不用心力焉,而饥寒,而冻饿,而死亡,谁恤之。是故君子劳其心,小人劳其力。古之为义庄者,昭昭然为斯人忧不足,收其宗族,户给之,毫发不藉其心力所自出,而寒有衣,饥有食,疾病有医药,子女有婚嫁,生有养,死有葬,尽生人营治赀给之道,粲然备具而无遗憾,彼受之者,暇豫其心力而无所用,则且游惰淫佚而纵其嗜欲,以入于放僻邪侈之为。呜呼!是乃所谓贤者过之者也。……然则君子将敬其宗而收其族,如之何而可?曰:亦视其心力而已矣。其心力足以自用,而无虑乎饥寒也,吾置之。其不能,则给之。虽然,试号于宗曰:不能用心力者来,吾给之,夫舍其日夜之勤苦,而可以徒取焉,其谁不来也,势不至户给焉而不止。是必断之以义,断之以义,则莫如鳏寡孤独罢癃废疾。夫苟不幸,而至乎**鳏寡孤独**罢癃废疾也,寒不能衣,饥不能食,疾病不能医药,子女不能婚嫁,生不能养,死**不能葬**,穷其心力而不足以赡口体,则于是乎籍其口之多寡而收食之,按其事之大小而赈贷之,而敬宗收族之道备焉矣。由吾前言,宗族可以无游民,由吾后言,宗族可以无穷民。盖虽数十家之小宗,靡不有鳏寡孤独罢癃废疾也,亦靡不有稍有力者也,君子之行事,为可则也,为可继也,比而食之,生齿繁而其道穷,穷则弊丛起,而争讼攘夺之祸作,且固非大有力者不能为也。由吾后言,事半而功倍矣。昔吾先大夫行之于吾宗,迩者吾乡人多起而效之,若胥天下而行之,虽万世无祸乱可也。于时吴君焜兄弟,本其父虹桥君遗志,为甬东义庄,而即其中建槐里书塾以教子弟,余既为条治规矩,复为记贻之,俾刻诸石。

(盛康辑,光绪二十三年思补楼刻本)

江西

清江龚氏

书田。

民国清江《龚氏十四修族谱》，《齐高府君赡读田册》：

吾祖即永遂府君次子也。公赋性磊落，作述完远，隐居弗仕，雅重儒林。见府君出□舒国，荷蒙褒封，公缵父志，克广德心，因设立义田，以为赡读祭扫之资。迄数十传，子孙繁衍，斯文代兴，考费有藉，胙肉有颁，皆公贻谋之德可见者也。祠孙鹏南、梦麟等谨志。

今将田业方隅列后：

一、傅家墓共计田十四亩四分，议定无论水旱，每年每亩早租一石二斗五升外，地半亩，租银二钱。

一、观音阁庵前早田三亩四分，又填出六分，额定早租八石正。塘一口，租钱一千文。鲤鱼丘下地一亩，寺边地三分，租钱一千文整。

一、王淇圳田一丘，计二亩三分，额定早租四担六斗租桶。

一、邓家湖田一丘，计五分五厘，额租一石一斗。

共齐正户下二石二斗三升三合二勺，折官银二两零七分三厘，米一石二斗五升。

（龚克刚等修，民国三年刊本）

福建

义赈，抽家资三之一为义田。

蔡世远《二希堂文集》卷九，《赠奉直大夫玉林徐君墓表》：

雍正五年岁丁未，福建总督高公、巡抚常公合辞奏曰：维仙游太学生徐万宝敦修累善，岁饥赈米八千余石，殁于积劳，尚义可风，请建坊立祠。上下其议。礼部特给帑金建坊，有司庀造牌位入祠致祭。钦定"善劳可嘉"匾额，荫一子入监读书。……竟以积劳成疾，逾三月而终，时雍正四年九月二十一日也，春秋五十。卒之前一月，遗嘱千余言。戒诸子弟以力学，敦行尊师取友，勿信奉佛氏作无益费，抽家资三之一为义田。曰范文正公以惠一族，吾以惠家乡，继我未了之志也。

（《四库全书》本）

甘肃

金城颜氏

光绪《金城颜氏家谱》，《置买公田记》：

辛丑中秋，颜子松如因贺节过余乞记，余曰："记何事？"曰："余族有公应之烦，深以为累。递年合族帮助工食,不免诛求。自予兄尔魁公长其户,因历年公费羡余,除续买石块三百余车,预备补葺坟墙外,尚积银三十余两,置买族叔帖孔水地三段,约计三亩。各地四至载在契内,不琐赘。择人租种其地,额银一钱一分八厘五毫,秋夏粮五升二合。租种人上口。有润之年,出租银五两二钱;无润之年,止出租银四两八钱,以为我族公应之资。自此以后,庶使子子孙孙不至受诛求之害矣。至完官丁银,历年派收多寡不等。今亦于丰啬酌宜,每年每丁制钱七十五文,私不过累,公亦可办,永为定例。"夫人因事以见德,夫事即小以知大。若尔魁君者,可谓颜氏之良家长也。设出而宰一邑,即谓一邑之良邑宰也;出而守一郡,即谓一郡之良郡守也。余喜而走笔记之,勒石壁间,以垂不朽。

癸未岁进士张蕴素撰。康熙岁次辛丑菊月吉旦,家长丹如立石。

书公田后

余读范文正公《义田记》,窃叹赡族之道,体祖宗均是子孙之心,尽善尽美,无遗憾矣。然必资富而后所济者广。余家公田固其遗意,而惜乎力薄,充公之外所剩无几。故族之贫难者,莫沾余润。呜呼!同一子孙而使饥寒交迫无以养亲育子,安乎?否乎?余家现在无贵显者,固不能一人独成其志。倘效常熟杨氏义庄,藉众力共襄厥美,缓急相通,一如范、杨,则衣食足而廉耻兴,又孰不愿为祖宗之良子孙哉!余志之,以望后世极力昆仲,方不失一本九族之道耳。秉惰谨识。

(光绪十二年本)

安徽

邻族鸣官。

梁绍壬《两般秋雨盦随笔》卷二,《焦烈妇》:

乾隆元年,宣城陆某,生员也,娶妻焦氏。陆好呼卢,荡其家。一日赌负,将售妻以偿。焦侦知之,赋诗八章,投缳死。邻族鸣于官,题请旌表,得旨褫陆衿,断其八指,一时快之。八诗末首云:"百结鹑衣冷不支,郎归休在五更时。风酸月苦空闺里,犹有床头四岁儿。"言之呜咽。凡嗜博者,可以为戒。

(上海古籍出版社1982年版,第61页)

湖南

宁乡南塘刘氏

允许宗族将族人送官惩治,是允许祠堂治理权。

民国《宁乡南塘刘氏四修族谱》卷二,《律条》(嗣翁墨谱敬录):

国家法律森严，十恶十罪固有常刑，即小而斗殴，亦法所不贷。我族人安分守法，自不干犯科条，而律例全书甚多，不能一一详载。孔子曰：五刑之属三千，而罪莫大于不孝。兹但录其关乎人伦世教之大者，约十数条，列之简端，俾览者触目警心，谨身寡过，为盛世良民，亦君子怀刑之意也。子孙骂祖父母、父母者，绞。子孙殴祖父母、父母者，斩；杀者，凌迟处死。妻妾骂夫之祖父母、父母者，绞；妻妾殴夫之祖父母、父母者，斩；杀者，凌迟处死。骂期亲同胞兄姊者，杖一百。骂亲伯叔父母、姑母者，各加一等。骂大功兄姊者，杖七十。骂小功兄姊者，杖六十。骂缌麻兄姊者，笞五十。骂大功、小功、缌麻之尊属者，各加一等。弟妹殴同胞兄姊者，杖九十、徒二年半；伤者，杖一百、徒三年；折伤者，杖一百、流三千里；刃伤及折肢，若瞎其一目者，绞；死者，皆斩。殴亲伯叔父母、姑母者，各加一等。殴缌麻兄姊，杖一百。殴小功兄姊杖六十、徒一年。殴大功兄姊，杖七十、徒一年半。殴大功、小功、缌麻之尊属，各加一等；折伤以上各递加；笃疾者，绞；死者，斩。妻妾骂殴夫之期亲以下缌麻以上尊长与夫骂殴同罪，妾骂夫者杖八十；妾骂妻者同罪。兄姊殴杀弟妹及伯叔姑、殴杀侄者，杖一百、徒三年；故杀者，杖一百、流三千里。无子者，许令同宗昭穆相当之侄承继，先尽同父周亲，次及大功、小功、缌麻，俱无可立，方许择立远房；若尊卑失序者，杖六十，其子归宗，改立应继之人；乞养异姓义子、以乱宗族者，杖六十，若以子与异姓人为嗣者同罪，其子归宗；有遗弃小儿，年三岁以下，虽异姓仍听收养，即存其姓，但不得以无子遂立为嗣；砍伐坟围树木私卖一株者，杖一百、枷号三个月，过十株以上即行充发；盗坟前碑石砖瓦、木植者，亦照例治罪，地邻牌甲徇隐讳报者，一并照例究处；同族之中有凶悍不法、偷窃奸究之人，许族人呈明地方官，照所犯本罪，依律科断，详记档案。

（民国十年存著堂木活字印本）

湘乡平地胡氏
强调子弟遵守教令。

民国《湘乡平地胡氏续修族谱》卷一，《族约》：

　　子孙于祖父母、父母有隐无犯，服劳奉养必尽其力，反是则为违犯教令，为恶逆、为不孝、为干名犯义。所谓违犯教令者，平日不遵祖父母、父母约束，是恶逆者；殴及谋杀祖父母、父母，是不孝者；咒骂祖父母、父母，是干名犯义者；呈告祖父母、父母，是稍有人心断不至蔑绝人伦。若是如有不知而误犯及明知而故犯者，一经查出，无论有故、无故，族长、祠长着落房长，房长着落亲属，拘祠严办；情重者，送官解究。如亲属房长等隐匿不报及查出而反纵容者，亦宜分别轻重治罪。

(民国二十六年安定堂木刻本)

汉寿盛氏

光绪汉寿《盛氏族谱》卷首,《家规十六条》:

……不许聚众斗殴,恐伤人命干连户族,即有不平之忿,必须先鸣族众,听候理处,毋得听信奸棍主摆作证,致兴讼端。……诫子孙不许恃富压贫、以强欺弱、以众暴寡,纵妇放恣、坐拼吓诈,以及招谣(编者按:"谣"字当为"摇"字之讹。)撞骗等等不法,必集户族,先行规戒,任其改过自新,违者送治。

(光绪二十七年广陵堂活字印本)

三　宗族与政府之间不协调的一面长期存在

宗族的越轨行为诸如包揽赋税和抗税,盗窃、聚赌与为霸一方,均有碍于政府司法权的完整性。因此,政府力图控制宗族势力的膨胀,令其在允许的范围内进行活动。

江西

江西一些地区私立规约处死族人。

《大清高宗纯皇帝实录》卷一八:

(乾隆元年五月上丙午)谕总理事务王大臣:朕闻江西地方土瘠民贫,率多勤俭谋生,安分自守。惟山县乡村常有凶蛮争角,动辄统众毒殴,将人活埋毙命者。如南昌府属之靖安,临江府属之新淦,赣州府属之信丰等县尤甚。且信丰地方山村乡镇,有等豪蛮私立禁约规条碑记,贫人有犯,并不鸣官,或裹以竹篓沉置水中,或开掘土坑活埋致死,勒逼亲属写立服状,不许声张。似此种种惨恶,骇人听闻,皆从前地方官员失于化导禁约,以致村野凶暴,藐法横行。若果系奸宄不法之徒,自当呈送官长,治以应得之罪,岂有乡曲小人狂逞胸臆,草菅人命之理。着该省文武大员通行晓谕,严加禁止,倘有不遵谕、仍蹈前辙者,即行严拿,从重定拟,不少宽贷。

(中华书局1986年影印本,第1册,第466页)

安徽

族长活埋族人。

《大清高宗纯皇帝实录》卷一三三五：

(乾隆五十四年七月下)辛亥。谕军机大臣等：昨因徐嗣曾奏，闽民多系聚族而居，请责成族正，如有为匪不法等事，族正不行阻止举首者，分别治罪。如果教约有方，并缚送匪犯者，给以顶戴等语。所奏断不可行……地方遇有缉拿凶匪等事，不责成文武员弁认真查办，而转令该处族正举发，又特给以顶戴，则设地方官何用？况此等所举族正，皆系绅衿土豪，若明假以事权，必至倚仗声势，武断乡曲，甚而挟嫌诬首及顶凶抵命，何不可为。即如本日陈用敷奏，审明南陵县活埋人命一案内，刘魁一一犯，即系族长，辄起意将缌麻服弟刘种活埋毙命，并致刘种之母因子碰死。可见各处族正，鲜有奉公守法之人。

(中华书局1986年影印本，第17册，第1101页)

族长毒毙殴死嗣母的凶犯黄时进。

《大清宣宗成皇帝实录》卷一三八：

(道光八年七月上)又谕：邓廷桢奏参，相验不实、延不提解要证之知县请革职审办一折。安徽婺源县知县朱元理，于逆伦重案凶犯服毒身死，辄将先后相验捏为同日报验通详。现据尸亲指控该县刑件有讳伤捏报情弊，经该抚饬司屡提要证，延不解省，必须彻底根究，以免冤纵。朱元理着革职，交该抚饬提尸棺，详加检验，并严拿要证黄添喜等务获，严审确情，按律定拟具奏。寻奏：黄时进殴死嗣母黄程氏属实，律应凌迟处死，已被该族长黄添喜等毒毙，仍照例戮尸枭示。黄添喜将该犯拿获时，并不送官，辄将黄时进毒毙，合依尊长擅杀应死罪人律杖一百。已革知县朱元理审办逆伦重案，种种错误，按律应予杖徒。下部议，从之。

(中华书局1986年影印本，第3册，第127页)

江苏

讼棍庄午可拘闭武进知县于祠堂。

《大清宣宗成皇帝实录》卷一三八：

(道光八年七月上壬子)谕军机大臣等：本日有人陈奏，江苏武进县东安镇地方，讼棍庄午可盘踞乡隅，把持公事。上年该地方有争夺地亩伤毙人命一案，该县下乡相验，庄午可即挑唆事主，将该县拘闭祠堂，逼写尸格伤单，并勒盖印信。该县茫无主见，竟照依填写，因未带印信，勒印手模，始能脱身。回署后委员拘提，庄午可抗不到案，该县遂延访教师，并招致窃贼，随同差役潜往。误拿庄午可之弟，致庄午可乘间鸣锣聚众，转将差役

1994

第十五篇 宗族与国家

缚禁凌虐,并将窃贼扣住挟制。经该役等再四哀求,许还伊弟,始行释放。至今该县竟未能将庄午可等拿获一犯,而争地毙命一案,亦尚未审有端倪。并闻该县周锜素好纷华,癖嗜鸦片,并时赴佐贰衙门挟妓饮酒等语。知县身膺民社,既未能将地方讼棍先事查拿惩办,迨因案赴乡相验,转被拘禁,听从勒写尸格,况缉捕人犯,自有差役,何至延访教师,潜用窃贼,尤为纰缪。着蒋攸铦、陶澍,即查此案讼棍庄午可等犯曾否就获,何敢公然将该县拘禁,勒写尸格,该县何至用教师窃贼,随同差役缉犯,是否尚有别情,如庄午可等迄未就获,即委干员迅速查拿,究讯确情,严行惩办。并着该督等密加察访,该县周锜平日办事如何,如果有癖嗜鸦片,时与佐贰挟妓饮酒之事,即行据实严参,勿得瞻徇回护。将此谕令知之。

(中华书局1986年影印本,第3册,第132页)

江西

按察使出示禁止宗族恶人迫害族人。

凌燽《西江视臬纪事》卷四,《禁止藉称祠禁勒罚滋事》：

……江省故家大族以及编民之家,皆设立祠堂,以展岁时之飨。其尊亲崇本者固自不乏,而城乡暴户,辄有不法族恶,遇事生风,偶见族人稍有干犯,不计亲疏,不问轻重,动称祠禁,辄纠多人,群聚醉饱,少不遂意,恣索无休,甚至击鼓聚众,押写服辜,倡言致死。而族中无赖恶少,借势逞威,或捆缚抬溺,或毒殴活埋。以昭孝昭敬之区,为灭性灭伦之地。族党不劝,地邻不阻,群相效尤,群相隐匿。此等恶俗,殊骇见闻。本司莅任以来,屡经惩创,而现在仍报案频闻……嗣后如有族人干犯法纪,教诫不悛,轻则量以家法责惩,重则请以官法究处。倘有仍前托名祠禁勒罚滋事者,定即照律科惩;倘敢倡议将人致死者,造意加功定即按照谋故情形,分别坐以斩绞重辟。不行劝首之族党地邻,一体科罪。本司期在力挽颓风,以敦民俗,绝不肯稍微宽假。……其各凛慎恪遵,毋贻后悔。特示。

(《续修四库全书》本,第882册,第141—142页)

巡抚疏言联宗祠堂成为兴讼聚赌、窝匪藏奸之所,请求取缔。

《宫中档乾隆朝奏折》21辑,《请禁祠宇流弊疏》：

江西巡抚兼提督衔臣辅德谨奏,为查禁祠宇流弊涤讼源以维风教事。……惟查各属讼案繁多之故,缘江西民人有合族建祠之习。本籍城乡暨其郡郭并省会地方,但系同府同省之同姓,即纠敛金钱,修建祠堂,率皆栋宇辉煌,规模宏敞,其用余银两,置产收租,日积岁多。因而不肖之徒从中觊觎，每以风影之事妄启讼端，藉称合族公事，开销祠费。县讼不胜，即赴府翻，府审批结，又赴省控，何处控诉，即住何处祠堂，即用何处祠费。用竣，复按户派出私财，任意侵用，是祠堂有费，实为健讼之资。同姓立祠，竟为聚讼之地，欲弥讼端，不得不清其源而塞其流也。臣查……其创建之初，不过一二好事之徒，藉端建议，希图经手侵渔。访其同府同省之同姓，或联络于生童应考之时，或遍走于农民收割之后，百计劝捐，多方耸动。愚民溺于习俗，乐为输助，故其费易集而多，其风日踵而盛。祠成广厦，置之空闲，歇讼聚赌，窝匪藏奸，不可究诘。近于省会祠中，复经拿获私铸案犯。臣闻礼称大夫不得祖诸侯，岂有民人而可妄祖前代之君相，据理已宜查禁，况滥觞至为聚讼之薮，甚而窝赌窝匪，无所不有，尤难听其流弊，无所底止。臣现今通饬各属，查明果系该县土著，实有近祖可考，岁行祭祀者，仍准其存留外，其余荒远不经之始祖，既系附会，神亦不享非类，应将牌位查毁，谱并削正。其外府州县奉附之支祖，舍其本籍禋祀，寄主府省，竟作馁死之鬼。为其子孙者，当亦难安，应将牌位撤回。至其废祠房间，若不随时削迹，日久保无复立，应令改作平房铺面，不准本姓棍徒阻挠，或实有愿留为该姓应试生童公寓，尚属可行……嗣后永远不许添建府省祠堂公宇，其有实系敦本支而睦宗族者，只许于本乡本村以时飨祀，庶几礼教可明，讼源可涤，而民生日厚矣。臣为整饬地方起见，合将应办缘由缮折具奏，伏祈皇上睿鉴训示。谨奏。

朱批：识见甚正当之论，如所议行。
乾隆二十九年三月二十八日。
（台北故宫博物院1982年版，第73-75页）

清高宗通过江西案例，令各省查禁省城所建联宗祠堂。
《大清高宗纯皇帝实录》卷七〇九：

（乾隆二十九年四月下）庚子。谕曰：辅德奏，江西讼案繁多，率由府省地方敛金买产，合族建祠，不肖之徒妄启事端，所至停宿，讼徒开销祠费，甚至牵引远年君王将相为始祖，荒唐悖谬，不可究诘。现在通饬查办一折，所见甚为正当，已批如所议行矣。民间惇宗睦族，岁时立祠修祀，果其地在本处乡城，人皆同宗嫡属，非惟例所不禁，抑且俗有可封。若牵引一府一省辽远不可知之人，妄联姓氏，创立公祠，其始不过借以醵赀渔利，其后驯至聚匪藏奸，流弊无所底止，恐不独江西一省为然。地方大吏自应体察制防，以惩敝习，况礼经所载，大夫不得祖诸侯，即谱系实有可稽，而地望既殊，尚当远嫌守分。若以本非支派，**攀援窜附**，冒为遥遥华胄，则是靦颜僭越，罔知忌惮，名教尚可贷耶？各督抚等，其饬属留心稽察，实力整顿所辖之地，如有藉端建立府省公祠，纠合非类，健讼扰民，如

第十五篇 宗族与国家

江西恶俗者,一体严行禁治,以维风纪而正人心,毋得仅以文告奉行故事。

(中华书局1986年影印本,第9册,第917-918页)

湖南

因抗粮案件饬令湘乡县一些乡村各姓公举族长、户首。

《大清宣宗成皇帝实录》卷二九九:

(道光十七年七月甲午)湖南巡抚讷尔经额覆奏:讯明湘乡县匪徒陈连五,因抗粮避匿,被粮差同户族陈声德等拿获送官。其子陈细五央令同姓不宗之陈叙九,纠人夺犯不遂,毁烧陈声德等房屋,并伙抢牛只、棉花、药材,**勒赎得赃**。按律均拟发极边足四千里充军,陈连五杖一百,流三千里。至锁石坝等处乡村,**距城僻**远。应请于编查保甲外,饬令各姓公举老成为族长,另于本支再举端谨之人为户首,认真稽查。如有为匪不法,投保送县讯究,倘敢徇隐,事发一并治罪。下部议,从之。

(中华书局1986年影印本,第5册,第647页)

欧阳姓横暴一方,官方为设族长、拟定约束规条。

《大清穆宗毅皇帝实录》卷三五六:

(同治十二年八月丁丑)谕军机大臣等:王文韶奏查办宁远强族匪徒分别惩创一折。湖南永州府属地方俗多强悍,宁远县属之西洞欧阳姓分居岭头等五村,尤为横暴。甚至抄抢奸杀,扰害良民,无恶不作。经该抚派委道员陈宝箴严密查办,拿获首匪欧阳华等多名正法,访缉余匪,解散胁从。并选设该姓族长,拟定规条约束,**办理尚属**妥速。着该抚随时督饬该地方官严拿逸匪,并认真整顿,慎勿姑息养奸,务使**强梁知儆**,附从者予以自新,分别妥办,毋枉毋纵,以去莠类而安善良。另片一件着留中,将此由五百里谕令知之。

(中华书局1986年影印本,第7册,第703-704页)

福建

传谕福建绅耆族长出具约束子弟切结未入教门会党。

《大清宣宗成皇帝实录》卷三〇一:

(道光十七年九月戊戌)又谕:前据御史巫宜禊奏,福建近有三点会结党聚众,该省毗连之浙江、江西、广东各省,亦有传习匪徒等情,当降旨令该督抚等查办。兹据邓廷桢等奏称,派员前赴嘉应州一带严密访查,尚无拜会串匪情事,现在明定章程,实力巡防等语。匪徒设立会名,聚众习教,最为风俗人心之害。若不严行查禁,必致酿成巨案。着该督等即檄饬该司,并通饬该管镇道督率所属文武加意访查,一得匪踪,立即带领兵役,星驰围捕,毋使一名漏网。各该衙门书吏兵役人等,均令连环保结,如有交通匪党,入伙结拜,或潜通信息,致令渠魁遁逃,即行提省从重究治。保结人知情不首,一同坐罪。失察之本管官,究明有无故纵,分别参处。仍严饬各属查察胥役兵丁,毋得藉端扰累良民。一面出示严禁城乡各庙宇饭店,不许容留不法匪徒,取具连环保结存案。并谕绅耆族长,出具约束子弟切结,如有被匪勾引入会者,即据实禀送,准照罪人自首法,分别减免,傥敢徇隐,厥罪惟均。若能将会匪首报送官,酌予奖赏,被胁平民准其自首免罪。该督等务当遵照新定章程,认真办理,毋得日久生玩,视为具文。

(中华书局1986年影印本,第5册,第695页)

山东

孔氏族人任曲阜县令之弊。

朱彝尊《曝书亭集》卷六〇,《曲阜设官议》:

孔氏子孙知仙源县事,自宋之初已然,今循而不改,知曲阜县事者,必孔氏后也。然其弊有二。居其位,法难行宗党之间。其人贤,久不得迁;其人不肖,上官以孔子之裔劾而去之,恐人之议其后,则顾忌而不敢出,将益无所畏惮,而民受其害。弊一也。知县事者,不必孔氏宗族之长,族人有罪,或其伯兄,或其世父、叔父,或其从祖,或无服而居祖父之行,少者坐而挞其长,卑者诎而屈其尊,干犯焉而不顾。弊二也。

夫既封上公之爵一人,录五经博士二人,不藉知县事者,以为光荣矣。或谓褒崇之典行之久而不可易,或又谓孔子之里不可使他人临之。然则曲阜设官当何如?曰:曲阜,鲁之故都也。周公、鲁公者,鲁之先君也,伯禽之少子食邑于东野,曰东野氏。孔氏著,而周公之后微,居于曲阜,物莫能两大,理固然尔。今之咸阳周公之墓在焉,**使徙其裔**孙给之土田,岁时洒扫无废。三年有司择子弟之通晓文义者贡之朝,俾知曲阜县**事秩满**得迁,替以周公之子孙治孔氏之里,其于分也不紊,其于吏治也无弊,似亦策之可行者也。

(《四库全书》本)

第五编

图录

图录资料的来源是多方面的,主要从族谱中选择,此外是清代档案、实物遗存相关之照片,图片的拍摄主要是本选辑编者和主编友人,还有少量是从杂志中选取来的。

所选图像,本拟依照正编的纲目汇编,然因图片仅有三百十余帧,不足以用那种大框架显示,于是从图片表现的宗族及其活动内涵的实际情形归纳分类,计有祠堂、祖宗影像、神主、神器及祭祀仪式、坟茔、族学与书院、族谱、世系表图、各种文物、其他相关文献图像十类,并以篇名之。

对每一个图像均拟出题目,同时指明该图像的来源。

第一篇 祠堂

1. 直隶沧州《戴氏族谱·鸡泽公祠大门》

（光绪三十四年刻本）

2. 江苏《宜兴篠里任氏家谱·大宗祠方图》

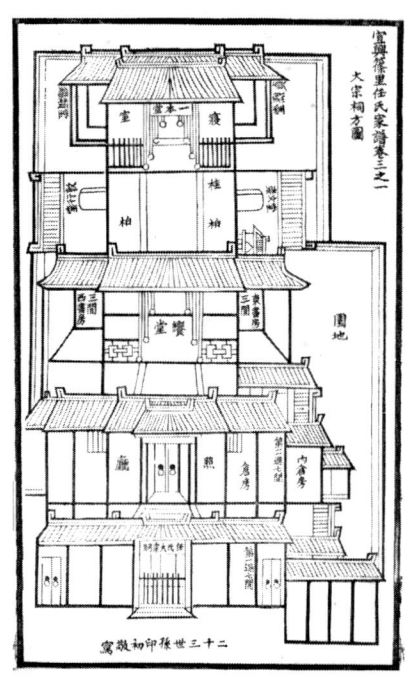

（任承弼编，民国十六年十三修，一本堂刊本）

3. 江苏《宜兴篠里任氏家谱·大宗祠新图》

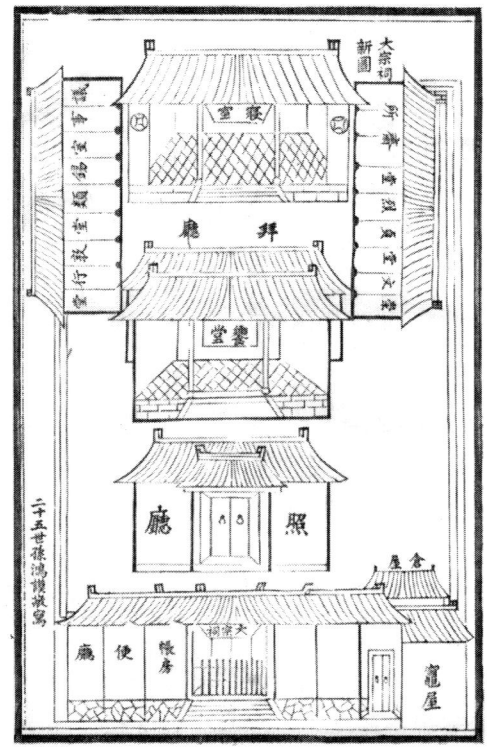

(任承弼编,民国十六年十三修,一本堂刊本)

4. 江苏《宜兴篠里任氏家谱·大宗祠图》

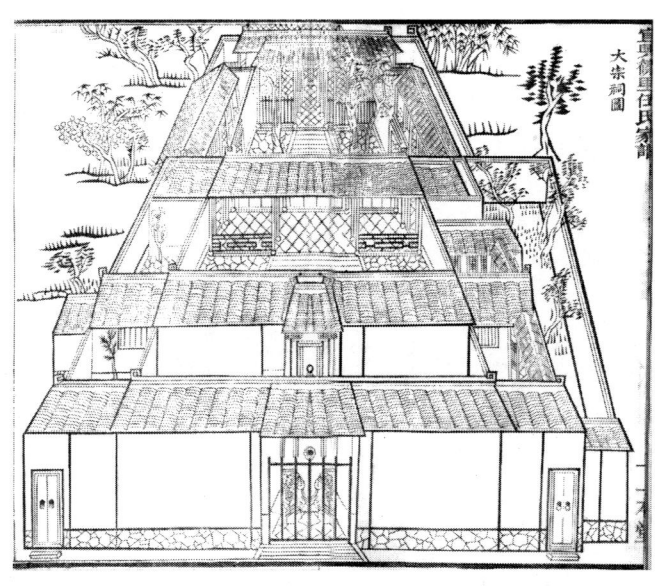

(任承弼编,民国十六年十三修,一本堂刊本)

5. 江苏《宜兴篠里任氏家谱·祠墓记述》

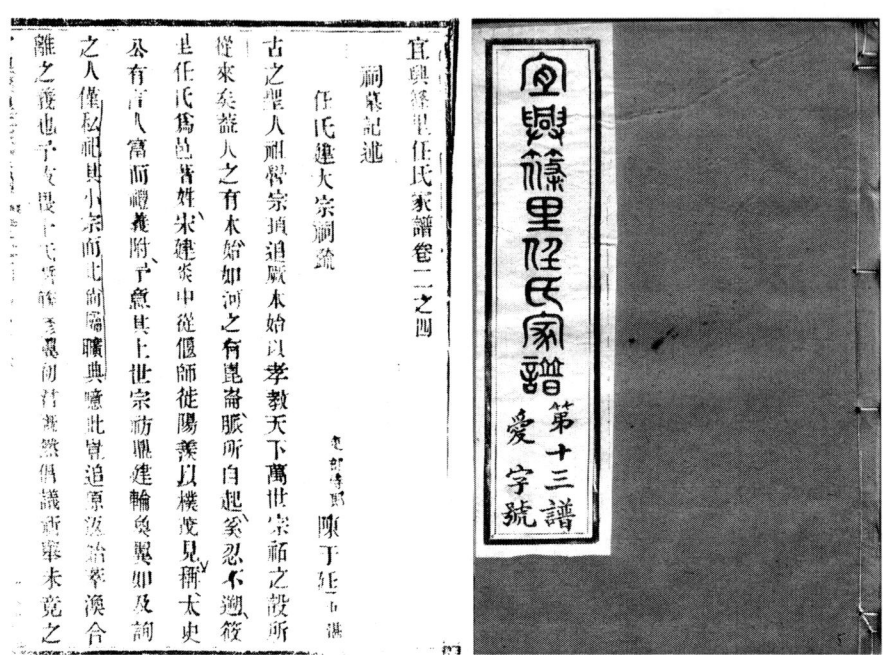

(任承弼编，民国十六年十三修，一本堂刊本)

6. 安徽歙县棠樾鲍氏支祠敦本堂之一

(2006年8月拍摄)

7. 安徽歙县棠樾鲍氏支祠敦本堂之二

(2006年8月拍摄)

8. 安徽歙县棠樾鲍氏支祠"乐善好施"匾

(2006年8月拍摄)

9. 安徽歙县棠樾鲍氏支祠"慎终追远"匾

(2006 年 8 月拍摄)

10. 安徽歙县棠樾鲍氏支祠,嘉庆《重建万四公支祠记》

(2006 年 8 月拍摄)

11. 安徽歙县棠樾古村居民间祭祖堂存爱堂之一

（2006年8月拍摄）

12. 安徽歙县棠樾古村居民间祭祖堂存爱堂之二

（2006年8月拍摄）

13. 安徽歙县棠樾古村居民间祭祖堂

(2006年8月拍摄)

14. 安徽婺源(现属江西)汪口村俞氏宗祠之一

(2006年8月拍摄)

15. 安徽婺源（现属江西）汪口村俞氏宗祠之二

（2006年8月拍摄）

16. 安徽婺源（现属江西）汪口村俞氏宗祠仁本堂

（2006年8月拍摄）

17. 安徽绩溪《遵义胡氏宗谱·胡氏老祠图》

（胡位咸等编，民国二十四年惇庸堂铅印本）

18. 安徽太平《城南胡氏家谱·清白堂图》

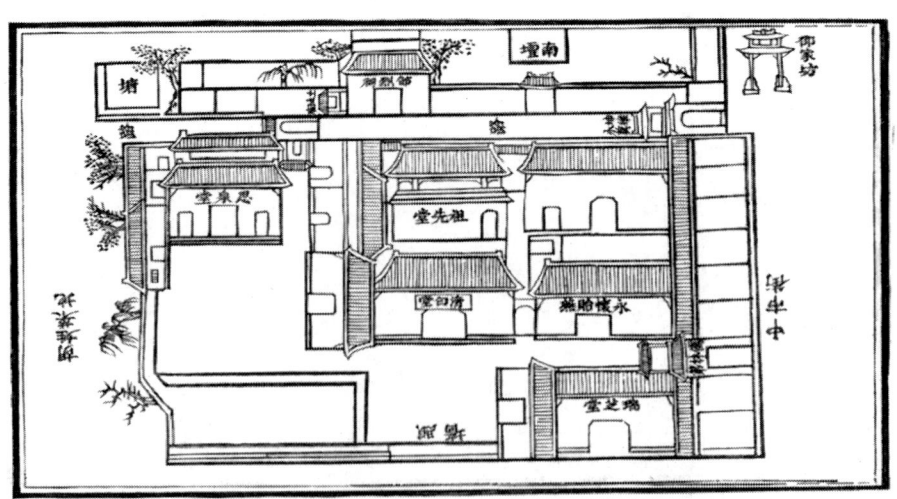

（胡道甫等续修，四修谱，民国十七年刊本）

19. 山西灵石《王氏族谱·宗祠图》

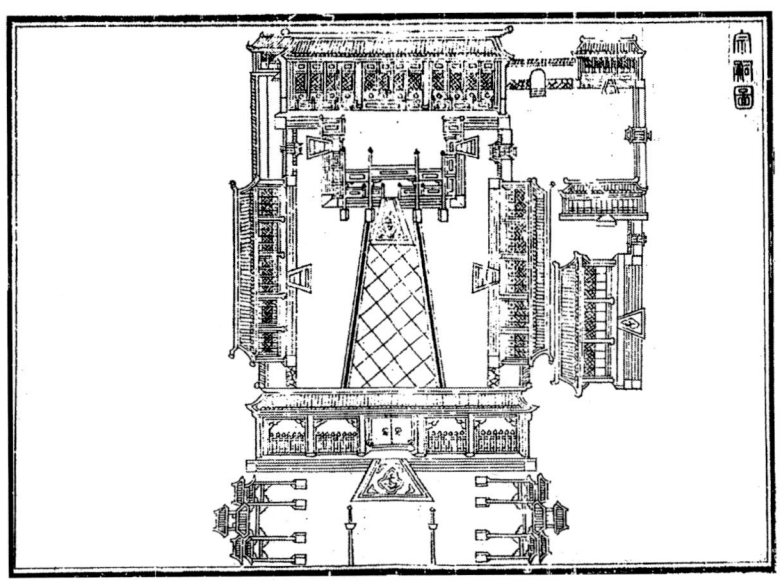

(王梦鹏、王中极纂修,乾隆五十四年存厚堂木刻本)

20. 山西平遥《冀氏宗谱·冀氏祠堂图》

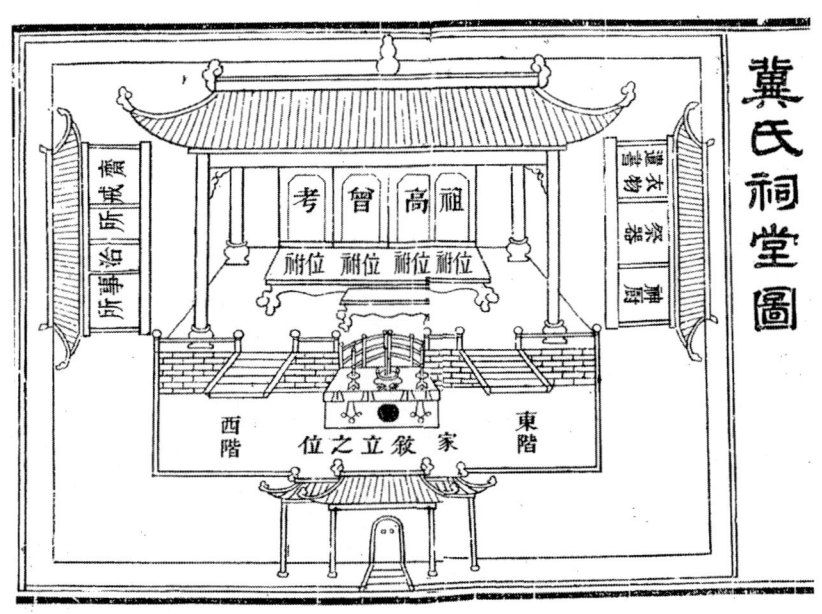

(冀麟书撰修,光绪三十年公安堂刻本)

21. 山西介休《定阳张氏族谱·祠堂图》

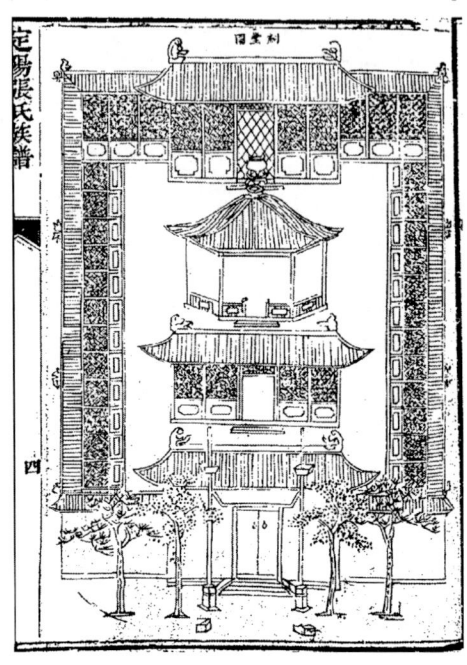

(乾隆五十二年张烘辑成,道光二十六年刻本)

22. 山西《洪洞刘氏宗谱·家庙图》之一

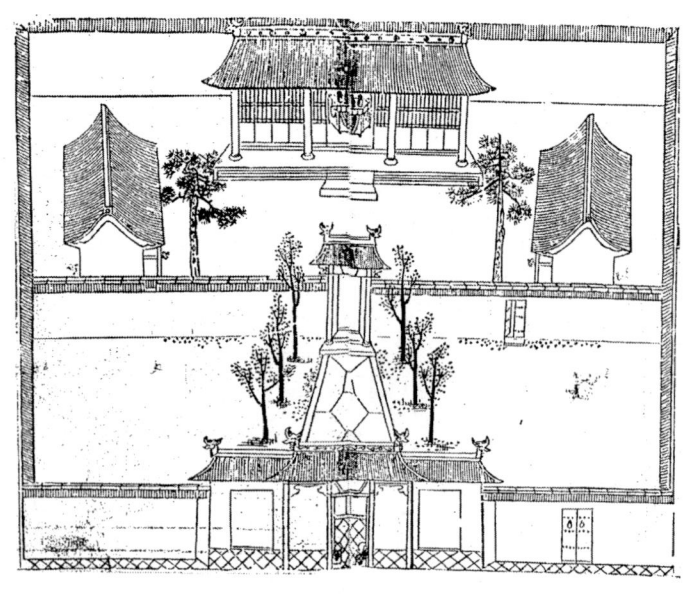

(刘恒杰等纂修,民国二十一年刻本)

23. 山西《洪洞刘氏宗谱·家庙图》之二

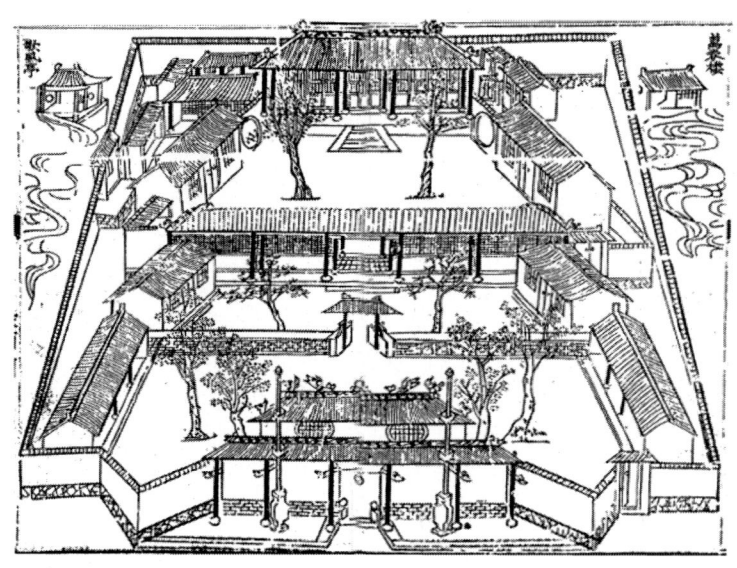

(刘恒杰等纂修,民国二十一年刻本)

24. 山西《洪洞刘氏宗谱·专祠图》

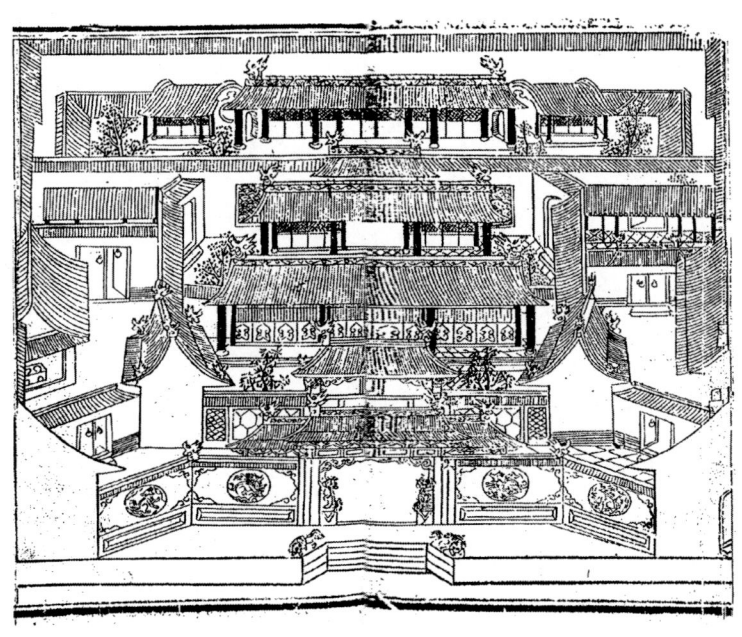

(刘恒杰等纂修,民国二十一年刻本)

25. 山西榆次《常氏宗谱·常氏南北祠堂图》

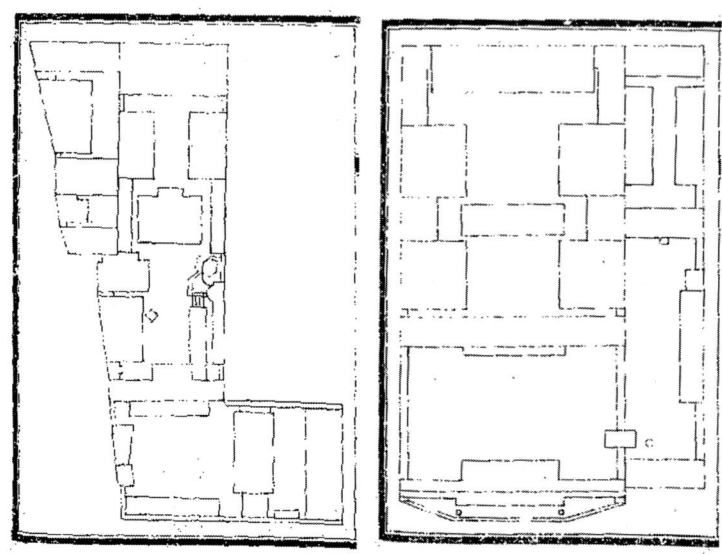

（常赞春、常衡世等重修,民国十五年范华印刷厂铅印本）

26. 山东《黄县太原王氏族谱·王氏始祖祠堂图》

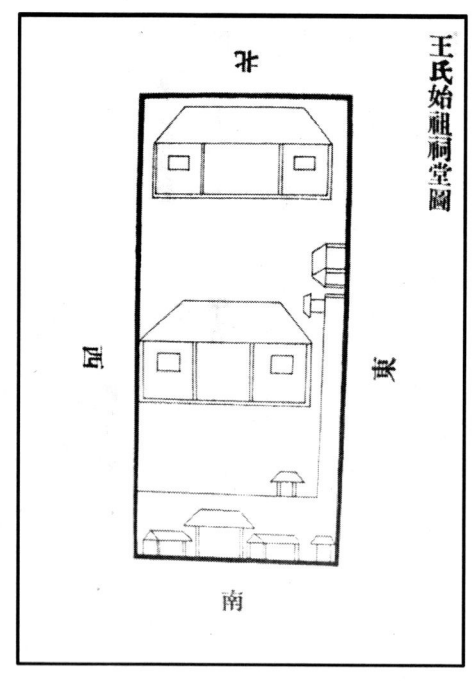

（王次山修,三修谱,宣统元年刊本）

27. 山东《黄县太原王氏族谱·柳林庄王氏祠堂图》

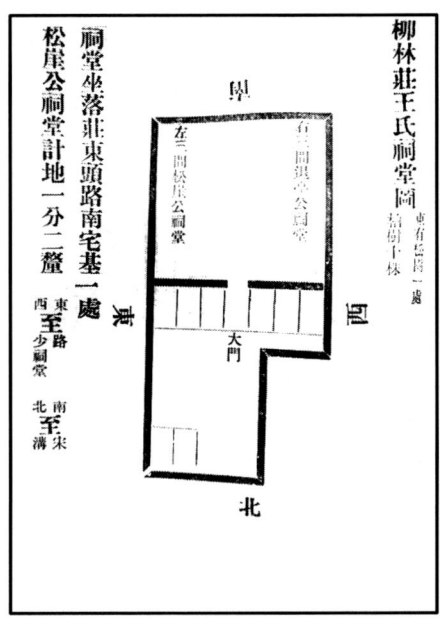

（王次山修，三修谱，宣统元年刊本）

28. 江苏无锡《安定胡氏宗谱·惠山文昭公祠全图》

（民国十一年思贻堂木活字本）

29. 浙江《会稽陶氏族谱·祠图》

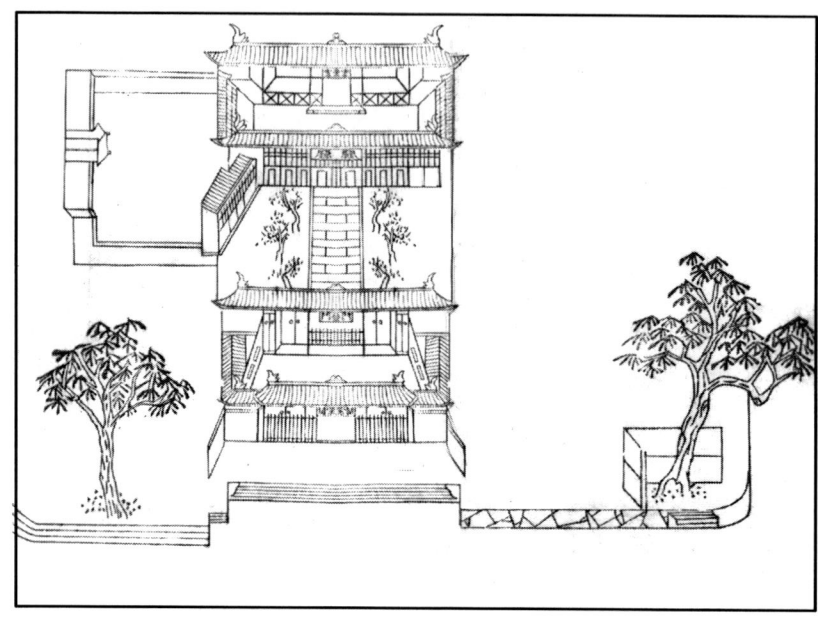

（陶在铭修，光绪二十九年刊本）

30. 浙江《上虞长者山胡氏家谱·居止图》

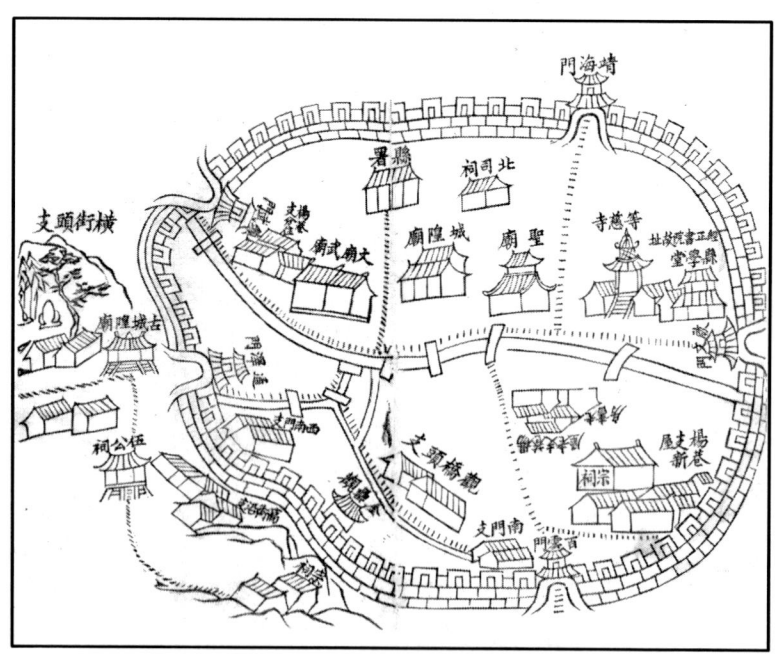

（胡长煦等修，宣统三年思成堂刻本）

31. 浙江《上虞长者山胡氏家谱·旧宗祠图》

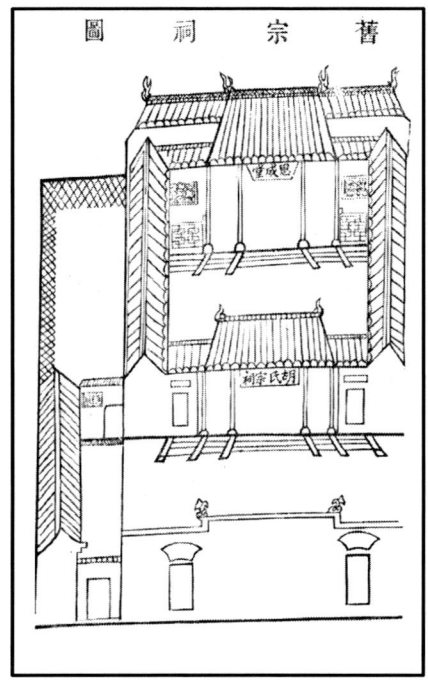

（胡长煦等修,宣统三年思成堂刻本）

32. 浙江《上虞长者山胡氏家谱·坟茔图》

（胡长煦等修,宣统三年思成堂刻本）

33. 江西萍乡上栗刘氏祠堂——彭城第

34. 江西萍乡泉溪刘氏祠堂——彭城第

35. 江西新建石埠谢氏支祠旧址

36. 湖南《长沙涧湖塘王氏六修族谱·家庙正图》

(王万藻等修,民国三十八年听槐堂铅印本)

37. 湖南《长沙涧湖塘王氏六修族谱·家庙侧图》

（王万藻等修，民国三十八年听槐堂铅印本）

38. 湖南汉寿《盛氏族谱·宗祠堂》

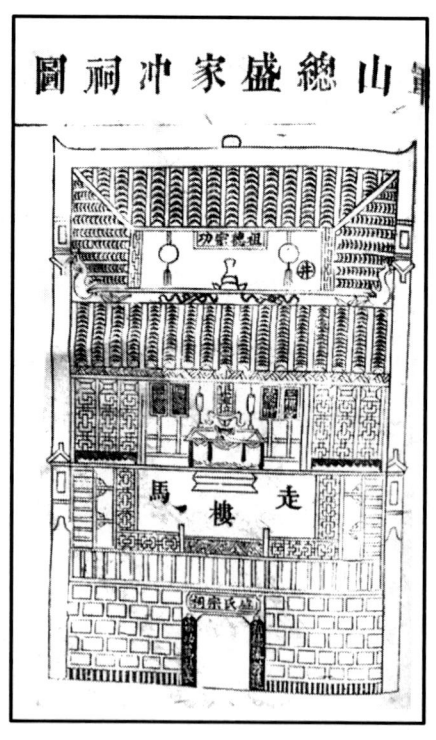

（光绪二十七年广陵堂活字印本）

39. 湖南汉寿《盛氏族谱·押分政经公支祠图》

(光绪二十七年广陵堂活字印本)

40. 湖南永顺《龙塔王氏族谱·龙塔王氏祖祠图》

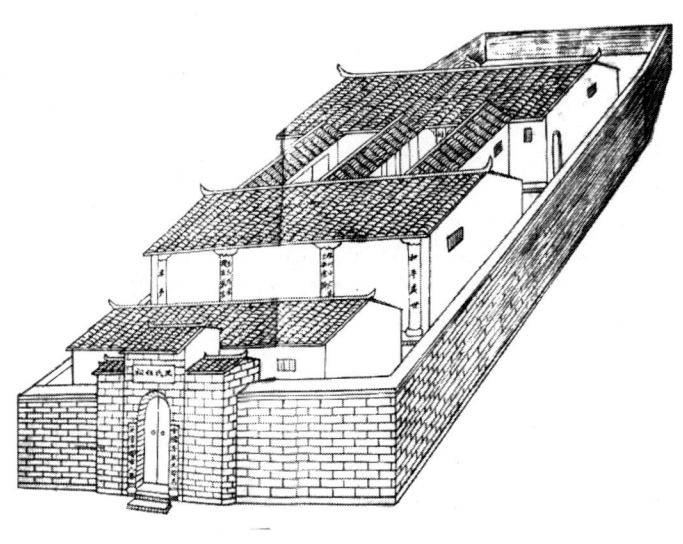

(民国二十三年铅印本)

41. 四川资中罗泉镇钟氏祠堂

（2008年10月拍摄）

42. 四川乐山宋家祠堂

（2008年10月拍摄）

43. 四川《大竹县志·族祀》关于宗祠的记载

族祀

宗祠一百一十六

县城内外一十六

曾氏祠卽宗聖祠在小東街粵籍人
唐氏祠在小東街清武進士唐玉樹聯族建
夏氏祠在順城街粵籍人清康熙初建
王氏祠在東門外鄂籍人
黃氏祠二一宗祠在城西北里許一支祠在東門外鄂籍
周氏祠在西門外閩籍人
尹氏祠在西門外牛里湘籍人
劉氏祠在西門外粵籍人
楊氏祠在西門外鄂籍人

張氏祠在柏埧子湘籍人
雷氏祠在中和場粵籍人入川時貧來唐將軍雷萬春神像供奉祠內
山後上段十一
周氏祠在觀音橋鄂籍人
胡氏祠在觀音橋河石埧鄂籍人
蕭氏祠在興隆場鄂籍人
毛氏祠在石橋舖
廖氏祠在石橋舖
李氏祠在永興場湘籍人
蔣氏祠在永興場湘籍人
蔡氏祠在永興場

（民国刊本）

44. 四川《宣汉县志·宗祠祭》关于宗祠的记载

宗祠祭

县中宗祠最多其初皆一本之親也洎光緒末年聯譜聯宗創造總祠各姓紛然競成風氣夫以渺不相涉之人而籍口致宗睦族之舉究其實不過一二強有力者假此號名

延者勸法之故通常謂之掛墳或掃墳以此間有族人纍聚大隊出發金鼓火炮轟動閭里一以見子孫之蕃殖一以夸族勢之壯盛也

燒袱子 七月十四日日半以白紙或黃紙封錢紙為長方形曰財包或袱子書祖宗先代姓氏於上晨餐後送於門外或河邊焚之亦有自十三日西供至十四日之外姻者曰客袱子

（民国刊本）

第二篇　祖宗影像

1. 河北沧州《戴氏族谱·八世定园公戴明说》

八世定园公戴明说

（光绪三十四年刻本）

2. 山西《洪洞刘氏宗谱·小溪公像》

（刘恒杰等重修，民国二十一年刻本）

3. 山东《东莱赵氏家乘·遗像·四世祖大宽公》

（赵琪等撰，民国二十四年永厚堂铅印本）

4. 甘肃《武威段氏族谱·济川公遗像》

（段永思等修，宣统三年续修谱，民国三年排印本）

5. 甘肃《武威段氏族谱·段乐天先生像赞》

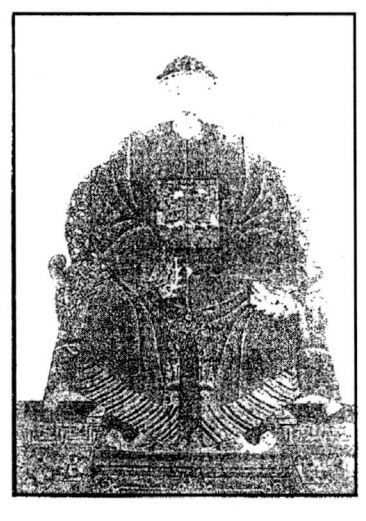

段乐天先生像赞

穆穆我公贻孙绳祖大海能
容长袖善舞友弟孝亲行规
步矩今瞻遗像风高千古

光绪甲戌秋文学贡生于肇宗沐灌题

（段永思等修，宣统三年续修谱，民国三年排印本）

6. 甘肃《武威段氏族谱·执如段太公像赞》

执如段太公像赞

人秉母仪出继鸿规经商服
贾不业所严守真抱璞有猷
行为丹青传妙容止若思

光绪十年甲申清和月姻再姪赵佩珠题

（段永思等修，宣统三年续修谱，民国三年排印本）

7. 安徽岐阳世家文物图册满装男性画像

(美国犹他家谱学会图书馆1609896 item5)

8. 安徽岐阳世家文物图册女性画像

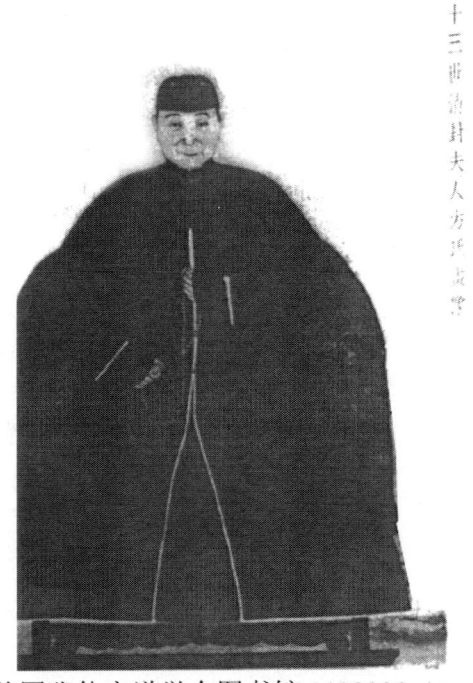

(美国犹他家谱学会图书馆1609896 item5)

9. 浙江嵊县《仁村马氏东房宗谱》书影

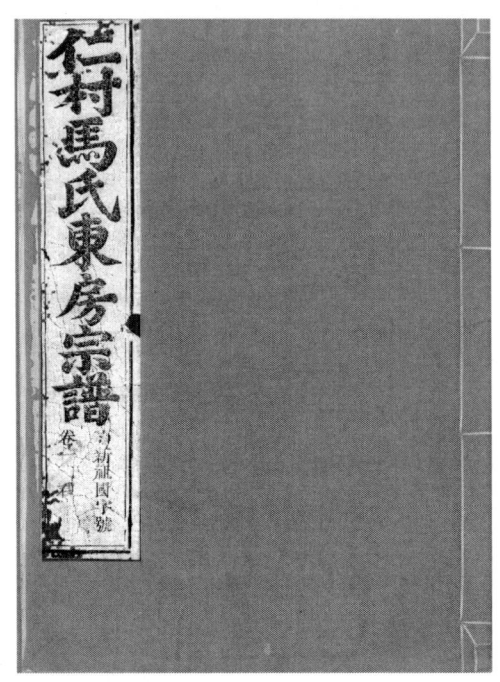

(马用宾等重修，嘉庆二十一年善述堂木活字本)

10. 浙江嵊县《仁村马氏东房宗谱·像赞》之一

(马用宾等重修，嘉庆二十一年善述堂木活字本)

11. 浙江嵊县《仁村马氏东房宗谱·像赞》之二

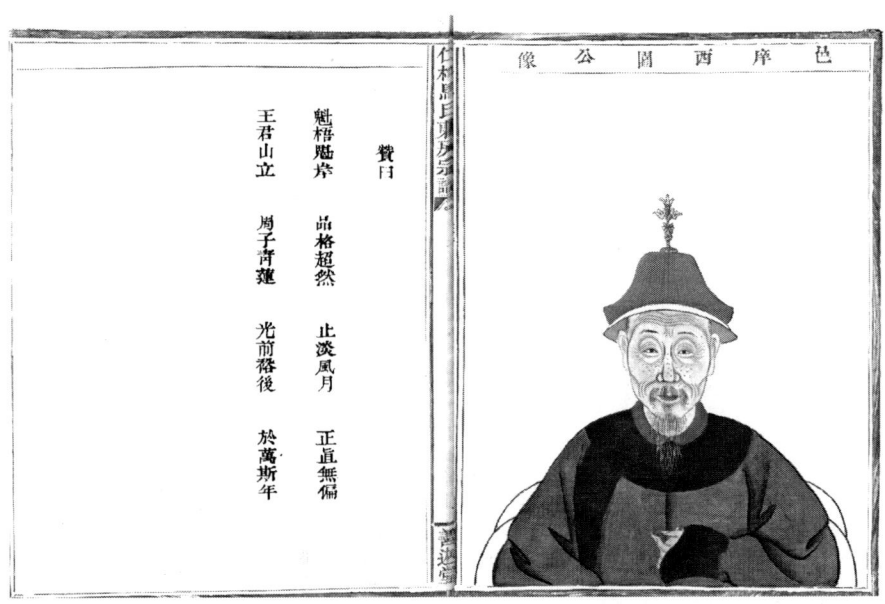

(马用宾等重修，嘉庆二十一年善述堂木活字本)

12. 浙江嵊县《仁村马氏东房宗谱·像赞》之三

(马用宾等重修，嘉庆二十一年善述堂木活字本)

13. 浙江嵊县《仁村马氏东房宗谱·像赞》之四

岁进士芳林公之像

讚曰

惟逸有水　惟福有巔　山輝川媚　澤降自天

絃悲歷隙　絲繫三秦　時逢開泰　吉叶其旋

克勤克儉　有幹有年　富潤于屋　玉種于田

珠聯璧合　裕後光前　德容道貌　怡然渙然

（马用宾等重修，嘉庆二十一年善述堂木活字本）

第三篇 神主

1. 江苏大丰施耐庵纪念馆藏施氏木主及木主匣

（1993年8月拍摄）

2. 安徽歙县棠樾鲍氏支祠陈列之神主

（2006年8月拍摄）

3. 湖南岳阳渭洞张家营张氏木主

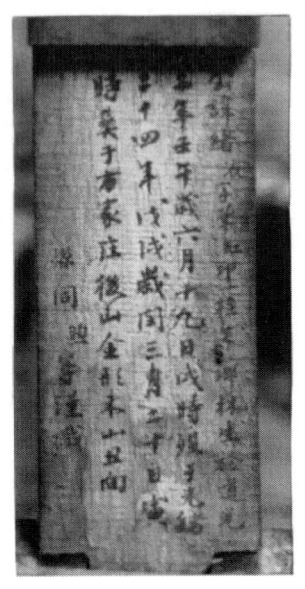

（1994年8月拍摄）

4. 湖南《长沙涧湖塘王氏六修族谱·木主陈设图》

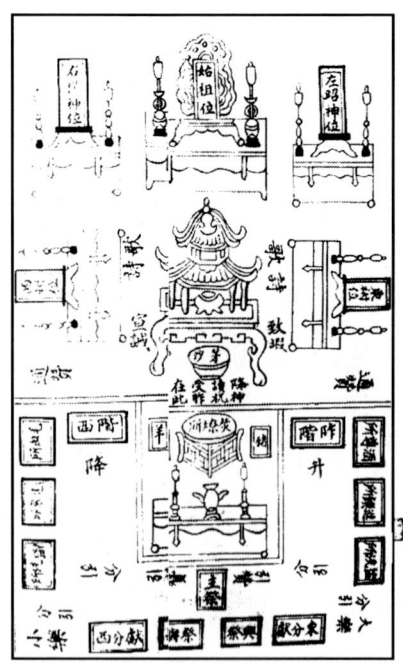

（王万藻等修，民国三十八年听槐堂铅印本）

5. 湖南《长沙涧湖塘王氏六修族谱·神主全式》

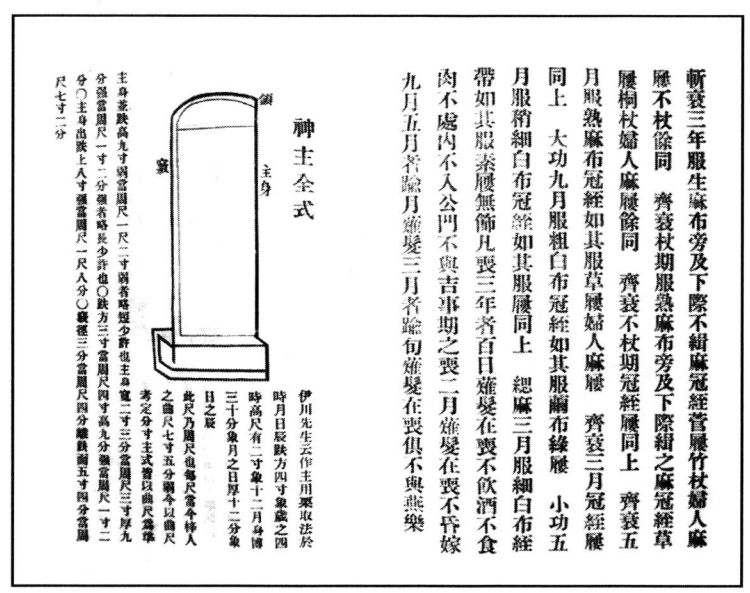

（王万藻等修，民国三十八年听槐堂铅印本）

6. 湖南《长沙涧湖塘王氏六修族谱·神主分式》

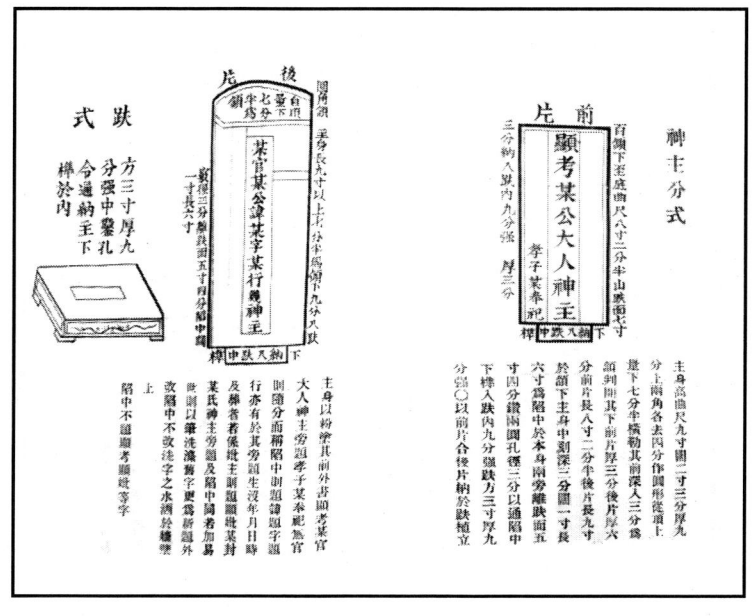

（王万藻等修，民国三十八年听槐堂铅印本）

7. 湖南《长沙涧湖塘王氏六修族谱·（神主）座式、盖式》

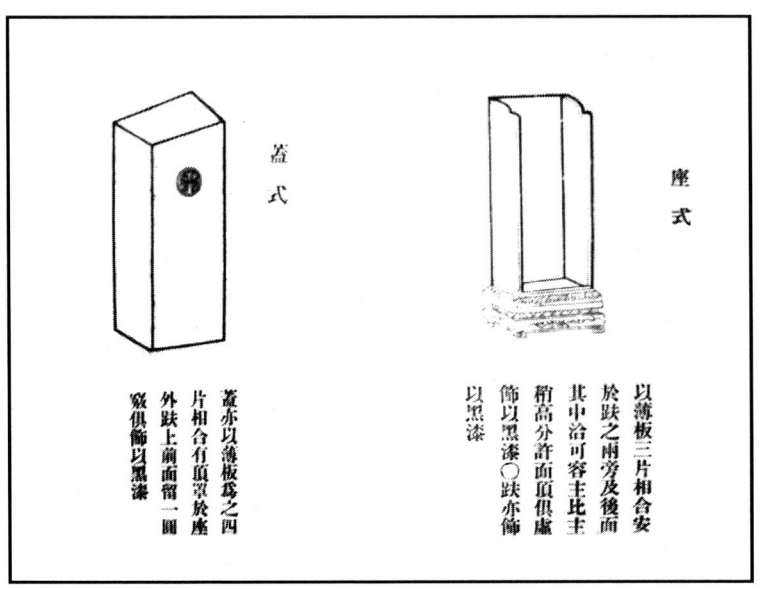

盖式

蓋亦以薄板爲之四片相合有頂罩於座外跌上前面留一圓竅俱飾以黑漆

座式

以薄板三片相合安於跌之兩旁及後面其中治可容主比主稍高分許面頂俱虛飾以黑漆〇跌亦飾以黑漆

（王万藻等修，民国三十八年听槐堂铅印本）

8. 湖南《长沙涧湖塘王氏六修族谱·主椟式》

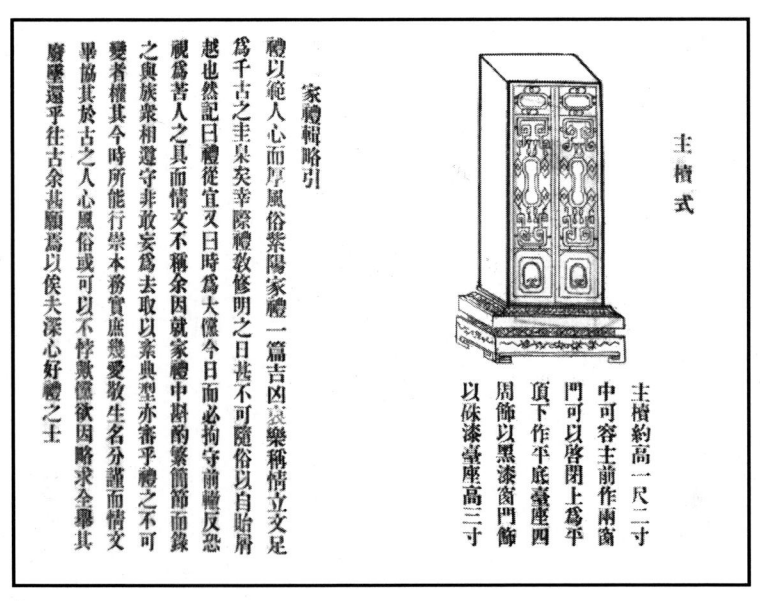

家禮輯略引

禮以範人心而厚風俗紫陽家禮一篇吉凶衰樂稱情立文足爲千古之圭臬矣幸陰禮教修明之日甚不可隨俗以自始屑越也然記曰禮從宜又曰時爲大禮今日而必拘守前輩反恐視爲苦人之具而情文不稱余因就家禮中斟酌的繁簡節面錄之與族衆相遵守非敢妄爲去取以紊典型亦審乎禮之不可變者禮其今時所能行崇本務實庶幾愛敬生名分謹而情文畢協其於古之人心風俗或可以不悖歟籃欲因略求全那其廣陋還乎往古余其願焉以俟夫深心好禮之士

主椟式

主櫝約高一尺二寸中可容主前作兩窗門可以啟閉上爲平頂下作平底臺座四周飾以黑漆窗門飾以硃漆臺座高三寸

（王万藻等修，民国三十八年听槐堂铅印本）

9. 四川铜梁《安居乡周氏宗谱·神主式》

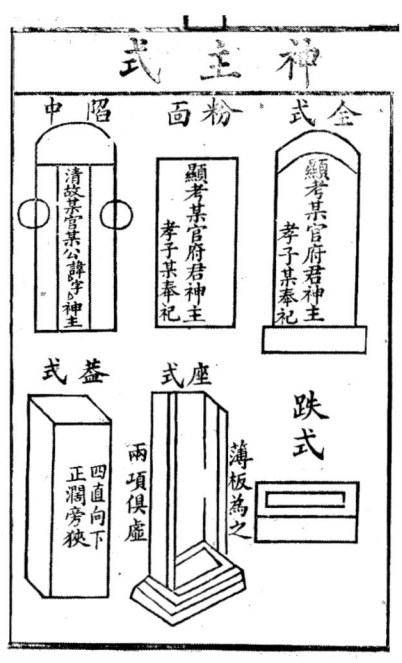

（周泽霖纂修，光绪十年刊本）

10. 四川铜梁《安居乡周氏宗谱·作主制度》

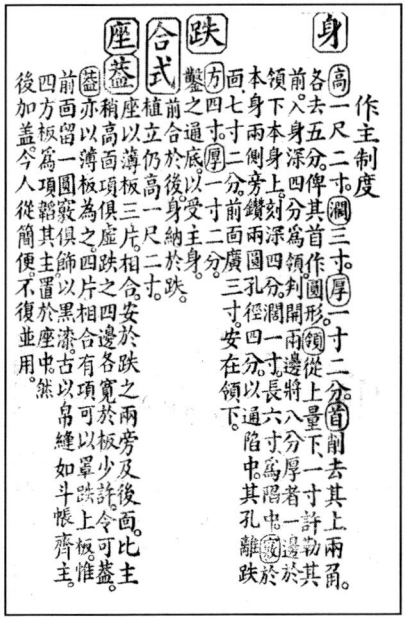

（周泽霖纂修，光绪十年刊本）

11. 四川铜梁《安居乡周氏宗谱·藏主椟式》

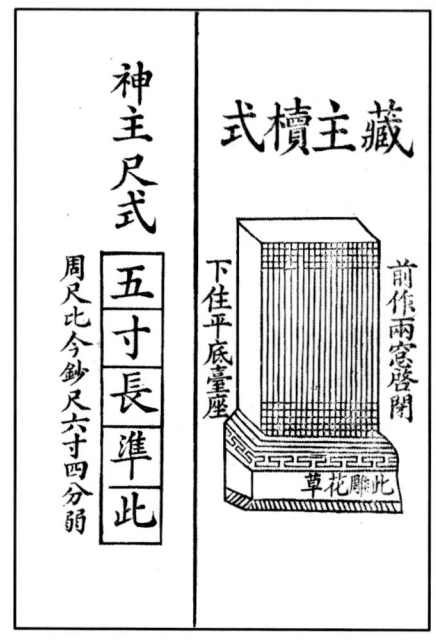

（周泽霖纂修，光绪十年刊本）

12. 广西平乐《邓氏宗谱·神主外函款式、神主内函款式》

（邓廷洞、邓盛昌等修，民国十三年三修，十贤堂木活字本）

13. 广西平乐《邓氏宗谱·神主供奉祭祀位图》

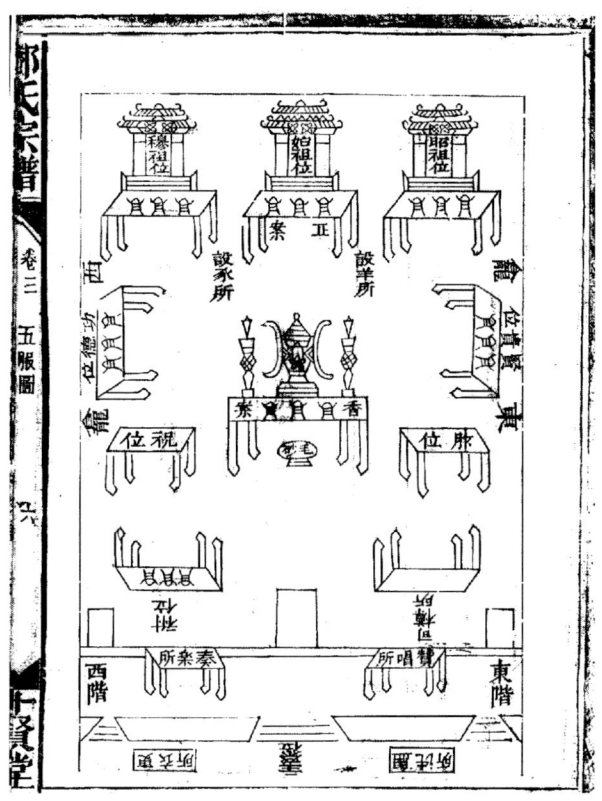

（邓廷泂、邓盛昌等修，民国十三年三修，十贤堂木活字

第四篇　神器及祭礼仪式

1. 江苏无锡《安定胡氏宗谱·春秋家祭图》

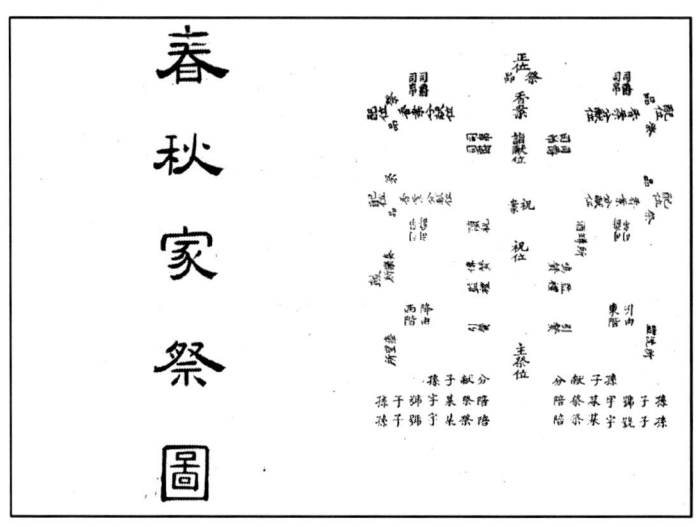

（民国十一年九修谱，思贻堂木活字本）

2. 山西《洪洞刘氏宗谱·祭典·陈设祭品图》

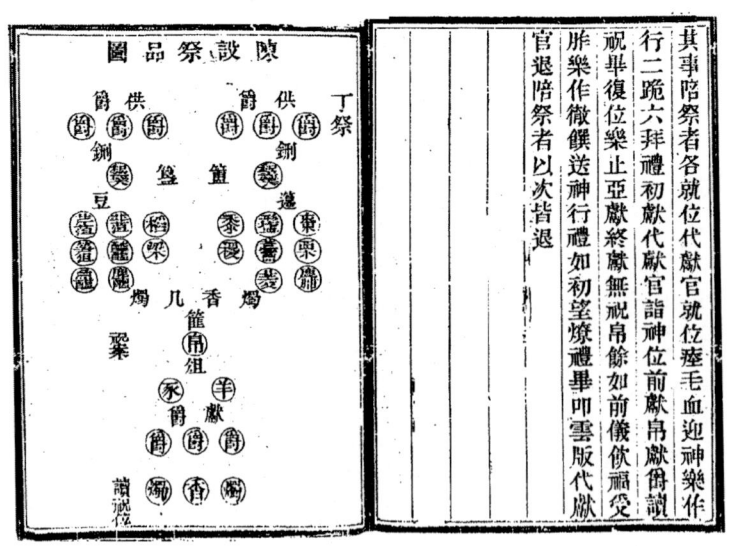

（刘恒杰等重修，民国二十一年刻本）

3. 山西《洪洞刘氏宗谱·祭典·宗祠陈设图、礼器考》

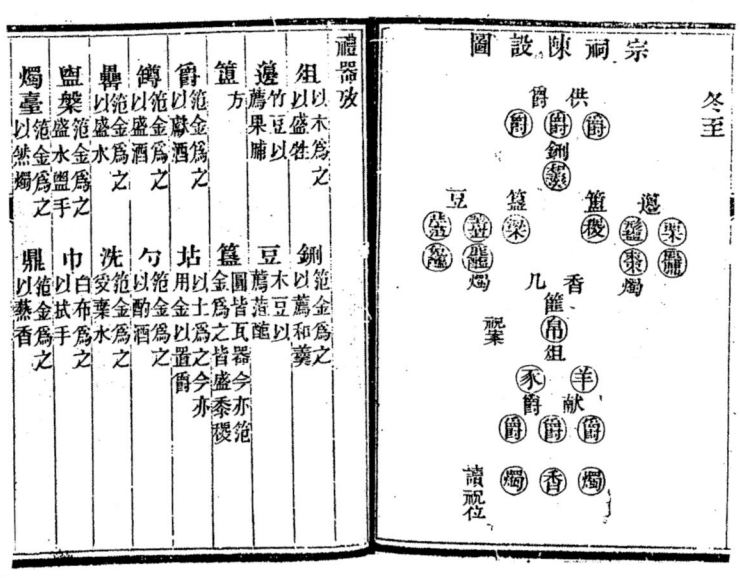

(刘恒杰等重修,民国二十一年刻本)

4. 四川铜梁《安居乡周氏宗谱·正寝时祭之图》

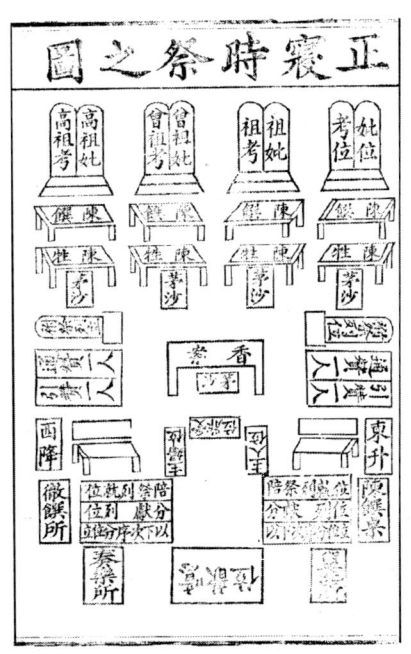

(周泽霖纂修,光绪十年刊本)

5. 四川铜梁《安居乡周氏宗谱·每位设馔旧图》

（周泽霖纂修，光绪十年刊本）

6. 四川铜梁《安居乡周氏宗谱·祠堂时节陈设并家众序立之图》

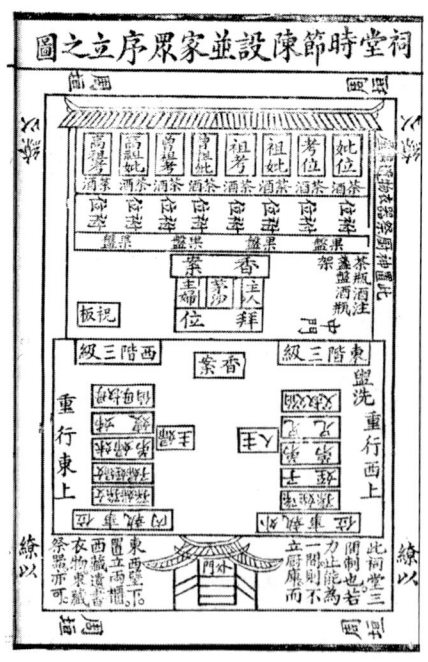

（周泽霖纂修，光绪十年刊本）

第五篇　坟茔

1. 直隶沧州《戴氏族谱·鸡泽公墓》

(光绪三十四年刻本)

2. 江苏《宜兴篠里任氏家谱·墓图》之一

(任承弼编,民国十六年十三修谱,一本堂刊本)

3. 江苏《宜兴篠里任氏家谱·墓图》之二

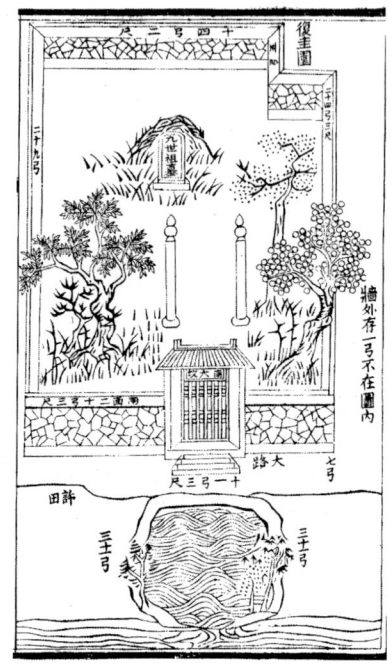

（任承弼编，民国十六年十三修谱，一本堂刊本）

4. 江苏无锡《安定胡氏宗谱·何山文昭公墓图》

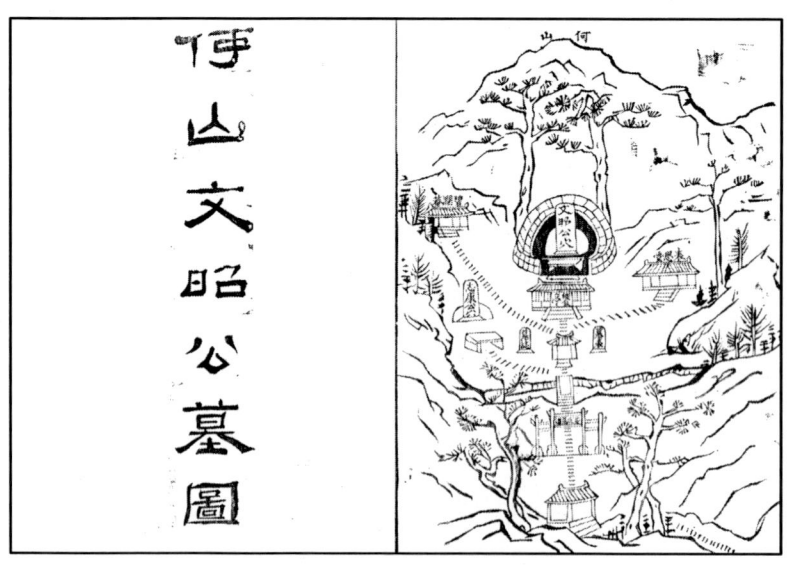

（民国十一年九修谱，思贻堂木活字本）

5. 安徽歙县棠樾鲍氏始祖墓之一

（2006年8月拍摄）

6. 安徽歙县棠樾鲍氏始祖墓之二

（2006年8月拍摄）

7. 安徽太平《城南胡氏家谱》祖墓

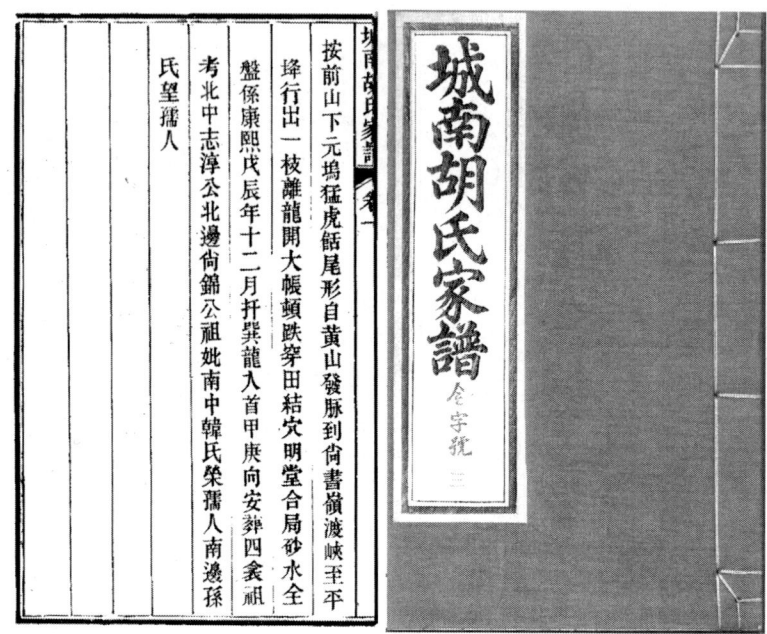

（胡道甫等续修，四修谱，民国十七年刊本）

8. 安徽太平《城南胡氏家谱·老屋里屋基祖墓图》

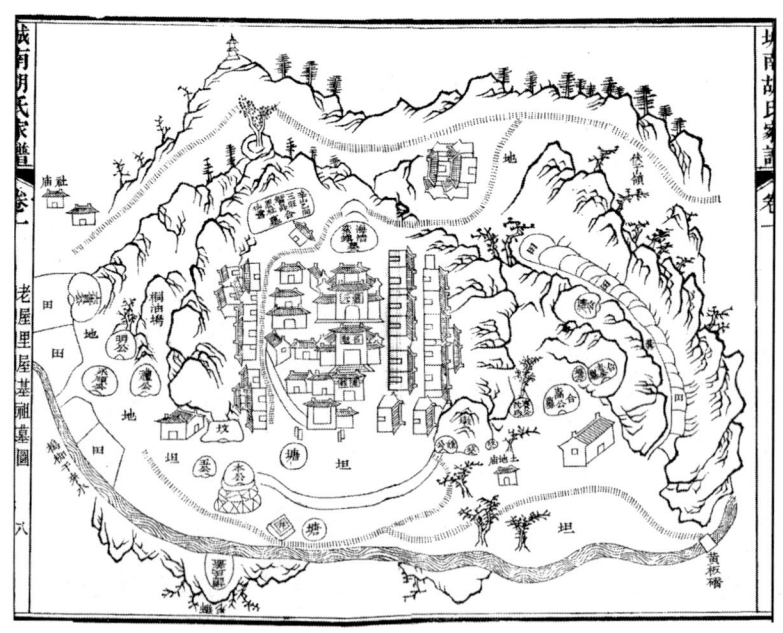

（胡道甫等续修，四修谱，民国十七年刊本）

9. 安徽太平《城南胡氏家谱·六四公墓图》之一

（胡道甫等续修，四修谱，民国十七年刊本）

10. 安徽太平《城南胡氏家谱·六四公墓图》之二

（胡道甫等续修，四修谱，民国十七年刊本）

11. 山西灵石《王氏族谱·坟墓图》

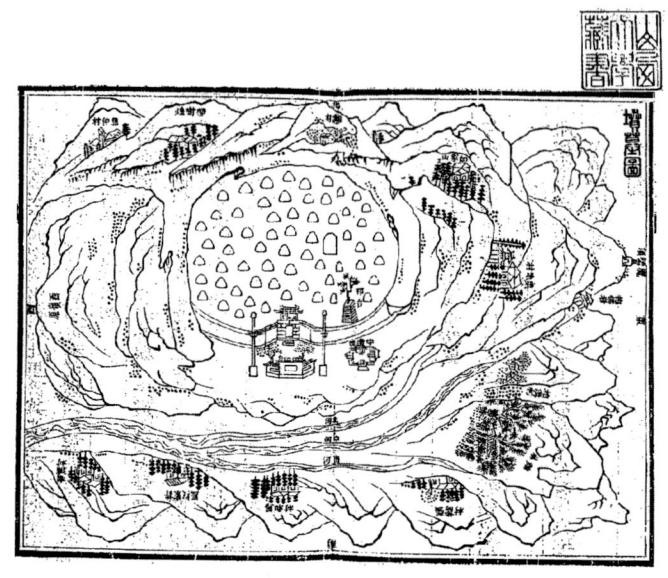

（王梦鹏.王中极纂修，乾隆五十四年存厚堂木刻本）

12. 山西五台《徐氏宗谱·茔墓图说·第一茔建安老围》

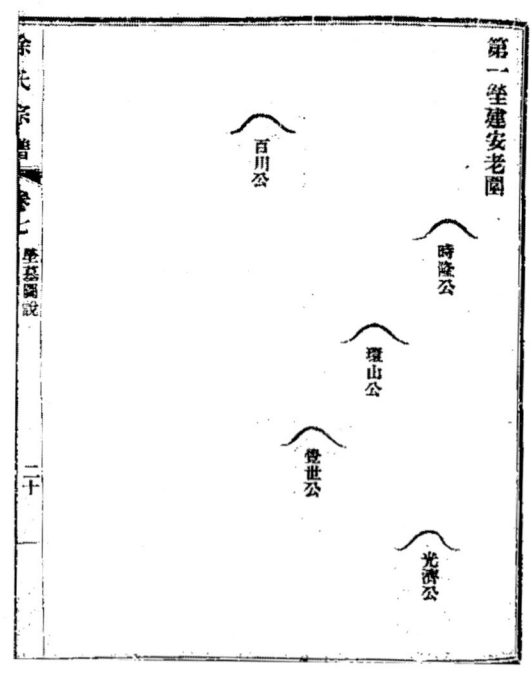

（徐一鉴、徐抡元修，民国二十三年铅印本）

13. 山西忻州《陈氏族谱·坟茔图》

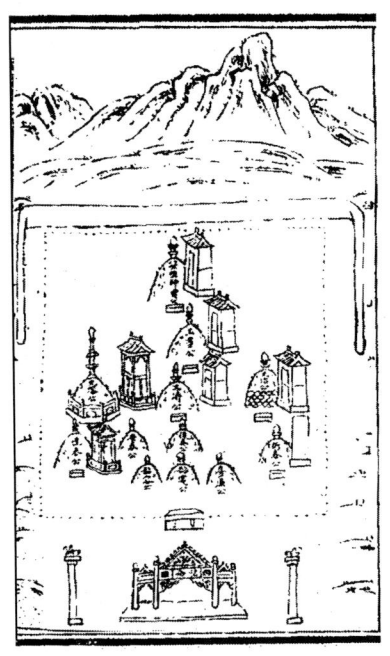

（光绪年间陈逢泰创修，民国陈敬堂、陈鸿遇修改，民国七年文蔚阁铅印本）

14. 山西介休《定阳张氏族谱·坟茔图》

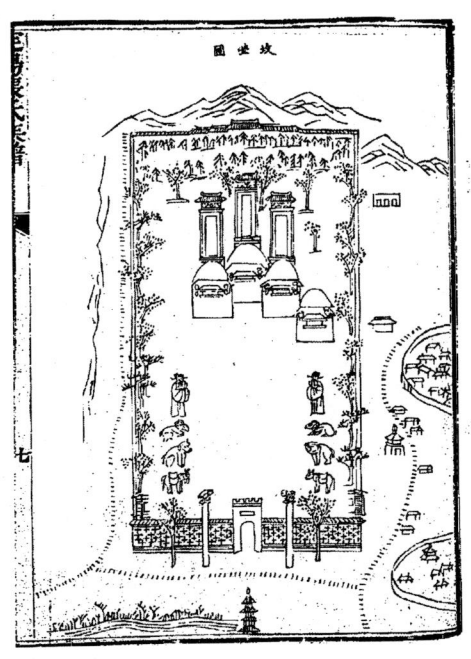

（乾隆五十二年张煐辑成，道光二十六张谟修订刻本）

15. 山东《黄县太原王氏族谱·王氏茔图》

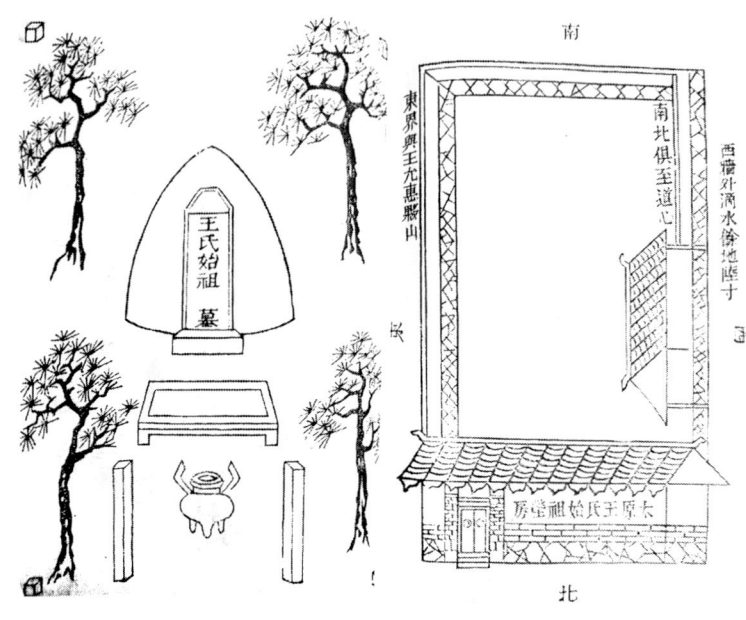

（王次山修,三修谱,宣统元年刊本）

16. 山东掖县《东莱赵氏家乘·五世祖西垣公暨五世祖妣张太君孙太君合葬之墓》

（赵琪等撰,民国二十四年永厚堂铅印本）

17. 山东掖县《东莱赵氏家乘·六世祖吉亭公暨六世祖妣钱太君继祖妣周太君方太君合葬之墓》

六世祖吉亭公暨六世祖妣錢太君繼祖妣周太君方太君合葬之墓

(赵琪等撰,民国二十四年永厚堂铅印本)

18. 山东掖县《东莱赵氏家乘》坟墓图之一

四世祖大寬公暨四世祖妣吳太君合葬之墓

東萊趙氏家乘 墳墓 附保護墳墓佈告

(赵琪等撰,民国二十四年永厚堂铅印本)

19. 山东掖县《东莱赵氏家乘》坟墓图之二

五世祖巷巷公暨五世祖妣颜太君合葬之墓

(赵琪等撰,民国二十四年永厚堂铅印本)

20. 山东掖县《东莱赵氏家乘》坟墓图之三

十七世祥斋公暨元配杨夫人合葬之墓

(赵琪等撰,民国二十四年永厚堂铅印本)

21. 甘肃《武威段氏族谱·茔墓图说》

(段永思等修,三修谱,民国三年排印本)

22. 甘肃《武威段氏族谱·茔图一》

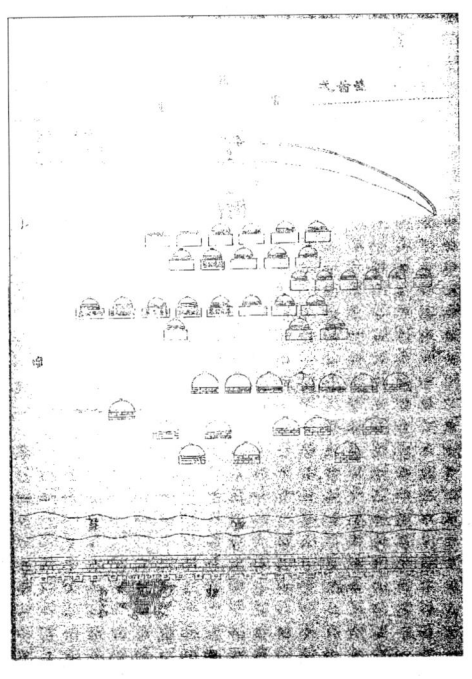

(段永思等修,宣统三年续修谱,民国三年排印本)

23. 甘肃《武威段氏族谱·茔图二》

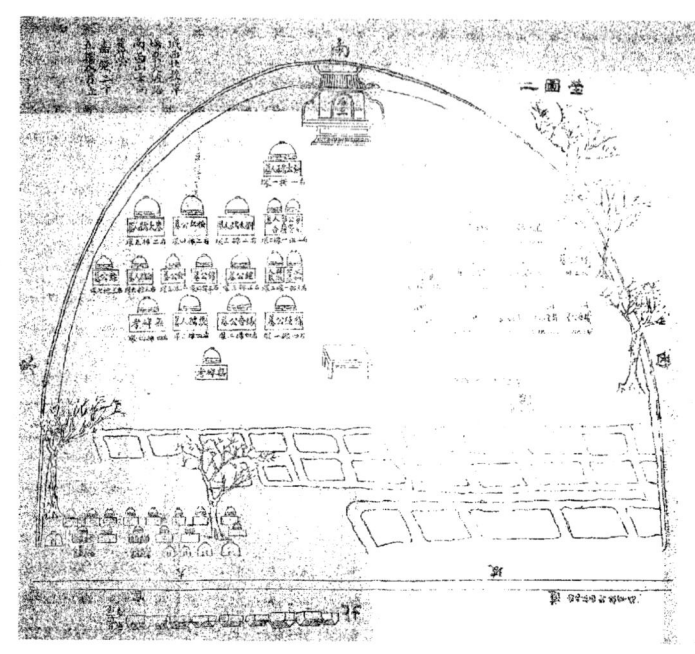

(段永思等修,宣统三年续修谱,民国三年排印本)

24. 甘肃《武威段氏族谱·茔图三》

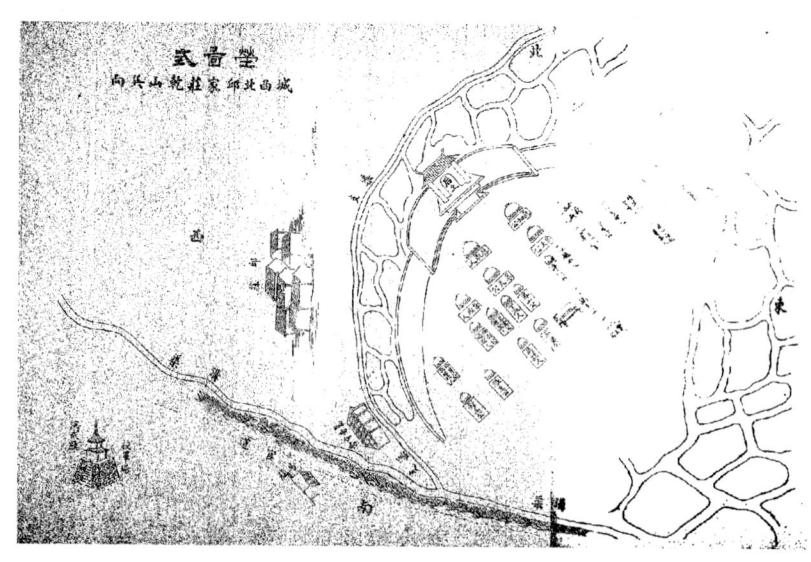

(段永思等修,宣统三年续修谱,民国三年排印本)

25. 甘肃《武威段氏族谱·茔图四》

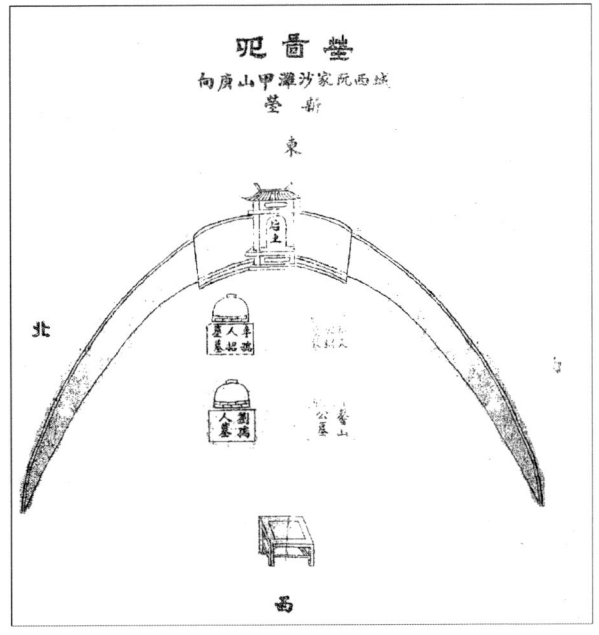

（段永思等修，宣统三年续修谱，民国三年排印本）

26. 浙江《山阴萧氏家乘·先茔图考》之一

（三修谱，道光六年怡安堂抄本）

27.浙江《山阴萧氏家乘·先茔图考》之二

(三修谱,道光六年怡安堂抄本)

28.浙江《山阴萧氏家乘·先茔图考》之三

(三修谱,道光六年怡安堂抄本)

29. 浙江《山阴萧氏家乘·先茔图考》之四

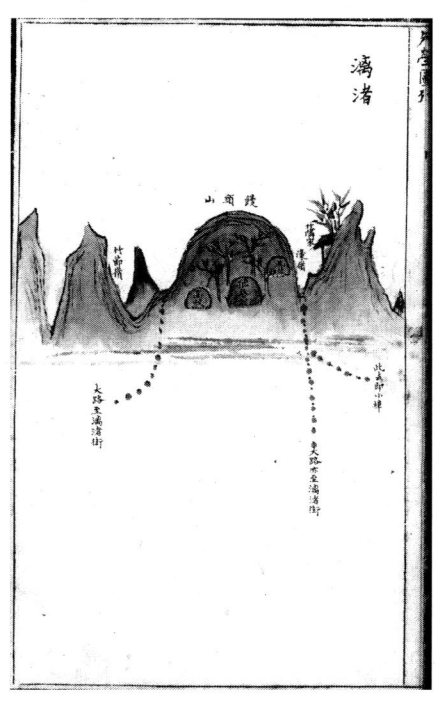

（三修谱，道光六年怡安堂抄本）

30. 浙江《山阴萧氏家乘·先茔图考》之五

（三修谱，道光六年怡安堂抄本）

31. 浙江《山阴萧氏家乘·先茔图考》之六

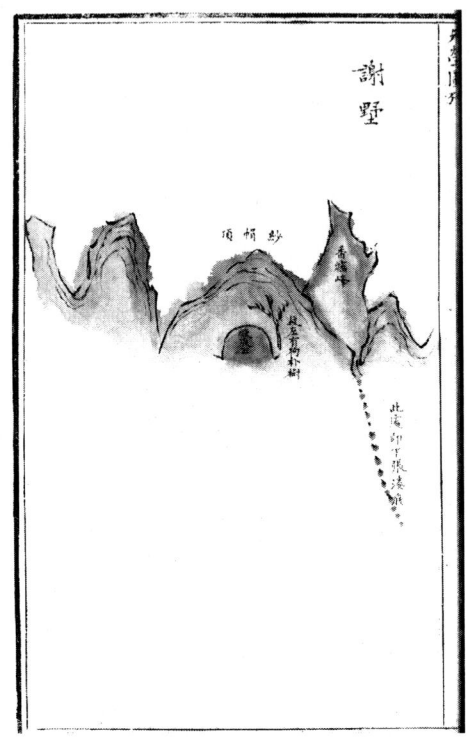

（三修谱，道光六年怡安堂抄本）

32. 浙江《余姚竹山桥陈氏谱·墓图》之一

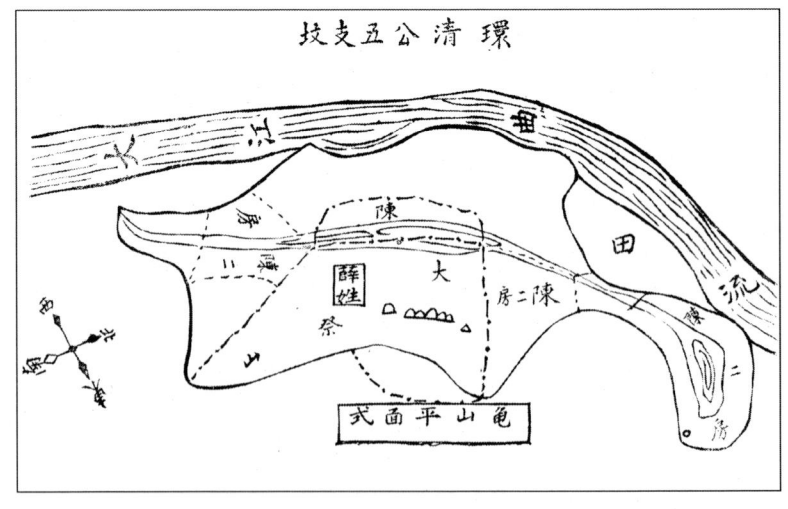

（陈启德编辑，民国十九年麟凤堂木活字本）

33. 浙江《余姚竹山桥陈氏谱·墓图》之二

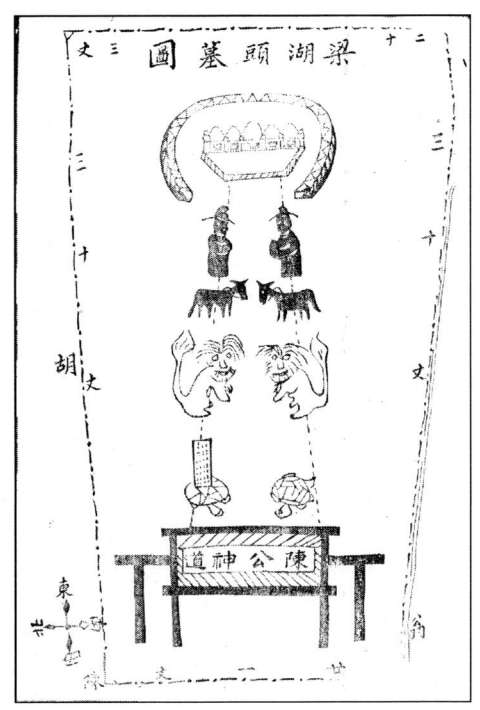

（陈启德编辑，民国十九年麟凤堂木活字本）

34. 浙江余姚《兰风沈氏宗谱·千一公坟图》

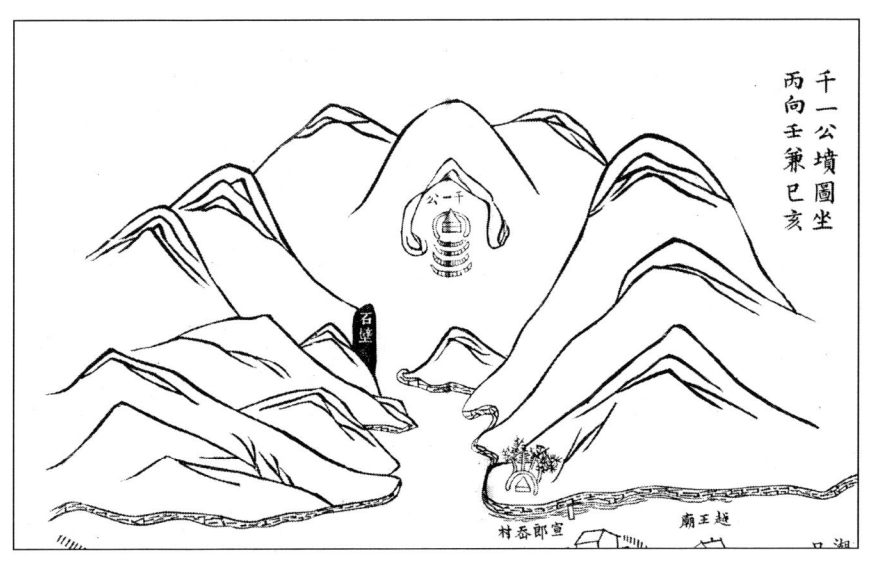

（沈开基等续修，八修谱，民国二十四年肃雍堂木活字本）

35. 江西新建石埠观背陈氏墓碑

（2008年6月拍摄）

36. 湖南《长沙涧湖塘王氏六修族谱·公墓图》之一

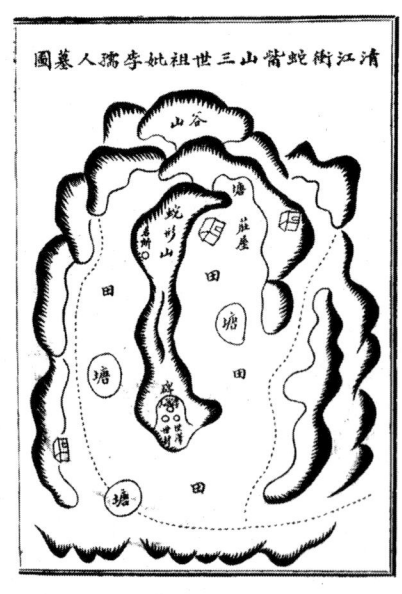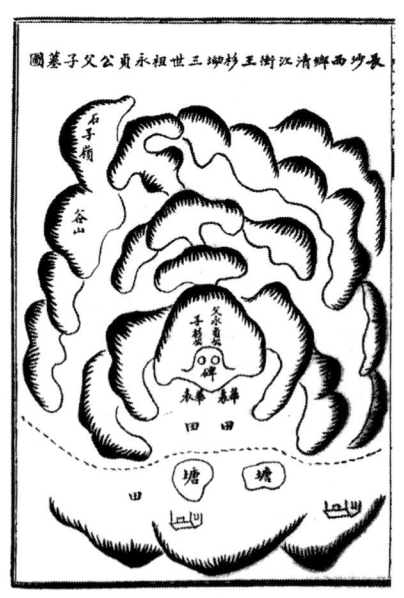

（王万藻等修，民国三十八年听槐堂铅印本）

37. 湖南《长沙涧湖塘王氏六修族谱·公墓图》之二

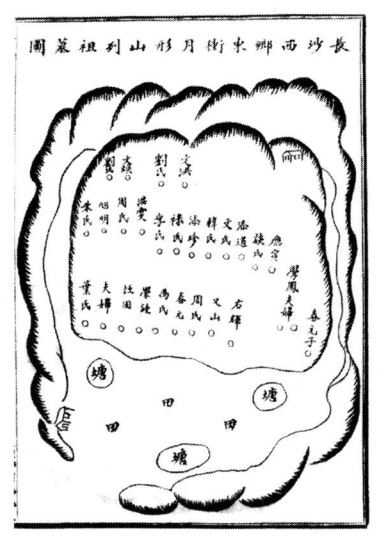
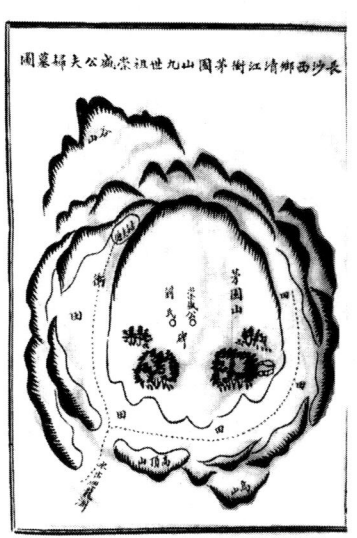

（王万藻等修，民国三十八年听槐堂铅印本）

38. 湖南汉寿《盛氏族谱》墓图

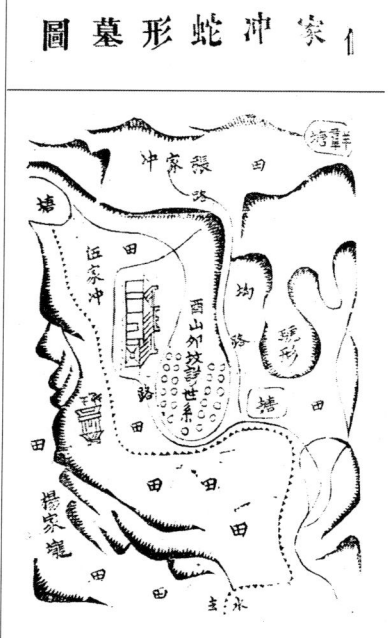

（光绪二十七年广陵堂活字印本）

39. 湖南永顺《龙塔王氏族谱》王氏墓图及说明

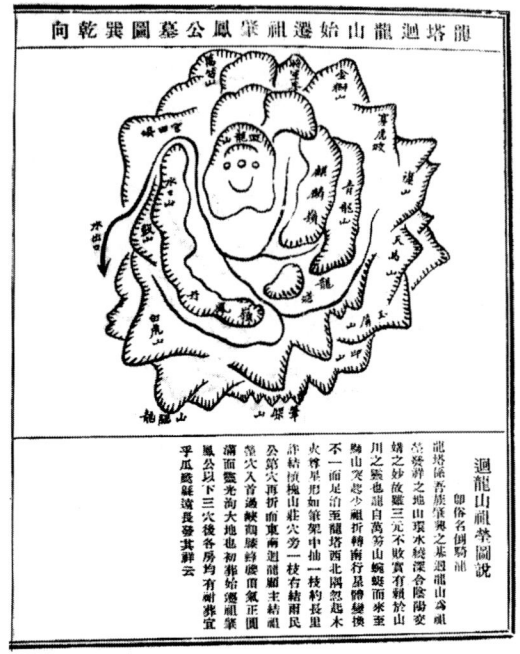

（民国二十三年铅印本）

40. 四川铜梁《安居乡周氏宗谱·坟山图》之一

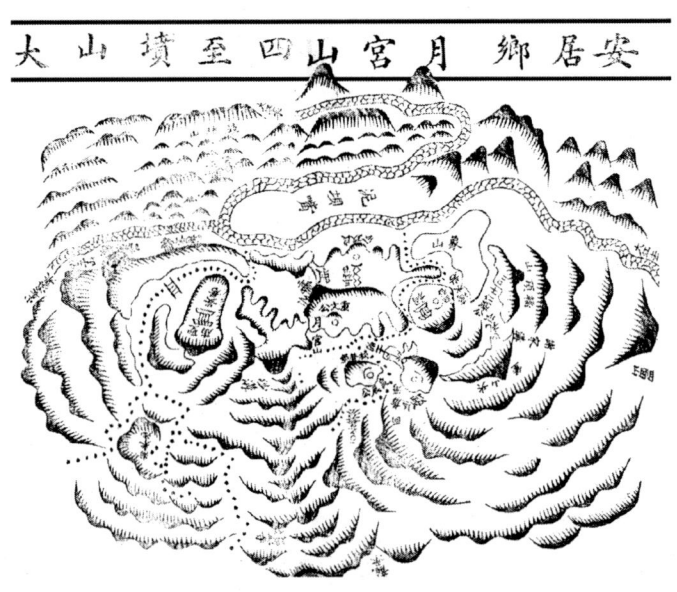

（周泽霖纂修，光绪十年刊本）

41. 四川铜梁《安居乡周氏宗谱·坟山图》之二

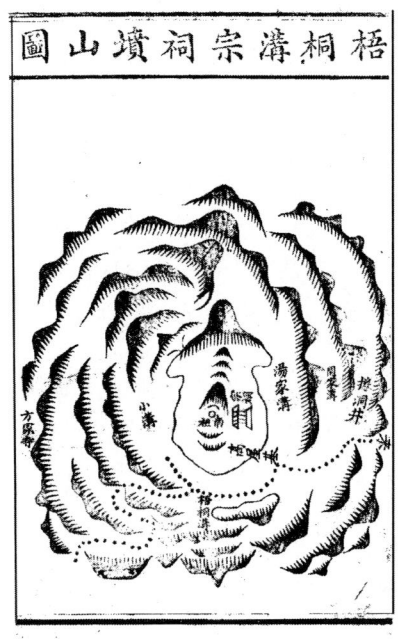

（周泽霖纂修，光绪十年刊本）

42. 四川铜梁《安居乡周氏宗谱·坟山图》之三

（周泽霖纂修，光绪十年刊本）

43. 四川铜梁《安居乡周氏宗谱·坟山图》之四

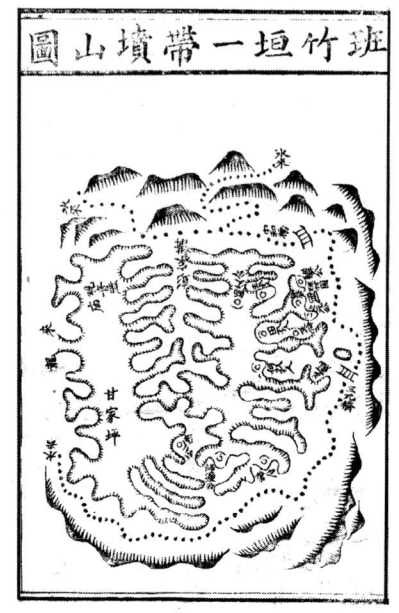

（周泽霖纂修，光绪十年刊本）

44. 四川铜梁《安居乡周氏宗谱·坟山图》之五

（周泽霖纂修，光绪十年刊本）

45. 四川铜梁《安居乡周氏宗谱·坟山图》之六

（周泽霖纂修，光绪十年刊本）

46. 四川铜梁《安居乡周氏宗谱·幎目巾、魂帛图》

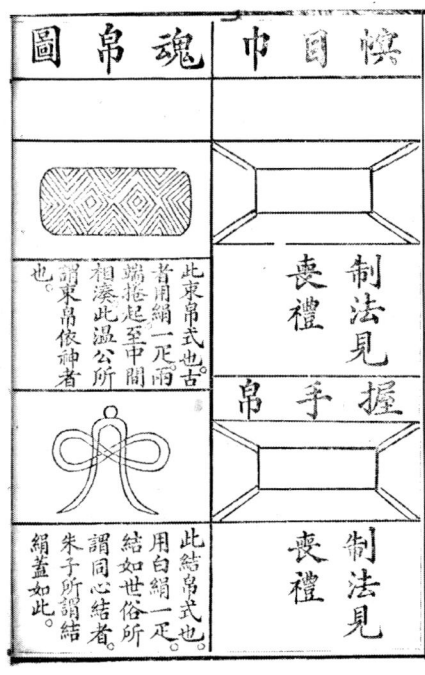

（周泽霖纂修，光绪十年刊本）

47. 四川铜梁《安居乡周氏宗谱·铭旌附、功布附》

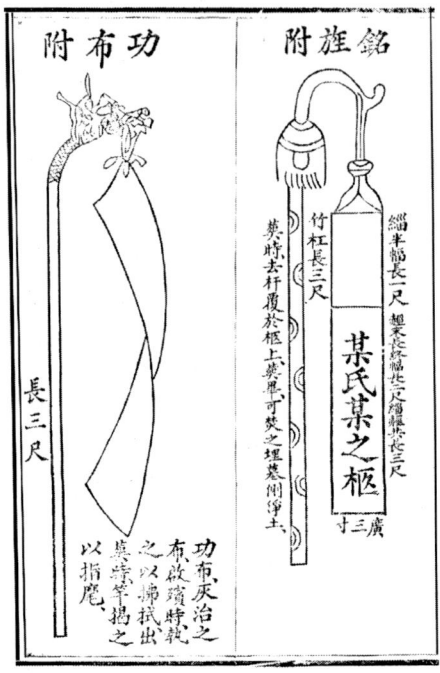

（周泽霖纂修，光绪十年刊本）

第六篇　族学与书院

1. 安徽婺源(现属江西)汪口村俞氏养源书屋之一

（2006年8月拍摄）

2. 安徽婺源(现属江西)汪口村俞氏养源书屋之二

（2006年8月拍摄）

3. 安徽婺源(现属江西)汪口村县衙保护义学碑

(2006年8月拍摄)

4. 江西萍乡泉溪刘氏私塾

(2006年8月拍摄)

5. 江苏无锡《安定胡氏族谱》安定书院全图

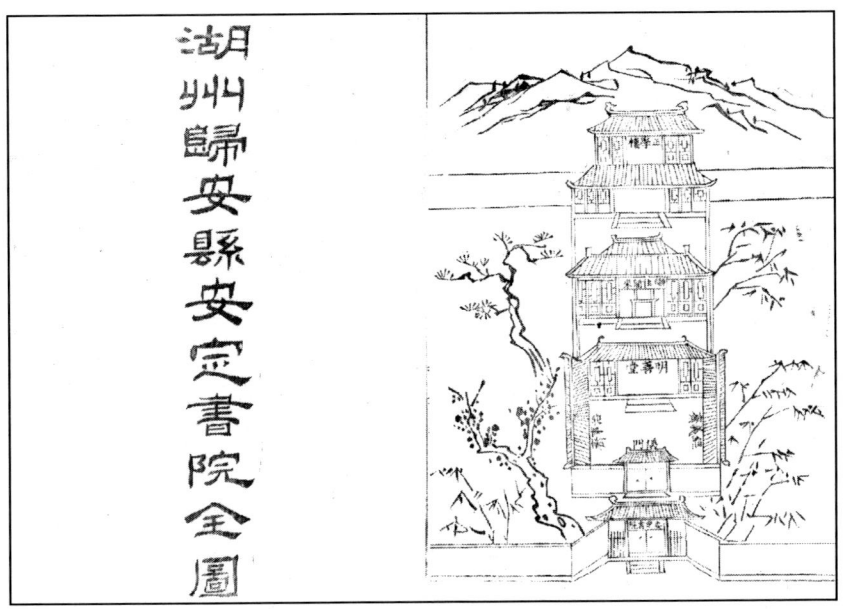

（民国十一年九修谱，思贻堂木活字本）

第七篇 族谱

1. 清皇室玉牒匣

（明清两代皇家档案馆—皇史宬藏）

2. 清皇室玉牒之一

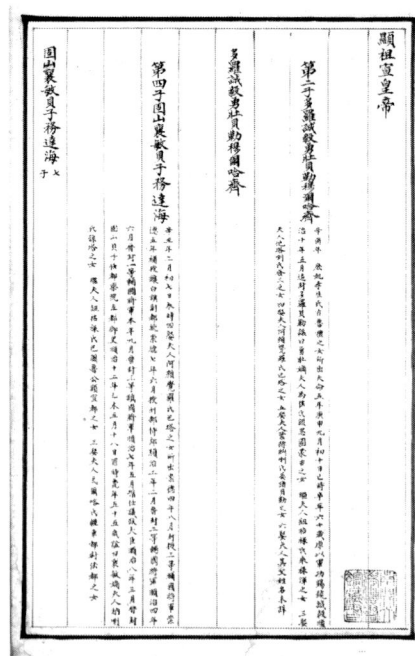

（道光二十九年修，内府抄本）

3. 清皇室玉牒之二

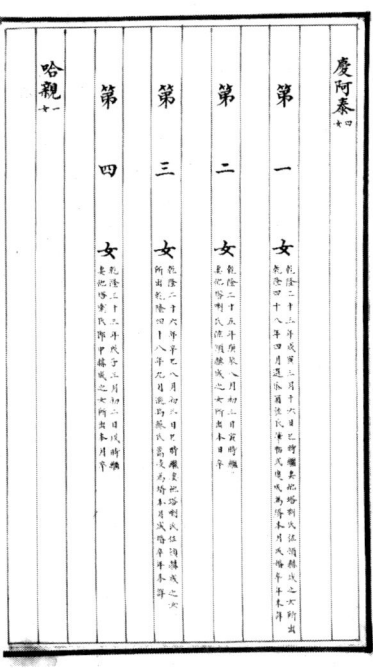

（道光二十九年修，内府抄本）

4. 清皇室玉牒之三

（道光二十九年修，内府抄本）

5. 清皇室玉牒之四

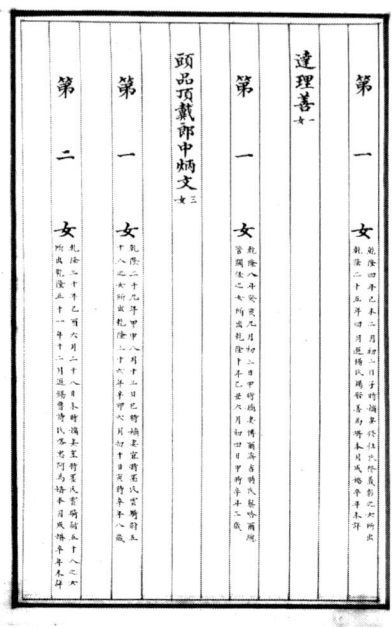

（道光二十九年修，内府抄本）

6. 清皇室玉牒之五

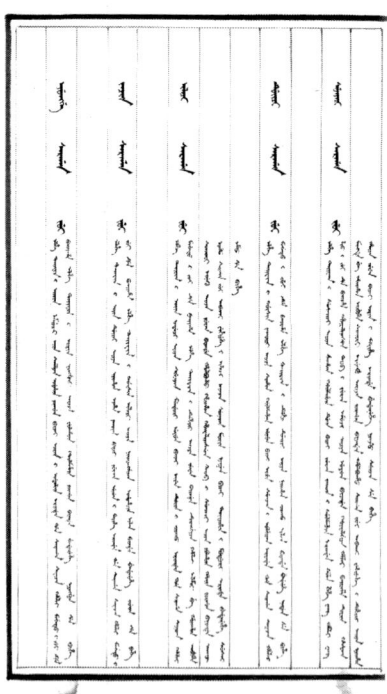

（道光二十九年修，内府抄本）

第七篇　族谱

7. 清皇室玉牒之六

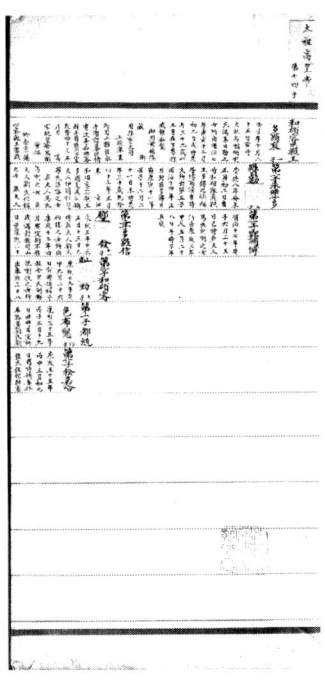

（道光二十九年修，内府抄本）

8. 清皇室玉牒之七

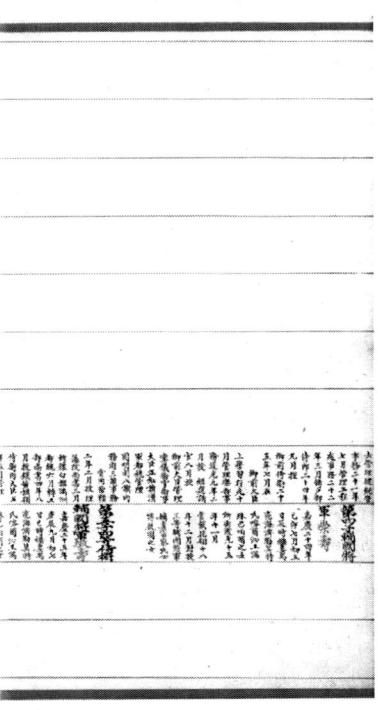

（道光二十四年修，内府写本原件）

9. 清皇室玉牒之八

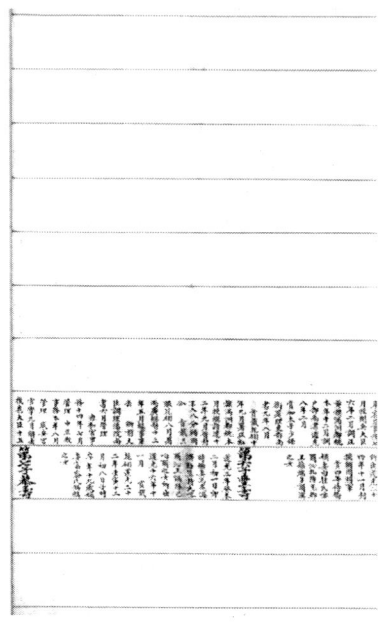

（道光二十四年修，内府写本原件）

10. 清皇室玉牒之九

（道光二十四年修，内府写本原件）

第七篇　族谱

11. 清朝皇族谱之一

（1995年拍摄，第一历史档案馆藏）

12. 清朝皇族谱之二

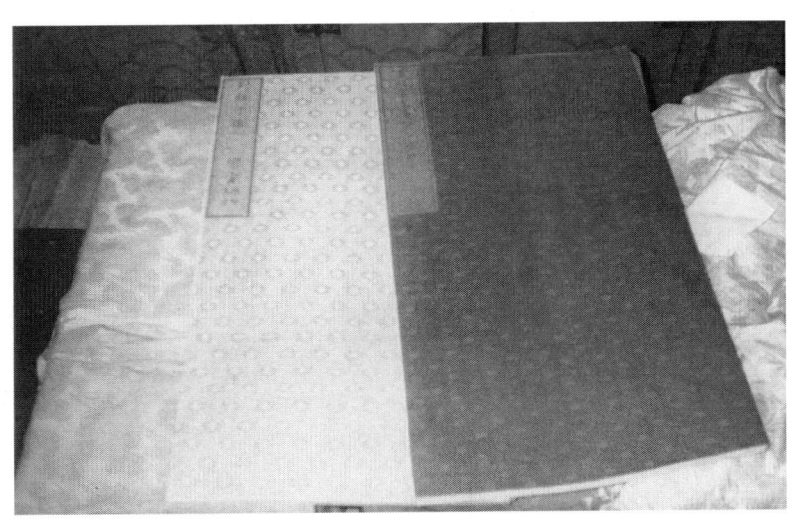

（1995年拍摄，第一历史档案馆藏）

13.《内阁大库档案·题覆供事承办家谱奋勉应准议叙》

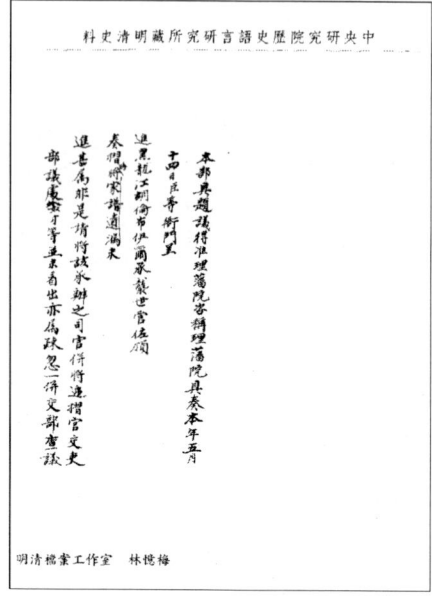

（台湾中央研究院历史语言研究所藏明清史料）

14. 内务府属人家谱之一

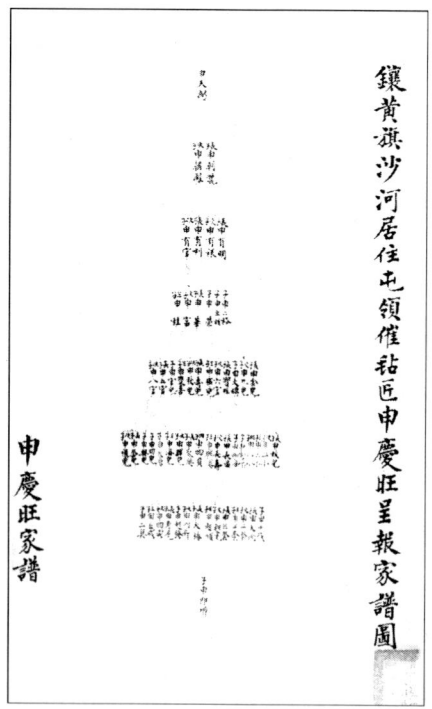

（1995年拍摄，第一历史档案馆藏）

15. 内务府属人家谱之二

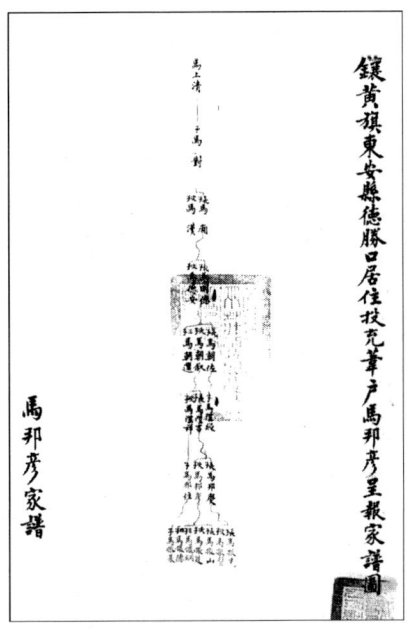

(1995年拍摄,第一历史档案馆藏)

16. 内务府属人家谱之三

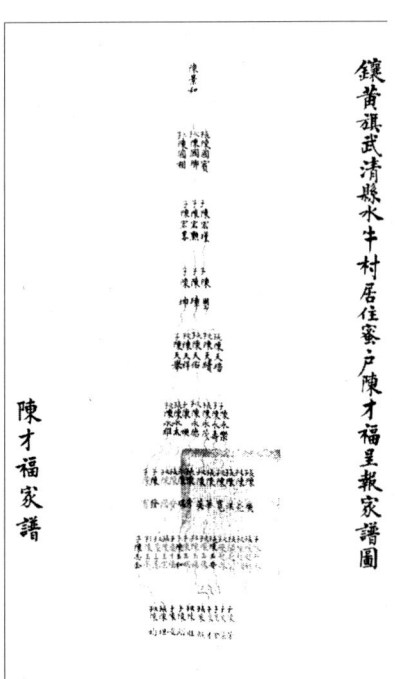

(1995年拍摄,第一历史档案馆藏)

17. 内务府属人家谱之四

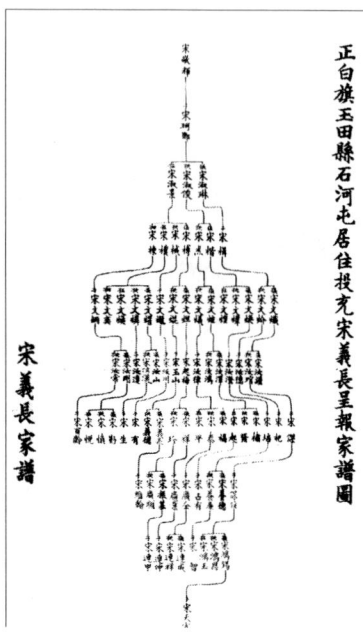

（1995年拍摄，第一历史档案馆藏）

18. 内务府属人家谱之五

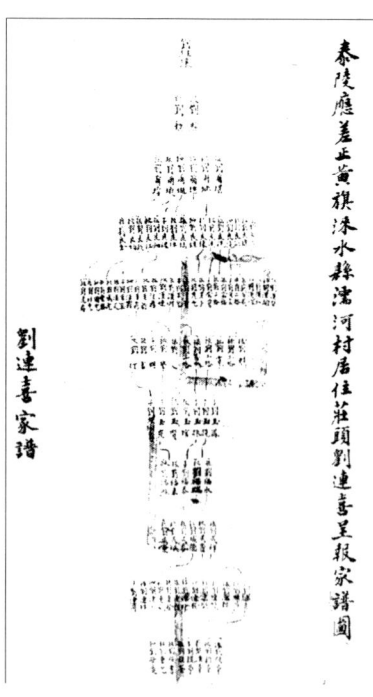

（1995年拍摄，第一历史档案馆藏）

19. 内务府属人家谱之六

(1995 年拍摄,第一历史档案馆藏)

20. 内务府属人家谱之七

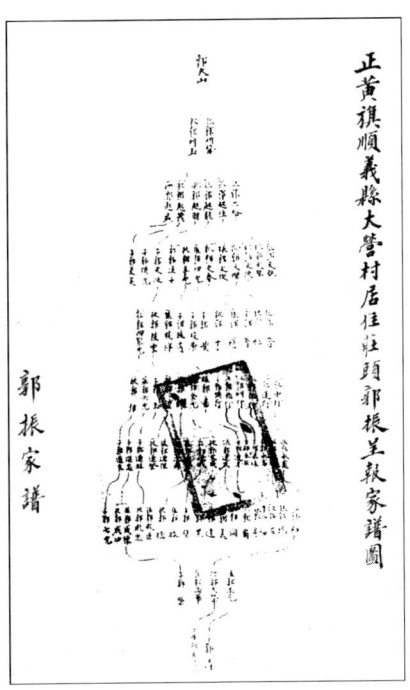

(1995 年拍摄,第一历史档案馆藏)

21. 直隶《景城纪氏家谱序例》(纪昀撰写)

(《续修四库全书·集部·别集类》)

22. 直隶南皮《侯氏族谱·家规十条》

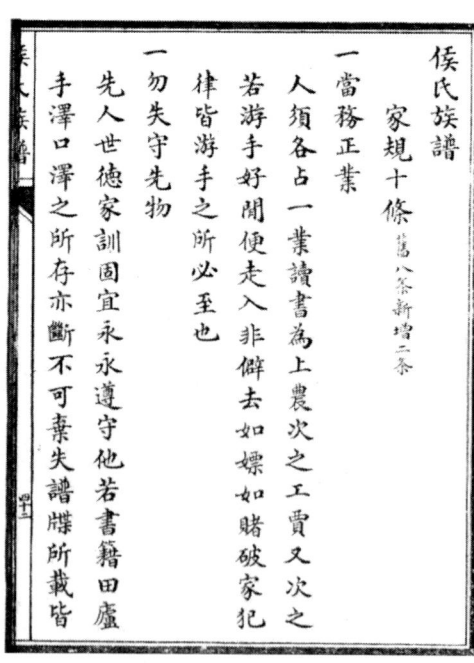

(民国七年重修石印本)

23. 江苏武进《辋川里姚氏宗谱·谱例》

辋川里姚氏宗谱卷三

谱例

一吾姚锡姓肇自唐虞著郡沿於忠武其间伟人代出史册昭然惟我辋川一支以始迁祖虎士公之父崇本公为始祖迄今三百馀年条贯不紊而自崇本公而上世次难稽不敢强为附会故谱首历载原序谱辨源流等篇以志功德之有自云

一谱中载忠武王神道碑橘洲蒙泉两公行略传记

（姚孟廉重修，同治十二年敦睦堂活字本）

24. 江苏武进《辋川里姚氏宗谱·姓氏源流》

姓氏源流

粤稽吾姚著姓自帝舜始也舜係黄帝八代孙帝纪详矣父瞽瞍居妫汭为妫姓母握登生舜于姚墟〔按舆志姚墟在陕西汉中府与安县又绍兴虞有姚墟登山世传四象耕田上有圣母庙〕以孝闻于帝得联姓姚寻改封虞为有虞氏有虞中叶宾周君思尝妻少康以二姚其后歴商逮周永作虞宾武王时有虞阏父为陶正王嘉乃续以元女太姬妻其子妫卽胡公也封诸陈遂为陈氏传二十五世灭

（姚孟廉重修，同治十二年敦睦堂活字本）

25. 江苏武进《锠川里姚氏宗谱·与奔牛诸宗人议修谱辨》

与奔牛诸宗人议修谱辨

熙信书田等顿首缄闻家之有谱犹国之有史信以传信疑以传疑此一定之理也吾家乾隆二十八年所修之谱较旧谱颇详而其中尚多舛错处纲图谱传谱例及世系图谱前后不符谨为公等陈之按谢氏巢先生忠毅公传云公少保希得子其先籍自蜀之潼川隋大业中始祖某作镇于常因家焉先生传係据庆源丕忠义录而为之今庆源丕所葺宗

(姚孟廉重修，同治十二年敦睦堂活字本)

26. 江苏武进《锠川里姚氏宗谱·家训》之禁赌博

赌博

十亩里恶少聚而谋之设美人局一夕写尽是亦淫邪之前鉴也戒之哉

近日荡子之言曰不嫖不赌辱及上祖此言诚可诛也岂知一入此局终迷不悟纵有千万家赀不愁不尽世目之曰赌贼赌棍作贼必然之势也如是不诚玷辱祖宗平戒之戒之

贪婪

(姚孟廉重修，同治十二年敦睦堂活字本)

27.江苏武进《辋川里姚氏宗谱·宗规·圣谕当尊》

宗規 計八條

聖諭當尊

孝順父母尊敬長上和睦鄉里教訓子孫各安生
理毋作非為這六句包盡做人的道理凡為忠臣
烈士孝子順孫皆由此出無論賢愚皆聽得此文
義只是不肯著實遵行故自陷於過惡祖宗在上
豈忍使子孫輩如此今於宗祠內倣鄉約儀節每
月朔族長督率子弟齊赴廳講各宜恭敬體認其

（姚孟廉重修，同治十二年敦睦堂活字本）

28.江苏武进《辋川里姚氏宗谱·家训·敦伦、睦族》

敦倫

詩曰刑于寡妻至于兄弟以御于家邦又曰妻子好
合如鼓瑟琴兄弟既翕和樂且耽宜爾室家樂爾妻
孥子曰父母其順矣乎誠令家人父子曾無間言是
亦天倫之樂事也

睦族

禮曰親親故尊祖尊祖故敬宗敬宗故收族族雖
遠猶吾祖宗一氣也詩曰嗟行之人胡不比焉況同

（姚孟廉重修，同治十二年敦睦堂活字本）

29. 江苏《仪征蒋氏宗谱·家训·务本、急公、追远》

家訓

務本
孝悌爲百行之原古云求忠臣必于孝子悌弟之門如不善事
親則爲悖逆不道之人縱有他長又何足取

急公
輸稅勸役子民之分宜然若怠惰從事難免官刑之累且尤當親
自完納不可輕托他人以貽後慮

追遠
木水尚有本源人生誰無宗祖逢時祭享須懷風木之悲過節莫
不當存霜露之感不循禮不入式者罰有差

承先

（民国九年印本）

30. 江苏《如皋顾氏族谱》序言

如皐顧氏族譜序

如皐顧氏之先曰元四川路治中太一公者自吳門
來遷至吾友吏部員外郞北壁兄弟凡十五世世
業儒爲博士弟子員者常四五十八以科第起家者
又相望爲生齒之繁衣冠之盛甲於一邑其購貫於
老老慈幼敬宗睦族之誼者壓不周且僑也以故人
皆自愛而族益滋夫將爲譜其所自出合其所已分
必於譜乎是賴夫譜系之不講久矣世次統系昌盜
相沿甚者至引遠祧爲祖壬將湘爲始祖不知大夫尔

（顾庄等纂修，光绪十三年刻本）

31.《上海曹氏族谱·曹氏祠堂记》

曹氏祠堂记

先儒謂祠堂爲開業傳世之本人無論貴賤皆得緣分以盡孝敬宗之道在其中收族之道亦在其中其所關於世道人心者不小後世之人不能聚族而居子姓大半散處四方所謂宗法廢而天下無世家無世家而仁孝之心日衰矣求其能敦一本以厚九族者雖搢紳之家十不得其一二而況編氓乎哉我邑曹氏爲宋武惠王後自南渡而徙江南代有名臣載在譜牒至孟春公始遷海上迄今巳二百有餘年矣其六世孫梧岡以明經爲江西贛縣令者八年讀禮歸槪然於吾吳之俗第知其養於子孫而不思隆其薦於祖宗也或糜金錢以營珠宮貝闕而於先人靳一椽也抑或捐其廩以飯緇衣黃冠而於族人之

（民國十四年崇孝堂排印本）

32.《上海曹氏族谱·族会缘起》

族會緣起

上海諸事得風氣先清光緒三十一年七月蘇松太道袁樹勳准紳士所議撤南市工程局設城廂內外總工程局冬十月實行地方自治邑王氏朱氏師仿其意集族人爲族會從事家族立憲宣統元年十月潤甫公於宗祠崇孝堂先後兩次邀集族衆決議仿行擬具簡章十一月朔冬至祠祭族聚通過簡章公舉職員正式成立民國七年七月由臨時大會公決添舉契券保管員十三年六月復由臨時大會修改簡章通過施行規則添舉職員分任諸務相沿至今爰述其涯略如右

宗旨

謹國族會簡章修甲子
修改

聯絡情誼清釐公產保管祖墓修葺族譜

（民國十四年崇孝堂排印本）

33.《上海葛氏家谱·上海葛氏谱例》

上海葛氏谱例

譜書往往遠徵博引互相誇耀如劉淵姚弋仲氏種而必強附漢後舜裔是誣也若姓出一源昧其本來至數典而忘其祖亦豈人情之所安䖝吾葛姓別無他族非比王劉馬文之氏族分歧者耶漢以前無可攷者不強附會自葛仙公南遷丹陽而後雖時有斷續而流無或歧卽源皆一本茲擇其見於史傳者分爲南北序列簡編並錄冠諸卷首以彰祖德以示後人非以誇俗不忘本也中間佚而不傳者闕疑以志愼也亦歐陽氏例也譜題上海別乎全葛之譜也不曰始遷祖者遷非自君美公爲斷故以一二世計而不曰始遷失而無可攷可譜者自君美公爲斷故以一二世計而不曰始遷也

（葛尚钧等修，续修谱，民国十七年铅印本）

34.《上海葛氏家谱·顿邱公会记》

顿邱公会记

余聞之先人曰上海葛氏初以經商海上沙舶往來帆檣林立有所謂葛家廠者卽修築沙舩之塢也道咸後家業漸衰然族祖號松亭公者少年橐放尚以貲財自雄可想見其憑藉之厚矣惟吾祖易震海外幾至無地吾父發憤從戎崎嶇三晉歷官數十年席不暇煖至余兄弟而衣食稍贍各得一廛屛蔽風雨豈非天平讀史至盛衰興廢之道未嘗不三致意曾記十數年前有售去塋地公產等鬻不置意儵不於族中公身地及馬家廠基地兩事祖宗產業淪於異族未免可惜族中有鑒

（葛尚钧等修，续修谱，民国十七年铅印本）

35. 江苏《宜兴篠里任氏家谱·宗法》

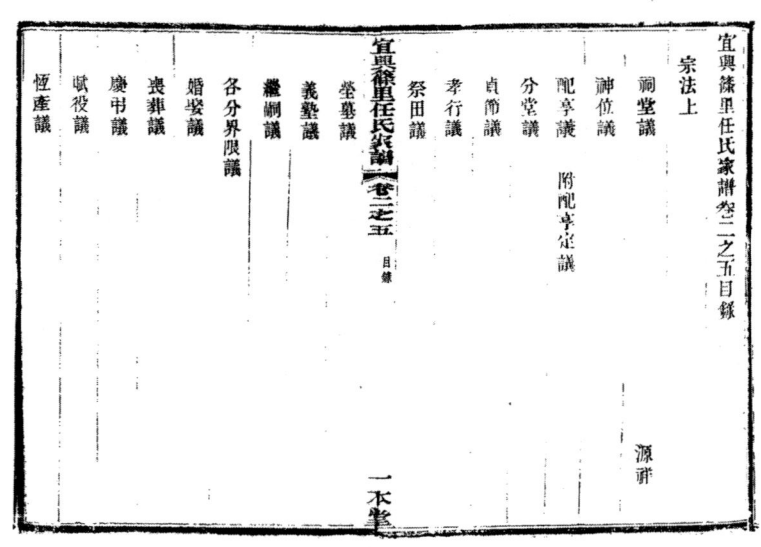

(任承弼编,民国十六年十三修谱,一本堂刊本)

36. 江苏《宜兴篠里任氏家谱·宗法上·祠堂议》

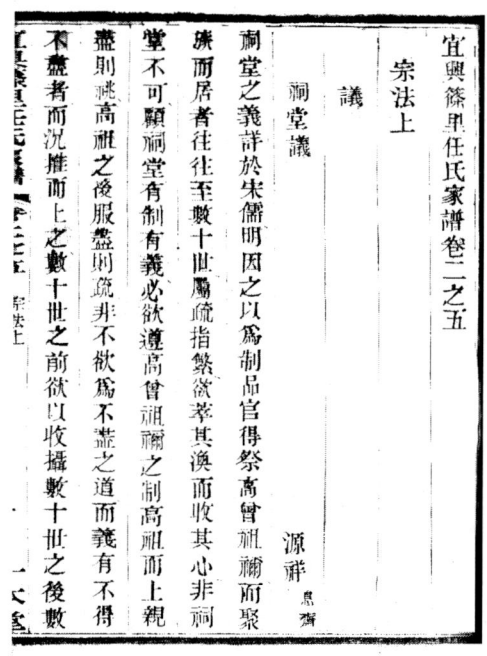

(任承弼编,民国十六年十三修谱,一本堂刊本)

37. 山东东阿阎氏碑谱谱系之一

(初立于宣统三年岁次辛亥暑月上浣穀旦,碑谱存山东东阿县张太宁村)

38. 山东东阿阎氏碑谱谱系之二

(初立于宣统三年岁次辛亥暑月上浣穀旦,碑谱存山东东阿县张太宁村)

第七篇 族谱

39. 山东《即墨杨氏家乘·寄东光宗人书》

寄东光宗人书

其将来云尔

与士同鼻息交佩其言高其谊为作茅庐高士传以期其未至勗

自爱也深故不致杞人之忧而所操者约故不等夸父之追也余

而不欲为沉渊之鱼也谓志在廊庙与而不欲为郊祭之牲也其

哉此竹林之匹丑而汾阳晋公诸君子之所慕也谓志在山林与

同十二世即墨宗人某某等谨奉书于东光合族宗人自通祖徒

居东光三百余年子姓虽繁未溯水木源本幸我先人有遗东光

一书实联属之梯媒乃七十年间未获报闻中复隔绝今有心如

（杨玠等续修，民国二十五年排印本）

40. 山东《即墨杨氏家乘·杨君孝威四十九岁寿序》

杨君孝威四十九岁寿序　　　华亭人都御史王九龄撰

文献云

德行文章卓卓可传惧或久而湮其实也故为之谱以俾吾乡之

即墨杨子承玉庚辰主礼闱时所得士年少耳顾温润而粟远

到器也询其家世则云先人自有明弘正以来皆以仕宦著惠政

孝友门第载于郡志其父六谦先生积学力行不求闻达后以

博学弘词诏征应授中书舍人不就归闭户著书以老其尊甫孝

威年丈克成亲志遽世无闷余良钦其清风亮节两世皎然故能

贻厥孙子蔚为家庆云今年杨子谒天官筮仕得赣县为亲请

（杨玠等续修，民国二十五年排印本）

41. 山东《即墨杨氏家乘·家法》

即墨杨氏家乘

十一世孙铭鼎鉴定　十二世孙玠述课

家法

易家人卦象曰父父子子兄兄弟弟夫夫婦婦而家道正正家而天下定矣初九爻曰閑有家悔亡九三爻曰家人嗃嗃悔厲吉婦子嘻嘻終吝上九爻曰有孚威如終吉家不外乎父子兄弟夫婦所謂大倫達道無得而逃焉者父父慈矣子子孝矣兄友矣弟恭矣夫夫正矣婦婦順矣慈孝友恭正順舜文之道不能外此故曰家道正而天下定也而必閑之於初者離而

（杨玠等续修，民国二十五年排印本）

42. 甘肃《武威段氏族谱·凡例》

凡例

一此譜之纂修係承太學公遺命繼續踵成除增益第七世以外其體例一仍厥舊

一廬陵之譜體仿史表後之作譜者因之縱以親親橫以收族每至五世分表另詳相沿數百年幾為一成不變之準顧其說雖有據不過謂五世親盡分表錄而已不知所謂五世遞次降推並非每至五世截然終斬每至六世又立始祖也六世之于一世固已親盡分表可也其于三世四世未嘗親盡而亦分表于義未為安也況至親莫如父子今之法廬陵者或失其每提重書之例至使六世與五世十一世與十世亦皆另表譜錄親

（段永思等修，宣统三年续修谱，民国三年排印本）

43. 浙江余姚《兰风沈氏宗谱》书影

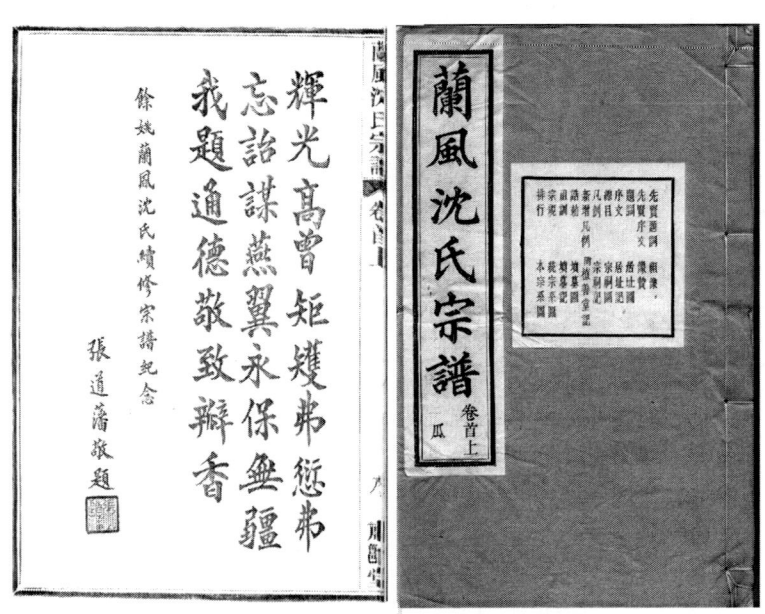

(沈开基等续修,八修谱,民国二十四年肃雍堂木活字本)

44. 江西永丰《武城曾氏重修族谱》载唐玄宗赠曾子为郕伯诏

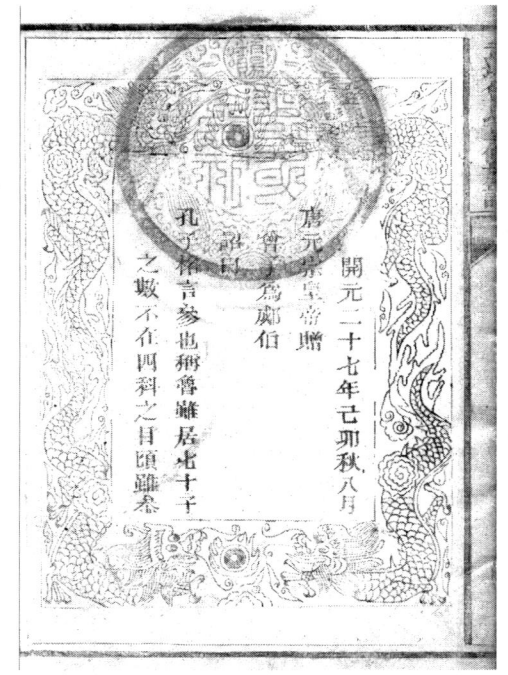

(曾毓塆等修,三修谱,道光元年刻本)

45. 江西永丰《武城曾氏重修族谱·叙》之一

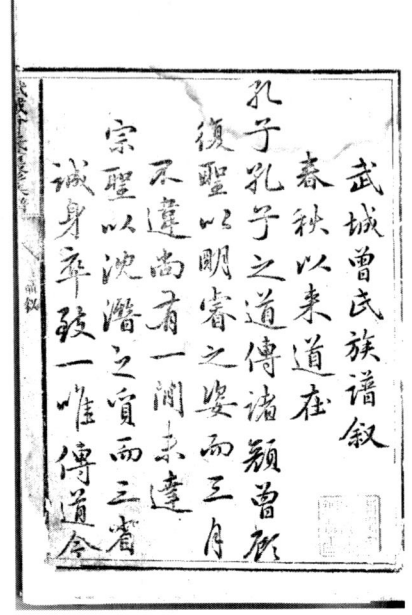

(曾毓塽等修,三修谱,道光元年刻本)

46. 江西永丰《武城曾氏重修族谱·叙》之二

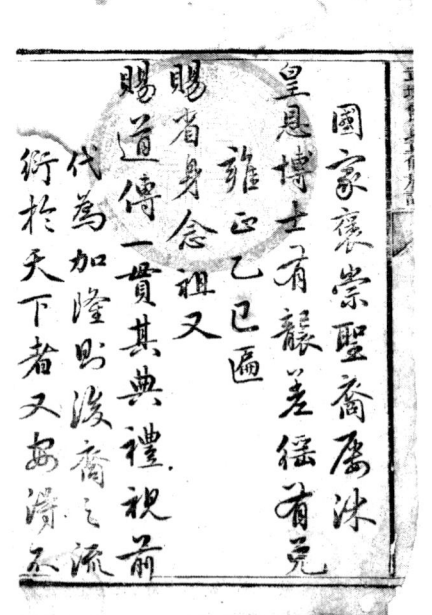

(曾毓塽等修,三修谱,道光元年刻本)

47. 江西永丰《武城曾氏重修族谱》及防伪印章之一

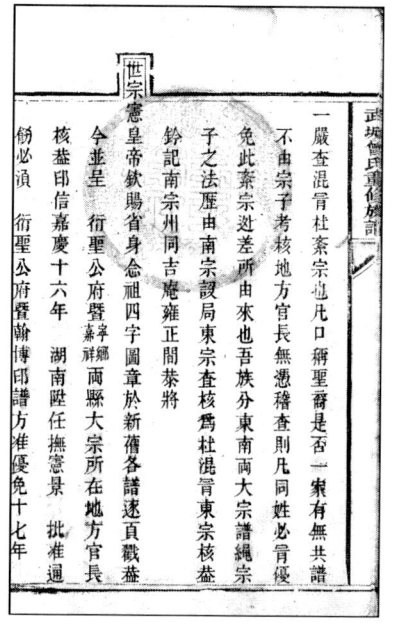

（曾毓塼等修，三修谱，道光元年刻本）

48. 江西永丰《武城曾氏重修族谱》及防伪印章之二

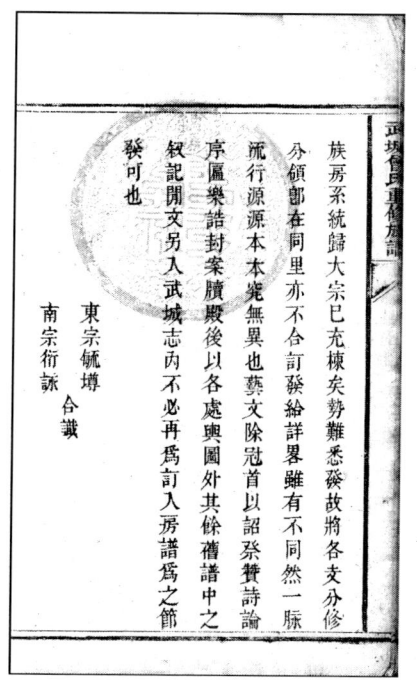

（曾毓塼等修，三修谱，道光元年刻本）

49. 江西新建石埠观背陈氏草谱

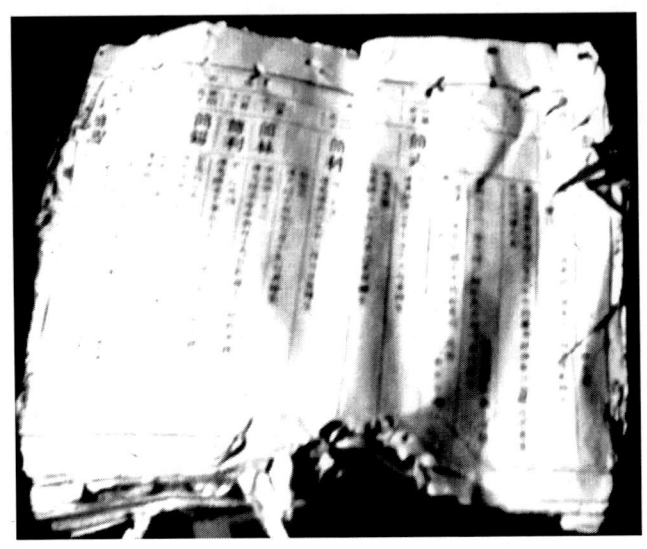

（2008年6月拍摄）

50. 湖南益阳《熊氏续修族谱·凡例》

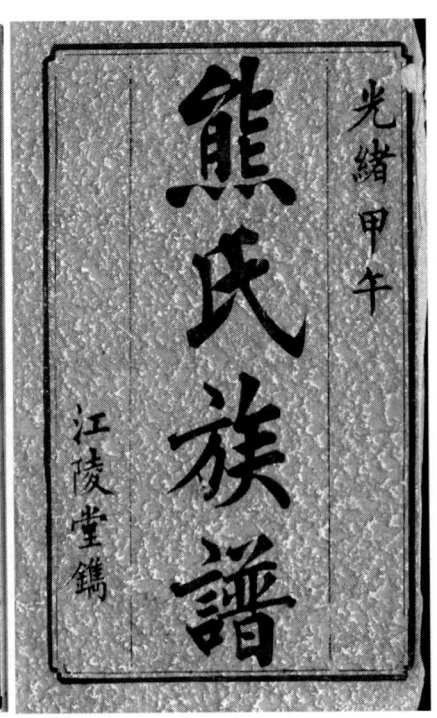

（熊章溥等续修，光绪二十年江陵堂木活字本）

51. 湖南益阳《熊氏续修族谱·家训·孝》

(熊章溥等续修，光绪二十年江陵堂木活字本)

52. 湖南《平江叶氏族谱·宗约二十条》之一

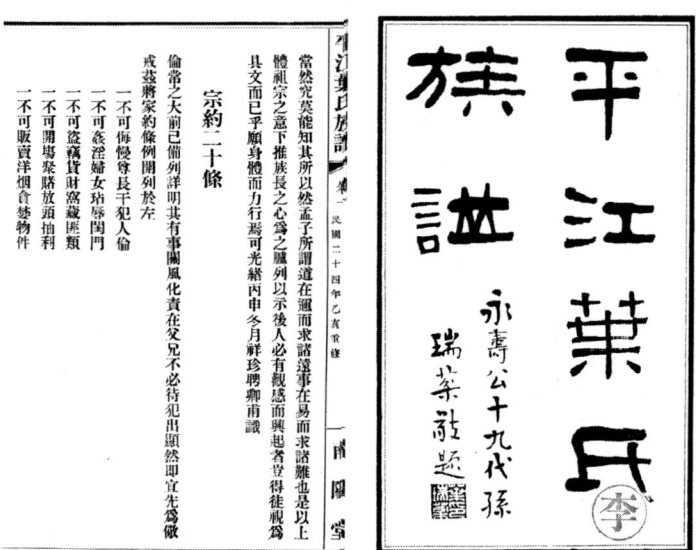

(叶瑞荣等续修，民国二十三年南阳堂铅印七修本)

53. 湖南《平江叶氏族谱·宗约二十条》之二

一不可酗酒行兇持拳執棍
一不可與人戳惡毀圳牽牛
一不可聲婦出頭坐拼疊癩
一不可欺凌孤寡夯佔田廬
一不可播弄是非搆成爭訟
一不可左道惑人結盟會匪
一不可浮言動衆行帖匿名
一不可搬演花鼓敗俗傷風
一不可酷溺嫛女兒傷和天地
一不可酷殘弱媳自絕本根
一不可販賣妻女作妾爲奴
一不可私宰耕牛殺生害命

(叶瑞菜等续修,民国二十三年南阳堂铅印七修本)

54. 湖南《平江叶氏族谱·人口统计表》

派別	中字派	永字派	勝字派	輿字派	單字派	正字派	春字派	方字派
男 原有	一	一	五	三	四	四	吾	亖
男 現存	○	○	○	○	○	○	○	○
男 原有未適人	二	二	二	二	四	七	三	亖
女 原有	○	○	○	○	○	○	○	○
女 現存	○	○	○	○	○	○	○	○
女 原有未適人	○	○	○	○	○	○	○	○
三類合計	三	三	七	五	八	三	莒	夳

(叶瑞菜等续修,民国二十三年南阳堂铅印七修本)

55.湖南《平江叶氏族谱·平江叶氏人口统计表说明》

平江葉氏人口統計表說明

一本表依據本修近代世系圖表自一世祖中庸公始所有男婦存亡及已未適人之女分別世次一律編入之
一中字至其字十派舊譜僅載生子而不及生女故開始十派之女闕而不錄
一現存男婦及未適人之女均裁算至民國二十四年乙亥立冬日止立冬日前如有存亡或適人之變動未經報告者應歸下次續修辦理
一本表自中庸公以下男婦女三類共爲五千二百八十名現存一千零十九名其中男占五百二十一名婦占三百十九名未適人之女占一百七十九名
一表內盈虛消長一目瞭然愈字派略見式微大字至應字七派日趨隆盛發字派以下又漸轉衰落其重要原因爲生計窘迫而不晉男多于婦吾族人讀此表應劇目怵心亟講求生息教養之道

乙亥立冬箭瑞棻筱嵩氏識

(叶瑞棻等续修,民国二十三年南阳堂铅印七修本)

56.湖南《平江叶氏族谱》编修者留影

(叶瑞棻等续修,民国二十三年南阳堂铅印七修本)

57. 广东南海《朱九江先生集·南海九江朱氏家谱序例》

南海九江朱氏家谱序例

古者谱系之书桓谭谓太史公作世本用旅言均谓之谱桓谭谓太史公作世本用旅晋代降初曰某氏谱纪止称某氏家谱唐书艺文志有杨氏家谱裴氏家牒书题疑家字为羡尚后日某氏家状又有别撰称唐书经籍志有挚虞撰族姓昭穆谱之类上俱见唐志文心雕龙曰谱者普也注序世统事资周普则谱遇纪别也有同姓而异异也繫以其地称南海九江志别於族者也赵郡东祖李氏家谱志唐四明楼湖张氏族谱籍国史经其例也布序名谱之例

（光绪二十三年刊本）

58. 广东南海《朱九江先生集·朱氏捐产赡族尌酌范氏义庄章程损益变通规条》

朱氏捐产赡族尌酌范氏义莊章程损益变通规条

一完国课各家义捐产业每年应纳地丁正耗银两管事人务要搃数清完毋得分毫拖欠
一增祠祀祖祠向例每岁孟春举行春祭祭毕族内子孙同堂合食以骏祖宗之馀颇有合於国语士庶人岁祗一祀之义其墓祭则祭毕阖族子孙各领胙肉一分惟程子谓冬至祭始祖祭则祭毕阖族子孙各领胙肉一分惟程子谓冬至祭始祖一阳之始依其类而祭之人人皆宜自勉今拟添冬至祭合祭族内子孙皆令到祠随班行礼祭毕照墓祭例各领胙肉一分其支发银两依牲牢时价低昂不为拘限
一优耆老每年冬月颁给冬衣度岁银两七十以上每人给银一两四钱八十以上二两一钱九十以上二两八钱及百岁

（光绪二十三年刊本）

59. 广东宝安《鳌台王氏族谱·重修族谱后序》

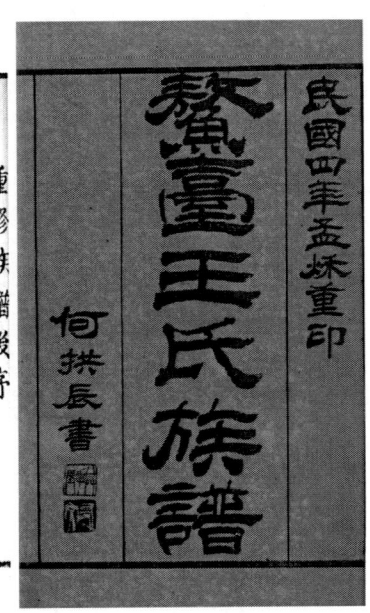

（王应奎等修，五修谱，民国四年石印本）

60. 广东宝安《鳌台王氏族谱·重印族谱序》

（王应奎等修，五修谱，民国四年石印本）

61. 广东宝安《鳌台王氏族谱·凡例》

鳌臺王氏族譜卷之一

凡例

一宗派原與增城之棠村同出於 始祖承事公但從前未有合譜故今編列世次祗載本支以從其舊也

一王氏由福建興化府莆田縣遷增城寶安俱自十九承事公始公先之增城生一子顒是為棠村派後居寶安生二子三五朝奉生一子宣敎派四五致政焉是為厚街鰲臺派特詳著之庶後有考者

一舊譜題曰鰲臺王氏者蓋以 始祖四傳至鰲石公生三子而三房之派以分 公晚年築有釣鰲臺以

（王应奎等修，五修谱，民国四年石印本）

62. 广东宝安《鳌台王氏族谱·家规》

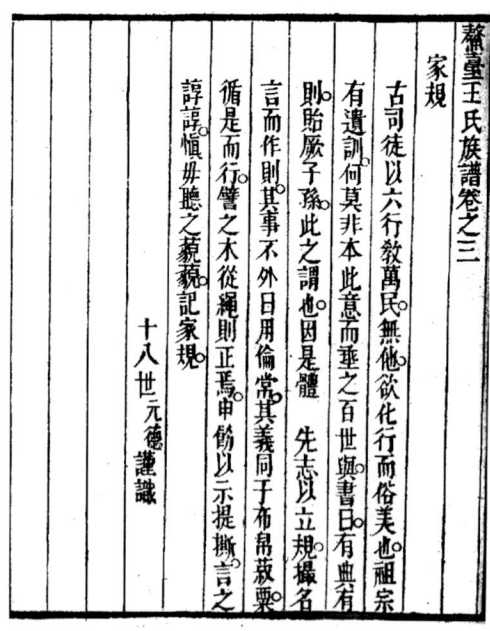

鰲臺王氏族譜卷之三

家規

古司徒以六行敎萬民無他欲化行而俗美也祖宗有遺訓何莫非本此意而垂之百世與書曰有典有則貽厥子孫此之謂也因是體 先志以立規擴名言而作則其事不外日用倫常其義同于布帛菽粟循是而行豈之木從繩則正焉申飭以示提撕之謆諄恈恆毋聽之藐藐記家規

十八世元德謹識

（王应奎等修，五修谱，民国四年石印本）

第八篇 世系表图(附五服图)

1. 江苏太仓陆氏《平原宗谱·继入继出考》

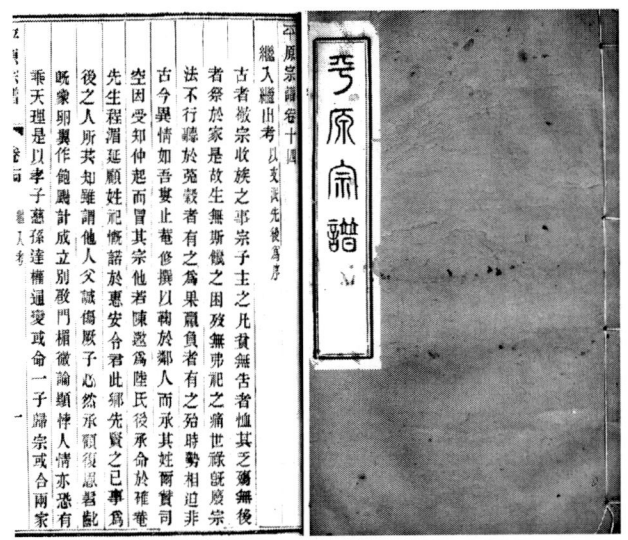

(陆懋宗编,五修谱,光绪三十二年木活字本)

2. 江苏太仓陆氏《平原宗谱·继入考》之一

(陆懋宗编,五修谱,光绪三十二年木活字本)

3. 江苏太仓陆氏《平原宗谱·继入考》之二

> 配陆氏 酉香公女
> 第十六世 子羲公後 鹤芬公支
> 元龍 由俞莊入贅葬十五都七啚鄴圩 子羲公塋後別營主
> 配陆氏 冲聚公女
> 襁子 華熙次
> 子三 雪軒 桂歸宗姓佩英
> 第十七世
> 華熙 生年佚 卒於同治八年十一月初一日 葬肇熙公塋昭
> 配楊氏 生年佚 卒於同治十二年十月二十日合葬
> 長子 雪軒
> 次子 關觀子 佩英
> 三子 佩英 生年佚 卒於光緒三年十二月初八日 葬華熙公塋穆
> 配吳氏 合葬

（陆懋宗编，五修谱，光绪三十二年木活字本）

4. 江苏太仓陆氏《平原宗谱·继出考》

> 繼出考
> 第十一世 晉川公後
> 士俊 君輔 出繼陸肯江家
> 配虞氏 長子 君輔
> 子一 念升
> 第十二世 子 念升後侍考
> 第十三世 光升 失名 自幼出繼西關渡口錢姓
> 永昌 失名 出繼龔姓
> 子 永昌

（陆懋宗编，五修谱，光绪三十二年木活字本）

5. 山西清徐《罗氏家谱·世系图》

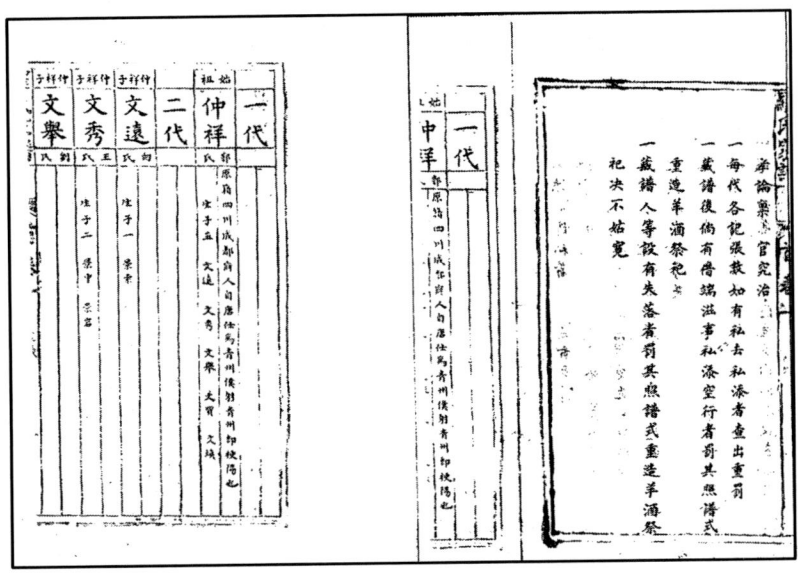

(罗九鼎等纂修,同治十一年刻本)

6. 山西《洪洞刘氏宗谱·世系图》之一

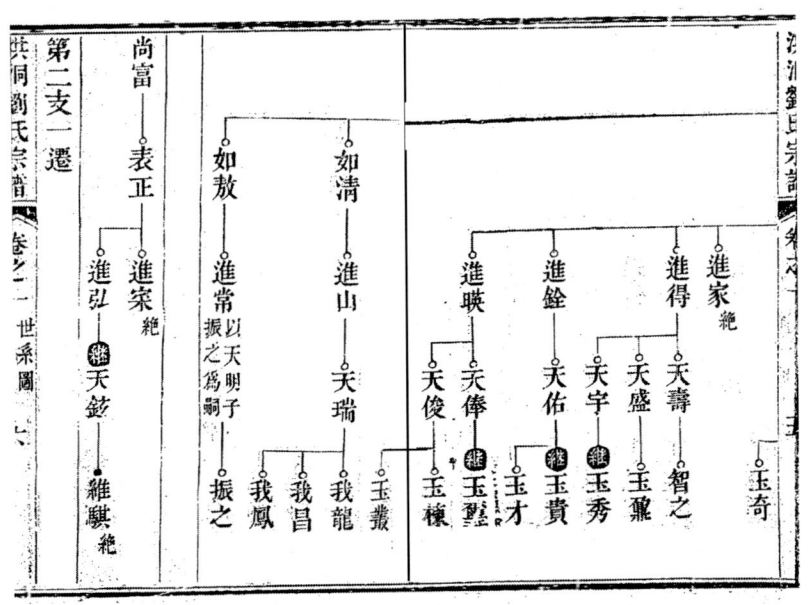

(刘恒杰等重修,民国二十一年刻本)

7. 山西《洪洞刘氏宗谱·世系图》之二

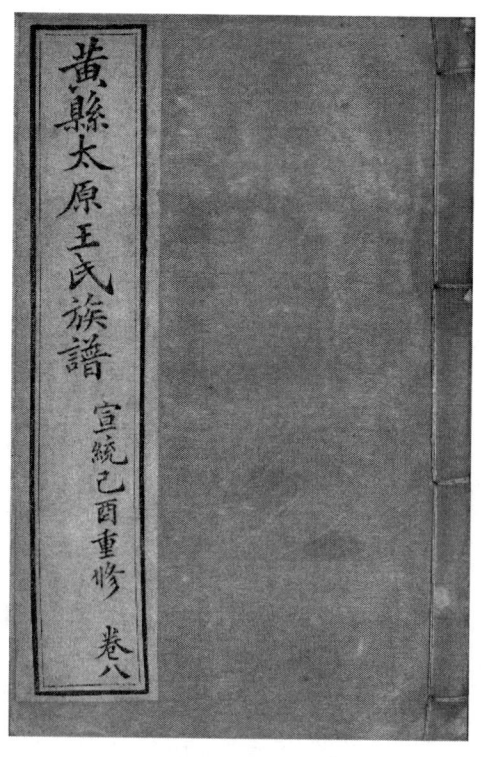

（刘恒杰等重修，民国二十一年刻本）

8. 山东《黄县太原王氏族谱》书影

（王次山修，三修谱，宣统元年刊本）

9. 山东《黄县太原王氏族谱·补遗·世系》之一

（王次山修，三修谱，宣统元年刊本）

10. 山东《黄县太原王氏族谱·补遗·世系》之二

（王次山修，三修谱，宣统元年刊本）

11. 山东《黄县太原王氏族谱·补遗·世系》之三

宣统元年重修谱补遗

八世长支
道行炉
葬於南棗兒市村西新阡四隅界石午向石桌香

九世长支
之霆　墓在城西關谷草市村石崖子山午向　其墓左第一耶長子士驥第二耶三子士驦第三子士驪第四子士驌第五子士驫壠大分肆子士驦私自賣與比基佃暗中央基自治三年五月有遠支人告發總佃三年五月同治支人告發總佃自實與比基壠大二佃中央基自治三年五月有遠支人告發總佃自實與比基壠大二佃中央基自治三年五月有遠支人告發總佃自實與比基壠大二佃中央基自治三年五月歸原姓批至趙姓求近支族長其支因此總田姓界至歸原姓面南本族姓界至經管立有帖據作永為奉秋祭田之資

十二世欽字文思孝思篤樂善不倦因其父在時見族中無塋地者心甚惻然令於自置地內吉地一叚官畝歌壹畝伍分給族中無塋地者任便安葬其地着落柳行村東南北十三步東西二十七步四至南至王克恭北至王頼東至溝心西至地主四隅立石為界此義塋地志之以防侵佔者

（王次山修，三修谱，宣统元年刊本）

12. 山东《黄县太原王氏族谱·补遗·世系》之四

遺收執只許耕種不許典賣

十世长支
爾鑾　葬於南棗兒市村西城東北與一始祖看塋
爾璋　房近有門柱二四角頂石
爾璽　徙居奉天承德府朝陽縣三座塔姚營子
士升合葬李博士瞳新阡四隅界石乙山辛向石桌石
爾俸　葬城東上莊馬家村東南新阡辛山乙向

十一世长支
便興生於順治庚子年四月初六日子時卒於乾隆壬戌年七月二十一日寅時

十二世长支
其慎　葬王格莊南道東地西葳新阡子山午向
福永　葬士升墓左側乙山辛向石桌石墟
宏派　葬城西北比皂橋上村東莊家溝大道南新阡巽
孫氏　生於康熙戊午年正月十二日卯時卒於乾隆己卯年六月二十七日未時
繼配房氏生於康熙丙辰年十一月二十七日寅時卒於乾隆庚辰年二月初五日丑時
欽　生於丁丑年四月初十日未時卒於乾隆庚
姜氏　生於康熙庚子年四月初五日丑時卒於乾隆庚
穎　葬南關李家巷子村南辛山乙向
其成　從居遠萊南盧家莊西大樹村
其祿

（王次山修，三修谱，宣统元年刊本）

13. 山东《黄县太原王氏族谱·补遗·世系》之五

十三世长支

永年 葬城西位莊村

克毅 葬其父墓左側子山午向

克穀 葬其父墓石側向同

玉祥 生於雍正乙卯年八月初九日丑時卒於嘉慶王戌年十二月二十六日子時

馬氏 生於雍正癸丑年正月十七日戌時卒於嘉慶戊午年六月申時 葬於城西比鄉廟村西南丙山壬向

嗣富 葬於城西比南鄉城村東王山丙向

嗣恒 俱葬於城西比南鄉城村東王山丙向

嗣真 俱葬於城西比南鄉城村東王山丙向

懋勛 少失怙事母以孝傳處兄弟亦友于無間鄉人稱

嗣說 葬城圩西五里堡路比新阡甲山庚向

十三世四支

景先 葬於李博士塋西比圩外新阡卯山酉向丁酉分金石桌石爐

十四世长支

夢齡 生於乾隆庚辰五月二十九日未時卒於道光甲申年九月二十一日酉時

張氏 生於乾隆庚辰十一月初二日戌時卒於道光

繼 曹氏 光緒甲戌年闰二月初六日辰時卒於道光己卯年四月二十八日申時

洪猷 性樸誠交友不尚徵逐治家勤儉農務之暇惟課子讀書

嘉昱 光緒二十五年三月十四日自京都寄骨寺許本子歸櫬查其子數譜無所考其配嬪娌末不知葬在何例

（王次山修，三修谱，宣统元年刊本）

14. 山东《东莱赵氏家乘·远族》之一

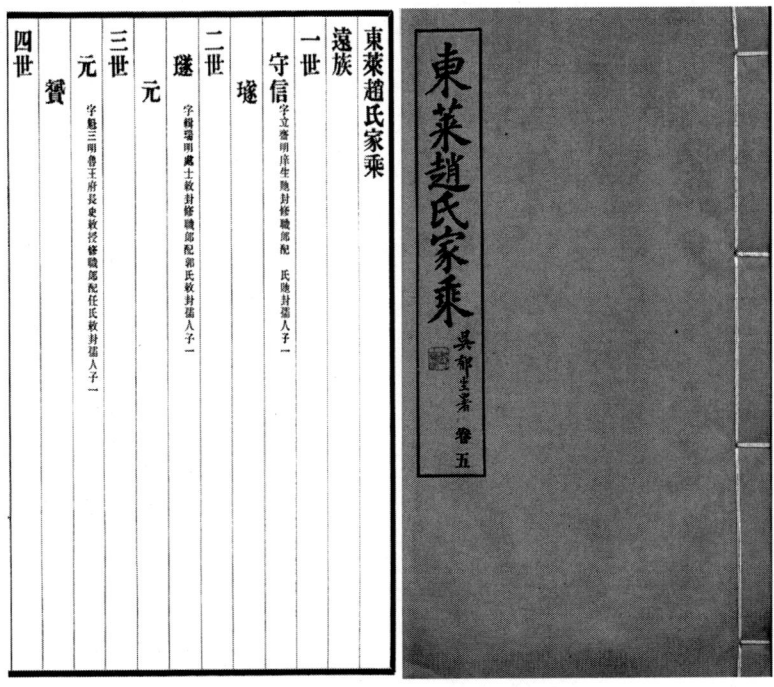

（赵琪等撰，民国二十四年永厚堂铅印本）

15. 山东《东莱赵氏家乘·远族》之二

赞 字尤明明遵幕儒士敕授登仕郎配黄氏敕封孺子二

五世

相 贵

相 字啟明庠生例封登仕郎配氏例封孺人子一

贵 字受聘明康熙生配毛氏敕封孺人子一

禄

祐

六世

禄 字是锡明恩军敕授登仕郎配毛氏敕封孺人子三

祐 振捷扬

力 继嗣祐子一

七世

振

捷 字月三郎庠生

扬

力

希青

八世

希青 字世泽配李氏子一

（赵琪等撰，民国二十四年永厚堂铅印本）

16. 山东《东莱赵氏家乘·旁支》之一

東萊趙氏家乘

旁支

一世

迪 洪武時任萊州衞指揮副使誥授武略將軍

二世

信 洪武時任萊州衞指揮千戶誥授信武尉 職官見赐褐趙姓名碑

三世

德 宣德間庠生軍功授千戶誥授武略將軍

翺 字雲翰正統辛酉舉人吉州訓導代州訓導陞學正敕授修職郎配陳氏敕封孺人 著述入世美堂詩鈔

四世

潔 字頤之雲沿乙丑歲貢 著述入世美堂詩鈔 職官見府署二門西題名碑

（赵琪等撰，民国二十四年永厚堂铅印本）

17. 山东《东莱赵氏家乘·旁支》之二

(赵琪等撰,民国二十四年永厚堂铅印本)

18. 山东《东莱赵氏家乘·赵氏义子》之一

(赵琪等撰,民国二十四年永厚堂铅印本)

19. 山东《东莱赵氏家乘·赵氏义子》之二

六世
文德 字子修配氏子二
隆運 嘉運
文盛 字子聲庠生配王氏子一
喜運
應運 正運 啟運
松
科
有
耕 字硯農處士配林氏子二
登運 成運
耘 配氏子一

七世
洪運
隆運 配氏子五
天成 天錫 天書 天恩 天祿
嘉運 字叔達庠生配賀氏子三
國英 國彥 國儁
喜運
應運
正運
啟運
登運
成運

（赵琪等撰，民国二十四年永厚堂铅印本）

20. 山东《东莱赵氏家乘·赵氏义子》之三

八世
洪運 配氏子一
進福
天錫
天成
天書
天恩
天祿
國英
國彥
國儁
進福 以上撰子俱紹恭淄祖續移家譜刊本茲出現年遠代淳無處查驗結存之因防使日毀否本備寫

十一世
世彥 字晟公配佳氏
興 字石卿配乙氏子二
成 字中卿配孔氏子二
榮 字華卿配戴氏子二
憲

十二世

十三世
友芳
友芝
友蘭
友棟

（赵琪等撰，民国二十四年永厚堂铅印本）

21. 山东《东莱赵氏家乘·赵氏本族迁徙记》之一

趙氏本族遷徙記

東鄉　鞍子疃

東鄉　西鄉

滕哥莊

五里埃子　沙河國家　沙河趙家窪子疃

南鄉

南曹村孫家疃　光桂陳家疃　夏邱堡

黃山後　黃山後蔣家疃　盆裏王家疃

北鄉

西絲　柳林頭　勝福院　柳行　平里店東崖

賈鄧　朱漢　朱由村　朱石　矯家泥溝

（赵琪等撰，民国二十四年永厚堂铅印本）

22. 山东《东莱赵氏家乘·赵氏本族迁徙记》之二

北流　平度州　長舍王家莊　大莊子

平度城　長樂　汎寨子　于埠

秦王河

昌邑黃埠

登州府　蓬萊城

棲霞畢郭

壽光縣　煙台

黃縣城（北巷子）

海北

直隸口外　復州　蓋州　鳳凰城

赤峯縣

八世

世顯　傑老大支蘭公曾孫自後育炎設鋼下所居之趙氏并伊本支係……

士顯　由此復居平度城北曹落徐家時現有居人

鑑　傑老大支蘭公曾孫居平里店柳行現有居人

士仰　傑老大支蘭公曾孫遷居城北平里店柳行現有居人

九世

玉徵　傑老二支蘭公曾孫士鑑公之子遷居城北平里店柳行……

玉琳　傑老二支蘭公曾孫士仰公之子遷居城北平里店柳行……

麟生　佩老二支魏公甘孫世琳公之子……

十世

不先　佩老大士瑞公曾孫……

（赵琪等撰，民国二十四年永厚堂铅印本）

23. 山东《东莱赵氏家乘·赵氏本族迁徙记》之三

（赵琪等撰，民国二十四年永厚堂铅印本）

24. 山东《东莱赵氏家乘·赵氏本族迁徙记》之四

（赵琪等撰，民国二十四年永厚堂铅印本）

25. 山东《即墨万氏谱书·长支世系》

一世	二世	三世	四世	五世	六世 长支	七世 长支	八世	九世	十世

（光绪六年刻本）

26. 山东《即墨杨氏族谱》之一

（杨方枘等续修，道光二十八年承桂堂藏板）

27. 山东《即墨杨氏族谱》之二

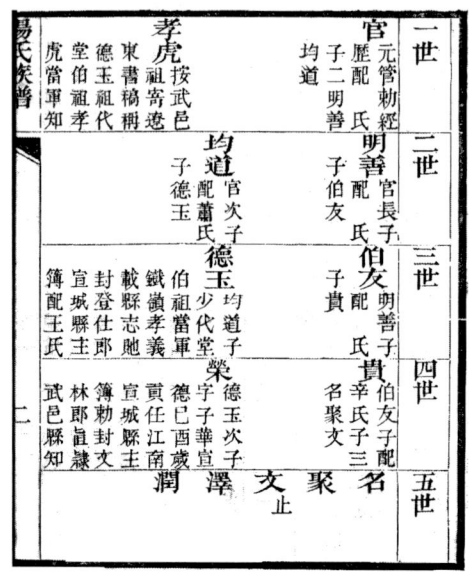

（杨方杶等续修，道光二十八年承桂堂藏板）

28. 山东《即墨杨氏族谱》之三

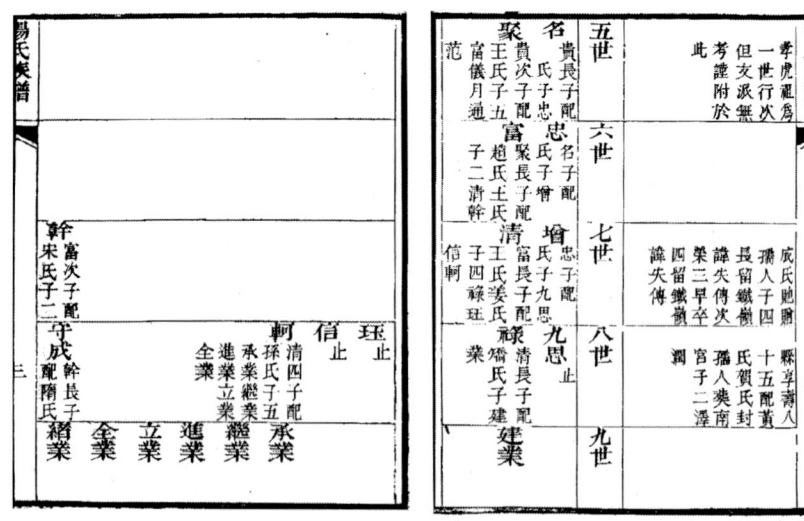

（杨方杶等续修，道光二十八年承桂堂藏板）

第八篇　世系表图(附五服图)

29. 山东《即墨杨氏族谱》之四

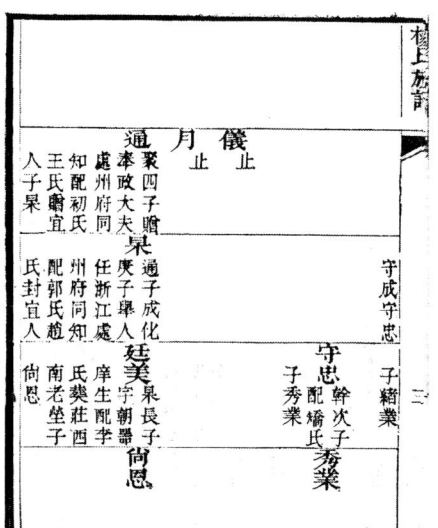
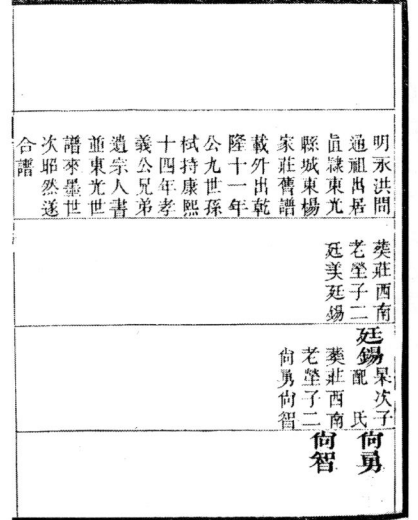

（杨方杶等续修,道光二十八年承桂堂藏板）

30. 山东《即墨杨氏族谱》之五

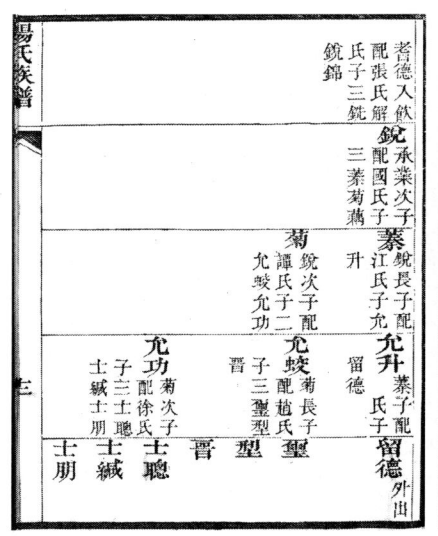

（杨方杶等续修,道光二十八年承桂堂藏板）

31. 甘肃《武威段氏族谱·段氏世系一览表》之一

世次	派名	易名·字号	父讳	生卒时日
世祖	始迁（讳未详）	洪斗	未详	未详（左右忌辰）
一世	文华	未详	未详	康熙三十二年十二月廿七日
二世	文秀	未详	未详	康熙十六年五月十八日
三世	瑾	未详	文华	未详
三世	琨	未详	文华	未详
四世	兴成	德光	文秀	嘉庆十五年十一月十九日巳时
四世	兴财	皐吾浦	文秀	嘉庆十八年六月初七日未卯时
四世	兴有	莘百浦	文华	嘉庆廿一年八月初一日亥时
四世	兴魁	梅百浦	文华	乾隆十九年十一月初十日巳时
五世	锐	伯侯	兴成	乾隆二十四年九月初三日卯时
五世	镕	未详	兴财	乾隆四十九年正月初五日巳时
五世	铠	未详	兴有	道光五年五月十七日寅时
五世	鉴	未详	兴魁	道光十三年四月廿三日子时
五世	钦	锐如	兴有	咸丰五年七月廿九日子时

（段永思等修，宣统三年续修谱，民国三年排印本）

32. 甘肃《武威段氏族谱·段氏世系一览表》之二

世次	派名	易名·字号	父讳	生卒时日
六世	铎	金如	兴魁	嘉庆二十六年十一月十九日巳时
六世	锦	未详	兴有	道光六年十二月初八日寅时
六世	鏮	未详	兴有	道光九年四月廿四日辰时
六世	鏻	未详	兴魁	道光十一年正月十四日辰时
六世	积善	乐天	兴魁	嘉庆七年十一月廿八日亥时
六世	积庆	笃天	兴魁	嘉庆廿四年九月十七日亥时
六世	积祥	瑞天	未详	同治十年九月初四日戌时
六世	积中	鉴	未详	同治九年五月初十日酉时
六世	积勳	鏻	未详	同治五年十二月廿六日子时
六世	积德	钦	未详	未详
七世	积福	锡吾	未详	道光十四年十二月初八日戌时
七世	积富	轮	未详	道光十八年十二月二十日戌时
七世	积寿	鐔	未详	道光十九年十月十五日辰时
七世	积仁	锦	未详	道光二十年八月廿三日酉时
七世	积学	鏻	盛斋 积善	道光二十八年十月十一日亥时
七世	积隆	斗垣 积善		光绪十六年九月廿三日亥时
七世	楹	济川 积善		光绪十二年六月初三日丑时
七世	楨	周廷 积善		光绪四年正月二十一日子时

（段永思等修，宣统三年续修谱，民国三年排印本）

第八篇　世系表图(附五服图)

33. 甘肃《武威段氏族谱·段氏世系一览表》之三

世	榕	永年	永和	永錫	永亨	永清	永康	永孝	永齡
八	樹村	衡山	鶴亭	春亭	未詳	夢亭楓 竹盦慎	未詳	未詳	予紹 永桐
	積福	積隆	樞	梓		海如	櫪		九桐
	光緒七年二月初十日申時	光緒二十二年五月十二日未時	道光二十四年十一月十二日辰時	咸豐十年五月廿二日辰時	未詳	光緒十二年十一月十四日午時	同治九年十一月初二日亥時	未詳	同治十二年正月二十八日子時

(段永思等修，宣统三年续修谱，民国三年排印本)

34. 甘肃《武威段氏族谱·段氏世系一览表》之四

世	炯	燥	烘	燬	煅	煃	煜	焜	燿
九	永安			璨	璧		瑛		
	平之 橘	戒三 藍田堂	玉甫 鑒三	連城	彤甫	伯光 勉勤 恩	鄰珊	秩甫	子煌 子明
	永錫	永年	永錫	永齡	永清	永恩	永清	永齡	永緒 永潤
	光緒二十七年五月十八日子時	光緒九年十月二十一日申時	光緒十六年十二月初七日酉時	光緒十七年十二月十五日丑時	光緒二十一年三月初七日丑時	光緒二十三年七月二十一日辰時	光緒二十四年十二月初六日辰時	光緒二十八年五月初三日未時	光緒十九年七月二十九日辰時

(段永思等修，宣统三年续修谱，民国三年排印本)

35. 甘肃《武威段氏族谱·段氏世系一览表》之五

（段永思等修，宣统三年续修谱，民国三年排印本）

36. 浙江《会稽何家溇何氏宗谱》之一

（何宽等修，康熙乙卯始修，乾隆四十四年续修，抄本）

37. 浙江《会稽何家溇何氏宗谱》之二

（何宽等修，康熙乙卯始修，乾隆四十四年续修，抄本）

38. 浙江《会稽何家溇何氏宗谱》之三

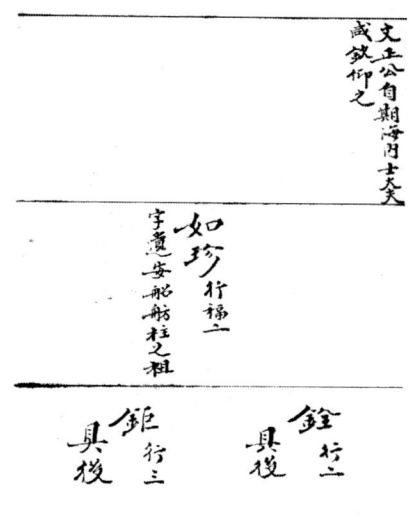

（何宽等修，康熙乙卯始修，乾隆四十四年续修，抄本）

39. 浙江《会稽何家溇何氏宗谱》之四

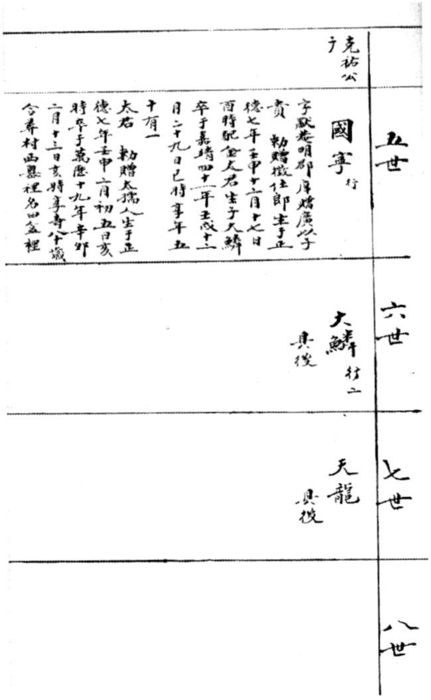

克祐公子

五世 國寧 行
字獻老明郡庠增廣以子貴 敕贈徵仕郎 生于正德七年壬申十二月十七日酉時 配金太君 生子大鱗 卒于嘉靖四十一年壬戌十二月二十九日巳時 享年五十有一
太君 敕贈太孺人 生于正德七年壬申二月初五日亥時 卒于萬曆十九年辛卯二月十三日亥時 享壽八十歲 合葬村西墓裡名曲盆裡

六世 大鱗 行二 具後

七世 天龍 具後

八世

(何宽等修,康熙乙卯始修,乾隆四十四年续修,抄本)

40. 浙江《会稽何家溇何氏宗谱》之五

金鉞
公凝重簡默不求仕進日究心書史而遠于勢利惟以課教諸生為事一時名士多出其門下士林咸欽敬之稱為當代儒宗

天樞 具後

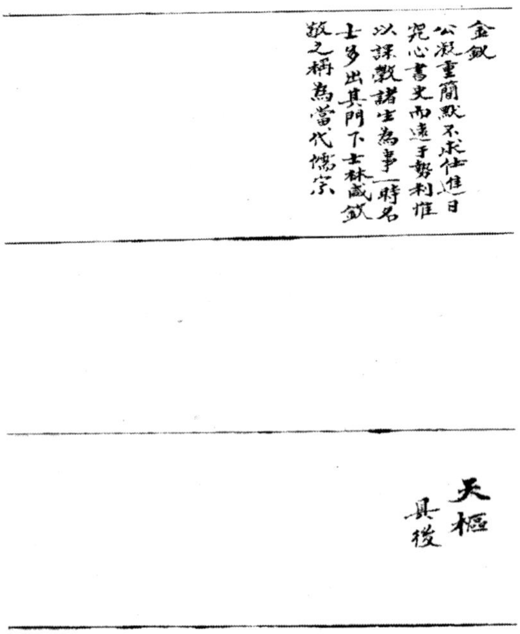

(何宽等修,康熙乙卯始修,乾隆四十四年续修,抄本)

41. 浙江《会稽何家溇何氏宗谱》之六

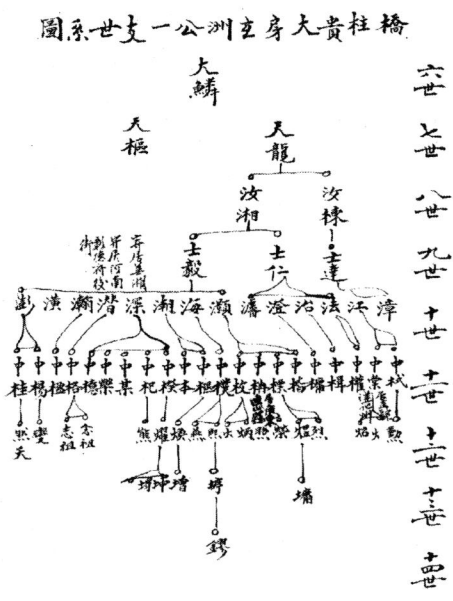

(何宽等修,康熙乙卯始修,乾隆四十四年续修,抄本)

42. 浙江《会稽何家溇何氏宗谱》之七

(何宽等修,康熙乙卯始修,乾隆四十四年续修,抄本)

43. 浙江《会稽何家溇何氏宗谱》之八

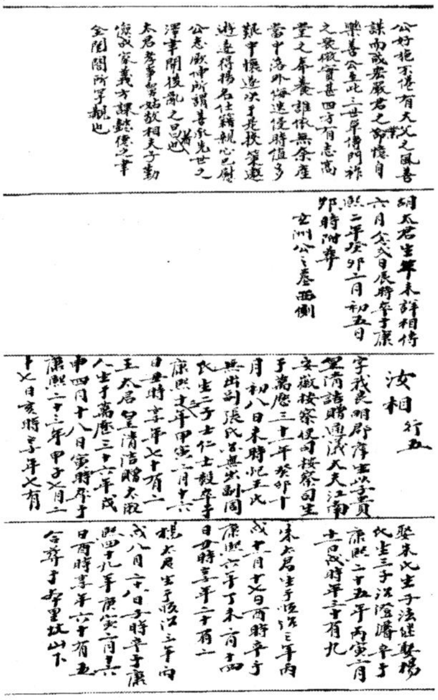

公好施不倦有大父之風善
謀而識宏嚴君之爵位自
樂善公至此三世矣傳門祚
之衰微實甚四方有志高
堂之奉養雖依無余產
當中落外侮迭侵時值多
艱中懷返以手扶策遨
遊意得揚名仕籍親心已慰
公志厥伸所謂善承先世之
澤事開後亂之已也
太君孝事舅姑敬相夫子勤
儉成家義方課孫俾之率
全閨閫所罕覯也

胡太君生年未詳相傳
六月廿八日辰時卒于康
熙二年癸卯二月初五日
卯時附葬
玄洲公之塋西側

汝相 行五
字彥明郡庠生以子貴
皇清誥贈通議大夫江南
安徽按察使司按察司生
于萬曆三十一年癸卯十
月初八日未時妣王氏
無出副張氏亦無出副周
氏生二子士仁士毅卒于
康熙十三年甲寅二月十六
日丑時享年七十有二
王太君 皇清誥贈太淑
人生于萬曆三十六年戊
申四月十八日寅時卒于
康熙二十三年甲子七月二
十七日亥時享年七十有

娶朱氏生子法健娶楊
氏生三子汉澄潘卒于
康熙二十五年丙寅六月
十四日戌時年三十有九
朱太君生于順治三年丙
戌十一月十七日酉時卒于
康熙六十年丁未十二月
日丑時享年七十有二
楊太君生于順治三年丙
戌八月廿八日子時卒于康
熙四十九年庚寅十二月
日酉時享年六十有五
合葬于孝里坟山下

(何宽等修,康熙乙卯始修,乾隆四十四年续修,抄本)

44. 浙江《会稽何家溇何氏宗谱》之九

張太君生年無攷相傳七
月十五日生辰卒于康熙
十八年己未六月十四日
亥時
周太君 皇清誥贈淑人
生于明萬曆四十五年丁
巳二月十六日卯時卒于
康熙十年辛亥四月初三
日戌時享年五十有五
合葬於孝里松樹園

士毅 行二
字景遠別號芳巖生
于順治七年庚寅十
月初十日辰時任福建
邵武府同知暨四川夔
州府同知 誥授奉政大
夫陞陝西漢中府知府分
巡漢興副使道 誥授
中憲大夫特簡江南安徽
提刑按察使司 誥授通議
大夫元配朱太君生子灝
誥贈宜人晉贈恭人特贈
淑人 副徐氏生子海二女
益通道墉章
副王氏生二子潮
澎

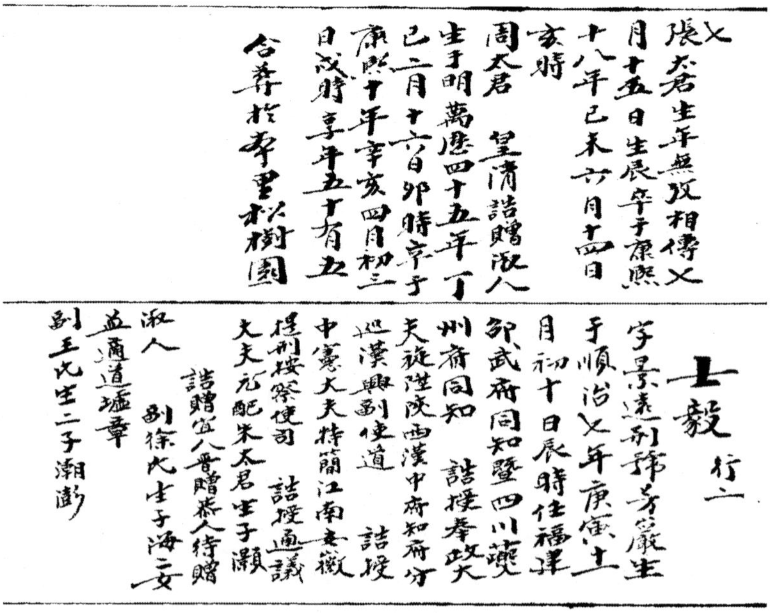

(何宽等修,康熙乙卯始修,乾隆四十四年续修,抄本)

45. 浙江《海宁岩门高氏家谱·世系》之一

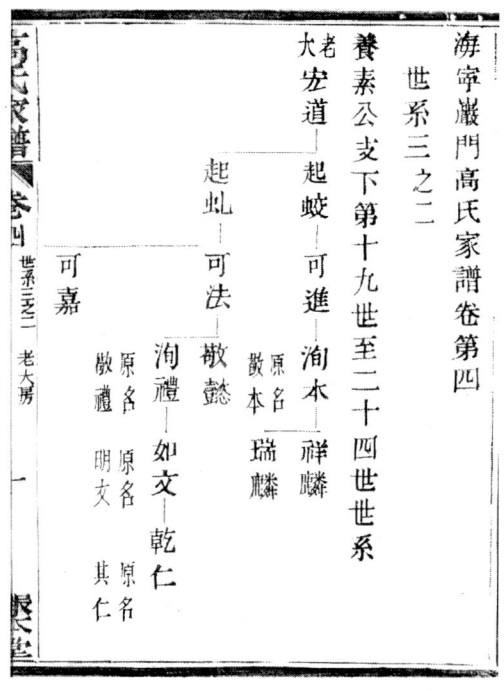

（高德续修，咸丰三年报本堂刻本）

46. 浙江《海宁岩门高氏家谱·世系》之二

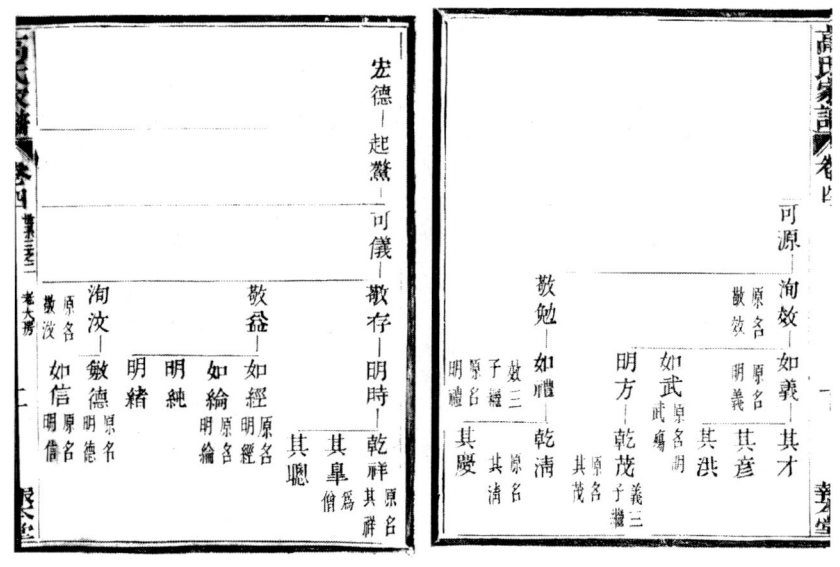

（高德续修，咸丰三年报本堂刻本）

47. 江西永丰《武城曾氏重修族谱·贞澧房系》

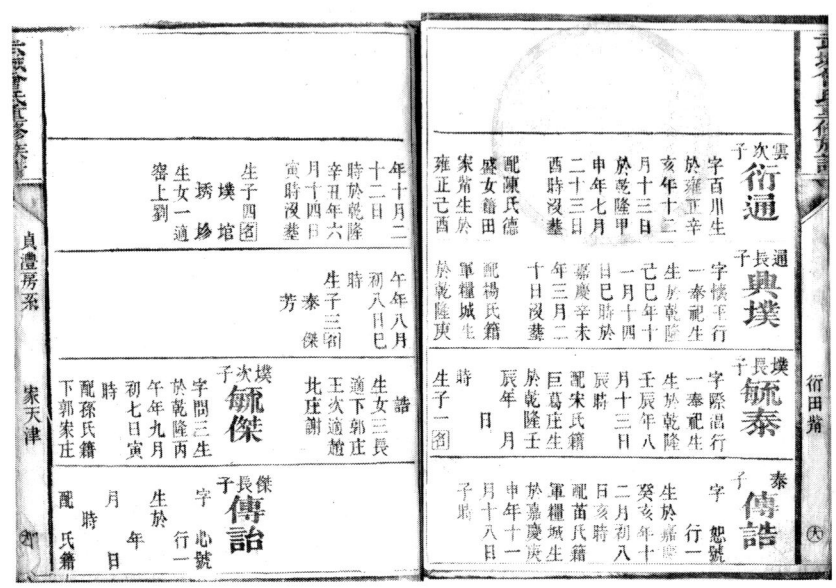

（曾毓塼等修，三修谱，道光元年刻本）

48. 广东乳源《余氏族谱·聪公派下马头下珂公世录》之一

（余有璋等纂修，嘉庆二十五年木活字本）

49. 广东乳源《余氏族谱·聪公派下马头下珂公世录》之二

（余有璋等纂修，嘉庆二十五年木活字本）

50. 直隶沧州《戴氏族谱·丧服总图》

丧 服 总 图					
	斩衰 三年				
三月 边下缝不 之为 布 麻 粗 至 用				杖期	五月
	齐衰				
边下缝不 之为 布 麻 粗 稍 用					
不杖期					
边下缝 之为 布 麻 粗 用					
月	大功 九				
之为 布 熟 粗 用					
月	小功 五				
之为 布 熟 粗 稍 用					
月	缌麻 三				
之为 布 熟 细 稍 用					

（光绪三十四年刻本）

51. 直隶沧州《戴氏族谱·本宗九族五服之图》

本宗九族五服之图

			齐衰 三月	高祖父母				
		出嫁无服	在室缌麻	齐衰 五月	曾祖父母	缌麻 曾叔伯祖		
	出嫁无服	族祖姑 在室缌麻	出嫁无服 祖姑 在室缌麻	齐衰 不杖期	祖父母	小功 族叔祖伯 祖父母	缌麻 族叔伯祖父母	
出嫁无服	族姊妹 在室缌麻	出嫁无服 堂姑 在室缌麻	出嫁大功 姑 在室期年	斩衰 三年	父持	期年 叔伯父母	小功 堂叔伯父母	缌麻 族叔伯父母
出嫁无服 族姊妹 在室缌麻	出嫁缌麻 再从姊妹 在室小功	出嫁小功 堂姊妹 在室大功	出嫁大功 姊妹 在室期年	己身	兄弟 期年	堂兄弟 小功 其妻无服	再从兄弟 缌麻 其妻无服	族兄弟 缌麻 其妻无服
	出嫁无服 侄孙女 在室缌麻	出嫁缌麻 堂侄女 在室小功	出嫁大功 侄女 在室期年	长子期年 众子期年 其妻大功	侄 期年 其妻小功	堂侄 缌麻 其妻无服	再从侄 缌麻 其妻无服	
		侄孙女无服	侄孙女缌麻	嫡孙期年 众孙小功 其妻缌麻	侄孙 小功 其妻无服	堂侄孙 缌麻 其妻无服		
			曾孙无服	曾孙缌麻 曾侄孙女出嫁	曾侄孙 缌麻 其妻无服			
				元孙缌麻 元孙妇无服				

(光绪三十四年刻本)

52. 直隶沧州《戴氏族谱·三父八母服图》

三父八母服图

(光绪三十四年刻本)

53. 直隶沧州《戴氏族谱·妻为夫族丧服图》

（光绪三十四年刻本）

54. 湖南汉寿《盛氏族谱·出女为本宗降服图》

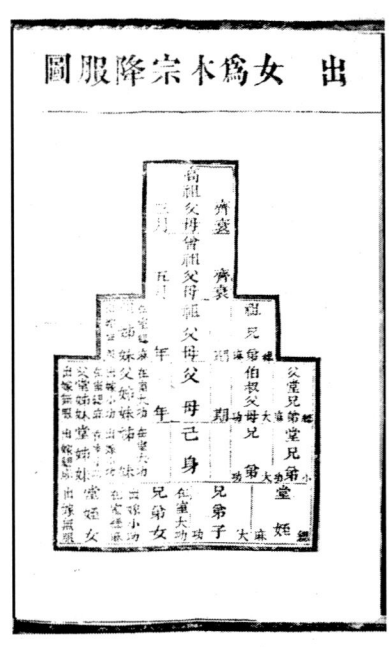

（光绪二十七年广陵堂活字印本）

第九篇 各类文物

1. 江苏仪征《陈氏宗谱·圣谕十六条》之一

（民国十年续修本）

2. 江苏仪征《陈氏宗谱·圣谕十六条》之二

（民国十年续修本）

3. 江苏仪征《陈氏宗谱·圣谕十六条》之三

（民国十年续修本）

4. 江苏仪征《陈氏宗谱·圣谕十六条》之四

（民国十年续修本）

5.江苏仪征《陈氏宗谱·圣谕十六条》之五

(民国十年续修本)

6.《圣谕广训》之一

(宣统庚戌七月刊本)

7. 《圣谕广训》之二

孫並受其福積善之家必
有餘慶其理豈或爽哉

雍正二年二月初二日

(宣统庚戌七月刊本)

8. 《圣谕广训》目录

聖諭廣訓目錄

敦孝弟以重人倫
篤宗族以昭雍睦
和鄉黨以息爭訟
重農桑以足衣食
尚節儉以惜財用
隆學校以端士習
黜異端以崇正學
講法律以儆愚頑

目錄

明禮讓以厚風俗
務本業以定民志
訓子弟以禁非為
息誣告以全善良
誡匿逃以免株連
完錢糧以省催科
聯保甲以弭盜賊
解讐忿以重身命

(宣统庚戌七月刊本)

9.《圣谕广训》第一条"敦孝弟以重人伦"

聖諭廣訓第一條敦孝弟以重人倫

聖祖仁皇帝臨御六十一年法

我

祖尊

親孝思不置

欽定孝經衍義一書衍釋經文義理詳貫無非孝治天下之意故

聖諭十六條首以孝弟開其端朕丕承鴻業追維

往訓推廣立教之思先申孝弟之義用是與爾兵民人

第一條敦孝弟以重人倫

（宣统庚戌七月刊本）

10.《圣谕广训》第二条"笃宗族以昭雍睦"之一

聖諭廣訓第二條篤宗族以昭雍睦

書曰以親九族九族既睦是帝堯首以睦族示教也禮曰尊祖故敬宗敬宗故收族明人道必以睦族為重也夫家之有宗族猶水之有分派木之有分枝雖遠近異勢疎密異形要其本源則一故人之待其宗族也必如身之有四肢百體務使血脉相通而疴癢相關周禮本此意以教民著為六行曰孝曰友而繼曰睦誠古今不易之常道也我

聖祖仁皇帝既諭爾等以敦孝弟重人倫即繼之曰篤

第二條篤宗族以昭雍睦

（宣统庚戌七月刊本）

11.《圣谕广训》第二条"笃宗族以昭雍睦"之二

宗族以昭雍睦蓋宗族由人倫而推雍睦未昭卽孝弟有所未盡朕為爾兵民詳訓之大抵宗族所以不篤者或以富者多各而無解推之德或貧者多求而生缺望之思或以勢利汨其天親或以睽驕人而恣傲施於骨月或貨財相競不念祖孝之淺情或誤見意偶妻蝢失宗親之義或偏聼無所不至非惟不知雍睦抑且忘為宗族矣爾兵民獨不思子姓之衆皆出祖宗一人之身奈何以一

（宣統庚戌七月刊本）

12.《圣谕广训》第二条"笃宗族以昭雍睦"之三

人之身分為子姓邈相視為途人而不顧哉昔張公藝九世同居江州陳氏七百口共食凡屬一家一姓當念乃祖乃宗寗厚毋薄寗親毋踈長幼必以序相洽尊卑必分相聯喜則相慶以結其綢繆戚則相憐以通其緩急家廟以薦烝嘗設家塾以課子弟置義田以贍貧乏修族譜以聯疎遠卽單姓寒門或有未逮亦各隨其力所能為以自篤其親屬誠使一姓之中秋然翕然父與父言慈子與子言孝兄與兄言友弟與弟言恭雍睦昭而

第二條篤宗族以昭雍睦

（宣統庚戌七月刊本）

13.《圣谕广训》第二条"笃宗族以昭雍睦"之四

孝弟之行愈敦有司表為仁里君子稱為義門天下推為望族豈不美哉若以小故而齮齕宗支以微嫌而傷親愛以侮慢而違遜讓之風以偷薄而虧敦睦之誼古道之不存即為國典所不恕爾兵民其交相勸勵其體祖宗慈愛之心常切水木本源之念將見親睦之俗成於一鄉一邑雍和之氣達於薄海内外諸福咸臻太平有象胥在是矣可不勗歟

（宣统庚戌七月刊本）

14.《御定内则衍义·睦宗族》

睦宗族

讓之道

謹按此論最為痛切婦女所當諦聽故採為和妯娌之要道焉

終日親厚堂不快樂

所以待我之吉事福慶也我之所以待妯娌即我衆兄婦之所以相待

致祥乃我家傳世無極則丈夫之親皆我之親也和睦孫長與我同衾同穴生子其

多端不可槃述不知既入丈夫之家同者有為小姑則謂嫂於母為嫂於則謂姑於夫其事

女誡曰婦人之得意於夫主由舅姑之愛已也舅姑之愛已由叔妹之譽已也由此言之我臧否毀譽一由叔妹叔妹之心不可失而不能和之以求親其敬也我

且夫妹者體敵而分尊恩疏而義親若妹娣撓過隱則能依義以篤恩好崇恩以結援使微美顯章而瑕過隱

塞舅姑稱善而夫主嘉美聲譽曄於邑隣休光延於父

（《四库全书》本）

15.《乾隆案例·谋邑备考》之一

刑部为殴死夫命事会议得高亚二等殴伤大功服兄高壬姐身元一案据广抚岳阮转缘高壬姐曾倍高亚二之父高梓等钱四十文未还乾隆十二年七月十九日高壬姐向索前久高壬姐无钱以应反给詈骂高梓所其无礼高壬姐批住高梓等木领高梓喊救高壬姐挽右脇高壬姐摔例高梓木领高梓亦用序四波高梓趁至勤令高壬姐祥手高壬姐不依後凑亦欷打高壬姐声二恐父受伤情急用拳掷殴不期中伤高壬姐毙

肥兄殴人畏罪自刎亲死通令肥弟扎死改断候刑部为较明事会审得光州郡永瑞听任伊肥兄眼福强令自殴辞眼福殴死一案据河抚硕疏称郡永瑞眼福源僧人眼福自刎在经坊寺披剃为僧领有度牒乾隆九年六月间该寺山主戴魁不守清规票州贵逡韵令另招僧人住持戴魁兴戴魁议招胡家堂僧人引道居任戴魁依允屈三顷復约同刘永勤王万资於九月十九日送僧人引道入寺眼福闻知以屈三顷亚非山主擅行招僧毁及从前票逐涿係属三硕王谋心怀怨恨向伊兄郡永祥弟郡永

（抄本，南开大学图书馆藏）

16.《乾隆案例·谋邑备考》之二

子报父仇杀死大功兄仍同兄翰拟杖刑部为殴死父命事会审得陈士荣俊仇戳死大功服兄陈得忠一案据湖抚范琉称缘陈得忠故父陈仕章同肥兄弟陈仕章允供江西闽垦荒地後逐陈再可携妻黄氏子陈士行等同住伸耕墅正三年五月十四日陈得忠与陈再可种两相争阄陈德忠伤陈再可夸责陈再可俗赴租重佃不给洱贺生良醉归陈再可长子陈士行七岁次子陈小腹等复殒命其时陈再可左耳根腰肠小明四岁陈士荣尚在母腰陈得忠欧庆黄氏女

听徙母命勒毙罪本应死之肥兄改断决刑部为访闻勤死人命事会审得魏贤等听徙母命勒死肥兄魏鏊一案据山西抚阿疏称魏贤与次兄魏忠并长兄魏鏊分居另娶素无嫌怨魏鏊素性兇暴时忤其母伊母彭氏久经懐恨乾隆十二年十二月十二日魏鏊之钱花用欲當伊要崔氏铺盖崔氏室内魏鏊鏊即行怒萬伊勒花欲打崔氏畏懼奇避彭氏推例又趁至厚罵伊彭氏見而斥责魏鏊将彭氏打碎椅彭氏怨極遂尋护魏忠給令魏鏊細縛以過光性魏鏊愈肆怒罵復聲言欲殺全家魏鏊細縛以過光性魏鏊愈肆怒罵復聲言欲殺全家

（抄本，南开大学图书馆藏）

17.《乾隆案例·谋邑备考》之三

刑部為妻命傢死事會看得王有來毆妻黃氏身死証
告許康侯鳴令致斃一案據湖撫奏碉緣王有來為賞
原係高元僕不詳置工令其旦居王有來得待東寺僧
閒周王有來不詳置工令其旦居王有來得待東寺僧
房一間用破渦屬无添桶在伊主已賣屋上掲无敷十
片適許康侯捉許安瑞窺見吉知許康侯為鳴鄒係
項大王等骇明斥責項安大王等以王有來已延竟屋還
居且揭无幾物釋而散説王有來受責在家罟為伊

服命附

故殺小功叔祖併嫡母二命比照敬期妃尊屬凌
遲處死

刑部為遵

旨核議速奏事會看得楊鋪敬死小功叔祖俜楊成德
崇嫡蘇撫莊奏楊鋪不務營生被伊叔祖楊成德
印雲罵扶有風嫌連戲楊成德夌致楊鋪
錦箏將楊鋪比炤故敬期妃以淩遲死又
因具奏前未盡律戴敬小功尊屬為死律戴敬期妃
尊屬死皆斬故敬省淩遲處死又例戴敬一家非死罪
二人應擬斬决

服命
奏諸

（抄本，南開大學圖書館藏）

18.《乾隆案例·谋邑备考》之四

犯罪擬絞留養又犯故敬擬斬立决

刑部為僥倖獨絞殺斃亭事會看得周大公戳傷楊昌
典竝死一案據湖撫奏疏稱緣周大公先於乾隆七
年六月間毆死鄧上珍擬絞侯因觀老丁軍倮例留
養在寨周大么與楊昌典比隣而居楊昌典倒
天雨澇水注下向由周大么屋旁則眼消波楊昌
年三月二十八日大雨則眼阻塞水漫楊昌典屋内周
大么楊刀處湖刺洗鯰魚楊昌典撞邁呂及天氣連陰
又欲下雨因何尚將刀眼叺塞邗行侼罵周大么回罵
楊昌典上前毆刺周大么即用剝魚缺刀連戳楊昌
典身多處立斃

毆人傷風身死擬過敬減侠雖保孀婦獨子不
准留養

刑部為哭伸父命事會議得張朋殴傷楊斐章消颺身
死一案擾安撫張疏稱緣楊斐章曾向張朋借錢二
千文僅還錢九百文張氏不免致相争角張氏將楊斐章稱
云侯連日清還張氏不致相争角張氏將楊斐章稱
氏滌婦邐張朋聽聞前往論理楊斐章迎上歐詈張
見楊斐章惇恨力不能敵隨手在地拾取磚塊擲郷
不意中傷楊斐章左額角皮破流血楊斐章被敬傷慇

（抄本，南開大學圖書館藏）

19.《乾隆案例·谋邑备考》之五

刑部为报明事会有得祝仁有殴伤奚伯绞同身死一案据浙抚杨疏称缘祝仁有与奚伯绞同种荒地乾隆二十一年五月二十三日奚伯绞携锄往山见祝仁有所种南瓜延至己地将瓜拔去祝仁有争置奚伯绞即用锄柄向殴祝仁有等覆奚伯绞偏以颧撞次日奚伯绞自觅草药敷贴伤痕祝仁有随手将锄柄殴打一下适中奚伯绞偏右而走力作至二十八日奚伯绞将旧药解下以致伤口抽风……

……留养

自欲夺死图赖嘱令族侄伊勒亲觑谋钱加功律拟绞

刑部为强抢幼女奇事会有得郑奇强抢李玉生一案据湖南巡抚胡奏称郑奇近及曾央朝海等求配李玉生之女珍妹为媳未允胡海相过郑奇之胡即起意强抢在伊奴郑应先家备酒邀请胡海郑朝奇郑即意假以催包毂倩郑明玉郑宗保胡龙觑纲倂李玉生族人李玉祥总告知欲在抢妹情由郑奇郎假妹证倂告俏住僕嚷堂兄郑才飞郑辛亥兄帮助郑奇同兄郑趣

(抄本,南开大学图书馆藏)

20.《乾隆案例·谋邑备考》之六

刑部为遵旨核拟其袭事据河南巡抚阿疏称缘吴正暨弟吴起藉隶永城出外佣佃度日乾隆二十六年十月辞工吴正同夥张与袁静脩家佣工至二十七年十月辞工吴正兴袁静脩家佣志等伺种袁静脩家地袛分收籽粒仍食宿袁静脩家静脩优催种袁起鑋颢起凌心拉日吴起织布喊袁静脩娷女春花送绵吴起颉起滋心拉臂求嬲春花喊骂奔告祖母陈氏转告袁静脩随向吴正因係醜事嘱将吴起逐出不必声张袁静脩

钱死五人非一家据凌迟其弟图奸起衅拟斩决

(抄本,南开大学图书馆藏)

21. 安祺佐领咸丰七年清查户口人丁册之一

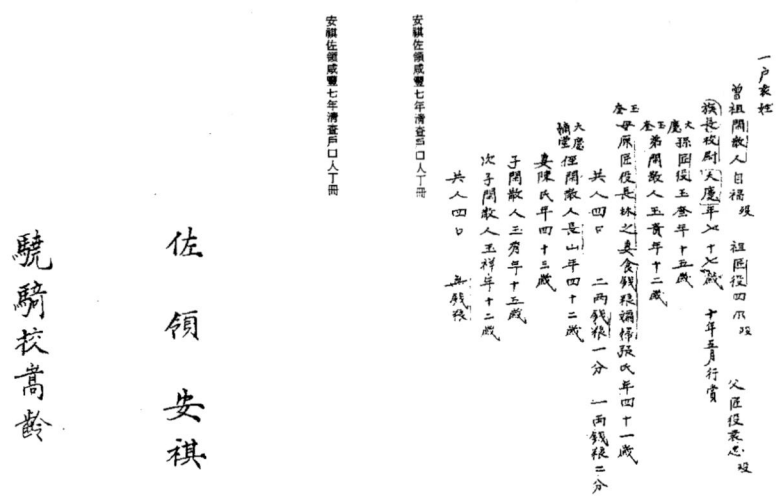

（全国图书馆文献缩微复制中心制，《国家图书馆藏清代孤本内阁六部档案》第 11 册，第 5306–5307 页，2003 年）

22. 安祺佐领咸丰七年清查户口人丁册之二

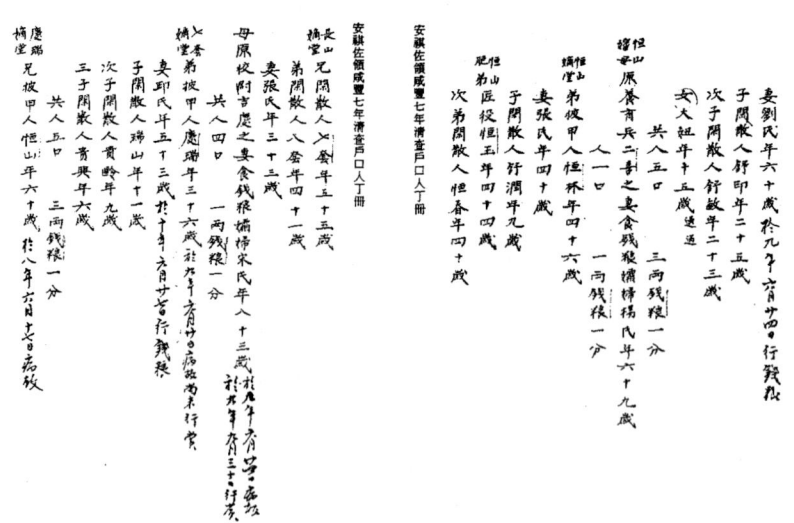

（全国图书馆文献缩微复制中心制，《国家图书馆藏清代孤本内阁六部档案》第 11 册，第 5308–5309 页，2003 年）

23. 直隶沧州《戴氏族谱》载内台总宪坊

坊 宪 总 台 内

（光绪三十四年刻本）

24. 江苏吴县《蒋氏宗谱》载宋徽宗御赐族人蒋之奇诗

（蒋炳章手录，光绪二十年抄本）

25. 江苏高淳乾隆年间吴氏"孝子"匾

（1994年拍摄）

26. 江苏高淳吴氏祠堂戏台

（1994年拍摄）

27. 安徽歙县棠樾鲍氏牌坊群之一

（2006年8月拍摄）

28. 安徽歙县棠樾鲍氏牌坊群之二

（2006年8月拍摄）

29. 安徽歙县棠樾鲍氏牌坊群之三

(2006年8月拍摄)

30. 安徽歙县棠樾鲍氏牌坊群之四

(2006年8月拍摄)

31. 安徽歙县棠樾鲍氏牌坊群之"节劲三冬"

(2006年8月拍摄)

32. 安徽黟县《环山余氏宗谱》

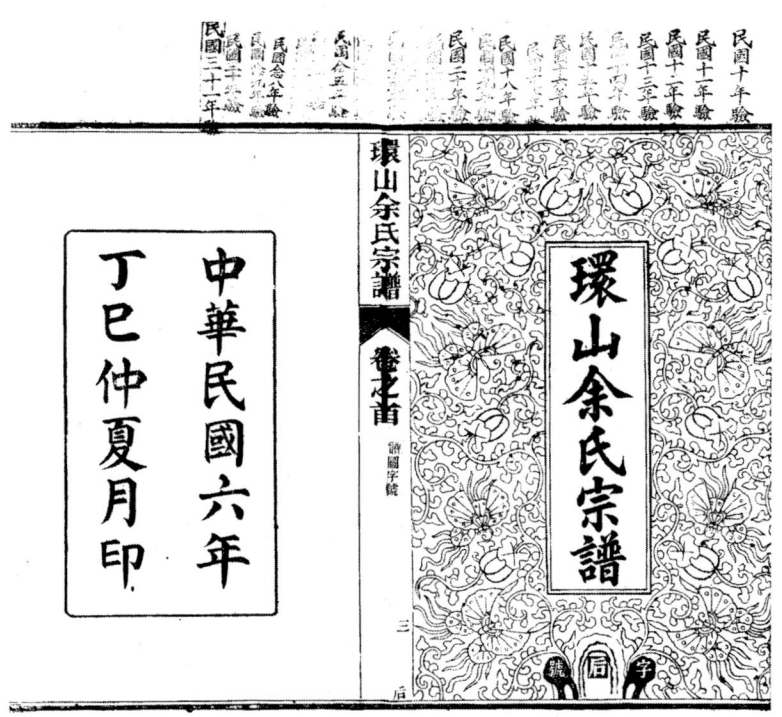

(余攀荣等修,六修谱,民国六年印本)

33. 安徽黟县《环山余氏宗谱·家礼仪节》之一

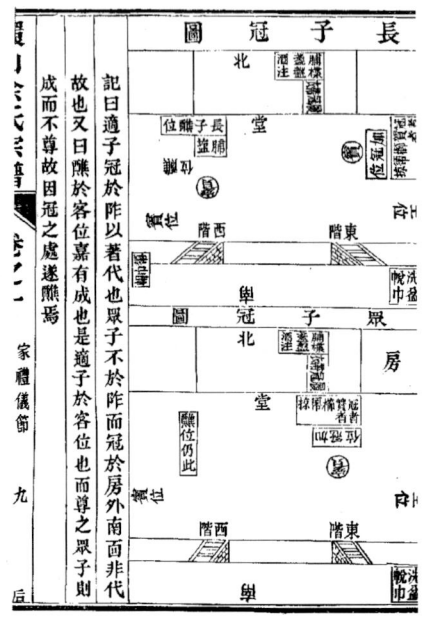

（余攀荣等修，六修谱，民国六年印本）

34. 安徽黟县《环山余氏宗谱·家礼仪节》之二

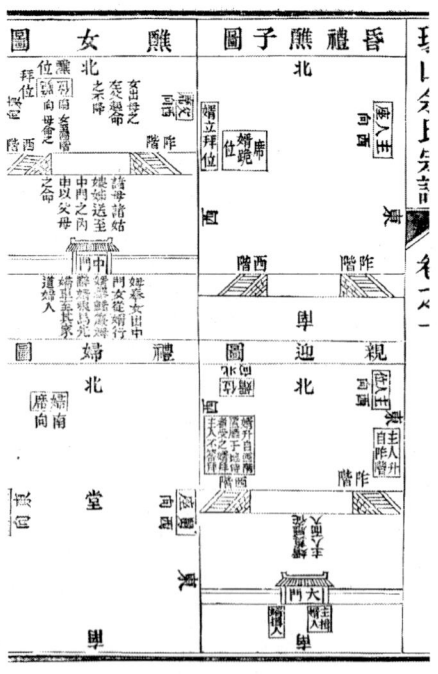

（余攀荣等修，六修谱，民国六年印本）

35. 山西介休《定阳张氏族谱》载敕建牌坊图

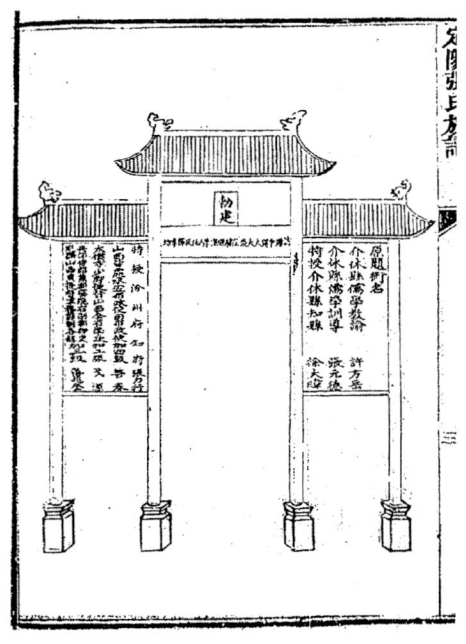

(乾隆五十二年张煐辑成,道光二十六年刻本)

36. 山东《东莱赵氏家乘·制诰》之一

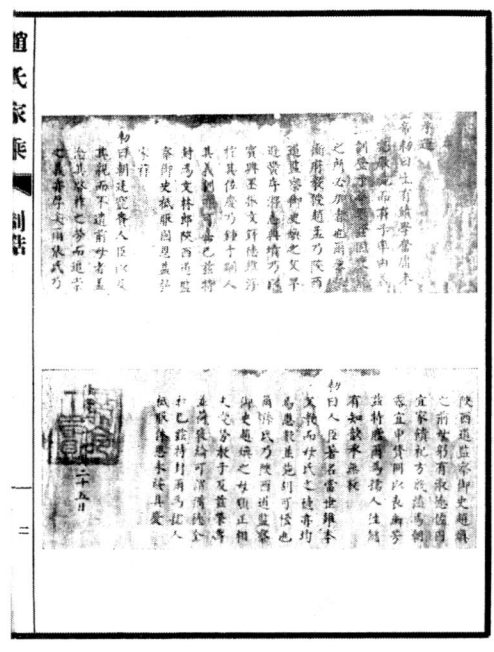

(赵琪等撰,民国二十四年永厚堂铅印本)

37. 山东《东莱赵氏家乘·制诰》之二

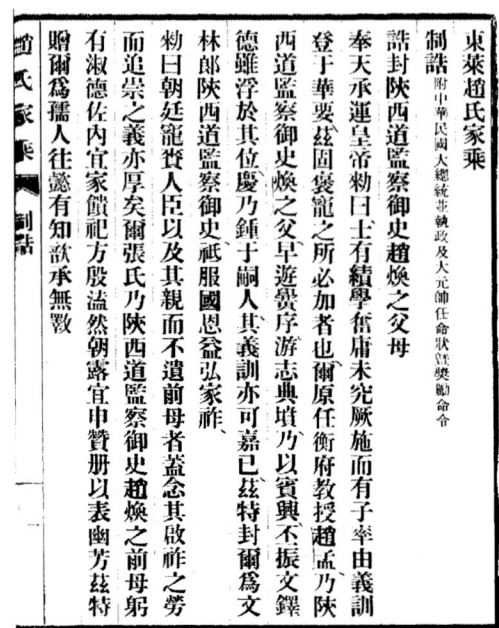

（赵琪等撰，民国二十四年永厚堂铅印本）

38. 山东《东莱赵氏家乘·制诰》之三

（赵琪等撰，民国二十四年永厚堂铅印本）

39. 山东《东莱赵氏家乘·制诰》之四

勅授雲南大理府趙州吏目趙袞
奉天承運皇帝制曰錫類乃朝廷之典服勞爲臣子之常爾雲南
大理府趙州吏目加一級趙袞茲以覃恩授爾爲登仕郎錫之勅
命於戲欽茲綸綍之榮益勵忱恂之誼
制曰恪共奉職良臣旣殫厥心貞順宜家淑女爰從其貴爾雲南
大理府趙州吏目加一級趙袞之妻劉氏茲以覃恩封爾爲孺人於戲
閨閫龜勉同心內治相□於夙夜茲以覃恩封爾爲孺人於戲龍
章載渙用襃敬戒之勤翟茀欽承益勵柔嘉之則
康熙五十二年三月十八日

此軸存玉瑞處

(赵琪等撰,民国二十四年永厚堂铅印本)

40. 山东《东莱赵氏家乘》"孝弟忠信"匾额

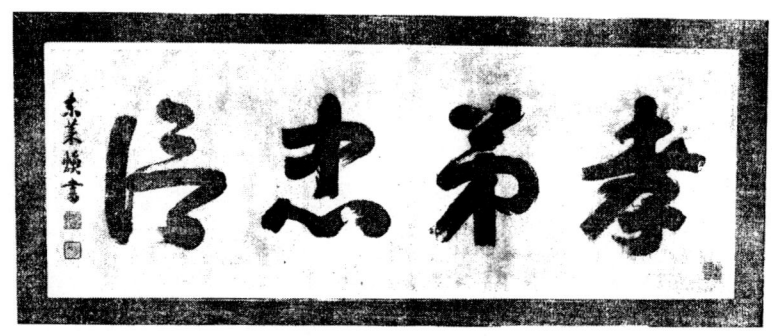

(赵琪等撰,民国二十四年永厚堂铅印本)

41. 山东《即墨杨氏族谱》谱中夹纸之一

(杨方杶等续修，道光二十八年承桂堂藏板)

42. 山东《即墨杨氏族谱》谱中夹纸之二

(杨方杶等续修，道光二十八年承桂堂藏板)

43. 山东《即墨杨氏族谱》谱中夹纸之三

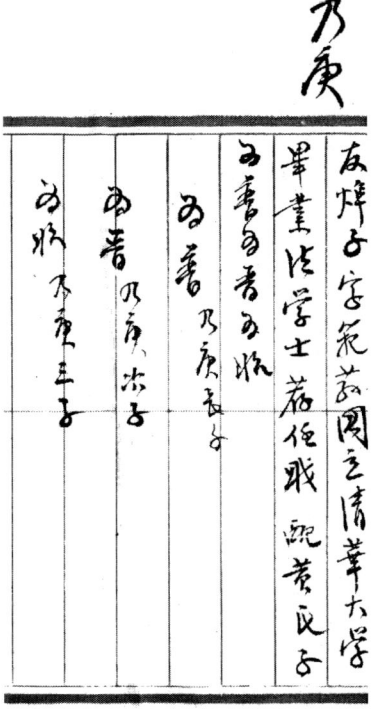

（杨方杶等续修，道光二十八年承桂堂藏板）

第十篇　其他相关文献图像

1. 安徽太平《城南胡氏家谱·城南阳基全图》

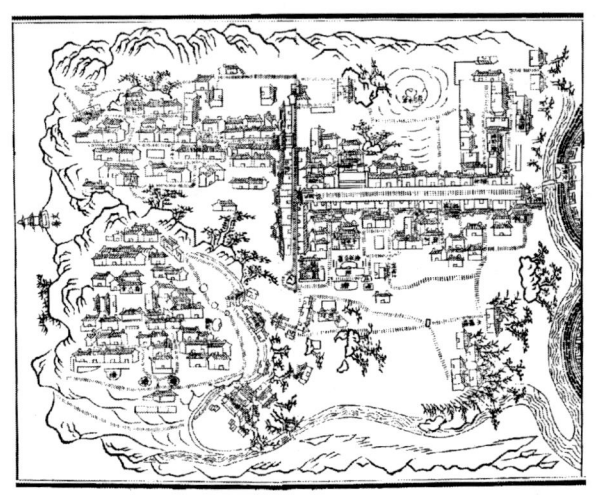

（胡道甫等续修，四修谱，民国十七年刊本）

2. 安徽太平《城南胡氏家谱·麻村阳基图》

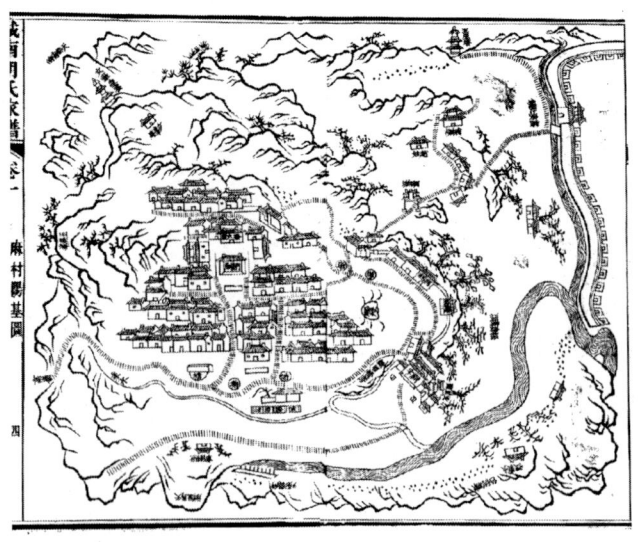

（胡道甫等续修，四修谱，民国十七年刊本）

第十篇　其他相关文献图像

3. 安徽徽州宏村民居

（2006年8月拍摄）

4. 安徽《（嘉庆）泾县志·风俗》谓"旧家多聚族村落"

（洪亮吉等编，嘉庆间刻本）

5. 安徽《(嘉庆)泾县志·津渡》述及宗族义渡

> 二船以濟採訪冊
> 我族東圍古渡往來稠集自黎明至夜分無虛晷刻非大船不
> 克允濟兼取快便添設小船擇勤敏者予以資斧俾掌檥棹向
> 衆諳俱出宗祠忠孝堂公項近因應給不周時藉零星勤輪
> 甚費周章今歲夏巡五謀于同族自修欵有大小兩船并給司渡人
> 食用費銀捌拾兩因言此事須有專欵方能持久慨將自置潛
> 泚市房計價壹仟壹拾兩助入宗祠歲收租銀爲濟渡永
> 遠之資族尊戶衆咸嘉其義請其二代木主崇祀饗堂兼擬勒
> 石而屬余爲文余謂有渡則行旅便有貲則修造易有權則司
> 掌勤義舉一人而功歸合族洵不朽事也因誌之以爲好義者
> 勸 嘉慶五年歲次庚申季秋月純祖譔

(洪亮吉等编, 嘉庆间刻本)

6. 安徽婺源(现属江西)古村李坑村里老治事之申明亭之一

(2006年8月拍摄)

7. 安徽婺源(现属江西)古村李坑村里老治事之申明亭之二

(2006年8月拍摄)

8. 安徽婺源(现属江西)汪口古村乡约所遗址及乡约所碑之一

(2006年8月拍摄)

9. 安徽婺源(现属江西)汪口古村乡约所遗址及乡约所碑之二

(2006年8月拍摄)

10. 山东《东莱赵氏家乘·手书遗迹》

(赵琪等撰,民国二十四年永厚堂铅印本)

第十篇　其他相关文献图像

11. 山东《东莱赵氏家乘·手绘遗迹》

東萊趙氏家乘
手繪遺蹟

六世祖諱煌字
文明號號見瞻以田
別號虎號瞻封
名翰林廕仕至
兵部謹倚寄書仕詩
而文手謹已迄輯不刊
可得兹書搆得
手繪遺蹟一
幀敬以西
景印於左法

（赵琪等撰，民国二十四年永厚堂铅印本）

12. 甘肃《武威段氏族谱·武威段氏科名记》

武威段氏科名記
段氏百餘年來世業農商無以科名顯者自映南公入武庠師魯公登賢書至季承兄弟相繼以科第起家自是以還其接踵而起者當蒸蒸日上而未有艾也兹將其科名次序錄列如左以備參考
段煒字映南同治七年郡試案首十二年歲試補武庠生
段宗儒字師魯光緒元年府庠生六年歲試考列一等補廩膳生員八年應壬午科本省鄉試中式第七名舉人候選學正
段永齡字紹丞光緒二十二年府庠生二十三年歲試考列一等補廩膳生員二十七年辛丑補行庚子　恩正併科本省鄉試

（段永思等修，宣统三年续修谱，民国三年排印本）

2153

13. 甘肃《武威段氏族谱·太学生段公斗垣年谱》

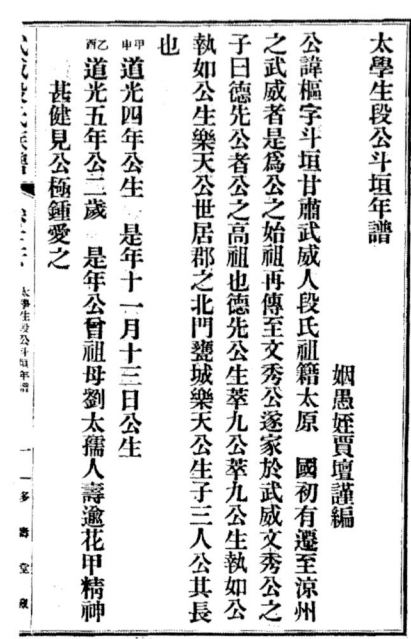

（段永思等修，宣统三年续修谱，民国三年排印本）

14. 浙江《海宁岩门高氏家谱·遗诗》之一

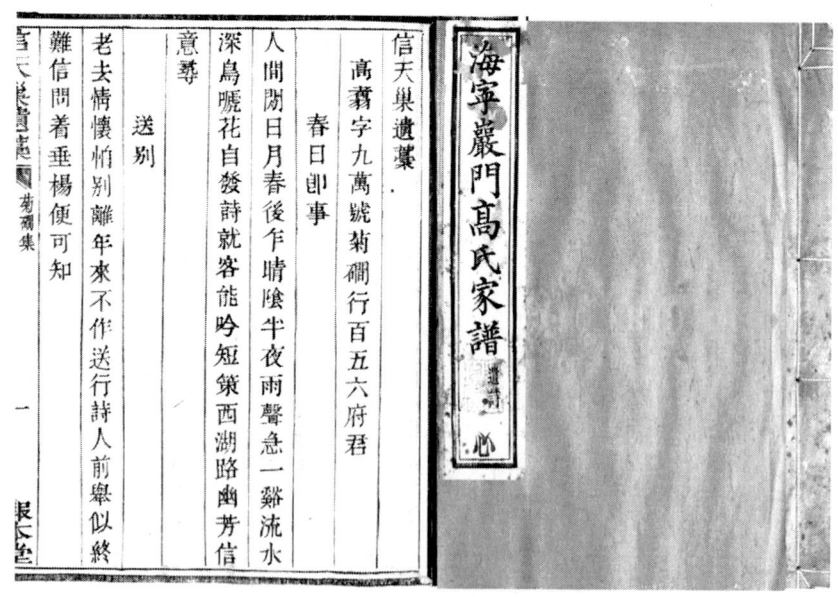

（高德续修，咸丰三年报本堂刻本）

15. 浙江《海宁岩门高氏家谱·遗诗》之二

> 春日北山二首
>
> 人缘白石游清溪手剔苍苔认旧顾春色满山归
> 不去拆桐花裹画眉哦
> 插花吹笛两山中桃李辇前日日同待得马头飞
> 絮满更来沽酒看残红
>
> 僧房夜坐
>
> 万枝松裹一灯灯知是山房弟几层静夜数声清
> 磬响上方应有诵经僧
>
> 访诸葛鍊师不遇

> 杂兴二首
>
> 一醉有钱郤又不相逢
> 青铜留着布囊中去谒人间小卧龙火欲共君谋
>
> 二十年前欲住山不禁寂寞挢柴关又郤难
> 新分菊本自锄山手缚枯藤作矮栏比似著书空
> 用力种花犹得一年看
>
> 秋日父联二首
>
> 当得浑挣柴关
> 啄黍黄鸡浅骨肥绕篱绿橘缀枝垂新酿酒旋裁

（高德续修，咸丰三年报本堂刻本）

16. 浙江嵊县《仁村马氏东房宗谱·景图》之一

（马用宾等重修，嘉庆二十一年善述堂木活字本）

17. 浙江嵊县《仁村马氏东房宗谱·景图》之二

(马用宾等重修,嘉庆二十一年善述堂木活字本)

18. 浙江嵊县《仁村马氏东房宗谱·景图》之三

(马用宾等重修,嘉庆二十一年善述堂木活字本)

19. 浙江嵊县《仁村马氏东房宗谱·景图》之四

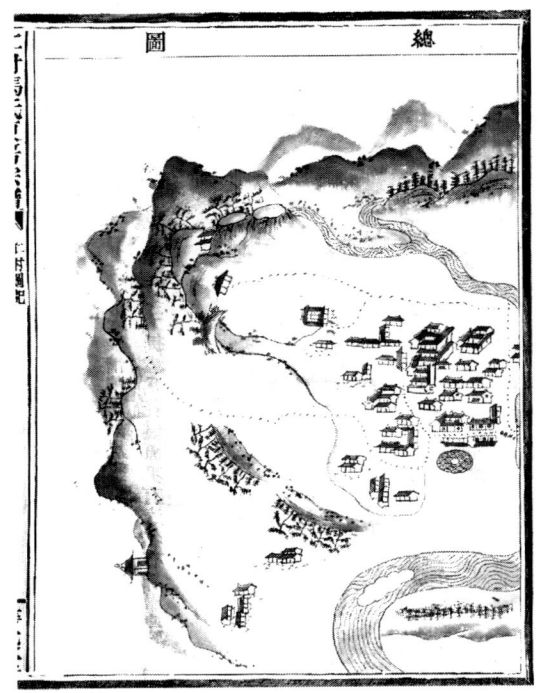

(马用宾等重修,嘉庆二十一年善述堂木活字本)

20. 江西萍乡泉溪自然环境

(1994 年拍摄)

21. 江西萍乡泉溪刘氏族人纪念先人开辟之功的米筛泉

（1994年拍摄）

22. 江西萍乡泉溪村礼门

（1994年拍摄）

23. 江西萍乡的小池塘,传说宗族在此对犯错族人进行沉塘处分

(1994年拍摄)

24. 江西新建石埠观背陈村村门

(1994年拍摄)

25. 江西新建石埠谢氏香火堂

(1994年拍摄)

26. 湖南岳阳渭洞张氏聚落

(1997年拍摄)

第十篇 其他相关文献图像

27. 湖南岳阳渭洞张家营村落长卷

（1997年拍摄）

28. 四川《筠连县志·附大族与望族》

附大族与望族

（子）大族（余族现存人数在二千以上者）

姓氏	户口总数	备考
李	七百馀户（约）三千馀人（约）	邑中李族係聚在县各乡李姓而成者
陈	六百馀户（约）三千馀人（约）	
郑	四百馀户（约）二千馀人（约）	

（丑）望族（望閥足微者）

姓氏	閥閱略述	备考
陈	自明中葉入筠以遷村甲繩聯仕官代有	今漸式微
殷	清代科第之鼎盛美於陳	

（台北成文出版社《中国方志丛书》本）

2161

29. 四川铜梁《安居乡周氏宗谱·长子冠图》

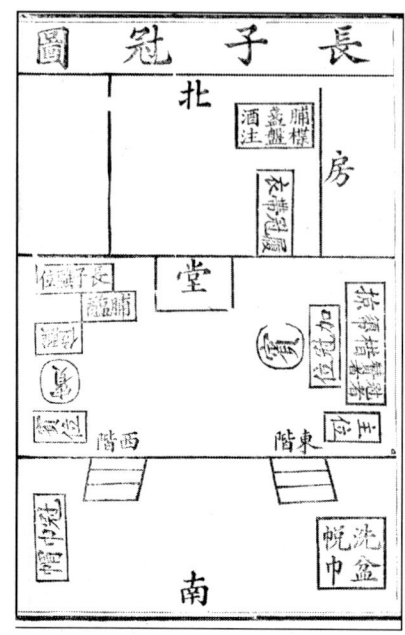

(周泽霖纂修,光绪十年刊本)

30. 四川铜梁《安居乡周氏宗谱·众子冠图》

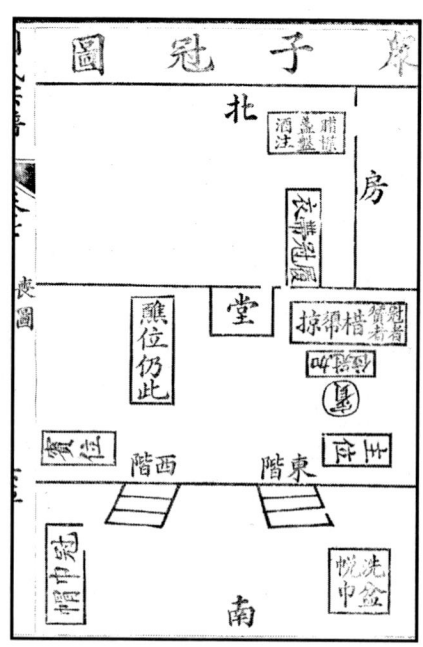

(周泽霖纂修,光绪十年刊本)

31. 广东宝安《鳌台王氏族谱·厚街乡全图》

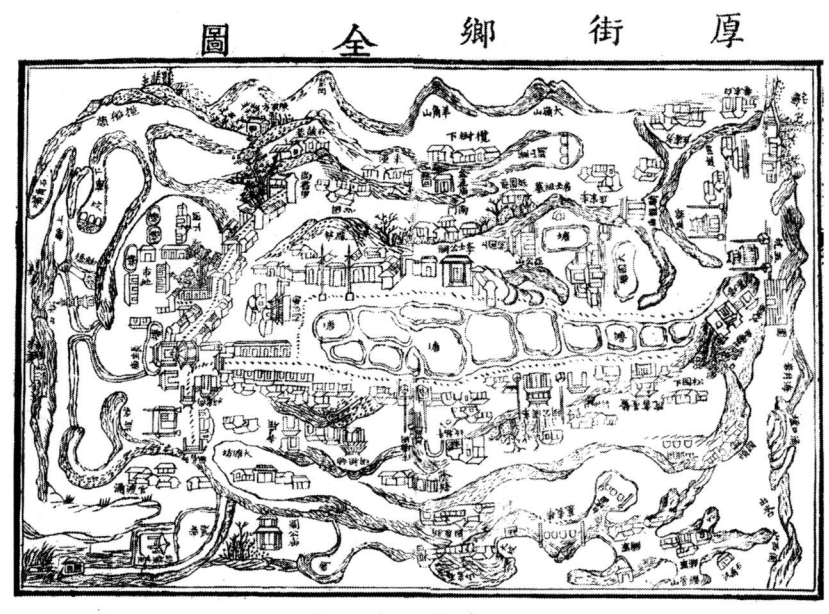

(民国四年石印本)

32. 广东宝安《鳌台王氏族谱·厚街乡图》

(民国四年石印本)

33. 山西五台《徐氏宗谱·迎神歌、初献礼歌》

(徐一鉴、徐抡元修,民国二十三年铅印本)

34. 山西五台《徐氏宗谱·亚献礼歌、三献礼歌》

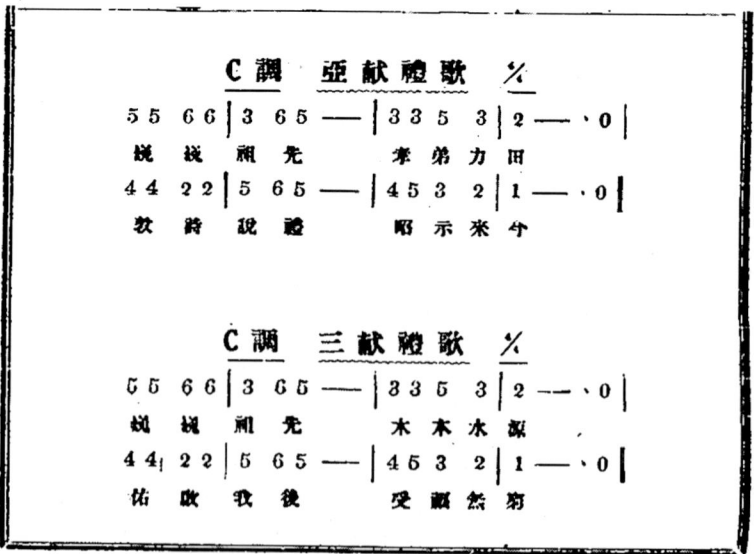

(徐一鉴、徐抡元修,民国二十三年铅印本)

附录

附录一　民国《鄞县通志》之《舆地志·癸编·氏族》节录

20世纪30年代浙江鄞县制作方志,其关注居民的宗亲活动,调查各个村落居民的姓氏状况,包括族望、始祖、祠堂、谱牒、分派、丁口、职业、组织、习俗、民生等情况,是研究宗族史的极有价值的史料。但是它毕竟是民国时期宗族活动的现状,不能径直作为清代宗族史资料编选进入本选辑正文,然而鉴于其时距离清末很近,农村居民的宗族活动多由清代传承,故不惜篇幅,以附录形式收入,以资参考。

民国《鄞县通志》,《舆地志·癸编·氏族》(节录):

古者言氏族必推本于得姓之始,姓之著者,不与常伦比。《书》称:百姓与黎民显然两族,有文野贵贱之分。周以后等级差近,然士夫之于民众犹未能平视,后汉迄唐,郡望之见弥深,婚媾缔结,较量门第,辄以望之未称,致起纷论。盖自魏晋以来,胡族猾夏,中原民族多杂异种。非我族类,自古视同犬羊,此侈张郡望之所由起也。五季立国,多资外力,婢颜奴膝,常见檀庭。宋虽复汉,卒篡于金元。清则历世更长,演变益烈,虽有满汉不婚之令,而不能禁其私室之行,为氏族,南眉北脸,已无可深诘矣。至夫近今,欧风墨雨,陆沉神洲,浪漫青年,随地施化,氤氲失理,国性且不保,遑论郡望,此氏族之所以重也。鄞之氏族,唐以前无甚著者,其有数旧望,大都来自异县,土著之族,久已无可考。南宋奠都临安,中州人士转徙而南者,明州为盛,自是而后,甬上氏族乃称粲著,然盛衰之数,未可常保,有宋明巨族,今已雾替无复存者,核其所由,多出于族制不良,散居杂处,少收恤之功;其子孙又失于教训,乏识字之人,甚至有以音同而讹承他姓者,如古之讹顾,乐之讹岳,丰之讹封,巷谈里语,时有所闻,甚矣!欲保宗之不可不族处也。兹编所辑,未敢便谓详审,而各乡有谱牒之族,似尽入而无遗。至近代侨姓而犹未成族者,则不具录。录自有谱祠始。

清代宗族史料选辑

1.洪

时代:宋

始祖:惠山自慈溪洪塘来。

地址:七区鹤岭乡李家麐。

祠堂:有祖堂三,曰裕后堂、追远堂、三瑞堂。

谱牒:《洪氏宗谱》上、中、下三册,民国二十年修。

分派:其一支分居本乡薛家麐,另有宗谱及新老继述、大德二祖堂,约二百户七百余人。

丁口:本支一百六十户,五百余人。

职业:农樵。

组织:分三大房,各有房长,上承宗长。

风俗习惯:简朴。

经济概况:生产以农作物及柴为大宗,拮据者多。

族望

备考

调查年月:民国二二年。

时代:明

始祖:放,字士求,明初叶自慈溪洪塘来。

地址:八区茅东乡红叶。

祠堂:祠在本村,额署"洪氏宗祠",堂名"三瑞"。

谱牒

分派:二十一世正财,徙居本县高塘桥。

丁口:约二十户,八十二人。

职业:农工商。

组织:因族小丁稀,与东山李氏合为一闾,设有燉阳小学,以教族内子弟。

风俗习惯:洪氏无异姓,同宗一祖,风俗最美。

经济概况:经商沪上,有以纸烟业起家者。

族望

备考

调查年月:民国二二年。

附录一 民国《鄞县通志》之《舆地志·癸编·氏族》节录

时代:清

始祖:亮遂,字彦成,清初承办盐务,与其兄亮达,自安徽歙县来。为唐天宝十六年进士官谏议大夫经纶字汝仁之后。

地址:二区,甘溪镇、甘溪湖、西虹桥、南祝都桥、乌含桥、城西杨家桥,均属此派。

祠堂:祠在乌含桥,额署"洪氏宗祠",堂名"怀本"。

谱牒:有支谱一册。

分派

丁口:约八十余人。

职业:学商工。

组织:宗房长制。

风俗习惯

经济概况:祠内遗产甚薄,经费全赖各房佽助。

族望:清同治甲戌进士、礼部主事应祥,光绪癸未翰林嘉滋,皆其后。

备考

调查年月:民国二二年。

时代

始祖:讳字失传,墓在西山。

地址:一区蒋家塘后,廿四间亦属此派。

祠堂:祠在甘溪潭,额署"洪氏宗祠",堂名"成志"。

谱牒:《洪氏宗谱》连卷末凡十卷八本,民国十四年,裔孙辅旸主修。

分派

丁口:约百数十人。

职业:学商工。

组织:分柱、硕、卜、周四大房。

风俗习惯

经济概况:平常。

族望:清道光庚子进士知山东临淄县起寿为其后。

备考

调查年月:民国二二年。

2.冯

时代:明

始祖:臣,明中叶自慈溪来。

地址:六区溪渡乡,旧名后仓浣溪。

祠堂:祠二,统宗祠名永安堂,卯支祠名孔安堂。

谱牒:清光绪元年创纂,二十六年续修;民国九年三修,十八年四修。

分派:六世分十二支,以地支名。今绝后无嗣,及迁徙无定者七支,族居者惟丑、寅、卯、巳、午五支,而丁口以卯支为最盛。

丁口:男四百余人,女五百十余人。

职业:政学农工商具有,以**商为最多**。

组织:宗房长,总分干事,**集权士绅**。清光绪间建有义庄,附设义塾,后改为敦本小学,近年复办有消防局保卫团。

风俗习惯

经济概况

族望:清光绪壬寅举人,县议会议长丙然即其后。

备考

调查年月

时代:明

始祖:讳字失传。或云自慈溪来。

地址:六区望春乡。

祠堂:祠无。

谱牒:谱失已久。

分派:分上冯、下冯两派。

丁口:一百七十余人。

职业:农居多,商仅三四人。

组织:分荣、华、富、贵四柱。

风俗习惯:元旦、冬至祭祖,各房在祖堂行之。子弟入学,由族内迷信会拨费津贴,但以本乡小学为限。

经济概况:本族生产能力低微,困难者多。

族望

备考

调查年月:民国二二年。

附录一 民国《鄞县通志》之《舆地志·癸编·氏族》节录

时代

始祖:又京,字允吉,自慈溪来,为邑庠生鋥字鼎威之后。

地址:六区集士镇十字巷。

祠堂

谱牒

分派

丁口

职业

组织

风俗习惯

经济概况

族望

备考

调查年月:二二年。

时代:清

始祖:盐运使司运同衔允骙,清光绪十七年自慈溪来。

地址:二区**通利镇水浮桥**。

祠堂:在**慈溪城中统宗祠东**,房派福聚,支及积高堂。

谱牒

分派

丁口:男四人,女七人。

职业:学。

组织

风俗习惯

调查年月:二三年二月。

3.屠

时代:宋

始祖:季,字邦彦,世居大梁,宋室南渡自汴来浙,迄高宗避金于明州定海,及昌国时,家于四明甬北。

地址：五区桃渡镇，城中祝都桥及甘溪镇之苍水街，亦属此派。

祠堂：祠在城内祝都桥下，额署"屠氏宗祠"。正室曰既勤堂，旁曰崇本堂、敦义堂。

谱牒：谱作于明弘治十五年，六世孙安庆府儒学教授琪；至清嘉庆二十一年，十七世孙继序，凡六修，稿成而未刊印；民国八年，同邑张美翊主纂，裔孙宗荫、用锡各出赀付梓，凡三十六卷，并卷首、卷末二卷。

分派：二世宗一，名佚，徙居平湖，为平湖支。四世德源徙居桂林，为桂林支。德庆徙居北京，为北京支。五世养浩徙居江东卖席桥，为江东卖席桥支。老大房派，九世大容徙居奉化泉口，为奉化泉口支。老二房派十一世惟梓徙居南京。老三房派十二世建忠、巡忠，十四世慎行徙居南京。老四房派十一世惟金徙居海道司东。老四房派十四世行尧、行先、行元徙居西山，十六世可纪迁居舟山。老五房派十五世之洋徙居杭州，十三世孝周及其子毅行、标行，徙居定海。老二房派十九世用镐徙居杭州。老三房派十八世宗奎、宗茂、宗信、宗照，徙居定海。老四房派以和徙居南京泉口支，十六世可立徙居姜山，十七世继增徙居北京。

丁口：居甬北者为二房、三房、五房，约六百丁。居祝都桥及苍水街者为四房，约两百丁。

职业：业商者居十之六，业工者十之二，士与农，十之一。

组织：族之中有宗长，下分四房，各有房长，每房有干事二人，名曰房干，会族中事，房干会主持之。设有义庄，以赡给鳏寡孤独。兢进小学三所以教族内子弟。

风俗习惯：世守祖德，以敬宗睦族为先。历代遗像，春秋祭祀，迄无散失废弃者。

经济概况：祖宗以清白传家，故族人无多丰裕，惟出作入息，皆能自食其力。

族望：甬上族望表吏部尚书，谥襄惠瀟，左都御史谥简肃侨，兵部侍郎大山、辰州府知府本畯，礼部主事隆，殉难职方主事献宸共六望。

备考
调查年月：二三年。

时代：明
始祖：高坤，明末时偕弟高乾自郡城祝都桥花园来。
地址：七区芦泾乡宝峰庄。
祠堂：堂名"报仁"。
谱牒：《屠氏宗谱》一册，民国十六年重修。
分派
丁口：七十余人。

附录一 民国《鄞县通志》之《舆地志·癸编·氏族》节录

职业:大抵农业。

组织:分东西两房,设有元贞小学。

风俗习惯:风俗俭朴。

经济概况:生产以农作物为大宗,经济不甚宽裕。

族望

备考:案,此派实与城内屠氏同出,惟调查册以高坤为兄,高乾为弟,疑误。

调查年月:二二年。

时代:清

始祖:惟自本县江北岸桃花渡来。

地址:六区保佑乡屠家堍。

祠堂:祠在本村,额署"屠氏宗祠",堂名"今古"。

谱牒:谱作于道光三年,光绪三年、民国四年二次重修,凡五册。

分派:其裔孙有分居大隐山北等处。

丁口:二百四十余人。

职业:农十之六,工十之一,商十之三。女子多织席编草帽。

组织:分乾、坤两大房,各有房长,上承宗长。

风俗习惯:风气朴实。

经济概况:困苦者多,小康者十之一二。

族望

备考:相传屠赤水隆与沈句章、张东沙相往还,即今之停水闸桥,一名屯桥之地,则惟似即赤水之后。

调查年月:二三年。

时代:清

始祖:敬三,清中叶自本县江北岸来。

地址:十区玉涵乡平窑。

祠堂:祠在玉女峰麓,额署"屠氏宗祠",堂名"食德"。

谱牒:谱有。

分派

丁口:约三十余户。

职业:农商居多,间有酿户。

组织

风俗习惯

经济概况

族望

备考

调查年月:二三年。

4.秦

时代:明

始祖:一槐,明万历间自慈溪来。

地址:六区新民乡段桥头。

祠堂:祠在本村,建于清乾隆年间。额署"秦氏宗祠"。

  谱牒:谱作于清咸丰二年,八世孙壎辑,民国十一年十世孙洽重修,民国十五年冬祖堂被火,谱亦毁焉。

  分派:一槐有弟三,一居鄞西高桥南秦家弄,一居鄞西翁家直,一居西门外马园,后迁城内小校场,小世录迁慈溪西门,镜迁杭州钱塘县。

  丁口

  职业

  组织

  风俗习惯

  经济概况

  族望

  备考

  调查年月:二二年。

  时代:明

  始祖:忠,号大川,自慈溪来。

  地址:六区高桥镇秦家弄。

  祠堂:祠在本村,额署"秦氏宗祠"。

谱牒

附录一 民国《鄞县通志》之 《舆地志·癸编·氏族》节录

分派

丁口

职业

组织

风俗习惯

经济概况

族望

备考

调查年月:二三年

时代:明

始祖:芳原,讳子贤,号少川,其先居西郊马园,后迁城南章耆巷,是为迁城始祖为忠之四世孙。

地址:一区孔庙镇章耆巷。

祠堂:祠在章耆巷,额署"秦氏宗祠",堂名"崇本"。

谱牒

分派:迁西郊马园者为三世国才;其后五世宪文迁西皋桃源村,后归章耆巷旧宅;九世廷弼迁后库营房;十二世迁腰带湖。另有支祠、支谱见后。

丁口

职业

组织

风俗习惯

经济概况

族望

备考

调查年月:二二年。

时代:清

始祖:清诰封通议大夫运鋗,为忠之十二世孙。

地址:一区**邓**山镇**腰带湖**。

祠堂:祠在湖西马眼漕,额署"秦氏支祠"。量计基地四亩七分零,门前照墙一座,民国十四年建。

谱牒:《鄞县秦氏支谱》,民国十四年,同县黄次会纂,六卷。卷一,仪容图、祠墓图。卷二,追远图、世系图、世系分图、众子图。卷三,纪元表、阴阳历对照表、茔域表、第宅表、排行表、房分表。卷四,追远表、世系表。卷五,荣褒录、言行录、训诫录、祠祀录。卷六,赠言录、杂录。

分派:长子际藩、三子际瀛,世居腰带湖,二子际瀚居湖西书院弄,四子际浩居城南象鼻漕。

丁口:丁口各二十人。

职业:商。

组织:分富、贵、康、宁四大房,祭祀按年轮值。

风俗习惯:家风素朴,祖训克遵。春秋大祭,元旦冬至,齐集参拜。

经济概况:族内各人俱业商,均称富裕。

族望

备考

调查年月:二二年。

5.孙

时代:宋

始祖:德茂,自苏州来,为宪章之子。

地址:七区力义乡孙王。

祠堂:祠在本村,额署"孙氏宗祠",堂名"思亲"。

谱牒:《孙氏宗谱》三集,民国二十一年重修。

分派:十六世龙溪迁临海。

丁口:二百六十余人。

职业:农居多。

组织:分五房,各有房长,上承宗长。

风俗习惯:风俗勤朴,清明中元,向例祭祖。

经济概况:以农作物为生产大宗,勤俭足以自给。

族望

备考

调查年月:二三年。

时代:明

始祖:明赠奉直大夫木圭,永乐年间自碧溪上孙礜来。

地址:三区望京镇。

附录一 民国《鄞县通志》之《舆地志·癸编·氏族》节录

祠堂：祠在城西望京里，清光绪二十四年，裔孙震涞、世馥度其故址建立新祠，额署"孙氏宗祠"。
谱牒：谱作于清光绪三年，民国十年重修。
分派：分元、亨、利、贞四房，亨房震涞迁慈溪。
丁口：元房男女六十余人，亨房男女四百余人，利房男女七十余人，贞房男女五十余人。
职业：士十余人，农二十余人，工八十余人，商一百余人。
组织：向有田四十余亩以供祭祀，族人维新又助田十亩。
风俗习惯：士尚诗书，农务稼穑，工精技艺，商人设肆本埠，且有经商上海、汉口、天津等处者。
经济概况：士农工商各勤职业，每岁所入仅仅足以自给。
族望：甬上族望表城西孙氏叔明(序)一望。
备考：按，孙氏相传原籍河南，宋室南渡，随驾至鄞，家于碧溪上孙嚣。迄今子姓有世居城西与宗祠相近者，亦有因事迁居他处者。
调查年月：二三年。

时代：清
始祖：符，号竹庵，自鄞西碧溪来，为迁鄞始祖德茂十二世孙。
地址：一区大沙镇青龙桥，亦有居东马弄者。
祠堂
谱牒
分派
丁口
职业
组织
风俗习惯
经济概况
族望：清道光壬午进士知山西襄陵县家毅，道光庚午翰林学絅，皆其后。
备考：案，德茂，宋时自姑苏迁慈溪鸡鸣山下，后复迁鄞之碧溪。
调查年月

时代：宋
始祖：宋国子学录逼，德祐间自奉化棠溪来。
地址：六区北渡乡北渡。
祠堂：祠在北渡东北隅，额署"孙氏宗祠"，堂名"可继"。

谱牒:《北渡孙氏宗谱》,十八卷,又卷末一卷。明成化五年洪常作,嘉靖二十八年十世孙位修,清乾隆四十四年十六世林续修,民国八年二十世孙鹏督修。

分派:九世澄迁郡城市心桥东,有日涉园,为十三世荣旭别业。

丁口:五十八户,一百六十人。

职业:农居多,工商次之。

组织:分新旧里三宅,设有启贤小学及乐安水龙局,皆二十世鹏所办。

风俗习惯:风气开通,习俗敦厚。

经济概况:经商上海者大半,皆充足宽裕。

族望

备考

调查年月:二三年。

时代:宋

始祖:讳字失传,相传自宋时来。

地址:六区塘南乡喻莲桥。

祠堂:祠无,有祖堂二。

谱牒:谱无。

分派

丁口:三十四人。

职业:农多。

组织

风俗习惯:风俗俭朴。

经济概况:各家从事工作,尚不至支绌。

族望

备考

调查年月:二二年。

时代:元

始祖:荣显

地址:九区永平乡孙家山头。

祠堂:祠在本村,额署"孙氏宗祠",堂名"滋德"。

谱牒:谱凡二卷。

附录一 民国《鄞县通志》之《舆地志·癸编·氏族》节录

分派

丁口:二百八十余丁。

职业:农商为多,渔次之。

组织:分三大房。

风俗习惯:文化不甚开通,惟风气朴厚。

经济概况:祠内薄有祀田,但不甚丰。

族望

备考

调查年月:二三年。

时代:元

始祖:兴久,号仲举,元至正间自直隶保定府清苑县来。

地址:九区韩岭镇韩岭市。

祠堂:祠在本村,额署"孙氏宗祠",堂名"思本"。

谱牒:《孙氏宗谱》五卷,自清康熙年间始,迄今已五修,末次修者裔孙孝贤。

分派

丁口:五百八十余人。

职业:农工商居多。

组织:分四大房,聚族而居。

风俗习惯:风气质朴,笃于守旧。

经济概况:生计大半艰窘。

族望

备考

调查年月:二二年。

时代:元

始祖:有一自奉化白杜上孙来。

地址:八区孙家庄乡孙家庄。

祠堂:祠在本村,额署"孙氏宗祠",堂名"诒穀"。

谱牒:《孙氏宗谱》四册,民国九年四修。

分派

丁口:六百数十人。

职业：农十之七，工十之二，商十之一。

组织：分东西两大房，各有房长，上承宗长。

风俗习惯：习俗勤俭。

经济概况：无甚贫，亦无甚富，大半足以自给。

族望

备考

调查年月：二三年。

时代：明

始祖：见山，明时自后孙埭来。

地址：八区克强乡横山后孙家。

祠堂：祠在本村，**额署**"孙氏宗祠"，堂名"树滋"。

谱牒：谱自清代迄今凡六修。

分派

丁口：五十余户。

职业：农商。

组织：分宫、商、角、徵、羽五大房。

风俗习惯：风俗勤俭。

经济概况：生计尚宽裕，祠内有祀田五十亩，备春秋享祀之用。

族望

备考

调查年月：二二年。

时代：明

始祖：掣，弘治间自宁海樟树下来。

地址：八区中和乡孙家山。

祠堂：祠在本村，**额署**"孙氏宗祠"，堂名"报本"。

谱牒：《孙氏宗谱》每册四本，作于清乾隆十一年，道光三年重修，同治九年、光绪三十年及民国二十年又修。

分派：其裔有迁西乡湖后芝山者。

丁口：一百五十余户，五百四十一人。

职业：商，十之四；农工学，十之六。女子多织白网巾、金丝帽及助农工以为务。

附录一 民国《鄞县通志》之《舆地志·癸编·氏族》节录

组织:分公阁、良玉、西桥、东房四派。

风俗习惯:风气敦厚,女子尚节,克守古风。

经济概况:皆足自给,宽裕者亦多有之。

族望

备考

调查年月:二三年。

时代:明

始祖:月山,万历间自慈溪陆家埠来。

地址:一区唐塔镇。

祠堂:祠在道后李衙桥,额署"孙氏宗祠",堂名"纯德"。

谱牒:谱待刊。

分派

丁口:八十七人。

职业:商学。

组织:分福禄寿三大房,每房各有房长,上承宗长。

风俗习惯:敦朴淳厚,学者兼好古书。

经济概况:贫富参半。

族望

备考

调查年月:二三年。

时代:明

始祖:三海,明万历年间自慈溪来。

地址:二区归仁镇道后。

祠堂:祠在道后大桥头下,额署"孙氏宗祠",堂名"纯德"。

谱牒

分派:有分居三角里天封寺天德巷大庙前三法卿者。

丁口:八九十人。

职业:商工学。

组织

风俗习惯

经济概况

族望

备考

调查年月:二三年。

时代:清

始祖:复祖,清乾隆间自慈溪来。

地址:七区大众乡边家。

祠堂:堂名乐安。

谱牒:《孙氏宗谱》一册,民国十一年重修。

分派

丁口:十户,四十人。

职业:农。

组织:分三大房。

风俗习惯:风俗勤俭。

经济概况:生产以稻为大宗,席次之。

族望

备考:案,调查册谓自善四至十世知二之子复祖为鄞族始祖。

调查年月:二三年。

时代:清

始祖:海坛总兵大刚,清嘉庆年间由镇海来,为镇海始祖宏儒三世孙。

地址:一区大沙镇大沙泥街擂鼓墙门。

祠堂:有祖堂一,堂名"庆余"。

谱牒:谱牒无,仅有手录小家谱一册。

分派

丁口:约三十余丁。

职业

组织

风俗习惯

经济概况

族望

附录一 民国《鄞县通志》之《舆地志·癸编·氏族》节录

备考

调查年月:二三年。

6.潘

时代:宋

始祖:讳氏失传,相传为宋节度使。

地址:七区仁里乡潘家堍。

祠堂:祖堂在本村桥头漕,堂名"永思"。

谱牒:谱无。

分派:有分居长兴及奉化者。

丁口:七十余人。

职业:农。

组织:设有渡船会,又有蕙江小学,由兰盆、文昌、庆丰诸会补助。

风俗习惯:风俗敦厚。

经济概况:以农产为大宗。永思堂祀田计九亩零。

族望

备考

调查年月:二三年。

时代:清

始祖:**汝德**,清时自本城西门外来。

地址:八区前岩乡潘家。

祠堂:祠在本村,额署"潘氏宗祠",堂名"元和"。

谱牒:《潘氏宗谱》一册。

分派

丁口:五十七人。

职业:农为最,商次之。

组织:分仁、义、礼、智四柱。

风俗习惯

经济概况

族望

备考

调查年月:二二年。

时代:清

始祖:讳字失传。

地址:九区东山乡叶公山。

祠堂:祠无。

谱牒:谱无。

分派

丁口:一户四人。

职业:农一工一。

组织

风俗习惯

经济概况

族望

备考

调查年月:二二年。

7.韩

时代:元

始祖:中和,号北津,为唐权之十八世孙。

地址:六区北渡乡**北渡**韩家。

祠堂:祠在本村,**额署"韩氏宗祠"**,堂名"维则"。

谱牒:谱作于明弘治间,嘉靖间初修,清乾隆六年、四十八年,道光十年、光绪十四年历次重**修**,民国五年又修。每册六本,凡二册。

分派:其裔孙有分迁舟山、岱山者。

丁口:一百十余人。

职业:农最多,工商次之。女子皆织席编草帽。

组织:分乾、坤两房,各有房长,上承宗长。

风俗习惯:风俗俭朴。

经济概况:勤劬足以自给。

族望

备考:案,韩氏向居昆山靖仁里,后权为明州刺史,遂居鄞之镇明岭。其次子元吉迁居老

附录一 民国《鄞县通志》之《舆地志·癸编·氏族》节录

界乡,至十七世中和入赘北渡朱氏,遂家焉。

调查年月:二三年。

时代:明

始祖:明文林郎堂,嘉靖二十八年自河南来。

地址:六区孚惠乡藕缆桥。

祠堂:祠在藕缆桥韩家,额署"韩氏宗祠",堂名"画锦"。

谱牒:谱有《世系纪略》,上下两卷,清道光三十年张兆熙作,续修于光绪年间。

分派

丁口:一百余人。

职业:农商。

组织:分元、亨、利、贞四房,各房各举干事一人。

风俗习惯:文化未开,风俗俭朴,元旦、春秋二祭诣祠拜祖。

经济概况:生产薄弱,经济短绌。

族望

备考

调查年月:二二年。

时代:清

始祖:炫,字旭如,奉母曹氏,由会稽之鄞,遂家焉。为宋魏国公琦嫡曾孙肖胄之裔。

地址:二区敦安镇小校场口。

祠堂:祠在白衣寺跟,额署"韩魏公家庙",堂名"画锦"。

谱牒:《韩氏宗谱》六卷,四本,作于清咸丰十一年,光绪三十六年重修,民国十六年同邑周颂清又修。

分派

丁口

职业

组织

风俗习惯

经济概况

族望:清孝子崧永即其后。

备考

调查年月：二三年。

8. 姚

时代：宋

始祖：宗本同弟宗峄，宋时自慈溪来。

地址：六区望春乡望春山东。

祠堂：祠无。

谱牒：谱无。

分派：分乙五支、平重二贞房。

丁口：丁八十四人。

职业：农为多，商次之，工又次之，学仅一人。

组织

风俗习惯：勤俭者多。

经济概况：各家尚足自给，公众祀产亦足供祭祀之用。

族望

备考

调查年月：二二年。

时代：宋

始祖：君选，自桃源乡徙居湖后彰望乡之北。

地址：七区蟹蛟乡翁姚。

祠堂：祠在族之西首彰望桥北，额署"姚氏宗祠"，堂名"察伦"。

谱牒：民国十九年五月，邑人张琴续修，分地方志、行第表、规约编、世系图、世次传、人物篇、迁徙考七目。原序、纂修源流、及采辑同宗谱牒等，则分列卷首、卷末。

分派：分上、中、下三房，现上房无人值祀；中房又分孟仲季小三房、四房，下房又分东大房、东二房、西房。

丁口：五十余户，一百六十余人。

职业：全系农民，习商者不过五六人。

组织：宗长一人，房长七人，干事五人。设有彰信小学，由迷信会产拨助。

风俗习惯：风俗俭朴，妇女均织席。

经济概况：生产以稻为主要，席次之。

族望

附录一 民国《鄞县通志》之《舆地志·癸编·氏族》节录

备考:四明姚氏南渡后,登进士榜者十余人,载入旧志。

调查年月:二三年。

时代:明

始祖:知河南彰德府事,举贤才守鸾,自明洪武年间来,为唐梁国公崇之后。

地址:九区姚家浦乡姚家浦。

祠堂:祠在本村,额署"姚氏宗祠",堂名"一本"。有支祠二,一即东祠,堂名"德尊";一即南祠,堂名"惇序"。

谱牒:旧谱无考。新谱清康熙五十三年裔孙晰修,凡三卷。

分派:十世棣祖迁鄞西清道乡,俨祖迁慈溪西屿乡,守蓜迁慈溪,守茈迁慈溪,守鸿迁鄞东桃郎桥,守鹤迁鄞南高塘头。十一世时当迁鄞南慧灯寺侧,时盈迁城中小梁街,德显迁嵊县金廷乡,德遂迁定海姚家兜,**德耀迁奉化**,德光迁嘉兴,德皓迁绍兴,德盛迁余姚。

丁口:一百八十户,丁口约八百二十余人。

职业:商十之六,农十之三,其他十之一。

组织:分东南二柱,每柱分五房,房各有房长、干事一人,族事由房干等处决。并设有舍材会、路灯管理会。

风俗习惯:旧历元旦,宗祠中行序拜礼,秩序井然。其春秋祭祀则由东南二柱轮值。

经济概况:尚堪自给。

族望

备考

调查年月:二三年。

时代:清

始祖:嘉言同弟嘉瑞,清时自本县姚家浦来。

地址:八区张黄乡后百丈堰。

祠堂:祠在姚家浦,堂名"德尊",由一本堂分支。

谱牒:谱始创于明,民国二年重修。

分派:案,嘉言、嘉瑞为有功子,其次子嘉祥迁居柯何董。

丁口:三十余户。

职业:农工商渔。

组织

风俗习惯:风俗淳朴。

经济概况

族望

备考:案,明洪武年间,迁鄞始祖为明中宪大夫,知河南彰德府事,举贤才讳守鸾,迁后百丈堰者为其裔孙有功子**嘉言**、**嘉瑞**。

调查年月:二二年。

时代:清

始祖:德尊,明清之交自本县姚家浦来。

地址:九区临海乡横山村。

祠堂

谱牒

分派

丁口

职业

组织

风俗习惯

经济概况

族望

备考

调查年月:二二年。

时代:明

始祖:**毅**,号**自虞**,**自徽州**服贾来鄞,遂家焉,为唐梁国公崇之后。

地址:二区延庆镇**日湖**桥畔。

祠堂:祠在小梁街,额署"姚氏宗祠",堂名"敦本"。

谱牒:《**姚氏宗谱**》,凡十二卷,又卷首、卷末两卷,旧谱未刊,民国十年十八世孙家铺复重纂以成帙。

分派

丁口

职业

组织

风俗习惯

附录一 民国《鄞县通志》之《舆地志·癸编·氏族》节录

经济概况

族望

备考

调查年月:二四年。

9.曹

时代:宋

始祖:宋**翰林学士宣一**。

地址:**十区曹妙乡曹隘**。

祠堂:祠在本村,额署"曹氏宗祠"。

谱牒:谱凡十册。

分派:分鄮山桥、长漕、曹隘三派。

丁口:约一千余人。

职业:农为多,工商次之。

组织

风俗习惯

经济概况:大半支绌。

族望

备考

调查年月:二三年。

时代:元

始祖:绍闻,自本**县曹隘来**。

地址:九区永安乡**曹家**。

祠堂:祠在本村,额署"曹氏宗祠",堂名"光裕"。

谱牒:谱修于民国十二年。

分派:十三世金鼎、金鉴,迁本乡庙陇。

丁口:约一千余户。

职业:旧时多以渔为业,今多习商。

组织:宗房长制。

风俗习惯:勤朴。

经济概况:大半温饱者多,赤贫者少。

族望

备考

调查年月:二二年。

时代:清

始祖:士良,受浙江提军幕府之聘,清康熙五十余年间自河南来。

地址:一区竹洲镇月湖桥下。

祠堂:祠在湖西书院镇内,额署"曹氏宗祠"。

谱牒:《月湖曹氏宗谱》。

分派:其裔孙有分居本城西北隅杨家桥下及江北岸浮石亭者。

丁口:丁七十六人,口四十余人。

职业:学商两界为多,工次之。

组织:自宗房长外,另有司事数人。

风俗习惯:勤朴谦和,多守旧规,不随俗浮沉。

经济概况

族望

备考

调查年月:二二年。

时代:清

始祖:凤贵,自本县西成乡来。

地址:六区保佑乡新丰桥。

祠堂:祠在本村,额署"曹氏宗祠",堂名"裕德"。

谱牒:谱作于清道光二十六年、光绪元年,民国十六年二次重修,凡三册。

分派

丁口:五十余人。

职业:商最多,学次之,无业农者。

组织:分乾、坤两大房,各有房长,上承宗长。

风俗习惯:风俗敦厚。

经济概况:小康者多,贫寒者少。

族望

备考

附录一 民国《鄞县通志》之《舆地志·癸编·氏族》节录

调查年月：二三年。

10. 高

时代：宋

始祖：赞襄，唐宰相智周后，自广陵来。

地址：一区花园镇桂芳桥。

祠堂

谱牒

分派

丁口

职业

组织

风俗习惯

经济概况

族望：甬上族望表，宪敏公(闶)以大儒为一望，华文(文虎)，堕其家声，得罪于朱子替矣。疏寮(嗣孙)亦侧身平原，然而其三略与诗，终为一望。衍孙之六书亦一望，凡三望。

备考：此据旧志采入，今之桂芳桥已无高氏之一族。

调查年月：二四年。

时代：宋

始祖：思继，建炎间衣冠南渡，自汴来。

地址：十区高钱镇高钱，高友文与钱顷(亦作埙)为友人，因名其地曰高钱。

祠堂：老祠毁于火，今所存者堂二，一在高钱，一在康家堍，堂名"垂裕"。

谱牒：谱两册，里人戴敦锟、钱启鈇，及裔孙高和钧等，三次重修。

分派：分高钱、康家堍、葛家峙三派。

丁口：男女约三百余人。

职业：农工商。

组织

风俗习惯

经济概况

族望

备考：案，旧志人物传，万竹先生，元之之父世塽，武烈王琼之后，建炎间，衣冠南渡，自汴迁鄞，而高友文传亦云武烈王琼之后,则迁鄞非世埴即友文,乃调查册云思继,姑志之以存疑,友文亦万竹先生之后。

调查年月

时代:清

始祖:光泰自陡䃮来。

地址:一区念桥镇念条桥。

祠堂

谱牒

分派

丁口

职业

组织

风俗习惯

经济概况

族望

备考:案,**高氏居汴**,始祖宋武烈王琼,迁绍始祖元特,旌孝义,讳广元,分迁陡䃮始祖讳本善,**明洪武间偕**兄本达而来,光泰即其后云。

调查年月

11.何

时代:宋

始祖:志文。

地址:六区太平乡车河堍。

祠堂:祠在本村,额署"何氏祠堂",堂名"务本"。

谱牒:谱五册。

分派

丁口:约一百余人。

职业:农多,商次之。妇女皆织席为业。

组织:分老大、老二、老三、老四四房,各有房长,上承宗长。

风俗习惯:习俗俭朴。

经济概况:差足自给。

附录一 民国《鄞县通志》之《舆地志·癸编·氏族》节录

族望
备考
调查年月：二三年。

时代：宋
始祖：圣观。
地址：六区惠济乡何家。
祠堂：有祖堂一。
谱牒：谱久散佚。
分派
丁口
职业：农工居多，工以制竹椅子著名，惟近来藤椅盛行，不无影响。士仅一人。
组织：分房长制。
风俗习惯：质朴勤俭。
经济概况：生产力薄，故枯瘠者多。
族望
备考
调查年月：二三年。

时代：元
始祖：元**崇正殿**说书，宋史馆校勘，谥文定，基，学者称北山先生，清从祀文庙。
地址：一区**鄮**山镇廿四间。
祠堂
谱牒
分派
丁口
职业
组织
风俗习惯
经济概况
族望
备考

调查年月

时代:明

始祖:永盛、永振,元明间来。

地址:八区上张乡何家。

祠堂:祠在本村,额署"何氏宗祠",堂名"崇本"。

谱牒:谱作于宋咸淳四年,明崇祯元年重修,清咸丰三年、光绪十年、民国九年又修,凡十卷,又卷首、卷末二卷。

分派:分东西两宅,东宅奉永盛为始祖,西宅奉永振为始祖。东元房派十一世义伦迁陡亹桥,义刚、义成迁西山牌门头,义国迁西乡沙港口,义勇迁杭州北关门。东利房派九世贞达迁奉化莼湖,西坤房派十世仁贵,同其子义波、义洋迁岱山东建。

丁口:约八百余人。

职业:农渔十之六七,商工十之三,学甚少。

组织:分元、亨、利、贞四大房,各有房长,上承宗长。

风俗习惯:商人皆开通农工,克守古风。

经济概况:温饱者多,无失业者。

族望

备考:案,何氏世籍处州括苍,数传有明志应者,官明州奉直大夫,遂居奉之封山,再传而迁鄞丰乐乡,年远而讳氏失传,因依据缮本,以永盛、永振为东西二宅之祖云。

调查年月:二二年。

时代:明

始祖:永盛自奉川封山来。

地址:八区丽西乡柯何董。

祠堂:祠在本村,额署"何氏宗祠",堂名"崇本"。

谱牒:谱作于清咸丰三年,光绪十年重修,民国九年续修。

分派:其裔有分居奉化陡门桥、奉化南渡,及本县姜山鲍家汇者。

丁口:约一千余人。

职业:居民多以务农为业。

组织:宗房长制。

风俗习惯:**勤俭耐劳**,饶有古风。

  经济概况:多自食其力,无大富,亦无极贫者。

附录一 民国《鄞县通志》之《舆地志·癸编·氏族》节录

族望

备考:案,此派与右上张乡同祖永盛,堂名及修谱年月均同,疑重出,以其异乡不敢臆断,姑存之。

调查年月:二四年。

时代:明

始祖:子京,洪武初赘于道陈鬶陈氏后宅,遂自鄞邑西北八图居此。

地址:八区道陈乡道陈鬶。

祠堂:祠在本村,额署"何氏宗祠",堂名"群英"。

谱牒:《白岩何氏宗谱》,作于清乾隆四十二年,民国十一年已四修。

分派

丁口:四十五人。

职业:农居多。

组织:宗房长制。

风俗习惯:风俗朴僿,习惯与他族同。

经济概况:生产以竹木为大宗,大半皆自食其力。

族望

备考:案,何氏系出庐江,宋建炎间,中丞名铸者,居鄞城西北八图,子京为其十世孙云。

调查年月:二三年。

时代:明

始祖:居化,自奉化毛头岭来。

地址:八区蓉江乡下何。

祠堂:祠在本村,额署"何氏宗祠",堂名"三桂"。

谱牒:谱四册,民国八年重修。

分派:其裔孙有分居舟山陡门桥者。

丁口:二百七十余人。

职业:农居多数。女子结金丝帽、白网巾以为业,间有织席者。

组织:分三大房。

风俗习惯:风气开通,习俗勤俭。

经济概况:差足自给。

族望

备考:里何何家同出一支,自奉化月岭来。
调查年月:二三年。

时代:明
始祖:应元,自鄞南姜茅山鸢蓝里来。
地址:九区咸祥镇。
祠堂:有祖堂一,堂名"德荣"。
谱牒
分派
丁口
职业
组织
风俗习惯
经济概况
族望
备考
调查年月:二二年。

时代:明
始祖:廷。
地址:八区上张乡何邵。
祠堂
谱牒:谱作于民国五年。
分派
丁口:二十余户,一百余人。
职业:大半业农。
组织
风俗习惯
经济概况
族望
备考
调查年月:二二年。

附录一 民国《鄞县通志》之《舆地志·癸编·氏族》节录

时代

始祖:讳字失传。

地址:八区上张乡何家。

祠堂:祠在本村,额署"何氏宗祠"。

谱牒:谱作于近年。

分派

丁口:二十余户,六十余人。

职业:大半业农。

组织

风俗习惯

经济概况

族望

备考

调查年月:二二年。

时代:清

始祖:元德,康熙年间自镇海白石庙来。

地址:十区宝幢镇宝幢。

祠堂:祠在本村,**额署**"何氏宗祠",堂名"保贤",民国二十年间新建。

谱牒:民国二十年裔孙楳轩创修。

分派

丁口:二十八人。

职业:商。

组织:宗房长制。

风俗习惯:朴厚勤俭。

经济概况:旅沪经商者近颇发达。

族望

备考:案,其先世显,自绍兴兰塘迁镇海白石庙,元德为其四世孙。

调查年月:二三年。

时代:清

始祖:德,自福建来。

地址:二区县东镇县西巷何家弄,即今北大路。
祠堂:祠在县西巷,额署"何氏宗祠"。
谱牒:谱有。
分派:其裔现散居,城内县西巷为其始迁之旧址。
丁口:约五六十人。
职业:商学。
组织:宗房长制。
风俗习惯:始祖德之女适新河头王氏,迄今岁首悬像,仍互相拜年宴会,是亦风气之特厚者。
经济概况:大半足以自给,间有殷实者。
族望
备考
调查年月:二三年。

12.沙

时代:宋
始祖:宋兵部尚书右仆射承霸,字仲昌,由吴迁鄞。为宋柱国副将军忠烈公世坚字节甫之三世孙。
地址:九区沙林乡沙家。
祠堂
谱牒
分派
丁口
职业
组织
风俗习惯
经济概况
族望:元权,字汝度,号梅涧,元处士,讲学梅峰书院,学者称梅峰先生,即其后。
备考:案,忠烈公自蜀迁吴,至承霸始由吴迁鄞,至四世孙用明,始迁梅溪。
调查年月:二三年。

时代:清
始祖:尹靖,清初自沙林乡来。

附录一 民国《鄞县通志》之《舆地志·癸编·氏族》节录

地址:九区咸祥镇西管沙家。

祠堂

谱牒

分派

丁口

职业

组织

风俗习惯

经济概况

族望

备考

调查年月

13.梁

时代:宋

始祖:大逊,自梁州来。

地址:七区悬慈乡梁家。

祠堂:祠在本村,额署"梁氏宗祠",堂名"追远"。

谱牒:《梁州梁氏宗谱》,创于宋宝祐四年三月。

分派:九世孙长福,迁奉化梁家墩,自成一族,约有六百余人。

丁口:六百四十余人。

职业:农居多。

组织

风俗习惯:风俗质朴。

经济概况:勤劬以自给。

族望

备考

调查年月:二三年。

时代:清

始祖:美生,自绍兴来。

地址:四区锦绣镇铸坊巷。

祠堂:祠在西门外篠墙弄义嘉桥下。

谱牒:谱待刊。

分派

丁口:三十六人。

职业:商学。

组织

风俗习惯

经济概况

族望:清光绪甲午进士,工部主事秉年即其后。

备考

调查年月:二三年。

14. 汪

时代:宋

始祖:宋江西吉安府泰和县教授延霸,官名显,字本仁,挈家至四明,乐南雷山水之胜,宋大中祥符五年,遂由安徽黟县石岗山下徙居于此。为唐越国公华之后。

地址:六区雷庄乡大雷。

祠堂:祠在大雷,额署"汪氏宗祠",堂名"敦睦"。又支祠一,堂名"留余"。

谱牒:谱作于清康熙三十八年,八十二世孙浩纂辑。道光十九年就,裔孙承述重修。同治九年,同宗凤述又修。民国四年,同邑施泽霖重修。

分派:十世与邹迁凤墅市井亭桥。十三世久濬迁下车门,久济迁上车门,久洋迁高园,久澄迁斜路头,宗承迁庄家溪,久悍迁谢水崖,久惠迁凤墅市汪府桥,久昱、久晃兄弟迁鄞城三角地。

丁口:约三千二百八十余人。

职业:农为多,商次之,士又次之。

组织

风俗习惯

经济概况:男勤于农樵,女席草帽及织席。经济尚不至枯瘠。

族望:《甬上族望表》,大雷汪氏抚军都御史玉,诗人礼约,礼部尚书镗,诗人枢,共四望。

备考:案,《四明谈助》《鄞献表》,列尚书镗于乌含桥汪氏,不与大雷同族,族望表混而合之,误。

调查年月:二三年。

附录一 民国《鄞县通志》之《舆地志·癸编·氏族》节录

时代:明

始祖:承宗,明中叶由本县大雷来,为延霸十三世孙。

地址:六区雷庄乡庄家溪。

祠堂:祠在庄溪东岸,**额署"汪氏宗祠"**,堂名"留耕"。

谱牒:**谱作于民国三年,裔孙炜章、焕章纂辑,同邑李泰撰为之序。凡九卷,又首末二卷。

分派

丁口:约百数十人。

职业:农为多,士商次之。

组织:村内设有庄溪小学。

风俗习惯

经济概况:男勤于农樵,女席草帽及织席。经济尚不至枯瘠。

族望

备考

调查年月:二三年。

时代:明

始祖:宏曾,字省峰,**明嘉靖间自安徽歙县孝女村来,为唐越国公华派忠隐公延皓之后。

地址:一区迎凤镇章耆巷。

祠堂:祠在乌含桥,额署"汪氏宗祠",与国医第一支祠合。

谱牒:谱待刊。

分派

丁口:约八九十人。

职业:商学。

组织:原分四柱,现仅东北二柱。

风俗习惯

经济概况

族望

备考:鄞献表御史义方教授,思政知县泽乡尚书镗,皆属乌含桥汪氏派。又,清光绪庚辰翰林受礽,亦其后。

调查年月:二三年。

时代:明

始祖:必剑,字左泉,明嘉靖年间迁此。

地址:十区河南乡鼙里王。

祠堂:有祖堂一,堂名"报本"。

谱牒:凡八本。

分派:其裔孙有迁居象山者。

丁口:男五十余人,女六十人。

职业:商五十余家,农十余家。

组织

风俗习惯

经济概况:贫寒者多,富者仅几家。

族望

备考

调查年月:二二年。

时代:清

始祖:寿鑫,清初迁此,为唐越国公华之后。

地址:九区大嵩镇大嵩城内。

祠堂:祠在大嵩城内,额署"汪氏宗祠",堂名"新安"。

谱牒:《汪氏宗谱》二册。

分派:有迁居安徽歙县者。

丁口:二百余人。

职业:农工商居多,士最少。

组织:分仁、义两大房。

风俗习惯:风俗敦朴。

经济概况:生计尚足自给。

族望

备考

调查年月:二二年。

15. 唐

时代:宋

始祖:思简。

附录一 民国《鄞县通志》之《舆地志·癸编·氏族》节录

地址：七区民益乡建鄙上唐。

祠堂：祠在本村，额署"唐氏宗祠"，堂名"树德"。支祠在下唐，堂名"存德"，奉思龙。

谱牒：谱残缺。

分派

丁口：一千三百余人。

职业：农居多。

组织：分两大房，各有房长，上承宗长。

风俗习惯：风气质朴，习惯勤俭。

经济概况：以稻米及柴竹为生产大宗，勤劬差，足自给。

族望

备考

调查年月：二二年。

时代：明

始祖：道隆，自剡县来。

地址：八区西林乡唐家汇。

祠堂：祠在唐朗桥北隅，额署"唐氏宗祠"。

谱牒：《鄞南唐氏宗谱》四卷，清道光、光绪年间两次重修，民国十九年又修。

分派：十三世英培迁象山门礜。十四世贤才、贤芳兄弟迁衢山冷池。贤明迁镇海常山桥。

丁口

职业

组织

风俗习惯

经济概况

族望

备考

调查年月：二二年。

时代：明

始祖：广望，明中叶自天童庄五港桥来，为仇礜之三子。

地址：十区五郸乡郸山桥。

祠堂：祠未建。

谱牒:旧谱早失,**新谱有**宗谱、支谱,清时重修两次。

分派:有分居于蝦崎者,现已有十余户。

丁口:丁一百三十四人,口一百五十六人。

职业:农居多数,工商约十分之二。

组织

风俗习惯:安分自修,不预外务。

经济概况:会田祀产,光复后已大半变卖,现存无几。

族望

备考:案,唐氏始祖仇罋,因名字失传,曾置仇罋柴山,故以为名。由梅墟板底唐迁天童庄,至其子广望始迁此。

调查年月:二二年。

时代:清

始祖:釟为鄞令,遂迁居建罋,其三十九世孙清时始自建罋迁次。

地址:七区常青乡千唐。

祠堂:堂名"承德"。

谱牒:《唐氏宗谱》,一册,民国八年重修。

分派

丁口:三十余户,约百数十人。

职业:农商。

组织:分福、禄、寿三大房。

风俗习惯:文化开通,风俗俭朴。

经济概况:生产以农作物为大宗,故拮据者多。祀田仅八亩零。

族望

备考:釟为良二十九世孙。

调查年月:二二年。

时代

始祖:谟山与兄盛山、基山自绍兴来,为世居越城珤之后。

地址:一区毛衙镇郭衙弄,聚福庙后亦属此。

祠堂

谱牒

附录一 民国《鄞县通志》之《舆地志·癸编·氏族》节录

分派

丁口

职业

组织

风俗习惯

经济概况

族望

备考

调查年月

16. 姜

时代：明

始祖：祥庆，原名长，字联玉，自姚江姜家渡来，为迁姚始祖绍夫十二世孙，为蜀汉平襄侯维四十九世孙。

地址：十区姜陇乡姜家陇。

祠堂：祠在本村，**额署"姜氏宗祠"，堂名"崇德"**。

谱牒：《鄞东姜氏宗谱》凡六卷，又卷首、卷末二卷。《姚江姜氏宗谱》八卷，又卷首一卷，共十二本，**纂者同邑何锡冕，创修者十二世孙忠汾**。

分派：人房派，五世大荣迁乍浦南门外。**七世承荣**迁田野王。地房派九世明倍、**明彪迁苏州**。十世纶显迁杭州。十一世孝，字保传迁**镇海黄瓦跟**。孝福迁杭州万安桥。**孝隆迁横泾四港口**。十二世忠荣迁五乡碶赵家。忠华**迁宝幢**下街。忠小名大生福，迁徐村下四江口。忠斌迁城中新**街**。**忠字生根**，迁江东大河桥。忠品迁杭州。人房派九世明炽，迁余姚助海庙跟。十世伦，名无考，**迁横溪**河头。十一世孝芹，迁慈溪北门状元第邹家。孝字品全，迁吴龚戴家。孝字茂宝，**迁南洋槟**榔屿。

丁口：统宗二百四十余户，住本族者仅一百四十余户。

职业：农居十之四，商居十之六。

组织：分天、地、人三房。天房居梅墟，其后未详。今居本村为地、人二房。各有房长，上承宗长。族内设有姜氏义庄及凤育小学，为裔孙忠汾所创办。

风俗习惯：风气开通，习俗俭朴。

经济概况：经商上海者，不乏温饱，且有拥巨赀者。务农者则大半贫寒。

族望

备考

调查年月：二四年。

时代：明
始祖：思谦，字克让，号敬山，自余姚来，为蜀汉平襄侯维五十世孙。
地址：四区后塘镇，湖西青石桥亦属此派。
祠堂
谱牒
分派：自平襄侯至二十四世援家汉阳，二十七世沼家淄川，三十一世仲开宰嵊县，即居青岩，三十八世绍夫，由嵊县迁余姚。
丁口
职业
组织
风俗习惯
经济概况
族望
备考
调查年月：二二年。

时代：清
始祖：尚仪，康熙间来。
地址：十区潘叶乡姜家水漕。
祠堂
谱牒：谱作于清同治八年，一本，邑人陈铭主纂。
分派：其裔有迁居江东铸坊巷及南门外半街者。
丁口：三十二人。
职业：农商参半。
组织
风俗习惯
经济概况
族望
备考
调查年月：二四年。

附录一 民国《鄞县通志》之《舆地志·癸编·氏族》节录

17. 丁

时代:明

始祖:昂,明时自上虞丁宅街来。

地址:六区段塘镇孔浦港。

祠堂:祠在本村,额署"丁氏宗祠",堂名"务本"。

谱牒:谱作于民国十三年,凡六册。

分派:其裔孙有分居礼嘉桥者。

丁口:一百余户,约五百余人。

职业:先是,丁氏多制箩子为业,故有里外竹桥之称。嗣以本地无竹,不如慈溪陆家埠之便利,故此业逐渐减少,今只有五六家。现为商者多业菜馆,而肩贩者亦有之。

组织:分一、二、三、四、五五大房,每房各有房长,上承宗长。有丁氏孔文初级小学,为族人方球所发起。又有体恤会,亦方球与志隆所创办。

风俗习惯:勤俭朴实。

经济概况:贫苦者多,惟经商上海者较为宽裕。

族望

备考

调查年月:二三年。

时代:清

始祖:通远,清同治年间自本县大皋来。

地址:七区锡麓乡洞桥头。

祠堂:堂名"永镇"。

谱牒:《丁氏宗谱》一册,民国二年重修。

分派:有分居于樟溪丁家者。

丁口:六十余人。

职业:农樵。

组织:分三大房,设有溪麓小学。

风俗习惯:风俗古朴。

经济概况:生产以竹柴为大宗,故皆艰窘。

族望

备考

调查年月:二二年。

18.应

时代:唐

始祖:明州刺史彪。

地址:十区下应镇下应。

祠堂:祠在本村,额署"应氏宗祠",堂名"叙伦"。

谱牒

分派

丁口:约千余户。

职业:商最多,农工次之,学尤次之。

组织:分前后两族,各有房长,上承宗长。

风俗习惯:风气开通。

经济概况:富裕者多,贫寒者尚少。

族望:《四明谈助》应山人臬即其后。

备考:又案,此族一,以琼为始迁祖。

调查年月:二三年。

时代:明

始祖:仔,明时自城内漫浦桥来,为唐明州刺史、创建甬东浮桥彪之裔孙。

地址:十区新建乡万龄,城内四府前亦属此派。

祠堂

谱牒

分派

丁口

职业

组织

风俗习惯

经济概况

族望

备考

调查年月:二二年。

时代:清

附录一 民国《鄞县通志》之《舆地志·癸编·氏族》节录

始祖:名氏失传,自县东下应来。

地址:八区惠东乡斗门桥东。

祠堂:祠无,有祖堂一。

谱牒:谱无。

分派

丁口:六十人。

职业

组织

风俗习惯

经济概况

族望

备考

调查年月:二二年。

时代:清

始祖:会仁同弟会勇,嘉庆年间自鄞东下应来。

地址:八区定桥乡后横。

祠堂

谱牒

分派

丁口:二十八人。

职业:商。

组织

风俗习惯

经济概况

族望

备考

调查年月:二二年。

时代:宋

始祖:高,字德广,南宋时来,为唐观阳侯公辅十世孙。

地址:七区蜜岩乡蜜岩。

祠堂：祠三，曰大本堂，曰中和堂，曰桂馥堂。
谱牒：谱创于清雍正五年，每届二十年一修。
分派：有分居十字港、奉化蓴湖、里湖者。
丁口：一千六百余人。
职业：农最多，工商次之，学最少。
组织：分上中下三宅，每宅各有房长，上承宗长。
风俗习惯：朴厚。
经济概况：生产以贝母、丝为大宗，无甚贫、甚富之分。
族望
备考：案，调查册谓，宜以唐明州刺史彪为一世祖，而旧谱则以刺史玄孙、唐观阳侯公辅为一世祖，故从之。
调查年月：二三年。

时代：清
始祖：正良，自本县章村蜜岩来。
地址：六区惠济乡应家。
祠堂：祠在本村，额署"应氏宗祠"，堂名"中和"。
谱牒
分派
丁口：男一百二十三人，女一百人。
职业：农工商，学最少。
组织：宗房长制。
风俗习惯：旧历正月祠内给饼，清明、中元到祠祭祖。
经济概况：勤劬足以自给。
族望
备考
调查年月：二三年。

时代：清
始祖：时孝，清嘉庆中自本县蜜岩来。
地址：七区界姚乡细岭。
祠堂：祠在蜜岩，额署"应氏宗祠"。

附录一 民国《鄞县通志》之《舆地志·癸编·氏族》节录

谱牒:《蜜岩应氏宗谱》。

分派

丁口

职业

组织

风俗习惯

经济概况

族望

备考

调查年月:二二年。

时代:元

始祖:槐,元时来。

地址:十区天童镇南沧墺一名曰昌墺。

祠堂:祠无,有祖堂二,分里外两宅。

谱牒:谱有。

分派

丁口:约一百余户。

职业:农樵商。

组织

风俗习惯

经济概况

族望

备考

调查年月:二三年。

时代:清

始祖:圣宗,清康熙年间,自天童南沧墺来,为槐之裔。

地址:十区东吴镇。

祠堂:祠无,有祖堂一,堂名"忠义"。

谱牒:《鄮东应氏宗谱》二卷,民国二十一年,同邑赵功宝修。

分派

2211

丁口:约二十余户。

职业:农商。

组织

风俗习惯

经济概况

族望

备考

调查年月:二三年。

时代:明

始祖:尊,明时来。

地址:八区克强乡横山。

祠堂:祠在本村,**额署**"应氏宗祠"。又支祠一,堂名"武穆",民国十四年为朝六房所建,以奉其祖仰峰。奉化葛荫元有记。

谱牒:谱创自前清,民国十四年奉化葛荫元重修。

分派

丁口:一百余户。

职业:农工商学。

组织:分前后两房,后房下以朝六房为最蕃盛,民国初年设有培德初级小学,今并入横山小学。

风俗习惯:文明质朴。

经济概况:祠内有田七十余亩,以供族内公益及祭祀之用。

族望

备考

调查年月:二二年。

19. 董

时代:宋

始祖:全八,宋嘉熙朝由慈溪来,为孝子黯四十三世孙。

地址:六区鹤山乡十三洞桥。

祠堂:祠分东西两宅,一在大河东,一在大河西。

谱牒:《湖泊董氏宗谱》,十二卷,清嘉庆十九年十六世孙澜始创谱稿。自此,历道光、光绪,代

附录一 民国《鄞县通志》之《舆地志·癸编·氏族》节录

有纂修,民国十五年二十世孙敦修又修。

分派:东宅派十五世元相,迁杭州。北关门外芳林乡一都九图,元宪迁象山泗洲头。西宅派应文、应武,迁舟山。十六世秀山、东海,迁海宁南门塔下。

丁口:约五百三十人。

职业:大半业农,商次之,学尤次之。

组织:由宗长、房长、柱首、干首组织之。先**有莺湖书院一所,为十六世小韭澜所创立**,落成于清道光二十五年。有田百二十亩,现改为顺德小学。

风俗习惯:婚娶卒葬,泥于古礼。

经济概况:农业衰落,大半皆竭蹶,异乎畴昔。

族望:清嘉庆己巳进士,知余干县澜。

备考

调查年月:二三年。

时代:宋

始祖:宋修武郎之邵,自奉化来。

地址:一区柳汀镇紫薇街东。

祠堂

谱牒

分派

丁口

职业

组织

风俗习惯

经济概况

族望:《甬上族望表》,此派属南湖董氏,进士恭礼、殉难给事中志宁,共二望。

备考:《四明谈助》,宋建炎三年,金人寇明州,义士之邵,同李侑、任戬,率乡勇千余人保奉化城,三战于泉口,金人不能入而退。

调查年月:二三年。

时代:明

始祖:伯庄,字达夫,号梅隐,国观长子,明山西忻州知州,洪武中,由慈溪二十三都来。

地址:二区聚德镇芳嘉桥东。

祠堂：公祠在芳嘉桥东，支祠在孝闻坊及鄞东犊山。

谱牒：谱作于明万历三十三年，五十八世孙大晟纂修。天启六年五十八世孙光宏，清顺治十五年五十九世孙应遵，康熙二十四年六十世孙德嵩，乾隆九年六十二世孙敏同子秉琛，乾隆三十二年六十三世孙秉纯，嘉庆二十年六十四世孙懋澜，咸丰八年六十六世孙瑗等，历届重辑。民国七年，同邑柴永祺又修，凡二十卷，十本。

分派：元二房派：五十九世应乾，迁顺天大兴。利四房派：五十七世模，迁湖广；六十世德骥、德骏兄弟，迁黄岩。利十五房派：六十四世懋芳、懋华，迁杭州。利五房派：六十五世名扬，迁湖北。利十六房派：五十八世光祖，迁砩石，光凤迁定海。利十七房派：五十九世应魁、应选，迁镇江；六十五世名霙，迁杭州。利十九房派：五十九世逢春，迁桐乡；六十五世名豪，迁定海；六十二世太岳迁宁海，康胤迁南京，元祺、元礽迁济宁州，元禴迁天童，元经迁北京，元棣迁奉化；六十五世明良迁福建，明升、明雷迁杭州。利廿三房派：六十二世元极迁天童，元材迁苏州，元白、元全、元庆迁北京；六十三世秉玮、秉环兄弟，迁乍浦。六十四世懋彪，迁广州。利廿六房派：六十世德运，迁山西大同右卫杀虎口。

丁口：约四百余人。

职业：学商工。

组织

风俗习惯：淳厚。

经济概况：各祀祭田尚丰。

族望：《甬上族望表》，御史改佥事琳，御史錀，给事中鏊，翰林改副使樾，右都御史光宏，户部主事德俌，兄弟殉难监军德钦，诗人剑锷，共八望。

备考

调查年月：二二年。

时代

始祖：克明

地址：一区竹洲镇三支弄，三法乡亦属此派。

祠堂

谱牒

分派

丁口

职业

组织

附录一 民国《鄞县通志》之《舆地志·癸编·氏族》节录

风俗习惯

经济概况

族望

备考

调查年月:二二年。

时代:明

始祖:肃,字本恭,明景泰中自本城泥桥巷西南白塔庵来,为宋建炎中自河南迁鄞始祖俊之十二世孙。

地址:十区迴龙乡**高塘头**。

祠堂:祠在本村**迴龙桥前**,额署"董氏宗祠",堂名"宁德"。

谱牒:谱创于明天顺间,清雍正、**乾隆**、道光、咸丰、同治、光绪,屡次重修,今已九修。

分派:**前房**傅一支,学字行,迁余姚**周巷**;孝字行迁上虞。傅二支,忠字行迁定海金塘木罋;忠字行又一支,自泗港迁本县南门外;启字行,迁本县白沙,土名河里董。后房傅十三支,文字行,迁定海岑港。傅十八支大字行,迁本县西乡望春桥。

丁口:约五百余人。

职业:农商为多,学最少。

组织:分文、武两大房,各房置有房长,上承宗长。设有高安会、水龙局及亲仁小学。

风俗习惯:每年夏历二月十日,有报本追远会祀寅旸,冬至前后五日前后演剧以志庆。

经济概况:大半艰窘。

族望:清光绪丁丑进士,知江西建昌县沛。

备考

调查年月:二二年。

时代:清

始祖:九岳,清时自本县南乡董家跳来,为董家跳第十六世五服子。

地址:七区镇宁乡沙港口。

祠堂:有祖堂一,名曰龙贵堂。

谱牒:宗谱在董家跳,本族只有钞谱一本,民国二十二年修正。

分派

丁口:四十人。

职业:农

组织:分五大房,设有济源会,专司由仁里乡潘家埠至王家桥之渡舟。
风俗习惯:风俗俭朴。
经济概况:以农作物为生产,生计艰窘。
族望
备考
调查年月:二二年。

时代:清
始祖:礼麦,自本县董家跳来。
地址:八区董王乡董家。
祠堂:祠在本村,额署"董氏宗祠",堂名"垂裕"。
谱牒:《董氏宗谱》,十三世孙纯华重修。
分派
丁口:六十余户,二百余人。
职业:工居多,商次之,农又次之。
组织:宗房长制。
风俗习惯:风俗淳朴。
经济概况:大半皆自食其力。
族望
备考
调查年月:二三年。

时代:清
始祖:艾,自奉化庙山来。
地址:六区惠济乡董家桥。
祠堂:祠在本村,额署"董氏宗祠",堂名"永思"。
谱牒:民国五年重修,现有谱六本。
分派:其裔孙有分居朱家庄,顾家港小董家东岸阔墩头,及镇海灵岩乡者。
丁口:八十户,住于本村者约五十户。
职业:农多,工次之,商又次之,学仅二人。
组织:分宫、商、角、徵、羽五柱。旧有义学一所,民国十六年改为永思小学。
风俗习惯:风气开通,习俗勤俭,元旦例于祠内给饼。

附录一 民国《鄞县通志》之《舆地志·癸编·氏族》节录

经济概况:无甚贫甚富之分。

族望

备考:案,调查册谓,由江都迁奉化庙山,复由邻村迁罂湖云。

调查年月:二二年。

20. 孔

时代:宋

始祖:若功,自奉化来。

地址:七区小皎乡孔童张。

祠堂:祠在本村,额署"孔氏宗祠",堂名"忠恕"。

谱牒:现有谱四册。

分派:十六世洪胤,迁六区竹丝缆。又,明初一支,迁慈溪观海卫,一支迁慈溪樟桥。

丁口:五十余户,约一百八十余人。

职业:农多,工次之,商又次之。

组织:分上、中、后三大房,旧有孔氏义学一所,今改基德小学。

风俗习惯:风气开通,习俗勤俭。

经济概况:差足自给。

族望

备考:若功先住水坑下,后分住上车门,即今孔家,在小皎溪东,与鲸山相对。

调查年月:二三年。

时代:清

始祖:光昭,清时**自本县韩**岭来。

地址:九区陈杨乡**陈家**墺。

祠堂:有祖堂一。

谱牒:谱无。

分派

丁口

职业:农。

组织

风俗习惯

经济概况:生产以竹、木柴为大宗。

族望

备考

调查年月：二二年。

21. 傅

时代：南宋

始祖：太孜，自姚江爵儿浦来。

地址：八区桃江西乡，桃江西村。

祠堂：祠在本村，额署"傅氏宗祠"，堂名"立本"。

谱牒：清顺治年间，十九世孙尚说手创谱稿；嘉庆二十五年、咸丰九年，两次重修，但皆写谱；光绪十九年三修，始改写为印，凡六卷；民国二十年四修，邑人鲍茂烺主纂，凡十卷，共六大册。

分派：太孜之祖先聚，为姚江令，其后裔铎迁本县麦场，煦迁蛟川上傅嚣，照迁本县五乡碶。太孜之后分二支，一支迤住塘头，一支仍居桃江，分三房，即第五世之友宏、友安、友直，至八世，有一支得王，迁县东上水鸡山头。

丁口：三百四十二户。丁，七百零三人；口，七百三十三人。

职业：商最多，工次之，农又次之，学只数人。

组织：委员制。三房各推二人为干事，干事互选主席二人办理族内之事。与县政府合办完全小学一所，私办咸安水龙会一所，近于栎斜设有立本堂公墓山一处，俾族人以安葬。

风俗习惯：风气开通，习俗勤俭。子弟对于长者、老者，按行称呼，备极恭敬。贫寒子弟入学者，由祠内公款津贴之，每年殷富族人，认纳常捐。

经济概况：族内子侄，大都克勤克俭，惟生产能力颇弱，农工无论焉，即商人，亦鲜有创办大事业者，惟对于宗祠爱护周至，各房多肯捐助祀田。除祭祀外，皆充地方公益之用。

族望

备考

调查年月：二二年。

时代：元

始祖：至正中，以明经荐任慈溪县学教谕，祥二自本县傅家塥来，为仲一之三世孙宋度宗年间迁鄞东傅家塥。

地址：十区五乡镇。

祠堂

附录一 民国《鄞县通志》之《舆地志·癸编·氏族》节录

谱牒

分派

丁口

职业

组织

风俗习惯

经济概况

族望:鄞献表,傅氏,明时进士四人、举人一人,即景泰丙子举人长史礽,成化壬辰进士金,弘治丙辰进士乾,嘉靖壬戌进士主事文藻,万历己丑进士吏部光,前清光绪戊戌进士、吏部验封司邦翰。

备考:案,《桃江傅氏宗谱》照迁本县五乡碶,疑祥二为其行,而其名则照也。俟考。

调查年月:二二年。

时代:明

始祖:次仁,自本县五乡碶来。

地址:十区益新乡傅家堍。

祠堂:祠无。

谱牒:谱无。

分派

丁口:五百余人。

职业:农商。

组织:宗房长制。

风俗习惯:风俗古朴。

经济概况:大半枯瘠。

族望

备考

调查年月:二三年。

时代:清

始祖:贻赠,中议大夫知府衔加二级天成,自鉴桥里来,为宋七品散官南渡扈跸,始迁鄞鉴桥里,恩斋之十三世孙,宋赠银青光禄大夫献简公尧俞十四世孙,唐太史令弈之三十一世孙。

地址:十区俞虞乡周泗漕游马桥。

2219

祠堂

谱牒

分派：三十一世学沅居诸暨；三十二世肇鳌，三十三世大成、大有，三十四世廷栋，均居顺天宛平县。

丁口

职业

组织

风俗习惯

经济概况

族望：《甬上族望表》，傅氏状元行简在鉴桥西旁有状元桥，其状元坊建在天封塔下。

备考

调查年月：二二年。

22. 戴

时代：宋

始祖：阳，南宋嘉定间自黄岩迁邑西桃源乡，是为四明戴氏一世祖。

地址：六区两湖乡戴家（编者按：即槎湖。）

祠堂：祠在本村，**额署"戴氏宗祠"，堂名"永思"，明洪武年间裔孙太茂创建。**

谱牒：谱作于明洪武年间，**代有纂修，现有谱四册。**

分派：有分居于鄞东鹿山，**及本城握兰庙南门大街者。**

丁口：五百二十三人。

职业：大半务农，工商学次之。

组织：分孟、仲、季三大房，有宗房长、干事等。

风俗习惯：朴勤。

经济概况：男耕女织，生活力颇强，以农业起家者不乏其人。

族望：《甬上族望表》，知巩昌府浩，福建布政司参议鲸，抚军都御史鳌，殉难工部所正仲谋，殉义锦衣尔惠，诸生之吕，共六望。

备考

调查年月：二二年。

时代：元

附录一 民国《鄞县通志》之《舆地志·癸编·氏族》节录

始祖:隆之,字德盛,为桃源始祖善庆之九世孙,由桃源乡迁鄞东翔凤乡,是为鄞东戴氏一世祖。

地址

祠堂

谱牒

分派

丁口

职业

组织

风俗习惯

经济概况

族望

备考

调查年月:二二年。

时代:元

始祖:久汶,元至正十三年自桃源来,是为大堰一世祖,为迁鄞东始祖隆之之后。

地址:九区永治乡大堰头。

祠堂:祠在大堰路,额署"戴氏宗祠",又有大堂一,在市东市西路中。

谱牒:谱凡三十六卷,民国十四年裔孙鸿去祺、廷祐主纂。

分派:有分居于大嶴底新河头者。

丁口:一千六百四十人。

职业:商最多,渔农工航次之,读书又次之。

组织:分文、行、忠、信四大房,旧有义塾二所,自设鄮湖小学,子弟读书者多数可不纳费。

风俗习惯:奢俭未能得中习俗,新妇初来,清明须到祖坟参拜。

经济概况:生产能力虽尚不弱,而经济则大半支绌。

族望

备考

调查年月:二二年。

时代:明

始祖:道江,字文江,为迁鄞始祖隆之之十六世孙,明嘉靖间,由东钱湖迁甬东新河林梧巷,今曰戴家弄,是为江东戴氏一世祖。

地址:四区新河镇,城内紫薇街亦属此派。
祠堂:祠在大堰头。
谱牒:谱与大堰头合有支谱一本。
分派
丁口:一百余人。
职业
组织
风俗习惯
经济概况
族望
备考
调查年月:二三年。

时代:清
始祖:明四川巡抚鳌之曾孙辈,清康熙年间自鄞城来。
地址:十区王钟乡下王。
祠堂:原有中丞祠,久毁,今新建。
谱牒:《鄞东鹿山戴氏家乘》十卷,民国十六年二十四世孙彦修。
分派
丁口:六十六人。
职业:商居多,农次之,工学又次之。
组织
风俗习惯:朴实俭约。
经济概况:平平。
族望
备考
调查年月:二二年。

时代:清
始祖:国英,清康熙年间由本区大堰头来。
地址:九区咸祥镇庙墩上。
祠堂

附录一 民国《鄞县通志》之《舆地志·癸编·氏族》节录

谱牒

分派

丁口

职业

组织

风俗习惯

经济概况

族望

备考：查大堰头戴氏谱，迁咸祥庙墩者，为鸿略第三子国咸，今调查册作国英，故并志之，以俟参考。

调查年月：二二年。

23. 谢

时代：唐

始祖：森，唐开元间自上虞来。以晋太傅庐陵文靖公安之祖，衡为始祖。

地址：六区武陵乡职田王，西山乡水井底亦属此派。

祠堂

谱牒

分派

丁口

职业

组织

风俗习惯

经济概况

族望

备考：案，此派十八世杲，由职田徙居眺山。二十五世延琬，由眺山迁居西罍，故细山乡亦属此派。

调查年月：二二年。

时代：宋

始祖：万一，南宋时自苏州来。

地址：九区横街乡横街。

祠堂:新老祖堂两所,皆在本村。
谱牒:《谢氏宗谱》四卷,民国五年修。
分派
丁口:五十一人。
职业:农樵业占十之八,商工业占十之二。
组织
风俗习惯:文化闭塞,风俗朴俭。每岁夏历元旦祭祖,清明扫墓。
经济概况:业农樵者,每岁所入不逾百金,故支绌者多。
族望
备考:清道光年间,其族有谢克家者,与村人史悠琦,共毁家以歼土匪,迄今村民犹歌诵之。
调查年月:二二年。

时代:明
始祖:仲华,世居慈溪青林渡,其妻田氏年二十,矢志守节,邻富豪欲夺其志,乃潜携幼子迁鄞月湖。明永乐九年,次孙永升成进士,年已七十,屡至慈溪迹夫墓,不可得。殁,遂独葬鄞西山,即今谢嶴是也。事迹详《旧志·烈女传》。
地址:一区柳汀镇镇明岭南,南郭谢御史第,亦属此派。
祠堂
谱牒
分派
丁口
职业
组织
风俗习惯
经济概况
族望:明监察御史永升、殉难太仆少卿于宣、清云南提学佥事于道、知山东蓬莱县为宪。
备考:查《四明谈助》,谢氏先代居慈溪青林乡,伯昌始迁鄞城,生永升官御史云。
调查年月

时代:明
始祖:达一,明时自余姚来。
地址:十区凤溪乡凤下溪。

附录一 民国《鄞县通志》之《舆地志·癸编·氏族》节录

祠堂:祠无,有祖堂一,堂名"宝树"。

谱牒:谱作于清咸丰年间,同里应维谦纂辑,民国二十三年,邑人杨翰芳又修。

分派:有迁至慈溪蟠松大嶴者。

丁口:约三十余户。

职业:大半农樵。

组织

风俗习惯

经济概况

族望

备考

调查年月:二三年。

时代:明

始祖:建业,明正德中自余姚第四门来。

地址:九区埼南乡瞻埼。

祠堂

谱牒

分派

丁口

职业

组织

风俗习惯

经济概况

族望

备考

调查年月:二二年。

时代:清

始祖:国,清时自余姚来。

地址:七区龙谷乡上孤山。

祠堂:堂名"春华"。

谱牒:谱虽有而不全。

分派：有分居本乡鹤顶者。

丁口：三十人。

职业：业农。

组织：设有定德小学。

风俗习惯：文化闭陋，俗尚俭朴。

经济概况：以农产物为生产，经济支绌。

族望

备考

调查年月：二二年。

24. 郑

时代：宋

始祖：大乘，高宗时自本城来。

地址：九区韩岭镇韩岭市。

祠堂：祠在本村，**额署**"郑氏宗祠"，**堂名**"崇德"，支祠堂名"大德"。

谱牒：《郑氏宗谱》十卷，近修者，同邑戴廷佑。

分派：十九世孝豪分居山岩岭，又有分居于叶公山者。

丁口：五百余人。

职业：农居多，工商次之，学者无几。

组织：分上房、下房、州二房，三大房。

风俗习惯：文化较前略通，风俗重俭，男女尚知节义以自守。

经济概况：支出。

族望

备考

调查年月：二二年。

时代：元

始祖：保仁，元时自石马塘来。

地址：七区青阳乡北郑家漕。

祠堂：堂名"善庆"。

谱牒：《郑氏宗谱》一册，清光绪十六年重修。

分派

附录一 民国《鄞县通志》之《舆地志·癸编·氏族》节录

丁口:四十余户,一百三十余人。

职业:农。

组织:分为三房。

风俗习惯:风俗勤俭,子姓入学,由族内补助。

经济概况:以稻为主要生产,席次之。

族望

备考:案,调查册保仁父申,世居石马塘。

调查年月:二二年。

时代:明

始祖:以玖,明洪武初来,为宋嘉祐进士,明州录事参军,由杭迁鄞始祖骐十世孙。

地址:九区永满乡**殷家湾**。

祠堂:祠在本村,**额署**"郑氏宗祠",堂名"庆袭槐堂"。

谱牒:谱凡十一卷。

分派

丁口:约三千余丁。

职业:农商居多,渔次之,士又次之。

组织:分东西两大房。

风俗习惯:文化不甚开通,惟风气朴厚。

经济概况:祠内薄有祀田,不甚丰裕。

族望:清殉难举人圣飏。

备考:**案**,迁浙始祖玫,唐咸通进士,历官右仆射、镇东节度使,自河南迁杭,至骐,始由杭迁鄞。宋忠定王清之,为骐五世孙,见《运甓斋文稿》。

调查年月:二二年。

时代:明

始祖:运,**自慈溪**半浦来。

地址:九区咸祥镇。

祠堂:祠在本镇,额署"郑氏宗祠",堂名"槐木"。

谱牒:谱作于清嘉庆年间,民国二十二年重修,凡五册。

分派

丁口

职业

组织

风俗习惯

经济概况

族望

备考

调查年月:二二年。

时代:明

始祖:伯大同弟伯盛、伯川,宣德间自奉川洞桥白水来,为宋若冲之十四世孙。

地址:八区五丰乡姜山前郑家庄。

祠堂:祠在本村,**额署**"郑氏宗祠",堂名"承恩",清乾隆四十九年建。

谱牒:旧谱清康熙三十二年毁,乾隆五十一年裔孙世隆复创修。

分派:共分七大房,其裔孙大房派下有迁居东钱湖畔者。三房派下,一派迁居姜山,一派迁居蔡郎桥松树坟头。五房派下,有迁居甲村、南杜村者。

丁口:约五百人。

职业:农工商。

组织

风俗习惯

经济概况:有凤凰塔大山一座,粮串若干,六房均为完纳。同居族内者得以薪采,散处者不得与。又有水井一口,系明成化年间造。

族望

备考

调查年月:二二年。

时代:明

始祖:松七。

地址:十区田雅乡下车桥。

祠堂

谱牒

分派

附录一 民国《鄞县通志》之《舆地志·癸编·氏族》节录

丁口

职业

组织

风俗习惯

经济概况

族望

备考

调查年月：二二年。

时代：明

始祖：邦隆。

地址：十区邱隘镇合掌桥。

祠堂：祠无。

谱牒：谱，三十年前曾纂修一次。

分派：其裔有分居慈溪大隐、镇海小港者。

丁口：约二百余人。

职业：农工商。

组织：设有新安、坎泽两水龙会，及保卫团、农会等。

风俗习惯：大略与本县各族相同。

经济概况：大半皆支绌。

族望

备考

调查年月：二三年。

时代

始祖：例**授成德郎**其烈，字武芝，自于潜来。

地址：一区**唐塔镇**浦石河。

祠堂

谱牒

分派

丁口

职业

组织

风俗习惯

经济概况

族望:清光绪乙亥,兄弟同科举人郑霁、郑震。

备考:奉例赠承德郎国正为始祖。

调查年月:二二年。

时代:清

始祖:登仕郎惟显,自本县段塘来。

地址:三区中河镇篠墙弄。

祠堂

谱牒

分派

丁口

职业

组织

风俗习惯

经济概况

族望

备考:案,段塘始祖开基,自慈溪半浦来,惟显为其后。

调查年月:二二年。

时代:清

始祖:名氏失传,清咸丰年间自余姚来。

地址:八区定桥乡高车头。

祠堂

谱牒

分派

丁口:二十余人。

职业:农

组织

附录一 民国《鄞县通志》之《舆地志·癸编·氏族》节录

风俗习惯

经济概况

族望

备考

调查年月:二二年。

25. 郁

时代:宋

始祖:文碧,自本县朱朗中桥来。

地址:七区民正乡西仲夏郁家。

祠堂:堂名"继述"。

谱牒:《郁氏宗谱》三册,民国二十三年修。

分派

丁口:五十余人。

职业:农。

组织:分孟、仲、季三大房,区立仲夏初级小学,郁氏亦有赞助。

风俗习惯:风俗古朴。子姓入学由族内津贴学费。

经济概况:以农作物为生产,皆艰窘。

族望

备考

调查年月:二二年。

时代:宋

始祖:觉海,宋建炎间自廿一都高地来。

地址:八区长桥乡长桥头。

祠堂:祠在宅后,额署"郁氏宗祠",堂名"创垂"。

谱牒:谱创于明时,清乾隆、嘉庆、宣统三朝历次重修,民国二十一年又修。

分派

丁口:二百零九户。

职业:农商为多,渔次之,学又次之。

组织:设有邓江小学。

风俗习惯:朴实耐劳。

经济概况:大半枯瘠。

族望

备考

调查年月:二二年。

时代:明

始祖:觉施,明时来。

地址:八区陈婆渡乡萧皋碶。

祠堂:祠在萧皋碶,额署"郁氏宗祠",堂名"务本","后厣为女祠,为裔孙郁其宗字丽生建"。

谱牒:谱作于清嘉庆年间,至民国十六年,凡五修。

分派:其分派虹桥头,祖觉美,聚族而居,凡三十余家。

丁口:二百数十户。

职业:农工商渔。

组织:协清庙内设有三益小学,经费由迷信会产拨助。

风俗习惯:居民良莠不齐,未克淳朴。

经济概况:经济平常,富者多迁居鄞城,祠内有祀田三十余亩,以奉春秋祭祀。

族望

备考:李宝夫萧皋别墅即在此处,但今已改作僧庵。

调查年月:二二年。

时代:清

始祖:燧,自黎阳来。

地址:六区布政乡朱郁。

祠堂:祠在本村,额署"郁氏宗祠",堂名"垂裕"。

谱牒

分派

丁口:四十余人。

职业:农居多数,工商次之。

组织:宗房长制。

风俗习惯:淳朴。

经济概况:差足自给。

族望

附录一 民国《鄞县通志》之《舆地志·癸编·氏族》节录

备考

调查年月:二三年。

26. 陆

时代:宋

始祖:文安郡开国男寘,避今人之乱,自越州斜桥迁此,为太师楚国公佃之三子。

地址:八区镇安乡横溪河头。

祠堂:祠在本村,额署"陆氏宗祠",堂名"忠孝"。清乾隆十八年裔孙殿高建。

谱牒:谱作于宋,其年失考,分十二卷。

分派

丁口:约一百二十余户。

职业:农商参半。

组织:宗房长制。

风俗习惯:风气淳朴。

经济概况:大半皆自食其力,间有小康者。

族望:《甬上族望表》,陆氏楚公佃之后子寘一望,自山阴来,有知汀州,合为一望。

备考:《四明谈助》,县西南四十里梅溪滩,宋徽宗崇宁间会稽陆寘通判明州,居此滩上,盖后乃东徙居横溪耳。

调查年月:二三年。

时代:宋

始祖:宋朝奉大夫嘉辰,自山阴来。

地址:十区虹史乡虹麓。

祠堂:祠在本村,额署"陆氏宗祠"。

谱牒:谱凡八本,一册。

分派:有迁于钱家山城夹罋太平桥者。

丁口:九百人。

职业:农居多,其次商工读。

组织

风俗习惯:风俗朴厚。

经济概况:祠内有祀田五十三亩。

族望

备考

调查年月：二二年。

时代：明

始祖：汝理，明时自本县虹麓来。

地址：九区陈杨乡陈家礨。

祠堂：祠一，系勇房支祠，有公堂一，奉智、仁、勇三房之先祖。

谱牒：《陆氏宗谱》四本，计二册。

分派

丁口：一百二十六人。

职业：农工居多，士最少。

组织：分智、仁、勇三大房。

风俗习惯：风俗淳朴，克敦礼让。

经济概况：生产以竹、大柴为大宗。

族望：民国奉化县长友骥。

备考

调查年月：二二年。

时代：元

始祖：元，字乾德，号滨川，元至正中自慈溪来。为两浙提举市舶升之四世孙。

地址：一区烟屿镇月湖。西锦里呼童巷，亦属此派。

祠堂：祠在月湖礨底，额署"陆氏家庙"，有分祠在宝幢像。鉴桥及资寿山，各有墓庄一所。

谱牒：《四明月湖陆氏宗谱》凡十二卷，五世孙刑部尚书瑜著，时在明天顺七年。民国二十四年，邑人王德光又修。

分派

丁口

职业

组织

风俗习惯

经济概况

族望：甬上族望表西湖陆氏，刑部尚书谥康僖瑜，广东布政司铨，山东布政司参议钛，右都御史世科行人司、行人符，殉难按察副使宇，中书舍人宝，诸生字燨，殉父孝子崑，共九望。

附录一 民国《鄞县通志》之《舆地志·癸编·氏族》节录

备考:由官家占用,即钱志所载,中营参将署,在城西南十五图,月湖桥是也。周志注为明尚书陆瑜旧宅,今为宁波公安局署,曾于民国初年呈请浙江都督府发还,未果。

调查年月:二三年。

时代:明

始祖:缶,明中叶来,为唐宣公贽后。

地址:二区甘溪镇竹林巷,西门外亦属此派。

祠堂:祠在北大路六十一号,额署"陆氏宗祠"。

谱牒:谱未成。

分派:分西郊支、三角地支。

丁口

职业:商学。

组织:分十柱。

风俗习惯:俭朴。

经济概况:大半支绌。

族望:清同治辛未翰林甘肃学政,廷黻。

备考

调查年月:二四年。

时代:清

始祖:**铁公**,自鄞城月湖来。

地址:六区,月塘乡西陆。

祠堂:祠在本村,**额署"陆氏宗祠"**。

谱牒:谱凡五册,**清康熙**四十年、乾隆八年、嘉庆间、道光二十九年、光绪二十二年,历次重修。

分派:其裔孙有迁**镇海囡**前罨者。

丁口:一百二十户,三百六十余人。

职业:农十分之四,商学各十分之三。

组织:分东西两房,旧有双井书院,民国元年改为罂湖小学。

风俗习惯:风气开通,习俗俭朴。

经济概况:差足资给。

族望

备考:其先由山阴而迁鄞横溪,由横溪而月湖,而罂脰湖(编者按:即西陆。)。

调查年月:二三年。

时代:清
始祖:胤祯,字君明,清初自鄞城月湖西锦里来,为月湖始祖元十三世孙,奉唐宣公赟为自出祖。
地址:十区宝幢镇。
祠堂:祠在宝幢二桥之原,额署"陆氏宗祠",堂名"分柱"。
谱牒:谱作于清光绪二十三四年,八世孙俊升钞录成帙。至民国十五年,同邑王泰济重辑,凡四卷二本,河泊所支附于卷末。
分派:胤祯三弟胤隆,从弟胤嘉,分居河泊所。
丁口
职业
组织
风俗习惯
经济概况
族望:清光绪庚寅进士,礼部主事知湖南新田县、攸县仰贤。
备考
调查年月:二二年。

时代:明
始祖:迪,明季自慈溪陆童公桥来,为通五十三世孙。
地址:十区高平乡桥头(原注:近名益寿桥。)。
祠堂:有祖堂一,名和贵堂,第名将军第。
谱牒:谱作于嘉庆二十二年,同里应湘纂辑,光绪四年、二十九年及民国十四年,三次重修。
分派:五世士显,迁象山西周。
丁口:五十六人。
职业:商居多,士农次之。
组织:分大、中、小老三房,每房设房长一人,上设宗长。
风俗习惯:朴实。
经济概况:枯瘠。
族望
备考
调查年月:二二年。

附录一 民国《鄞县通志》之《舆地志·癸编·氏族》节录

时代:清

始祖:太学生士达,号东峨,精岐黄术,邑志有传,清中叶自慈溪东乡陶家山来。

地址:四区锦绣镇。

祠堂

谱牒

分派

丁口

职业

组织

风俗习惯

经济概况

族望

备考:案,陆氏,其先德施,由慈北周巷迁东乡陶家山,为唐宣公贽之后。

调查年月

27.葛

时代:唐

始祖:洲,唐时自青州来,为青州刺史诰赠奉军节度使贯,字伯云之玄孙。

地址:七区蕙峰乡响岩高尚宅。

祠堂:祠在高尚宅,额署"葛氏宗祠",堂名"积善"。

谱牒:《葛氏宗谱》十八卷,宋嘉熙四年始辑。

分派:有分居江苏宜兴县白宕乡,及本县悬慈隔水城内观察第者。

丁口:九十二人。

职业:农商学。

组织:分云一、云二、云三三大房,各房均有房长。

风俗习惯:文化开通,风俗朴实。元旦、冬至祭祖,皆能恪守成规。

经济概况:生产以农业为主,以近年谷价低廉,收入减少,致形支绌。

族望

备考

调查年月:二二年。

时代:宋

始祖:会高,自建康句容县来。案:调查册谓世居山东胶州高密县,后迁建康之句容。

地址:七区民正乡南葛家湾。

祠堂:堂名"抱朴"。

谱牒:《葛氏宗谱》计二册,民国四年重修。

分派

丁口:六十余人。

职业:农。

组织:分五大房。

风俗习惯:风俗古朴。

经济概况:以稻为生产,皆艰窘。

族望:《四明谈助》,葛家湾葛氏,自高尚宅分此,在石臼山溪南,有副使葛仁美第,石鼓尚存。

备考:案,调查册以葛洪为始祖,谓自行寿一者起,至八世会高入鄞,族则始迁,祖似即会高,而抱朴子为其远祖也。

调查年月:二二年。

时代:宋

始祖:洹同弟洪,自本区响岩来。

地址:七区悬慈乡悬慈。

祠堂:祠在本村三叉路口,额署"葛氏宗祠",堂名"燕翼"。

谱牒:悬慈葛氏旧谱失传,清道光二十三年,十三世允诚、允诏重创,凡四卷。光绪十一年、民国五年,二次重修。

分派:其裔孙有分居石臼、席草河头、葛家湾等处者。

丁口:约一百余人。

职业:农商学。

组织:分天、地、人三大房,各有房长,上承宗长。

风俗习惯:风俗朴实。

经济概况:勤劬足以自给。

族望

备考

调查年月:二三年。

时代:清

附录一 民国《鄞县通志》之《舆地志·癸编·氏族》节录

始祖:清大河卫千总惟午,同治中自慈溪庄桥来。

地址:二区通利镇石板巷(原注:今名宝兴当同。)。

祠堂:祠在慈溪东乡庄桥镇。

谱牒

分派

丁口:男十二人,女六人。

职业:儒商。

组织

风俗习惯

经济概况

族望

备考

调查年月:二二年。

28. 叶

时代:宋

始祖:复

地址:九区永平乡,青山礨。

祠堂:祠在本村,额署"叶氏宗祠",堂名"太史"。

谱牒:谱一卷。

分派:

丁口:一百三十九丁。

职业:农商为多,渔次之。

组织:分前后两房。

风俗习惯:文化不甚开通,惟风俗朴厚。

经济概况:祠内薄有祀产,但不甚丰。

族望

备考

调查年月:二二年。

时代:元

始祖:邑庠生才元季,自本区湖塘乡湖塘下来。

地址：九区东山乡叶公山。

祠堂：祠在本村，额署"叶氏宗祠"，堂名"世卿"。

谱牒：《叶氏宗谱》十卷，清乾隆二年奉化白杜叶其英修。嘉庆十六年，同里陈世泰修；咸丰五年，暨阳何守梅修；光绪三年，十八世孙昌福修；光绪二十七年，十五世孙福才修；民国十八年，同邑蔡和铿修。

分派：才子三，成一、成二、成三，迁奉化白杜，今已成巨族。竹房派八世久，二十四迁俞家山，已建祠立谱。石房派十二世禄龙，迁象山西山下。革房派十二世禄廉，迁本区洋山墺。木房派十世长有，迁奉化竺窦，十三世名扬迁本区洋山墺，十四世寿潮迁本区大嵩，寿膺迁本区林施墺，寿秩迁本区瞻埼西墺。石房派十五世富学，迁本区茶山墺。竹房派十五世富经迁奉化松墺。丝房派十六世贵崇，迁本区洋山墺。竹房派十七世吉祥，迁象山东乡谢家墺。

丁口：一百四十余人，在外经商二百余人不计。

职业：农百分之七十，商百分之二十五，其他百分之五，肄业中学者四人。

组织：分金、石、丝、竹、匏、土、革、木八大房，惟金、丝二房人口稀少，无力值祀。土房又无后，故承当者，惟石、竹、匏、革、木、五房。

风俗习惯：风气俭朴。女子夏日相夫耕作，冬日舂米，均能习劳耐苦。

经济概况：生产以竹木茶为大宗，近年在上海营柴炭者，多有其人，故经济尚不至短绌。

族望

备考

调查年月：二二年。

时代：明

始祖：宗存，明季自鄞塘乡隐岩来，为居定海金塘万七之裔。

地址：八区茅东乡洪叶。

祠堂：大池叶氏宗祠，名"顺德堂"，厅名"文德堂"。麻车叶，大厅名"懋德堂"。老屋叶，堂名"衍庆堂"。

谱牒：谱作于清道光六年，十一世孙尚旭纂辑。同治三年，十二世孙德钦重修。光绪三十四年，奉化张肇基续修，凡六卷两本。

分派：分中叶、大池叶、麻车叶、老屋叶四派。其十二世德寿、德梁，迁定海狗山；德林迁杭州斗门头；德高迁杭州。十三世尊仁、尊成，迁慈溪。

丁口：三百五十七人。

职业：农工居多，次商，次学。

附录一 民国《鄞县通志》之《舆地志·癸编·氏族》节录

组织:中叶与大池叶为茅东乡第五闾、第六闾,麻车叶与老屋叶为茅东乡第七闾。

风俗习惯:风俗敦庞。夏历元旦、冬至,皆照常例到祠祭祖,端午饮蒲酒,各工休息六小时。

经济概况:农桑不足以自给,藉工商两届出外营业,以资补助。

族望:清龙游县教谕德风,知福建漳平县德芳。

备考

调查年月:二二年。

时代:明

始祖:国,四明嘉靖中,自处州松阳县茅山来。

地址:七区界姚乡细岭。

祠堂:祠在细岭,额署"叶氏宗祠"。

谱牒:《细岭叶氏宗谱》三卷,清光绪九年十五世孙武贤创修,十七世孙朝兴纂辑。民国十六年,十八世孙廷璋续修。

分派

丁口

职业

组织

风俗习惯

经济概况

族望

备考

调查年月:二二年。

时代:清

始祖:申之,康熙间自慈溪鸣鹤场来。

地址:二区敦安镇尚书第。

祠堂:祠无,有祖堂一,在尚书第,堂名"余庆"。

谱牒:《叶氏宗谱》四卷,计一本,清道光年间,同邑王德沛编次,金旂冯登府、徐兆昺有序。

分派

丁口:约三四十人。

职业:商学。

组织:分忠、恕二房。忠房又分天、地、人三房,皆无后,今惟地房、恕房分金、玉两房,每房各有房长,上承宗长。

风俗习惯:风气开通,男子大半从事学业。

经济概况:族内薄有房产,以供清明、中元、冬至祭祀,是日,宗房长会议一次,并享馂。

族望

备考

调查年月:二三年。

时代:清

始祖:清虞生,以捕海盗蔡牵功,官至知高邮州、海州机,嘉庆年间自定海来。

地址:二区通利镇水凫桥。

祠堂:祠在西门外社坛桥,额署"叶氏支祠",堂名"树德"。

谱牒:谱待刊。

分派

丁口:丁口约六七十人。

职业:商。

组织

风俗习惯

经济概况

族望

备考

调查年月

经济概况

族望

备考

调查年月:二四年。

附录二 征引文献书目

制作方法：依图书文献性质分类著录，计分为正史、政书、文集(含传统分类的总集、别集，以及文集中的谱序)、类书、笔记、方志、族谱；族谱的编辑，则是按照地区及姓氏分类，地区的著录次第，亦同于正编的原则。

正史类：

《清史稿》，中华书局1976年标校本。

政书类：

张荣铮点校：《大清律例》，天津古籍出版社1993年版。

裕禄辑注：《大清律例根源》，同治辛未安徽敷文书局聚珍版。

奕劻、沈家本编订：《核定现行刑律》，宣统元年版。

沈辛田编：《名法指掌》，道光刻本。

雍正《大清会典》，见：《近代中国史料丛刊三编》第78辑，台北文海出版社1994年版。

光绪《清会典》，中华书局1991年影印本。

光绪《大清会典事例》，中华书局1991年影印本。

《湖南省例成案》，原书藏日本，复印件。

《福建省例》，见：《台湾文献史料丛刊》第7辑，台北大通书局1987年版。

光绪《大清会典图》，中华书局版。

乾隆《大清通礼》，江苏书局光绪九年刻本。

《续纂大清通礼》，江苏书局光绪九年版。

《乾隆案例》，抄本，南开大学图书馆藏。

乾隆、嘉庆、道光《礼部则例》，台北成文出版社1996年据道光二十四年刻本影印本。

光绪《吏部则例》,台北成文出版社1966年版。

《大清律例集解附例》,清刻本。

《大清刑律》,清刻本。

《大清律例统纂集成》,清刻本。

《大清律例增修统纂集成》,清刻本。

《新增律例统纂集成》,清刻本。

《驳案汇编》,清刻本。

《荒政举要》,清刻本。

《吏部则例》,清刻本。

王士俊编修:《吏治学古编》,雍正十二年刊本。

《宫中档乾隆朝奏折》,台北故宫博物院1986年印行。

《广东清代档案录》,抄本。

凌燽:《西江视臬纪事》,《续修四库全书》本。

《西江政要》,刻本。

乾隆《国朝宫史》,北京古籍出版社1994年版。

嘉庆《清宫史续编》,北平故宫博物院1932年版。

《十朝圣训》,光绪内务府刻本。

清世宗:《圣谕广训》,宣统元年天津津河堂版。

《清世宗宪皇帝朱批谕旨》,《四库全书》本。

《世宗宪皇帝上谕八旗》,《四库全书》本。

官修《清实录》,中华书局1986年影印本。

官修《清朝通典》,浙江古籍出版社1988年版。

《清朝通志》,浙江古籍出版社1988年影印本。

《清朝文献通考》,浙江古籍出版社2000年影印本。

《清朝续文献通考》,浙江古籍出版社1988年影印本。

贺长龄、魏源辑:《皇朝经世文编》,中华书局1992年影印本。

盛康辑:《皇朝经世文续编》,光绪二十三年思补楼刻本。

饶玉成辑:《皇朝经世文续编》,光绪八年刊本。

葛士浚辑:《皇朝经世文续编》,光绪十四年刊本。

陈忠倚辑:《皇朝经世文三编》,光绪二十八年石印本。

何良栋辑:《皇朝经世文四编》,光绪二十八年刊本。

金善斋主人辑:《最新经世文集》,上海宝善书局光绪二十八年石印本。

附录二　征引文献书目

文集类：

方苞：《方望溪先生文集》，《万有文库》本。

李兆洛：《养一斋文集》，《四部备要》本。

陈尔士：《听松楼遗稿》，清刻本。

纪昀：《纪文达公遗集》，《续修四库全书》本。

朱次琦：《朱九江先生集》，见：沈云龙主编《近代中国史料丛刊》第13辑，台北文海出版社1967年印行。

吴汝纶著，施培毅等校点：《吴汝纶全集》，黄山书社2002年版。

《四库全书·集部·别集类》，台北商务印书馆1986年版。

吴伟业：《梅村集》，《四库全书》本。

汤斌：《汤子遗书》，《四库全书》本。

魏裔介：《兼济堂文集》，《四库全书》本。

朱彝尊：《曝书亭集》，《四库全书》本。

张英：《文端集》，《四库全书》本。

李光地：《榕村集》，《四库全书》本。

蔡世远：《二希堂文集》，《四库全书》本。

施闰章：《学余堂文集》，《四库全书》本。

吴绮：《林蕙堂全集》，《四库全书》本。

汪琬：《尧峰文钞》，《四库全书》本。

彭孙遹：《松桂堂全集》，《四库全书》本。

毛奇龄：《西河集》，《四库全书》本。

田雯：《古欢堂集》，《四库全书》本。

储大文：《存研楼文集》，《四库全书》本。

汪由敦：《松泉集》，《四库全书》本。

姜宸英：《湛园集》，《四库全书》本。

宋荦：《西陂类稿》，《四库全书》本。

陆陇其：《三鱼堂文集》，《四库全书》本。

劳乃宣：《桐乡劳先生遗稿》，民国十六年桐乡卢氏校刊本。

孙奇逢：《孝友堂家规》，见：《丛书集成初编》，中华书局1985年版。

吴振棫撰：《养吉斋丛录》，北京古籍出版社1983年版。

陈宏谋撰：《培远堂存稿》，光绪二十二年刊本。

温廷敬编校：《茶阳三家文钞》，仿宋聚珍印本。

谱序类：

《宛平王氏家谱序》

《蔡氏族谱序》

《任子家乘序》

《包山蔡氏宗祠记》

《日照李氏族谱序》

《张氏宗谱后序》

《黄氏宗谱序》

《萧县颛孙氏族谱序》

《水阳河西李氏族谱序》

《螺川章氏谱序》

《斗山杨氏族谱序》

《上郑郑氏族谱序》

《婺源程氏族谱序》

《阎氏本支录序》

《代洪氏族谱序》

《休宁张氏世谱序》

《吴氏家传序》

《沙氏族谱序》

《汪氏族谱序》

《(汪氏)族谱后序》

《新安孙氏族谱序》

《刘氏族谱序》

《姚氏族谱序》

《云氏族谱序》

《李氏族谱序》

《商丘宋氏家乘序》

《具区徐氏族谱序》

《芹沂何氏宗谱序》

《长巷沈氏族谱序》

《虞氏族谱序》

《坡山朱氏族谱序》

《包氏族谱序》

《史村曹氏宗谱序》

《苏潭张氏族谱序》

《何氏宗谱序》

《三韩张氏家谱序》

《道源田氏族谱序》

《重修族谱序》

《孙氏族谱序》

《坞里张氏族谱序》

《重修横河张氏族谱序》

《萧山史氏世谱序》

《萧氏族谱序》

《家谱序》

《徐氏族谱序》

《马氏家谱序》

《吴氏宗谱序》

《潘氏族谱序》

《双桥范氏宗谱序》

《丰溪吕氏族谱序》

《查氏族谱序》

《徐氏族谱序》

《盛氏族谱序》

《黄氏族谱序》

《大兴张氏宗谱序》

《题袁氏册后》

《重订家乘序》

《三订家乘序》

《傅氏家乘序》

类书类：

陈梦雷等辑：《古今图书集成》，中华书局1934年影印本。

王初桐辑：《奁史》，线装本。

丛书类：

纪昀等编修：《景印文渊阁四库全书》，台北商务印书馆1986年版。

续修四库全书编委会：《续修四库全书》，上海古籍出版社2002年版。

中国社会科学院历史研究所清史研究室编：《清史资料》第3辑，中华书局1982年版。

沈云龙主编：《近代中国史料丛刊三编》，台北文海出版社1994年版。

周宪文等编：《台湾文献史料丛刊》，台北大通书局1987年版。

笔记、方志类：

徐珂辑：《清稗类钞》，中华书局1984年版。

梁绍壬撰：《两般秋雨盦随笔》，上海古籍出版社1982年版。

陈康祺撰：《郎潜纪闻初笔二笔三笔》，中华书局1984年版。

陈康祺撰：《郎潜纪闻四笔》，中华书局1990年版。

钱泳撰：《履园丛话》，中华书局1979年版。

王士禛撰：《池北偶谈》，中华书局1982年版。

平步青撰：《霞外捃屑》，上海古籍出版社1982年版。

梁章钜撰：《退庵随笔》，见：《近代史料丛刊》第44辑，台北文海出版社1969年版。

陈盛韶著：《问俗录》，书目文献出版社1983年版。

[美]明恩溥著，午晴等译：《中国乡村生活》，时事出版社1998年版。

[意]马国贤：《清廷十三年——马国贤在华回忆录》，上海古籍出版社2004年版。

郝玉麟等修，鲁曾煜总辑：雍正《广东通志》，雍正九年刻本。

嘉庆《华阳县志》，嘉庆二十一年刊，道光二十一年补刊。

屠继善纂：光绪《恒春县志》，台北大通书局1987年《台湾文献史料丛刊》本。

黄印：《锡金识小录》，光绪二十二年刻本。

洪亮吉：《泾县志》，台北成文出版社《中国方志丛书》本。

民国《永清县志》，民国三十年印本。

1915年《荣经县志》，巴蜀书社1992本本。

1927年《巴中县志》，巴蜀书社1992年本。

1928年《大竹县志》，台北成文出版社《中国方志丛书》本。

1929年《合江县志》，巴蜀书社1992年本。

1931年《宣汉县志》，台北成文出版社《中国方志丛书》本。

1932年《万源县志》，台北成文出版社《中国方志丛书》本。

1932年《渠县志》，巴蜀书社1992年本。

附录二 征引文献书目

1935年《云阳县志》,台北成文出版社《中国方志丛书》本。
1937年《南溪县志》,巴蜀书社1992年本。
1938年《泸县志》,巴蜀书社1992年本。
1938年《达县志》,巴蜀书社1992年本。
1944年《长寿县志》,台北成文出版社《中国方志丛书》本。
1948年《筠连县志》,台北成文出版社《中国方志丛书》本。
1933年《沧县志》,民国二十二年县志书局铅印本。
嘉庆《云霄厅志》,台北成文出版社1967年《中国方志丛书》本。
柯培元纂:道光《噶玛兰志略》,台北大通书局1987年《台湾文献史料丛刊》本。

各省族谱类:
辽宁

民国《马佳氏族谱》,道光二年始修,民国十七年三修本。

直隶

南皮《侯氏族谱》,民国七年重修石印本。
南皮集北头《刘氏族谱》,民国二十三年续刊本,乾隆三十二年首修。
南皮《陈氏族谱》,河北沧州师专学生处陈树旺藏。
《沧州望家一族史略》(《戴氏家谱》),2004年元月修。
沧州孟村西赵河《刘氏族谱》(回族),民国十六年刊本。
沧州吴桥邢家洼《邢氏族谱》,第四次续修稿本。
旧沧州《马氏全谱》,光绪三十一年抄本,沧州统战部马学华提供。
沧州吴官屯《睦族堂记》(《边氏族谱》),民国十八年重修本。
沧州炼油厂于兴泉整理:沧县于庄子《于氏分谱》,2002年本。
河北沧州《戴氏族谱》,光绪三十四年刻本。
沧州东光《马氏家乘》,1999年十一修本。
沧州吴桥《张氏族谱》,民国八年仲夏重刊。
沧县《刘氏族谱》,刘辛庄刘德瀛、刘建国、刘镇连藏。
庆云《程氏族谱》,宣统三年刊本。
《重修冯氏宗祠碑记》,采自田国福《河间遗韵》,时代文艺出版社2003年版。
《冯氏族谱》,河间文化局田国福收藏。
渤海《季氏家谱》,光绪三十三年季斌叙续修,济南大公石印馆印。
黄骅东仙庄《吴氏族谱》,民国八年续修本。

东光《孙氏族谱》,民国甲子新刊,初修于咸丰四年。

孟村大徐市《张氏家谱》,始于宣统二年,民国十七年续修。

交河马连坦睦族堂《李氏族谱》,民国八年七修本,泊头李保丰提供,南开大学图书馆藏八修本。

《景城纪氏家谱》,嘉庆七年刊本,沧县闫村乡景城村纪峰藏。

黄骅**《郑氏族谱》**,郑树彬 2004 年 8 月主修。

《霸州胡氏族谱》,民国二十一年十月重修印本。

丰润《毕氏宗谱》,民国十九年排印本。

丰润**《董氏家谱》**,民国十五年印本,首修于康熙五十二年,重修于乾隆二十、四十八年。

任邱县《边氏**族谱**》,乾隆三十五年刻本。

滦城《边氏家谱》,民国二十七年唐山华美印书局印本。

白光华主编:《尚书世家》(河北南宫《白氏族谱》),1995 年印本。

正定《王氏家传》,光绪十九年刊本。

文安《王氏宗谱》,民国二十五年刊本。

故城县《祕氏**族谱**》,宣统二年重修版,国家图书馆藏。

武强《贺氏家谱稿》,1949 年版,国家图书馆藏。

邯郸磁州《张氏先德录》,光绪年刊本。

南宫《孔子世家谱》,光绪庚辰梓刻。

临渝《郭氏家传》,清代乌丝栏抄本。

定兴《鹿氏二续谱》,光绪丙申重修,光绪丁酉雕版。

滦南王官寨《王氏族谱》,见:刘向权主编《滦南民俗文化》,作家出版社 2005 年版。

江苏

曹浩、曹棅续修:《上海曹氏续修族谱》,民国十四年崇孝堂排印本。

严庆祺修:吴县《六修洞庭安仁里严氏族谱》,民国二十三年上海中华书局铅印本。

庄清华纂:《毗陵庄氏族谱》,民国二十四年七修铅印本。

任承弼编:《宜兴篠里任氏家谱》,民国十六年十三修谱,一本堂刊本。

《上海葛氏家谱》,续修谱,民国十七年铅印本。

《上海曹氏族谱》,民国十四年崇孝堂排印本。

王树增等纂修:《上海倪王家乘》,民国十六年印本。

陆懋宗编:太仓陆氏《平原宗谱》,光绪三十二年木活字本。

庄怡孙纂修:常州《毗陵庄氏增修族谱》,光绪六年木活字印本。

姚孟廉重修:武进《辋川里姚氏宗谱》,同治十二年木活字印本。

仪征《蒋氏宗谱》,民国九年印本。

仪征《陈氏宗谱》,民国十年续修本。

李培英编修:《丹徒李氏家乘》,民国六年本立堂刻本。

无锡《安定胡氏宗谱》,民国十一年九修谱,思贻堂木活字本。

蒋炳章手录:吴县《蒋氏宗谱》,光绪二十年抄本。

安徽

《歙县汪氏崇本祠条规》,康熙三十年刻本。

宋德泽辑:歙西金山宋村《宋氏族谱》,康熙五十九年秉德堂刻本。

歙县《王充东源洪氏宗谱》,乾隆二十一年刻本。

歙县《棠樾鲍氏三族宗谱》,乾隆二十五年刻本。

项天瑞编:《歙县桂溪项氏崇报堂祠谱》,乾隆二十六年刊本。

项启鈵纂:《歙县桂溪项氏族谱》,嘉庆十六年木活字本。

吴锡维修:《歙南昌溪太湖吴氏族谱》,光绪叙伦堂本活字本。

吴念祖修:歙县《昌溪太湖吴氏宗谱》,光绪三十二年刊本。

《古歙义成朱氏宗谱》,宣统二年存仁堂活字本。

歙县《蔚川胡氏家谱》,民国四年线装活字本。

歙县《金川胡氏宗谱》,民国二十一年刻本。

歙县《巨川毕氏宗谱》,民国三十三年刻本。

汪玑修:歙县《汪氏通宗世谱》,乾隆五十二年刻本。

叶有广、叶邦光修:《黟县南屏叶氏族谱》,嘉庆十七年木刻本。

江光裕修:《黟县济阳江氏宗谱》,道光十八年刻本。

《西递明经胡氏壬派宗谱》,道光六年刻本。

李世禄纂:《黟县鹤山李氏宗谱》,民国六年木活字本。

余攀荣等修:黟县《环山余氏族谱》,六修谱,民国六年印本。

婺源《庆源詹氏宗谱》,乾隆五十年享叙堂活字本。

洪齐康修:《婺北燉煌郡洪氏支谱》,嘉庆二十一年洪椿光裕堂刊本。

余章耀等修:《婺源长溪余氏正谱》,道光二十八年宝善堂刊本。

婺源《湖溪孙氏宗谱》,同治十年刻本。

詹固维等修:《婺源詹氏宗谱》,光绪五年庐源绿树祠刻本。

《婺源查氏族谱》,光绪十八年凤山孝义祠支众同校订。

婺源《紫阳堂朱氏宗谱》,光绪年间刻本。

绩溪黄耀廷等辑:绩溪《黄氏家庙遗据录》,咸丰元年绩东黄氏宗祠叙伦堂刊本。

高富浩纂修：绩溪《梁安高氏宗谱》，光绪三年活字本。

《绩溪县南关许余氏惇叙堂宗谱》，光绪十五年刻本。

周赟等修：《绩溪城西周氏宗谱》，光绪三十一年敬爱堂木活字本。

邵俊培纂：绩溪《华阳邵氏宗谱》，光绪三十三年叙伦堂刊本。

冯景坊等编辑：绩溪《东关冯氏家谱》，光绪二十九年活字本。

绩溪《仙石周氏宗谱》，宣统辛亥善述堂刻本。

绩溪《枢密葛氏宗谱》，宣统辛亥刻本。

陈礼恭等修：《绩溪洪川程氏宗谱》，民国十二年敦睦堂木活字本。

王集成纂：《绩溪庙子山王氏谱》，民国二十四年排印本。

胡位咸等编：绩溪《遵义胡氏宗谱》，民国二十四年惇庸堂铅印本。

陈丰修：休宁《陈氏宗谱》，康熙十年刊本。

吴青羽撰：休宁《茗洲吴氏家典》，雍正十三年刊本（又有吴翟辑撰、刘梦芙点校本，黄山书社2006年版）。

洪昌纂修：休宁《江村洪氏宗谱》，雍正八年刻本。

《休宁古林黄氏重修族谱》，乾隆十八年刻本

金门诏纂修：《休宁金氏族谱》，乾隆十三年活字本。

绩溪《戴氏宗谱》，光绪己丑年续修刻本。

胡道甫等续修：太平《城南胡氏家谱》，四修谱，民国十七年刊本。

祁门《方氏宗谱》，同治八年刻本。

倪望重等重修：《祁门倪氏族谱》，光绪二年刻本。

钱坤修：《徽州彭城钱氏宗谱》，光绪十年刻本。

徐有炜修：《新安徐氏宗谱》，乾隆二年刊本。

李廷益、李向荣修：(婺源、浮梁)《三田李氏宗谱》，光绪十一年木活字本。

《清华胡氏宗谱》，民国六年刻本。

江如松纂修：《萧江复七公房支谱》，乾隆三十七年刻本。

《胂川程氏宗谱》，同治七年刻本。

《方氏会宗通谱》，乾隆十八年刊本。

池州《仙源杜氏宗谱》，光绪刻本。

山西

汾阳《韩氏宗谱》，嘉庆十六年韩应均修。

乾隆五十二年张煐辑：介休《定阳张氏族谱》，道光二十六年刻本。

韩鉁敬重修：咸丰《汾阳韩氏支谱》不分卷，一册，咸丰九年刻，同治六年改福荫堂校刊

本。

　　韩镇岳、韩锡成纂修：《汾阳韩氏支谱》四卷，光绪十年恭寿堂刻本。

　　于准纂修：离石《于氏宗谱》五卷，康熙年间刻本。

　　刘灿、刘得义等修：平定《刘氏族谱》不分卷，嘉庆十年刻本。

　　蔡子璧、蔡培实等编纂：平定《蔡氏族谱》不分卷，道光二十五年刻本。

　　窦志默等增修：平定《窦氏族谱》不分卷，道光二十七年世和堂刻，光绪二十年增补印本。

　　张文选等修：平定《张氏族谱》，道光二十八年刻本。

　　张学鲁等修：平定《张氏家谱》，咸丰七年刊本。

　　潘组耀等修：平定《潘氏合谱》一卷，二册，咸丰七年刻本。

　　晋荣如修：平定《晋氏族谱》不分卷，二册，同治八年刻本。

　　白凤章编辑：平定《白氏家乘》六卷，八册，民国五年石印本。

　　王楷苏等修：《洪洞薄村十甲王氏族谱》二十卷，嘉庆二年刊订本，另有《中华族谱集成》本。

　　刘殿凤修：《洪洞刘氏宗谱》，十六册，光绪二十七年刻本，另有《中华族谱集成》本。

　　李逢纶等增修：《洪洞李氏宗谱》，四册，同治四年刻本。

　　刘恒杰等纂修：《洪洞刘氏宗谱》，民国二十一年刻本。

　　常赞春、常衡世等重修：榆次《常氏宗谱》，民国十五年范华印刷厂铅印本。

　　解洵修：永济蒲坂《解氏谱略》二卷，乾隆十八年钞本，国家图书馆藏。

　　路生财、路有年纂修：运城《安邑郇城路氏族谱》不分卷，二册，同治十年刻本。

　　裴凤翥纂：闻喜《裴氏世牒》四卷，四册，康熙五年刻本。

　　裴𢓭度汇辑：闻喜《裴氏世谱》十二卷，乾隆间修，嘉庆十五年序刊本。

　　乾隆年间何思忠创修，后裔续修：灵石《何氏族谱》十卷，首一卷末一卷，道光十四年序刻本。

　　陈允中等重修：灵石《陈氏族谱》不分卷，道光二十七年刻本。

　　光绪年间陈逢泰创修，民国陈敬堂、陈鸿遇修改：忻州《陈氏族谱》，民国七年文蔚阁铅印本。

　　徐一鉴、徐抡元修：五台《徐氏宗谱》，民国二十三年铅印本。

　　王梦鹏、王中极纂修：灵石《王氏族谱》，乾隆五十四年存厚堂木刻本。

　　冯曦纂修：代县《代州冯氏族谱》，四册，民国二十二年刻本。

　　冀麟书撰修：平遥《冀氏宗谱》，光绪三十年公安堂刻本。

山东

　　王次山修：《黄县太原王氏族谱》，三修谱，宣统元年刊本。

丁在麟领修,丁世佳、丁尔淇总纂:《丁氏族谱》,宣统元年刊本。

赵琪等撰:《东莱赵氏家乘》,民国二十四年永厚堂铅印本。

杨方枤等续修:《即墨杨氏族谱》,不分卷,道光二十八年承桂堂藏板。

杨玠等编修:《即墨杨氏家乘》,六修谱,民国二十五年承桂堂排印本。

即墨《万氏谱书》,光绪六年刻本。

河南

张拱宸、张培璋等重修:《项城张氏族谱》,民国二十五年排印本。

陕西

马凌甫等续修:《郃阳马氏宗谱》,民国二十五年刊本。

甘肃

颜豫春等纂修:《金城颜氏家谱》,光绪十二年刻本。

《续秦州张氏族谱》,光绪三十四年刊本。

段永思等修:《武威段氏族谱》,宣统三年续修谱,民国三年排印本。

浙江

周岳等修:鄞县《新河周氏宗谱》,道光二十六年世德堂活字本。

吴承忠编修:鄞县《鄮东皎碶吴氏宗谱》,光绪二年一耀堂木活字本。

杨惟椿、杨惟一等修:绍兴《山阴柯桥杨氏宗谱》,光绪二十年敦伦堂木活字本。

何宽等修:《会稽何家溇何氏宗谱》,康熙乙卯始修,乾隆四十四年续修,抄本。

陶在铭修:《会稽陶氏族谱》,光绪二十九年刊本。

沈开基等续修:余姚《兰风沈氏宗谱》,八修谱,民国二十四年肃雍堂木活字本。

吴金璠等续修:绍兴《汤浦吴氏宗谱》,民国五年孝思堂刊本。

王大泉修:绍兴《中南王氏宗谱》,乾隆五十五年始修,民国三十一年四修,三槐堂木活字本。

胡长煦等修:《上虞长者山胡氏家谱》,宣统三年思成堂刻本。

《山阴萧氏家乘》,三修谱,道光六年怡安堂抄本。

陈启德编辑:《余姚竹山桥陈氏谱》,民国十九年麟凤堂木活字本。

高德续修:《海宁岩门高氏家谱》,咸丰三年报本堂刻本。

马用宾等重修:嵊县《仁村马氏东房宗谱》,嘉庆二十一年善述堂木活字本。

涂永償修:《龙游豫章涂氏宗谱》,同治十一年刊本。

江西

徐德忠等修:《余干徐氏宗谱》,康熙五十三年刊本。

附录二 征引文献书目

欧阳安世:《续修安福令欧阳公通谱》,乾隆十五年刊,民国年间影印本。
罗星灿等修:《宜黄棠阴罗氏尚义门房谱》,乾隆二十三年刊本。
吴文薰等修:宜黄《吴氏伯武公房谱》,乾隆四十二年刊本。
罗荆璧、罗明诚修:《宜黄棠阴罗氏尚义门锦二公房谱》,道光二十七年刊本。
罗金来等修:《宜黄罗氏永二公房谱》,道光二十七年刊本。
谢赋文等修,谢性卓等纂:宜黄《宜邑谢氏六修宗谱》,同治九年刊本。
罗奂等修:《宜黄棠阴罗氏永二公三修房谱》,光绪二年。
杨如沄修:《清江永滨杨氏三修族谱》,乾隆二十七年刊本。
杨殿樽等修:《清江杨氏四修族谱》,嘉庆七年刊本。
江南金等修:《南丰济阳江氏分修族谱》,乾隆四十五年刊本。
徐廷攀修,徐攀桂纂:《清江云溪徐氏族谱》,嘉庆十八年刊本。
黄登第修:《临淦窰前黄氏重修族谱》,道光十五年刊本。
杨希闵修:新城《桃溪杨氏先德录》,咸丰三年刊本。
郑培先修:《浮梁郑氏宗谱》,咸丰十一年刊本。
郑有缘修:《浮梁郑氏宗谱》,光绪二十八年刊本。
刘燮材修:浮梁《南阳刘氏宗谱》,光绪三十四年刊本。
刘天成等修:《兴国刘氏重修族谱》,同治元年刊本。
刘氏族人纂修:新昌《天宝刘氏元公支兰玉集》,同治六年活字本。
黄家章等修:南丰《西麓双井黄氏族谱》,同治十二年刊本。
萧廷模修:永新《江右永新萧氏家世源流记》,光绪九年刊本。
张维潢等修:玉山《怀玉张氏宗谱》,光绪十四年刊本。
聂典训等修:清江《湖庄聂氏四修族谱》,光绪二十四年刊本。
黄祖络等修,黄振声等纂:南昌《豫章黄祠四修主谱》,光绪二十五年刊本。
漆耀书等修:《新昌城南漆氏族谱》,光绪三十年刊本。
熊文炽等修:清江《泮陵熊氏重修族谱》,光绪三十一年刊本。
龚克刚等修:《清江龚氏十四修族谱》,民国三年刊本。
陈出新等修:铜鼓《义门陈氏大成宗谱》,民国十年木活字本。
陈西岑等修:《南昌陈氏家乘》,民国十三年木活字本。
孔继长修,孔广恺纂:峡江《西江泉井安山孔氏族谱》,民国二十五年刊本。
辛际唐等纂修:万载《辛氏幼房谱》,民国三十五年版。
辛观涛等修:万载《辛氏六房谱》,民国四年木活字本。
《万载辛氏族谱》,嘉庆十年版。

曾毓塆等修:永丰《武城曾氏重修族谱》,三修谱,道光元年刻本。

湖南

王万藻等修:《长沙涧湖塘王氏六修族谱》,民国三十八年听槐堂铅印本。

刘绍慎等修:《宁乡南塘刘氏四修族谱》,民国十年存著堂木活字印本。

匡逢向等修:湘乡《匡氏续修族谱》,道光八年解颐堂木活字本。

胡传谟等续修:《湘乡平地胡氏续修族谱》,民国二十六年安定堂木活字本。

曾广杰等纂修:湘乡《武城曾氏衍湖南湘乡大界五修族谱》,民国三十五年三省堂活字本。

李光笏等修:涟源《李报本堂族谱》,民国五年报本堂活字本。

盛元音纂修:汉寿《盛氏族谱》,光绪二十七年广陵堂活字印本。

龙福云、龙海源等修:零陵《龙氏六续家谱》,民国十年敦厚堂木活字本。

桂阳《邓氏族谱》,光绪三十三年登秀堂木活字本。

王晓初纂修:永顺《龙塔王氏族谱》,民国二十三年铅印本。

会同《吴氏族谱》,道光十七年绳武堂木活字本。

叶瑞菜等续修:《平江叶氏族谱》,民国二十三年南阳堂铅印本。

熊章溥等修:益阳《熊氏续修族谱》,光绪二十年江陵堂木活字印本。

四川

傅为霖纂修:横县《简州傅氏谱》,光绪二十六年凤山书院刊本。

萧奕东修:《绵州罗江县萧氏族谱》,咸丰五年文会堂刻本。

《隆昌郭氏族谱》,康熙丁酉年始修,宣统二年五修排印本。

唐道济修:开县《唐氏族谱》,同治十年始修刻本。

周泽霖纂修:铜梁《安居乡周氏宗谱》,光绪十年二修刊本。

福建

王叔延等修:闽侯《西清王氏族谱》,民国二十四年续修排印本。

鄢宗云等修:南平、延平《麟阳鄢氏族谱》,光绪四年四修本。

黄化龙重修:莆田《莘郊黄氏族谱》,乾隆十七年六修刻本。

广东

余有璋等纂修:《乳源余氏族谱》,三修谱,嘉庆二十五年木活字本。

洪宗海、洪己任编辑:潮安、潮州《洪氏宗谱》,民国十一年排印本。

胡学易等修:兴宁《兴宁县胡氏族谱》,咸丰元年三修,抄本。

林衍芳等修:博罗《林氏族谱》,宣统三年九修排印本。

附录二 征引文献书目

王应奎等修纂：宝安《鳌台王氏族谱》，五修谱，民国四年石印本。

朱宗琦续修：《南海九江朱氏家谱》，同治八年刊本。

广西

邓廷泂、邓盛昌等修：平乐《邓氏宗谱》，民国十三年三修十贤堂木活字本。

云南

方树梅编：晋宁《晋宁方氏族谱》，民国二十六年方氏诵芬楼刊本，残本。

钱沣撰，方梅树辑：《昆明钱氏族谱》，民国二十三年盘龙山人丛书刊本。

杨如轩编：宾川《盘古汇编》，民国二十七年开智公司代印铅印本。

贵州

朱启钤撰：《紫江朱氏家乘》，道光丁未年始修，民国二十四年续修排印本。

附录三　征引族谱姓氏索引
（以拼音先后为序）

B

民国平定《白氏家乘》

《尚书世家》（河北南宫《白氏族谱》）

乾隆歙县《棠樾鲍氏三族宗谱》

宣统故城《祕氏族谱》

民国丰润《毕氏宗谱》

民国歙县《巨川毕氏宗谱》

乾隆任邱县《边氏族谱》

民国滦城《边氏家谱》

民国沧州吴官屯《睦族堂记》（《边氏族谱》）

C

道光平定《蔡氏族谱》

江苏《上海曹氏族谱》

民国《上海曹氏续修族谱》

民国榆次《常氏宗谱》

直隶南皮《陈氏族谱》

康熙休宁《陈氏宗谱》

同治《祁门武溪陈氏宗谱》

道光灵石《陈氏族谱》

民国忻州《陈氏族谱》

民国铜鼓《义门陈氏大成宗谱》

民国《余姚竹山桥陈氏谱》
民国《南昌陈氏家乘》
宣统庆云《程氏族谱》
同治《脾川程氏宗谱》
民国《绩溪洪川程氏宗谱》

D

直隶《沧州望家一族史略》(《戴氏家谱》)
光绪绩溪《戴氏宗谱》
光绪河北沧州《戴氏族谱》
光绪桂阳《邓氏族谱》
民国平乐《邓氏宗谱》
宣统《丁氏族谱》
民国丰润《董氏家谱》
道光平定《窦氏族谱》
光绪池州《仙源杜氏宗谱》
民国《武威段氏族谱》

F

民国晋宁《晋宁方氏族谱》(残本)
同治祁门《方氏宗谱》
乾隆《方氏会宗通谱》
光绪绩溪《东关冯氏家谱》
《重修冯氏宗祠碑记》
直隶《冯氏族谱》
民国代县《代州冯氏族谱》
光绪横县《简州傅氏谱》

G

光绪绩溪《梁安高氏宗谱》
咸丰《海宁岩门高氏家谱》
民国《上海葛氏家谱》
宣统绩溪《枢密葛氏宗谱》
民国《清江龚氏十四修族谱》

清代临渝《郭氏家传》(抄本)
宣统《隆昌郭氏族谱》

H

嘉庆汾阳《韩氏宗谱》
咸丰《汾阳韩氏支谱》(不分卷)
光绪《汾阳韩氏支谱》(四卷本)
道光灵石《何氏族谱》
乾隆《会稽何家溇何氏宗谱》
民国武强《贺氏家谱稿》
雍正休宁《江村洪氏宗谱》
嘉庆《婺北燉煌郡洪氏支谱》
民国潮安、潮州《洪氏宗谱》
乾隆歙县《王充东源洪氏宗谱》
民国南皮《侯氏族谱》
道光黟县《西递明经胡氏壬派宗谱》
民国霸州《雷州胡氏族谱》
民国歙县《金川胡氏宗谱》
民国歙县《蔚川胡氏家谱》
民国《清华胡氏宗谱》
民国绩溪《遵义胡氏宗谱》
民国太平《城南胡氏宗谱》
民国湖州《安定胡氏宗谱》
宣统《上虞长者山胡氏家谱》
民国《湘乡平地胡氏续修族谱》
咸丰兴宁《兴宁县胡氏族谱》
咸丰绩溪《黄氏家庙遗据录》
乾隆《休宁古林黄氏重修族谱》
道光《临淦窗前黄氏重修族谱》
同治南丰《西麓双井黄氏族谱》
光绪南昌《豫章黄祠四修主谱》
乾隆莆田《莘郊黄氏族谱》

附录三 征引族谱姓氏索引

J

嘉庆《景城纪氏家谱》

光绪渤海《季氏家谱》

光绪平遥《冀氏宗谱》

乾隆《南丰济阳江氏分修族谱》

嘉庆《黟县济阳江氏宗谱》

光绪吴县《蒋氏宗谱》

民国仪征《蒋氏宗谱》

乾隆《休宁金氏族谱》

同治平定《晋氏族谱》

K

光绪南宫《孔子世家谱》

民国峡江《西江泉井安山孔氏族谱》

道光湘乡《匡氏续修族谱》

L

民国《丹徒李氏家乘》

民国《黟县鹤山李氏宗谱》

民国交河马连坦睦族堂《李氏族谱》

光绪婺源、浮梁《三田李氏宗谱》

同治《洪洞李氏宗谱》

民国涟源《李报本堂族谱》

宣统博罗《林氏族谱》

民国沧州孟村西赵河《刘氏族谱》(回族)

民国南皮集北头《刘氏族谱》

沧县《刘氏族谱》

嘉庆平定《刘氏族谱》

光绪《洪洞刘氏宗谱》

同治《兴国刘氏重修族谱》

光绪浮梁《南阳刘氏宗谱》

民国《宁乡南塘刘氏四修族谱》

民国《洪洞刘氏宗谱》

民国零陵《龙氏六续家谱》

光绪定兴《鹿氏二续谱》

乾隆太仓陆氏《平原宗谱》

同治运城《安邑郇城路氏族谱》

乾隆《宜黄棠阴罗氏尚义门房谱》

道光《宜黄棠阴罗氏尚义门锦二公房谱》

道光《宜黄罗氏永二公房谱》

光绪《宜黄棠阴罗氏永二公三修房谱》

M

光绪沧州《马氏全谱》（抄本）

光绪沧州东光《马氏家乘》

民国《邰阳马氏宗谱》

嘉庆嵊县《仁村马氏东房宗谱》

道光奉天《马佳氏族谱》

N

光绪《祁门倪氏族谱》

民国《上海倪王家乘》

光绪清江《湖庄聂氏四修族谱》

O

乾隆《续修安福令欧阳公通谱》

P

同治平定《潘氏合谱》

康熙闻喜《裴氏世牒》

嘉庆闻喜《裴氏世谱》

Q

光绪《新昌城南漆氏族谱》

光绪《徽州彭城钱氏宗谱》

民国昆明《昆明钱氏族谱》

R

民国《宜兴篠里任氏家谱》

S

附录三　征引族谱姓氏索引

光绪绩溪《华阳邵氏宗谱》

民国余姚《兰风沈氏宗谱》

光绪汉寿《盛氏族谱》

康熙歙西金山宋村《宋氏族谱》

民国东光《孙氏族谱》

同治婺源《湖溪孙氏宗谱》

T

同治开县《唐氏族谱》

光绪《会稽陶氏族谱》

同治《龙游豫章涂氏宗谱》

W

光绪即墨《万氏谱书》

康熙《歙县汪氏崇本祠条规》

乾隆《汪氏通宗世谱》

光绪正定《王氏家传》

民国文安《王氏宗谱》

滦南王官寨《王氏族谱》

民国常熟《太原王氏家乘》

民国《绩溪庙子山王氏谱》

嘉庆《洪洞薄村十甲王氏族谱》

宣统《黄县太原王氏族谱》

乾隆绍兴《中南王氏宗谱》

乾隆灵石《王氏族谱》

民国《长沙涧湖塘王氏六修族谱》

民国闽侯《西清王氏族谱》

民国宝安《鳌台王氏族谱》

民国永顺《龙塔王氏族谱》

民国沧州《吴氏族谱》

雍正休宁《茗洲吴氏家典》

光绪歙县《昌溪太湖吴氏宗谱》

光绪鄞县《鄞东皎碶吴氏宗谱》

民国绍兴《汤浦吴氏宗谱》

乾隆宜黄《吴氏伯武公房谱》

道光会同《吴氏族谱》

X

乾隆《歙县桂溪项氏崇报堂祠谱》

嘉庆《歙县桂溪项氏族谱》

光绪永新《江右永新萧氏家世源流记》

咸丰《绵州罗江县萧氏族谱》

道光《山阴萧氏家乘》

乾隆《萧江复七公房支谱》

乾隆永济蒲坂《解氏谱略》

同治宜黄《宜邑谢氏六修宗谱》

民国万载《辛氏幼房谱》

民国万载《辛氏六房谱》

嘉庆《万载辛氏族谱》

光绪沧州吴桥邢家洼《邢氏族谱》（稿本）

光绪清江《泮陵熊氏重修族谱》

光绪益阳《熊氏续修族谱》

乾隆《新安徐氏宗谱》

康熙《余干徐氏宗谱》

嘉庆《清江云溪徐氏族谱》

康熙饶州《徐氏宗谱》

民国五台《徐氏宗谱》

光绪《绩溪县南关许余氏惇叙堂宗谱》

Y

光绪南平、延平《麟阳鄢氏族谱》

光绪《金城颜氏家谱》

民国吴县《六修洞庭安仁里严氏族谱》

道光《即墨杨氏族谱》

民国《即墨杨氏家乘》

光绪绍兴《山阴柯桥杨氏宗谱》

附录三 征引族谱姓氏索引

乾隆《清江永滨杨氏三修族谱》
嘉庆《清江杨氏四修族谱》
咸丰新城《桃溪杨氏先德录》
民国宾川杨氏《盘古汇编》
同治《辋川里姚氏宗谱》
嘉庆《黟县南屏叶氏族谱》
民国《平江叶氏族谱》
道光《婺源长溪余氏正谱》
嘉庆《乳源余氏族谱》
民国黟县《环山余氏族谱》
沧县于庄子《于氏分谱》
康熙离石《于氏宗谱》

Z

道光《武城曾氏重修族谱》
民国湘乡《武城曾氏衍湖南湘乡大界五修族谱》
光绪《婺源查氏族谱》
乾隆婺源《庆源詹氏宗谱》
光绪《婺源詹氏宗谱》
民国沧县孟村《张氏家谱》
民国沧州吴桥《张氏族谱》
光绪邯郸磁州《张氏先德录》
道光《平定张氏族谱》
咸丰平定《张氏家谱》
民国《项城张氏族谱》
光绪玉山《怀玉张氏宗谱》
光绪《续秦州张氏族谱》
道光介休《定阳张氏族谱》
民国《东莱赵氏家乘》
咸丰沧州《郑氏族谱》
咸丰浮梁祁门《郑氏宗谱》
光绪浮梁祁门《郑氏宗谱》

光绪《绩溪城西周氏宗谱》
宣统绩溪《仙石周氏宗谱》
道光鄞县《新河周氏宗谱》
光绪铜梁《安居乡周氏宗谱》
宣统《古歙义成朱氏宗谱》
光绪婺源《紫阳堂朱氏宗谱》
民国《紫江朱氏家乘》
同治《南海九江朱氏家谱》
民国《毗陵庄氏族谱》
民国武进《毗陵庄氏增修族谱》